MAX-PLANCK-INSTITUT
FÜR AUSLÄNDISCHES ÖFFENTLICHES RECHT
UND VÖLKERRECHT

Beiträge zum ausländischen öffentlichen Recht und Völkerrecht

Begründet von Viktor Bruns

Herausgegeben von
Armin von Bogdandy • Anne Peters

Band 286

Laura Hering

Fehlerfolgen im europäischen Eigenverwaltungsrecht

Heilung und Unbeachtlichkeit in rechtsvergleichender Perspektive

The Consequences of Errors in the EU's Direct Administrative Proceedings
A Comparative Analysis of "Rectification" and "Irrelevance"
(English Summary)

 Springer

ISSN 0172-4770   ISSN 2197-7135 (electronic)
Beiträge zum ausländischen öffentlichen Recht und Völkerrecht
ISBN 978-3-662-59367-7   ISBN 978-3-662-59368-4 (eBook)
https://doi.org/10.1007/978-3-662-59368-4

Die Deutsche Nationalbibliothek verzeichnet diese Publikation in der Deutschen Nationalbibliografie; detaillierte bibliografische Daten sind im Internet über http://dnb.d-nb.de abrufbar.

Springer ist ein Imprint der eingetragenen Gesellschaft Springer-Verlag GmbH, DE und ist ein Teil von Springer Nature.
Die Anschrift der Gesellschaft ist: Heidelberger Platz 3, 14197 Berlin, Germany

Vorwort

Die vorliegende Arbeit wurde im Sommersemester 2018 von der juristischen Fakultät der Universität Hamburg als Dissertation angenommen und im Oktober 2018 verteidigt. Rechtsprechung und Literatur der Arbeit befinden sich auf dem Stand von Mai 2018.

Anlässlich der Veröffentlichung dieser Arbeit möchte ich einigen Wegbegleitern danken, die mir in akademischer und persönlicher Hinsicht zur Seite standen:

Mein Dank gebührt in erster Linie meinem Doktorvater, Herrn Professor Markus Kotzur. Er hat mir von Anfang an sehr viele Freiheiten gewährt, sowohl was die Auswahl des Themas als auch die Ausgestaltung der Arbeit anging. Zugleich konnte ich mich stets an ihn wenden und auf sein großes Engagement zählen, sodass ich stets sicheren Boden unter den Füßen hatte. Ebenfalls danke ich Herrn Professor Armin Hatje für die zügige Erstellung des Zweitgutachtens.

Besonders herzlich danke ich ferner Herrn Professor Jürgen Basedow für seine uneingeschränkte Unterstützung. Er ermöglichte es mir, die Dissertation am Max-Planck-Institut für ausländisches und internationales Privatrecht in Hamburg unter perfekten Arbeitsbedingungen zu verfassen und in der Promotionszeit als seine wissenschaftliche Mitarbeiterin zu arbeiten. Es war eine sehr schöne, zugleich spannende und lehrreiche Zeit. Herzlich möchte ich auch all meinen Hamburger Kollegen für die nette Aufnahme am Institut und der Doktorandenrunde für die kritischen Diskussionen zu dieser Arbeit danken.

Viel zu verdanken habe ich ebenfalls Herrn Professor Michael Fehling und Herrn Professor Christian Bumke, die mir schon im Grundstudium eine Freude am Lernen und Forschen vermittelt und mit ihren Vorlesungen mein Interesse für das öffentliche Recht geweckt haben. Auch während der Promotionszeit haben sie mich mit ihrer Bereitschaft für offene Gespräche und wertvollen Anregungen unterstützt.

Bei Herrn Professor Reinhard Zimmermann möchte ich mich dafür bedanken, dass er mir einen Forschungsaufenthalt an der Universität Cambridge ermöglichte, der mir insbesondere die Erschließung des *common law* sehr erleichtert hat. Nicht unerwähnt bleiben sollen zudem Herr Professor Jacques Ziller und Frau Professor Diana-Urania Galetta, die zum Gelingen des französischen und italienischen rechtsvergleichenden Teils dieses Projekts beigetragen haben.

Gefördert wurde diese Arbeit durch die Stiftung der deutschen Wirtschaft, der ich nicht nur für ihre großzügige finanzielle Unterstützung danke, sondern auch für interessante Seminare und Begegnungen.

Es ist eine Ehre für mich, dass meine Arbeit in der Reihe der „Beiträge zum ausländischen öffentlichen Recht und Völkerrecht" des Max-Planck-Instituts für ausländisches öffentliches Recht und Völkerrecht veröffentlicht wird, wofür ich wiederum Herrn Professor Armin von Bogdandy und Frau Professorin Anne Peters sehr dankbar bin.

Zum Schluss, aber nicht zuletzt, danke ich meiner Familie. Vor allem meinen Eltern gebührt nicht in Worte zu fassender Dank für ihre niemals endende und durch nichts zu ersetzende Unterstützung in allen Lebenslagen. Meiner Schwester danke ich für ihre Freundschaft und Aufrichtigkeit. Ihnen ist diese Arbeit gewidmet.

Heidelberg, im Februar 2019   Laura Hering

Inhaltsverzeichnis

Kapitel 1: Einleitung 1
  A. Anlass der Untersuchung 1
    I. Die Relevanz der Untersuchung 1
    II. Die Aktualität der Untersuchung 3
  B. Eingrenzung des Untersuchungsgegenstandes und -feldes 7
  C. Gang der Untersuchung 9

Kapitel 2: Die Rechtsprechung der Unionsgerichte 11
  A. Die Heilung von Verfahrens- und Formfehlern 14
    I. Vorüberlegungen 15
      1. Der Anwendungsbereich der Heilung: Die Verletzung von
        Verfahrens- und Formvorschriften 16
      2. Das Kriterium der „Berichtigung": Die Herstellung eines
        gleichwertigen Zustands und die zeitliche Dimension der
        Heilung 18
      3. Das Kriterium der „Nachträglichkeit" 21
      4. Das Verhältnis der Heilung zur Nichtigkeit 22
    II. Die Heilung vor Abschluss des Verwaltungsverfahrens 23
      1. Die Heilung im Laufe des verwaltungsrechtlichen
        Ausgangsverfahrens 23
        a) Die Rechtfertigung der Heilungsmöglichkeit 24
        b) Die Grenzen der Heilung 25
        c) Die Rechtsfolgen der Heilung 26
      2. Die Heilung im verwaltungsinternen Überprüfungsverfahren . . . 27
        a) Die Heilung im Rahmen der Beschwerde nach Art. 90
        Abs. 2 BeamtSt 28
        b) Die Heilung im Rahmen des verwaltungsinternen
        Rechtsschutzes gegen Entscheidungen europäischer
        Agenturen 31

  III. Die Heilung nach Abschluss des Verwaltungsverfahrens,
      aber vor Klageerhebung 41
    1. Grundsatz: Heilung ausgeschlossen 41
    2. Ausnahme: Die Heilung von Begründungsmängeln 42
  IV. Die Heilung nach Klageerhebung 45
    1. Die Heilung von Anhörungs- und Akteneinsichtsmängeln 46
      a) Grundsatz: Heilung ausgeschlossen 46
      b) Ausnahmen 50
      c) Zwischenfazit 57
    2. Die Heilung von Begründungsmängeln 57
      a) Die Heilung einer unzureichenden Begründung 59
      b) Die Heilung eines Totalausfalls der Begründung 72
    3. Die Heilung eines Fehlers bei der Beschlussfassung 94
    4. Die Rechtsfolgen einer erfolgreichen Heilung im Laufe des
      gerichtlichen Verfahrens 96
      a) Keine Aufhebung 96
      b) Frage der Rückwirkung 96
      c) Gerichtskosten 97
  V. Zusammenfassung 98
B. Die Unbeachtlichkeit von Verfahrens- und Formfehlern 102
  I. Die Fallgruppen der Unbeachtlichkeit 102
    1. Unbeachtlichkeit von Formfehlern bei rechtlich gebundener
      Entscheidungssituation 103
      a) Begründungsmängel 104
      b) Anhörungsmängel 106
    2. Unbeachtlichkeit mangels konkreter Relevanz des
      Verfahrensfehlers für das Entscheidungsergebnis 107
      a) Alternativlosigkeit aus rechtlichen Gründen 107
      b) Alternativlosigkeit aus tatsächlichen Gründen 108
      c) Fallgruppe auf Ermessensentscheidungen anwendbar? 114
    3. Unbeachtlichkeit wegen Zweckerreichung 115
      a) Unregelmäßigkeiten bei der Übermittlung des
        Anhörungsprotokolls an den Beratenden Ausschuss 116
      b) Fehler in der Mitteilung der Beschwerdepunkte 117
      c) Verstoß gegen Art. 3 VO Nr. 1 zur Regelung der
        Sprachenfrage................................... 118
      d) Verletzung von Fristbestimmungen 119
      e) Begründungsmängel............................. 121
    4. Unbeachtlichkeit mangels Schwere des begangenen
      Verfahrens- oder Formfehlers 122
      a) Unbeachtlichkeit mangels Schwere des
        Anhörungsmangels............................... 122
      b) Unbeachtlichkeit mangels Schwere des
        Begründungsmangels............................. 123

  II. Die Rechtsfolgen der Unbeachtlichkeit 123
  III. Das Verhältnis der Heilung zur Unbeachtlichkeit 124
  IV. Zusammenfassung 125

Kapitel 3: Die primärrechtlichen Direktiven 127
  A. Methodische und konzeptionelle Vorüberlegungen 128
  B. Gebot einer bestimmten Sanktion von Verfahrens- und Formfehlern? . . . 130
      I.   Grundsatz der Rechtmäßigkeit der Verwaltung 131
      II. Grundrecht auf eine gute Verwaltung (Art. 41 GRCh) 134
      III. Grundsatz des effektiven Rechtsschutzes
           (Art. 47 Abs. 1 GRCh) 135
      IV. Grundsätze der Rechtssicherheit und des Vertrauensschutzes . . . 137
      V.   Gleichheitssatz 139
      VI. Menschenwürde (Art. 1 GRCh) 140
      VII. Grundsatz der Rechtsstaatlichkeit (Art. 2 EUV) 142
      VIII. Zwischenfazit 142
  C. Gebot der effizienzorientierten Ausgestaltung der Regeln der
      Heilung und Unbeachtlichkeit 143
  D. Gebot der zeitlichen Begrenzung der Heilungsmöglichkeit 147
      I.   Grundsatz des institutionellen Gleichgewichts 147
      II. Recht auf einen fairen Prozess (Art. 47 Abs. 2 S. 1 GRCh)
           und Grundsatz der Waffengleichheit 150
      III. Recht auf ein unparteiliches Gericht
           (Art. 47 Abs. 2 S. 1 GRCh) 152
      IV. Zwischenfazit 153

Kapitel 4: Das Verfahrensleitbild des europäischen
Eigenverwaltungsrechts 155
  A. Die konkurrierenden Verfahrensleitbilder 156
      I.   Die „dienende Funktion" des Verfahrensrechts 157
      II. Der Eigenwert des Verfahrensrechts 159
      III. Das Spannungsverhältnis der Verfahrensleitbilder 161
  B. Das Verhältnis der Regeln der Heilung und Unbeachtlichkeit zum
      Verfahrensleitbild 162
  C. Die Prüfung des Eigenwerts des Verfahrens 163
      I.   Reichweite der Verfahrensgarantien 164
           1. Anhörungsrecht 164
           2. Begründungspflicht 166
           3. Zwischenfazit 168
      II. Ausrichtung der gerichtlichen Rechtsschutzkonzeption 169
           1. Kontrolldichte 170
           2. Objektivierte Kontrolle 174
           3. Kein „Durchentscheiden" 175
           4. Klage nur gegen verfahrensabschließende
               Verwaltungsentscheidungen 176
           5. Zwischenfazit 177

    III. Der Verwaltung zuerkannter Entscheidungsspielraum 177
D. Fazit 180

Kapitel 5: Die rechtsvergleichende Perspektive 181
A. Vorüberlegungen: Ziele und Methode der Rechtsvergleichung 183
B. Deutschland 188
    I. Die Heilung von Verfahrens- und Formfehlern 188
      1. § 45 VwVfG: Die isolierte Heilung von Verfahrens- und
         Formfehlern 189
        a) Voraussetzungen 189
        b) Heilbare Fehler 191
        c) Rechtsfolgen 195
      2. Die Heilung im Rahmen eines Widerspruchsverfahrens 196
      3. Die Heilung im Laufe des gerichtlichen Verfahrens 198
        a) § 45 Abs. 2 VwVfG: Die Heilung „bis zum Abschluss der
          letzten Tatsacheninstanz eines verwaltungsgerichtlichen
          Verfahrens" 198
        b) Die Heilung eines Anhörungsmangels im gerichtlichen
          Verfahren 202
        c) Die Heilung eines Begründungsmangels im gerichtlichen
          Verfahren 204
        d) Die Kostenverteilung 205
    II. Die Unbeachtlichkeit von Verfahrens- und Formfehlern 206
      1. Die Unbeachtlichkeitsregelung des § 46 VwVfG 206
        a) Die Voraussetzungen der Unbeachtlichkeit nach
          § 46 VwVfG 207
        b) Der Anwendungsbereich von § 46 VwVfG 208
        c) Die Rechtsfolgen der Unbeachtlichkeit nach
          § 46 VwVfG 211
      2. Das Verhältnis von § 45 VwVfG zu § 46 VwVfG 212
    III. Zwischenfazit 213
C. Italien 213
    I. Die Unbeachtlichkeit von Verfahrens- und Formfehlern 213
      1. Art. 21-octies Abs. 2 S. 1 legge 241/1990:
        Unbeachtlichkeit bei gebundener Entscheidungslage 214
        a) Verletzung einer Verfahrens- oder Formvorschrift 216
        b) Anwendungsbereich: Gebundene Entscheidungslage 216
        c) Tatbestandsmerkmal der Offensichtlichkeit 217
      2. Art. 21-octies Abs. 2 S. 2 legge 241/90: Unbeachtlichkeit
        der Verletzung der Vorschriften zur Mitteilung der Einleitung
        eines Verfahrens 218
        a) Anwendungsbereich: Sowohl Ermessens- als auch
          gebundene Entscheidungen 219
        b) Die Beweislastverteilung 220
      3. Rechtsfolgen 221

a) Keine Aufhebung 221
b) Kosten 222
4. Kritik an der Gesetzesreform 222
II. Die Heilung von Verfahrens- und Formfehlern 223
1. Sanatoria: Die isolierte Heilung von Verfahrens- und
Formfehlern 224
a) Voraussetzungen 225
b) Rechtsfolgen 228
2. Motivazione postuma: Heilung eines Begründungsausfalls
im gerichtlichen Verfahren? 228
a) Traditionelle Auffassung. 229
b) Neuere Entwicklungen: Nach der Reform des
Verwaltungsverfahrensgesetzes im Jahr 2005
und der Einführung von Art. 21-octies legge 241/1990 230
III. Zwischenfazit 232
D. Frankreich 233
I. Die Unbeachtlichkeit von Verfahrens- und Formfehlern 233
1. Die sog. théorie des moyens inopérants en cas de compétence
liée: Die Unbeachtlichkeit bei rechtlich gebundener
Entscheidungslage 234
a) Voraussetzungen 234
b) Insbesondere: Unbeachtlichkeit von
Begründungsmängeln 236
c) Rechtsfolgen 237
2. Die Unterscheidung zwischen formalités substantielles
und formalités non substantielles: Die Unbeachtlichkeit
bei Entscheidungen mit Ermessensspielraum 237
a) Die normbezogene Differenzierung 239
b) Das Kriterium der fehlenden konkreten
Ergebnisrelevanz 241
c) Das Kriterium der Zweckerreichung 241
II. Die Heilung von Verfahrens- und Formfehlern. 244
1. Régularisation: Die isolierte Heilung von Verfahrens-
und Formfehlern 244
a) Grundsatz: Unzulässigkeit der régularisation 245
b) Ausnahme: Régularisation nicht-wesentlicher
Förmlichkeiten 246
2. Die Heilung im Rahmen des verwaltungsinternen
Rechtsschutzes 246
3. Die Heilung im Laufe des gerichtlichen Verfahrens 248
a) Grundsatz: Heilung im gerichtlichen Verfahren
ausgeschlossen 248
b) Substitution de motifs. 250
III. Zwischenfazit 252

E. England 252
    I. Die Heilung von Verfahrens- und Formfehlern 253
        1. Die Heilung vor Beginn des gerichtlichen bzw.
            quasi-gerichtlichen Verfahrens 253
        2. Die Heilung im Laufe des gerichtlichen Verfahrens 255
            a) Die Heilung der Verletzung eines statutory procedural
                requirement 256
            b) Die Heilung der Verletzung von natural justice
                Grundsätzen 258
            c) Die Heilung einer Verletzung des Grundsatzes der
                Unparteilichkeit aus Art. 6 Abs. 1 EMRK 268
    II. Die Unbeachtlichkeit von Verfahrens- und Formfehlern 273
        1. Die Unbeachtlichkeit der Verletzung eines statutory
            procedural requirement 273
            a) Die traditionelle Unterscheidung zwischen mandatory
                und directory procedural requirements 273
            b) Der jüngere, sog. common sense approach 274
        2. Die Unbeachtlichkeit der Verletzung eines natural justice
            procedural requirement 277
            a) Die traditionelle Rechtsprechung: Das Argument der
                Alternativlosigkeit der Entscheidung 278
            b) Die neuesten Entwicklungen: Die Einführung des
                „no difference" principle durch den Criminal
                Justice and Courts Act 2015 283
    III. Zwischenfazit 285
F. Rechtsvergleichende Analyse 286
    I. Die Gründe für das „ob" und die Reichweite der Relativierung
        von Verfahrens- und Formfehlern 286
    II. Vergleich der Heilungsmöglichkeiten 292
        1. Der Begriff und die Voraussetzungen der Heilung 292
        2. Die heilbaren Verfahrens- und Formfehler 293
        3. Die zeitlichen Grenzen der Heilungsmöglichkeit 295
            a) Die Heilung im Rahmen eines verwaltungsrechtlichen
                Überprüfungsverfahrens 295
            b) Die Heilung im Rahmen des gerichtlichen Verfahrens 295
        4. Die Rechtsfolgen der Heilung 302
    III. Vergleich der Möglichkeiten der Unbeachtlichkeit 302
        1. Die Fallgruppen der Unbeachtlichkeit 303
            a) Die Unbeachtlichkeit bei rechtlich gebundener
                Entscheidungslage 303
            b) Die Unbeachtlichkeit mangels konkreter Relevanz des
                Fehlers für das Entscheidungsergebnis 307
            c) Die Unbeachtlichkeit wegen Zweckerreichung 313
            d) Die Unbeachtlichkeit mangels Schwere des Fehlers 314

    2. Die Rechtsfolgen der Unbeachtlichkeit 315
    3. Vergleich des Verhältnisses der Heilung zur
       Unbeachtlichkeit 315

Kapitel 6: Praktischer Vorschlag 317
  A. Vorschlag zur Heilung von Verfahrens- und Formfehlern 318
  B. Vorschlag zur Unbeachtlichkeit von Verfahrens- und Formfehlern 321

Kapitel 7: Schlusswort 325

**Kapitel 8: Gesamtzusammenfassung der wesentlichen Ergebnisse
in Thesen** 331

**Summary: The Consequences of Errors in the EU's Direct
Administrative Proceedings. A Comparative Analysis
of "Rectification" and "Irrelevance"** 345

Literatur 361

Abkürzungsverzeichnis

A.A.	Andere Ansicht; andere Auffassung
A.C.	Law Reports, Appeal Cases
a.F.	Alte Fassung
ABl.	Amtsblatt
Abs.	Absatz
Ad. Plen.	Adunanza plenaria
Admin. L.R.	Administrative Law Reports
AEUV	Vertrag über die Arbeitsweise der Europäischen Union
AIPDA	Annuario dell'Associazione Italiana dei Professori di Diritto amministrativo
AJDA	L'Actualité juridique: Droit administratif
All E.R.	All England Law Reports
Alt.	Alternative
ÄndG	Änderungsgesetz
AnwBl.	Anwaltsblatt
AöR	Archiv für öffentliches Recht
Ass.	Assemblée
AVR	Archiv des Völkerrechts
BBauG	Baugesetzbuch des Bundes
BeamtSt	Statut der Beamten der Europäischen Union (in der Fassung der VO (EWG, Euratom, EGKS) Nr. 259/68 des Rates vom 29.02.1968) vom 18.12.1961, ABl. 1968 Nr. L 56 S. 1, zuletzt geändert durch VO (EU) 2016/1611 der Kommission vom 07.07.2016, ABl. Nr. L 242 S. 1.
Beschl.	Beschluss
BGBl.	Bundesgesetzblatt
BT-Drucks.	Bundestagsdrucksache
BVerfG	Bundesverfassungsgericht

BVerfGE	Sammlung der Entscheidungen des BVerfG
BVerwG	Bundesverwaltungsgericht
BVerwGE	Sammlung der Entscheidungen des BVerwG
bzw.	Beziehungsweise
C.E.	Conseil d'État
Cal.L.Rev	California Law Review
CDE	Cahiers de Droit Européen
CdS	Consiglio di Stato
Ch.	Law Reports, Chancery Division
CJ	Chief Justice
CMLR	Common Market Law Review
Cons. Stato	Consiglio di Stato
Dir. Amm.	Diritto Amministrativo
Dir. Proc. Amm.	Diritto Processuale Amministrativo
DÖV	Die öffentliche Verwaltung
Drucks.	Drucksache
DVBl.	Deutsche Verwaltungsblätter
E.H.R.R.	European Human Rights Reports
E.L.R.	Education Law Reports
E.L.Rev.	European Law Review
EGMR	Europäischer Gerichtshof für Menschenrechte
EPÜ	Übereinkommen über die Erteilung europäischer Patente vom 05.10.1973 in der Fassung der Akte zur Revision von Art. 63 EPÜ vom 17.12.1991 und der Akte zur Revision des EPÜ vom 29.11.2000
ESA-VO	VO Nr. 1093/2010; VO Nr. 1094/2010; VO Nr. 1095/2010
EuG	Europäisches Gericht
EuGH	Europäischer Gerichtshof
EuGRZ	Zeitschrift für Europäische Grundrechte
EUIPO	Amt der Europäischen Union für Geistiges Eigentum
EuR	Europarecht
EUV	Vertrag über die Europäische Union
EuZöR	Europäische Zeitschrift für öffentliches Recht
EuZW	Europäische Zeitschrift für Wirtschaftsrecht
EVwVfG	Regierungsentwurf eines Verwaltungsverfahrensgesetzes
EWCA Civ	England and Wales Court of Appeal
EWHC	Admin England and Wales High Court (Administrative Court)
EWS	Europäisches Wirtschafts- und Steuerrecht
EZB	Europäische Zentralbank
FIDE	Fédération internationale pour le droit européen
Fordham Int'l L.J.	Fordham International Law Journal

Foro it.	Il Foro Italiano
FS	Festschrift
G.U.	Gazzetta Ufficiale
GA	Generalanwalt
GewArch	Gewerbearchiv
GG	Grundgesetz
Giust. Civ.	Giustizia Civile
GöD	Gericht für den öffentlichen Dienst
GRCh	Charta der Grundrechte der Europäischen Union
GRUR	Gewerblicher Rechtsschutz und Urheberrecht
GRURInt	Gewerblicher Rechtsschutz und Urheberrecht international
H.L.R.	Housing Law Reports
HABM	Harmonisierungsamt für den Binnenmarkt (Marken, Muster und Modelle)
i.V.m.	In Verbindung mit
Il foro amm.	Il foro amministrativo
Ind. J. Global Legal Stud.	Indiana Journal of Global Legal Studies
Int'l & Comp. L. Q.	International and Comparative Law Quarterly
Int'l J. Const. L.	International Journal of Constitutional Law
IRLR	Industrial Relations Law Reports
J.	Justice
JA	Juristische Arbeitsblätter
JO	Journal Officiel
JR	Judicial Review
JuS	Juristische Schulung
JZ	Juristenzeitung
K.B.	Law Reports, King's Bench Division
L.J.	Lord Justice
LKV	Landes- und Kommunalverwaltung
m. Anm.	Mit Anmerkungen
m.w.N.	Mit weiteren Nachweisen
MLR	The Modern Law Review
NJW	Neue Juristische Wochenschrift
NVwZ	Neue Zeitschrift für Verwaltungsrecht
NVwZ-RR	Neue Zeitschrift für Verwaltungsrecht, Rechtsprechungs-Report Verwaltungsrecht
NZS	Neue Zeitschrift für Sozialrecht
ÖD	Öffentlicher Dienst
OVG	Oberverwaltungsgericht
P. & C.R.	Property, Planning & Compensation Reports
P.D.	Law Reports, Probate, Divorce & Admiralty Division
Pace Int'l L. Rev.	Pace International Law Review
Q.B.	Law Reports, Queen's Bench Division

QB	Law Reports, Queen's Bench Division
RabelsZ	Rabels Zeitschrift für ausländisches und internationales Privatrecht
Rec CE	Recueil des décisions du Conseil d'État (Recueil Lebon)
RFAP	Revue française d'administration publique
Rn.	Randnummer
Rs.	Rechtssache
S.	Satz
SächsVBl.	Sächsische Verwaltungsblätter
Sect.	Section
Sez.	Sezione
Sez. contr.	Sezioni del controllo
SGB	Sozialgesetzbuch
Slg.	Sammlung
sog.	Sogenannte
SZIER	Schweizerische Zeitschrift für europäisches und internationales Recht
TAR	Tribunale Amministrativo Regionale
UKHL	United Kingdom House of Lords
UKSC	United Kingdom Supreme Court
Unterabs.	Unterabsatz
Urt.	Urteil
VerwArch	Verwaltungsarchiv
VG	Verwaltungsgericht
VGH	Verwaltungsgerichtshof
VO Nr. 1	Verordnung Nr. 1 zur Regelung der Sprachenfrage für die Europäische Wirtschaftsgemeinschaft, ABl. Nr. 17 vom 6.10.1958, S. 385
VO Nr. 1/2003	Verordnung (EG) Nr. 1/2003 des Rates vom 16.12.2002 zur Durchführung der in den Artikeln 81 und 82 des Vertrags niedergelegten Wettbewerbsregeln, ABl Nr. L 1 S. 1, zuletzt geändert durch Anh. I ÄndVO (EG) 487/2009 vom 25.5.2009, ABl. Nr. L 148, S. 1
VO Nr. 1093/2010	Verordnung (EU) Nr. 1093/2010 des Europäischen Parlaments und des Rates vom 24.11.2010 zur Errichtung einer Europäischen Aufsichtsbehörde (Europäische Bankenaufsichtsbehörde), zur Änderung des Beschlusses Nr. 716/2009/EG und zur Aufhebung des Beschlusses 2009/78/EG der Kommission, ABl. L 331 vom 15.12.2010, S. 12
VO Nr. 1094/2010	Verordnung (EU) Nr. 1094/2010 des Europäischen Parlaments und des Rates vom 24.11.2010 zur Errichtung einer Europäischen Aufsichtsbehörde

	(Europäische Aufsichtsbehörde für das Versicherungswesen und die betriebliche Altersversorgung), zur Änderung des Beschlusses Nr. 716/2009/EG und zur Aufhebung des Beschlusses 2009/79/EG der Kommission, ABl. L 331 vom 15.12.2010, S. 48
VO Nr. 1095/2010	Verordnung (EU) Nr. 1095/2010 des Europäischen Parlaments und des Rates vom 24.11.2010 zur Errichtung einer Europäischen Aufsichtsbehörde (Europäische Wertpapier- und Marktaufsichtsbehörde), zur Änderung des Beschlusses Nr. 716/2009/EG und zur Aufhebung des Beschlusses 2009/77/EG der Kommission, ABl. L 331 vom 15.12.2010, S. 84
VO Nr. 1365/75	Verordnung (EWG) Nr. 1365/75 des Rates vom 26.5.1975 über die Gründung einer Europäischen Stiftung zur Verbesserung der Lebens- und Arbeitsbedingungen, ABl. L 139, 30.5.1975, S. 1
VO Nr. 139/2004	Verordnung (EG) Nr. 139/2004 des Rates vom 20. Januar 2004 über die Kontrolle von Unternehmenszusammenschlüssen, ABl. L 24, 29.1.2004, S. 1
VO Nr. 17/62	Verordnung Nr. 17, erste Durchführungsverordnung zu den Artikeln 85 und 86 des Vertrages, ABl. 13 vom 21.2.1962, S. 204
VO Nr. 1907/2006	Verordnung (EG) Nr. 1907/2006 des Europäischen Parlaments und des Rates vom 18.12.2006 zur Registrierung, Bewertung, Zulassung und Beschränkung chemischer Stoffe (REACH), zur Schaffung einer Europäischen Chemikalienagentur, zur Änderung der Richtlinie 1999/45/EG und zur Aufhebung der VO (EWG) Nr. 793/93 des Rates, der VO (EG) Nr. 1488/94 der Kommission, der Richtlinie 76/769/EWG des Rates sowie der Richtlinien 91/155/EWG, 93/67/EWG, 93/105/EG und 2000/21/EG der Kommission, ABl. L 396 vom 30.12.2006, S. 1
VO Nr. 2015/2424	Verordnung (EU) 2015/2424 des Europäischen Parlaments und des Rates vom 16.12.2015 zur Änderung der Verordnung (EG) Nr. 207/2009 des Rates über die Gemeinschaftsmarke und der Verordnung (EG) Nr. 2868/95 der Kommission zur Durchführung der Verordnung (EG) Nr. 40/94 des Rates über die Gemeinschaftsmarke und zur Aufhebung der Verordnung (EG) Nr. 2869/95 der Kommission über die an das Harmonisierungsamt für den Binnenmarkt

(Marken, Muster und Modelle) zu entrichtenden
Gebühren, ABl. L 341 vom 24.12.2015, S. 21

VO Nr. 2017/1001   Verordnung (EU) 2017/1001 des Europäischen
                    Parlaments und des Rates vom 14. Juni 2017 über die
                    Unionsmarke, ABl. EU 2017 L 154, S. 1

VO Nr. 2017/1430   Delegierte Verordnung (EU) 2017/1430 der
                    Kommission vom 18.5.2017 zur Ergänzung der
                    Verordnung (EG) Nr. 207/2009 des Rates über die
                    Unionsmarke und zur Aufhebung der Verordnung
                    (EG) Nr. 2868/95 der Kommission und der
                    Verordnung (EG) Nr. 216/96 der Kommission, ABl. L
                    205, 8.8.2017, S. 1

VO Nr. 216/2008   Verordnung (EG) Nr. 216/2008 des Europäischen
                    Parlaments und des Rates vom 20.2.2008 zur
                    Festlegung gemeinsamer Vorschriften für die
                    Zivilluftfahrt und zur Errichtung einer Europäischen
                    Agentur für Flugsicherheit, zur Aufhebung der
                    Richtlinie 91/670/EWG des Rates, der VO (EG)
                    Nr. 1592/2002 und der Richtlinie 2004/36/EG, ABl. L
                    79 vom 19.3.2008, S. 1

VO Nr. 2532/98   Verordnung (EG) Nr. 2532/98 des Rates vom
                    23.11.1998 über das Recht der Europäischen
                    Zentralbank, Sanktionen zu verhängen, ABl. L 318
                    vom 27.11.1998, S. 4

VO Nr. 2868/95   Verordnung Nr. 2868/95 (EG) der Kommission vom
                    13.12.1995 zur Durchführung der VO Nr. 40/94 (EG)
                    des Rates über die Gemeinschaftsmarke, ABl. EG Nr.
                    L 303, S. 1

VO Nr. 40/94   Verordnung (EG) Nr. 40/94 des Rates vom
                    20.12.1993 über die Gemeinschaftsmarke, ABl. 1994
                    Nr. L 11/1

VO Nr. 58/2003   Verordnung (EG) Nr. 58/2003 zur Festlegung des
                    Statuts der Exekutivagenturen, die mit bestimmten
                    Aufgaben bei der Verwaltung von
                    Gemeinschaftsprogrammen beauftragt werden, ABl.
                    Nr. L 11 vom 16.1.2003, S. 1

VO Nr. 6/2002   Verordnung (EG) Nr. 6/2002 des Rates vom
                    12.12.2001 über das
                    Gemeinschaftsgeschmacksmuster, ABl. L 3 vom
                    5.1.2002, S. 1

VO Nr. 773/2004   Verordnung (EG) Nr. 773/2004 der Kommission über
                    die Durchführung von Verfahren auf der Grundlage
                    der Artikel 81 und 82 EG-Vertrag durch die
                    Kommission, ABl. L 123 vom 27.4.2004, S. 18

VO Nr. 851/2004	Verordnung (EG) Nr. 851/2004 des Europäischen Parlaments und des Rates vom 21.4.2004 zur Errichtung eines Europäischen Zentrums für die Prävention und die Kontrolle von Krankheiten, ABl. L 142 vom 30.4.2004, S. 1
VO Nr. 99/63	Verordnung Nr. 99/63/EWG der Kommission vom 25.7.1963 über die Anhörung nach Art. 19 Abs. (1) und (2) der VO Nr. 17 des Rates, ABl. 127 vom 20.8.1963, S. 2268
VwGO	Verwaltungsgerichtsordnung
VwGOÄndG	Gesetz zur Änderung der Verwaltungsgerichtsordnung
VwVfG	Verwaltungsverfahrensgesetz
VwVG	Verwaltungs-Vollstreckungsgesetz
VwZG	Verwaltungszustellungsgesetz
W.L.R.	Weekly Law Reports
WuW	Wirtschaft und Wettbewerb
Yale L.J.	Yale Law Journal
ZaöRV	Zeitschrift für ausländisches öffentliches Recht und Völkerrecht
ZEUS	Zeitschrift für Europarechtliche Studien
ZfRSoz	Zeitschrift für Rechtssoziologie
ZfRV	Zeitschrift für Rechtsvergleichung
ZVglRW	Zeitschrift für vergleichende Rechtswissenschaft

Kapitel 1: Einleitung

Inhaltsverzeichnis

A. Anlass der Untersuchung.. 1
    I. Die Relevanz der Untersuchung.. 1
    II. Die Aktualität der Untersuchung... 3
B. Eingrenzung des Untersuchungsgegenstandes und -feldes..................................... 7
C. Gang der Untersuchung.. 9

A. Anlass der Untersuchung

I. Die Relevanz der Untersuchung

„Natürlich achte ich das Recht; aber auch mit dem Recht darf man nicht so pinge lig sein."[1] Diese Worte, die Konrad Adenauer 1960 in Essen gesagt haben soll, enthalten sicherlich ein Quäntchen Wahrheit. Der in ihnen anklingende pragmatische und effizienzorientierte Ansatz könnte sich auch im Umgang mit Verfahrens- und Formfehlern im europäischen Eigenverwaltungsverfahrensrecht als notwendig erweisen.

Eine gute Verwaltung im Sinne des Art. 41 Abs. 1 GRCh umfasst neben der substanziellen Seite die prozedurale Forderung, dass die Verwaltung das ihr obliegende Verfahren meistert und allen Anforderungen des Verfahrensrechts Rechnung trägt. Insbesondere sind Stellen zu beteiligen, Betroffene anzuhören, Entscheidungen zu begründen. Hinzu kommt die Notwendigkeit, komplexen Interessengefügen und

---

[1] *Henkels*, „…gar nicht so pingelig, meine Damen und Herren…", S. 150; *Meyer*, Kleiner Kölscher Kosmos, S. 31.

© Max-Planck-Gesellschaft zur Förderung der Wissenschaften e.V., to be exercised by Max-Planck-Institut für ausländisches öffentliches Recht und Völkerrecht, Heidelberg 2019
L. Hering, *Fehlerfolgen im europäischen Eigenverwaltungsrecht*, Beiträge zum ausländischen öffentlichen Recht und Völkerrecht 286,
https://doi.org/10.1007/978-3-662-59368-4_1

-gegensätzen Rechnung zu tragen sowie die Schwierigkeiten bei der Informations-beschaffung und die große Masse materiell-rechtlicher Regelungen zu bewältigen. Diese Liste der Anforderungen an die gute Verwaltungspraxis könnte noch lange fortgeführt werden.

Gerade das europäische Verwaltungsverfahrensrecht ist in den letzten Jahren immer umfassender, vielfältiger und komplexer geworden.[2] Mit den steigenden Anforderungen an das Verfahren ist auch die Zahl potenzieller Fehlerquellen gewachsen. Nahezu zwangsläufig führt das höhere Fehlerrisiko dazu, dass die Zahl der Verfahren, die vollständig fehlerfrei durchgeführt werden, sinkt.[3] Sucht man nur lange genug, kann man oftmals einen Verfahrensfehler finden. Folglich müssen sich auch Gerichte immer häufiger mit ihnen und den aus ihnen resultierenden Folgen für die betroffene Verwaltungsentscheidung befassen.

Dies führt zwangsläufig zu der Problematik, ob es gerechtfertigt sein kann, eine Verwaltungsentscheidung stets aufzuheben, wenn trotz eines Verfahrensfehlers das materiell-rechtliche Ergebnis korrekt ist oder der Verfahrensfehler behoben werden könnte. Sollte eine verfahrensfehlerhafte Verwaltungsentscheidung „gerettet" werden können, indem der Verfahrensmangel „wiedergutgemacht" wird? Kann unter gewissen Umständen gar – ganz im vermeintlichen Sinne Adenauers – auf die strikte Einhaltung des Rechts verzichtet werden? Diese Fragen müssen nicht nur mit Blick auf die steigende Fehleranfälligkeit von Verwaltungsverfahren beantwortet werden, sondern auch, weil Rechtsfragen oft von Unionsbürgern und -unternehmen dazu eingesetzt werden, um belastenden Verwaltungsentscheidungen aus dem Weg zu gehen oder unliebsame Verfahren zu bremsen.[4]

Eine fortschrittliche und zukunftsgewandte europäische Verwaltung benötigt daher pragmatische Mechanismen für den Umgang mit Fehlern. Dabei gebietet die praktische Vernunft, dass Verfahrensfehler nicht stets zur Aufhebung einer Entscheidung führen, sondern in gewisser Weise relativiert werden können.[5] Gerade vor dem Hintergrund, dass Fehler nicht gänzlich zu vermeiden sind, wenn die Verwaltung komplexe Entscheidungen trifft, ist es erforderlich, in gewissem Umfang darauf zu verzichten, formelles Recht strikt durchzuführen. Es muss eine bestimmte Form der Toleranz für Fehler ausgearbeitet bzw. ihre Legalisierung ermöglicht werden.[6] Daher muss das

---

[2] Vgl. *Schmidt-Aßmann/Krämer*, Das Verwaltungsverfahren und seine Folgen, EuZöR 1993, Sonderheft, S. 99, 104. Siehe auch *Ziller*, ¿Es necesaria una ley de procedimiento administrativo para las instituciones de la Unión? Comentarios preliminaries y perspectivas, in: Fuertes, Un Procedimiento Administrativo para Europa, S. 97, 107.

[3] Zur „Unvermeidlichkeit von Fehlern" siehe *Becker/Luhmann*, Verwaltungsfehler und Vertrauensschutz, S. 10.

[4] Zum „Verfahren als Verhinderungsstrategie" siehe *Schmidt-Aßmann/Krämer*, Das Verwaltungsverfahren und seine Folgen, EuZöR 1993, Sonderheft, S. 99, 104.

[5] *Classen*, Das nationale Verwaltungsverfahren im Kraftfeld des europäischen Gemeinschaftsrechts, Die Verwaltung 31 (1998), S. 307, 323; *Kment*, Nationale Unbeachtlichkeits-, Heilungs- und Präklusionsvorschriften und Europäisches Recht, S. 56; vgl. auch *Gellermann*, Auflösung von Normwidersprüchen zwischen europäischem und nationalem Recht, DÖV 1996, S. 433, 442.

[6] *Becker/Luhmann*, Verwaltungsfehler und Vertrauensschutz, S. 10 und 12.

Recht Möglichkeiten bereithalten, die es erlauben, Verfahrensfehler in Verwaltungsentscheidungen auf eine differenzierte Art und Weise zu behandeln und so zu verhindern, dass systematisch aufgehoben werden muss.[7] Oder mit den Worten von *Wahl*
ausgedrückt: „Keine Rechtsordnung der Welt hält jeden und alle Verfahrensfehler für
beachtlich."[8]

II. Die Aktualität der Untersuchung

Das Unionsrecht hat sich der systematischen Beantwortung der Fragen nach den
Verfahrensfehlerfolgen im Allgemeinen und der Heilung und Unbeachtlichkeit von
Verfahrens- und Formfehlern im Besonderen jedoch noch nicht umfassend und systematisch angenommen.[9] Bedauernswert ist vor allem – und hieraus zieht die Diskussion auch ihre besondere Aktualität und Brisanz –, dass in der jüngst stattfinden-
den sowohl interinstitutionellen als auch akademischen Debatte um den Erlass eines
europäischen Eigenverwaltungsverfahrensgesetzes die Fehlerfolgenlehre vollständig ausgeklammert wurde.

Im Gegensatz zu einigen mitgliedstaatlichen Rechtsordnungen, die über ein Verwaltungsverfahrensgesetz verfügen, gibt es im Unionsrecht bis heute keinen Sekun-
därrechtsakt, der das Verwaltungsverfahren für alle Bereiche der europäischen Verwaltungstätigkeit bereichsübergreifend und allgemein – sozusagen „vor die Klammer
gezogen" – regelt.[10] Nur Teile des europäischen Verwaltungsverfahrensrechts sind in

---

[7] *Woehrling,* Un aspect méconnu de la gestion administrative: La régularisation des procédures et
décisions illégales, RFAP 2004, S. 533, 545.

[8] *Wahl,* Das Verhältnis von Verwaltungsverfahren und Verwaltungsprozessrecht in europäischer
Sicht, DVBl. 2003, S. 1285, 1292.

[9] In der Wissenschaft setzen sich mit den Rechtsfiguren der Heilung und Unbeachtlichkeit im europäischen Verwaltungsrecht vertiefter auseinander *Bülow,* Die Relativierung von Verfahrensfehlern,
S. 239 ff.; *von Danwitz,* Europäisches Verwaltungsrecht, S. 391 ff.; *Mader,* Verteidigungsrechte,
S. 367 ff.; *Schwarze,* Europäisches Verwaltungsrecht, 2. Auflage, S. 1367 ff. In der Rechtsprechung
der europäischen Gerichte finden sich eine Vielzahl von Einzelentscheidungen zu den Rechtsfiguren
der Heilung und Unbeachtlichkeit. *Hegels,* EG-Eigenverwaltungsrecht und Gemeinschaftsverwaltungsrecht, S. 86 ist der Auffassung, dass in den Einzelentscheidungen des Gerichtshofs ein „um-
fassendes Regime zur Behandlung von Fehlern im Verwaltungsverfahren" erblickt werden kann.
GA *van Gerven,* Schlussanträge v. 13.01.1993, Rs. C-35/92 P, *Parlament/Erik Dan Frederiksen,*
Slg. 1993, I-991, Rn. 11 spricht gar von einem „*Rechtsgrundsatz* […] wonach Unregelmäßigkeiten
des Verfahrens durch eine spätere Berichtigung geheilt werden können" (Hervorhebung durch die
Verfasserin). Eher skeptisch in Bezug auf ein „umfassendes Regime der Fehlerbehandlung" in der
Rechtsprechung hingegen *Mader,* Verteidigungsrechte, S. 367. Er zieht es vor, lediglich von „Grund-
linien der Heilbarkeit in verschiedenen Phasen des Verfahrens" zu sprechen.

[10] Zu den Vorteilen einer solchen Kodifikation siehe *Schmidt-Aßmann,* Europäisches Verwaltungsverfahrensrecht, in: Müller-Graff, Perspektiven des Rechts in der Europäischen Union, S. 131,
161 f.; aus der Perspektive der Rechtsprechung und der Gerichte siehe *Skouris,* Der Musterentwurf
eines EU-Verwaltungsverfahrensgesetzes aus der Sicht des Europäischen Gerichtshofs, DVBl.
2016, S. 201, 202.

geschriebenen Rechtssätzen niedergelegt: Neben der in Art. 296 Abs. 2 AEUV niedergelegten Begründungspflicht ist das Recht auf gute Verwaltung aus Art. 41 GRCh das prominenteste Beispiel einer unionsrechtlichen Kodifikation verwaltungsverfahrensrechtlicher Vorschriften. Vielmehr verfügt jede europäische Agentur über ihre eigenen Regeln zum Verwaltungsverfahren. Dies führt zu einer großen Masse an fragmentierten, sektorspezifischen Verfahrensvorschriften, die zu teilweise ungerechtfertigten Ungleichbehandlungen sowie Regelungslücken führen können.[11]

Lange Zeit konnte das Fehlen eines Rechtsaktes zum europäischen Eigenverwaltungsverfahrensrecht auf eine fehlende Regelungskompetenz der Europäischen Union zurückgeführt werden.[12] Nach dem Grundsatz der begrenzten Einzelermächtigung, der in Art. 5 Abs. 2 EUV niedergelegt ist, darf die Europäische Union nur dann einen Rechtsakt erlassen, wenn sie von den Mitgliedstaaten in den Verträgen mit der entsprechenden Kompetenz ausgestattet wurde.[13] Seit dem Inkrafttreten des Vertrags von Lissabon hat sich die Rechtslage jedoch geändert: Art. 298 Abs. 1 AEUV, der durch den Vertrag von Lissabon neu geschaffen wurde, verpflichtet die europäische Verwaltung zur Offenheit, Effizienz und Unabhängigkeit. Absatz zwei ermächtigt das Parlament und den Rat im ordentlichen Gesetzgebungsverfahren Bestimmungen zu diesen Zwecken durch Verordnung zu erlassen. Aus Wortlaut, Systematik und Entstehungsgeschichte der Norm ergibt sich, dass mit Art. 298 Abs. 2 AEUV eine Gesetzgebungsermächtigung zumindest[14] für den

---

[11] *Mir Puigpelat,* Razones para una codificación general del procedimiento de la administración de la Unión, in: Fuertes, Un Procedimiento Administrativo para Europa, S. 131, 146.

[12] *Kahl,* Hat die EG die Kompetenz zur Regelung des Allgemeinen Verwaltungsrechts?, NVwZ 1996, S. 865 ff. Für Art. 352 AEUV als Kompetenzgrundlage *Craig,* A General Law on Administrative Procedure, Legislative Competence and Judicial Competence, European Public Law 19 (2013), S. 503, 513 f.

[13] *Calliess,* in: Calliess/Ruffert, Art. 5 EUV, Rn. 6; siehe auch *Meyer/Hölscheidt,* Die Europäische Verfassung des Europäischen Konvents, EuZW 2003, S. 613, 614.

[14] Drei Auslegungsmöglichkeiten werden für Art. 298 Abs. 2 AEUV vertreten: Die erste sieht in Art. 298 Abs. 2 AEUV nur die Ermächtigung für den Erlass eines allgemeinen Verwaltungsverfahrensgesetzes der internen europäischen Eigenverwaltung; die zweite eine Ermächtigung zum Erlass eines allgemeinen Verwaltungsverfahrensgesetzes sowohl der internen als auch externen europäischen Eigenverwaltung; die dritte gar eine Ermächtigungsgrundlage für den Erlass eines allgemeinen Verwaltungsverfahrensrechts für die Anwendung von Gemeinschaftsrecht durch die nationalen Stellen. Die herrschende Auffassung folgt der zweiten Auffassung, siehe Fn. 15. Zu den drei verschiedenen Auslegungsmöglichkeiten der Norm siehe *Craig,* A General Law on Administrative Procedure, Legislative Competence and Judicial Competence, European Public Law 19 (2013), S. 503, 511 ff.; *Ziller,* Article 298 on European Administration, in: Smit/Herzog/Campbell/ Zagel, On The Law Of The European Union, § 298.05. Für die engste Auslegung (das heißt, dass sich Art. 298 Abs. 2 AEUV nur auf das interne Organisationsrecht bezieht) sprechen sich aus *Ruffert,* in: Calliess/Ruffert, Art. 298, Rn. 12; a.A. *Craig,* A Gerneral Law on Administrative Procedure, Legislative Competence and Judicial Competence, European Public Law 19 (2013), S. 503, 511; *Geber,* Bankenaufsicht ohne Verwaltungsverfahrensrecht, EuZW 2013, S. 298, 301; *Hatje,* in: Schwarze, Art. 298 AEUV, Rn. 20.

Erlass eines allgemeinen Verwaltungsverfahrensrechts der europäischen Eigenverwaltung geschaffen werden sollte.[15]

Der Diskussion um die Entwicklung eines europäischen Eigenverwaltungsverfahrensgesetzes haben sich seitdem sowohl die Lehre als auch die europäischen Institutionen angenommen. Seit 2009 existiert ein Netzwerk europäischer Rechtswissenschaftler und Praktiker, das Research Network on EU Administrative Law (ReNEUAL), das im Jahr 2014 einen Musterentwurf für ein Gesetz zum europäischen Verwaltungsverfahrensrecht veröffentlicht hat.[16] Zudem hat das Europäische Parlament im Januar 2013 von seinem indirekten Initiativrecht nach Art. 225 S. 1 AEUV Gebrauch gemacht und die Europäische Kommission dazu aufgefordert, einen Verordnungsvorschlag für ein europäisches Verwaltungsverfahrensrecht zu erlassen. Dazu übersandte das Parlament der Kommission eine Entschließung mit ausführlichen Empfehlungen zum Inhalt eines solchen Gesetzes.[17] Die Kommission begrüßte die Entschließung des Parlaments zwar grundsätzlich, stand einem Verordnungsentwurf jedoch skeptisch gegenüber.[18] Im Januar 2016 legte die Arbeitsgruppe für Verwaltungsrecht im Rechtsausschuss des Europäischen Parlaments einen „Entwurf für eine Verordnung des Europäischen Parlaments und des Rates über das Verwaltungsverfahren der Organe, Einrichtungen,

---

[15] Dafür, dass Art. 298 Abs. 2 AEUV eine Gesetzgebungsermächtigung für die Regelung eines allgemeinen Verwaltungsverfahrensrechts der europäischen Eigenverwaltung schafft *Craig*, A General Law on Administrative Procedure, Legislative Competence and Judicial Competence, European Public Law 19 (2013), S. 503, 511 f.; *Fehling*, Europäisches Verwaltungsverfahren und Verwaltungsprozessrecht, in: Terhechte, VwR der EU, § 12, Rn. 15; *Guckelberger*, Gibt es bald ein unionsrechtliches Verwaltungsverfahrensgesetz?, NVwZ 2013, S. 601, 603; *Guckelberger/Geber*, Allgemeines Europäisches Verwaltungsverfahrensrecht vor seiner unionsrechtlichen Kodifizierung?, S. 133; *Kotzur*, in: Geiger/Khan/Kotzur, Art. 298 AEUV, Rn. 4; *Ladenburger*, Evolution oder Kodifikation eines allgemeinen Verwaltungsrechts in der EU, in: Trute/Gross/Möllers/Röhl, Allgemeines Verwaltungsrecht, S. 107, 119; *Napolitano*, EU Administrative Procedures. Presenting and discussing the ReNEUAL Draft Model Rules, Rivista Italiana di Diritto Pubblico Comunitario 24 (2014), S. 879, 888; *Nieto-Garrido*, Possible Developments of Article 298 TFEU: Towards an Open, Efficient and Independent European Administration, European Public Law 2012, S. 373, 379; *Stelkens*, in: Stelkens/Bonk/Sachs, VwVfG, Europäisches Verwaltungsrecht, Rn. 157; *Ziller*, Article 298 on European Administration, in: Smit/Herzog/Campbell/Zagel, On The Law Of The European Union, § 298.05.

[16] *Schneider/Hofmann/Ziller*, ReNEUAL-Musterentwurf für ein EU-Verwaltungsverfahrensrecht.

[17] *Europäisches Parlament*, Entschließung v. 15.01.2013 mit Empfehlungen an die Kommission zu einem Verwaltungsverfahrensrecht der Europäischen Union (2012/2024(INI)), abrufbar unter http://www.europarl.europa.eu/sides/getDoc.do?pubRef=-//EP//TEXT+TA+P7-TA-2013-0004+0+DOC+XML+V0//EN.

[18] *Maroš Šefčovič*, Vizepräsident der Kommission, Rede vor der Abstimmung über die Entschließung in der Debatte im Europäischen Parlament in Brüssel am 14.01.2013, abrufbar unter http://europa.eu/rapid/press-release_SPEECH-13-37_en.htm; *Europäisches Parlament*, Follow up to the European Parliament resolution with recommendations to the Commission on a Law of Administrative Procedure of the European Union, adopted by the Commission on 24 April 2013, (2012/2024(INI)).

Ämter und Agenturen der Europäischen Union" vor,[19] dem der Musterentwurf des ReNEUAL-Projekts erkennbar und maßgeblich zugrunde gelegt worden war.[20]

Weder der ReNEUAL Musterentwurf noch die Verordnungsvorschläge aus dem Europäischen Parlament enthalten jedoch einen Regelungsvorschlag für eine europäische Fehlerfolgenlehre.[21] Laut ReNEUAL-Musterentwurf ist ein Grund hierfür zunächst, dass es zwar viele mitgliedstaatliche Rechtsordnungen gebe, die bindende Regelungen bezüglich der Folgen der Nichteinhaltung von verwaltungsverfahrensrechtlichen Vorschriften enthielten. Gleichwohl gebe es viele mitgliedstaatliche Rechtsordnungen, die nicht über solche Vorschriften zu den Fehlerfolgen verfügten. In diesen Rechtsordnungen werde Verfahrensvorschriften trotzdem – und zwar durch ihre Gerichte und auf eine Art und Weise, die diese für angemessen erachten – zur Geltung verholfen. Ferner hätten die europäischen Gerichte[22] bis jetzt gute Arbeit geleistet, Verfahrensverletzungen angemessen zu sanktionieren.[23] Der Vorteil, die Fehlerfolgenlehre der dritten Gewalt überantwortet zu lassen, ist ihre größere Flexibilität im Umgang mit Verfahrensfehlern.

Trotzdem stellt das Fehlen einer Fehlerfolgenregelung in den Entwürfen eine erhebliche Regelungslücke dar. Zwar ist verständlich, dass das ReNEUAL-Netzwerk aus pragmatischen Gründen einen Regelungsvorschlag zu den Fehlerfolgen ausgeklammert hat, um möglichst schnell einen Musterentwurf vorlegen und damit auf die aktuelle Debatte Einfluss nehmen zu können. Ein Normierungsvorschlag zu den Fehlerfolgen und insbesondere zu einer möglichen Heilung und Unbeachtlichkeit von Verfahrensfehlern sollte jedoch zumindest bei einer Überarbeitung in den Musterentwurf aufgenommen werden[24] – dies bereits aus dem Grund, dass die Rechtsprechung

---

[19] *Europäisches Parlament,* Proposal for a regulation of the European Parliament and of the Council on the Administrative Procedure of the European Union's institutions, bodies, offices and agencies, abrufbar unter http://www.europarl.europa.eu/meetdocs/2014_2019/plmrep/COMMITTEES/JURI/DV/2016/01-28/1081253EN.pdf.

[20] Dies war auch erklärtes Ziel des ReNEUAL-Vorschlags, siehe *Schneider/Hofmann/Ziller,* Die ReNEUAL Model Rules 2014: Ein Verwaltungsverfahrensrecht für Europa, JZ 2015, S. 265, 265 f.

[21] Dies kritisieren in Bezug auf den ReNEUAL-Musterentwurf auch *Guckelberger/Geber,* Allgemeines Europäisches Verwaltungsverfahrensrecht vor seiner unionsrechtlichen Kodifizierung?, S. 212 f.; *Lenz,* Der ReNEUAL-Musterentwurf für ein Europäisches Verwaltungsverfahrensrecht in der Diskussion, NVwZ 2016, S. 38, 39; *Rennert,* ReNEUAL-Musterentwurf für ein EU-Verwaltungsverfahrensrecht aus der Sicht des BVerwG, DVBl. 2016, S. 69, 69.

[22] Die Begriffe „europäische Gerichte" und „Unionsgerichte" beziehen sich hier und auch im Folgenden auf den Europäischen Gerichtshof und das Gericht der Europäischen Union.

[23] *Schneider/Hofmann/Ziller,* ReNEUAL-Musterentwurf für ein EU-Verwaltungsverfahrensrecht, Buch 1 A. Rn. 18.

[24] Dies fordern auch *Fehling,* Buch III des ReNEUAL-Musterentwurfs aus der Perspektive der europäischen Verwaltungsrechtswissenschaft, in: Schneider/Rennert/Marsch, ReNEUAL Musterentwurf für ein EU Verwaltungsverfahrensrecht, Tagungsband, S. 143, 153; *Kraft,* Der ReNEUAL-Musterentwurf für ein EU-Verwaltungsverfahrensrecht: Anmerkungen eines Praktikers zu Buch III, in: Schneider/Rennert/Marsch, ReNEUAL Musterentwurf für ein EU Verwaltungsverfahrensrecht, Tagungsband, S. 154, 161; *Schneider,* Einzelfallentscheidungsverfahren als Gegenstand von Buch III des ReNEUAL-Musterentwurfs, in: Schneider/Rennert/Marsch, ReNEUAL Musterentwurf für ein EU Verwaltungsverfahrensrecht, Tagungsband, S. 129, 139 f.

der europäischen Gerichte zu diesem Thema keineswegs eine solche Klarheit aufweist, wie im ReNEUAL-Musterentwurf behauptet.[25] Zu Recht kommt *von Danwitz* zu dem Schluss, dass die Zeit reif für eine umfassende und systematische Aufarbeitung dieses Problemkreises sei. Er notierte bereits im Jahr 2008, dass „die Rechtsentwicklung zur Fehlerfolgenlehre im Eigenverwaltungsrecht einen Stand erreicht [hat], der eine zusammenfassende Ordnung sinnvoll erscheinen ließe."[26] Vor allem im Großbetrieb der heutigen europäischen Verwaltung, die massenweise verbindliche Beschlüsse in komplizierten Einzelfällen erlässt, ist es realitätsfern und nicht mehr rational, jeden Fehler einer Einzelfallprüfung unterziehen zu wollen. Um die Aufgaben, die der europäischen Verwaltung gestellt sind, effektiv bewältigen zu können, ist vielmehr ein Routinehandeln erforderlich, mit dem auf bestimmte Fehler mit einer vorher programmierten Handlung geantwortet wird.

B. Eingrenzung des Untersuchungsgegenstandes und -feldes

Die vorliegende Untersuchung widmet sich daher dem Anliegen, diese Lücke zu schließen, indem sie einen „allgemeinen Teil" der Heilung und Unbeachtlichkeit von Verfahrens- und Formfehlern für das europäische Eigenverwaltungsrecht erarbeitet. Mit der Wahl dieses Themas geht eine Eingrenzung des Untersuchungsgegenstandes und -feldes in vier Richtungen einher.

Eine erschöpfende Aufarbeitung aller Folgen von Verfahrensfehlern kann angesichts des überbordenden Anschauungsmaterials kaum geleistet werden. Daher beschränkt sich der *Gegenstand* der vorliegenden Untersuchung auf die Relativierung von Verfahrens- und Formfehlern in Form der *Heilung und Unbeachtlichkeit*. Diese Rechtsfiguren nehmen im Gesamtgefüge der Fehlerlehre[27] eine herausragende Stellung ein, da sie Ausdruck der spezifischen Spannungslage zwischen Verfahrenseffizienz und dem Rechtsschutzauftrag der Verwaltung sind und sie rechtsdogmatische sowie -pragmatische Erwägungen vereinen.

Der Gegenstand der Untersuchung beschränkt sich des Weiteren auf *Verfahrens- und Formfehler*. Ein Verfahrens- bzw. Formfehler liegt dann vor, wenn das tatsächlich durchgeführte Verwaltungsverfahren Verfahrens- bzw. Formvorschriften verletzt, das heißt, von den rechtlich vorgesehenen Verfahrens- bzw. Formerfordernissen abweicht. Ein Verschulden der Verwaltung oder des Amtswalters ist nicht erforderlich. Da die Untersuchung sämtlicher Verfahrensfehler im Eigenverwaltungsrecht den Rahmen dieser Untersuchung sprengen würde, ist der Begriff der Verfahrensfehler im Kontext dieser Arbeit zunächst solchen Fehlern vorbehalten, die eine

---

[25] *Fehling*, Buch III des ReNEUAL-Musterentwurfs aus der Perspektive der europäischen Verwaltungsrechtswissenschaft, in: Schneider/Rennert/Marsch, ReNEUAL Musterentwurf für ein EU Verwaltungsverfahrensrecht, S. 143, 153.

[26] *von Danwitz*, Europäisches Verwaltungsrecht, S. 394.

[27] Zum Begriff und der Entwicklung der Fehlerlehre im deutschen Verwaltungsrecht siehe *Hufen*, Fehler, Rn. 2.

Verletzung außenrechtsverbindlicher Verfahrensvorschriften darstellen, das heißt derjenigen Normen, die die Art und Weise vorschreiben, wie eine verwaltungsrechtliche Einzelfallentscheidung zustande kommt. Nicht umfasst sind damit beispielsweise Zuständigkeitsfehler. Erfasst werden hingegen Formfehler im engen Sinn, wie beispielsweise die Begründungspflicht. Ferner können durch den Einzelnen im Unionsrecht nur Verletzungen individualschützender Verfahrensvorschriften gerügt werden. Daher ist der Schwerpunkt der Untersuchung auf das Anhörungs- und Akteneinsichtsrecht sowie auf die Begründungspflicht zu legen.

Neben dem Untersuchungsgegenstand bleibt noch das Untersuchungs*feld* des Vorhabens zu erläutern. Dieses beschränkt sich auf das europäische *Eigenverwaltungsrecht*, klammert also das Gemeinschaftsverwaltungsrecht und das Verbund- und Kooperationsverwaltungsrecht aus.[28] Diese Eingrenzung hat zunächst pragmatische Gründe: Sie beschränkt das andernfalls überbordende Anschauungsmaterial auf einen sinnvollen Umfang. Zudem sprechen auch dogmatische Gründe für die Begrenzung. Denn der Bereich des Eigenverwaltungsrechts kann für das europäische Verwaltungs(verfahrens)recht als Labor der Systembildung verstanden werden.[29] So ist vor allem das Wettbewerbsrecht ein das gesamte europäische Verwaltungsrecht stark prägendes Referenzgebiet.[30] Auch hat die Bedeutung des Eigenverwaltungsrechts vor allem in den letzten Jahren zugenommen. Mit dem Voranschreiten der europäischen Integration ging eine Erweiterung der Kompetenzen der Europäischen Union einher, die mit der vermehrten Gründung europäischer Ämter, Agenturen und sonstiger Einrichtungen zur Übernahme von immer mehr Aufgaben verbunden war.[31] Schließlich rechtfertigt sich die Beschränkung auch aus einer weiteren Überlegung heraus: Der Kompetenztitel des Art. 298 Abs. 2 AEUV für die Kodifikation eines allgemeinen verwaltungsrechtlichen Gesetzes bezieht sich nach herrschender und zutreffender Auffassung nur auf den Erlass einer allgemeinen Regelung des Unionseigenverwaltungsrechts.[32] Zum Erlass einer Regelung des indirekten Vollzugs des Unionsrechts durch die Mitgliedstaaten wäre die Union mangels Kompetenztitels daher gar nicht regelungsbefugt. So beschränken sich auch der ReNEUAL-Musterentwurf[33] sowie

---

[28] Ausführlich zu diesen drei Ebenen des verwaltungsrechtlichen Vollzugs *von Danwitz*, Europäisches Verwaltungsrecht, Kap. 4 bis 6; *Hegels*, EG-Eigenverwaltungsrecht und Gemeinschaftsverwaltungsrecht, S. 17 ff.; *Schmidt-Aßmann*, Deutsches und Europäisches Verwaltungsrecht, DVBl. 1993, S. 924, 924 ff.; *Schmidt-Aßmann*, Das allgemeine Verwaltungsrecht als Ordnungsidee, S. 384 ff.

[29] *Fehling*, Europäisches Verwaltungsverfahren und Verwaltungsprozessrecht, in: Terhechte, VwR der EU, § 12, Rn. 52.

[30] *von Danwitz*, Europäisches Verwaltungsrecht, S. 358; *Weiß*, Europäisches Wettbewerbsverwaltungsrecht, in: Terhechte, VwR der EU, § 20, Rn. 2.

[31] *Seitz*, Grundrechtsschutz durch Verfahrensrecht, EuZW 2015, S. 273, 273. Eine Ausweitung des Direktvollzugs in den letzten Jahren beobachtet auch *Siegel*, Die Widerspruchskammer im System des europäischen Verwaltungsrechtsschutzes, EuZW 2008, S. 141, 142.

[32] Siehe Fn. 15.

[33] *Schneider/Hofmann/Ziller*, ReNEUAL-Musterentwurf für ein EU-Verwaltungsverfahrensrecht, Buch 1 A., Rn. 57.

die Entwürfe des Parlaments[34] auf die Regeln der direkten Verwaltung durch die Unionsbehörden.

Das Untersuchungsfeld ist schließlich noch in eine zweite Richtung, nämlich in Bezug auf die Handlungsformen der Verwaltung, zu beschränken: Es sollen ausschließlich *Beschlüsse* i.S.v. Art. 288 Abs. 4 AEUV, die gegenüber Unionsbürgern oder -unternehmen ergehen, in den Blick genommen werden. Mit dem Fokus auf die an den Einzelnen gerichteten Entscheidungen möchte die Arbeit den Individualrechtsschutz in den Vordergrund rücken. Ausgeklammert bleiben daher verfahrensfehlerbehaftete Verordnungen, Richtlinien, Empfehlungen und Stellungnahmen sowie Verträge.

C. Gang der Untersuchung

Die Arbeit ist in fünf Teile gegliedert.

Im *zweiten Kapitel* wird die Rechtsprechung der europäischen Gerichte in Bezug auf die Heilung und Unbeachtlichkeit von Verfahrens- und Formfehlern untersucht. Diese Analyse soll Ausgangspunkt und Fundament der weiteren Betrachtungen sein. Da die Rechtsfiguren der Heilung und Unbeachtlichkeit nicht isoliert betrachtet werden können, sondern auch im Gefüge des europäischen Primärrechts begriffen werden müssen, sind im *dritten Kapitel* auf der Grundlage der Bestandsaufnahme des *zweiten* Kapitels die primärrechtlich determinierenden Faktoren der Heilung und Unbeachtlichkeit herauszuarbeiten. Das *vierte Kapitel* befasst sich mit dem dem europäischen Verwaltungsverfahrensrecht zugrunde liegenden Verfahrensleitbild. Denn die Relativierung von Verfahrens- und Formfehlern steht auch in einem systematischen und folgenreichen Zusammenhang damit. Im Anschluss daran soll – in einem *fünften Kapitel* – die Heilung und Unbeachtlichkeit in den (noch-)mitgliedstaatlichen Rechtsordnungen Deutschlands, Italiens, Frankreichs und Englands aus rechtsvergleichender Perspektive in den Blick genommen werden. Denn das tradierte Denken in den nationalen Rechtsordnungen hat erheblichen Einfluss auf die Ausgestaltung des europäischen Verwaltungsrechts. Das *sechste Kapitel* führt die Ergebnisse der Untersuchung zusammen. Ein praktischer Vorschlag in etwas deutlicheren Konturen beschließt die Untersuchung.

---

[34] *Europäisches Parlament,* Entschließung v. 15.01.2013 mit Empfehlungen an die Kommission zu einem Verwaltungsverfahrensrecht der Europäischen Union (2012/2024(INI)), Recommendation 1 Abs. 2: „The regulation should apply to the Union's institutions, bodies, offices and agencies („the Union's administration") in their relations with the public. Its scope should therefore be limited to *direct administration*" (Hervorhebung durch die Verfasserin), abrufbar unter http://www.europarl. europa.eu/sides/getDoc.do?pubRef=-//EP//TEXT+TA+P7-TA-2013-0004+0+DOC+XML+V0// EN. Proposal for a regulation of the European Parliament and of the Council on the Administrative Procedure of the European Union's institutions, bodies, offices and agencies, Art. 2. Abs. 1: „This Regulation applies to the administrative activities of the *Union's institutions, bodies, offices and agencies*" (Hervorhebung durch die Verfasserin), abrufbar unter http://www.europarl.europa. eu/meetdocs/2014_2019/plmrep/COMMITTEES/JURI/DV/2016/01-28/1081253EN.pdf.

Kapitel 2: Die Rechtsprechung der Unionsgerichte

Inhaltsverzeichnis

A. Die Heilung von Verfahrens- und Formfehlern.. 14
  I. Vorüberlegungen.. 15
    1. Der Anwendungsbereich der Heilung: Die Verletzung von
      Verfahrens- und Formvorschriften..................................... 16
    2. Das Kriterium der „Berichtigung": Die Herstellung eines gleichwertigen
      Zustands und die zeitliche Dimension der Heilung.................. 18
    3. Das Kriterium der „Nachträglichkeit".................................. 21
    4. Das Verhältnis der Heilung zur Nichtigkeit.......................... 22
  II. Die Heilung vor Abschluss des Verwaltungsverfahrens.................... 23
    1. Die Heilung im Laufe des verwaltungsrechtlichen Ausgangsverfahrens.... 23
      a) Die Rechtfertigung der Heilungsmöglichkeit..................... 24
      b) Die Grenzen der Heilung.. 25
      c) Die Rechtsfolgen der Heilung....................................... 26
    2. Die Heilung im verwaltungsinternen Überprüfungsverfahren....... 27
      a) Die Heilung im Rahmen der Beschwerde nach Art. 90 Abs. 2 BeamtSt.... 28
      b) Die Heilung im Rahmen des verwaltungsinternen Rechtsschutzes gegen
        Entscheidungen europäischer Agenturen.......................... 31
  III. Die Heilung nach Abschluss des Verwaltungsverfahrens, aber vor Klageerhebung.... 41
    1. Grundsatz: Heilung ausgeschlossen................................... 41
    2. Ausnahme: Die Heilung von Begründungsmängeln.................. 42
  IV. Die Heilung nach Klageerhebung.. 45
    1. Die Heilung von Anhörungs- und Akteneinsichtsmängeln.......... 46
      a) Grundsatz: Heilung ausgeschlossen.............................. 46
      b) Ausnahmen.. 50
      c) Zwischenfazit... 57
    2. Die Heilung von Begründungsmängeln............................... 57
      a) Die Heilung einer unzureichenden Begründung................. 59
      b) Die Heilung eines Totalausfalls der Begründung................ 72
    3. Die Heilung eines Fehlers bei der Beschlussfassung............... 94

© Max-Planck-Gesellschaft zur Förderung der Wissenschaften e.V., to be
exercised by Max-Planck-Institut für ausländisches öffentliches Recht und
Völkerrecht, Heidelberg 2019
L. Hering, *Fehlerfolgen im europäischen Eigenverwaltungsrecht*, Beiträge zum
ausländischen öffentlichen Recht und Völkerrecht 286,
https://doi.org/10.1007/978-3-662-59368-4_2

    4. Die Rechtsfolgen einer erfolgreichen Heilung im Laufe des
       gerichtlichen Verfahrens.. 96
       a) Keine Aufhebung... 96
       b) Frage der Rückwirkung.. 96
       c) Gerichtskosten.. 97
    V. Zusammenfassung.. 98
 B. Die Unbeachtlichkeit von Verfahrens- und Formfehlern................................ 102
    I. Die Fallgruppen der Unbeachtlichkeit.. 102
       1. Unbeachtlichkeit von Formfehlern bei rechtlich gebundener
          Entscheidungssituation... 103
          a) Begründungsmängel... 104
          b) Anhörungsmängel.. 106
       2. Unbeachtlichkeit mangels konkreter Relevanz des Verfahrensfehlers
          für das Entscheidungsergebnis... 107
          a) Alternativlosigkeit aus rechtlichen Gründen.................................... 107
          b) Alternativlosigkeit aus tatsächlichen Gründen................................ 108
          c) Fallgruppe auf Ermessensentscheidungen anwendbar?.................... 114
       3. Unbeachtlichkeit wegen Zweckerreichung.. 115
          a) Unregelmäßigkeiten bei der Übermittlung des Anhörungsprotokolls an den
             Beratenden Ausschuss.. 116
          b) Fehler in der Mitteilung der Beschwerdepunkte.............................. 117
          c) Verstoß gegen Art. 3 VO Nr. 1 zur Regelung der Sprachenfrage........ 118
          d) Verletzung von Fristbestimmungen... 119
          e) Begründungsmängel... 121
       4. Unbeachtlichkeit mangels Schwere des begangenen
          Verfahrens- oder Formfehlers... 122
          a) Unbeachtlichkeit mangels Schwere des Anhörungsmangels.............. 122
          b) Unbeachtlichkeit mangels Schwere des Begründungsmangels........... 123
    II. Die Rechtsfolgen der Unbeachtlichkeit.. 123
    III. Das Verhältnis der Heilung zur Unbeachtlichkeit..................................... 124
    IV. Zusammenfassung.. 125

Der Vertrag über die Arbeitsweise der Europäischen Union (AEUV) enthält kaum Vorgaben zum Verfahrensfehlerfolgenrecht im Bereich des europäischen Eigenverwaltungsrechts. Art. 263 Abs. 2 AEUV sieht lediglich vor, dass die Verletzung „wesentlicher Formvorschriften" ein Klagegrund ist, der die Aufhebung eines fehlerhaften Beschlusses nach sich zieht. Gerade aufgrund dieser gesetzgeberischen Zurückhaltung blieb es daher maßgeblich den europäischen Gerichten überlassen, ein über Art. 263 Abs. 2 AEUV hinausgehendes Regime der Verfahrensfehlerfolgen zu entwerfen, das vor allem Ausnahmen von der dort grundsätzlich geregelten Sanktion vorsieht, damit die Funktionsfähigkeit der europäischen Verwaltung nicht über Gebühr strapaziert wird.

Der europäischen Justiz kam in der Vergangenheit oft eine federführende Rolle bei der Gestaltung des europäischen Verwaltungsrechts zu.[1] Dies lag in erster Linie

---

[1] *von Danwitz*, Europäisches Verwaltungsrecht, S. 141; *Schmidt-Aßmann*, Europäisches Verwaltungsrecht als gemeinsame Aufgabe, EuZöR 2000, S. 11, 22; *Schwarze*, Europäisches Verwaltungsrecht, 2. Auflage, S. 57 und 61; *Terhechte*, Einführung, in: Terhechte, VwR der EU, § 1, Rn. 33.

am fragmentarischen Charakter der Gemeinschaftsrechtsordnung: Den erheblichen Lücken im Gemeinschaftsrecht stand der Autonomieanspruch desselben gegenüber, der einen direkten Rückgriff auf das Völker- oder mitgliedstaatliche Recht
ausschloss. Hierdurch wurde dem Gerichtshof eine „Befugnis zur Abstraktion" zu-
teil, die ihn in eine quasi-normsetzende Rolle drängte.[2] Dies war notwendig, um
die Funktions- und Entwicklungsfähigkeit der Europäischen Gemeinschaft am Leben zu erhalten.[3] Zudem eigneten sich die Verfahren und die Ausrichtung des europäischen Systems des Rechtsschutzes besonders zur „Systembildung".[4] Zwar
scheint sich diese rechtsschöpfende Rolle der europäischen Gerichte – insbesondere angesichts der Regelungsdichte des Vertrags von Lissabon – für die Zukunft
zu wandeln.[5] Trotzdem bleibt auch nach dessen Inkrafttreten die gestaltende Kraft
der richterlichen Rechtsfortbildung im Bereich des europäischen Verwaltungsverfahrensrechts groß. Ihr Schwerpunkt hat sich dabei allerdings von der Herausarbeitung gänzlich neuer Verfahrensregelungen hin zur Nuancierung des Inhalts, der
Ausnahmen und der Fehlerfolgen der Verfahrensgrundsätze verschoben.[6]

Umgekehrt orientiert sich der europäische Gesetzgeber beim Tätigwerden in einem neuen Rechtsgebiet wiederum entscheidend an der bisherigen Rechtsprechung
der europäischen Gerichte.[7] Nach diesem Muster könnte auch der Kodifikation eines
allgemeinen Teils des europäischen Eigenverwaltungsrechts die Rechtsprechung der
europäischen Gerichte als Ausgangspunkt zu Grunde gelegt werden.[8] Entsprechend

---

[2] *Schwarze*, Die Befugnis zur Abstraktion im europäischen Gemeinschaftsrecht, S. 182 ff.

[3] *Schwarze*, Europäisches Verwaltungsrecht, 2. Auflage, S. 61.

[4] *Terhechte*, Einführung, in: Terhechte, VwR der EU, § 1, Rn. 33.

[5] *Terhechte*, Einführung, in: Terhechte, VwR der EU, § 1, Rn. 33 spricht angesichts der Regelungsdichte des Lissabonner Vertrages von einer Beendigung der „evolutive Phase" des EuGH zugunsten
einer nachfolgenden „bewahrenden Phase". Siehe auch *Terhechte*, Von Lissabon zu Mangold,
EuZW 2011, S. 81, 81.

[6] *Fehling*, Europäisches Verwaltungsverfahren und Verwaltungsprozessrecht, in: Terhechte, VwR
der EU, § 12, Rn. 14.

[7] *Fehling*, Europäisches Verwaltungsverfahren und Verwaltungsprozessrecht, in: Terhechte, VwR
der EU, § 12, Rn. 16.

[8] *Nehl*, Principles of Administrative Procedure in EC Law, S. 169. Genereller *Arnold*, Vereinheitlichung des Verwaltungsverfahrensrechts in der EG, in: Schwarze/Starck, Vereinheitlichung des
Verwaltungsverfahrensrechts in der EG, EuR Beiheft 1/1995, S. 7 ff.; *Vedder*, (Teil)Kodifikation
des Verwaltungsverfahrensrechts der EG?, in: Schwarze/Starck, Vereinheitlichung des Verwaltungsverfahrensrechts in der EG, EuR Beiheft 1/1995, S. 75 ff. Vgl. auch *Chiti*, The Role of the
European Court of Justice in the Development of General Principles and their Possible Codification, Rivista Italiana di Diritto Pubblico Comunitario 1995, S. 661, 669 ff. An dieser Stelle ist auch
an das „Textstufen-Paradigma" von *Peter Häberle* zu erinnern, wonach jüngere Verfassunggeber
die Texte älterer Verfassungen übernehmen, sie aber im im Lichte der Verfassungswirklichkeit und
-praxis fortentwickeln. Zu dieser Definition siehe *Häberle*, Erfahrungen der Nachkriegszeit – das
Beispiel Deutschland, in: Häberle, Jahrbuch des öffentlichen Rechts der Gegenwart, Bd. 46, S. 69,
72; siehe ferner *Häberle*, Textstufen als Entwicklungswege des Verfassungsstaates, in: Jekewitz/
Klein/Kühne/Petersmann/Wolfrum, FS Partsch, S. 555–579; siehe auch *Häberle/Kotzur*, Europäische Verfassungslehre, Rn. 4 ff. Mit seinem „Rezeptionsmodell" hat *Peter Häberle* die Rezeption
der Rechtsprechung als Grundlage neuer Gesetzgebung bereits früh thematisiert, *Häberle*, Theorieelemente eines allgemeinen juristischen Rezeptionsmodells, JZ 1992, S. 1033 ff., insb. S. 1039 f.

wurde in den Empfehlungen des Europäischen Parlaments an die Kommission für ein Verwaltungsverfahrensrecht der Europäischen Union sowie im Musterentwurf des ReNEUAL-Netzwerkes zu einem einheitlichen europäischen Verwaltungsverfahrensrecht die Rechtsprechung bereits als Inspirationsquelle fruchtbar gemacht.[9]

Vor diesem Hintergrund soll auch vorliegender Arbeit zuvörderst eine Analyse der Rechtsprechung der europäischen Gerichte als Basis für die Entwicklung einer allgemeinen Regelung der Heilung und Unbeachtlichkeit zugrunde gelegt werden. Dabei soll das Augenmerk zunächst auf die Rechtsfigur der Heilung[10] gerichtet werden und sodann die Unbeachtlichkeit[11] in den Blick genommen werden.

A. Die Heilung von Verfahrens- und Formfehlern

Die Heilbarkeit von Verfahrens- und Formfehlern ist in der Rechtsprechung der europäischen Gerichte prinzipiell anerkannt.[12] Insgesamt ist die Rechtsprechung jedoch von einer klaren Zurückhaltung gegenüber einer uferlosen Anwendung dieser Rechtsfigur geprägt.[13] Die nachfolgende Rechtsprechungsanalyse wird zeigen, dass die europäischen Gerichte die Frage der Heilung keineswegs umfassend und systematisch, sondern lediglich punktuell behandeln. Sie befassen sich nur in vereinzelten Sachgebieten des europäischen Eigenverwaltungsrechts mit ihr, zu denen insbesondere das Wettbewerbs-, Beamten- und Markenrecht zählen. Dass sich die Unionsgerichte gerade in diesen Rechtsgebieten vermehrt mit der Fehlerheilung auseinandersetzen, könnte daran liegen, dass sich die bei

---

[9] *Guckelberger/Geber,* Allgemeines Europäisches Verwaltungsverfahrensrecht vor seiner unionsrechtlichen Kodifizierung?, S. 93 f.

[10] Hierzu unter Kap. 2, A.

[11] Hierzu unter Kap. 2, B.

[12] Sehr deutlich GA *Kokott,* Schlussanträge v. 21.06.2012, *Italien/Kommission,* Rs. C-566/10 P, ECLI:EU:C:2012:368, Rn. 62: „[…] ist im Unionsrecht im Übrigen die Möglichkeit der Heilung von Verfahrensfehlern prinzipiell anerkannt." Siehe auch EuGH, Urt. v. 16.01.1992, Rs. C-334/90, *Belgien/Marichal-Margrève,* Slg. 1992, I-101, Rn. 25; EuG, Urt. v. 12.06.2014, Rs. T-286/09, *Intel/Kommission,* ECLI:EU:T:2014:547, Rn. 622–625.

[13] *Bülow,* Die Relativierung von Verfahrensfehlern, S. 243; *Classen,* Das nationale Verwaltungsverfahren im Kraftfeld des Europäischen Gemeinschaftsrechts, Die Verwaltung 31 (1998), S. 307, 323; *Greim,* Rechtsschutz bei Verfahrensfehlern im Umweltrecht, S. 30 und 85; *Grünewald,* Die Betonung des Verfahrensgedankens im deutschen Verwaltungsrecht durch das Gemeinschaftsrecht, S. 156. Allgemein zum strengen Umgang des Eigenverwaltungsrechts mit Verfahrensfehlern *Bülow,* Die Relativierung von Verfahrensfehlern, S. 103; *Classen,* Strukturunterschiede zwischen deutschem und europäischem Verwaltungsrecht, NJW 1995, S. 2457, 2459; *Greim,* Rechtsschutz bei Verfahrensfehlern im Umweltrecht, S. 85; *Wahl,* Das Verhältnis von Verwaltungsverfahren und Verwaltungsprozessrecht in europäischer Sicht, DVBl. 2003, S. 1285, 1292.

weitem stärksten Eingriffsbefugnisse der Kommission hier wiederfinden. Ferner wurden die Verfahren hier am detailliertesten geregelt. Gleichzeitig sind diese Rechtsgebiete auch am stärksten umstritten, was daran liegen mag, dass sie wesentliche wirtschaftliche bzw. persönliche Interessen Einzelner berühren, was sie dazu prädestiniert, am häufigsten Gegenstand von Urteilen zu werden. Ferner widmet sich der Großteil der Urteile Anhörungs-, Akteneinsichts- sowie Begründungmängeln. Vor allem letztere haben die europäischen Gerichte in besonders vielen Fällen beschäftigt, was daran liegen mag, dass es sich hierbei um einen von Amts wegen zu prüfenden Mangel handelt.[14] Nur sehr vereinzelt wird die Heilung weiterer Verfahrensfehler diskutiert.

Auffällig ist dabei, dass die europäischen Gerichte eine inhaltliche und eine zeitliche Dimension der Heilung unterscheiden, die eng miteinander zusammenhängen: Inhaltlich steht die Voraussetzung im Vordergrund, dass durch die Nachholung einer unterlassenen oder fehlerhaften Verfahrens- oder Formvorschrift ein „gleichwertiger Zustand" hergestellt werden muss. Diese inhaltliche Anforderung ist eng mit der zeitlichen Phase des Verfahrens, in dem die Heilungshandlung vorgenommen wird, verwoben.

I. Vorüberlegungen

Die europäischen Gerichte haben den Begriff der Heilung nie ausdrücklich definiert, obwohl sie ihn in ihren Urteilen oft verwenden.[15] Einem Definitionsversuch am nächsten kommt Generalanwalt *van Gerven* in seinen Schlussanträgen in der Rechtssache *Parlament/Erik Dan Frederiksen*: Er spricht von dem „Rechtsgrundsatz [...] wonach Unregelmäßigkeiten des Verfahrens durch eine spätere

---

[14] EuG, Urt. v. 22.06.2005, Rs. T-102/03, *CIS/Kommission*, Slg. 2005, II-2357, Rn. 46; *Calliess*, in: Calliess/Ruffert, Art. 296 AEUV, Rn. 35; *Classen*, Gute Verwaltung, S. 330; *Gellermann*, in: Streinz, Art. 296 AEUV, Rn. 16; *Krajewski/Rösslein*, in: Grabitz/Hilf/Nettesheim, Art. 296, Rn. 40; *Rausch*, Die Kontrolle von Tatsachenfeststellungen und -würdigungen durch den Gerichtshof der europäischen Gemeinschaften, S. 274; *Schwarze*, Europäisches Verwaltungsrecht, 2. Auflage, S. 1367; *Sladič*, Die Begründung der Rechtsakte des Sekundärrechts der EG in der Rechtsprechung des EuGH und des EuG, ZfRV 2005, S. 123, 126.

[15] In den französischen Sprachfassungen werden die Begriffe *rémedier*, EuG, Urt. v. 12.06.2014, Rs. 286/09, *Intel Corp./Kommission*, ECLI:EU:T:2014:547, Rn. 624; *régulariser*, EuG, Urt. v. 29.06.1995, Rs. T-32/91, *Solvay/Kommission*, Slg. 1995, II-1825, Rn. 53; EuG, Urt. v. 29.06.1995, Rs. T-30/91, *Solvay/Kommission*, Slg. 1995, II-1775, Rn. 98, 103 oder *couvrir*, EuG, Urt. v. 12.12.1996, Rs. T-16/91 RV, *Rendo/Kommission*, Slg. 1996, II-1827, Rn. 56; EuG, Urt. v. 16.10.1996, T-37/94, *Benecos/Kommission*, Slg. ÖD 1996, I-A-461, I-A-468, Rn. 46; EuG, Urt. v. 6.11.1997, Rs. T-71/96, *Berlingieri Vinzek/Kommission*, Slg. ÖD 1997, I-A-339, I-A-348, Rn. 79 verwendet. In den englischen Sprachfassungen die Begriffe *remedy*, EuG, Urt. v. 12.06.2014, Rs. 286/09, *Intel Corp./Kommission*, ECLI:EU:T:2014:547, Rn. 624; *cure*, EuG, Urt. v. 29.06.1995, Rs. T-32/91, *Solvay/Kommission*, Slg. 1995, II-1825, Rn. 53; *make good*, EuG, Urt. v. 12.12.1996, Rs. T-16/91 RV, *Rendo/Kommission*, Slg. 1996, II-1827, Rn. 56 oder *regularize*, EuG, Urt. v. 29.06.1995, Rs. T-30/91, *Solvay/Kommission*, Slg. 1995, II-1775, Rn. 98 und 103.

Berichtigung geheilt werden können".[16] Zentrale Kriterien der Heilung sind nach *van Gerven* damit die *nachträgliche Berichtigung* eines *Verfahrensfehlers*. Diese Kriterien sollen als Ausgangspunkt der folgenden Untersuchung dienen.

1. Der Anwendungsbereich der Heilung: Die Verletzung von Verfahrens- und Formvorschriften

Der Definitionsversuch von Generalanwalt *van Gerven* sowie die Rechtsprechung der europäischen Gerichte[17] sprechen dafür, dass der Anwendungsbereich der Rechtsfigur der Heilung auf Verfahrens- und Formmängel beschränkt ist und materiell-rechtliche Fehler einer Heilung nicht zugänglich sind.[18] Diese Annahme wird auch dadurch erhärtet, dass der systematische Standort der Prüfung der Heilung – wenn die europäischen Gerichte diesen denn überhaupt benennen – im Rahmen des Klagegrundes der „Verletzung wesentlicher Formvorschriften" aus Art. 263 Abs. 2 AEUV verortet wird und nicht etwa im Rahmen des materiellen Klagegrundes der „Verletzung der Verträge".[19] Der Begriff „Formvorschriften" in Art. 263 Abs. 2 AEUV umfasst, im Einklang mit dem französischen Verwaltungsprozessrecht, sowohl Form- als auch Verfahrensvorschriften.[20] Die Beschränkung der Heilung auf Verfahrens- und Formmängel entspricht auch der verbreiteten Sichtweise, dass Verfahrens- und Formfehler im Vergleich zu materiellen Verstößen als weniger „schlimm" einzustufen sind.[21]

---

[16] GA *van Gerven*, Schlussanträge v. 13.01.1993, Rs. C-35/92 P, *Parlament/Erik Dan Frederiksen*, Slg. 1993, I-991, Rn. 11.

[17] EuGH, Urt. v. 16.01.1992, Rs. C-334/90, *Belgien/Marichal-Margrève*, Slg. 1992, I-101, Rn. 25; EuG, Urt. v. 7.11.1997, Rs. T-84/96, *Cipeke/Kommission*, Slg. 1997, II-2083, Rn. 47; GA *Kokott*, Schlussanträge v. 21.06.2012, Rs. C-566/10 P, *Italien/Kommission*, ECLI:EU:C:2012:368, Rn. 62.

[18] *Bülow,* Die Relativierung von Verfahrensfehlern, S. 242; *Ritleng,* Le contrôle de la légalité des actes communautaires par la cour de justice et le tribunal de première instance des communautés européennes, Rn. 121.

[19] Siehe beispielsweise EuGH, Urt. v. 08.03.1988, verb. Rs. 64, 71 bis 73 und 78/86, *Sergio u. a./ Kommission*, Slg. 1988, 1399, Rn. 53: „Unter diesen Umständen kann die unzureichende Begründung der streitigen Entscheidungen nicht mehr als Verletzung einer wesentlichen Formvorschrift angesehen werden, die bereits für sich die Aufhebung dieser Entscheidung rechtfertigte." Siehe auch *Bülow,* Die Relativierung von Verfahrensfehlern, S. 241.

[20] *Bockey*, Die Entscheidung der Europäischen Gemeinschaft, S. 98 f.; *Daig*, Nichtigkeits- und Untätigkeitsklagen im Recht der Europäischen Gemeinschaften, Rn. 159; *Dörr*, in: Grabitz/Hilf/Nettesheim, Art. 263 AEUV, Rn. 166; *Ehricke*, in: Streinz, Art. 263 AEUV, Rn. 79; *Grabitz*, Europäisches Verwaltungsrecht, NJW 1989, S. 1776, 1778; *Kahl*, Grundrechtsschutz durch Verfahren in Deutschland und in der EU, VerwArch 95 (2004), S. 1, 9; *Ule*, Der Gerichtshof der Montangemeinschaft als europäisches Verwaltungsgericht, DVBl. 1952, S. 65, 68.

[21] Die Basis für die Auffassung, dass Verfahrensfehler – im Vergleich zu materiell-rechtlichen Fehlern – weniger „schlimm" sind ist der Glaube, dass das Verfahren lediglich ein Mittel zum Zweck ist eine korrekte Sachentscheidung zu treffen. Insofern wird die dem materiellen Recht lediglich „dienende" Bedeutung des Verfahrensrechts in den Vordergrund gerückt. Der Begriff der „dienenden Funktion" wird insbesondere im deutschen Verwaltungsverfahrensrecht verwendet, siehe *Groschupf*, Wie entscheidet das Verwaltungsgericht, wenn das Verwaltungsverfahren fehlerhaft war?,

Bei genauerem Hinsehen beschränken sich diese Ausführungen jedoch auf die Verletzung „wesentlicher" Förmlichkeiten. Anders stellt sich die Rechtslage bei der Verletzung „unwesentlicher" Formerfordernisse dar.[22] Steht fest, dass nur ein „unwesentliches" Formerfordernis verletzt wurde, kann dies nicht die Aufhebung des Beschlusses wegen einer „Verletzung wesentlicher Formvorschriften" gem. Art. 263 Abs. 2 AEUV nach sich ziehen. Jedoch kann die Verletzung einer „unwesentlichen" Formvorschrift als eine Verletzung des Grundsatzes der ordnungsgemäßen Verwaltung gem. Art. 41 GRCh geahndet werden.[23] Hierbei handelt es sich um einen materiell-rechtlichen Fehler, der im Rahmen der Nichtigkeitsklage gem. Art. 263 Abs. 2 AEUV unter dem Klagegrund der „Verletzung der Verträge" thematisiert wird.[24] Auch ein solcher (materiell-rechtlicher) Verstoß gegen den Grundsatz der ordnungsgemäßen Verwaltung ist einer Heilung zugänglich. Dies wurde zuletzt nachdrücklich in der Rechtssache *Intel* thematisiert. Der Sachverhalt stellte sich wie folgt dar:

Die Klägerin, das Unternehmen Intel Corp., wandte sich gegen eine Kommissionsentscheidung, mit der eine Zuwiderhandlung gegen Art. 81 EG und Art. 54 EWR-Abkommen festgestellt wurde. Im Rahmen von Nachprüfungen hatte sich die Kommission mit einem Mitglied der Geschäftsleitung des bedeutendsten Abnehmers von Intel Corp. getroffen. Für die Dauer von fünf Stunden besprachen sie Fragen mit einem objektiven Bezug zum Gegenstand der Untersuchung. Diese Umstände verliehen dem Treffen eine derartige Bedeutung, dass die Kommission dazu verpflichtet gewesen wäre, es zumindest in der Form eines knappen Vermerks zu den Akten zu nehmen. Die Kommission nahm jedoch weder die Tagesordnung zu den Akten noch fertigte sie ein Protokoll des Treffens. Nur ein interner Aktenvermerk wurde erstellt, der die Namen der Teilnehmer und eine knappe Zusammenfassung der besprochenen Inhalte enthielt. Die Kommission setzte Intel Corp. von diesem Treffen auch nicht in Kenntnis. Das Unternehmen erfuhr erst davon, nachdem es die Mitteilung der Beschwerdepunkte erhalten hatte. Erst später wurde

---

DVBl. 1962, S. 627, 630; *Held*, Der Grundrechtsbezug des Verwaltungsverfahrens, S. 34 ff.; *Morlok*, Die Folgen von Verfahrensfehlern, S. 21 und 90; *Schoch*, Die europäische Perspektive des Verwaltungsverfahrens- und Verwaltungsprozessrechts, in: Schmidt-Aßmann/Hoffmann-Riem, Strukturen, S. 279, 282; *Weyreuther*, Das Bundesbaurecht in den Jahren 1978 und 1979, DÖV 1980, S. 389, 389. *Alexy*, Theorie der Grundrechte, S. 446 spricht vom „Primat des materialen Aspekts". Seltener findet sich vergleichbares in anderen Rechtsordnungen. Rechtsvergleichend siehe *Schmidt-Aßmann/Krämer*, Das Verwaltungsverfahren und seine Folgen, EuZöR 1993, Sonderheft, S. 99, 101 m.w.N. Siehe auch *Fehling*, Europäisches Verwaltungsverfahren und Verwaltungsprozessrecht, in: Terhechte, VwR der EU, § 12, Rn. 73; *Schmidt-Aßmann*, Der Verfahrensgedanke im deutschen und europäischen Verwaltungsrecht, in: GVwR II, § 27, Rn. 64.

[22] Ausführlich zu den Kriterien zur Feststellung wesentlicher Formvorschriften *Bülow*, Die Relativierung von Verfahrensfehlern, S. 63 ff.

[23] EuG, Urt. v. 12.06.2014, Rs. T-286/09, *Intel/Kommission*, ECLI:EU:T:2014:547, Rn. 6 und 621; GA *van Gerven*, Schlussanträge v. 29.06.1993, Rs. C-137/92 P, *Kommission/BASF*, Slg. 1994, I-2559, Rn. 69; siehe auch *Bülow*, Die Relativierung von Verfahrensfehlern, S. 89 f.

[24] GA *van Gerven*, Schlussanträge v. 29.06.1993, Rs. C-137/92 P, *Kommission/BASF*, Slg. 1994, I-2559, Rn. 69; *Haratsch*, Grundrechtsschutz durch den Europäischen Gerichtshof, in: Merten/Papier, Handbuch der Grundrechte, Band VI/1, § 165, Rn. 29.

der Klägerin eine nicht-vertrauliche Version des internen Aktenvermerks zur Verfügung gestellt.[25]

Das Gericht verneinte zunächst eine von der Klägerin vorgetragene Verletzung der Formvorschrift des Art. 3 VO Nr. 773/2004, da das fragliche Treffen
keine förmliche Befragung im Sinne von Art. 19 VO Nr. 1/2003 darstelle und
die Kommission auch nicht verpflichtet gewesen sei, eine solche Befragung
durchzuführen.[26] Da die Kommission jedoch keinen – auch nur kurzen – Ver-
merk des Treffens in die Akte aufgenommen hatte, zu dem die Klägerin dann
auf Antrag Zugang gehabt hätte, stellte das Gericht zunächst eine Verletzung
des Grundsatzes der ordnungsgemäßen Verwaltung gem. Art. 41 GRCh fest.[27]
Sodann prüfte und bejahte das Gericht die Heilung dieses Mangels, da der Klägerin im Laufe des Verwaltungsverfahrens eine nicht vertrauliche Version des
internen Aktenvermerks zugänglich gemacht wurde.[28] Der Gerichtshof untersuchte im Rechtsmittelverfahren ebenfalls die Frage, ob eine Verletzung des
Grundsatzes der ordnungsgemäßen Verwaltung geheilt worden war, verneinte
dies im Ergebnis aber. Denn der nachgereichte interne Aktenvermerk habe zwar
eine kurze Zusammenfassung des Treffens, „jedoch keine Angaben zum Inhalt
der Erörterungen im Rahmen dieser Befragung, insbesondere was die Art der
Auskünfte betrifft" enthalten.[29]

2. Das Kriterium der „Berichtigung": Die Herstellung eines gleichwertigen
Zustands und die zeitliche Dimension der Heilung

Aus dem Definitionsversuch von Generalanwalt *van Gerven* geht ferner die „Berichtigung" als zentrales Kriterium der Heilung hervor. Diese erfordert in einem ersten
Schritt selbstverständlich, dass die unterlassene oder fehlerhaft vorgenommene Verfahrenshandlung erstmals oder erneut und fehlerfrei vorgenommen wird. Die Möglichkeit der Heilung befreit die Verwaltung damit keinesfalls davon, die in jedem
Einzelfall erforderliche Verfahrenshandlung vorzunehmen.[30] Das Kriterium der
nachträglichen Berichtigung grenzt die Heilung daher in erster Linie von der Unbeachtlichkeit eines Verfahrensfehlers ab, die durch eine bloße Untätigkeit eintritt.[31]

Jedoch ist die Berichtigung des Fehlers allein nicht ausreichend, um einen
Heilungserfolg herbeizuführen. Dies geht besonders klar aus der Rechtssache

---

[25] EuG, Urt. v. 12.06.2014, Rs. T-286/09, *Intel/Kommission*, ECLI:EU:T:2014:547, Rn. 6 und 621 f.

[26] EuG, Urt. v. 12.06.2014, Rs. T-286/09, *Intel/Kommission*, ECLI:EU:T:2014:547, Rn. 618.

[27] EuG, Urt. v. 12.06.2014, Rs. T-286/09, *Intel/Kommission*, ECLI:EU:T:2014:547, Rn. 619 und 621.

[28] EuG, Urt. v. 12.06.2014, Rs. T-286/09, *Intel/Kommission*, ECLI:EU:T:2014:547, Rn. 622.

[29] EuGH, Urt. v. 06.09.2017, Rs. C-413/14 P, *Intel/Kommission*, ECLI:EU:C:2017:632, Rn. 92. Zu
einer Analyse der Rechtssache *Intel* unter dem Aspekt der Folgen von Verfahrensfehlern siehe
Brauneck, Intel: Unterlassene Protokollierung im Kartellverfahren als folgenloser Verfahrensfehler?, EWS 2017, S. 310 ff.

[30] *Bülow*, Die Relativierung von Verfahrensfehlern, S. 243.

[31] Zur Unbeachtlichkeit siehe Kap. 2, B.

Krizan[32] hervor. Hier befasste sich der Gerichtshof im Rahmen eines Vorabent-
scheidungsverfahrens mit der Frage, ob und unter welchen Voraussetzungen die
Heilung eines Beteiligungsmangels der Öffentlichkeit in einem zweitinstanzlichen Verwaltungsverfahren möglich ist. Zwar handelte es sich in diesem Verfahren um einen Verfahrensfehler, der einer mitgliedstaatlichen Behörde angelastet
wurde. Jedoch spricht vieles dafür, die vom Gerichtshof gefundene Lösung auf
Verfahrensfehler, die von Organen der Union begangen werden, zu übertragen,
da sich in ihr das generelle Verständnis des Gerichtshofs zur Heilung zeigt.

Hintergrund und Sachverhalt der Rechtssache *Krizan* stellen sich wie folgt dar: Wenn
in einem europäischen Mitgliedstaat ein Verfahren eingeleitet wird, das die Umwelt betrifft, muss nach dem Aarhus-Übereinkommen[33] die betroffene Öffentlichkeit so früh-
zeitig beteiligt werden, dass zu diesem Zeitpunkt im Hinblick auf dessen Ausgang noch
alle Optionen offen sind und somit eine effektive Beteiligung der Öffentlichkeit stattfinden kann.[34] Darüber hinaus muss die betroffene Öffentlichkeit die Möglichkeit besitzen,
gebührenfrei Zugang zu allen für das Verfahren relevanten Informationen zu erhalten[35]
sowie die Rechtmäßigkeit der erlassenen Entscheidung vor Gericht anzufechten.[36]

Die Kreisbaubehörde Bratislava erließ im Jahr 2006 eine Entscheidung, mit der
sie den Bau einer Abfalldeponie am Standort *Nova jama* (Neue Grube) genehmigte.
Auf Antrag von Einwohnern der Stadt Pezinok leitete die Umweltinspektion Bratislava ein Verfahren ein, mit dem die Veröffentlichung der Entscheidung der Kreisbaubehörde erreicht werden sollte. Jedoch genehmigte die Kreisbaubehörde die Abfalldeponie, ohne diese Entscheidung vorher zu veröffentlichen und begründete dies
damit, dass die Entscheidung unter das Geschäftsgeheimnis falle. Daraufhin legte
ein Betroffener Widerspruch bei der Verwaltung ein, woraufhin die Entscheidung der
Kreisbaubehörde veröffentlicht und die Genehmigung der Errichtung der Abfalldeponie sodann von der zweitinstanzlichen Umweltschutzbehörde bestätigt wurde. Daraufhin klagten die betroffenen Bürger vor den slowakischen Gerichten. Der Oberste
Gerichtshof der Slowakischen Republik wandte sich in einem Vorabentscheidungsverfahren an den europäischen Gerichtshof und ersuchte ihn um die Klärung der
Frage, wie weit das Recht der Öffentlichkeit auf Teilhabe am Verfahren der Genehmigung für Vorhaben mit erheblichen Folgen für die Umwelt reiche.

Der Gerichtshof vertrat die Auffassung, dass der betroffenen Öffentlichkeit alle
Informationen bezüglich der städtebaulichen Entscheidung zur Verfügung gestellt
werden müssten. Die zuständige Behörde könne sich nicht auf ein Geschäftsgeheimnis berufen, um der Öffentlichkeit den Zugang zu der städtebaulichen Entscheidung

---

[32] EuGH, Urt. v. 15.01.2013, Rs. C-416/10, *Josef Krizan u. a./Slowakische Umweltinspektion*,
EU:C:2013:8.
[33] Am 25.06.1998 in Aarhus unterzeichnetes und im Namen der Europäischen Gemeinschaft durch
den Beschluss 2005/370/EG des Rates v. 17.02.2005 (ABl. L 124, S. 1) genehmigtes Übereinkommen über den Zugang zu Informationen, die Öffentlichkeitsbeteiligung an Entscheidungsverfahren
und den Zugang zu Gerichten in Umweltangelegenheiten.
[34] Art. 6 Abs. 4 Aarhus-Übereinkommen.
[35] Art. 6 Abs. 6 Aarhus-Übereinkommen.
[36] Art. 9 Abs. 2 lit. b) Aarhus-Übereinkommen.

vorzuenthalten.[37] Jedoch sei es möglich, eine verfahrensfehlerhafte Ablehnung, der
betroffenen Öffentlichkeit die städtebauliche Entscheidung zugänglich zu machen,
in einem zweitinstanzlichen Verwaltungsverfahren zu heilen. Voraussetzung hierfür
sei jedoch, dass im zweitinstanzlichen Verwaltungsverfahren *noch alle Optionen of-*
fen seien und die Öffentlichkeitsbeteiligung im Hinblick auf die *Einflussnahme auf*
den Ausgang des Verwaltungsverfahrens noch effektiv möglich sei.[38] Ähnlich äußerte
sich auch Generalanwältin *Kokott* in ihren Schlussanträgen. Sie führt aus, dass

> „*die Heilungsmaßnahme die Berechtigten in die Lage versetzen [muss], in der sie sich be-*
> *funden hätten, wenn der Verfahrensfehler nicht eingetreten wäre.* [...] Dass in der zweiten
> Verwaltungsinstanz Zugang zu den zunächst fehlenden Informationen und Gelegenheit zur
> Stellungnahme gewährt wurden und dass die zweite Verwaltungsinstanz berechtigt war, die
> Entscheidung der ersten Instanz in Reaktion auf die Stellungnahme zu ändern, sind folglich
> notwendige aber nicht ausreichende Bedingungen einer Heilung des Verfahrensfehlers. Eine
> Heilung setzt nämlich auch voraus, dass zum Zeitpunkt der ergänzenden Öffentlichkeitsbe-
> teiligung tatsächlich noch alle Optionen offen waren. Andernfalls wäre der nachgeholte
> Verfahrensschritt ein rein formaler Akt, ohne die Funktion einer Öffentlichkeitsbeteiligung
> verwirklichen zu können.“[39]

Über die Erfüllung der primären verfahrensrechtlichen Pflicht hinaus erfordert eine
erfolgreiche Heilung damit, dass der Fehlerbetroffene durch sie in die Lage versetzt
wird, in der er sich befunden hätte, wenn der Verfahrensfehler von Anfang an nicht
begangen worden wäre. Generalanwältin *Kokott* verlangt damit implizit die Durchführung eines Vergleichs der tatsächlichen Lage des Betroffenen nach der Heilungshandlung mit der hypothetischen Lage, die bestanden hätte, wenn das Verfahren von
Anfang an ordnungsgemäß durchgeführt worden wäre. Dieses Erfordernis wiederholte sie auch in einem späteren Schlussantrag.[40]

In engem Zusammenhang zu der Frage, ob ein gleichwertiger Zustand wiederher-
gestellt werden kann, steht der Zeitpunkt der Vornahme der Heilungshandlung.[41] Es
gilt dabei die generelle Regel, dass der Abschluss des Verwaltungsverfahrens eine
Zäsur darstellt, nach der eine Heilung grundsätzlich nicht mehr möglich ist.[42] Dies
hängt maßgeblich damit zusammen, dass die von der verletzten Verfahrensvorschrift
verfolgten Funktionen umso schwerer erreicht werden können, je später die Verfahrenshandlung von dem ihr ursprünglich zugedachten Verfahrenszeitpunkt entfernt

---

[37] EuGH, Urt. v. 15.01.2013, Rs. C-416/10, *Josef Krizan u. a./Slowakische Umweltinspektion*,
EU:C:2013:8, Rn. 74 ff. und 91.

[38] EuGH, Urt. v. 15.01.2013, Rs. C-416/10, *Josef Krizan u. a./Slowakische Umweltinspektion*,
EU:C:2013:8, Rn. 89 und 91.

[39] GA *Kokott*, Schlussanträge v. 19.04.2012, Rs. C-416/10, *Josef Krizan u. a./Slowakische Umwelt-*
inspektion, EU:C:2012:218, Rn. 102 ff. (Hervorhebung durch die Verfasserin.)

[40] GA *Kokott*, Schlussanträge v. 21.06.2012, Rs. C-566/10 P, *Italien/Kommission*, EC-
LI:EU:C:2012:368, Rn. 62. Dieses Erfordernis besteht sowohl in Bezug auf eine Heilung vor Abschluss des Verwaltungsverfahrens, EuGH, Urt. v. 17.12.1981, Rs. 115/80, *Demont/Kommission*,
Slg. 1981, 3147, Rn. 5, als auch nach Abschluss des Verwaltungsverfahrens, EuGH, Urt. v.
08.07.1999, *Hercules/Kommission*, Rs. C-51/92 P, Slg. 1999, I-4235, Rn. 79.

[41] Zu den zeitlichen Schranken der Heilung siehe auch *Bülow*, Die Relativierung von Verfahrensfehlern, S. 243 f.

[42] Ausführlich hierzu siehe Kap. 2, A., III. und IV.

vorgenommen wird. Außerdem besteht nach Erlass der Verwaltungsentscheidung meist keine offene Entscheidungssituation mehr, sodass nicht gewährleistet ist, dass die nachgeholte Verfahrenshandlung auch tatsächlich noch Einfluss auf das Verfahrensergebnis nehmen kann. Hinzu kommen zwei weitere Erwägungen, die speziell mit der Natur des gerichtlichen Verfahrens im Zusammenhang stehen: Zunächst ist der maßgebliche Zeitpunkt zur Beurteilung der Rechtmäßigkeit einer Verwaltungsentscheidung der Zeitpunkt ihres Erlasses. Damit befasst sich eine gerichtliche Nachprüfung einer Verwaltungsentscheidung mit dem Rechtsakt in der Form, die er zum Zeitpunkt seines Erlasses hatte. Eine nachträgliche Änderung des Streitgegenstandes ist nicht möglich.[43] Ferner ist die gerichtliche Kontrolldichte, außer in den Fällen der *pleine jurisdiction*,[44] grundsätzlich beschränkt. Dies bedeutet, dass die europäischen Gerichte nicht die vollständige Aufklärung des Falls leisten und damit ein Verwaltungsverfahren nicht ersetzen können.[45]

3. Das Kriterium der „Nachträglichkeit"

Aus dem Definitionsversuch von Generalanwalt *van Gerven* geht – wenngleich etwas versteckt – noch ein weiteres Erfordernis an die Heilungshandlung hervor: Sie muss „nachträglich" stattfinden. Doch was ist der Bezugspunkt der „Nachträglichkeit"?

In Betracht kommen zwei Anknüpfungspunkte: Zum einen kann sich „nachträglich" darauf beziehen, dass die Verfahrenshandlung zu einem späteren Zeitpunkt, als dem ursprünglich (gesetzlich) für sie vorgesehenen, vorgenommen wird. Zum anderen kann mit „nachträglich" gemeint sein, dass die unterlassene oder fehlerhaft vorgenommene Verfahrenshandlung nach Erlass der Verwaltungsentscheidung (fehlerfrei) nachgeholt wird. Bezugspunkt der Nachträglichkeit wäre dann die Entscheidung.

An welchen Zeitpunkt die Unionsgerichte anknüpfen, geht aus der Rechtsprechung nicht eindeutig hervor. Dafür, den Erlass der Verwaltungsentscheidung als

---

[43] GA *Léger*, Schlussanträge v. 04.07.1996, Rs. C-294/95 P, *Ojha/Kommission*, Slg. 1996, I-5867, Rn. 127.

[44] Im Falle der *pleine jurisdiction* ist es dem Gerichtshof erlaubt, sein Ermessen an die Stelle des Ermessens der Kommission zu setzen und eine Entscheidung in der Sache nach seinem Belieben zu treffen. Zur *compétence pleine jurisdiction* Kap. 2, A., IV., 2., a), aa) und Kap. 2, A., IV., 2., b), bb).

[45] EuGH, Urt. v. 15.10.2002, Rs. C-238/99 P, C-244/99 P, C-245/99 P, C-247/99 P, C-250/99 P bis C-252/99 P und C-254/99 P, *LVM/Kommission*, Slg. 2002, I-8375, Rn. 327; EuGH, Urt. v. 07.01.2004, Rs. C-204/00 P, C-205/00 P, C-211/00 P, C-213/00 P, C-217/00 P und C-219/00 P, *Aalborg Portland/Kommission*, Slg. 2004, I-123, Rn. 103; EuGH, Urt. v. 25.10.2011, Rs. C-110/10 P, *Solvay/Kommission*, Slg. 2011, I-10439, Rn. 51; EuGH, Urt. v. 25.10.2011, Rs. 109/10 P, *Solvay/Kommission*, Slg. 2011, I-10329, Rn. 56; EuG, Urt. v. 29.06.1995, Rs. T-30/91, *Solvay/Kommission*, Slg. 1995, II-1775, Rn. 98; EuG, Urt. v. 29.06.1995, Rs. T-36/91, *ICI/Kommission*, Slg. 1995, II-1847, Rn. 108; EuG, Urt. v. 20.04.1999, Rs. T-305/94 u. a., *Limburgse Vinyl Maatschappij NV (LVM) u. a./Kommission*, Slg. 1999, II-931, Rn. 1022; siehe auch *Bülow*, Die Relativierung von Verfahrensfehlern, S. 251.

Anknüpfungspunkt zu wählen spricht, dass vor Erlass einer Verwaltungsentscheidung noch nicht feststeht, ob eine Entscheidung rechtmäßig oder rechtswidrig ist, mithin der Grund für eine Heilung noch nicht gegeben ist. Wird ein Verfahrens- oder Formfehler vor Erlass der Verwaltungsentscheidung begangen, besitzt diese lediglich die „Veranlagung" dafür, rechtswidrig zu sein. Da einer Verfahrenshandlung aufgrund der Einheit des Verfahrens bis zum Abschluss des Verwaltungsverfahrens Rechnung getragen werden kann,[46] kann die Verwaltungsentscheidung bei Erlass auch rechtmäßig sein.[47]

Dafür, dass als Bezugspunkt der Nachträglichkeit der Zeitpunkt genommen werden sollte, der ursprünglich für die Vornahme der Verfahrenshandlung vorgesehen war, streitet jedoch, dass die Unionsgerichte auch in Fällen der Nachholung vor Erlass einer Verwaltungsentscheidung von einer Heilung sprechen.[48] Die Unionsgerichte legen dem Heilungsbegriff damit ein weites Verständnis zugrunde, das sowohl die Heilung nach Entscheidungserlass als auch eine bloße Nachholung unterlassener oder fehlerhaft vorgenommener Verfahrenshandlungen vor Entscheidungserlass umfasst.

4. Das Verhältnis der Heilung zur Nichtigkeit

Obwohl im Definitionsversuch von Generalanwalt *van Gerven* nicht ausdrücklich erwähnt, ist noch auf folgende implizite Heilungsvoraussetzung einzugehen: Voraussetzung einer Heilung ist zuvörderst das Bestehen eines wirksamen – das heißt existenten – Beschlusses. Ist ein Verfahrens- oder Formfehler so „schwer und offenkundig", dass er zur Nichtigkeit *ipso iure* und damit Inexistenz eines Beschlusses führt, ist die Grundlage der Heilung – der zu heilende Rechtsakt – entfallen.[49] Eine Heilungshandlung geht dann ins Leere. Die Inexistenz bildet damit die äußerste Grenze der Heilungsmöglichkeit. Soll die Heilung erst nach Klageerhebung stattfinden, kommt hinzu, dass im Falle der Nichtigkeit des Beschlusses eine Klage bereits unzulässig ist, sodass es zu der Frage der Begründetheit der Nichtigkeitsklage und der Prüfung „wesentlicher Formvorschriften" nach Art. 263 Abs. 2 AEUV gar nicht erst kommt.[50]

---

[46] Ausführlich hierzu siehe unten, Kap. 2, A., II., 1., a).

[47] Dafür, dass Bezugsgegenstand der Heilung die Entscheidung ist *Fengler*, Die Anhörung im europäischen Gemeinschaftsrecht und deutschen Verwaltungsverfahrensrecht, S. 102; *Renkl*, Der Anspruch auf rechtliches Gehör im Verwaltungsverfahren, S. 136 f.

[48] Exemplarisch EuGH, Urt. v. 21.03.1985, Rs. 263/83, *Mariette Turner/Kommission*, Slg. 1985, 893, Rn. 16; EuG, Urt. v. 14.12.2005, Rs. T-210/01, *General Electric/Kommission*, Slg. 2005, II-5575, Rn. 731; EuG, Urt. v. 12.06.2014, Rs. T-286/09, *Intel/Kommission*, ECLI:EU:T:2014:547, Rn. 622.

[49] Für eine umfassende Auflistung der Fehler, welche die Inexistenz eines Unionsrechtsakts bewirken siehe *Annacker*, Der fehlerhafte Rechtsakt im Gemeinschafts- und Unionsrecht, S. 86 ff.; *Annacker*, Die Inexistenz als Angriffs- und Verteidigungsmittel vor dem EuGH und dem EuG, EuZW 1995, S. 755, 756 ff.

[50] *Cremer*, in: Calliess/Ruffert, Art. 263 AEUV, Rn. 8; *Ehricke*, in: Streinz, Art. 263 AEUV, Rn. 12; *Gaitanides*, in: von der Groeben/Schwarze/Hatje, Art. 263 AEUV, Rn. 17.

II. Die Heilung vor Abschluss des Verwaltungsverfahrens

Nun, da die Vorüberlegungen so weit gediehen sind, dass das Fundament für das Verständnis der Heilung in der Rechtsprechung der europäischen Gerichte gelegt wurde, kann mit der Analyse der Einzelfälle fortgefahren werden. Aus der Judikatur sind dabei in Bezug auf die Heilung drei Phasen zu unterscheiden, die durch zwei Zäsuren gebildet werden: Die erste Zäsur ist der Abschluss des Verwaltungsverfahrens, die zweite die Klageerhebung. Hieraus folgen drei zu unterscheidende Verfahrensphasen: Die erste Phase bildet der Zeitraum vor Abschluss des Verwaltungsverfahrens.[51] Innerhalb dieser Phase kann wiederum zwischen einer Heilung im Rahmen des verwaltungsrechtlichen Ausgangsverfahrens[52] und innerhalb eines verwaltungsrechtlichen Überprüfungsverfahrens[53] differenziert werden. Die zweite Phase bildet der Zeitraum nach Abschluss des Verwaltungsverfahrens, aber vor Klageerhebung.[54] Die letzte Phase bildet der Zeitraum nach Klageerhebung.[55]

1. Die Heilung im Laufe des verwaltungsrechtlichen Ausgangsverfahrens

Bis zum Erlass einer Verwaltungsentscheidung bestehen wenige Bedenken, unterlassene bzw. fehlerhafte Verfahrenshandlungen (fehlerfrei) nachzuholen.[56] So hat der Gerichtshof beispielsweise in der Rechtssache *Demont* eine Ladungsfrist zur

---

[51] Hierzu unter Kap. 2, A., II.

[52] Hierzu unter Kap. 2, A., II., 1.

[53] Hierzu unter Kap. 2, A., II., 2.

[54] Hierzu unter Kap. 2, A., III.

[55] Hierzu unter Kap. 2, A., IV.

[56] Beispiele für eine Heilung im Laufe des Verwaltungsverfahrens (jedoch nicht im Rahmen eines Überprüfungsverfahrens), alle Anhörungs- und Akteneinsichtsmängel betreffend: zum Beamtenrecht: EuGH, Urt. v. 17.12.1981, Rs. 115/80, *Demont/Kommission*, Slg. 1981, 3147, Rn. 5; EuGH, Urt. v. 21.03.1985, Rs. 263/83, *Mariette Turner/Kommission*, Slg. 1985, 893, Rn. 16; EuG, Urt. v. 6.11.1997, Rs. T-15/96, *Liao/Rat*, Slg. ÖD 1997, I-A-329; II-897, Rn. 42 und 45; EuG, Urt. v. 13.12.2005, Rs. T-155/03, T-157/03 und T-331/03, *Cwik/Kommission*, Slg. ÖD 2005, I-A-411; II-1865, Rn. 159 und 161; GöD, Urt. v. 14.09.2010, Rs. F-85/09, *Ferreras/Kommission*, ECLI:EU:F:2010:100, Rn. 53; zum Wettbewerbsrecht: EuGH, Urt. v. 25.10.1983, Rs. 107/82, *AEG/Kommission*, Slg. 1983, 3151, Rn. 29; EuGH, Urt. v. 27.06.1991, Rs. C-49/88, *Al-Jubail Fertilizer Company u. a./Rat*, Slg. 1991, I-3187, Rn. 17; EuG, Urt. v. 18.12.1992, Rs. T-10/92, T-11/92, T-12/92 und T-15/92, *Cimenteries CBR/Kommission*, Slg. 1992, II-2667, Rn. 47; EuG, Urt. v. 20.03.2002, Rs. T-23/99, *LR AF 1998 A/S/Kommission*, Slg. 2002, II-1705, Rn. 190; EuG, Urt. v. 14.12.2005, Rs. T-210/01, *General Electric/Kommission*, Slg. 2005, II-5575, Rn. 731; EuG, Urt. v. 12.06.2014, Rs. T-286/09, *Intel/Kommission*, ECLI:EU:T:2014:547, Rn. 622. Die Möglichkeit, Verfahrensfehler im Laufe des Verwaltungsverfahrens zu heilen, ergibt sich schließlich auch mittelbar aus dem Umkehrschluss zu der in der Rechtsprechung gebräuchlichen Formulierung, wonach „die Verletzung der Verteidigungsrechte im Verwaltungsverfahren […] in dem gerichtlichen Verfahren nicht mehr geheilt werden" kann, siehe beispielsweise EuGH, Urt. v. 08.07.1999, Rs. C-51/92 P, *Hercules/Kommission*, Slg. 1999, I-4235, Rn. 78; EuGH, Urt. v. 15.10.2002, Rs.

Anhörung, die nur drei Tage betrug, als zu kurz erachtet. Dieser Fehler wurde durch eine spätere Anhörung im laufenden Verfahren als geheilt angesehen.[57] Indirekt kommt dies auch in der Formulierung in der Rechtssache *Al-Jubail Fertilizer Company* zum Ausdruck, wo der Gerichtshof ausführt, dass „[d]ie betroffenen Unternehmen [...] *jedenfalls im Laufe des Verwaltungsverfahrens* in die Lage versetzt werden [müssen], ihren Standpunkt [...] sachgerecht zu vertreten".[58] In der Praxis kommt dieser Form der Heilung jedoch nur geringe Bedeutung zu, da es unwahrscheinlich ist, dass die Verwaltung ohne ein Überprüfungsverfahren auf begangene Verfahrens- und Formfehler aufmerksam wird und aus eigener Initiative eine Heilung einleitet.

a) Die Rechtfertigung der Heilungsmöglichkeit

Zentrale Rechtfertigung der Möglichkeit der Heilung im Laufe des verwaltungsrechtlichen Ausgangsverfahrens ist, dass das Verwaltungsverfahren eine Einheit bildet, die auch rechtlich als solche zu behandeln ist.[59] Dies kommt ganz allgemein in

---

C-238/99 P, C-244/99 P, C-245/99 P, C-247/99 P, C-250/99 P bis C-252/99 P und C-254/99 P, *LVM/Kommission*, Slg. 2002, I-8375, Rn. 318; EuGH, Urt. v. 07.01.2004, Rs. C-204/00 P, C-205/00 P, C-211/00 P, C-213/00 P, C-217/00 P und C-219/00 P, *Aalborg Portland/Kommission*, Slg. 2004, I-123, Rn. 104; EuG, Urt. v. 29.06.1995, Rs. T-36/91, *ICI/Kommission*, Slg. 1995, II-1847, Rn. 108. Siehe auch *Bockey*, Die Entscheidung der Europäischen Gemeinschaft, S. 110; *Bülow*, Die Relativierung von Verfahrensfehlern, S. 245; *von Danwitz*, Europäisches Verwaltungsrecht, S. 393; *Fehling*, Eigenwert des Verfahrens im Verwaltungsrecht, VVDStRL 70 (2011), S. 278, 298; *Girnau*, Die Stellung der Betroffenen im EG-Kartellverfahren, S. 175; *Hegels*, EG-Eigenverwaltungsrecht und Gemeinschaftsverwaltungsrecht, S. 86 f.; *Heidenreich*, Anhörungsrechte im EG-Kartell- und Fusionskontrollverfahren, S. 246; *Kahl*, Grundrechtsschutz durch Verfahren in Deutschland und in der EU, VerwArch 95 (2004), S. 1, 20; *Kokott*, Europäisierung des Verwaltungsprozessrechts, Die Verwaltung 31 (1998), S. 335, 367; *Mader*, Verteidigungsrechte, S. 369; *Müller-Ibold*, Begründungspflicht, S. 117; *Nehl*, Wechselwirkungen zwischen verwaltungsverfahrensrechtlichem und gerichtlichem Individualrechtsschutz in der EG, in: Nowak/Krämer, Individualrechtsschutz in der EG und der WTO, S. 135, 156; *Quabeck*, Die dienende Funktion, S. 136 f.; *Schwarze*, Europäisches Verwaltungsrecht, 2. Auflage, S. 1369. Bezogen auf Begründungsmängel *Bredemeier*, Kommunikative Verfahrenshandlungen, S. 460. Bezogen auf Anhörungsmängel *Classen*, Gute Verwaltung, S. 298; *Fengler*, Die Anhörung im europäischen Gemeinschaftsrecht und deutschen Verwaltungsverfahrensrecht, S. 93 f.; *Mader*, Verteidigungsrechte, S. 369; *Nöhmer*, Das Recht auf Anhörung im europäischen Verwaltungsverfahren, S. 64.

[57] EuGH, Urt. v. 17.12.1981, Rs. 115/80, *Demont/Kommission*, Slg. 1981, 3147, Rn. 5.

[58] EuGH, Urt. v. 27.06.1991, Rs. C-49/88, *Al-Jubail Fertilizer Company u. a./Rat*, Slg. 1991, I-3187, Rn. 17 (Hervorhebung durch die Verfasserin).

[59] EuGH, Urt. v. 11.11.1981, Rs. 60/81, *International Business Machines Corporation/Kommission*, Slg. 1981, 2639; EuGH, Urt. v. 17.12.1981, Rs. 115/80, *Demont/Kommission*, Slg. 1981, 3147, Rn. 5; EuGH, Urt. v. 25.10.1983, Rs. 107/82, *AEG/Kommission*, Slg. 1983, 3151, Rn. 29; *Bockey*, Die Entscheidung der Europäischen Gemeinschaft, S. 119; *Bülow*, Die Relativierung von Verfahrensfehlern, S. 251 f.; *Girnau*, Die Stellung der Betroffenen im EG-Kartellverfahren, S. 175; *Heidenreich*, Anhörungsrechte im EG-Kartell- und Fusionskontrollverfahren, S. 246; *Müller-Ibold*, Begründungspflicht, S. 117; *Quabeck*, Die dienende Funktion, S. 136; *Schwarze*, Europäisches Verwaltungsrecht, 1. Auflage, Bd. 2, S. 1369.

der Entscheidung *International Business Machines Corporation* des Gerichtshofs zum Ausdruck, aus der hervorgeht, dass das Verwaltungsverfahren als eine Einheit verstanden wird, in die der Gerichtshof nicht eingreifen darf.[60] So ist eine Anfechtungsklage nur gegen verfahrensabschließende Entscheidungen der Verwaltung möglich, nicht hingegen gegen Zwischenmaßnahmen in einem mehrphasigen Verfahren, die eine endgültige Entscheidung lediglich vorbereiten sollen.[61]

Wann genau ein Betroffener im Verwaltungsverfahren beispielsweise angehört wird, ist damit für die Wirksamkeit der Verwaltungsentscheidung letztendlich nicht entscheidend, denn aufgrund der Einheit des Verfahrens kann seinen Verfahrensrechten auch Rechnung getragen werden, solange er vor Abschluss des Verwaltungsverfahrens die Gelegenheit erhält, seine Rechte geltend zu machen.[62] Denn bis zur endgültigen Entscheidung bleibt der ordnungsgemäße Ablauf des Verfahrens in den Händen der Verwaltung. Voraussetzung einer Heilung in diesem Verfahrensstadium ist jedoch, dass noch eine offene, das heißt beeinflussbare, Entscheidungssituation vorliegt, sodass durch die nachgeholte Verfahrenshandlung auch tatsächlich noch auf das Entscheidungsergebnis Einfluss genommen werden kann und der anfängliche Fehler somit seine Ursächlichkeit für das Ergebnis verliert.[63] Hieran erinnerte der Gerichtshof in der Rechtssache *Liao*, die die Beseitigung eines Anhörungsmangels nach Erlass des Entwurfs aber vor Erlass der endgültigen beamtenrechtlichen Beurteilung betraf:

> „Toutefois, il est également constant que le second notateur a accordé un entretien au requérant, à sa demande, le 17 mai 1995, avant d'établir la deuxième version du rapport de notation du 19 mai 1995. Lors de cet entretien, *le requérant a pu faire valoir son point de vue.* Contrairement à ses affirmations, *il ne saurait être présumé que le second notateur n'était plus en mesure de modifier son avis à la lumière des observations faites par le requérant* lors de l'entretien du 17 mai 1995."[64]

b) Die Grenzen der Heilung

Jedoch ist eine Heilung auch im Rahmen des verwaltungsrechtlichen Ausgangsverfahrens nicht grenzenlos möglich. Dies stellen die europäischen Gerichte insbesondere im Zusammenhang mit Anhörungsmängeln heraus: Deren Heilung ist dann nicht erfolgreich, wenn sie zu spät stattfindet, das heißt zu einem Zeitpunkt, an dem die nachträgliche

---

[60] EuGH, Urt. v. 11.11.1981, Rs. 60/81, *International Business Machines Corporation/Kommission*, Slg. 1981, 2639.

[61] EuGH, Urt. v. 11.11.1981, Rs. 60/81, *International Business Machines Corporation/Kommission*, Slg. 1981, 2639, Rn. 10; so später auch EuG, Urt. v. 18.12.1992, Rs. T-10/92, T-11/92, T-12/92 und T-15/92, *Cimenteries CBR/Kommission*, Slg. 1992, II-2667, Rn. 28.

[62] EuGH, Urt. v. 17.12.1981, Rs. 115/80, *Demont/Kommission*, Slg. 1981, 3147, Rn. 5. Zu den Grenzen dieser Heilungsmöglichkeit siehe Kap. 2, A., II., 1., b).

[63] Vgl. EuGH, Urt. v. 17.12.1981, Rs. 115/80, *Demont/Kommission*, Slg. 1981, 3147, Rn. 5.

[64] EuG, Urt. v. 6.11.1997, Rs. T-15/96, *Liao/Conseil*, Slg. I-A-329; II-897, Rn. 42 (Hervorhebung durch die Verfasserin). Siehe auch EuG, Urt. v. 13.12.2005, Rs. T-155/03, T-157/03 und T-331/03, *Cwik/Kommission*, Slg. ÖD 2005, I-A-411; II-1865; GöD, Urt. v. 14.09.2010, Rs. F-85/09, *Ferreras/Kommission*, ECLI:EU:F:2010:100.

(fehlerfreie) Anhörung überflüssig ist, da die Behörde ihren Meinungsbildungsprozess bereits abgeschlossen hat und keine offene Entscheidungssituation mehr vorliegt. Die Behörde kann dem Entscheidungsergebnis gegenüber dann nicht mehr als unvoreingenommen angesehen werden.[65] Diese zeitliche Grenze der Heilungsmöglichkeit betonte der Gerichtshof insbesondere in der Rechtssache *Ismeri Europa*. Zwar stand hier der „Sonderbericht Nr. 1/96 des Rechnungshofes über die Mittelmeerprogramme" in Frage. Trotzdem spricht vieles dafür, den Ausführungen ein generelles Verständnis des Gerichtshofs zur Heilung zugrunde zu legen und damit auch auf Beschlüsse i.S.v. Art. 288 Abs. 1 AEUV zu übertragen. Der Gerichtshof notiert:

> „Dieser Verstoß konnte nicht dadurch beseitigt werden, dass die Rechtsmittelführerin nach Veröffentlichung des Berichts Nr. 1/96 Gelegenheit zur Stellungnahme hatte. Denn es versteht sich von selbst, dass *ein Organ vor der endgültigen Festlegung seines Standpunkts eher bereit ist, Bemerkungen zu entsprechen, als nach dessen Veröffentlichung*; würde es nämlich Beanstandungen nach der Veröffentlichung als begründet anerkennen, so müsste es seine Entscheidung ändern und eine Berichtigung verabschieden."[66]

Die Überlegungen stützen sich im Wesentlichen auf die Erwägung, dass das, was ein Betroffener im Rahmen einer nachträglichen Anhörung vorbringt, kaum noch berücksichtigt werden wird, wenn die entscheidende Stelle ihren Meinungsbildungsprozess abgeschlossen und sich auf eine Entscheidung festgelegt hat. Die Urteilspassage legt nahe, dass dies mit dem Stolz der entscheidenden Stelle zusammenhängt, nicht so offensichtlich Fehler eingestehen zu wollen. Damit erkennen auch die europäischen Gerichte an, dass es für jede Verfahrenshandlung einen richtigen Zeitpunkt gibt. Theoretisch ist es zwar möglich, dass auch eine Anhörung nach Abschluss des Meinungsbildungsprozesses noch Einfluss auf die Entscheidungsfindung nimmt. Praktisch hat das Vorbringen des Betroffenen jedoch seine Einwirkungsmacht auf die Entscheidungsfindung der Behörde verloren.[67]

c) Die Rechtsfolgen der Heilung

Ob ein Beschluss rechtmäßig ergangen ist, bestimmt sich nach dem Zeitpunkt seines Erlasses.[68] Erfolgt die Heilung eines Verfahrens- oder Formfehlers wirksam im Laufe des Verwaltungsverfahrens, ist der Fehler beseitigt, sodass die

---

[65] Dieses Problem ist in Deutschland unter dem Begriff der sog. „verwaltungspsychologischen Bestandskraft" bekannt. Ausdruck von *Hufen*, Heilung und Unbeachtlichkeit grundrechtsrelevanter Verfahrensfehler?, NJW 1982, S. 2160, 2165. Siehe auch *Bracher*, Nachholung der Anhörung bis zum Abschluss des verwaltungsgerichtlichen Verfahrens?, DVBl. 1997, S. 534, 537; *Martin*, Heilung von Verfahrensfehlern, S. 265; *Redeker*, Neue Experimente mit der VwGO?, NVwZ 1996, S. 521, 523; *Storost*, Fachplanung und Wirtschaftsstandort, NVwZ 1998, S. 797, 799.

[66] EuGH, Urt. v. 10.07.2001, Rs. C-315/99 P, *Ismeri Europa/Rechnungshof*, Slg. 2001, I-5281, Rn. 31 (Hervorhebung durch die Verfasserin).

[67] *Mader*, Verteidigungsrechte, S. 370.

[68] EuGH, Urt. v. 07.02.1979, Rs. 15 und 16/76, *Französische Regierung/Kommission*, Slg. 1979, 321, Rn. 7; GA *Warner*, Schlussanträge v. 12.03.1980, Rs. 30/78, *Distillers Company/Kommission*, Slg. 1980, 2267, 2297 f.; GA *Léger*, Schlussanträge v. 04.07.1996, Rs. C-294/95 P, *Ojha/ Kommission*, Slg. 1996, I-5867, Rn. 127.

verfahrensabschließende Entscheidung nicht mit dem Verfahrens- oder Formmangel behaftet[69] und von Anfang an – das heißt ab ihrem Erlass – als rechtmäßig anzusehen ist.[70]

2. Die Heilung im verwaltungsinternen Überprüfungsverfahren

Praktische Relevanz kommt der Heilung insbesondere bei Vornahme eines verwaltungsrechtlichen Überprüfungsverfahrens zu, da es der Behörde Anlass gibt, ihr
Verhalten zu überdenken und gegebenenfalls begangene Verfahrensfehler zu erkennen und zu berichtigen.

Traditionell kam der Möglichkeit der Heilung von Verfahrensfehlern in verwaltungsinternen Überprüfungsverfahren des europäischen Verwaltungsrechts eine nur
geringe Bedeutung zu, da nur wenige solcher Verfahren vorgesehen waren.[71] Klagen
gegen Maßnahmen von Unionsorganen ist im unionsrechtlichen Rechtsschutzsys-
tem nämlich kein zwingendes verwaltungsrechtliches Vorverfahren vorgeschaltet.[72]
Lange Zeit war die beamtenrechtliche Beschwerde nach Art. 90 Abs. 2 BeamtSt, die
bereits durch die ursprüngliche Fassung des Beamtenstatuts im Jahr 1968 eingeführt wurde, das einzige Beispiel eines verwaltungsinternen Rechtsbehelfs im Bereich des europäischen Eigenverwaltungsrechts.

In den letzten Jahren wurde der Rechtsschutz durch sekundärrechtlich geschaffene, verwaltungsinterne Rechtsbehelfe jedoch zunehmend verstärkt[73] und ein
verwaltungsrechtliches Vorverfahren immer öfter zur Voraussetzung einer Klage
gemacht. Grund der gestiegenen Zahl verwaltungsinterner Rechtsbehelfe ist der
Zuwachs von Vollzugskompetenzen der Europäischen Union.[74] Gemeint sind damit vor allem die in vielen verschiedenen Formen agierenden sog. Agenturen,

---

[69] EuG, Urt. v. 12.06.2014, Rs. T-286/09, *Intel/Kommission*, ECLI:EU:T:2014:547, Rn. 625.

[70] *Bülow*, Die Relativierung von Verfahrensfehlern, S. 301; *Classen*, Gute Verwaltung, S. 298; *Fengler*, Die Anhörung im europäischen Gemeinschaftsrecht und deutschen Verwaltungsverfah-rensrecht, S. 93 f.; *Ritleng*, Le contrôle de la légalité des actes communautaires par la cour de justice et le tribunal de première instance des communautés européennes, Rn. 121. Dass einer Heilung, die „rechtzeitig" erfolgt, eine Wirkung *ex tunc* zukommt, ergibt sich auch im Umkehr-schluss aus EuG, Urt. v. 29.06.1995, Rs. T-32/91, *Solvay/Kommission*, Slg. 1995, II-1825, Rn. 53; EuG, Urt. v. 29.06.1995, Rs. T-37/91, *ICI/Kommission*, Slg. 1995, II-1901, Rn. 92, siehe unten Kap. 2, A., IV., 4., b).

[71] *Bredemeier*, Kommunikative Verfahrenshandlungen, S. 475 f.; *Bülow*, Die Relativierung von Verfahrensfehlern, S. 245; *Fehling*, Eigenwert des Verfahrens im Verwaltungsrecht, VVDStRL 70 (2011), S. 278, 298; *Müller-Ibold*, Begründungspflicht, S. 117.

[72] Lediglich die Untätigkeitsklage schreibt die Durchführung eines Vorverfahrens in der Form vor, dass der Kläger das betreffende Unionsorgan vor Klageerhebung erfolglos zum Handeln aufgefor-dert haben muss.

[73] *Saurer*, Individualrechtsschutz gegen das Handeln der Europäischen Agenturen, EuR 2010, S. 51, 51; *Sydow/Neidhardt*, Verwaltungsinterner Rechtsschutz, S. 117; *Wegener*, in: Calliess/Ruf-fert, Art. 19 EUV, Rn. 8; monographisch zu den primärrechtlichen Anforderungen an solche Rechtsschutzregime *Krämer*, Rechtsschutz im EG-Eigenverwaltungsrecht, S. 74 ff.

[74] *Sydow/Neidhardt*, Verwaltungsinterner Rechtsschutz, S. 117.

deren Ausbreitung eine der markantesten Veränderungen der Landschaft des europäischen Verwaltungsrechtssystems der letzten Jahrzehnte darstellte.[75]

Systematische Ausführungen zur Frage der Heilung von Verfahrens- und Formfehlern in verwaltungsrechtlichen Überprüfungsverfahren finden sich in der Rechtsprechung der Unionsgerichte kaum. Daher beschränken sich die folgenden Ausführungen auf die Sammlung von Urteilen, die Rückschlüsse auf grundsätzliche Überlegungen zur Heilung möglich erscheinen lassen. Die meisten finden sich dabei im Bereich des europäischen Beamtenrechts in Bezug auf die Beschwerde nach Art. 90 Abs. 2 BeamtSt[76] sowie im Bereich des Markenrechts im Rahmen der Beschwerden vor den Beschwerdekammern des Amts der Europäischen Union für geistiges Eigentum.[77]

a) Die Heilung im Rahmen der Beschwerde nach Art. 90 Abs. 2 BeamtSt

Nach Art. 270 AEUV ist „[d]er Gerichtshof der Europäischen Union […] für alle Streitsachen zwischen der Union und deren Bediensteten innerhalb der Grenzen und nach Maßgabe der Bedingungen zuständig, die im Statut der Beamten der Union und in den Beschäftigungsbedingungen für die sonstigen Bediensteten der Union festgelegt sind." Art. 90 Abs. 2 BeamtSt füllt diese primärrechtliche Möglichkeit, das Recht zur Klage einzuschränken, aus, indem er vorsieht, dass vor Klageerhebung zwingend ein verwaltungsinternes Vorverfahren durchzuführen ist. Nach Art. 90 Abs. 2 Unterabs. 1 BeamtSt kann innerhalb von drei Monaten nach Erlass einer beschwerenden Maßnahme der Anstellungsbehörde hiergegen Beschwerde eingelegt werden. Gem. Art. 90 Abs. 2 Unterabs. 2 hat die Anstellungsbehörde binnen vier Monaten nach Einreichung dieser Beschwerde eine begründete Entscheidung zu erlassen. Tut sie dies nicht, gilt die Beschwerde als stillschweigend abgelehnt. Die ausdrückliche oder stillschweigende Ablehnung der Beschwerde nach Art. 90 BeamtSt ist nach Art. 91 Abs. 2 BeamtSt zwingende Voraussetzung der Klageerhebung.[78]

Im Rahmen dieses administrativen Vorverfahrens können Verfahrens- und Formfehler geheilt werden. Denn zum einen ist es gerade der Zweck des verwaltungsinternen Vorverfahrens, die „einverständliche Beilegung des zwischen dem

---

[75] *Gundel*, Der Rechtsschutz gegen Handlungen der EG-Agenturen – endlich geklärt?, EuR 2009, S. 383, 383; generell zu den verschiedenen Aspekten europäischer Agenturen *Geradin/Muñoz/Petit*, Regulation through Agencies in the EU, passim; *della Cananea*, European Regulatory Agencies, passim.

[76] Hierzu unter Kap. 2, A., II., 2., a).

[77] Hierzu unter Kap. 2, A., II., 2., b), bb).

[78] Gem. Art. 91 Abs. 4 BeamtSt kann die Beschwerde bei der Anstellungsbehörde aber ausnahmsweise zusammen mit der Klage zum Gerichtshof eingelegt werden, wenn der Klage ein Antrag auf einstweiligen Rechtsschutz gem. Art. 278, 279 AEUV beigefügt wird. Dann wird das Hauptsacheverfahren vor dem Gerichtshof ausgesetzt, bis die Beschwerde ausdrücklich oder stillschweigend abgelehnt wird. Siehe hierzu *Rengeling/Middeke/Gellermann*, Rechtsschutz in der Europäischen Union, Rn. 315.

Beamten oder sonstigen Bediensteten und der Verwaltung entstandenen Streits [zu] ermöglichen und [zu] fördern."[79] Damit erfüllt das Verfahren sowohl die Funktion der Befriedung als auch die Funktion, die europäischen Gerichte zu entlasten.[80] Zum anderen ist der Prüfungsumfang der zuständigen Behörde im Rahmen der Beschwerde gem. Art. 90 Abs. 2 BeamtSt umfassend: Sie kann sowohl die Recht- als auch die Zweckmäßigkeit der Maßnahme prüfen und unterliegt hinsichtlich der Kontrolle der angegriffenen Entscheidung prinzipiell keiner Beschränkung.[81] Eine Ausnahme besteht lediglich im Hinblick auf Maßnahmen der Beurteilungs- sowie Prüfungsausschüsse, gegen die die Einlegung einer Beschwerde entbehrlich ist, da die Anstellungsbehörde die Bescheide dieser autonomen Stellen ohnehin nicht abändern kann.[82]

Welchen Voraussetzungen die Heilung einzelner Verfahrensfehler in dieser Verfahrensphase unterliegt, geht aus den Urteilen der europäischen Gerichte nicht im Detail hervor. Umfassend befasst sich die Rechtsprechung allein mit der Möglichkeit der Heilung von Begründungsmängeln. Art. 25 Abs. 2 BeamtSt bestimmt, dass „[j]ede beschwerende Verfügung […] mit Gründen versehen sein [muss]". Damit konkretisiert das Beamtenstatut die bereits in Art. 296 Abs. 2 AEUV niedergelegte Begründungspflicht. Wird dieser bei Erlass der beamtenrechtlichen Entscheidung nicht nachgekommen, kann dies im Rahmen des beamtenrechtlichen Beschwerdeverfahrens nach Art. 90 Abs. 2 BeamtSt nachgeholt werden. Der Gerichtshof macht im gerichtlichen Folgeverfahren dann die in der Beschwerdeentscheidung angeführten Gründe zu seiner Entscheidungsgrundlage.[83]

Besonders hinzuweisen ist auf die beamtenrechtliche Rechtsprechung, nach der die Anstellungsbehörde bei Auswahlverfahren eine Begründung in zwei Phasen geben kann: In einer ersten Phase muss sie den abgelehnten Bewerbern nur die Auswahlkriterien sowie das Ergebnis der Auswahl mitteilen. Erst in einer zweiten Phase, die nur auf ausdrückliches Verlangen des Bewerbers überhaupt eingeleitet wird, erteilt die Behörde eine individuelle Begründung. Diese Begründung muss vor Ablauf der in Art. 90 und 91 BeamtSt vorgesehenen besonderen Klagefrist erfolgen, damit die Betroffenen noch die Möglichkeit haben, von ihrem Recht auf Klage Gebrauch zu machen. Der Grund für die Einführung dieser zweistufigen Begründung liegt darin, dass sich ein Prüfungsausschuss in einem beamtenrechtlichen Auswahlverfahren mit einer hohen Teilnehmerzahl konfrontiert sieht und eine vereinfachte Begründung auf erster Stufe daher erforderlich ist, um „praktische

---

[79] EuGH, Urt. v. 15.01.1985, Rs. 168/83, *Pasquali-Gherardi/Parlament*, Slg. 1985, 83, Rn. 11; EuG, Urt. v. 11.07.1991, Rs. T-19/90, *von Hoessle/Rechnungshof*, Slg. 1991, II-615, Rn. 33.

[80] *Eggers/Linder*, in: Grabitz/Hilf/Nettesheim, Art. 270 AEUV, Rn. 19; *Ehricke*, in: Streinz, Art. 270 AEUV, Rn. 12; *Schwarze*, in: Schwarze, Art. 270 AEUV, Rn. 9.

[81] *Hatje*, Der Rechtsschutz der Stellenbewerber im Europäischen Beamtenrecht, S. 67.

[82] EuGH, Urt. v. 14.06.1972, Rs. 44/71, *Marcato/Kommission*, Slg. 1972, 427, Rn. 5/6; EuGH, Urt. v. 16.03.1978, Rs. 7/77, *von Wüllerstorff und Urbair/Kommission*, Slg. 1978, 769, Rn. 6/9; *Eggers/Linder*, in: Grabitz/Hilf/Nettesheim, Art. 270 AEUV, Rn. 28; *Hatje*, Der Rechtsschutz der Stellenbewerber im Europäischen Beamtenrecht, S. 61 und 67; *Wegener*, in: Calliess/Ruffert, Art. 270, Rn. 6.

[83] *Müller-Ibold*, Begründungspflicht, S. 117.

Schwierigkeiten" zu vermeiden.[84] Stellvertretend für die seitdem bestehende ständige Rechtsprechung[85] wird hier aus der Rechtssache *Michel* zitiert, in der der Gerichtshof diesen zwei-Stufen-Test erstmals anwendete. Er führte aus:

> „Um den praktischen Schwierigkeiten Rechnung zu tragen, denen ein Prüfungsausschuss in einem Auswahlverfahren mit sehr hoher Teilnehmerzahl gegenübersteht, kann zugelassen werden, dass der Prüfungsausschuss einem Bewerber in einem ersten Stadium lediglich eine Mitteilung über die Kriterien und das Ergebnis der Auswahl zukommen lässt, wie sie im vorliegenden Fall im Schreiben vom 21. Februar 1980 enthalten ist, und individuelle Erklärungen erst später und nur den Bewerbern gibt, die dies ausdrücklich verlangen, sofern allerdings diese individuellen Angaben von dem Prüfungsausschuss für das Auswahlverfahren vor Ablauf der in den Artikeln 90 und 91 des Statuts vorgesehenen Frist gemacht werden, um den Bewerbern zu ermöglichen, von ihren Rechten Gebrauch zu machen, falls sie es für zweckmäßig halten."[86]

Damit hat die Anstellungsbehörde bei Verfahren, die eine Entscheidung zum Gegenstand haben, die eine Auswahl zwischen mehreren Bewerbern erfordert, jedenfalls zu dem Zeitpunkt, in dem sie die Beschwerde eines abgelehnten Bewerbers nach Art. 90 Abs. 2 BeamtSt gegen die ablehnende Entscheidung bzw. die Ernennungsentscheidung des Konkurrenten zurückweist, eine vollumfängliche Pflicht zur Begründung.[87] Gegenstand der gerichtlichen Prüfung ist sodann nur die Begründung, wie sie in der Beschwerdeentscheidung enthalten ist. Denn es sei davon auszugehen, dass „die Begründung dieser Entscheidung mit der Begründung der Entscheidung, gegen die die Beschwerde gerichtet war, zusammenfällt,

---

[84] EuGH, Urt. v. 26.11.1981, Rs. 195/80, *Michel/Parlament*, Slg. 1981, 2861, Rn. 27. Hierzu auch *Hatje*, Der Rechtsschutz der Stellenbewerber im Europäischen Beamtenrecht, S. 180; *Müller-Ibold*, Begründungspflicht, S. 117, Fn. 457.

[85] Rechtsprechung des Gerichtshofs: EuGH, Urt. v. 09.06.1983, *Verzyck/Kommission*, Rs. 225/82, Slg. 1983, 1991, Rn. 16; EuGH, Urt. v. 21.03.1985, Rs. 108/84, *de Santis/Rechnungshof*, Slg. 1985, 947, Rn. 21; EuGH, Urt. v. 07.02.1990, Rs. 343/87, *Culin/Kommission*, Slg. 1990, I-225, Rn. 13; EuGH, Urt. v. 23.09.2004, Rs. C-150/03 P, *Hectors/Parlament*, Slg. 2004, I-8691, Rn. 40. Rechtsprechung des Gerichts: EuG, Urt. v. 03.03.1993, Rs. T-25/92, *Vela Palacios/WSA*, Slg. 1993, II-201 Rn. 22; EuG, Urt. v. 26.01.1995, Rs. T-60/94, *Pierrat/Gerichtshof*, Slg. 1995, FP-I-A-23; FP-II-77, Leitsatz und Rn. 30; EuG, Urt. v. 20.07.2001, Rs. T-351/99, *Brumter/Kommission*, Slg. ÖD 2001, II-757, Rn. 29; EuG, Urt. v. 23.01.2003, Rs. 181/01, *Hectors/Parlament*, Slg. 2003, FP-I-A-19; FP-II-103, Rn. 36; EuG, Urt. v. 06.07.2004, Rs. T-281/01, *Huygens/Kommission*, Slg. 2004, I-A-203; II-903, Leitsatz 5; EuG, Urt. v. 29.09.2005, T-218/02, *Napoli Buzzanca/Kommission*, Slg. ÖD 2005, I-A-267; II-1221, Rn. 59; EuG, Urt. v. 11.07.2007, Rs. T-93/03, *Konidaris/Kommission*, Slg. 2007, I-A-2-149; II-A-2-1045, Leitsatz 1.

[86] EuGH, Urt. v. 26.11.1981, Rs. 195/80, *Michel/Parlament*, Slg. 1981, 2861, Rn. 27.

[87] EuGH, Urt. v. 07.02.1990, Rs. 343/87, *Culin/Kommission*, Slg. 1990, I-225, Rn. 13; EuGH, Urt. v. 23.09.2004, Rs. C-150/03 P, *Hectors/Parlament*, Slg. 2004, I-8691, Rn. 40; EuG, Urt. v. 03.03.1993, Rs. T-25/92, *Vela Palacios/WSA*, Slg. 1993, II-201, Rn. 22; EuG, Urt. v. 26.01.1995, Rs. T-60/94, *Pierrat/Gerichtshof*, Slg. 1995, FP-I-A-23; FP-II-77, Leitsatz und Rn. 30; EuG, Urt. v. 20.07.2001, Rs. T-351/99, *Brumter/Kommission*, Slg. ÖD 2001, II-757, Rn. 29; EuG, Urt. v. 23.01.2003, Rs. 181/01, *Hectors/Parlament*, Slg. 2003, FP-I-A-19; FP-II-103, Rn. 36; EuG, Urt. v. 06.07.2004, Rs. T-281/01, *Huygens/Kommission*, Slg. 2004, I-A-203; II-903, Leitsatz 5; EuG, Urt. v. 29.09.2005, T-218/02, *Napoli Buzzanca/Kommission*, Slg. ÖD 2005, I-A-267; II-1221, Rn. 59; EuG, Urt. v. 11.07.2007, Rs. T-93/03, *Konidaris/Kommission*, Slg. 2007, I-A-2-149; II-A-2-1045, Leitsatz 1.

sodass sich die Prüfung der Gründe der einen und der anderen Entscheidung vereinigt."[88]

Streng genommen handelt es sich hierbei nicht um die Heilung eines Formfehlers, sondern vielmehr um eine Modifikation der anfänglichen Begründungspflicht. Jedoch führt die anfänglich gegebene, „reduzierte" Begründung nur dann nicht zur Rechtswidrigkeit der Verwaltungsentscheidung, wenn sie nachträglich vervollständigt wird, mithin eine „heilende" Handlung vorgenommen wird. Insofern besteht eine Parallele zur Rechtsfigur der Heilung. Die Möglichkeit der „Wiedergutmachung" des Begründungsmangels durch eine im Rahmen der Zurückweisung der Beschwerde gegebene Begründung endet erst mit Klageerhebung[89] – ist damit also auch noch über den Abschluss des verwaltungsrechtlichen Überprüfungsverfahrens hinaus möglich.

b) Die Heilung im Rahmen des verwaltungsinternen Rechtsschutzes gegen Entscheidungen europäischer Agenturen

aa) Überblick: Europäische Modelle verwaltungsinternen Rechtsschutzes und ihre Rolle für die Heilung

Der Rechtsschutz gegen Entscheidungen von europäischen Agenturen ist von einer besonderen Unübersichtlichkeit und Heterogenität gekennzeichnet.[90] Im Wesentlichen können zwei Grundmodelle des verwaltungsinternen Rechtsschutzes gegen die von Agenturen erlassenen Maßnahmen unterschieden werden, die vor Anrufung der Unionsgerichte zu durchlaufen sind: das sog. Aufsichtsmodell und das sog. Beschwerdekammermodell.[91] Ob eine Heilung von Verfahrens- und Formfehlern im Rahmen dieser verwaltungsinternen Verfahren möglich ist, hängt maßgeblich davon ab, wie umfangreich in ihrem Verlauf die Ausgangsentscheidung überprüft werden kann. Die Extreme bewegen sich dabei zwischen einer reinen Rechtmäßigkeitskontrolle auf der einen und einer – zusätzlichen – Zweckmäßigkeitskontrolle auf der anderen Seite. Für den Prüfungsmaßstab sind dabei die normativen Vorgaben

---

[88] EuG, Urt. v. 20.07.2001, Rs. T-351/99, *Brumter/Kommission*, Slg. ÖD 2001, II-757, Rn. 29; EuG, Urt. v. 06.07.2004, Rs. T-281/01, *Huygens/Kommission*, Slg. 2004, I-A-203; II-903, Leitsatz 5, Rn. 107; EuG, Urt. v. 29.09.2005, T-218/02, *Napoli Buzzanca/Kommission*, Slg. ÖD 2005, I-A-267; II-1221, Rn. 59.

[89] EuG, Urt. v. 06.07.2004, Rs. T-281/01, *Huygens/Kommission*, Slg. 2004, I-A-203; II-903, Leitsatz 5, Rn. 108; EuG, Urt. v. 11.12.2007, Rs. T-66/05, *Sack/Kommission*, Slg. ÖD 2007, I-A-2-229; II-A-2-1487, Leitsatz 5, Rn. 66.

[90] *Wegener*, in: Calliess/Ruffert, Art. 19 EUV, Rn. 8.

[91] Ausführlich zu den Grundmodellen siehe *Dörr*, in: Grabitz/Hilf/Nettesheim, Art. 263 AEUV, Rn. 112; *Pabel*, Europäische Agenturen: Rechtsschutz, in: Raschauer, Europäische Agenturen, S. 65, 68 ff.; *Saurer*, Individualrechtsschutz gegen das Handeln der Europäischen Agenturen, EuR 2010, S. 51, 57; *Siegel*, Die Widerspruchskammer im System des europäischen Verwaltungsrechtsschutzes, EuZW 2008, S. 141, 142 f.; *Wegener*, in: Calliess/Ruffert, Art. 19 EUV, Rn. 8.

entscheidend. Verfügt die mit der Überprüfung betraute Stelle über die gleichen Entscheidungskompetenzen wie die Ausgangsbehörde, kann sie sowohl Verfahrens- und Formfehler als auch materiell-rechtliche Fehler beheben.

(1) Das Aufsichtsmodell

In den 1970er-Jahren – den Anfängen der europäischen Agenturverwaltung – entstand das sog. Aufsichtsmodell.[92] In diesem Modell sehen Agenturverfassungen vor, dass ein Rechtsschutzsuchender sich gegen die Maßnahme einer Agentur im Wege der Aufsichtsbeschwerde direkt an die Kommission wenden kann, um die Kontrolle der Rechtmäßigkeit der Maßnahme zu beantragen.[93] Dieser verwaltungsinterne Rechtsschutz in einem direkten Verfahren bei der Kommission findet insbesondere bei Agenturen, die der europäischen Kommission direkt unterstellt sind und ihr gegenüber keine selbstständige Stellung inne haben, statt.[94] Erst nach Abschluss dieses Verfahrens ist gegen die (ablehnende) Kommissionsentscheidung eine Klage nach Art. 263 AEUV statthaft.[95] Ein solches Verfahren findet sich beispielsweise bei der Europäischen Stiftung zur Verbesserung der Arbeits- und Lebensbedingungen[96] sowie dem Europäischen Zentrum für die Prävention und die Kontrolle von Krankheiten.[97]

In jüngerer Zeit wurde das Aufsichtsmodell insbesondere bei sog. Exekutivagenturen eingesetzt. So hat es in Art. 22 VO Nr. 58/2003 zur Festlegung des Statuts der Exekutivagenturen Eingang gefunden, der vorsieht, dass gegen Handlungen einer Exekutivagentur eine sog. Verwaltungsbeschwerde bei der Kommission erhoben werden kann. Gem. Art. 22 Abs. 1 Unterabs. 1 VO Nr. 58/2003 prüft die Europäische Kommission ausschließlich die Rechtmäßigkeit der angegriffenen Maßnahme der Exekutivagentur.[98] Die Kommission kann im Rahmen des Beschwerdeverfahrens selbst die Ausführung der angegriffenen Maßnahme aussetzen oder vorläufige Maß-

---

[92] Zum Aufsichtsmodell siehe *Saurer*, Individualrechtsschutz gegen das Handeln der Europäischen Agenturen, EuR 2010, S. 51, 57; *Siegel*, Die Widerspruchskammer im System des europäischen Verwaltungsrechtsschutzes, EuZW 2008, S. 141, 142; *Uerpmann*, Mittelbare Gemeinschaftsverwaltung durch gemeinschaftsgeschaffene juristische Personen des öffentlichen Rechts, AöR 125 (2000), S. 551, 572 f.

[93] *Dörr*, in: Grabitz/Hilf/Nettesheim, Art. 263 AEUV, Rn. 112; *Saurer*, Individualrechtsschutz gegen das Handeln der Europäischen Agenturen, EuR 2010, S. 51, 57; *Wegener*, in: Calliess/Ruffert, Art. 19 EUV, Rn. 8.

[94] *Koch*, Mittelbare Gemeinschaftsverwaltung in der Praxis, EuZW 2005, S. 455, 458; *Wegener*, in: Calliess/Ruffert, Art. 19 EUV, Rn. 8.

[95] *Krämer*, Rechtsschutz im EG-Eigenverwaltungsrecht zwischen Einheitlichkeit und sektorieller Ausdifferenzierung, S. 22; *Saurer*, Individualrechtsschutz gegen das Handeln der Europäischen Agenturen, EuR 2010, S. 51, 57; *Wegener*, in: Calliess/Ruffert, Art. 19 EUV, Rn. 8.

[96] Art. 22 VO Nr. 1365/75.

[97] Art. 28 VO Nr. 851/2004.

[98] Zum Prüfungsmaßstab der Rechtmäßigkeit siehe *Fischer-Appelt*, Agenturen der Europäischen Gemeinschaft, S. 311; *Pabel*, Europäische Agenturen: Rechtsschutz, in: Raschauer, Europäische Agenturen, S. 65, 70; *Sydow/Neidhardt*, Verwaltungsinterner Rechtsschutz, S. 132.

nahmen erlassen.[99] In ihrer endgültigen Entscheidung kann sie die Handlung der Exekutivagentur aufrechterhalten oder entscheiden, dass diese sie teilweise oder vollständig zu ändern hat.[100] Die Exekutivagentur muss dann binnen einer angemessenen Frist die erforderlichen Maßnahmen treffen, um der Entscheidung der Kommission Folge zu leisten.[101] Die Kommission ist den Agenturen gegenüber aber nicht weisungsbefugt und kann deren Entscheidungen nicht aufheben oder ihnen auferlegen, bestimmte Entscheidungen zurückzuziehen.[102] Folglich geht die Verfahrensherrschaft und Kompetenz zum Erlass einer außenwirksamen Entscheidung nicht mit der Erhebung der Beschwerde auf die Kommission über.[103] Vielmehr gleicht das Verfahren vor der Kommission einer gerichtlichen Überprüfung, die sich ebenfalls auf die Rechtskontrolle einer *fremden* Entscheidung beschränkt.[104] Ziel des Beschwerdeverfahrens ist es nämlich, die Kommission zur primärrechtlich gebotenen Kontrolle über die ihr hierarchisch untergeordneten Verwaltungseinheiten zu befähigen,[105] nicht aber die Förderung des subjektiven Rechtsschutzes oder die Entlastung der europäischen Gerichte.[106] Folglich ist der Prüfungsumfang der Kommission auf eine reine Rechtmäßigkeitskontrolle beschränkt, die die Möglichkeit der Nachbesserung von Fehlern ausschließt. Diese Beschränkung auf die Kontrolle der Rechtmäßigkeit der Entscheidung dient letztlich dazu, die Unabhängigkeit der Exekutivagenturen zu sichern.[107] Eine Heilung von Verfahrens- und Formfehlern im Überprüfungsverfahren durch die Kommission kommt im Rahmen des Aufsichtsmodells damit nicht in Betracht.

(2) Das Beschwerdekammermodell

Später, in den 1990er-Jahren, wurden in den Gründungsakten einiger Agenturen besondere, auf die jeweilige Agentur zugeschnittene verwaltungsinterne Rechtsschutzverfahren eingerichtet.[108] Diese finden auch heute noch vor sog. Beschwerde- oder

---

[99] Art. 22 Abs. 2 S. 1 VO Nr. 58/2003.

[100] Art. 22 Abs. 2 S. 2 VO Nr. 58/2003.

[101] Art. 22 Abs. 4 VO Nr. 58/2003.

[102] *Europäische Kommission*, Mitteilung Rahmenbedingungen für die Europäischen Regulierungsagenturen, KOM [2002] 718: „Selbstverständlich geht es nicht darum, der Kommission eine Aufsichtsfunktion im juristischen Sinne zu übertragen. Anders ausgedrückt: Vorzusehen, dass die Kommission den Regulierungsagenturen gegenüber weisungsbefugt wäre oder deren Einzelfallentscheidungen aufheben oder ihnen auferlegen könnte, bestimmte Einzelfallentscheidungen zurückzuziehen, kommt nicht in Frage."

[103] *Sydow/Neidhardt*, Verwaltungsinterner Rechtsschutz, S. 132.

[104] *Sydow/Neidhardt*, Verwaltungsinterner Rechtsschutz, S. 132.

[105] *Craig*, The constitutionalisation of Community administration, E.L.Rev. 2003, S. 804, 849 ff.; *Sydow/Neidhardt*, Verwaltungsinterner Rechtsschutz, S. 133.

[106] *Sydow/Neidhardt*, Verwaltungsinterner Rechtsschutz, S. 132.

[107] *Pabel*, Europäische Agenturen: Rechtsschutz, in: Raschauer, Europäische Agenturen, S. 65, 70, Fn. 25; vgl. auch *Fischer-Appelt*, Agenturen der Europäischen Gemeinschaft, S. 312; *Hilf*, Die abhängige Juristische Person des Europäischen Gemeinschaftsrechts, ZaöRV 1976, S. 551, 578.

[108] *Saurer*, Individualrechtsschutz gegen das Handeln der Europäischen Agenturen, EuR 2010, S. 51, 57.

Widerspruchskammern, die von der jeweiligen Agentur funktionell unabhängige und weisungsfreie Kontrollorgane sind, statt.[109] Gegen die Entscheidungen der Beschwerdeinstanz ist sodann der Rechtsweg zu den Unionsgerichten eröffnet.[110] Dieses Verfahren ist als sog. Beschwerdekammermodell bekannt.[111] Derartige Beschwerdekammern wurden beispielsweise im Amt der Europäischen Union für geistiges Eigentum[112] und der Europäischen Agentur für Flugsicherheit[113] geschaffen. Die Europäische Chemikalienagentur wurde mit einer funktional gleichwertigen Widerspruchskammer ausgestattet.[114] Auch die Europäischen Aufsichtsbehörden im Finanzmarktsektor verfügen nunmehr über Beschwerdeausschüsse.[115]

Der Prüfungsumfang dieser Beschwerde- oder Widerspruchskammern ist nicht einheitlich ausgestaltet:

Zwar sehen beispielsweise sowohl Art. 71 Abs. 1 S. 2 VO 2017/1001 für die Beschwerdekammer des Amts der Europäischen Union für geistiges Eigentum, als auch Art. 49 S. 1 VO Nr. 216/2008 für die Beschwerdekammer der Europäischen Agentur für Flugsicherheit und Art. 93 Abs. 3 VO Nr. 1907/2006 für die Widerspruchskammer der Europäischen Agentur für chemische Stoffe nahezu wortgleich vor, dass der Beschwerdeausschuss alle der Zuständigkeit der Behörde entsprechenden Befugnisse wahrnehmen kann. Dies spricht für eine Überprüfbarkeit sowohl der Recht- als auch Zweckmäßigkeit der Ausgangsentscheidung im verwaltungsinternen Überprüfungsverfahren.[116] In den drei genannten Normen kommt somit der Grundsatz der sog. funktionalen Kontinuität zwischen Ausgangs- und Widerspruchsbehörde zum Ausdruck. Somit stellen die Widerspruchsbehörden eine zweite administrative Tatsacheninstanz dar.[117] Folglich ist auch die Heilung

---

[109] *Koch*, Mittelbare Gemeinschaftsverwaltung in der Praxis, EuZW 2005, S. 455, 458; *Siegel*, Die Widerspruchskammer im System des europäischen Verwaltungsrechtsschutzes, EuZW 2008, S. 141, 142; *Wegener*, in: Calliess/Ruffert, Art. 19 EUV, Rn. 8.

[110] *Dörr*, in: Grabitz/Hilf/Nettesheim, Art. 263 AEUV, Rn. 112; *Saurer*, Individualrechtsschutz gegen das Handeln der Europäischen Agenturen, EuR 2010, S. 51, 59.

[111] Zum Beschwerdekammermodell siehe *Dammann*, Die Beschwerdekammern der Europäischen Agenturen, S. 29 ff.; *Pabel*, Europäische Agenturen: Rechtsschutz, in: Raschauer, Europäische Agenturen, S. 65, 76 ff.; *Siegel*, Die Widerspruchskammer im System des europäischen Verwaltungsrechtsschutzes, EuZW 2008, S. 141, 142 f.

[112] Art. 165 VO 2017/1001; Art. 106 VO Nr. 6/2002.

[113] Art. 40 Abs. 1 VO Nr. 216/2008.

[114] Art. 90 VO Nr. 1907/2006.

[115] Jeweils Art. 58 ff. der Verordnungen Nr. 1093/2010, Nr. 1094/2010 und Nr. 1095/2010. Für die hier zu beleuchtenden Zwecke sind diese Verordnungen nahezu identisch, sodass im Folgenden einheitlich mit „ESA-VO" auf sie Bezug genommen werden wird.

[116] In Bezug auf die Beschwerdekammer des Amts der Europäischen Union für geistiges Eigentum skeptisch, im Ergebnis jedoch zustimmend *von Kapff*, Die Große Kammer der Beschwerdekammern des HABM, GRURInt 2011, S. 676, 677.

[117] Bezüglich der sog. funktionalen Kontinuität von Ausgangsbehörde und Beschwerdekammer der Europäischen Agentur für Flugsicherheit (EASA): EuG, Urt. v. 11.12.2014, Rs. T-102/13, *Heli-FlightGmbH/AESA*, ECLI:EU:T:2014:1064, Rn. 27; bezüglich der „funktionalen Kontinuität" zwischen Prüfer, Widerspruchsabteilung und anderen Abteilungen einerseits und Beschwerdekammern andererseits des Harmonisierungsamts für den Binnenmarkt (HABM): EuG, Urt.

von Verfahrens- und Formfehlern im Rahmen des administrativen Überprüfungsverfahrens möglich.

Demgegenüber könnte sich die Rechtslage im Finanzmarktsektor anders darstellen: Nach Art. 60 Abs. 4 S. 1 ESA-VO prüft der Beschwerdeausschuss neben der
Zulässigkeit die Begründetheit der Beschwerde. Der Wortlaut der normativen Vorgaben ist offen gefasst und in Bezug auf den Prüfungsumfang damit nicht ganz
eindeutig.[118] Dafür, dass der Beschwerdeausschuss eine umfassende Prüfung der
Recht- und Zweckmäßigkeit der Entscheidung vornehmen kann, spricht, dass er in
die Verwaltung eingebunden ist. Dies ergibt sich beispielsweise daraus, dass der Beschwerdeausschuss als „gemeinsames Gremium" an die Aufsichtsbehörden ange-
gliedert ist.[119] Es besteht damit keine Gefahr eines Übergriffs in die Zuständigkeit der
Aufsichtsbehörden.[120] Auch die Anforderungen an Sachkunde und Erfahrung der
Mitglieder des Beschwerdeausschusses würden eine umfassende Kontrollbefugnis
rechtfertigen.[121] Jedoch weist der Beschwerdeausschuss die Sache gerade an die
Ausgangsbehörde – das heißt an die zuständige Stelle der Europäischen Finanz-
marktaufsichtsbehörde – zurück, die selbst erneut entscheidet und ihr Ermessen ausüben soll.[122] Unter Zuhilfenahme einer historischen Auslegung kann ferner folgendes
Argument ins Feld geführt werden: Die ESA-VO verfügen – anders als die oben
genannten Verordnungen – nicht über die Textpassage, dass der Beschwerdeausschuss alle „innerhalb der Zuständigkeiten der Behörde liegende[n] Befugnisse
wahrnehmen" kann. Zwar war dieser in den Entwürfen der Gründungsverordnungen
noch vorgesehen, wurde in die endgültigen Fassungen jedoch nicht mit aufgenommen. Dies deutet auf den Willen des Gesetzgebers hin, hier gerade keine funktionale
Kontinuität zwischen Ausgangs- und Widerspruchsbehörde vorsehen zu wollen.[123]
All diese Argumente sprechen für einen Kontrollumfang, der auf eine reine Recht-
mäßigkeits- sowie Ermessensmissbrauchsprüfung beschränkt ist und damit der Kon-

---

v. 08.07.1999, T-163/98, *Procter & Gamble/HABM*, EU:T:1999:145, Rn. 38; EuG, Urt. v. 10.07.2006,
T-323/03, *La Baronia de Turis/HABM*, EU:T:2006:197, Rn. 57; EuG, Urt. v. 13.03.2007, C-29/05 P,
HABM/Kaul, EU:C:2007:162, Rn. 30. Zur funktionalen Kontinuität und Dichte des Prüfungsum-
fangs siehe auch *Bierschenk/Dechent*, Einschreiten der „Aufsicht über die Aufsicht" als Rechts-
schutzziel vor dem Beschwerdeausschuss der EU-Finanzmarktaufsichtsbehörden, EuZW 2016,
S. 572, 576; *Lange*, Marken- und Kennzeichenrecht, Rn. 6403 ff.

[118] So auch *Bierschenk/Dechent*, Einschreiten der „Aufsicht über die Aufsicht" als Rechtsschutzziel
vor dem Beschwerdeausschuss der EU-Finanzmarktaufsichtsbehörden, EuZW 2016, S. 572, 576.

[119] Siehe Art. 58 Abs. 1 und Art. 6 Nr. 5 ESA-VO.

[120] *Bierschenk/Dechent*, Einschreiten der „Aufsicht über die Aufsicht" als Rechtsschutzziel vor
dem Beschwerdeausschuss der EU-Finanzmarktaufsichtsbehörden, EuZW 2016, S. 572, 576.

[121] *Bierschenk/Dechent*, Einschreiten der „Aufsicht über die Aufsicht" als Rechtsschutzziel vor
dem Beschwerdeausschuss der EU-Finanzmarktaufsichtsbehörden, EuZW 2016, S. 572, 576.

[122] *Bierschenk/Dechent*, Einschreiten der „Aufsicht über die Aufsicht" als Rechtsschutzziel vor
dem Beschwerdeausschuss der EU-Finanzmarktaufsichtsbehörden, EuZW 2016, S. 572, 576.

[123] *Bierschenk/Dechent*, Einschreiten der „Aufsicht über die Aufsicht" als Rechtsschutzziel vor
dem Beschwerdeausschuss der EU-Finanzmarktaufsichtsbehörden, EuZW 2016, S. 572, 576.

trolldichte der europäischen Gerichte sehr nahe kommt.[124] Eine Heilungsmöglichkeit von Verfahrens- und Formfehlern erscheint unter diesen Umständen nicht möglich.

bb) Speziell: Die Heilung im Rahmen der Beschwerden vor den Beschwerdekammern des Amts der Europäischen Union für geistiges Eigentum

Stellvertretend für die Beschwerdekammermodelle soll im Detail auf die Heilung im Beschwerdeverfahren vor den Beschwerdekammern des Amts der Europäischen Union für geistiges Eigentum (im Folgenden: EUIPO)[125] eingegangen werden. Dieses wurde 1994 mit Sitz in Alicante als dezentrale Agentur der Europäischen Union mit eigener Rechtspersönlichkeit[126] gegründet. Es ist die zentrale Instanz für die Anmeldung, Eintragung und Löschung von Unionsmarken[127] und Gemein-schaftsgeschmacksmustern.[128,129] Im Wesentlichen sind es zwei Gründe, die es rechtfertigen, gerade das Beschwerdeverfahren vor den Beschwerdekammern des EUIPO in den Blick zu nehmen: Zum einen sieht die Gemeinschaftsmarkenverord-nung diesbezüglich detaillierte Regelungen vor. Zum anderen existiert in diesem Bereich eine quantitativ umfangreiche Rechtsprechung der europäischen Gerichte, die substanzielle Anforderungen an die Heilung deutlich werden lässt.

(1) Die Befugnisse der Beschwerdekammer im Rahmen des Beschwerdeverfahrens

Die beiden der Schaffung des Amts zugrunde liegenden Verordnungen haben Be-schwerdekammern errichtet.[130] Alle abschließenden Entscheidungen der Abteilun-gen des EUIPO, die einen Antrag in Bezug auf eine Marke zurückweisen, können im Wege einer Beschwerde vor einer dieser Beschwerdekammern angegriffen wer-den.[131] Sie sind für die Überprüfung von Entscheidungen der Prüfer, der Wider-spruchsabteilungen, der Registerabteilung, der Nichtigkeitsabteilungen und der be-sonders vom Exekutivdirektor bestimmten Stellen oder Personen, die als erste Instanz entscheiden, zuständig.[132] Damit bilden sie bei EUIPO-Verfahren eine Art

---

[124] *Bierschenk/Dechent*, Einschreiten der „Aufsicht über die Aufsicht" als Rechtsschutzziel vor dem Beschwerdeausschuss der EU-Finanzmarktaufsichtsbehörden, EuZW 2016, S. 572, 576 m.w.N.

[125] Vormals Harmonisierungsamt für den Binnenmarkt (Marken, Muster und Modelle), kurz HABM genannt. Errichtet durch VO Nr. 40/94. Mit VO Nr. 2015/2424 wurden mit Wirkung vom 23.03.2016 die Behörde in Amt der Europäischen Union für Geistiges Eigentum (EUIPO) und die Gemeinschaftsmarke in Unionsmarke umbenannt.

[126] *Sydow/Neidhardt*, Verwaltungsinterner Rechtsschutz, S. 127. Zu weiteren Fragen monogra-phisch *Berger*, Vertraglich nicht vorgesehene Einrichtungen des Gemeinschaftsrechts mit eigener Rechtspersönlichkeit, passim.

[127] VO Nr. 2017/1001.

[128] VO Nr. 6/2002.

[129] *von Bomhard*, in: Kur/v. Bomhard/Albrecht, BeckOK Markenrecht, Art. 2 UMV 2017, Rn. 1.

[130] Art. 165 VO Nr. 2017/1001; Art. 106 VO Nr. 6/2002.

[131] *von Kapff*, in: Fezer, Hdb. Markenpraxis, Bd. I, 2. Teil, 1. Kap., Rn. 134.

[132] Art. 165 Abs. 1 i.V.m. Art. 66 VO Nr. 2017/1001; Art. 106 VO Nr. 6/2002.

zweite Instanz.[133] Entscheidet die Beschwerdekammer über eine Beschwerde, kann sie die Sache entweder zur weiteren Entscheidung an die erste Instanz zurückverweisen oder aber nach Art. 71 Abs. 1 S. 2 VO Nr. 2017/1001 selbst tätig werden. In diesem Fall übt die Beschwerdekammer die gleichen Befugnisse wie die erste Instanz aus und kann im Rahmen der Prüfung der Begründetheit eine vollständig neue Untersuchung der Begründetheit der Entscheidung der Ausgangsbehörde sowohl unter rechtlichen als auch unter tatsächlichen Gesichtspunkten vornehmen.[134]

Die Beschwerdekammer wird allerdings erstere Option wählen und nur kassatorisch entscheiden, wenn in der erstinstanzlichen Entscheidung ein Verfahrensfehler begangen wurde und eine Entscheidung in der Sache daher ohne weitere Verfahrensschritte nicht möglich ist.[135] Eine Rückverweisung an die Ausgangsinstanz zur Fortsetzung des Verfahrens bietet sich insbesondere bei groben Verfahrensfehlern an, wie beispielsweise einer Verletzung des rechtlichen Gehörs, um den Betroffenen nicht eine Instanz zu nehmen.[136] Ergibt sich für die Beschwerdekammer jedoch, dass die Entscheidung der ersten Instanz zwar fehlerhaft, die Sache jedoch entscheidungsreif ist, zieht sie die Kompetenz der ersten Instanz in der Regel an sich und entscheidet in der Sache selbst.[137] Dies ist meistens der Fall[138] und hat den verfahrensökonomischen Vorteil, dass die Beschwerdekammer nicht gezwungen ist aufzuheben und langwierig zurückzuverweisen.[139] Der Nachteil ist freilich, dass den Verfahrensbeteiligten hierdurch eine zusätzliche Instanz verloren geht, die den Fall unter Berücksichtigung aller relevanten Aspekte erneut begutachtet.

(2) Die Befugnis zur Heilung von Verfahrens- und Formfehlern im Beschwerdeverfahren

Entscheidet sich die Beschwerdekammer für die Handlungsoption selbst zu entscheiden, können im Rahmen des Beschwerdeverfahrens erstinstanzlich begangene Verfahrensfehler geheilt werden.[140] Diese Erkenntnis fußt maßgeblich auf der

---

[133] *Stamm*, in: Kur/v. Bomhard/Albrecht, BeckOK Markenrecht, Art. 165 UMV 2017, Rn. 1.

[134] EuGH, Urt. v. 13.03.2007, Rs. C-29/05 P, *HABM/Kaul*, Slg. 2007, I-2213, Rn. 57: „Aus Art. 62 Abs. 1 der VO Nr. 40/94 folgt damit, dass die Beschwerdekammer durch die Wirkung der bei ihr anhängig gemachten Beschwerde damit betraut wird, eine vollständige neue Prüfung der Begründetheit des Widerspruchs sowohl in rechtlicher als auch in tatsächlicher Hinsicht vorzunehmen"; *von Kapff*, Die Große Kammer der Beschwerdekammern des HABM, GRURInt 2011, S. 676. 677.

[135] *Bartos*, in: Kur/v. Bomhard/Albrecht, BeckOK Markenrecht, Art. 71 UMV 2017, Rn. 17 f.; Entscheidung der Beschwerdekammer v. 20.01.2013, Rs. R 23/2011-4, *Pickwick*.

[136] *von Kapff*, in: Fezer, Hdb. Markenpraxis, Bd. I, 2. Teil, 3. Kap., Rn. 2030; *von Mühlendahl/ Ohlgart*, Die Gemeinschaftsmarke, § 21, Rn. 28.

[137] *von Kapff*, in: Fezer, Hdb. Markenpraxis, Bd. I, 2. Teil, 3. Kap., Rn. 2031.

[138] *Bartos*, in: Kur/v. Bomhard/Albrecht, BeckOK Markenrecht, Art. 71 UMV 2017, Rn. 18.1.

[139] *Bender*, in: Fezer, Hdb. Markenpraxis, Bd. I, 2. Teil, 1. Kap., Rn. 379; *von Kapff*, in: Fezer, Hdb. Markenpraxis, Bd. I, 2. Teil, 3. Kap., Rn. 2031.

[140] EuG, Urt. v. 3.12.2003, Rs. T-16/02, *Audi AG/HABM*, Slg. 2003, II-5167, Rn. 82; vgl. auch *von Mühlendahl*, Europäisches Markenrecht: Rechtsmittel gegen die Entscheidungen des Harmonisierungsamtes für den Binnenmarkt, GRUR 2001, S. 667, 672.

funktionalen Kontinuität zwischen erster Instanz – zu der im Wesentlichen die Prüfer, die Widerspruchs- und Nichtigkeitsabteilungen gehören – auf der einen und
Beschwerdekammer auf der anderen Seite.[141] Der Grundsatz der funktionalen Kontinuität kommt maßgeblich in Art. 71 Abs. 1 VO Nr. 2017/1001 zum Ausdruck[142]
und bedeutet, dass die Beschwerdekammern des EUIPO von den vorgelagerten
erstentscheidenden Abteilungen nicht abgeschottet sind, sondern mit diesen eine
verfahrensrechtliche Einheit bilden.[143] Die Beschwerdekammer kann aus diesem
Grund an Stelle der ersten Instanz entscheiden.[144] Sie übt nach Art. 71 Abs. 1 S. 2
VO Nr. 2017/1001 dieselben Befugnisse wie die erste Instanz aus.[145] Dabei beschränkt sie sich nicht auf die Untersuchung der Rechtmäßigkeit der angefochtenen
Entscheidung, sondern beurteilt den Rechtsstreit neu. Sie nimmt eine vollständig
neue Prüfung der Begründetheit des ursprünglichen Antrags sowohl in rechtlicher
als auch in tatsächlicher Hinsicht zum Zeitpunkt seiner Entscheidung vor.[146] Dabei
berücksichtigt sie bei Erlass ihrer eigenen Entscheidung das tatsächliche und rechtliche Vorbringen der Parteien im Rahmen des erstinstanzlichen wie im Rahmen
des Beschwerdeverfahrens.[147] Die Überprüfungsinstanz kann der Beschwerde daher
auch auf Grundlage neuer Tatsachen oder Beweismittel stattgeben.[148] Jedoch ist ein
neuer Vortrag von Tatsachen und Beweismitteln vor der Beschwerdekammer grundsätzlich verspätet. Allerdings kann die Beschwerdekammer nach Art. 95 Abs. 2 VO

---

[141] Zur „funktionalen Kontinuität" zwischen Beschwerdekammer und erster Instanz EuG, Urt. v.
08.07.1999, Rs. T-163/98, *Procter & Gamble/HABM*, EU:T:1999:145, Rn. 38; EuG, Urt. v.
16.02.2000, Rs. T-122/99, *The Procter&Gamble Company/HABM*, Slg. 2000, II-265, Rn. 27;
EuG, Urt. v. 05.06.2002, Rs. T-198/00, *Hershey Foods Corporation/HABM*, Slg. 2002, II-2567,
Rn. 25; EuG, Urt. v. 3.12.2003, Rs. T-16/02, *Audi AG/HABM*, Slg. 2003, II-5167, Rn. 81; EuG,
Urt. v. 23.09.2003, Rs. T-308/01, *Henkel KGaA/HABM*, Slg. 2003, II-3253, Rn. 25; EuG, Urt. v.
10.11.2004, Rs. T-164/02, *Kaul/HABM*, Slg. 2004, II-3807, Rn. 28; EuG, Urt. v. 10.07.2006, Rs.
T-323/03, *La Baronia de Turis/HABM*, EU:T:2006:197, Rn. 57; EuG, Urt. v. 13.03.2007, Rs.
C-29/05 P, *HABM/Kaul*, EU:C:2007:162, Rn. 30. Siehe zu den verschiedenen Theorien der funk-
tionalen Kontinuität *von Kapff*, in: Fezer, Hdb. Markenpraxis, Bd. I, 2. Teil, 3. Kap., Rn. 2025 ff.
Siehe auch *Lange*, Marken- und Kennzeichenrecht, Rn. 6403.

[142] EuG, Urt. v. 16.05.2012, Rs. T-580/10, *Harald Wohlfahrt/HABM*, ECLI:EU:T:2012:240, Rn. 32;
Bartos, in: Kur/v. Bomhard/Albrecht, BeckOK Markenrecht, Art. 71 UMV 2017, Rn. 14.

[143] EuG, Urt. v. 3.12.2003, Rs. T-16/02, *Audi AG/HABM*, Slg. 2003, II-5167, Rn. 82; *Jäger*, System
einer Europäischen Gerichtsbarkeit für Immaterialgüterrechte, S. 178.

[144] *von Kapff*, in: Fezer, Hdb. Markenpraxis, Bd. I, 2. Teil, 3. Kap., Rn. 2031.

[145] *Bartos*, in: Kur/v. Bomhard/Albrecht, BeckOK Markenrecht, Art. 71 UMV 2017, Rn. 15.

[146] EuGH, Urt. v. 13.03.2007, Rs. C-29/05 P, *HABM/Kaul*, Slg. 2007, I-2213, Rn. 56 f.; EuG, Urt.
v. 10.07.2006, Rs. T-323/03, *La Baronia de Turis/HABM*, EU:T:2006:197, Rn. 59; *von Kapff*, in:
Fezer, Hdb. Markenpraxis, Bd. I, 2. Teil, 3. Kap., Rn. 2041.

[147] EuG, Urt. v. 23.09.2003, Rs. T-308/01, *Henkel KGaA/HABM (KLEENCARE)*, Slg. 2003, II-
3253, Rn. 32; EuG, Urt. v. 10.07.2006, Rs. T-323/03, *La Baronia de Turis/HABM*, EU:T:2006:197,
Rn. 58; EuG, Urt. v. 10.11.2004, Rs. T-164/02, *Kaul/HABM*, Slg. 2004, II-3807, Rn. 29.

[148] EuG, Urt. v. 23.09.2003, Rs. T-308/01, *Henkel KGaA/HABM (KLEENCARE)*, Slg. 2003, II-3253,
Rn. 26; EuG, Urt. v. 10.07.2006, Rs. T-323/03, *La Baronia de Turis/HABM*, EU:T:2006:197, Rn. 59.

Nr. 2017/1001 verspätete Tatsachen oder Beweise berücksichtigen. Hierbei kommt ihr ein weiter Ermessensspielraum zu.[149] Jedenfalls eröffnet die Beschwerde abgelaufene Fristen nicht neu.

Gegenstand einer Nichtigkeitsklage vor den europäischen Gerichten ist dann nur die Entscheidung der Beschwerdekammer und nicht diejenige der Ausgangsbehörde.[150] Daher kann die Verletzung einer Verfahrens- oder Formvorschrift vor Entscheidungserlass nicht zur Aufhebung der Entscheidung führen, wenn das Überprüfungsverfahren seinerseits ordnungsgemäß durchgeführt wurde.[151]

Nach Art. 94 Abs. 1 S. 1 VO Nr. 2017/1001 obliegt dem EUIPO unter anderem die Pflicht, seine Entscheidungen mit Gründen zu versehen. Liegt ein Begründungsmangel der erstinstanzlichen Entscheidung vor, kann dieser aufgrund der funktionalen Kontinuität zwischen erster Instanz und Beschwerdekammer durch eine angemessene Begründung der Beschwerdekammer geheilt werden.[152] Dabei unterscheiden die Beschwerdekammern nicht ausdrücklich zwischen einer unzureichenden und einer gänzlich fehlenden Begründung. Jedoch muss – insbesondere im Falle eines Begründungsausfalls – den Fehlerbetroffenen unter Umständen die Möglichkeit gegeben werden, sich zu den neuen Gründen zu äußern.[153]

Nach Art. 94 Abs. 1 S. 2 VO Nr. 2017/1001 dürfen sich die Entscheidungen des EUIPO nur auf Gründe stützen, zu denen sich die Beteiligten vor Entscheidungserlass äußern konnten. Hierbei handelt es sich um eine Ausgestaltung des in Art. 41 Abs. 2 lit a) GRCh niedergelegten Anhörungsrechts.[154] Wird das Anhörungsrecht in der ersten Instanz verletzt, kann der Mangel in der Beschwerdeinstanz geheilt werden.[155] Die Heilung kann entweder dadurch eintreten, dass sich die Beteiligten in

---

[149] EuGH, Urt. v. 13.03.2007, Rs. C-29/05 P, *HABM/Kaul*, Slg. 2007, I-2213, Rn. 62 f.; *von Kapff*, in: Fezer, Hdb. Markenpraxis, Bd. I, 2. Teil, 3. Kap., Rn. 2041.

[150] Siehe zum Beispiel Art. 41 Abs. 1 VO Nr. 216/2008; EuG, Urt. v. 11.12.2014, Rs. T-102/13, *Heli-FlightGmbH/AESA*, ECLI:EU:T:2014:1064, Rn. 34.

[151] In Bezug auf die Verletzung des Anspruchs auf rechtliches Gehör bzw. des Akteneinsichtsrechts, EuG, Urt. v. 11.12.2014, Rs. T-102/13, *Heli-FlightGmbH/AESA*, ECLI:EU:T:2014:1064, Rn. 46–49.

[152] Entscheidung der Beschwerdekammer v. 30.04.2003, Rs. R 884/2002-3, *Spherical shape*, Rn. 8 f.; Entscheidung der Beschwerdekammer v. 2.12.2015, Rs. R 1175/2015-5, *yourkitchen*, Rn. 28; Entscheidung der Beschwerdekammer v. 18.10.2016, Rs. R 696/2016-2, *Dualspin*, Rn. 77; *von Kapff*, in: Fezer, Hdb. Markenpraxis, Bd. I, 2. Teil, 3. Kap., Rn. 2237; *Söder*, in: Kur/v. Bomhard/Albrecht, BeckOK Markenrecht, Art. 94 UMV 2017, Rn. 57.

[153] EuG, Urt. v. 9.10.2002, Rs. T-36/01, *Glaverbel/HABM*, Slg. 2002, II-3887, Rn. 45 ff.; Entscheidung der Beschwerdekammer v. 01.03.2004, Rs. R 365/2003-2, *Caliber*, Rn. 22; *Söder*, in: Kur/v. Bomhard/Albrecht, BeckOK Markenrecht, Art. 94 UMV 2017, Rn. 57.

[154] EuGH, Urt. v. 06.09.2012, Rs. C-96/11 P, *August Storck KG/HABM*, ECLI:EU:C:2012:537, Rn. 74; EuGH, Beschl. v. 04.03.2010, Rs. C-193/09, P *Kaul/HABM*, Slg. 2010, I-27, Rn. 58.

[155] EuG, Urt. v. 03.12.2003, Rs. T-16/02, *Audi AG/HABM*, Slg. 2003, II-5167, Rn. 71 ff.; EuG Urt. v. 07.06.2005, Rs. T-303/03, *Lidl/HABM*, Slg. 2005, II-1917, Rn. 61; *von Kapff*, in: Fezer, Hdb. Markenpraxis, Bd. I, 2. Teil, 3. Kap., Rn. 2237; *Söder*, in: Kur/v. Bomhard/Albrecht, BeckOK Markenrecht, Art. 94 UMV 2017, Rn. 113.

der Beschwerdeschrift oder -erwiderung zu den maßgeblichen Punkten äußern.[156] Oder sie kann dadurch herbeigeführt werden, dass die Beschwerdekammer die Beteiligten dazu auffordert, im zweitinstanzlichen Verfahren eine Stellungnahme abzugeben, und sie nachträglich anhört.[157]

(3) Die Rechtsfolgen der Heilung

Auf der Rechtsfolgenseite der Heilung erscheint es vor allem lohnend, einen Blick auf die Kostenentscheidung zu werfen, die in Entscheidungen über die Beschwerde in zweiseitigen Verfahren enthalten ist.[158] Diese bestimmt, wer Kosten und Gebühren des Beschwerdeverfahrens ganz oder zum Teil zu tragen hat.

Die Kostenverteilung richtet sich grundsätzlich nach Art. 109 VO Nr. 2017/1001, der in Abs. 1 bestimmt, dass der im Beschwerdeverfahren unterliegende Beteiligte die für die Verfahrensdurchführung notwendigen Kosten einschließlich der vom anderen Beteiligten zu entrichtenden Gebühren zu tragen hat. Hebt die Beschwerdekammer die erstinstanzliche Entscheidung jedoch aufgrund eines wesentlichen Verfahrensfehlers auf und weist sie zur Fortführung des Verfahrens an die erste Instanz zurück, kann die Beschwerdekammer entscheiden, dass das EUIPO die Beschwerdegebühr zurückzahlen muss, wenn dies der Billigkeit entspricht. Dies ergibt sich aus Regel 51 lit. b VO Nr. 2868/95. Der Wortlaut von Regel 51 VO Nr. 2868/95 lässt eine Rückzahlung jedoch nicht zu, wenn die Entscheidung zwar verfahrensfehlerhaft war, die Beschwerdekammer das Ergebnis der Zurückweisung schlussendlich jedoch bestätigt bzw. im Ergebnis die Beschwerde, auch aus anderem Grund, zurückweist. Dies ist beispielsweise bei Begründungsmängeln häufig der Fall.

Teilweise wurde dies als (rechtsstaatlich) unangemessen empfunden, insbesondere, wenn erst der Verfahrensfehler zur Einlegung der Beschwerde verleitet hatte, etwa weil die angefochtene Entscheidung keine Begründung enthielt. Vereinzelt begegneten Beschwerdekammern diesem Dilemma, indem sie die Entscheidung in zwei Teile teilten: Sie gaben der Beschwerde gegen die angefochtene Entscheidung wegen eines Verfahrensfehlers statt und hoben die Entscheidung auf. Sodann wiesen sie die Anmeldung (oder den Widerspruch) nach weiterer Prüfung und in Ausübung der Befugnisse der ersten Instanz zurück.[159] Dieser Kunstgriff wurde durch eine ausdrückliche Lösung für dieses Problem in Art. 33 lit. d VO Nr. 2017/1430[160] überflüssig gemacht: Auf Anordnung der Beschwerdekammer kann die Beschwerdegebühr erstattet

---

[156] EuG, Urt. v. 08.02.2013, Rs. T-33/12, *Elke Piotrowski/HABM*, ECLI:EU:T:2013:71, Rn. 20 f.; EuG, Urt. v. 16.05.2013, Rs. T-104/12, *Verus Eood/HABM*, ECLI:EU:T:2013:256, Rn. 74; EuG, Urt. v. 15.07.2015, Rs. T-215/13, *Deutsche Rockwool Mineralwoll GmbH&Co. OHG/HABM*, ECLI:EU:T:2015:518, Rn. 80; *Söder*, in: Kur/v. Bomhard/Albrecht, BeckOK Markenrecht, Art. 94 UMV 2017, Rn. 113.

[157] *Söder*, in: Kur/v. Bomhard/Albrecht, BeckOK Markenrecht, Art. 94 UMV 2017, Rn. 114.

[158] Regel 94 Abs. 1 VO Nr. 2868/95.

[159] *von Kapff*, in: Fezer, Hdb. Markenpraxis, Bd. I, 2. Teil, 3. Kap., Rn. 2239.

[160] Delegierte VO (EU) 2017/1430 der Kommission v. 18.05.2017 zur Ergänzung der VO (EG) Nr. 207/2009 des Rates über die Unionsmarke und zur Aufhebung der VO (EG) Nr. 2868/95 der Kommission und der VO (EG) Nr. 216/96 der Kommission, ABl. L 205 v. 08.08.2017, S. 1.

werden, „wenn die Beschwerdekammer die Erstattung wegen eines wesentlichen Verfahrensmangels für gerecht erachtet."

III. Die Heilung nach Abschluss des Verwaltungsverfahrens, aber vor Klageerhebung

1. Grundsatz: Heilung ausgeschlossen

Ob eine Heilung im Zeitraum zwischen dem Abschluss des Verwaltungsverfahrens und der Klageerhebung möglich ist, geht aus der Rechtsprechung der europäischen Gerichte nicht eindeutig hervor.[161] Dies ist möglicherweise darauf zurückzuführen, dass dieser Zeitraum, der nach Art. 263 Abs. 6 AEUV nur zwei Monate beträgt, sehr knapp bemessen ist und eine Behörde meist auch keinen Anlass hat, ihr Verhalten in dieser Phase zu überdenken. Daraus folgt eine grundsätzlich geringe praktische Relevanz.

Zwei Argumente aus der Rechtsprechung streiten jedoch gegen die Möglichkeit einer Heilung in dieser Verfahrensphase: Zunächst bestimmt sich die Rechtmäßigkeit eines Beschlusses im Rahmen der Nichtigkeitsklage nach ständiger Rechtsprechung nach der Sach- und Rechtslage zum Zeitpunkt seines Erlasses und kann auch nicht durch eine später eintretende Mängelbehebung beeinflusst werden.[162] Nach Auffassung von Generalanwalt *Léger* soll dieser Grundsatz gerade verhindern, dass die Rechtswidrigkeit eines Rechtsakts nachträglich geheilt wird.[163] Ferner liegt, sobald eine verfahrensabschließende Verwaltungsentscheidung ergangen ist, keine offene Entscheidungssituation mehr vor. Es ist möglich, dass eine nachgeholte Verfahrenshandlung nicht mehr dazu dient, die bestmögliche

---

[161] Aus der Literatur beziehen sich ausdrücklich (wenn auch nur knapp) auf diesen Zeitraum und verneinen die Möglichkeit der Heilung *Bülow*, Die Relativierung von Verfahrensfehlern, S. 251; *Quabeck*, Die dienende Funktion, S. 137; *Stoye*, Die Entwicklung des europäischen Verwaltungsrechts durch das Gericht erster Instanz, S. 71. *Bredemeier*, Kommunikative Verfahrenshandlungen, S. 460 und *Müller-Ibold*, Begründungspflicht, S. 117 bejahen die Möglichkeit der Heilung eines Begründungsmangels nach Abschluss des Verwaltungsverfahrens, aber vor Klageerhebung ausdrücklich. Bei ihrer Untersuchung lassen diese Phase des Verfahrens außer Betracht *Classen*, Gute Verwaltung, S. 298 f. sowie *Nehl*, Wechselwirkungen zwischen verwaltungsverfahrensrechtlichem und gerichtlichem Individualrechtsschutz in der EG, in: Nowak/Krämer, Individualrechtsschutz in der EG und der WTO, S. 135, 156.

[162] EuGH, Urt. v. 19.07.1955, Rs. 1/55, *Kergall/Gemeinsame Versammlung*, Slg. 1955, 11, 24; EuGH, Urt. v. 07.02.1979, Rs. 15 und 16/76, *Französische Regierung/Kommission*, Slg. 1979, 321, Rn. 7 f.; GA *Warner*, Schlussanträge v. 12.03.1980, Rs. 30/78, *Distillers Company/Kommission*, Slg. 1980, 2267, 2297 f.; GA *Léger*, Schlussanträge v. 04.07.1996, Rs. C-294/95 P, *Ojha/Kommission*, Slg. 1996, I-5867, Rn. 127; GA *Léger*, Schlussanträge v. 10.07.2003, Rs. C-353/01 P, *Mattila/Rat und Kommission*, Slg. 2004, I-1073, Rn. 52 f. Hat ein Vorverfahren stattgefunden, bestimmt sich die Rechtmäßigkeit der Maßnahme anhand der Sach- und Rechtslage im Zeitpunkt der ausdrücklichen oder stillschweigenden Beantwortung der Beschwerde; im Hinblick auf das beamtenrechtliche Beschwerdeverfahren EuG, Urt. v. 21.05.2014, Rs. T-347/12 P, *Mocová/Kommission*, ECLI:EU:T:2014:268, Rn. 45.

[163] GA *Léger*, Schlussanträge v. 10.07.2003, Rs. C-353/01 P, *Mattila/Rat und Kommission*, Slg. 2004, I-1073, Rn. 52.

Entscheidung zu treffen, sondern vielmehr zu einer bloßen Formalie herabgestuft wird, die nur mit dem Ziel stattfindet, das bereits getroffene Ergebnis aufrechtzuerhalten.[164]

An letzteres Argument knüpft der Gerichtshof besonders deutlich in der Rechtssache *Saarland/Minister für Industrie Post- und Fernmeldewesen und Fremdenverkehr* an: Gemäß dem damaligen Art. 37 EAGV mussten die Mitgliedstaaten in bestimmten atomrechtlichen Genehmigungsverfahren eine Stellungnahme der Kommission einholen. Der Gerichtshof entschied, dass diese Stellungnahme zwingend vor Abschluss des Genehmigungsverfahrens einzuholen sei, da sie ansonsten die Entscheidung der nationalen Behörde, die häufig bereits getroffen worden sei, kaum mehr beeinflussen könne.[165] Der Gerichtshof erläuterte:

> „Ist nämlich bereits eine Entscheidung ergangen, so erschwert dies die Berücksichtigung einer ablehnenden Stellungnahme der Kommission, da die öffentliche Gewalt dann gezwungen wäre, den Dienststellen oder Einrichtungen ihre Missbilligung auszusprechen, die diese Entscheidung mit herbeigeführt haben. Außerdem ist nicht auszuschließen, dass eine Entscheidung zur Genehmigung der Ableitung radioaktiver Stoffe in bestimmten Mitgliedstaaten Rechte für die durch sie begünstigten Personen begründet und nur schwer zurückgenommen werden kann. Nach alledem ist anzunehmen, dass nur dann wirkliche Aussichten bestehen, dass die Stellungnahme der Kommission gründlich geprüft wird und dass sie die Haltung des betroffenen Staats tatsächlich beeinflussen kann, wenn sie vor Erlass einer Entscheidung zur endgültigen Genehmigung der Ableitung abgegeben wird."[166]

2. Ausnahme: Die Heilung von Begründungsmängeln

Jedoch scheint die Rechtsprechung im Falle von Begründungsmängeln eine Ausnahme von diesem Grundsatz zuzulassen.[167] Dies geht besonders deutlich aus der Rechtssache *Unectef/Heylens* hervor. Zwar spielt sich diese nicht im Bereich des europäischen Eigenverwaltungsrechts ab. Trotzdem erscheint es möglich, Gedanken von allgemeiner Tragweite aus ihr abzuleiten.

---

[164] EuGH, Urt. v. 22.09.1988, Rs. 187/87, *Saarland u. a./Minister für Industrie Post- und Fernmeldewesen und Fremdenverkehr u. a.*, Slg. 1988, 5013, Rn. 18; EuGH, Urt. v. 10.07.2001, Rs. C-315/99 P, *Ismeri Europa/Rechnungshof*, Slg. 2001, I-5281, Rn. 31; siehe auch *Kment*, Nationale Unbeachtlichkeits-, Heilungs- und Präklusionsvorschriften und Europäisches Recht, S. 96; *Kment*, Die Stellung nationaler Unbeachtlichkeits-, Heilungs- und Präklusionsvorschriften im europäischen Recht, EuR 2006, S. 201, 230 f.

[165] EuGH, Urt. v. 22.09.1988, Rs. 187/87, *Saarland u. a./Minister für Industrie Post- und Fernmeldewesen und Fremdenverkehr u. a.*, Slg. 1988, 5013, Rn. 14–18, insb. 17. Hierzu auch *Classen*, Das nationale Verwaltungsverfahren im Kraftfeld des Europäischen Gemeinschaftsrechts, Die Verwaltung 31 (1998), S. 307, 323.

[166] EuGH, Urt. v. 22.09.1988, Rs. 187/87, *Saarland u. a./Minister für Industrie Post- und Fernmeldewesen und Fremdenverkehr u. a.*, Slg. 1988, 5013, Rn. 17 f.

[167] EuGH, Urt. v. 15.10.1987, Rs. 222/86, *Unectef/Heylens*, Slg. 1987, 4097, Rn. 15; siehe auch *Bredemeier*, Kommunikative Verfahrenshandlungen, S. 460; *Müller-Ibold*, Begründungspflicht, S. 117.

In diesem Vorabentscheidungsverfahren fragte das *Tribunal de Grande Instance de Lille* den Gerichtshof, ob der Grundsatz der Arbeitnehmerfreizügigkeit verlange, dass eine Entscheidung, mit der die Anerkennung der Gleichwertigkeit eines Diploms eines Arbeitnehmers eines anderen Mitgliedstaates verweigert wird, einer Begründung bedürfe.[168] Diese Frage stellte sich in einem Strafverfahren, das eingeleitet worden war, weil Herr Heylens seinen Beruf als Fußballtrainer eines Vereins in Lille weiter ausübte, obwohl sein Antrag auf Anerkennung der Gleichwertigkeit seines belgischen Diploms als Fußballtrainer in Frankreich abgelehnt worden war. Die ablehnende Entscheidung war mit keiner Begründung versehen, sondern verwies lediglich auf eine negative Stellungnahme des zuständigen Ausschusses, die aber selbst auch keine Begründung enthielt.[169] Der Gerichtshof rief zunächst in Bezug auf den Zeitpunkt der Begründungspflicht Folgendes in Erinnerung:

> „Die Wirksamkeit der gerichtlichen Kontrolle, die sich auf die Rechtmäßigkeit der Begründung der angefochtenen Entscheidung erstrecken können muss, setzt allgemein voraus, dass das angerufene Gericht von der zuständigen Behörde die Mitteilung dieser Begründung verlangen kann.“

Sodann führt er fort:

> „Geht es […] wie im vorliegenden Fall im Besonderen um die Gewährleistung des effektiven Schutzes eines Grundrechts, das den Arbeitnehmern der Gemeinschaft vom Vertrag verliehen ist, müssen letztere dieses Recht auch unter den bestmöglichen Voraussetzungen geltend machen können, und es ist ihnen die Möglichkeit einzuräumen, in Kenntnis aller Umstände zu entscheiden, ob es für sie von Nutzen ist, vor Gericht zu gehen. Deshalb ist in einem solchen Fall die zuständige innerstaatliche Behörde verpflichtet, ihnen die Gründe, auf die ihre ablehnende Entscheidung gestützt ist, *entweder in der Entscheidung selbst oder auf Antrag später bekanntzugeben.*“[170]

Die Argumentation des Gerichtshofs stützt sich im Wesentlichen auf die zwei primären Ziele der Begründungspflicht und die Frage, ob diese nachträglich noch erreicht werden können. Die Hauptfunktionen einer verwaltungsrechtlichen Begründung sind erstens, dem Richter im Gerichtsverfahren die Prüfung zu ermöglichen, ob die erlassene Maßnahme rechtmäßig ist[171] und zweitens, dem vom Rechtsakt Betroffenen die Gründe für den Erlass der Maßnahme mitzuteilen, um ihm damit die Überprüfung der gegen ihn ergangenen Entscheidung im Vorfeld einer späteren

---

[168] EuGH, Urt. v. 15.10.1987, Rs. 222/86, *Unectef/Heylens*, Slg. 1987, 4097, Rn. 7.

[169] EuGH, Urt. v. 15.10.1987, Rs. 222/86, *Unectef/Heylens*, Slg. 1987, 4097, Rn. 4.

[170] EuGH, Urt. v. 15.10.1987, Rs. 222/86, *Unectef/Heylens*, Slg. 1987, 4097, Rn. 15 (Hervorhebung durch die Verfasserin).

[171] EuGH, Urt. v. 20.03.1959, Rs. 18/57, *Nold/Hohe Behörde*, Slg. 1959, 91, 115; EuGH, Urt. v. 15.03.1967, Rs. 8 bis 11/66, *Cimenteries u. a./Kommission*, Slg. 1967, 99, 125; EuGH, Urt. v. 30.05.1984, Rs. 111/83, *Picciolo/Parlament*, Slg. 1984, 2323, Rn. 20; EuGH, Urt. v. 08.03.1988, verb. Rs. 64, 71 bis 73 und 78/86, *Sergio u. a./Kommission*, Slg. 1988, 1399, Rn. 48 und 53; EuGH, Urt. v. 14.10.2010, Rs. C-280/08, *Deutsche Telekom/Kommission*, Slg. 2010, I-9555, Rn. 130; EuG, Urt. v. 12.12.1996, Rs. T-16/91 RV, *Rendo u. a./Kommission*, Slg. 1996, II-1827, Rn. 44; *Calliess*, in: Calliess/Ruffert, Art. 296 AEUV, Rn. 11 f.; *Kment*, Nationale Unbeachtlichkeits-, Heilungs- und Präklusionsvorschriften und Europäisches Recht, S. 83; *Krajewski/Rösslein*, in: Grabitz/Hilf/Nettesheim, Art. 296 AEUV, Rn. 5.

Klage zu ermöglichen.[172] Erstere Funktion kann auch durch eine Begründung im Laufe des gerichtlichen Verfahrens erreicht werden. Letztere kann im Falle eines Totalausfalls der Begründung jedoch nur noch erreicht werden, wenn eine Begründung spätestens vor Klageerhebung gegeben wird. Denn der Betroffene muss durch die Begründung in die Lage versetzt werden, die Erfolgsaussichten seiner Klage einzuschätzen und zu entscheiden, ob es sich für ihn lohnt, ein gerichtliches Verfahren anzustrengen.[173] Bei einem Totalausfall der Begründung hat der Betroffene keine Anhaltspunkte in Bezug darauf, was die Behörde zu ihrer Entscheidung bewogen hat und ob diese Gründe voraussichtlich rechtmäßig waren. Aus dem Wortlaut des Urteils, dass eine Begründung „entweder in der Entscheidung selbst oder auf Antrag später bekanntzugeben ist", kann aufgrund der von der Begründungspflicht verfolgten Funktionen damit abgeleitet werden, dass Begründungsmängel im Zeitraum nach Abschluss des Verwaltungsverfahrens und vor Klageerhebung einer Heilung zugänglich sind.

Eine ähnliche Tendenz lässt sich auch in der beamtenrechtlichen Rechtsprechung des europäischen Gerichts erkennen, wonach die Möglichkeit der Anstellungsbehörde, eine fehlende Begründung mit heilender Wirkung nachzureichen, (erst) mit Erhebung der Klage ende.[174]

Die Korrektur einer unterlassenen oder unzureichenden Begründung nach Entscheidungserlass, aber vor Klageerhebung, stößt jedoch jedenfalls dann an ihre Grenzen, wenn dem Betroffenen aus dem Begründungsmangel ein Nachteil für seine Rechtsstellung erwächst bzw. die Durchsetzung seines Begehrens aufgrund des Begründungsmangels erschwert wird.[175] Ein solcher Nachteil in der Rechtsstellung würde nämlich auch einen Nachteil in grundrechtlich geschützten Positionen

---

[172] EuGH, Urt. v. 15.03.1967, Rs. 8 bis 11/66, *Cimenteries u. a./Kommission*, Slg. 1967, 99, 125; EuGH, Urt. v. 30.05.1984, Rs. 111/83, *Picciolo/Parlament*, Slg. 1984, 2323, Rn. 20; EuGH, Urt. v. 08.03.1988, verb. Rs. 64, 71 bis 73 und 78/86, *Sergio u. a./Kommission*, Slg. 1988, 1399, Rn. 48 und 53; EuGH, Urt. v. 14.10.2010, Rs. C-280/08, *Deutsche Telekom/Kommission*, Slg. 2010, I-9555, Rn. 130; EuG, Urt. v. 12.12.1996, Rs. T-16/91 RV, *Rendo u. a./Kommission*, Slg. 1996, II-1827, Rn. 44; *Calliess*, in: Calliess/Ruffert, Art. 296 AEUV, Rn. 11 f.; *Kment*, Nationale Unbeachtlichkeits-, Heilungs- und Präklusionsvorschriften und Europäisches Recht, S. 83.

[173] EuGH, Urt. v. 30.05.1984, Rs. 111/83, *Picciolo/Parlament*, Slg. 1984, 2323, Rn. 20; EuGH, Urt. v. 15.10.1987, Rs. 222/86, *Unectef/Heylens*, Slg. 1987, 4097, Rn. 15; EuG, Urt. v. 12.12.1996, Rs. T-16/91 RV, *Rendo u. a./Kommission*, Slg. 1996, II-1827, Rn. 44; *Kment*, Nationale Unbeachtlichkeits-, Heilungs- und Präklusionsvorschriften und Europäisches Recht, S. 83; *Krajewski/Rösslein*, in: Grabitz/Hilf/Nettesheim, Art. 296 AEUV, Rn. 4.

[174] EuG, Urt. v. 12.02.1992, Rs. T-52/90, *Volger/Parlament*, Slg. 1992, II-121, Rn. 40; EuG, Urt. v. 20.07.2001, Rs. T-351/99, *Brumter/Kommission*, Slg. ÖD 2001, II-757, Rn. 33; EuG, Urt. v. 06.07.2004, Rs. T-281/01, *Huygens/Kommission*, Slg. 2004, I-A-203; II-903, Leitsatz 5 und Rn. 108; EuG, Urt. v. 29.09.2005, T-218/02, *Napoli Buzzanca/Kommission*, Slg. ÖD 2005, I-A-267; II-1221, Rn. 61; EuG, Urt. v. 11.07.2007, Rs. T-93/03, *Konidaris/Kommission*, Slg. 2007, I-A-2-149; II-A-2-1045, Rn. 52; EuG, Urt. v. 11.12.2007, Rs. T-66/05, *Sack/Kommission*, Slg. ÖD 2007, I-A-2-229; II-A-2-1487, Leitsatz 5 und Rn. 66.

[175] EuGH, Urt. v. 15.10.1987, Rs. 222/86, *Unectef/Heylens*, Slg. 1987, 4097, Rn. 15; siehe auch *Kment*, Nationale Unbeachtlichkeits-, Heilungs- und Präklusionsvorschriften und Europäisches Recht, S. 95.

bedeuten. Was dies für die Möglichkeit der Heilung konkret bedeutet, führt der Gerichtshof in der Rechtssache *Unectef/Heylens* jedoch nicht detaillierter aus. Denkt man den Gedanken aber konsequent weiter, würde es bedeuten, dass die Frist zur Klageerhebung bei Vornahme der Heilungshandlung, das heißt (vollständigem) Begründungserlass, erneut zu laufen beginnen müsste. Denn nur bei voller Kenntnis aller Gründe, die die Behörde zum Erlass der Entscheidung bewogen haben, steht dem Betroffenen die volle Bedenkzeit zu. Hierzu äußern sich die europäischen Gerichte jedoch mit keinem Wort.

IV. Die Heilung nach Klageerhebung

Auch nach Klageerhebung ist eine Heilung von Verfahrens- und Formfehlern prinzipiell ausgeschlossen.[176] Ganz allgemein begründete Generalanwalt *Lenz* diesen Grundsatz damit, dass „das gerichtliche Verfahren […] keine bloße Verlängerung des Verwaltungsverfahrens sein" dürfe[177] und hob damit die klare organisatorische und rechtliche Trennung von Verwaltungs- und Gerichtsverfahren hervor, die es rechtfertigt, den Beginn des Gerichtsverfahrens als Zäsur im Hinblick auf die Heilungsmöglichkeit zu begreifen.

Besonders ausführlich befasste sich die Rechtsprechung mit der Möglichkeit der Nachbesserung von Anhörungs- und Akteneinsichtsmängeln sowie Fehlern der Begründung im gerichtlichen Verfahren. Dabei haben die Unionsgerichte in zahlreichen Einzelfällen Ausnahmen zur grundsätzlichen Unheilbarkeit zugelassen. Diese Ausnahmen entwickelte die Rechtsprechung meist in den Rechtsgebieten des Beamten- und Wettbewerbsrechts.[178]

---

[176] *Arnold*, Vereinheitlichung des Verwaltungsverfahrensrechts in der EG, in: Schwarze/Starck, Vereinheitlichung des Verwaltungsverfahrensrechts in der EG, EuR Beiheft I/1995, S. 7, 32; umfassende Analyse der Rechtsprechung bei *Bülow*, Die Relativierung von Verfahrensfehlern, S. 245 ff.: , worauf die folgenden Ausführungen beruhen werden; *von Danwitz*, Europäisches Verwaltungsrecht, S. 393; *Hegels*, EG-Eigenverwaltungsrecht und Gemeinschaftsverwaltungsrecht, S. 86 f.; *Heidenreich*, Anhörungsrechte im EG-Kartell- und Fusionskontrollverfahren, S. 246 ff.; *Kokott*, Europäisierung des Verwaltungsprozessrechts, Die Verwaltung 31 (1998), S. 335, 367; *Schmidt-Assmann/Krämer*, Das Verwaltungsverfahren und seine Folgen, European Review of Public Law, Sonderband 1993, S. 99, 114, Fn. 32; *Schwarze*, Europäisches Verwaltungsrecht, 1. Auflage, Bd. II, S. 1370 ff.; *Stoye*, Die Entwicklung des europäischen Verwaltungsrechts durch das Gericht erster Instanz am Beispiel der Verteidigungsrechte im Verwaltungsverfahren, S. 71.

[177] GA *Lenz*, Schlussanträge v. 01.04.1993, Rs. C-115/92 P, *Parlament/Volger*, Slg. 1993, I-6549, Rn. 93.

[178] Dass sich derart viele Ausnahmen gerade in den Bereichen des Beamten- und Wettbewerbsrechts finden, könnte daran liegen, dass die bei weitem stärksten Eingriffsbefugnisse der Kommission in diesen Gebieten liegen, die Verfahren hier am detailliertesten kodifiziert wurden, oft aber auch am stärksten umstritten sind und folglich am häufigsten Gegenstand der Rechtsprechung der europäischen Gerichte waren, siehe auch *Sedemund*, Allgemeine Prinzipien des Verwaltungsverfahrensrechts, in: Schwarze, Europäisches Verwaltungsrecht im Werden, S. 45, 45.

1. Die Heilung von Anhörungs- und Akteneinsichtsmängeln

Die Rechtsprechung der Unionsgerichte spricht sich im Grundsatz gegen die Möglichkeit der Heilung von Anhörungs- und Akteneinsichtsmängeln im Laufe des gerichtlichen Verfahrens aus. Zur Rechtfertigung ihres Standpunkts bedient sie sich wiederkehrender Argumente.[179] Jedoch können vereinzelt auch Urteile – insbesondere aus der Rechtsprechung der Unionsgerichte in ihren frühen Jahren – entdeckt werden, die doch für die Zulässigkeit einer Heilung im Prozess streiten. Dabei handelt es sich weniger um systematische Ausnahmen als vielmehr um Abweichungen im Einzelfall.[180]

a) Grundsatz: Heilung ausgeschlossen

Bei einer Bestandsaufnahme der Rechtsprechung ist erkennbar, dass die Unionsgerichte der Möglichkeit der Heilung von Anhörungs- und Akteneinsichtsmängeln – insbesondere ab dem Jahre 1995, zum Teil aber auch davor – im Grundsatz ablehnend gegenüberstehen. Dies lässt sich vor allem anhand wettbewerbsrechtlicher Fälle belegen.[181] Die Argumente, die die Gerichte zur Begründung ihres Standpunkts vortragen, leiten sich überwiegend nicht speziell aus den Besonderheiten des Fehlers der Anhörung bzw. Akteneinsicht ab. Vielmehr handelt es sich um systematische und auch verfahrenspolitische Gründe, die den Zusammenhang von Verwaltungs- und gerichtlichem Verfahren in Bezug nehmen.

aa) Beschränkte gerichtliche Kontrolle

Erstmals lieferte das europäische Gericht eine Begründung für die Ablehnung der Heilung im gerichtlichen Verfahren in den Rechtssachen *Solvay/Kommission*[182] und *ICI/Kommission*.[183] Die Kommission hatte in Entscheidungen gegen die Soda herstellenden Unternehmen Solvay SA und Imperial Chemical Industries plc (ICI) einen Verstoß gegen das Kartellverbot des Art. 101 AEUV sowie den Missbrauch einer marktbeherrschenden Stellung gem. Art. 102 AEUV festgestellt und diese mit einer Geldbuße belegt. Vor dem europäischen Gericht rügten die Unternehmen die Verletzung ihrer Verteidigungsrechte, da ihnen die Kommission den Zugang zu Dokumenten verwehrt hatte, die für ihre Verteidigung hätten nützlich sein können. Die Kommission berief sich in ihrer Verteidigung auf die Vertraulichkeit dieser

---

[179] Hierzu unter Kap. 2, A., IV., 1., a).

[180] Hierzu unter Kap. 2, A., IV., 1., b).

[181] EuG, Urt. v. 29.06.1995, Rs. T-30/91, *Solvay/Kommission*, Slg. 1995, II-1775, Rn. 98; EuG, Urt. v. 29.06.1995, Rs. T-36/91, *ICI/Kommission*, Slg. 1995, II-1847, Rn. 108; EuG, Urt. v. 20.04.1999, Rs. T-305/94 u. a., *Limburgse Vinyl Maatschappij NV (LVM) u. a./Kommission*, Slg. 1999, II-931, Rn. 1022; EuG, Urt. v. 13.01.2004, Rs. T-67/01, *JCB Service/Kommission*, Slg. 2004, II-49, Rn. 64; EuG, Urt. v. 16.06.2011, Rs. T-199/08, *Ziegler SA/Kommission*, Slg. 2011, II-3507, Rn. 121.

[182] EuG, Urt. v. 29.06.1995, Rs. T-30/91, *Solvay/Kommission*, Slg. 1995, II-1775.

[183] EuG, Urt. v. 29.06.1995, Rs. T-36/91, *ICI/Kommission*, Slg. 1995, II-1847.

Schriftstücke. Nach einer Abwägung des Grundsatzes des Schutzes von Geschäftsgeheimnissen mit dem Grundsatz der Gewährleistung der Verteidigungsrechte[184]
kam das Gericht zu dem Schluss, dass die Verteidigungsrechte der Unternehmen
verletzt worden seien.[185] Sodann wandte es sich der Frage zu, ob dieser Verfahrensfehler im Prozess geheilt werden könne. Das Gericht formulierte, wortgleich in beiden Fällen:

> „Die Verletzung der Verteidigungsrechte im Verwaltungsverfahren kann in dem gerichtli-
> chen Verfahren nicht mehr geheilt werden, das sich *auf eine richterliche Kontrolle be-*
> *schränkt, die nur im Rahmen der geltend gemachten Angriffs- und Verteidigungsmittel er-*
> *folgt, und das daher eine vollständige Aufklärung des Falles im Rahmen eines*
> *Verwaltungsverfahrens nicht ersetzen kann.* Wenn die Klägerin im Verwaltungsverfahren
> sich auf möglicherweise entlastende Schriftstücke hätte berufen können, hätte sie nämlich
> eventuell die Feststellungen des Kollegiums der Kommissionsmitglieder zumindest inso-
> weit beeinflussen können, als es um den Beweiswert des ihr vorgeworfenen passiven und
> parallelen Verhaltens seit Beginn und somit für die Dauer der Zuwiderhandlung ging. Das
> Gericht kann daher nicht ausschließen, dass die Kommission eine kürzere und weniger
> schwerwiegende Zuwiderhandlung festgestellt und dementsprechend eine geringere Geld-
> buße festgesetzt hätte."[186]

Daraufhin erklärte das Gericht die angefochtene Entscheidung für nichtig.[187]

Dieses Argument wiederholte sich auch in späteren Entscheidungen des Gerichts[188] und Gerichtshofs.[189] Letzterer betonte dabei, dass „die Prüfung durch das
Gericht auf eine gerichtliche Kontrolle der geltend gemachten Klagegründe beschränkt" sei, womit „ein Ersatz für die umfassende Sachverhaltsermittlung im
Rahmen eines Verwaltungsverfahrens weder bezweckt noch bewirkt" werden
würde.[190] Dieses Argument ist so plausibel wie augenfällig. Gerichte sind nicht
der Ort, wo ein Verwaltungsverfahren nachgeholt werden kann, da sie nicht im

---

[184] EuG, Urt. v. 29.06.1995, Rs. T-30/91, *Solvay/Kommission*, Slg. 1995, II-1775, Rn. 88; EuG, Urt.
v. 29.06.1995, Rs. T-36/91, *ICI/Kommission*, Slg. 1995, II-1847, Rn. 98.

[185] EuG, Urt. v. 29.06.1995, Rs. T-30/91, *Solvay/Kommission*, Slg. 1995, II-1775, Rn. 97; EuG, Urt.
v. 29.06.1995, Rs. T-36/91, *ICI/Kommission*, Slg. 1995, II-1847, Rn. 107.

[186] EuG, Urt. v. 29.06.1995, Rs. T-30/91, *Solvay/Kommission*, Slg. 1995, II-1775, Rn. 98; EuG, Urt.
v. 29.06.1995, Rs. T-36/91, *ICI/Kommission*, Slg. 1995, II-1847, Rn. 108 (Hervorhebung durch die
Verfasserin).

[187] EuG, Urt. v. 29.06.1995, Rs. T-30/91, *Solvay/Kommission*, Slg. 1995, II-1775, Rn. 99; EuG, Urt.
v. 29.06.1995, Rs. T-36/91, *ICI/Kommission*, Slg. 1995, II-1847, Rn. 109.

[188] EuG, Urt. v. 20.04.1999, Rs. T-305/94 u. a., *Limburgse Vinyl Maatschappij NV (LVM) u. a./
Kommission*, Slg. 1999, II-931, Rn. 1022.

[189] EuGH, Urt. v. 15.10.2002, Rs. C-238/99 P, C-244/99 P, C-245/99 P, C-247/99 P, C-250/99 P bis
C-252/99 P und C-254/99 P, *Limburgse Vinyl Maatschappij NV (LVM) u. a./Kommission*, Slg.
2002, I-8375, Rn. 327; EuGH, Urt. v. 07.01.2004, Rs. C-204/00 P, C-205/00 P, C-211/00 P,
C-213/00 P, C-217/00 P und C-219/00 P, *Aalborg Portland/Kommission*, Slg. 2004, I-123, Rn. 103;
EuGH, Urt. v. 25.10.2011, Rs. C-110/10 P, *Solvay/Kommission*, Slg. 2011, I-10439, Rn. 51; EuGH,
Urt. v. 25.10.2011, Rs. 109/10 P, *Solvay/Kommission*, Slg. 2011, I-10329, Rn. 56.

[190] EuGH, Urt. v. 07.01.2004, Rs. C-204/00 P, C-205/00 P, C-211/00 P, C-213/00 P, C-217/00 P und
C-219/00 P, *Aalborg Portland/Kommission*, Slg. 2004, I-123, Rn.103; EuGH, Urt. v. 25.10.2011,
Rs. C-110/10 P, *Solvay/Kommission*, Slg. 2011, I-10439, Rn. 51; EuGH, Urt. v. 25.10.2011, Rs.
109/10 P, *Solvay/Kommission*, Slg. 2011, I-10329, Rn. 56.

gleichen Maße wie das Verwaltungsverfahren eine vollständige Aufklärung des
Falles ermöglichen. Hierauf wies auch Generalanwalt *Lenz* in der Rechtssache
Parlament/Volger im Zusammenhang mit der Nachholung einer fehlenden Begründung im Laufe des gerichtlichen Verfahrens hin: Obwohl ein enger Zusammenhang
zwischen dem Verwaltungs- und gerichtlichen Verfahren bestehe, dürfe das gerichtliche Verfahren nicht zur „bloße[n] Verlängerung des Verwaltungsverfahrens"
gemacht werden.[191]

bb) Maßgeblichkeit der Sach- und Rechtslage im Zeitpunkt des Erlasses des Beschlusses

Ein zweites zentrales Argument der europäischen Gerichte gegen eine Heilung im
Laufe des Prozesses ist, dass sich die Rechtmäßigkeit eines Beschlusses im Rahmen
der Nichtigkeitsklage nach ständiger Rechtsprechung zum Zeitpunkt seines Erlasses bestimmt und nicht durch später eintretende Umstände beeinflusst werden
kann.[192] So erläuterte der Gerichtshof bereits in einer sehr frühen Entscheidung,

> „dass die Rechtmäßigkeit eines angefochtenen Akts im Rahmen einer Aufhebungsklage
> […] an dem Sachverhalt und der Rechtslage zu messen ist, die zur Zeit des Erlasses des
> Akts bestanden. Eine nachträgliche Mängelbehebung kann deshalb bei dieser Beurteilung
> nicht berücksichtigt werden."[193]

Besonders deutlich thematisierte auch Generalanwalt *Léger* diesen Aspekt in seinen
Schlussanträgen in der Rechtssache *Ojha*. Hier stand zur Debatte, ob die streitige
Entscheidung unter Verletzung des Anhörungsrechts der Beamten aus Art. 26 BeamtSt ergangen war. In diesem Zusammenhang prüfte der Generalanwalt, ob eine
Kommunikation der in Frage stehenden Dokumente im Laufe des gerichtlichen Verfahrens noch in der Lage gewesen wäre, ihre Funktion zu erfüllen. Er lehnte dies
jedoch ab und führte aus:

> „Der Gemeinschaftsrichter, der über eine Anfechtungsklage zu entscheiden hat, prüft die
> Maßnahme so nach, wie sie im Zeitpunkt ihres Erlasses ergangen ist. Der Streitgegenstand
> kann später nicht mehr geändert werden. Das Gemeinschaftsgericht ist nicht der Ort, an
> dem das vorherige Verwaltungsverfahren nochmals aufgerollt werden darf. Das Gericht
> kann höchstens […] die Vergangenheit in gewisser Weise unter Außerachtlassung bestimm-
> ter Unregelmäßigkeiten rekonstruieren."[194]

---

[191] GA *Lenz*, Schlussanträge v. 01.04.1993, Rs. C-115/92 P, *Parlament/Volger*, Slg. 1993, I-6549,
Rn. 93.

[192] EuGH, Urt. v. 19.07.1955, Rs. 1/55, *Kergall/Versammlung*, Slg. 1955, 11, 24; EuGH, Urt. v.
07.02.1979, Rs. 15 und 16/76, *Französische Regierung/Kommission*, Slg. 1979, 321, Rn. 7 f.; GA
Warner, Schlussanträge v. 12.03.1980, Rs. 30/78, *Distillers Company/Kommission*, Slg. 1980,
2267, 2297; GA *Léger*, Schlussanträge v. 04.07.1996, Rs. C-294/95 P, *Ojha/Kommission*, Slg.
1996, I-5867, Rn. 127; GA *Léger*, Schlussanträge v. 10.07.2003, Rs. C-353/01 P, *Mattila/ Rat und
Kommission*, Slg. 2004, I-1073, Rn. 52 f.

[193] EuGH, Urt. v. 07.02.1979, Rs. 15 und 16/76, *Französische Regierung/Kommission*, Slg. 1979,
321, Rn. 7 f.

[194] GA *Léger*, Schlussanträge v. 04.07.1996, Rs. C-294/95 P, *Ojha/Kommission*, Slg. 1996, I-5867,
Rn. 127.

In seinen späteren Schlussanträgen zur Rechtssache *Mattila* bekräftigte er diese Auffassung, indem er den hinter dem Grundsatz der Beurteilung zum Erlasszeitpunkt stehenden Gedanken erläuterte:

> „Insoweit soll dieser Grundsatz gewährleisten, dass die Europäische Gemeinschaft eine Rechtsgemeinschaft ist. Er soll bewirken, dass die Gemeinschaftsorgane ihre Befugnisse rechtmäßig ausüben, indem er sicherstellt, dass die Sanktion für die Rechtswidrigkeit eines beanstandeten Rechtsakts in seiner Nichtigkeit besteht. Also muss eine Entscheidung wegen des Grundsatzes der Rechtmäßigkeit in Bezug auf den Zeitpunkt beurteilt werden, in dem sie getroffen wurde."[195]

cc) Einladung zum Rechtsbruch

Ein weiteres – eher verfahrens*politisches* als verfahrens*rechtliches* – Argument, das ebenfalls den Ausschluss der Heilung rechtfertigt, lässt sich den Schlussanträgen von Generalanwalt *Warner* entnehmen. Er bemerkte, dass eine Möglichkeit der Heilung darauf hinauslaufe,

> „dass die Kommission ungestraft wesentliche Formvorschriften verletzen könnte, weil entweder das betroffene Unternehmen den Gerichtshof nicht anrufen würde, oder, wenn es dies täte, der Formfehler im Verlauf des gerichtlichen Verfahrens geheilt werden könnte."[196]

Damit betont der Generalanwalt die Gefahr, dass die Möglichkeit einer Heilung im Prozess von der handelnden Institution gleichsam als eine Einladung, Verfahrensvorschriften außer Acht zu lassen, verstanden werden könnte. Umgekehrt hätte ein Verzicht auf die Heilung eine präventive, nahezu edukatorische Wirkung dahingehend, dass es die Verwaltung zur Beachtung von Verfahrensregeln anhalten würde.

dd) Keine Herstellung eines gleichwertigen Zustands möglich

Schließlich argumentiert der Gerichtshof – speziell im Zusammenhang mit Anhörungs- und Akteneinsichtsmängeln – dass eine Kenntnisnahme der Akten im Laufe des gerichtlichen Verfahren es einem Kläger zwar ermögliche, Angriffs- und Verteidigungsmittel sowie Argumente zur Stärkung seiner Anträge abzuleiten. Jedoch versetze

> „sie das Unternehmen doch nicht in die Lage zurück, in der es sich befunden hätte, wenn es sich bei der Abgabe seiner schriftlichen und mündlichen Erklärungen gegenüber der Kommission auf dieselben Schriftstücke hätte berufen können. Durch sie wird also die vor Erlass der Entscheidung eingetretene Verletzung der Verfahrensrechte nur unzulänglich behoben."[197]

---

[195] GA *Léger*, Schlussanträge v. 10.07.2003, Rs. C-353/01 P, *Mattila/Rat und Kommission*, Slg. 2004, I-1073, Rn. 53.

[196] GA *Warner*, Schlussanträge v. 12.03.1980, Rs. 30/78, *Distillers Company/Kommission*, Slg. 1980, 2267, 2298.

[197] EuGH, Urt. v. 08.07.1999, Rs. C-51/92 P, *Hercules/Kommission*, Slg. 1999, I-4235, Rn. 79; siehe auch EuGH, Urt. v. 07.01.2004, Rs. C-204/00 P, C-205/00 P, C-211/00 P, C-213/00 P, C-217/00 P und C-219/00 P, *Aalborg Portland/Kommission*, Slg. 2004, I-123, Rn. 103; EuGH, Urt. v. 25.10.2011, Rs. 109/10 P, *Solvay/Kommission*, Slg. 2011, I-10329, Rn. 56; EuGH, Urt. v. 25.10.2011, Rs. C-110/10 P, *Solvay/Kommission*, Slg. 2011, I-10439, Rn. 51.

Die Gerichte leiten den Ausschluss der Heilung damit auch aus der Funktion der verletzten Verfahrensvorschrift ab, auf den Meinungsbildungsprozess der entscheidenden Stelle im Verwaltungsverfahren einzuwirken, die durch eine Nachholung nach Klageerhebung nicht mehr erfüllt werden könne. Daher müsse auch eine Heilung in dieser Verfahrensphase ausgeschlossen werden.[198]

b) Ausnahmen

Trotz dieser relativ klaren Haltung finden sich in der Rechtsprechung über die Jahre auch viele Urteile, die eine Heilung von Anhörungs- oder Akteneinsichtsmängeln im gerichtlichen Verfahren zumindest in Erwägung ziehen.

aa) Rechtssache Transocean Marine Paint

Im Jahr 1974 deutete der Gerichtshof in der Rechtssache *Transocean Marine Paint*[199] erstmals die Möglichkeit der Heilung von Anhörungsmängeln im gerichtlichen Verfahren an. Die Kläger hatten beantragt, eine Auflage, die Teil einer Kommissionsentscheidung zur Verlängerung einer Freistellungserklärung gem. Art. 101 Abs. 3 AEUV war, aufzuheben. Da sie vor Entscheidungserlass nicht über die Auflage in Kenntnis gesetzt worden waren und damit keine Gelegenheit gehabt hatten, sich zu ihr zu äußern, bejahte der Gerichtshof eine Verletzung des rechtlichen Gehörs.[200] Aufgrund der Verfahrensfehlerhaftigkeit der Entscheidung urteilte er, dass „[d]er Kommission [...] deshalb Gelegenheit gegeben werden [müsse], nach Anhörung der Stellungnahme oder der Vorschläge der Mitglieder der Vereinigung erneut über diesen Punkt zu entscheiden.“[201] So trennte der Gerichtshof die Auflage vorläufig von der übrigen Entscheidung und hob diese nur insoweit auf. In seinen Augen war die Teilaufhebung dadurch gerechtfertigt, dass die Entscheidung als Ganze vorteilhaft für die Interessen der Betroffenen war.[202]

bb) Schlussanträge zur Rechtssache United Brands

Auch Generalanwalt *Mayras* plädierte – wenn auch nicht ganz eindeutig – in seinen Schlussanträgen zur Rechtssache *United Brands*[203] für die Möglichkeit der Heilung einer Verletzung des rechtlichen Gehörs während des gerichtlichen Verfahrens.

---

[198] Zu diesem Argument siehe auch *Heidenreich*, Anhörungsrechte im EG-Kartell- und Fusionskontrollverfahren, S. 247 f.; *Mader*, Verteidigungsrechte, S. 368.

[199] EuGH, Urt. v. 23.10.1974, Rs. 17/74, *Transocean Marine Paint/Kommission*, Slg. 1974, 1063.

[200] EuGH, Urt. v. 23.10.1974, Rs. 17/74, *Transocean Marine Paint/Kommission*, Slg. 1974, 1063, Rn. 15–17.

[201] EuGH, Urt. v. 23.10.1974, Rs. 17/74, *Transocean Marine Paint/Kommission*, Slg. 1974, 1063, Rn. 20.

[202] EuGH, Urt. v. 23.10.1974, Rs. 17/74, *Transocean Marine Paint/Kommission*, Slg. 1974, 1063, Rn. 21.

[203] GA *Mayras*, Schlussanträge v. 8.11.1977, Rs. 27/76, *United Brands/Kommission*, Slg. 1978, 207.

Der Kläger United Brands trug vor, während des Verwaltungsverfahrens keine ausreichende Möglichkeit zur Äußerung gehabt zu haben, wodurch sein Anspruch auf rechtliches Gehör verletzt worden sei. Nach Auffassung des Generalanwalts könne ein solcher Fehler „nicht die Aufhebung der Entscheidung zur Folge haben, da United Brands sich vor dem Gerichtshof ausführlich äußern konnte."[204] Der Gerichtshof schwieg in seinem Urteil zu dieser Frage.[205]

cc) Rechtssache Hoffmann-La Roche

Das Versäumnis korrigierte er in der Rechtssache *Hoffmann-La Roche*[206] jedoch. Hier hatte die Kommission dem Unternehmen Hoffmann-La Roche die Einsicht in bestimmte Unterlagen verweigert, auf die sie ihre Beurteilung gestützt hatte, da sie glaubte, insofern zur Geheimhaltung verpflichtet zu sein.[207] Die Klägerin rügte daher eine Verletzung ihres rechtlichen Gehörs. Der Gerichtshof urteilte, dass

> „Unregelmäßigkeiten dieser Art […] jedoch nicht notwendig die Aufhebung der angefoch-
> tenen Entscheidung zur Folge [haben], wenn sie während des Verfahrens vor dem Gerichts-
> hof geheilt worden sind, es sei denn, der Anspruch auf rechtliches Gehör bleibe trotz der
> späten Heilung verletzt."[208]

Dieses Urteil wurde in der Literatur heftig kritisiert.[209] Aber auch in den eigenen Reihen war die Entscheidung nicht unumstritten.[210] Sie überraschte zudem, da der Gerichtshof nur einige Tage zuvor in der Rechtssache *Französische Regierung* die Möglichkeit einer Heilung von Verfahrensfehlern nach Klageerhebung strikt abgelehnt hatte.[211] Zwar ging es in dieser Rechtssache um Verfahrensfehler, die mitgliedstaatlichen Behörden angelastet wurden. Trotzdem hätte die gefundene Lösung auf Verfahrensfehler, die von Gemeinschaftsorganen begangen wurden, übertragen

---

[204] GA *Mayras*, Schlussanträge v. 8.11.1977, Rs. 27/76, *United Brands/Kommission*, Slg. 1978, 207, 347.

[205] EuGH, Urt. v. 14.02.1978, Rs. 27/76, *United Brands/Kommission*, Slg. 1978, 207, Rn. 269 ff.

[206] EuGH, Urt. v. 13.02.1979, Rs. 85/76, *Hoffmann-La Roche/Kommission*, Slg. 1979, 461.

[207] EuGH, Urt.v. 13.02.1979, Rs. 85/76, *Hoffmann-La Roche/Kommission*, Slg. 1979, 461, Rn. 8.

[208] EuGH, Urt. v. 13.02.1979, Rs. 85/76, *Hoffmann-La Roche/Kommission*, Slg. 1979, 461, Rn. 15.

[209] *Arnold*, Vereinheitlichung des Verwaltungsverfahrensrechts in der EG, in: Schwarze/Starck, Vereinheitlichung des Verwaltungsverfahrensrechts in der EG, EuR Beiheft I/1995, S. 7, 32; *Due*, Verfahrensrechte der Unternehmen im Wettbewerbsverfahren vor der EG-Kommission, EuR 1988, S. 33, 37 f.; *Girnau*, Die Stellung des Betroffenen im EG-Kartellverfahren, S. 177 f.; *Korah*, The Rights of the Defence in Administrative Proceedings Under Community Law, Current Legal Problems 1980, S. 73, 88 f.; *Goffin*, La jurisprudence de la Cour de justice sur les droits de la défense, CDE 1980, S. 127, 142 f.; *Ritleng*, Le contrôle de la légalité des actes communautaires par la cour de justice et le tribunal de première instance des communautés européennes, Rn. 124; *Sedemund*, Allgemeine Prinzipien des Verwaltungsverfahrensrechts, in: Schwarze, Europäisches Verwaltungsrecht im Werden, S. 45, 54; *Schwarze*, Europäisches Verwaltungsrecht, 2. Auflage, S. 1370 ff.

[210] GA *Warner*, Schlussanträge v. 12.03.1980, Rs. 30/78, *Distillers Company/Kommission*, Slg. 1980, 2267, 2298.

[211] EuGH, Urt. v. 07.02.1979, Rs. 15 und 16/76, *Französische Regierung/Kommission*, Slg. 1979, 321, Rn. 7.

werden müssen, da sie sich in ihrer Begründung auf das generelle Verständnis der Nichtigkeitsklage stützte.[212]

Da in späteren Jahren nicht mehr auf die Rechtssache *Hoffmann-La Roche* zurückgegriffen wurde, kann sie heute wohl guten Gewissens als eine Einzelfallentscheidung verbucht werden, die nunmehr als überholt gilt.[213]

dd) Rechtssache Marcato

Aus der Reihe der Urteile des europäischen Gerichts ist insbesondere auf den beamtenrechtlichen Fall *Marcato*[214] hinzuweisen, wo sich der Kläger gegen eine Entscheidung der Anstellungsbehörde, ihn nicht in das Verzeichnis der beförderbaren Beamten aufzunehmen, wandte. Er trug unter anderem vor, dass das Beförderungsverfahren rechtswidrig gewesen sei, da er nicht angehört worden war. Gem. Art. 45 Abs. 1 und 26 Abs. 1 lit. b BeamtSt hat ein Beamter die Möglichkeit, zu den Beurteilungen, die seine Person betreffen, Stellung zu nehmen, bevor das Verzeichnis der beförderbaren Beamten erstellt wird. Im vorliegenden Fall hatte sich der Generaldirektor im Beförderungsausschuss jedoch negativ über die dienstliche Führung des Klägers geäußert, ohne dass diesem die Möglichkeit eingeräumt worden wäre, hierzu Stellung zu beziehen. Unter dem Eindruck dieser unvorteilhaften Beurteilung war der Kläger sodann nicht in das Verzeichnis der beförderbaren Beamten aufgenommen worden.[215] Das Gericht befasste sich mit der Frage, ob der Anhörungsmangel dadurch hätte geheilt werden können, dass der Vertreter des Generaldirektors vom Gericht als Zeuge vernommen worden wäre, um zu ermitteln, was er über den Kläger vor dem Beförderungsausschuss gesagt hatte. Das Gericht lehnte eine solche Beweisaufnahme jedoch mit folgender Begründung ab:

> „Auch wenn das Gericht jedoch einen solchen Beweis erhoben hätte, hätte es die streitige Entscheidung aufheben müssen. Hätte der Kläger während des vorliegenden Verfahrens erfahren, was über ihn innerhalb des Beförderungsausschusses gesagt wurde, so hätte dies den Verstoß gegen sein Recht zur Verteidigung nicht geheilt. Damit er wieder in seine Rechte eingesetzt wird, muss er gemäß Artikel 26 des Statuts die Möglichkeit haben, zu den seine Person (und nicht andere Bewerber) betreffenden Erklärungen des Vertreters des Generaldirektors Stellung zu nehmen. Erst wenn dem Kläger diese Gelegenheit gegeben worden ist, können der Beförderungsausschuß und die Anstellungsbehörde ihre Entscheidung in Bezug auf den Kläger wirksam überprüfen und beurteilen, ob er rückwirkend in das Verzeichnis aufzunehmen ist."[216]

---

[212] *Ritleng*, Le contrôle de la légalité des actes communautaires par la cour de justice et le tribunal de première instance des communautés européennes, Rn. 124.

[213] Beleg für Einzelfallcharakter der Entscheidung ist EuGH, Urt. v. 07.02.1979, Rs. 15 und 16/76, *Französische Regierung/Kommission*, Slg. 1979, 321, Rn. 7; GA *Warner*, Schlussanträge v. 12.03.1980, Rs. 30/78, *Distillers Company/Kommission*, Slg. 1980, 2267, 2297 f. Der Entscheidung attestieren ebenfalls Einzelfallcharakter *Bülow*, Die Relativierung von Verfahrensfehlern, S. 246; *Kment*, Die Stellung nationaler Unbeachtlichkeits-, Heilungs- und Präklusionsvorschriften im europäischen Recht, EuR 2006, S. 201, 228; *Nolte*, General Principles of German and European Administrative Law, MLR 1994, S. 191, 198; *Quabeck*, Die dienende Funktion, S. 137; *Schwarze*, Europäisches Verwaltungsrecht, 2. Auflage, S. 1372.

[214] EuG, Urt. v. 5.12.1990, Rs. T-82/89, *Marcato/Kommission*, Slg. 1990, II-735.

[215] EuG, Urt. v. 5.12.1990, Rs. T-82/89, *Marcato/Kommission*, Slg. 1990, II-735, Rn. 80 f.

[216] EuG, Urt. v. 5.12.1990, Rs. T-82/89, *Marcato/Kommission*, Slg. 1990, II-735, Rn. 81.

Bemerkenswert ist, dass das Gericht die Möglichkeit der Heilung nicht *per se* ablehnte, sondern nur befand, dass die Heilungsvoraussetzungen im vorliegenden Fall
nicht erfüllt worden seien. Von entscheidender Bedeutung war für das Gericht, dass
die Befragung des Vertreters des Generaldirektors im Zeugenstand als nachgeholte
Verfahrenshandlung nicht den Charakter einer „echten" Anhörung für den betroffenen Kläger hatte. Eine Heilung wäre allenfalls dann in Betracht gekommen, wenn
der Betroffene selbst die Möglichkeit erhalten hätte, zu den seine Person betreffen-
den Äußerungen Stellung zu nehmen und damit noch Einfluss auf die Verwaltungsentscheidung hätte ausüben können.

ee) Rechtssache Thyssen Stahl

Kryptisch äußerte sich das europäische Gericht in der Rechtssache *Thyssen Stahl*.[217]
Es ging nämlich davon aus, „dass die Verfahrensrechte der betroffenen Unternehm-
men dadurch hinreichend gewährleistet sind, dass sie die Möglichkeit haben, vor
dem Gericht Klage zu erheben."[218] Es bleibt unklar, ob das Gericht damit eine Möglichkeit zur Heilung während des Prozesses anerkennt.[219] Alternativ könnte die Aussage nämlich so interpretiert werden, dass das Gericht davon ausging, dass die Verteidigungsrechte des Unternehmens schon gar nicht verletzt worden seien.[220]

ff) Rechtssache Kadi

Zuletzt deutete sich eine Ausnahme vom Grundsatz der Unzulässigkeit der Heilung
von Anhörungsmängeln im Laufe des gerichtlichen Verfahrens in der Rechtssache
Kadi I an. Da die Ausgangssituation der *Kadi*-Rechtsprechung der europäischen Gerichte bereits oft kommentiert wurde,[221] soll sie hier nur soweit erforderlich skizziert
werden: Seit den 1990er-Jahren setzte der Sicherheitsrat der Vereinten Nationen verstärkt sog. gezielte Sanktionen – meist das „Einfrieren" von Konten oder Reisebe-
schränkungen – gegen Einzelpersonen, die der politischen Führung eines unliebsa-
men Staates angehörten, ein. Ab dem Jahr 2002 wurden diese Sanktionen auf
mutmaßliche Unterstützer des Al-Qaida Terrornetzwerks ausgedehnt. Damit wurden

---

[217] EuG, Urt. v. 11.03.1999, Rs. T-141/94, *Thyssen Stahl/Kommission*, Slg. 1999, II-347.

[218] EuG, Urt. v. 11.03.1999, Rs. T-141/94, *Thyssen Stahl/Kommission*, Slg. 1999, II-347, Rn. 115.

[219] GA *Stix-Hackl*, Schlussanträge v. 26.09.2002, Rs. C-194/99 P, *Thyssen Stahl AG/Kommission*, Slg. 2003, I-10821, Rn. 38.

[220] *Mader*, Verteidigungsrechte, S. 368, Fn. 1686.

[221] Vgl. exemplarisch *von Arnauld*, UN-Sanktionen und gemeinschaftsrechtlicher Grundrechts-
schutz: Die „Soweit-Rechtsprechung" des Europäischen Gerichts Erster Instanz, AVR 44 (2006),
S. 201 ff.; *Feinäugle*, Hoheitsgewalt im Völkerrecht: Das 1267-Sanktionsregime der UN und seine
rechtliche Fassung; *Kämmerer*, Die Urteile „Kadi" und „Yusuf" des EuG und ihre Folgen, EuR
Beiheft 1/2008, S. 65 ff.; *Kotzur*, Kooperativer Grundrechtsschutz in der Völkergemeinschaft,
EuGRZ 2008, S. 673 ff.; *Möllers*, Das EuG konstitutionalisiert die Vereinten Nationen, EuR 2006,
S. 426 ff.; *Schmahl*, Effektiver Rechtsschutz gegen „targeted sanctions" des UN-Sicherheitsrats?,
EuR 2006, S. 566 ff.; *Ziegler*, Strengthening the Rule of Law, but Fragmenting International Law:
The Kadi Decision of the ECJ from the Perspective of Human Rights, Human Rights Law Review
9 (2009), S. 288 ff.

sie erstmals auch gegen Privatpersonen sowie Unternehmen gerichtet. Finanzielle Mittel von terrorverdächtigen Personen sollten „eingefroren" werden, um die Geld-quellen von Unterstützern des internationalen Terrorismus trocken zu legen. Aus Kompetenzgründen mussten die gezielten Sanktionen des Sanktionskomitees der Ver-einten Nationen in der Europäischen Union durch Verordnung umgesetzt werden.[222]

Yassin Abdullah Kadi, ein saudi-arabischer Geschäftsmann, beantragte in drei Klagen vor den europäischen Gerichten die Nichtigerklärung der Verordnung (EG) 881/2002, mit der die Sanktionen der Vereinten Nationen umgesetzt wurden, da er in ihrem Anhang als Alliierter der Taliban „gelistet" worden war.[223] Durch dieses „listing" wurden seine Konten sowie sonstigen finanziellen Mittel eingefroren und es wurde verboten, ihn direkt oder indirekt finanziell zu unterstützen. Zu keinem Zeitpunkt wurde er von der Kommission zu den ihm gemachten Vorwürfen gehört, geschweige denn über die konkrete Anschuldigung informiert. Dies bemängelte er vor den Unionsgerichten.

Der Gerichtshof führte aus, dass es für die vom „listing" betroffenen Personen zur Erlangung eines effektiven gerichtlichen Rechtsschutzes grundsätzlich erforderlich sei, eine Begründung für die Maßnahme zu erfahren, um ihnen zu ermöglichen, ihr Recht auf gerichtlichen Rechtsschutz auszuüben.[224] Jedoch könne von den Behörden der Union nicht erwartet werden, dass die Betroffenen vor Erlass der Maßnahme an-gehört oder ihnen die Begründung für die Maßnahme vor ihrem Erlass mitgeteilt werde.[225] Eine solche Mitteilung sei nämlich in der Lage, die Wirksamkeit der mit der Verordnung angeordneten Maßnahmen zu untergraben. Denn die Wirksamkeit der Maßnahme lebt von ihrem „Überraschungseffekt" sowie der „unverzüglichen Anwendung". Würde der Betroffene vor Erlass der Maßnahme angehört, bestünde die akute Gefahr, dass er Geld beiseite schaffen und damit die Wirksamkeit der mit der Verordnung getroffenen Maßnahme unterminieren würde.[226] Da es sich bei der Aufnahme in die Liste aber um eine fortdauernde Maßnahme handle, seien die Ge-meinschaftsorgane verpflichtet gewesen, die Betroffenen „gleichzeitig mit der Auf-nahme [in die Liste] oder im Anschluss daran" anzuhören, damit diese „ihren Stand-punkt hierzu sachdienlich [vortragen]" könnten.[227] Da dies nicht geschehen sei, läge

[222] *von Arnauld*, Der Weg zu einem „Solange I ½", EuR 2013, S. 236, 238.

[223] EuGH, Urt. v. 03.09.2008, Rs. C-402/05 P und C- 415/05 P, *Kadi/Rat*, Slg. 2008, I-6351; EuG, Urt. v. 21.09.2005, Rs. T-315/01, *Kadi/Rat und Kommission*, Slg. 2005, II-3649; EuG, Urt. v. 30.09.2010, Rs. T-85/09, *Kadi/Kommission*, Slg. 2010, II-5177.

[224] EuGH, Urt. v. 03.09.2008, Rs. C-402/05 P und C- 415/05 P, *Kadi/Rat*, Slg. 2008, I-6351, Rn. 336 f.

[225] EuGH, Urt. v. 03.09.2008, *Kadi/Rat*, Rs. C-402/05 P und C- 415/05 P, Slg. 2008, I-6351, Rn. 338.

[226] EuGH, Urt. v. 03.09.2008, Rs. C-402/05 P und C- 415/05 P, *Kadi/Rat*, Slg. 2008, I-6351, Rn. 339–341; siehe auch EuG, Urt. v. 12.12.2006, Rs. T-228/02, *Organisation des Modjahedines du peuple d'Iran/Rat*, Slg. 2006, II-4674, Rn. 128 und 131. In Rn. 132 stellt das EuG jedoch klar, dass die Ausnahme nur beim erstmaligen Einfrieren von Geldern gilt und nicht bei Folgebeschlüs-sen, das heißt bei Verlängerung der Maßnahme.

[227] EuGH, Urt. v. 03.09.2008, Rs. C-402/05 P und C- 415/05 P, *Kadi/Rat*, Slg. 2008, I-6351, Rn. 345 und 348.

eine Verletzung des Rechts auf Anhörung vor.[228] Der Gerichtshof beendete seine
Prüfung an dieser Stelle jedoch noch nicht. Vielmehr führte er in Bezug auf die Verletzung des Anhörungsrechts aus,

> „dass *[diese] auch nicht im Rahmen der vorliegenden Klagen geheilt worden ist.* Denn der
> Rat hat, da nach seiner Rechtsauffassung derartige Umstände vom Gemeinschaftsrichter
> nicht überprüft werden dürfen, nichts zur Heilung vorgebracht."[229]

Mit diesen Worten deutet der Gerichtshof die grundsätzliche Möglichkeit der Heilung
eines Anhörungsmangels durch Nachholung der Anhörung im Gerichtsverfahren an –
auch wenn er den Erfolg der Heilung im konkreten Fall im Ergebnis verneint.[230]

Bei der Beantwortung der Frage, ob dieses Urteil nun einen generellen Recht-
sprechungswandel in Bezug auf die Möglichkeit der Heilung von Verfahrensmängeln im Laufe des gerichtlichen Verfahrens einläutet, sind die Besonderheiten des
Falls im Blick zu behalten.

Eine erste Besonderheit der Rechtssache *Kadi I* ist, dass die Unionsorgane durch
die Resolution der Vereinten Nationen gebunden sind. Sie können – genauso wie
das Gericht und der Gerichtshof – nur prüfen, ob die Europäische Union ihren
rechtsstaatlichen Verpflichtungen nachgekommen ist. Da die Kontrollbefugnisse
der europäischen Gerichte mit denen der Kommission übereinstimmen, scheint es
damit nicht gerechtfertigt, eine Heilung des Anhörungsmangels im gerichtlichen
Verfahren zu verneinen.[231]

In Betracht zu ziehen ist auch, dass sich der Gerichtshof in seinen Überlegungen
von praktischen Erwägungen hat leiten lassen: Die Besonderheit von *Kadi* besteht
darin, dass der Erfolg der in Frage stehenden Maßnahme in hohem Maße von ihrem
Überraschungseffekt abhängt. Daher kann die Anhörung überhaupt frühestens nach
Erlass der Maßnahme stattfinden. Es ist jedoch sehr wahrscheinlich, dass ein Betroffener einer Anhörung nach Erlass der Maßnahme durch eine Klageerhebung
zuvorkommt. Wäre eine Heilung durch nachträgliche Anhörung im gerichtlichen
Verfahren *a priori* ausgeschlossen, blieben nur die Alternativen, entweder eine –
wegen vorheriger Anhörung – ineffektive Maßnahme oder eine Maßnahme, die –
wegen mangelnder Heilungsmöglichkeit – von Anfang an zur Aufhebung verdammt
ist, zu treffen.

Klarer und bestechender erscheint die Rechtsprechung des europäischen Gerichts
in den sog. *Modjahedin*-Fällen.[232] Danach sind den Betroffenen die ihnen „zur Last

---

[228] EuGH, Urt. v. 03.09.2008, Rs. C-402/05 P und C- 415/05 P, *Kadi/Rat*, Slg. 2008, I-6351,
Rn. 348.

[229] EuGH, Urt. v. 3.09.2008, Rs. C-402/05 P und C- 415/05 P, *Kadi/Rat*, Slg. 2008, I-6351, Rn. 350
(Hervorhebung durch die Verfasserin).

[230] Ebenso EuG, Urt. v. 11.06.2009, Rs. T-318/01, *Omar Mohammed Othman/Rat und Kommis-
sion*, Slg. 2009, II-1627, Rn. 87. Hierzu auch *Fehling*, Europäisches Verwaltungsverfahren und
Verwaltungsprozessrecht, in: Terhechte, VwR der EU, § 12, Rn. 127; *Hörmann*, Völkerrecht bricht
Rechtsgemeinschaft?, AVR 44 (2006), S. 267, 320 f.

[231] *Hörmann*, Völkerrecht bricht Rechtsgemeinschaft?, AVR 44 (2006), S. 267, 320 f.

[232] EuG, Urt. v. 12.12.2006, Rs. T-228/02, *Organisation des Modjahedines du peuple d'Iran/Rat*,
Slg. 2006, II-4674.

gelegten Umstände [...]entweder gleichzeitig mit dem Erlass des Ausgangsbeschlusses über das Einfrieren von Geldern oder so früh wie möglich im Anschluss daran" mitzuteilen und diese anzuhören.[233] Es könne dann zwar nicht verhindert werden, dass die Betroffenen dem durch vorherige Klageerhebung zuvorkämen. Dies stelle jedoch eine Möglichkeit dar, „die ebenfalls einen Ausgleich schafft zwischen der Wahrung der Grundrechte der in der streitigen Liste aufgeführten Personen und der Notwendigkeit, im Rahmen der Bekämpfung des internationalen Terrorismus präventive Maßnahmen zu ergreifen" und damit nach Auffassung des Gerichts den Grundrechtsschutz der Betroffenen mindestens genauso gut verwirklicht.[234]

Ob diese Rechtsprechung auf die vorliegende Untersuchung der Heilung von Beschlüssen im gerichtlichen Verfahren übertragen werden kann, erscheint damit mehr als fraglich. Einer Übertragung steht zwar nicht entgegen, dass es sich bei dem Untersuchungsgegenstand der Form nach um eine Verordnung und nicht um einen Beschluss handelt. Denn dieser Verordnung kommt ein starker Beschlusscharakter zu: Sie betrifft einzelne Personen unmittelbar und individuell. Es handelt sich *de facto* eher um ein Bündel einzelner Beschlüsse, denen keine bloß allgemeine Geltung zukommt.[235]

Problematischer erscheint hingegen, dass es sich bei der *Kadi*-Rechtsprechung um einen „Sonderfall" im „Antiterrorkampf" handelt,[236] konkret um den Spezialfall des Einfrierens von Geldern von Personen und Organisationen mit Verbindungen zu Terrornetzwerken. Würde eine Maßnahme in einem solchen Fall einfach aufgehoben, könnte dies schwere und irreversible Folgen mit sich bringen. Würde vor Erlass der Maßnahme eine Anhörung stattfinden, würde dies die Erreichung der von ihr verfolgten Ziele kompromittieren. Daher besteht in diesem „Kampf" gegen den Terrorismus die Tendenz, unter anderem Verfahrensrechte individuell Betroffener enger auszulegen, als dies in anderen, beispielsweise wirtschaftsrechtlichen, Bereichen getan werden würde.[237]

In einer Stellungnahme bezog sich Generalanwalt *Wathelet* denn auch auf die vom Gerichtshof in der Rechtssache *Kadi* aufgeworfene Heilungsmöglichkeit als Alternative zur Aufhebung der Maßnahme und untersuchte ihre Übertragbarkeit auf den ihm vorliegenden Fall.[238] Dabei handelte es sich um ein Vorabentscheidungsverfahren, in dem es darum ging, ob Maßnahmen nach der Rückführungsrichtlinie

---

[233] EuG, Urt. v. 12.12.2006, Rs. T-228/02, *Organisation des Modjahedines du peuple d'Iran/Rat*, Slg. 2006, II-4674, Rn. 129; EuGH, Urt. v. 21.12.2011, Rs. C-27/09 P, *Frankreich/People's Mojahedin Organization of Iran*, Slg. 2011, I-13427, Rn. 61.

[234] EuG, Urt. v. 12.12.2006, Rs. T-228/02, *Organisation des Modjahedines du peuple d'Iran/Rat*, Slg. 2006, II-4674, Rn. 130; siehe auch *Fehling*, Europäisches Verwaltungsverfahren und Verwaltungsprozessrecht, in: Terhechte, VwR der EU, § 12, Rn. 127.

[235] Vgl. *Gornig/Trüe*, Die Rechtsprechung des EuGH zum europäischen allgemeinen Verwaltungsrecht, JZ 1993, S. 884, 885.

[236] Vgl. *Wiater*, Effektiver Rechtsschutz im Unionsrecht, JuS 2015, S. 788, 788.

[237] *Fehling*, Europäisches Verwaltungsverfahren und Verwaltungsprozessrecht, in: Terhechte, VwR der EU, § 12, Rn. 124.

[238] GA *Wathelet*, Stellungnahme v. 23.08.2013, Rs. C-383/13, *M.G. und N.R./Staatssecretaris van Veiligheid en Justitie*, ECLI:EU:C:2013:553, Rn. 72 f., 82 ff.

zur Verlängerung der Haft von zwei Drittstaatsangehörigen, die sich illegal in den Niederlanden aufhielten, rechtmäßig waren. Bei Erlass dieser Maßnahmen waren die Verteidigungsrechte der Drittstaatsangehörigen verletzt worden. Generalanwalt *Wathelet* verneinte die Übertragbarkeit der in *Kadi* angedachten Heilungsmöglichkeit. In erster Linie ausschlaggebend hierfür war, dass das nationale Recht keine entsprechende Befugnis vorsah.[239] Jedoch wies Generalanwalt *Wathelet* auch darauf hin, dass der Erfolg der Maßnahme des Einfrierens der Gelder in der Rechtssache *Kadi* von ihrem Überraschungseffekt lebe.[240] Diese Besonderheit sei in seinem Fall jedoch nicht gegeben.

Die im Rahmen des *Kadi*-Urteils erwogene Heilungsmöglichkeit von Anhörungsmängeln im gerichtlichen Verfahren ist damit nicht verallgemeinerungsfähig und auf andere Rechtsgebiete übertragbar.

c) Zwischenfazit

Aus der Rechtsprechung der europäischen Gerichte geht hervor, dass eine Heilung von Anhörungs- sowie Akteneinsichtsmängeln im Laufe des gerichtlichen Verfahrens grundsätzlich ausgeschlossen ist. Die ältere Rechtsprechung, insbesondere die Rechtssache *Hoffmann-La Roche*, die die Möglichkeit der Heilung in dieser Verfahrensphase noch bejahte, ist inzwischen als endgültig überholt anzusehen. Hieran ändert auch die Rechtssache *Kadi I* nichts: Die Möglichkeit der Heilung im gerichtlichen Verfahren wurde hier für einen Sonderbereich, der eigenen Zwängen und Realitäten unterliegt, bejaht. Daher mag die Lösung im Einzelfall legitim sein, kann jedoch nicht verallgemeinert und auf andere Rechtsbereiche übertragen werden.

2. Die Heilung von Begründungsmängeln

Ein besonders breiter Fundus an Rechtsprechung findet sich in Bezug auf die Heilung von Begründungsmängeln. Diese haben die europäischen Gerichte in einer Vielzahl von Fällen beschäftigt, was möglicherweise damit erklärt werden kann, dass es sich bei ihnen um von den Gerichten von Amts wegen zu prüfende Mängel handelt.[241]

---

[239] GA *Wathelet*, Stellungnahme v. 23.08.2013, Rs. C-383/13, *M.G. und N.R./Staatssecretaris van Veiligheid en Justitie*, ECLI:EU:C:2013:553, Rn. 85.

[240] GA *Wathelet*, Stellungnahme v. 23.08.2013, Rs. C-383/13, *M.G. und N.R./Staatssecretaris van Veiligheid en Justitie*, ECLI:EU:C:2013:553, Rn. 85.

[241] EuG, Urt. v. 22.06.2005, Rs. T-102/03, *CIS/Kommission*, Slg. 2005, II-2357, Rn. 46; *Calliess*, in: Calliess/Ruffert, Art. 296 AEUV, Rn. 35; *Classen*, Gute Verwaltung, S. 330; *Gellermann*, in: Streinz, Art. 296 AEUV, Rn. 16; *Krajewski/Rösslein*, in: Grabitz/Hilf/Nettesheim, Art. 296, Rn. 40; *Rausch*, Die Kontrolle von Tatsachenfeststellungen und -würdigungen durch den Gerichtshof der europäischen Gemeinschaften, S. 274; *Schwarze*, Europäisches Verwaltungsrecht, 2. Auflage, S. 1367; *Sladič*, Die Begründung der Rechtsakte des Sekundärrechts der EG in der Rechtsprechung des EuGH und des EuG, ZfRV 2005, S. 123, 126.

Eine Begründung kann auf verschiedene Arten fehlerhaft sein. Dies stellte das Gericht bereits in der Rechtssache *Berlingieri Vinzek* fest:

> „Il convient néanmoins de rappeler que, si une *absence totale* de motivation ne peut être couverte par des explications fournies après l'introduction d'un recours puisque, à ce stade, de telles explications ne remplissent plus leur fonction […], en cas *d'insuffisance de motivation* des précisions complémentaires peuvent être apportées en cours d'instance et rendre sans objet un moyen tiré du défaut de motivation, de sorte qu'il ne justifie plus l'annulation de la décision en cause […], étant entendu toutefois que l'institution n'est pas autorisée à substituer une motivation entièrement nouvelle à la *motivation initiale erronée* […]"[242]

Erstens kann ein Akt überhaupt nicht begründet worden sein. Zweitens kann eine Begründung (quantitativ oder qualitativ) unzureichend sein, wenn zentrale Aspekte fehlen bzw. widersprüchlich, mehrdeutig oder unklar formuliert sind. Bei diesen Mängeln handelt es sich um formelle Verstöße, die im Rahmen des Klagegrundes der „Verletzung einer wesentlichen Formvorschrift" zu prüfen sind.

Hiervon zu unterscheiden ist die sachlich falsche Begründung. Eine solche ist gegeben, wenn sich herausstellt, dass sich die handelnde Behörde von den falschen rechtlichen bzw. tatsächlichen Erwägungen hat leiten lassen. Es handelt sich um einen materiell-rechtlichen Fehler, der im Rahmen der materiellen Rechtmäßigkeit bei der Prüfung des Klagegrundes der Vertragsverletzung relevant wird. Diese Unterscheidung wurde bereits in der Rechtssache *Cipeke* herausgestellt, in der das europäische Gericht ausführte:

> „Somit stellt die Beanstandung des Fehlens oder der Unzulänglichkeit einer Begründung die Rüge einer Verletzung wesentlicher Formvorschriften dar, die sich von der Rüge der Unrichtigkeit der Gründe der angefochtenen Entscheidung unterscheidet, deren Kontrolle vielmehr zur Prüfung der Begründetheit dieser Entscheidung gehört."[243]

In Bezug auf die Rechtsfolgen stellte die frühere Rechtsprechung eine unzureichende mit einer gänzlich fehlenden Begründung gleich, sodass beide Fehler automatisch die Aufhebung des streitigen Beschlusses zur Folge hatten.[244] Die neuere Rechtsprechung stellt sich hingegen differenzierter dar: Sie unterscheidet bei der Frage, ob ein Begründungsmangel zwingend zur Aufhebung der Verwaltungsentscheidung führt

---

[242] EuG, Urt. v. 6.11.1997, Rs. T-71/96, *Berlingieri Vinzek/Kommission*, Slg. ÖD 1997, II-921, Rn. 79 (Hervorhebung durch die Verfasserin); siehe auch *Daig*, Nichtigkeits- und Untätigkeitsklagen im Recht der europäischen Gemeinschaften, Rn. 170.

[243] EuG, Urt. v. 07.11.1997, Rs. T-84/96, *Cipeke/Kommission*, Slg. 1997, II-2083, Rn. 47; vgl. auch EuGH, Urt. v. 15.07.1970, Rs. 41/69, *ACF Chemiefarma NV/Kommission*, Slg. 1970, 661, Rn. 87/88. Zu dieser Unterscheidung auch *Bülow*, Die Relativierung von Verfahrensfehlern, S. 241; *Daig*, Nichtigkeits- und Untätigkeitsklagen im Recht der Europäischen Gemeinschaften, S. 132. Zu den verschiedenen Arten von Begründungsmängeln siehe Bülow, Die Relativierung von Verfahrensfehlern, S. 143 ff.

[244] EuGH, Urt. v. 20.03.1959, Rs. 18/57, *Nold/Hohe Behörde*, Slg. 1959, 95, 116; siehe auch *Lindemann*, Allgemeine Rechtsgrundsätze und europäischer öffentlicher Dienst, S. 164.

oder aber ob er durch eine Nachholung der Begründung im Laufe des gerichtlichen Verfahrens geheilt werden kann danach, ob die Begründung lediglich unzureichend ist[245] oder komplett fehlt.[246,247]

a) Die Heilung einer unzureichenden Begründung

Prinzipiell knüpfen die europäischen Gerichte an eine unzureichende Begründung die Rechtswidrigkeit der angegriffenen Entscheidung.[248] Allein dieser Formfehler kann zu ihrer Aufhebung führen.[249] In mehreren Fällen haben die Unionsgerichte jedoch eine Heilung durch Nachholung von Begründungserwägungen im gerichtlichen Verfahren erlaubt. Diese Möglichkeit wurde zunächst für den Fall aufgegriffen, wo der Gerichtshof über eine sog. *compétence de pleine jurisdiction* verfügt.[250] Ferner zeigt eine Untersuchung jüngerer Rechtssachen, dass in den Bereichen des europäischen Beamten-,[251] Wettbewerbs-[252] und Markenrechts[253] die Tendenz besteht, bei einer unzureichenden Begründung eine Heilung durch ergänzende Erwägungen im Laufe des gerichtlichen Verfahrens zu erlauben.[254]

aa) Fälle der unbeschränkten Ermessensnachprüfung

Zunächst ist die Heilung einer unzureichenden Begründung im Rahmen des gerichtlichen Verfahrens möglich, soweit der Gerichtshof über eine sog. *compétence de pleine jurisdiction* verfügt.[255]

---

[245] Hierzu unter Kap. 2, A., IV., 2., a).

[246] Hierzu unter Kap. 2, A., IV., 2., b).

[247] EuG, Urt. v. 12.12.1996, *Rendo/Kommission*, Rs. T-16/91 RV, Slg. 1996, II-1827, Rn. 55; GA *Lenz*, Schlussanträge v. 01.04.1993, Rs. C-115/92 P, *Parlament/Volger*, Slg. 1993, I-6549, Rn. 94 f. Zur Abgrenzung eines Totalausfalls der Begründung von einer lediglich unzureichenden Begründung siehe *Bülow*, Die Relativierung von Verfahrensfehlern, S. 288 ff. Ausführlich zur Heilung eines Totalausfalls der Begründung bzw. einer unzureichenden Begründung, insbesondere im Beamtenrecht siehe Bülow, Die Relativierung von Verfahrensfehlern, S. 264 ff. und S. 290 ff.

[248] GA *Jacobs*, Schlussanträge v. 20.01.1989, verb. Rs. 100, 146 und 153/87, *Basch/Kommission*, Slg. 1989, 447, Rn. 13.

[249] Exemplarisch EuGH, Urt. v. 4.12.1975, Rs. 31/75, *Costacurta/Kommission*, Slg. 1975, 1563, Rn. 15/18; EuGH, Urt. v. 09.06.1983, Rs. 225/82, *Verzyck/Kommission*, Slg. 1983, 1991, Rn. 18; EuGH, Urt. v. 16.12.1987, Rs. 206/85, *Beiten/Kommission*, Slg. 1987, 5301, Rn. 16; EuGH, Urt. v. 28.02.1989, verb. Rs. 100, 146, 153/87, *Basch/Kommission*, Slg. 1989, 447, Rn. 17.

[250] Hierzu unter Kap. 2, A., IV., 2., aa).

[251] Hierzu unter Kap. 2, A., IV., 2., bb).

[252] Hierzu unter Kap. 2, A., IV., 2., cc).

[253] Hierzu unter Kap. 2, A., IV., 2., dd).

[254] *Bülow*, Die Relativierung von Verfahrensfehlern, S. 254 f.

[255] GA *Roemer*, Schlussanträge v. 29.05.1962, Rs. 16/61, *Acciaierie Ferriere e Fonderie di Modena/Hohe Behörde*, Slg. 1962, 581, 650; siehe auch GA *Lagrange*, Schlussanträge v. 14.12.1961, Rs. 25/60, *Leda de Bruyn/Parlament*, Slg. 1962, 43, 83.

Art. 261 AEUV gibt dem Gerichtshof in Erweiterung seiner Kompetenzen in Bezug auf Zwangsmaßnahmen der Unionsorgane die „Befugnis zu unbeschränkter Ermessensnachprüfung und zur Änderung oder Verhängung solcher Maßnahmen", wenn ihm diese durch Verordnung explizit übertragen wird. Diese Kompetenzerweiterung lässt sich auf den im französischen und belgischen Verwaltungsrecht entwickelten Begriff der *compétence de pleine jurisdiction* zurückführen.[256] Übersetzt wird dieser Begriff vom Gerichtshof mit dem Terminus „unbeschränkte Rechtsprechung"[257] oder „uneingeschränkte Entscheidungsbefugnis".[258] Inhaltlich ist gemeint, dass es den Gerichten in diesen Fällen erlaubt ist, den angegriffenen Rechtsakt über eine bloße Rechtmäßigkeitsprüfung hinaus auf seine Zweckmäßigkeit, Angemessenheit und Billigkeit hin zu untersuchen.[259] Sie können die von der Verwaltung angestellten Erwägungen in tatsächlicher und rechtlicher Hinsicht umfassend überprüfen, sie durch eigene ersetzen und schließlich eine eigene Sachentscheidung treffen.[260] Eine solche *compétence de pleine jurisdiction* wurde dem Gerichtshof durch entsprechende Verordnung beispielsweise im Kartellrecht in Art. 31 S. 2 VO Nr. 1/2003, im Fusionskontrollrecht in Art. 16 VO Nr. 139/2004 sowie bei Sanktionsbeschlüssen der EZB in Art. 5 VO Nr. 2532/98 übertragen.[261] Die Funktion dieser Sonderregelung kann zum einen in der Herstellung von Verfahrensökonomie gesehen werden, da die Möglichkeit der Gerichte zur unbeschränkten Ermessensnachprüfung verhindert, die Rechtssache an die Kommission zurückverweisen zu müssen.[262] Zum anderen – und insbesondere – kommt in der Sonderregelung aber das Rechtsstaatsprinzip zum Ausdruck, das den Erlass und die Kontrolle von Sanktionen von Rechtsverletzungen zum Schutz des Betroffenen einem Richter vorbehält.[263]

---

[256] *Gaitanides*, in: von der Groeben/Schwarze/Hatje, Art. 261 AEUV, Rn. 8; ausführlich *Schmidt*, Die Befugnis des Gemeinschaftsrichters zu unbeschränkter Ermessensnachprüfung, S. 25 ff.

[257] EuGH, Urt. v. 10.12.1957, Rs. 8/56, *Alma/Hohe Behörde*, Slg. 1957, 191, 202.

[258] EuGH, Urt. v. 07.07.1964, Rs. 70/63, *Collotti/Gerichtshof*, Slg. 1964, 939, 984.

[259] *Dörr*, in: Grabitz/Hilf/Nettesheim, Art. 263 AEUV, Rn. 195; *Ehricke*, in: Streinz, Art. 261 AEUV, Rn. 5; *Gaitanides*, in: von der Groeben/Schwarze/Hatje, Art. 261 AEUV, Rn. 8.

[260] *Dörr*, in: Grabitz/Hilf/Nettesheim, Art. 263 AEUV, Rn. 196.

[261] *Dörr*, in: Grabitz/Hilf/Nettesheim, Art. 263 AEUV, Rn. 195; *Feddersen*, in: Grabitz/Hilf, 40. Auflage 2009 (Altauflage), Art. 31 VO 1/2003, Rn. 18 m.w.N. Siehe ausführlich zu Art. 17 VO Nr. 17/62 *Schmidt*, Die Befugnis des Gemeinschaftsrichters zu unbeschränkter Ermessensnachprüfung, S. 76 und 228.

[262] *Jaeger*, Standard of Review in Competition Cases, in: Today's Multi-layered Legal Order: Current Issues and Perspectives, S. 115, 121; *Mengozzi*, La compétence de pleine juridiction du juge communautaire, in: Liber Amicorum in honour of Bo Vesterdorf, S. 219, 224 f.; a.A. *de Bronett*, Die Unwirksamkeit der Befugnis des Gerichtshofs der EU zu unbeschränkter Nachprüfung von Geldbußenbeschlüssen der Kommission in Kartellsachen (Teil I), EWS 2013, S. 449, 453.

[263] *Booß*, in: Grabitz/Hilf/Nettesheim, Art. 261, Rn. 1; *de Bronett*, Die Unwirksamkeit der Befugnis des Gerichtshofs der EU zu unbeschränkter Nachprüfung von Geldbußenbeschlüssen der Kommission in Kartellsachen (Teil I), EWS 2013, S. 449, 453; EGMR, Urt. v. 27.09.2011, Nr. 43509/08, *Menarini Diagnostics/Italien*, Abweichende Meinung des Richters *Pinto de Albuquerque*, Rn. 9. Vgl. auch *Arabadjiev*, Unlimited Jurisdiction: What Does it Mean Today?, in: Constitutionalising the EU Judicial System – i. H. of Pernilla Lindh, 2012, S. 383, 400 ff.

Diese erweiterte Kompetenz der rechtsprechenden Gewalt zieht auch Konsequenzen bei der Behandlung von Verfahrens- und Formfehlern, die im verwaltungsrechtlichen Verfahren begangen wurden, im gerichtlichen Verfahren nach sich. Das Gericht kann im Prozess ergänztes Vorbringen unmittelbar in seine Entscheidungsfindung einbeziehen und die von der Verwaltung getroffene Entscheidung entsprechend ändern. Eine vollständige Aufklärung des Falles im gerichtlichen Verfahren erscheint unter diesen Umständen möglich. Vor diesem Hintergrund ist eine Aufhebung der Verwaltungsentscheidung und erneute Durchführung des Verwaltungsverfahrens überflüssig.[264]

bb) Sonderfälle im Beamtenrecht

Zwar zeugen auch in der beamtenrechtlichen Rechtsprechung zahlreiche Fälle davon, dass eine unzureichende Begründung zur Rechtswidrigkeit und folglich zur Aufhebung eines Beschlusses führen kann.[265] Die europäischen Gerichte haben jedoch „anerkannt, dass im gerichtlichen Verfahren gegebene Erklärungen ausnahmsweise die Rüge der unzureichenden Begründung hinfällig machen können."[266] Ein Grund hierfür liegt nach Auffassung von Generalanwalt *Lenz* darin, „dass auch wenn das gerichtliche Verfahren [...] keine bloße Verlängerung des Verwaltungsverfahrens sein darf, zwischen der Begründung der streitigen Maßnahme und dem Vorbringen des beklagten Organs vor dem Gemeinschaftsrichter doch ein enger Zusammenhang besteht."[267]

(1) Gerichtshof

(a) Rechtssache Picciolo

Erstmals befasste sich der Gerichtshof mit der Frage der Heilung einer unzureichenden Begründung in der Rechtssache *Picciolo*.[268] Der Kläger, Herr Picciolo, hatte sich auf eine Stellenausschreibung für Hauptverwaltungsräte hin bei einer

---

[264] *Bülow*, Die Relativierung von Verfahrensfehlern, S. 251, Fn. 1099; *Girnau*, Die Stellung der Betroffenen im EG-Kartellverfahren, S. 178 f.; *Schwarze*, Europäisches Verwaltungsrecht, 1. Auflage, Bd. II, S. 1375.

[265] EuGH, Urt. v. 4.12.1975, Rs. 31/75, *Costacurta/Kommission*, Slg. 1975, 1563, Rn. 15/18; EuGH, Urt. v. 30.11.1978, verb. Rs. 4, 19, 28/78, *Salerno/Kommission*, Slg. 1978, 2403, Rn. 28/30; EuGH, Urt. v. 21.03.1985, Rs. 108/84, *De Santis/Rechnungshof*, Slg. 1985, 947, Rn. 22; EuGH, Urt. v. 16.12.1987, Rs. 206/85, *Beiten/Kommission*, Slg. 1987, 5301, Rn. 16; EuGH, Urt. v. 28.02.1989, verb. Rs. 100, 146, 153/87, *Basch/Kommission*, Slg. 1989, 447, Rn. 17; GA *Jacobs*, Schlussanträge v. 20.01.1989, verb. Rs. 100, 146 und 153/87, *Basch/Kommission*, Slg. 1989, 455, Rn. 13.

[266] EuG, Urt. v. 20.09.1990, Rs. T-37/89, *Hanning/Parlament*, Slg. 1990, II-463, Rn. 42.

[267] GA *Lenz*, Schlussanträge v. 01.04.1993, Rs. C-115/92 P, *Parlament/Volger*, Slg. 1993, I-6563, I-6579, Rn. 93.

[268] EuGH, Urt. v. 30.05.1984, Rs. 111/83, *Picciolo/Parlament*, Slg. 1984, 2323.

Generaldirektion des Europäischen Parlaments beworben. In der Stellenausschreibung war unter anderem Erfahrung auf dem Gebiet der EDV als erforderliche Voraussetzung einer erfolgreichen Bewerbung angegeben worden. Die Bewerbung von Herrn Picciolo wurde abgewiesen und die Stelle einem anderen
Bewerber zugeteilt. Daraufhin klagte er beim Gerichtshof auf Aufhebung der Entscheidungen, mit denen seine Bewerbung abgelehnt sowie sein Konkurrent ernannt worden war.[269]

In Bezug auf die Aufhebung der ablehnenden Entscheidung prüfte der Gerichtshof den Klagegrund der unzureichenden Begründung als letztes, nachdem er alle
anderen Klagegründe bereits abgelehnt hatte.[270] Der Vorwurf der unzureichenden
Begründung gründete sich darauf, dass das Parlament die Ablehnung der Bewerbung nur darauf gestützt hatte, dass Herr Picciolo keine ausreichende Erfahrung auf
dem Gebiet der EDV besäße. Es hatte allerdings nicht erklärt, *warum* die Erfahrung
auf diesem Gebiet, die der Kläger in der Bewerbung angegeben hatte, für nicht ausreichend befunden worden war.[271] In den Augen des Gerichtshofs war die gegebene
Erklärung allerdings ausreichend, um nicht ausschließen zu können, dass sie beim
Kläger Zweifel an der Rechtmäßigkeit der Ablehnung hervorgerufen und ihn damit
zur Klageerhebung bewogen hatte. Während des gerichtlichen Verfahrens ergänzte
das Parlament – auf Aufforderung des Gerichtshofs hin – die Begründung. Diese
Ergänzungen versetzten den Gerichtshof in die Lage, die Begründung auf ihre Richtigkeit und mithin die Entscheidung auf ihre Rechtmäßigkeit hin zu untersuchen.[272]
Hieraus folgerte der Gerichtshof, dass der Klagegrund der unzureichenden Begründung ebenfalls abzuweisen sei.[273] Maßgeblich war für den Gerichtshof damit, dass
selbst bei anfänglich unzureichender Begründung alle von einer Begründung verfolgten Funktionen – namentlich, den Betroffenen über die Erfolgsaussichten seiner Klage
zu informieren und dem Gericht eine Rechtmäßigkeitskontrolle zu ermöglichen
– (nachträglich) noch erreicht werden konnten.[274]

Hervorzuheben ist schließlich, dass dem Kläger, obwohl seine Klage erfolglos
war, die Kosten des Verfahrens nicht auferlegt wurden. Nach Auffassung des Gerichtshofs sei insofern zu berücksichtigen, dass die knappe Entscheidungsbegründung dazu geführt habe, dass der Kläger die Erfolgsaussichten seiner Klage erst
nach den ergänzenden Erläuterungen des Parlaments während des gerichtlichen
Verfahrens in vollem Umfang hätte beurteilen können. Daher könne ihm nicht

---

[269] EuGH, Urt. v. 30.05.1984, Rs. 111/83, *Picciolo/Parlament*, Slg. 1984, 2323, Rn. 1.

[270] EuGH, Urt. v. 30.05.1984, Rs. 111/83, *Picciolo/Parlament*, Slg. 1984, 2323, Rn. 18.

[271] EuGH, Urt. v. 30.05.1984, Rs. 111/83, *Picciolo/Parlament*, Slg. 1984, 2323, Rn. 21.

[272] EuGH, Urt. v. 30.05.1984, Rs. 111/83, *Picciolo/Parlament*, Slg. 1984, 2323, Rn. 22.

[273] EuGH, Urt. v. 30.05.1984, Rs. 111/83, *Picciolo/Parlament*, Slg. 1984, 2323, Rn. 26.

[274] EuGH, Urt. v. 30.05.1984, Rs. 111/83, *Picciolo/Parlament*, Slg. 1984, 2323, Rn. 22: „Man kann
nicht ausschließen, dass diese Begründung beim Kläger Zweifel an der Begründetheit der Ablehnung hervorrief. Aufgrund der Erläuterungen des Parlaments auf die Fragen des Gerichtshofes hat
der Gerichtshof jedoch seine Rechtmäßigkeitskontrolle ausüben und die Richtigkeit der Begründung nachprüfen können. Unter diesen Umständen reicht die Kürze der Begründung nicht aus, um
die Aufhebung der fraglichen Maßnahmen zu rechtfertigen."

angelastet werden, dass er Klage erhoben habe, um die Rechtmäßigkeit der Entscheidung überprüfen zu lassen.[275] Dieser Aspekt wurde bei der Kostenverteilung zur ständigen Rechtsprechung des europäischen Gerichts.[276]

(b) Rechtssache Sergio

Der in der Rechtssache *Picciolo* zur Heilung einer unzureichenden Begründung entwickelte Ansatz wurde in der Rechtssache *Sergio*[277] fortgeführt: Dieser Fall hatte die Aufhebung von Entscheidungen zum Gegenstand, die den Klägern die Zulassung zu einem Auswahlverfahren verwehrten. Nachdem der Gerichtshof alle vorgetragenen Rügen geprüft und als unbegründet zurückgewiesen hatte, wandte er sich erneut als letztes der Rüge der unzureichenden Begründung zu. Generalanwalt *Lenz* hatte in seinen Schlussanträgen die Auffassung vertreten, dass durch die ergänzenden Erläuterungen, die die Kommission im Rahmen des gerichtlichen Verfahrens gegeben hatte, „jetzt sicher ein ausreichend klares Bild zu allen wesentlichen Einzelheiten des Prüfungsverfahrens" bestehe, wodurch der Begründungmangel gegenstandslos geworden sei.[278] Der Gerichtshof schloss sich seiner Auffassung an und führte aus:

> „Wie der Gerichtshof jedoch in seiner Rechtsprechung eingeräumt hat [...], können Erläuterungen, die im Laufe des Verfahrens gegeben werden, in außergewöhnlichen Fällen die Rüge der unzureichenden Begründung gegenstandslos machen, sodass sie die Aufhebung der fraglichen Entscheidung nicht mehr rechtfertigt. Im vorliegenden Fall hat die Kommission im Laufe des Verfahrens die Protokolle des Prüfungsausschusses und einen Teil seiner Akten mit den für die Beurteilung der Personalakten festgelegten Kriterien, der Bewertung der Aufsätze und der Gesamtbeurteilung sowie der Noten der einzelnen Kandidaten, die an diesem Teil des Auswahlverfahrens teilgenommen haben, vorgelegt. Diese Unterlagen haben es den Klägern erlaubt, die Gründe für ihre Nichtzulassung zu erfahren und ihre Rügen in der mündlichen Verhandlung, insbesondere die Rügen, die sich auf das Verfahren des Prüfungsausschusses beziehen und das Vorliegen von Beurteilungsfehlern zu erweitern. Diese Unterlagen haben es auch dem Gerichtshof ermöglicht, dieses Verfahren und sein Ergebnis in einer Weise zu kontrollieren, die mit dem allen Prüfungsausschüssen für ihre Werturteile zugebilligten weiten Beurteilungsspielraum vereinbar ist. Unter diesen Umständen kann die unzureichende Begründung der streitigen Entscheidungen nicht mehr als Verletzung einer wesentlichen Formvorschrift angesehen werden, die bereits für sich die Aufhebung der Entscheidung rechtfertigte."[279]

---

[275] EuGH, Urt. v. 30.05.1984, Rs. 111/83, *Picciolo/Parlament*, Slg. 1984, 2323, Rn. 30.

[276] EuG, Urt. v. 13.12.1990, Rs. T-160/89 und T-161/89, *Kalavros/EuGH*, Slg. 1990, II-871, Rn. 80 f.; EuG, Urt. v. 20.03.1991, Rs. T-1/90, *Pérez-Mínguez Casariego/Kommission*, Slg. 1991, II-143, Rn. 97; EuG, Urt. v. 19.09.1996, Rs. T-158/94, *Brungel/Parlament*, Slg. ÖD 1996, I-A-383, I-A-391; II-1131, Rn. 119; EuG, Urt. v. 16.10.1996, Rs. T-37/94, *Benecos/Kommission*, Slg. ÖD 1996, I-A-461, I-A-468, Rn. 81; *Bülow*, Die Relativierung von Verfahrensfehlern, S. 291.

[277] EuGH, Urt. v. 08.03.1988, verb. Rs. 64, 71 bis 73 und 78/86, *Sergio u. a./Kommission*, Slg. 1988, 1399.

[278] GA *Lenz*, Schlussanträge v. 17.11.1987, verb. Rs. 64, 71 bis 73 und 78/86, *Sergio u. a/Kommission*, Slg. 1988, 1410, Rn. 41.

[279] EuGH, Urt. v. 08.03.1988, verb. Rs. 64, 71 bis 73 und 78/86, *Sergio u. a./Kommission*, Slg. 1988, 1399, Rn. 52 f.

Mit diesen Worten wies der Gerichtshof auch den letzten Klagegrund und damit die Klage insgesamt ab.

Wie in der Rechtssache *Picciolo* bürdete der Gerichtshof auch hier nicht dem Kläger, sondern der obsiegenden Beklagten die Kosten des Verfahrens auf. Denn man könne es den Klägern nicht anlasten, dass sie den Gerichtshof zur Prüfung der Rechtmäßigkeit der unzureichend begründeten Entscheidung angerufen hatten, da die ergänzenden Gründe erst im Laufe des gerichtlichen Verfahrens und auf Ersuchen des Gerichtshofs hin von der Kommission vorgetragen worden waren.[280]

(c) Schlussanträge zur Rechtssache Basch

Nicht ausdrücklich aus den Rechtssachen *Picciolo* und *Sergio* hervor geht indes der Umfang, den die im gerichtlichen Verfahren ergänzenden Gründe haben müssen, um eine Heilung des Mangels der unzureichenden Begründung herbeizuführen. Insofern kann allerdings auf die Schlussanträge von Generalanwalt *Jacobs* zur Rechtssache *Basch* zurückgegriffen werden, die darauf hindeuten, dass die Anforderungen an die vor Gericht vorgetragene Begründungsergänzung hoch sind und einer strengen gerichtlichen Kontrolle unterliegen. Im konkreten Fall hatte *Jacobs* konsequenterweise die Heilung verneint, da die während des gerichtlichen Verfahrens vorgelegte Begründung der Kommission nicht ausreichend sei, um eine Heilung zu rechtfertigen:

> „In den jetzt beim Gerichtshof anhängigen Fällen hat die Kommission die Protokolle der Sitzungen des Prüfungsausschusses zusammen mit Beispielen der Tabellen vorgelegt, in denen der Prüfungsausschuss die Antworten der Bewerber zusammengestellt hat. Diese Protokolle bieten nicht dieselbe Sicherheit wie in der Sache Sergio. Die Aufzeichnungen sind unvollständig und liefern – soweit sie vorliegen – keinen Hinweis darauf, warum die Antworten der Bewerber nicht akzeptiert wurden. Außerdem beziehen sich natürlich nur auf den letzten Verfahrensschritt. Unter diesen Umständen bin ich nicht der Auffassung, dass man hier die im Urteil Sergio aufgestellte, sehr enge Ausnahme von der allgemeinen Regel anwenden kann."[281]

Hieraus kann geschlossen werden, dass im Falle einer unzureichenden Begründung keinesfalls ein „Heilungsautomatismus" eingreift, wenn im gerichtlichen Verfahren Gründe ergänzt werden. Die Verwaltung unterliegt insoweit einem strengen Kontrollmaßstab, will sie begangenes Unrecht im gerichtlichen Verfahren „wiedergutmachen". Die Richter müssen zum einen zu der Überzeugung gelangen, dass die nachträglich gegebenen Erläuterungen es dem Kläger erlauben, alle Gründe für die Ablehnung ihrer Bewerbung zu erfahren und ihre Rügen in der mündlichen Verhandlung zu erweitern. Zum anderen müssen die ergänzenden Erläuterungen den Richtern eine umfassende Kontrolle des Verwaltungsverfahrens und seines Ergebnisses ermöglichen.

---

[280] EuGH, Urt. v. 08.03.1988, verb. Rs. 64, 71 bis 73 und 78/86, *Sergio u. a./Kommission*, Slg. 1988, 1399, Rn. 56.

[281] GA *Jacobs*, Schlussanträge v. 20.01.1989, verb. Rs. 100, 146 und 153/87, *Basch u. a./Kommission*, Slg. 1989, 455, Rn. 12.

(2) Europäisches Gericht

Die Argumentation des Gerichtshofs in den Rechtssachen *Picciolo* und *Sergio* und die Möglichkeit der Heilung einer unzureichenden Begründung im Laufe des gerichtlichen Verfahrens finden sich auch in der Rechtsprechung des europäischen Gerichts wieder.[282] Die Liste an Urteilen zu diesem Thema ist lang[283] – die Analyse vieler einzelner Urteile aber ohne Erkenntniszugewinn. Repräsentativ soll an dieser Stelle nur auf die Rechtssache *Hanning* verwiesen werden, die den Fall der unzureichenden Begründung dem Fall der gänzlich fehlenden Begründung gegenüberstellte:

> „Nun kann zwar das Fehlen einer Begründung nicht dadurch geheilt werden, dass der Kläger im Laufe des Verfahrens vor dem Gericht die Gründe einer ihn betreffenden Entscheidung erfährt [...]; für eine unzureichende Begründung gilt aber etwas anderes. Der Gerichtshof hat anerkannt, dass im gerichtlichen Verfahren gegebene Erklärungen ausnahmsweise die Rüge der unzureichenden Begründung hinfällig machen können. [...] Nach dieser Rechtsprechung ist es in Fällen, in denen die Begründung unzureichend war, aber im Laufe des gerichtlichen Verfahrens ergänzt wurde, Sache des Gerichts festzustellen, ob die vom beklagten Organ nachträglich gegebenen Begründungen die angefochtene Entscheidung rechtfertigen können."[284]

---

[282] EuG, Urt. v. 03.03.1993, Rs. T-25/92, *Vela Palacios/WSA*, Slg. 1993, II-201, Rn. 26; EuG, Urt. v. 30.11.1993, Rs. T-78/92, *Perakis/Parlament*, Slg. 1993, II-1299, Rn. 52; EuG, Urt. v. 16.10.1996, Rs. T-36/94, *Capitanio/Kommission*, Slg. ÖD 1996, I-A-449, I-A-456; II-1279, Rn. 46; EuG, Urt. v. 16.10.1996, Rs. T-37/94, *Benecos/Kommission*, Slg. ÖD 1996, I-A-461, I-A-461, I-A-468; II-1301, Rn. 46.

[283] EuG, Urt. v. 20.09.1990, Rs. T-37/89, *Hanning/Parlament*, Slg. 1990, II-463, Rn. 42–44; EuG, Urt. v. 27.06.1991, Rs. T-156/89, *Valverde Mordt/EuGH*, Slg. 1991, II-407, Rn. 133; EuG, Urt. v. 25.02.1992, Rs. T-11/91, *Schloh/Rat*, Slg. 1992, II-203, Rn. 86; EuG, Urt. v. 03.03.1993, Rs. T-25/92, *Vela Palacios/WSA*, Slg. 1993, II-201, Rn. 26; EuG, Urt. v. 30.11.1993, Rs. T-78/92, *Perakis/Parlament*, Slg. 1993, II-1299, Rn. 52; EuG, Urt. v. 17.05.1995, Rs. T-16/94, *Benecos/Kommission*, Slg. ÖD 1995, I-A-103; II-335, Rn. 36; EuG, Urt. v. 19.09.1996, Rs. T-158/94, *Brunagel/Parlament*, Slg. ÖD 1996, I-A-383, I-A-391; II-1131, Rn. 114 f.; EuG, Urt. v. 16.10.1996, Rs. T-36/94, *Capitanio/Kommission*, Slg. ÖD 1996, I-A-449, I-A-456; II-1279, Rn. 46; EuG, Urt. v. 16.10.1996, Rs. T-37/94, *Benecos/Kommission*, Slg. ÖD 1996, I-A-461, I-A-461, I-A-468; II-1301, Rn. 46; EuG, Urt. v. 6.11.1997, Rs. T-71/96, *Berlingieri Vinzek/Kommission*, Slg. ÖD 1997, II-921, Rn. 79; EuG, Urt. v. 27.04.1999, Rs. T-283/97, *Thinus/Kommission*, Slg. ÖD 1999, I-A-69, I-A-72; II-353, Rn. 76; EuG, Urt. v. 02.05.2001, Rs. T-167/99 und T-174/99, *Giulietti u. a./Kommission*, Slg. ÖD 2001, II-441, Rn. 85; EuG, Urt. v. 12.12.2002, Rs. T-135/00, *Morello/Kommission*, Slg. ÖD 2002, I-A-265; II-1313, Rn. 37; EuG, Urt. v. 28.04.2004, Rs. T-277/02, *Pascall/Rat*, Slg. 2004 I-A-137; II-621, Rn. 31; EuG, Urt. v. 02.06.2005, Rs. T-177/03, *Strohm/Kommission*, Slg. ÖD 2005, I-A-147; II-651, Rn. 57; EuG, Urt. v. 15.09.2005, Rs. T-132/03, *Paola Casini/Kommission*, Slg. 2005, I-A-253; II-1169, Rn. 36; EuG, Urt. v. 29.09.2005, Rs. T-218/02, *Napoli Buzzanca/Kommission*, Slg. ÖD 2005, I-A-267; II-1221, Rn. 63; EuG, Urt. v. 11.07.2007, Rs. T-93/03, *Konidaris/Kommission*, Slg. 2007, I-A-2-149; II-A-2-1045, Rn. 52; EuG, Urt. v. 11.12.2007, Rs. T-66/05, *Sack/Kommission*, Slg. ÖD 2007, I-A-2-229; II-A-2-1487, Rn. 67; GöD, Urt. v. 1.12.2010, Rs. F-89/09, *Gagalis/Rat*, EU:F:2010:155, Rn. 67; GöD, Urt. v. 25.09.2012, Rs. F-41/10, *Garde/EWSA*, ECLI:EU:F:2012:135, Rn. 127; GöD, Urt. v. 25.09.2012, Rs. F-41/10, *Moises Bermejo Garde/EWSA*, ECLI:EU:F:2012:135, Rn. 127. Siehe hierzu auch *Bülow*, Die Relativierung von Verfahrensfehlern, S. 292 ff.

[284] EuG, Urt. v. 20.09.1990, Rs. T-37/89, *Hanning/Parlament*, Slg. 1990, II-463, Rn. 41 und 44.

Zentrale Voraussetzung für den Erfolg der Heilung ist dabei, dass die von der Begründung verfolgten Ziele – insbesondere die Information des Unionsrichters und des vom Rechtsakt Betroffenen über die Gründe für den Erlass der Maßnahme – nachträglich noch erreicht werden. Denn hierin liegt gerade der Unterschied zu einem Totalausfall der Begründung: Bei letzterer können die von der Begründung verfolgten Ziele auch mit noch so großen Anstrengungen nach Klageerhebung nicht mehr erreicht werden.[285] Zwar kann sowohl im Falle einer gänzlich fehlenden als auch unzureichenden Begründung die Funktion der Information des Gerichts auch noch im Laufe des Prozesses erreicht werden. Ein Totalausfall der Begründung birgt hingegen das Risiko, dass der von der Entscheidung Betroffene keine Klage erhebt, weil es ihm nicht möglich ist einzuschätzen, ob die Entscheidung mit einem Mangel behaftet ist, der ihre Anfechtung erlaubt. Handelt es sich hingegen um eine bloß unzureichende Begründung, ist diese häufig bereits ausreichend, um beim Betroffenen hinreichende Zweifel im Hinblick auf die Rechtmäßigkeit des Beschlusses zu wecken und ihn zur Klageerhebung zu motivieren. Sie hält den Betroffenen mithin nicht von der Klageerhebung ab.[286] Ermöglichen die nachträglichen Erläuterungen im Falle einer anfänglich bloß unzureichenden Begründung dem Betroffenen die Kontrolle des Verwaltungsverfahrens sowie der Entscheidung und versetzen sie das Gericht in die Lage, die Rechtmäßigkeit der Entscheidung und die Richtigkeit der Begründung nachzuprüfen, tritt damit eine Heilung ein.[287]

Zur Begründung der Heilung bemüht das europäische Gericht über das Argument der Zweckerreichung hinaus hilfsweise auch oft die Erwägung, dem Kläger fehle es an einem „schutzwürdigen Interesse" an der Aufhebung der Entscheidung allein aufgrund der anfänglich unzureichenden Begründung, wenn die erlassene Entscheidung alternativlos sei. In einem solchen Fall würde die Aufhebung der formfehlerhaften Entscheidung lediglich den Erlass einer neuen Entscheidung nach sich ziehen, die inhaltlich mit der ersten übereinstimme, diesmal jedoch formfehlerfrei erginge.[288] Stellvertretend sei hierzu aus der Rechtssache *Valverde Mordt* zitiert:

---

[285] Vgl. EuG, Urt. v. 06.11.1997, Rs. T-71/96, *Berlingieri Vinzek/Kommission*, Slg. ÖD 1997, II-921, Rn. 79; EuG, Urt. v. 27.04.1999, Rs. T-283/97, *Thinus/Kommission*, Slg. ÖD 1999, I-A-69, I-A-72; II-353, Rn. 75 f.

[286] EuG, Urt. v. 12.12.2002, Rs. T-135/00, *Morello/Kommission*, Slg. ÖD 2002, I-A-265; II-1313, Rn. 41.

[287] EuG, Urt. v. 20.09.1990, Rs. T-37/89, *Hanning/Parlament*, Slg. 1990, II-463, Rn. 42; EuG, Urt. v. 27.06.1991, Rs. T-156/89, *Valverde Mordt/EuGH*, Slg. 1991, II-407, Rn. 131 f.; EuG, Urt. v. 25.02.1992, Rs. T-11/91, *Schloh/Rat*, Slg. 1992, II-203, Rn. 85; EuG, Urt. v. 03.03.1993, Rs. T-25/92, *Vela Palacios/WSA*, Slg. 1993, II-201, Rn. 26; EuG, Urt. v. 16.10.1996, Rs. T-36/94, *Capitanio/Kommission*, Slg. ÖD 1996, I-A-449, I-A-456; II-1279, Rn. 46; EuG, Urt. v. 16.10.1996, Rs. T-37/94, *Benecos/Kommission*, Slg. ÖD 1996, I-A-461, I-A-461, I-A-468; II-1301, Rn. 46; EuG, Urt. v. 6.11.1997, Rs. T-71/96, *Berlingieri Vinzek/Kommission*, Slg. ÖD 1997, II-921, Rn. 80.

[288] EuG, Urt. v. 27.06.1991, Rs. T-156/89, *Valverde Mordt/EuGH*, Slg. 1991, II-407, Rn. 133; EuG, Urt. v. 18.12.1992, Rs. T-43/90, *Díaz García/Parlament*, Slg. 1992, II-2619, Rn. 54; EuG, Urt. v. 27.04.1999, Rs. T-283/97, *Thinus/Kommission*, Slg. ÖD 1999, I-A-69, I-A-72; II-353, Rn. 84.

„Da sich die vom Kläger geltend gemachten sachlichen Klagegründe als nicht stichhaltig erwiesen haben, ist festzustellen, dass die Aufhebung dieser Entscheidung wegen fehlender Begründung lediglich zum Erlass einer neuen Entscheidung führen würde, die den gleichen Inhalt wie die aufgehobene Entscheidung hätte, deren Mitteilung jedoch als ergänzende Begründung die vom Kläger erzielten zahlenmäßigen Ergebnisse enthielte. Dem Prüfungsausschuss stünde vorliegend keinerlei Beurteilungsspielraum zu […] Unter diesen Umständen hat der Kläger kein schutzwürdiges Interesse an einer Aufhebung der angefochtenen Entscheidung wegen Formmangels."[289]

In Fortführung dieser Rechtsprechungslinie prüfte das europäische Gericht in der Rechtssache *Díaz García* die gerügte unzureichende Begründung schon gar nicht mehr. Stattdessen argumentierte es, dass der Kläger ohnehin kein berechtigtes Interesse an der Aufhebung der Entscheidung allein wegen der unzureichenden Begründung hätte, da die Behörde über keinerlei Ermessen verfüge und die Entscheidung nach ihrer Aufhebung mit demselben Inhalt erneut ergänge.[290]

Wie bereits der Gerichtshof, bürdet auch das europäische Gericht die Kosten des Gerichtsverfahrens im Falle einer erfolgreichen Heilung nicht dem unterliegenden Kläger, sondern dem beklagten Organ auf.[291]

Diese Vorgehensweise überzeugt nur in geringem Maße. Spinnt man sie konsequent zu Ende würde sie dazu führen, dass eine materiell-rechtlich richtige Entscheidung bei ihrem Erlass nie einer vollständigen Begründung bedarf, wenn die Gründe spätestens im gerichtlichen Verfahren vorgetragen werden. Dies ist insbesondere unter rechtsstaatlichen Gesichtspunkten fragwürdig, wird die Begründungspflicht so faktisch entwertet. Die Verwaltung erhält so nämlich die Möglichkeit, sich nachträglich von ihren Fehlern „freizukaufen".

(3) Die Grenzen der Heilungsmöglichkeit

Ein Blick auf die Rechtsprechung des europäischen Gerichts zeigt jedoch auch, dass zwei wesentliche Grenzen der Heilungsmöglichkeit bestehen:

Zum einen dürfen die nachträglich im gerichtlichen Verfahren eingeführten Gründe keine Auswechslung der ursprünglichen Begründung enthalten. Der Vortrag komplett neuer Gründe ist nicht gestattet. So bejahte das Gericht in der Rechtssache *Berlingieri Vinzek* die Möglichkeit der Heilung einer unzureichenden Begründung, fügte aber sogleich hinzu, dass die zuständige Stelle nicht befugt sei, eine anfänglich falsche Begründung mit einer neuen Begründung zu ersetzen.[292] Die nachträglich im gerichtlichen Verfahren gegebenen

---

[289] EuG, Urt. v. 27.06.1991, Rs. T-156/89, *Valverde Mordt/EuGH*, Slg. 1991, II-407, Rn. 133.

[290] EuG, Urt. v. 18.12.1992, Rs. T-43/90, *Díaz García/Parlament*, Slg. 1992 II-2619, Rn. 54.

[291] EuG, Urt. v. 17.05.1995, Rs. T-16/94, *Benecos/Kommission*, Slg. ÖD 1995, I-A-103; II-335, Rn. 55; EuG, Urt. v. 19.09.1996, Rs. T-158/94, *Brungel/Parlament*, Slg. ÖD 1996, I-A-383, I-A-391; II-1131, Rn. 119.

[292] EuG, Urt. v. 6.11.1997, Rs. T-71/96, *Berlingieri Vinzek/Kommission*, Slg. ÖD 1997, I-A-339, I-A-348, Rn. 79; *Bülow*, Die Relativierung von Verfahrensfehlern, S. 297.

Erläuterungen dürfen auch nicht im Widerspruch zu den anfänglich gegebenen stehen.[293]

Zum anderen kann eine unzureichende Begründung im gerichtlichen Verfahren nicht geheilt werden, wenn durch die formfehlerhafte Verwaltungsentscheidung eine schwere Strafe verhängt wurde. Diese Grenze wurde im Bereich der beamtenrechtlichen Disziplinarsachen thematisiert.

In der Rechtssache *Daffix* verhängte die Anstellungsbehörde gegen den Kläger eine Disziplinarstrafe und entfernte ihn aus dem Dienst, obwohl der Disziplinarrat eine mildere Strafe vorgeschlagen hatte. Dem Kläger war vorgeworfen worden, Auftragsscheine, die an eine Auftragnehmerin der Kommission gerichtet waren, gefälscht zu haben, was die Auftragnehmerin dazu veranlasst hatte, ihm Geld auszuzahlen, das er behalten habe. Als Klagegrund machte der Kläger unter anderem geltend, dass die Disziplinarverfügung der Kommission nicht hinreichend begründet worden sei. Das europäische Gericht gab diesem Klagegrund statt und hob die Verfügung wegen unzureichender Begründung auf, ohne die weiteren Klagegründe auch nur zu prüfen. Auch die von der Kommission im Rahmen des gerichtlichen Verfahrens gegebenen Erläuterungen waren hier nicht in der Lage, den Begründungsmangel zu heilen. Das Gericht ging davon aus, dass die Pflicht zur Begründung von Einzelentscheidungen besonders streng gelte, wenn es sich um strafrechtlich relevante Tatsachen handle. Die Heilung einer unzureichenden Begründung sei daher vor allem dann nicht möglich, wenn eine so schwere Strafe wie die Entfernung aus dem Dienst verhängt worden ist und die verhängte Strafe schwerer als die vom Disziplinarrat empfohlene sei. Unter diesen Umständen seien besonders hohe Anforderungen an die Begründungspflicht zu stellen, die eine Heilung im gerichtlichen Verfahren ausschließen würden.[294] Auf Rechtsmitteleinlegung der Kommission hin teilte Generalanwalt *La Pergola* die Auffassung des Gerichts, dass eine Heilung durch Erläuterungen im gerichtlichen Verfahren nicht in Betracht komme. Er führte hierzu aus:

„Das Fehlen einer Begründung kann nicht während des Verfahrens vor dem Gerichtshof geheilt werden. Im vorliegenden Fall besteht kein Grund, von diesem Grundprinzip abzuweichen. Dies gilt umso mehr, als im vorliegenden Fall – worauf das Gericht erster Instanz zutreffend hingewiesen hat – die angefochtene Verfügung und die Handlungen, auf die sie sich bezog, von besonderer Schwere waren und der Disziplinarrat und die Anstellungsbehörde zu unterschiedlichen Schlussfolgerungen in Bezug auf die Verantwortlichkeit des Klägers gekommen waren. Würde der Auffassung der Kommission gefolgt, so würde dies zu dem unannehmbaren Ergebnis führen, dass die Verwaltungsbehörde in Disziplinarsachen eine Scheinbegründung vorbereiten könnte unter dem Vorbehalt, sie zu vervollständigen, nachdem derjenige, für den die Handlung bestimmt ist, Klage erhoben hat. Dies hätte zur Folge, dass die Verwaltung den Inhalt der Begründung entsprechend den vom Betroffenen geltend gemachten Rügen anpassen könnte. In diesem Fall bestünde auch die Möglichkeit einer Verletzung der Verteidigungsrechte. Auch in dieser Hinsicht ist das angefochtene Urteil daher zu bestätigen."[295]

---

[293] EuG, Urt. v. 02.06.2005, Rs. T-177/03, *Strohm/Kommission*, Slg. ÖD 2005 I-A-147; II-651, Rn. 68.

[294] EuG, Urt. v. 28.03.1995, Rs. T-12/94, *Daffix/Kommission*, Slg. ÖD 1995, I-A-71; II-233, Rn. 48 f.

[295] GA *La Pergola*, Schlussanträge v. 19.09.1996, Rs. C-166/95 P, *Kommission/Daffix*, Slg. 1997, I-983, Rn. 11.

Der Gerichtshof äußerte sich in seinem Urteil nicht zu der Frage nach der Heilung, da er bereits davon ausging, dass die gegebene Begründung für die getroffene Entscheidung ausreichend sei.[296]

(4) Zwischenfazit

Die Rechtsprechung der Unionsgerichte hat in einer Vielzahl beamtenrechtlicher Fälle anerkannt, dass eine unzureichende Begründung nicht stets zur Aufhebung der angefochtenen Entscheidung führen muss, sofern die Gründe im Laufe des gerichtlichen Verfahrens vervollständigt werden. Obwohl Generalanwalt *Jacobs* in seinen Schlussanträgen zur beamtenrechtlichen Rechtssache *Basch* den strikten Ausnahmecharakter der Heilung einer unzureichenden Begründung im gerichtlichen Verfahren betonte – es handle sich hierbei um eine „sehr enge Ausnahme von der allgemeinen Regel (der Aufhebung)" –[297] bejahten sowohl der Gerichtshof als auch das Gericht in einer so stattlichen Anzahl von Urteilen die Möglichkeit der Heilung durch ergänzende Erwägungen im gerichtlichen Verfahren, dass sich das Grundsatz-Ausnahme-Verhältnis für Fälle der unzureichenden Begründung umgekehrt zu haben scheint.

Jedoch – so betont es zumindest Generalanwalt *Mischo* in seinen Schlussanträgen – handelt es sich hierbei um „einige auf das Recht des öffentlichen Dienstes beschränkte Sonderfälle",[298] sodass die Umkehrung des Grundsatz-Ausnahme-Verhältnisses jedenfalls nicht auf andere Rechtsgebiete übertragen werden kann. Dem Generalanwalt ist insofern zuzustimmen, als dass das Dienstrecht eine besondere Stellung im Rahmen des europäischen Verwaltungsrechts einnimmt. Dies ist in erster Linie seiner spezifischen Perspektive geschuldet: Es handelt sich um ein rein verwaltungsinternes Rechtsgebiet. Aus dem Beamtenrecht ergeben sich keine unmittelbaren Regelungswirkungen für die Mitgliedstaaten. Vielmehr richtet sich das Dienstrecht ausschließlich an die in den europäischen Institutionen beschäftigten Bediensteten. Ziel des Beamtenrechts ist es daher, die Regeln für einen effektiv arbeitenden europäischen Dienst aufzustellen.[299] Vor diesem Hintergrund kann auch die Heilungsmöglichkeit einer unzureichenden Begründung im Laufe des gerichtlichen Verfahrens gesehen und argumentiert werden, diese Rechtsprechung lasse sich nicht auf andere Rechtsbereiche übertragen. Doch kam dem Beamtenrecht schon oft eine Vorreiterrolle zu: In vielen Rechtsbereichen war es Pionier für neue Entwicklungen. Beispielsweise gab es Mechanismen außergerichtlicher Konfliktlösung oder die Möglichkeit, gerichtlichen Individualrechtsschutz gegen das Handeln verselbstständigter Verwaltungseinheiten zu erlangen, zuerst im öffentlichen Dienstrecht, bevor diese Möglichkeiten auch auf andere Rechtsbereiche ausgedehnt

---

[296] EuGH, Urt. v. 20.02.1997, Rs. C-166/95 P, *Kommission/Daffix*, Slg. 1997, I-983, Rn. 34 f.

[297] GA *Jacobs*, Schlussanträge v. 20.01.1989, verb. Rs. 100, 146 und 153/87, *Basch/Kommission*, Slg. 1989, 455, Rn. 12.

[298] GA *Mischo*, Schlussanträge v. 18.05.2000, Rs. C-283/98 P, *Mo och Domsjö/Kommission*, Slg. 2000, I-9855, Rn. 55.

[299] *Mehde*, Europäisches Dienstrecht, in: Terhechte, VwR der EU, § 38, Rn. 1.

wurden. Der Modellcharakter des europäischen Beamtenrechts – und damit auch
der Rechtsprechung auf diesem Gebiet – darf für die Etablierung von Innovationen
daher nicht unterschätzt werden.[300]

cc) Sonderfälle im Wettbewerbsrecht

Die Möglichkeit der Heilung einer unzureichenden Begründung im Laufe des gerichtlichen Verfahrens beschränkt sich jedoch keinesfalls auf das Gebiet des Beamtenrechts. Zwar ist die wettbewerbsrechtliche Rechtsprechung in Bezug auf die
Heilung einer unzureichenden Begründung im Laufe des gerichtlichen Verfahrens
nicht so umfangreich wie die beamtenrechtliche, belegt jedoch nichtsdestoweniger
eine Heilungsmöglichkeit.[301] Generalanwalt *Léger* rechtfertigte diese Möglichkeit
in seinen Schlussanträgen in der Rechtssache *BPB*[302] auch nicht mit einer bereichsspezifischen Besonderheit, sondern mit einem allgemeingültigen Argument: Wenn
ein Begründungsansatz bereits in der anfänglichen Entscheidung enthalten sei,
müsse eine Klarstellung oder Bestätigung derselben in der mündlichen Verhandlung
ohne Weiteres möglich sein. Er argumentierte mit einer rhetorischen Frage: „Gibt es
sowohl das schriftliche als auch das mündliche Verfahren nicht genau deshalb, um
bestimmte Tatsachen zu „bestätigen" oder „klarzustellen"?"[303] Diese Argumentation bietet Anlass zur Kritik, ließe sich mit ihr eine umfassende Begründungspflicht im Laufe des Verwaltungsverfahrens doch gänzlich relativieren, solange alle
Entscheidungsgründe im Laufe des gerichtlichen Verfahrens offengelegt werden.
Nach Auffassung *Légers* scheinen insoweit aber verfahrensökonomische Aspekte
zu überwiegen.

Ähnliche Grenzen der Heilungsmöglichkeit, wie sie bereits für den Bereich des
Beamtenrechts erläutert wurden,[304] können auch im Wettbewerbsrecht wiedergefun-
den werden. Dies geht insbesondere aus den Schlussanträgen von Generalanwältin
Kokott in der Rechtssache *Alliance One*[305] hervor.

Hier hatte die Kommission erst in ihrer Klagebeantwortung im erstinstanzlichen
Gerichtsverfahren einen neuen Aspekt vorgebracht, der ihre Entscheidung, die betroffenen Unternehmen wegen Verstoßes gegen Art. 101 Abs. 1 AEUV eine Geldbuße
aufzuerlegen, zu stützen vermochte. In der ursprünglichen Entscheidungsbegründung

---

[300] Zur „Pionierfunktion" des Beamtenrechts siehe *Saurer*, Der Einzelne im europäischen Verwaltungsrecht, S. 213 ff.

[301] EuG, Urt. v. 12.12.1996, Rs. T-16/91 RV, *Rendo/Kommission*, Slg. 1996, II-1827, Rn. 55; GA
Kokott, Schlussanträge v. 12.01.2012, verb. Rs. C-628/10 P und C-14/11 P, *Alliance One/Kommis-
sion*, ECLI:EU:C:2012:11, Rn. 111; ebenso GA *Kokott*, Schlussanträge v. 11.12.2014, Rs.
C-286/13 P, *Dole Food Company/Kommission*, ECLI:EU:C:2014:2437, Rn. 26.

[302] GA *Léger*, Schlussanträge v. 13.12.1994, Rs. C-310/93 P, *BPB/Kommission*, Slg. 1995, I-865.

[303] GA *Léger*, Schlussanträge v. 13.12.1994, Rs. C-310/93 P, *BPB/Kommission*, Slg. 1995, I-865,
Rn. 24.

[304] Siehe Kap. 2, A., IV., 2., a), bb), (3).

[305] GA *Kokott*, Schlussanträge v. 12.01.2012, verb. Rs. C-628/10 P und C-14/11 P, *Alliance One/
Kommission*, ECLI:EU:C:2012:11.

hatte sie diesen Aspekt jedoch nicht genannt. Das Gericht hatte ihn daher nicht berücksichtigt und dies unter anderem damit begründet, dass die Kommission ihn erst
nach Klageerhebung vorgebracht hatte. In der Berufungsinstanz sah die Kommission
darin eine Verletzung ihres Anspruchs auf ein kontradiktorisches Verfahren und war
der Auffassung, dass das Gericht die Anforderungen an die Begründung verkannt
habe.[306]

In ihren Schlussanträgen zu dieser Sache erkannte Generalanwältin *Kokott* der
Kommission zwar einen Anspruch auf ein kontradiktorisches Verfahren zu.[307] Dieser müsse jedoch mit dem Anspruch des Unternehmens auf ein faires Verfahren und
einen effektiven Rechtsschutz in Einklang gebracht werden.[308] Somit

> „steht es der Kommission zwar frei, im gerichtlichen Verfahren im Rahmen ihres Verteidi-
> gungsvorbringens die Gründe für die streitige Entscheidung näher zu erläutern. Gänzlich
> neue Gründe für die streitige Entscheidung darf die Kommission im gerichtlichen Verfah-
> ren jedoch nicht anführen. Denn das ursprüngliche Fehlen einer Begründung kann nicht
> dadurch geheilt werden, dass der Betroffene die Gründe für die Entscheidung während des
> Verfahrens vor den Unionsgerichten erfährt."

Zudem ergänzte sie, dass dieses Verbot „in strafrechtlichen Verfahren und in straf-
rechtsähnlichen Verfahren wie dem Kartellverfahren" besonders streng gelte.[309]

Der Gerichtshof schloss sich dieser Auffassung an und notierte, dass „ein Umstand, den die Kommission erstmals in ihrer Klagebeantwortung vor dem Gericht
angeführt habe, [im gerichtlichen Verfahren] nicht berücksichtigt werden könne."[310]

dd) Sonderfälle im Markenrecht

Im Markenrecht lehnte das europäische Gericht die Aufhebung einer angefochtenen
Entscheidung aufgrund einer unzureichenden Begründung insbesondere dann ab,
wenn die Entscheidung nach ihrer Aufhebung sogleich mit demselben Inhalt, aber
tragfähiger Begründung erneut erlassen werden könnte. In diesem Fall habe ein Betroffener „kein berechtigtes Interesse an einer Aufhebung der Entscheidung".[311] Das

---

[306] GA *Kokott*, Schlussanträge v. 12.01.2012, verb. Rs. C-628/10 P und C-14/11 P, *Alliance One/
Kommission*, ECLI:EU:C:2012:11, Rn. 108.

[307] GA *Kokott*, Schlussanträge v. 12.01.2012, verb. Rs. C-628/10 P und C-14/11 P, *Alliance One/
Kommission*, ECLI:EU:C:2012:11, Rn. 109.

[308] GA *Kokott*, Schlussanträge v. 12.01.2012, verb. Rs. C-628/10 P und C-14/11 P, *Alliance One/
Kommission*, ECLI:EU:C:2012:11, Rn. 110.

[309] GA *Kokott*, Schlussanträge v. 12.01.2012, verb. Rs. C-628/10 P und C-14/11 P, *Alliance One/
Kommission*, ECLI:EU:C:2012:11, Rn. 111; genauso später GA *Kokott*, Schlussanträge v.
11.12.2014, Rs. C-286/13 P, *Dole Food Company/Kommission*, ECLI:EU:C:2014:2437, Rn. 26.

[310] EuGH, Urt. v. 19.07.2012, *Alliance One/Kommission*, verb. Rs. C-628/10 P und C-14/11 P,
ECLI:EU:C:2012:479, Rn. 77.

[311] EuG, Urt. v. 03.12.2003, Rs. T-16/02, *Audi AG/HABM*, Slg. 2003, II-5167, Rn. 97; EuG, Urt. v.
31.05.2005, Rs. T-373/03, *Solo Italia/HABM*, Slg. 2005, II-1881, Rn. 36; EuG, Urt. v. 31.01.2008,
Rs. T-95/06, *Federacion de Cooperativas Agrarias de la Comunidad Valenciana/Gemeinschaftli-
ches Sortenamt*, Slg. 2008, II-31, Rn. 126; EuG, Urt. v. 18.05.2011, Rs. T-502/07, *IIC/HABM
(McKenzie)*, Slg. 2011, II-138, Rn. 66.

Gericht rückte damit verfahrensökonomische Erwägungen in den Vordergrund und lehnt eine rein formalistische Herangehensweise ab, die Entscheidung allein aufgrund einer unzureichenden Begründung, bei materieller Rechtmäßigkeit im Übrigen, aufzuheben.

ee) Zwischenfazit

Mit den Worten von Generalanwalt *Léger* besteht damit weiterhin ein „Grundsatz des Verbotes der Heilung einer unzureichenden Begründung im Laufe des gerichtlichen Verfahrens".[312] Eine Ausnahme besteht lediglich für den Fall, dass die Richter über eine unbeschränkte Befugnis zur Ermessensnachprüfung (sog. *compétence de pleine jurisdiction*) verfügen und so im Prozess ergänztes Vorbringen direkt in ihre Entscheidungsfindung einbeziehen können.

Aus der Rechtsprechung ist ferner erkennbar, dass der Grundsatz der Unheilbarkeit einer unzureichenden Begründung im gerichtlichen Verfahren nicht immer – insbesondere nicht im Beamtenrecht – stringent durchgehalten, sondern zugunsten einer Heilungsmöglichkeit aufgeweicht wird. Eine Heilung wird insbesondere dann bejaht, wenn selbst bei anfänglich unzureichender Begründung alle von einer Begründung verfolgten Funktionen – namentlich, den Betroffenen über die Erfolgsaussichten seiner Klage zu informieren und dem Gericht eine Rechtmäßigkeitskontrolle zu ermöglichen – (nachträglich) noch erreicht werden konnten. Teilweise sprechen die Richter dem Fehlerbetroffenen auch das Interesse an der Aufhebung einer Entscheidung aufgrund einer unzureichenden Begründung ab, wenn die Entscheidung sogleich erneut mit demselben Inhalt, aber einer tragfähigen Begründung, erlassen werden könnte. Sie rücken damit verfahrensökonomische Aspekte in den Vordergrund.

Eine Heilung wird jedoch abgelehnt, wenn die im Laufe des gerichtlichen Verfahrens ergänzten Gründe komplett neu sind bzw. den anfänglich genannten widersprechen. Die Einhaltung dieser Grenze wird besonders streng kontrolliert, wenn es sich um strafrechtliche oder strafrechtsähnliche Verfahren, wie dem Kartellverfahren, handelt.

b) Die Heilung eines Totalausfalls der Begründung

aa) Grundsatz: Heilung ausgeschlossen

Prinzipiell knüpfen die europäischen Gerichte an eine vollständig fehlende Begründung dieselben Rechtsfolgen wie an eine unzureichende Begründung: die Rechtswidrigkeit und Aufhebung des Beschlusses. So stellte der Gerichtshof in der

---

[312] GA *Léger*, Schlussanträge v. 26.09.1996, verb. Rs. C-150/94, C-284/94, *Vereinigtes Königreich/ Rat*, Slg. 1998, I-7235, Rn. 49; siehe auch GA *Mischo*, Schlussanträge v. 18.05.2000, Rs. C-283/98 P, *Mo och Domsjö/Kommission*, Slg. 2000, I-9855, Rn. 55; GA *La Pergola*, Schlussanträge v. 19.09.1996, Rs. C-166/95 P, *Kommission/Daffix*, Slg. 1997, I-983, Rn. 11 spricht vom „Grundprinzip", wonach das „Fehlen einer Begründung […] nicht während des Verfahrens vor dem Gerichtshof geheilt werden" kann; *Ritleng*, Le contrôle de la légalité de l'acte communautaire par la cour de justice et le tribunal de première instance des communautés européennes, Rn. 125.

Rechtssache *Nold* in Bezug auf die Heilung von Begründungsmängeln im Laufe
des gerichtlichen Verfahrens eine unzureichende Begründung einer gänzlich fehlenden ausdrücklich gleich.[313]

Hervorzuheben ist insbesondere, dass die europäischen Gerichte den Begründungsausfall prinzipiell unabhängig von der materiellen Rechtmäßigkeit der Verwaltungsentscheidung im Übrigen mit der Aufhebung des Beschlusses sanktionieren. Verfahrensökonomische Aspekte spielen damit in der Argumentation der
europäischen Gerichte nur eine untergeordnete Rolle. Dies geht vor allem aus der
beamtenrechtlichen Rechtsprechung hervor.[314] Um die Ablehnung der Heilungsmöglichkeit zu rechtfertigen, bedienen sich die Unionsgerichte wiederkehrender
Argumente:

*(1) Von der Begründung verfolgte Funktionen können im gerichtlichen
Verfahren nicht mehr erreicht werden*

In der beamtenrechtlichen Rechtssache *Michel*[315] war der Kläger nicht zu den Prüfungen eines Auswahlverfahrens zugelassen worden, erfuhr die Gründe seiner
Nichtzulassung aber erst im Verfahren vor dem Gerichtshof. Das beklagte Parlament trug im Prozess vor, dass der Kläger nun, wo er die Begründung kenne, gar
kein Interesse mehr habe, auf der Rüge der fehlenden Begründung zu beharren.[316]
Dieses Argument wies der Gerichtshof jedoch zurück, ohne ersichtlich zu prüfen,
ob die Entscheidung in der Sache richtig oder die fehlende Begründung kausal für
das Entscheidungsergebnis war. Er notierte hierzu:

> „Dieses Vorbringen des Parlaments läuft im Kern darauf hinaus, dass eine eventuell feh-
> lende Begründung der Entscheidung nachträglich dadurch geheilt worden sei, dass der Klä-
> ger im Laufe des Verfahrens vor dem Gerichtshof die Gründe für seine Nichtzulassung zu
> den Prüfungen erfahren habe. In dieser Hinsicht ist aber daran zu erinnern, dass die Ver-
> pflichtung, eine beschwerende Entscheidung zu begründen, dem Gerichtshof ermöglichen
> soll, die Rechtmäßigkeit der Entscheidung zu überprüfen und dem Betroffenen ausrei-
> chende Hinweise für die Feststellung geben soll, ob die Entscheidung begründet ist oder ob
> sie unter einem Mangel leidet, aufgrund dessen ihre Rechtmäßigkeit in Frage gestellt wer-
> den kann. Daraus ergibt sich, dass die Begründung dem Betroffenen grundsätzlich gleich-
> zeitig mit der ihn beschwerenden Entscheidung mitzuteilen ist und dass das Fehlen der
> Begründung nicht dadurch geheilt werden kann, dass der Betroffene die Gründe für die
> Entscheidung während des Verfahrens vor dem Gerichtshof erfährt."[317]

---

[313] EuGH, Urt. v. 20.03.1959, Rs. 18/57, *Nold/Hohe Behörde*, Slg. 1959, 95, 116.

[314] EuGH, Urt. v. 15.03.1973, Rs. 37/72, *Marcato/Kommission*, Slg. 1973, 361, Rn. 20/22; EuGH,
Urt. v. 28.02.1980, Rs. 89/79, *Bonu/Rat*, Slg. 1980, 553, Rn. 8; EuG, Urt. v. 17.02.1998, Rs.
T-56/96, *Maccaferri/Kommission*, Slg. ÖD 1998, I-A-57, I-A-61; II-133, Rn. 41; EuG, Urt. v.
09.03.2000, Rs. T-10/99, *Nuñez/Kommission*, Slg. ÖD 2000, I-A-47 und II-203, Rn. 47; EuG, Urt.
v. 20.07.2001, Rs. T-351/99, *Brumter/Kommission*, Slg. ÖD 2001, II-757, Rn. 36 und 97; EuG,
Urt. v. 20.02.2002, Rs. T-117/01, *Parra/Kommission*, Slg. ÖD 2002, II-121, Rn. 32; *Bülow*, Die
Relativierung von Verfahrensfehlern, S. 265 und 272.

[315] EuGH, Urt. v. 26.11.1981, Rs. 195/80, *Michel/Parlament*, Slg. 1981, 2861.

[316] EuGH, Urt. v. 26.11.1981, Rs. 195/80, *Michel/Parlament*, Slg. 1981, 2861, Rn. 21.

[317] EuGH, Urt. v. 26.11.1981, Rs. 195/80, *Michel/Parlament*, Slg. 1981, 2861, Rn. 21 f.

Sodann hob der Gerichtshof die formfehlerhafte Entscheidung allein aufgrund des Begründungsmangels, das heißt ohne eine weitere Prüfung anderer Klagegründe, auf.[318]

Um die Heilung abzulehnen, war für den Gerichtshof damit das Argument ausschlaggebend, dass die von der Begründung verfolgten Ziele im Falle einer Nachholung im Laufe des Prozesses nicht mehr erreicht werden können. Die Pflicht zur Begründung verfolgt zwei Haupt- und zwei Nebenziele: Zuvörderst dient die Begründung dazu, dem Unionsrichter im Gerichtsverfahren die Prüfung zu ermöglichen, ob die Maßnahme rechtmäßig ist und dem vom Rechtsakt Betroffenen die Gründe für den Erlass der Maßnahme mitzuteilen und ihm damit die Überprüfung der gegen ihn ergangenen Entscheidung im Vorfeld einer späteren Klage zu ermöglichen. Der Betroffene soll in die Lage versetzt werden, die Erfolgsaussichten seiner Klage einzuschätzen und zu entscheiden, ob es sich für ihn lohnt, ein gerichtliches Verfahren anzustrengen.[319] Daneben verfolgt die Begründungspflicht auch das Ziel, den entscheidenden Organen die Möglichkeit der Selbstkontrolle zu eröffnen[320] und zu einer Befriedung beizutragen.[321] Diese Funktionen können bei einer komplett fehlenden Begründung durch eine Nachholung derselben nach Klageerhebung nicht mehr erfüllt werden: Wird eine Begründung erst im Laufe des Prozesses nachgeholt, kann sie dem Betroffenen nicht mehr dazu dienen, die Erfolgsaussichten seiner Klage zu beurteilen und ihm damit die Entscheidung zu erleichtern, ob er Klage erheben soll, da dies bereits geschehen ist.[322]

---

[318] EuGH, Urt. v. 26.11.1981, Rs. 195/80, *Michel/Parlament*, Slg. 1981, 2861, Rn. 34.

[319] Ausführliche Nachweise zu diesen Hauptfunktionen der Entscheidungsbegründung oben, Kap. 2, A., III., 2.

[320] *Calliess*, in: Calliess/Ruffert, Art. 296 AEUV, Rn. 14; *Daig*, Nichtigkeit- und Untätigkeitsklagen im Recht der Europäischen Gemeinschaften, Rn. 167; *Fehling*, Europäisches Verwaltungsverfahren und Verwaltungsprozessrecht, in: Terhechte, VwR der EU, § 12, Rn. 46; *Krajewski/Rösslein*, in: Grabitz/Hilf/Nettesheim, Art. 296 AEUV, Rn. 7; *Müller-Ibold*, Begründungspflicht, S. 18 f.; *Scheffler*, Die Pflicht zur Begründung von Maßnahmen nach den europäischen Gemeinschaftsverträgen, S. 50; *Schwarze*, Europäisches Verwaltungsrecht, 2. Auflage, S. 1349.

[321] *Krajewski/Rösslein*, in: Grabitz/Hilf/Nettesheim, Art. 296 AEUV, Rn. 8.

[322] Für das Beamtenrecht: EuG, Urt. v. 12.02.1992, Rs. T-52/90, *Volger/Parlament*, Slg. 1992, II-121, Rn. 40 f.; EuG, Urt. v. 17.02.1998, Rs. T-56/96, *Maccaferri/Kommission*, Slg. ÖD 1998, I-A-57, I-A-61; II-133, Rn. 38; EuG, Urt. v. 27.04.1999, Rs. T-283/97, *Thinus/Kommission*, Slg. ÖD 1999, I-A-69, I-A-72; II-353, Rn. 75; EuG, Urt. v. 20.07.2001, Rs. T-351/99, *Brumter/Kommission*, Slg. ÖD 2001, II-757, Rn. 33; EuG, Urt. v. 28.04.2004, Rs. T-277/02, *Pascall/Rat*, Slg. 2004, I-A-137; II-621, Rn. 31; EuG, Urt. v. 06.07.2004, Rs. T-281/01, *Huygens/Kommission*, Slg. 2004, I-A-203; II-903, Rn. 108; EuG, Urt. v. 11.12.2007, Rs. T-66/05, *Sack/Kommission*, Slg. ÖD 2007, I-A-2-229; II-A-2-1487, Rn. 66. Für das Wettbewerbsrecht: EuGH, Urt. v. 29.04.2004, C-199/01 P und C-200/01 P, *IPK-München und Kommission*, Slg. 2004, I-4627, Rn. 66; EuGH, Urt. v. 28.06.2005, C-189/02 P, C-202/02 P, C-205/02 P bis C-208/02 P und C-213/02 P, *Dansk Rørindustri u. a./Kommission*, Slg. 2005, I-5425, Rn. 462 f.; EuGH, Urt. v. 29.09.2011, Rs. C-521/09 P, *Elf Aquitaine/Kommission*, Slg. 2011, I-8947, Rn. 149; EuGH, Urt. v. 19.07.2012, Rs. C-628/10 P und C-14/11 P, *Alliance One International/Kommission*, ECLI:EU:C:2012:479, Rn. 73 f.; EuGH, Urt. v. 08.05.2013, Rs. C-508/11 P, *Eni SpA/Kommission*, ECLI:EU:C:2013:289, Rn. 128; EuGH, Urt. v. 13.06.2013, Rs. C-511/11 P, *Versalis SpA/Kommission*, ECLI:EU:C:2013:386, Rn. 140 f.; GA *Léger*, Schlussanträge v. 13.12.1994, Rs. C-310/93 P, *BPB/Kommission*, Slg. 1995, I-865, Rn. 21 f.

Selbst die Funktion, dem Unionsrichter die Prüfung zu ermöglichen, ob der Beschluss rechtmäßig ergangen ist, kann eine nachträgliche Begründung im Prozess nur eingeschränkt erfüllen. So stellte der Gerichtshof bereits im Jahr 1967 – als er eine wettbewerbsrechtliche Entscheidung allein aufgrund eines Begründungsausfalls aufhob, ohne die weiteren Klagegründe zu prüfen – fest, dass „die Gründe [...] mit hinreichender Klarheit aus der Entscheidung selbst hervorgehen [müssen], um dem Gerichtshof und allen Beteiligten die Feststellung zu ermöglichen, dass die einschlägigen Rechtsvorschriften fehlerfrei angewandt worden sind."[323] Generalanwalt *Cosmas* notierte, dass die Möglichkeit des Gerichtshofs, die ihm vorliegende Rechtssache umfassend zu prüfen, dadurch erheblich eingeschränkt werde, dass die Betroffenen durch die späte Begründung nicht die Gelegenheit hätten, sich vollumfänglich auf ihre Verteidigung vor Gericht vorzubereiten.[324]

(2) Entscheidung und Begründung als „unteilbares Ganzes"

Ein weiterer Grund für das durch die Unionsgerichte aufgestellte Prinzip, dass eine vollständig fehlende Begründung im Laufe des gerichtlichen Verfahrens nicht geheilt werden kann, ist der Grundsatz der Unteilbarkeit von Begründung und Entscheidung.[325] Demnach sind Begründung und Rechtsakt ein „untrennbares"[326] bzw. „unteilbares Ganzes"[327]; die Begründung ist „wesentlicher Bestandteil eines Rechtsakts".[328] Daher darf der Inhalt der Begründung nach Erlass des Rechtsakts auch nicht verändert werden. Eine Ausnahme stellt lediglich die Korrektur orthografischer oder grammatikalischer Fehler dar.[329]

In der Rechtssache *Vereinigtes Königreich/Rat*[330] wich der Wortlaut der Begründungserwägungen der endgültigen Fassung einer Richtlinie, die Mindestanforderungen zum Schutz von Legehennen in Käfigbatterien festlegte, von dem Wortlaut der Richtlinienfassung ab, die dem Rat zur Abstimmung vorgelegen hatte.[331] Der Gerichtshof erkannte zwar, dass „vorgenommenen Änderungen nur die

---

[323] EuGH, Urt. v. 15.03.1967, verb. Rs. 8-11/66, *Cimenteries u. a./Kommission*, Slg. 1967, 99, 125.

[324] GA *Cosmas*, Schlussanträge v. 28.03.1996, verb. Rs. C-329/93, C-62/95 und C-63/95, *Bremer Vulkan/Kommission*, Slg. 1996, I-5151, Rn. 64 f.

[325] Hierzu siehe auch *Bülow*, Die Relativierung von Verfahrensfehlern, S. 254 und 142 f.; *Krajewski/Rösslein*, in: Grabitz/Hilf/Nettesheim, Art. 296 AEUV, Rn. 35.

[326] EuGH, Urt. v. 15.06.1994, Rs. C-137/92 P, *Kommission/BASF u. a.*, Slg. 1994, I-2555, Rn. 70.

[327] EuG, Urt. v. 18.01.2005, Rs. T-93/02, *Confédération nationale du Crédit mutuel/Kommission*, Slg. 2005, II-143, Rn. 124 ; EuG, Urt. v. 07.06.2006, Rs. T-613/97, *UFEX u. a./Kommission*, Slg. 2006, II-1531, Rn. 69.

[328] EuGH, Urt. v. 23.02.1988, Rs. 131/86, *Vereinigtes Königreich/Rat*, Slg. 1988, 905, Rn. 37.

[329] EuGH, Urt. v. 23.02.1988, Rs. 131/86, *Vereinigtes Königreich/Rat*, Slg. 1988, 905, Rn. 38; EuG, Urt. v. 15.06.1994, Rs. C-137/92 P, *Kommission/BASF u. a.*, Slg. 1994, I-2555, Rn. 68 ; EuG, Urt. v. 11.03.1999, Rs. T-141/94, *Thyssen Stahl/Kommission*, Slg. 1999, II-347, Rn. 150; *Bockey*, Die Entscheidung der Europäischen Gemeinschaft, S. 110; *Bülow*, Die Relativierung von Verfahrensfehlern, S. 142.

[330] EuGH, Urt. v. 23.02.1988, Rs. 131/86, *Vereinigtes Königreich/Rat*, Slg. 1988, 905.

[331] EuGH, Urt. v. 23.02.1988, Rs. 131/86, *Vereinigtes Königreich/Rat*, Slg. 1988, 905, Rn. 4.

Begründung der Richtlinie [betrafen], ohne die Substanz des Rechtsakts selbst zu berühren."[332] Da die Begründung jedoch wesentlicher Bestandteil eines Rechtsaktes sei, könne weder der Generalsekretär des Rates noch einer seiner Bediensteten die Begründung eines Rechtsakts, den der Rat beschlossen habe, nachträglich ändern.[333]

Vergleichbares gilt auch in Bezug auf nachträgliche Änderungen des Wortlauts von Kommissionsrechtsakten. Grund hierfür ist, dass es nach dem Kollegialprinzip ausschließlich in den Aufgabenbereich des Kollegiums der Kommissionsmitglieder fällt, die Entscheidung einschließlich ihrer Begründung zur selben Zeit anzunehmen. In der Rechtssache *Kommission/BASF*[334] wies der Gerichtshof das Vorbringen der Kommission zurück, dass „das Kollegium sich im Beschlussfassungsverfahren darauf beschränken [kann], seinen Willen zu einem bestimmten Vorgehen zum Ausdruck zu bringen, ohne sich an der Abfassung des entsprechenden Rechtsaktes und seiner endgültigen Ausformung zu beteiligen", da „[d]ie schriftliche Ausformung des Rechtsaktes [...] nämlich als Ausdruck des Willens der ihn erlassenden Stelle notwendig [sei], da das intellektuelle und das formelle Element ein untrennbares Ganzes darstellen."[335] Der Gerichtshof erläuterte dies damit, dass es „[n]ur im Lichte der Begründung [...] möglich [sei], den verfügenden Teil einer derartigen Entscheidung zu verstehen und seine Tragweite einzuschätzen. Da der verfügende Teil und die Begründung einer Entscheidung somit ein unteilbares Ganzes darstellen, ist es nach dem Kollegialprinzip ausschließlich Sache des Kollegiums, beide zugleich anzunehmen."[336]

(3) Aspekte der Verfahrensfairness

Schließlich bemühen die europäischen Gerichte Aspekte der Verfahrensfairness, um die Heilung eines Begründungsausfalls nach Klageerhebung abzulehnen.

So argumentierte das Gericht, dass der Grundsatz der Gleichheit der Parteien vor Gericht verletzt werden würde, wenn ein Begründungsausfall nach Klageerhebung geheilt werden könnte. Denn hierdurch würde der Anspruch des Klägers auf rechtliches Gehör verletzt, da diesem nur die Erwiderung bliebe, um seine Argumente gegen die ihm erst nach der Klageeinreichung bekanntgewordene Begründung vorzutragen.[337]

Generalanwältin *Kokott* betonte in ihren Schlussanträgen zur Rechtssache *Mellor* hingegen eine Gefährdung des Grundsatzes der prozessualen Waffengleichheit, falls

---

[332] EuGH, Urt. v. 23.02.1988, Rs. 131/86, *Vereinigtes Königreich/Rat*, Slg. 1988, 905, Rn. 36.

[333] EuGH, Urt. v. 23.02.1988, Rs. 131/86, *Vereinigtes Königreich/Rat*, Slg. 1988, 905, Rn. 37.

[334] EuGH, Urt. v. 15.06.1994, Rs. C-137/92 P, *Kommission/BASF u. a.*, Slg. 1994, I-2555.

[335] EuGH, Urt. v. 15.06.1994, Rs. C-137/92 P, *Kommission/BASF u. a.*, Slg. 1994, I-2555, Rn. 69 f.

[336] EuGH, Urt. v. 15.06.1994, Rs. C-137/92 P, *Kommission/BASF u. a.*, Slg. 1994, I-2555, Rn. 67.

[337] EuG, Urt. v. 12.02.1992, Rs. T-52/90, *Volger/Parlament*, Slg. 1992, II-121, Rn. 41; EuG, Urt. v. 06.07.2004, Rs. T-281/01, *Huygens/Kommission*, Slg. 2004, I-A-203; II-903, Rn. 109; EuG, Urt. v. 29.09.2005, Rs. T-218/02, *Napoli Buzzanca/Kommission*, Slg. ÖD 2005, I-A-267; II-1221, Rn. 62; GöD, Urt. v. 15.12.2010, Rs. F-67/09, *Sànchez/Rat*, ECLI:EU:F:2010:169, Rn. 71; ähnlich auch EuG, Urt. v. 21.03.1996, Rs. T-230/94, *Farrugia/Kommission*, Slg. 1996, II-195, Rn. 36.

einer beklagten Institution die Möglichkeit eingeräumt würde, einen Begründungsmangel durch eine Ergänzung im Laufe des Prozesses zu heilen, da umgekehrt der
Fehlerbetroffene grundsätzlich auch nicht in der Lage sei, seine Klage zu erweitern.[338]

bb) Ausnahmen

Von dem Grundsatz der Unheilbarkeit eines Totalausfalls der Begründung bestehen
jedoch Ausnahmen. Der früheste Fall, in dem eine Heilung eines Begründungsausfalls nach Klageerhebung in Erwägung gezogen wurde, findet sich in den Schlussanträgen von Generalanwalt *Lagrange* in der Rechtssache *Phoenix Rheinrohr*. Die
Klägerin machte unter anderem geltend, dass die Hohe Behörde ihre Pflicht zur
Begründung von Rechtsakten verletzt habe, da sie die Gründe für ihre Entscheidung
erstmalig ausdrücklich in einem Schreiben nach Klageerhebung erläutert habe.[339]
Trotzdem empfahl Generalanwalt *Lagrange* dem Gerichtshof nicht, die Entscheidung aufgrund dieses Begründungsausfalls aufzuheben. Er rechtfertigte dies damit,
dass trotz der sehr späten Begründung die Klägerinnen „ausreichend Gelegenheit
[hatten], sich hierzu im Laufe des schriftlichen und mündlichen Verfahrens zu äußern" und die Erwiderungsschriftsätze erst lange nach Veröffentlichung der Begründung im Amtsblatt abgegeben worden seien.[340] Unter diesen Umständen sei der
Formmangel als „nicht wesentlich" einzustufen.[341] Der Gerichtshof äußert sich
hierzu in seinem Urteil mangels Entscheidungserheblichkeit nicht, da er bereits das
Vorliegen einer verwaltungsrechtlichen Entscheidung verneinte.

Dieser Tendenz hin zur Heilbarkeit eines Begründungsausfalls ist kein Einzelfall
geblieben. Sie wurde zunächst – wie im Rahmen der unzureichenden Begründung –
für den Fall aufgegriffen, wo der Gerichtshof über eine sog. *compétence de pleine
jurisdiction* verfügt. Hierauf wies Generalanwalt *Lagrange* bereits im Jahr 1961
hin: Habe der Gerichtshof „die Befugnisse eines Gerichts mit voller Rechtsprechung (pleine juridiction)", könne eine unterbliebene Begründung durch die „An-
gabe hinlänglich stichhaltiger Gründe vor dem Gerichtshof ersetzt werden".[342]

Daneben haben sich im Beamten-[343] und Wettbewerbsrecht[344] bereichsspezifischen Ausnahmen zum grundsätzlichen Verbot der Heilung eines Begründungsausfalls im gerichtlichen Verfahren herausgebildet.

---

[338] GA *Kokott*, Schlussanträge v. 22.01.2009, Rs. C-75/08, *Mellor/Secretary of State for Communities and Local Government*, Slg. 2009, I-3799, Rn. 45.

[339] GA *Lagrange*, Schlussanträge v. 12.03.1959, Rs. 20/58, *Phoenix Rheinrohr/Hohe Behörde*, Slg.
1959, 167, 193.

[340] GA *Lagrange*, Schlussanträge v. 12.03.1959, Rs. 20/58, *Phoenix Rheinrohr/Hohe Behörde*, Slg.
1959, 167, 216.

[341] GA *Lagrange*, Schlussanträge v. 12.03.1959, Rs. 20/58, *Phoenix Rheinrohr/Hohe Behörde*, Slg.
1959, 167, 216.

[342] GA *Lagrange*, Schlussanträge v. 14.12.1961, Rs. 25/60, *de Bruyn/Europäisches Parlament*, Slg.
1962, 71, 83. Ausführlich hierzu oben, im Rahmen der Heilung einer unzureichenden Begründung,
Kap. 2, A., IV., 2., a), aa).

[343] Hierzu unter Kap. 2, A., IV., 2., b), bb), (1).

[344] Hierzu unter Kap. 2, A., IV., 2., b), bb), (2).

(1) Sonderfälle im Beamtenrecht

So lehnen die Unionsgerichte die Möglichkeit, einen Begründungsausfall durch eine nachträgliche Begründung im Laufe des Prozesses zu heilen, auch im Zusammenhang mit beamtenrechtlichen Rechtssachen grundsätzlich ab.[345] Jedoch haben sich in der Rechtsprechung drei Ausnahmefallgruppen gebildet, wo eine Heilung doch für zulässig erachtet wird.

(a) Entgegenstehende Interessen Dritter

Zunächst führt eine Nichtigkeitsklage, die sich auf einen Begründungsausfall stützt, nach ständiger Rechtsprechung dann nicht zur Aufhebung der streitigen Entscheidung, wenn dies zur Folge hätte, dass ein gesamtes beamtenrechtliches Auswahl- oder Beförderungsverfahren mit einer Vielzahl von Teilnehmern aufgehoben und schlussendlich mit demselben Ergebnis erneut durchgeführt werden müsste. Trotz eines gerichtlich festgestellten totalen Begründungsausfalls weist die Rechtsprechung die Klage in diesen Fällen ab. Zur Wiedergutmachung des immateriellen Schadens, den der Kläger durch den Begründungsausfall erlitten hat, wird ihm ein Schadensersatz zugesprochen.[346]

---

[345] Rechtsprechung des EuGH: EuGH, Urt. v. 26.11.1981, Rs. 195/80, *Michel/Parlament*, Slg. 1981, 2861, Rn. 21 f.; EuGH, Urt. v. 23.09.2004, Rs. C-150/03 P, *Hectors/Parlament*, Slg. 2004, I-8691, Rn. 50. Auch in den Rechtssachen EuGH, Urt. v. 15.03.1973, Rs. 37/72, *Marcato/Kommission*, Slg. 1973, 361, Rn. 21/22 sowie EuGH, Urt. v. 28.02.1980, Rs. 89/79, *Bonu/Rat*, Slg. 1980, 553, Rn. 8 hebt der EuGH die Entscheidungen allein aufgrund des Begründungsausfalls auf. Rechtsprechung des EuG: EuG, Urt. v. 12.02.1992, Rs. T-52/90, *Volger/Parlament*, Slg. 1992, II-121, Rn. 40; EuG, Urt. v. 30.05.1995, Rs. T-289/94, *Innamorati/Parlament*, Slg. ÖD 1995, II-393, Rn. 31; EuG, Urt. v. 17.02.1998, Rs. T-56/96, *Maccaferri/Kommission*, Slg. ÖD 1998, I-A-57, I-A-61 und II-133, Rn. 38; EuG, Urt. v. 27.04.1999, Rs. T-283/97, *Thinus/Kommission*, Slg. ÖD 1999, I-A-69, I-A-72; II-353, Rn. 75; EuG, Urt. v. 09.03.2000, Rs. T-10/99, *Nuñez/Kommission*, Slg. ÖD 2000, I-A-47; II-203, Rn. 47; EuG, Urt. v. 20.07.2001, Rs. T-351/99, *Brumter/Kommission*, Slg. ÖD 2001, II-757, Rn. 33; EuG, Urt. v. 20.02.2002, Rs. T-117/01, *Parra/Kommission*, Slg. ÖD 2002, II-121, Rn. 32; EuG, Urt. v. 28.04.2004, Rs. T-277/02, *Pascall/Rat*, Slg. 2004, I-A-137; II-621, Rn. 31; EuG, Urt. v. 06.07.2004, Rs. T-281/01, *Huygens/Kommission*, Slg. 2004, I-A-203; II-903, Rn. 108, 112; EuG, Urt. v. 02.06.2005, Rs. T-177/03, *Strohm/Kommission*, Slg. ÖD 2005, I-A-147; II-651, Rn. 55; EuG, Urt. v. 15.09.2005, Rs. T-132/03, *Paola Casini/Kommission*, Slg. 2005, I-A-253; II-1169, Rn. 36; EuG, Urt. v. 29.09.2005, Rs. T-218/02, *Napoli Buzzanca/Kommission*, Slg. ÖD 2005, I-A-267; II-1221, Rn. 61; EuG, Urt. v. 11.07.2007, Rs. T-93/03, *Konidaris/Kommission*, Slg. 2007, I-A-2-149; II-A-2-1045, Rn. 52; EuG, Urt. v. 11.12.2007, Rs. T-66/05, *Sack/Kommission*, Slg. ÖD 2007, I-A-2-229; II-A-2-1487, Rn. 66. Rechtsprechung des GöD: GöD, Urt. v. 21.11.2013, Rs. F-122/12, *Bruno Arguelles Arias/Rat*, EU:F:2013:185, Rn. 81. Ausführliche Analyse der Rechtsprechung zum Totalausfall der Begründung mit Bildung von Fallgruppen im Bereich des Beamtenrechts bei *Bülow*, Die Relativierung von Verfahrensfehlern, S. 261 ff.: , auf die sich die folgenden Ausführungen stützen werden. Generell zur Unheilbarkeit sowohl einer unzureichenden als auch einer fehlenden Begründung *Fehling*, Europäisches Verwaltungsverfahren und Verwaltungsprozessrecht, in: Terhechte, VwR der EU, § 12, Rn. 81; *Fehling*, Eigenwert des Verfahrens im Verwaltungsrecht, VVDStRL 70 (2011), S. 278, 297 und Fn. 60; *Krajewski/Rösslein*, in: Grabitz/Hilf/Nettesheim, Art. 296 AEUV, Rn. 43; *Lindemann*, Allgemeine Rechtsgrundsätze und europäischer öffentlicher Dienst, S. 164.

[346] Zu dieser Fallgruppe bereits ausführlich *Bülow*, Die Relativierung von Verfahrensfehlern, S. 278 ff.; siehe auch *Quabeck*, Die dienende Funktion, S. 139.

i. Rechtssache Coussios

Den Anfang dieser nunmehr etablierten Rechtsprechung bildete die Rechtssache *Coussios* aus dem Jahre 1994.[347] Ihr lag folgender Sachverhalt zugrunde: Der Kläger, Herr Coussios, bewarb sich auf eine kommissionsintern ausgeschriebene Stelle. Da sich außer ihm und trotz erneuter Ausschreibung keine Bewerber für diese Stelle fanden, entschied sich die Kommission, die freie Stelle noch nicht zu besetzen und ein externes Auswahlverfahren einzuleiten. Hiergegen erhob Herr Coussios Beschwerde, da er eigentlich im Wege der Beförderung auf die Stelle hatte gelangen wollen. Als vier Monate verstrichen waren, was nach Art. 90 Abs. 2 S. 2 BeamtSt als stillschweigende Zurückweisung einzustufen ist, erhob Herr Coussios gegen die Kommissionsentscheidung, die freie Stelle durch ein externes und nicht mehr nur internes Auswahlverfahren oder eine Besetzung im Wege der Beförderung oder Versetzung zu füllen, Klage. Erst nach Klageerhebung erhielt Herr Coussios eine Begründung der Beschwerdeentscheidung. Die Kommission wies einen anderen Bewerber in die fragliche Stelle ein.

Das Gericht bejahte den Klagegrund einer fehlenden Begründung grundsätzlich.[348] Zwar sei die ausschreibende Stelle nicht verpflichtet, die Entscheidung der Ablehnung der Beförderung gegenüber dem betroffenen Beamten zu begründen. Jedoch sei sie gehalten, die Entscheidung der Zurückweisung der Beschwerde zu begründen, soweit die ablehnende Entscheidung keine Begründung enthalte.[349] Da die Kommission Herrn Coussios bei Zurückweisung der Beschwerde vor Klageerhebung keine Begründung vorgelegt hatte, schloss das Gericht – der schon damals ständigen Rechtsprechung folgend –, dass eine Heilung des Begründungsausfalls durch eine Begründung nach Klageerhebung ausgeschlossen sei, da sie zu so einem späten Zeitpunkt nicht mehr die ihr zugedachten Funktionen erfüllen könne.[350] Damit sei die Entscheidung, den Kläger nicht im Wege der Beförderung in die freie Stelle einzuweisen, mit einem Begründungsfehler behaftet. Dieser habe die Rechtswidrigkeit der Entscheidung, kein internes, sondern externes Auswahlverfahren durchzuführen, zur Folge.[351] Denn wegen der in Art. 29 Abs. 1 BeamtSt niedergeschriebenen Abstufung ist die rechtmäßige Ablehnung einer internen Bewerbung notwendige Vorstufe für die Einleitung eines externen Bewerbungsprozesses.[352]

Nichtsdestoweniger hob das Gericht die Entscheidung, die freie Stelle im Wege eines externen statt eines internen Auswahlverfahrens zu besetzen, nicht

---

[347] EuG, Urt. v. 23.02.1994, Rs. T-18/92 und T-68/92, *Coussios/Kommission*, Slg. ÖD 1994, I-A-47; II-171.

[348] EuG, Urt. v. 23.02.1994, Rs. T-18/92 und T-68/92, *Coussios/Kommission*, Slg. ÖD 1994, I-A-47; II-171, Rn. 77.

[349] EuG, Urt. v. 23.02.1994, Rs. T-18/92 und T-68/92, *Coussios/Kommission*, Slg. ÖD 1994, I-A-47; II-171, Rn. 70–72.

[350] EuG, Urt. v. 23.02.1994, Rs. T-18/92 und T-68/92, *Coussios/Kommission*, Slg. ÖD 1994, I-A-47; II-171, Rn. 74.

[351] EuG, Urt. v. 23.02.1994, Rs. T-18/92 und T-68/92, *Coussios/Kommission*, Slg. ÖD 1994, I-A-47; II-171, Rn. 77, 92.

[352] EuG, Urt. v. 23.02.1994, Rs. T-18/92 und T-68/92, *Coussios/Kommission*, Slg. ÖD 1994, I-A-47; II-171, Rn. 103.

auf. Vielmehr kam das Gericht zu dem Schluss, dass der Verhältnismäßigkeits-grundsatz eine Abwägung der Interessen des von der Rechtswidrigkeit betroffe-nen Klägers mit den Interessen Dritter erfordere. Im Rahmen dieser Abwägung sei nicht nur die Notwendigkeit, die Rechte des Betroffenen wiederherzustellen, zu berücksichtigen. Vielmehr sei auch das berechtigte Vertrauen Dritter in die er-folgte Entscheidung bei der Abwägung einzubeziehen.[353] Die Entscheidung, den Kläger nicht im Wege der Beförderung in die freie Stelle zu versetzen, allein auf-grund des Begründungsausfalls aufzuheben und die daraus zwingend folgende Aufhebung der Entscheidungen, kein internes, sondern ein externes Bewerbungs-verfahren durchzuführen, stelle in den Augen des Gerichts eine unverhältnismä-ßige Sanktion der begangenen Rechtsverletzung dar. Denn hierdurch würden die berechtigten Interessen Dritter auf eine unverhältnismäßige Weise vernachläs-sigt.[354] Vielmehr entspreche es den Interessen des Klägers einerseits und den dienstlichen Erfordernissen andererseits am besten, wenn dem Kläger für den auf-grund des von der Kommission begangenen Amtsfehlers entstandenen immateri-ellen Schaden Schadensersatz zugesprochen würde.[355]

Das hiergegen von Herrn Coussios beim Gerichtshof eingelegte Rechtsmittel hatte keinen Erfolg. Vielmehr befand der Gerichtshof zur Bestätigung der Entschei-dung des Gerichts, dass ein Beamter kein subjektives Recht auf Beförderung habe, selbst wenn er alle formalen Voraussetzungen erfülle.[356] Nach Auffassung des Gerichtshofs konnte das Gericht

> „zu Recht zu der Überzeugung gelangen, dass das Fehlen einer Begründung der Ablehnung der Bewerbung des Rechtsmittelführers um die fragliche Planstelle nicht dazu führte, das Verfahren der Ernennung in vollem Umfang ungültig zu machen, und dass die Gewährung von Schadensersatz die gerechte Wiedergutmachung des wegen dieses Fehlens einer Be-gründung entstandenen immateriellen Schadens darstellte.“[357]

Zusammenfassend notierte der Gerichtshof, dass

> „[d]ie auf der fehlenden Begründung der Entscheidung [...] beruhende Rechtswidrigkeit [...] angesichts der Notwendigkeit, die Interessen Dritter zu berücksichtigen, nicht zur Un-gültigkeit des gesamten Verfahrens, an dessen Ende die Stelle besetzt wurde, führen [musste], und die Gewährung von Schadensersatz [...] eine gerechte Wiedergutmachung des dem Rechtsmittelführer durch den Amtsfehler des Organs zugefügten immateriellen Schadens darstellen [konnte]“[358]

---

[353] EuG, Urt. v. 23.02.1994, Rs. T-18/92 und T-68/92, *Coussios/Kommission*, Slg. ÖD 1994, I-A-47; II-171, Rn. 105.

[354] EuG, Urt. v. 23.02.1994, Rs. T-18/92 und T-68/92, *Coussios/Kommission*, Slg. ÖD 1994, I-A-47; II-171, Rn. 106.

[355] EuG, Urt. v. 23.02.1994, Rs. T-18/92 und T-68/92, *Coussios/Kommission*, Slg. ÖD 1994, I-A-47; II-171, Rn. 107.

[356] EuGH, Urt. v. 01.06.1995, Rs. C-119/94 P, *Coussios/Kommission*, Slg. 1995, I-1439, Rn. 19.

[357] EuGH, Urt. v. 01.06.1995, Rs. C-119/94 P, *Coussios/Kommission*, Slg. 1995, I-1439, Rn. 24.

[358] EuGH, Urt. v. 01.06.1995, Rs. C-119/94 P, *Coussios/Kommission*, Slg. 1995, I-1439, Leitsatz.

ii. Rechtssache Kotzonis

Ganz ähnlich stellte sich die Sachlage in der nur wenig später entschiedenen Rechtssache *Kotzonis* dar.[359] Hier bewarb sich Herr Kotzonis auf eine beim Wirtschafts- und Sozialausschuss ausgeschriebene Stelle. Nach Eingang seiner Bewerbung entschied der Ausschuss dennoch, zusätzlich ein Einstellungsverfahren nach Art. 29 Abs. 2 BeamtSt für die Einstellung von höheren Führungskräften einzuleiten. In der Folge wurde die Bewerbung von Herrn Kotzonis abgelehnt und ein Konkurrent in die Stelle eingewiesen. In der Ablehnung Herrn Kotzonis waren allerdings keine Gründe angegeben. Hiergegen erhob Herr Kotzonis zunächst eine Beschwerde gem. Art. 90 Abs. 2 BeamtSt, die stillschweigend zurückgewiesen wurde. Sodann erhob er Klage, mit der er beantragte, sowohl die Entscheidung, mit der seine Bewerbung abgelehnt wurde, als auch die Entscheidungen, mit denen ein Verfahren nach Art. 29 Abs. 2 BeamtSt eingeleitet und ein Konkurrent in die Stelle eingewiesen wurde, aufzuheben. Erst nach Klageerhebung wurden Herr Kotzonis die Gründe für die Ablehnung seiner Bewerbung mitgeteilt.

Zur Einleitung seiner Entscheidung wiederholte das Gericht zunächst seine ständige Rechtsprechung, wonach „das völlige Fehlen der Begründung einer Ernennungsverfügung nicht durch Erklärungen, die die Anstellungsbehörde nach Erhebung einer Klage abgibt, geheilt werden [kann], da derartige Erklärungen in diesem Stadium nicht mehr ihren Zweck erfüllen".[360] Infolgedessen bejahte das Gericht den Klagegrund der fehlenden Begründung.[361]

Wie auch schon in der Rechtssache *Coussios* endete die Prüfung des Gerichts aber nicht an dieser Stelle, sondern ging in eine Betrachtung der Konsequenzen der Verletzung der Begründungspflicht über. Das Gericht befand, dass hierbei „insoweit nicht nur die Interessen des Klägers, der von einer rechtswidrigen Handlung betroffen ist, sondern auch die Interessen Dritter zu berücksichtigen [sind], die in ihrem berechtigten Vertrauen beeinträchtigt sein könnten, wenn dem Aufhebungsantrag stattgegeben würde."[362]

Da sich die Parteien trotz einer Aufforderung durch das Gericht nicht über die Zahlung eines Ausgleichsbetrags einig wurden, sprach das Gericht dem Kläger Schadensersatz zu. Besonders hervorzuheben ist, dass es dies ohne einen entsprechenden Antrag seitens des Klägers tat und auch betonte, dass ein dahingehender ordnungsgemäßer Antrag für eine Verurteilung zum Schadensersatz nicht erforderlich sei. Denn die Einweisungsentscheidung des Konkurrenten allein aufgrund des Begründungsmangels aufzuheben stelle nach Auffassung des Gerichts „eine zu weit gehende Sanktion für den begangenen Rechtsverstoß [dar], da durch sie in unverhältnismäßiger Weise in die Rechte [des ernannten Konkurrenten] eingegriffen würde." Hingegen stelle die „Zuerkennung von Schadensersatz [...] diejenige Art

---

[359] EuG, Urt. v. 22.03.1995, Rs. T-586/93, *Kotzonis/WSA*, Slg. 1995, II-665.

[360] EuG, Urt. v. 22.03.1995, Rs. T-586/93, *Kotzonis/WSA*, Slg. 1995, II-665, Rn. 105.

[361] EuG, Urt. v. 22.03.1995, Rs. T-586/93, *Kotzonis/WSA*, Slg. 1995, II-665, Rn. 106.

[362] EuG, Urt. v. 22.03.1995, Rs. T-586/93, *Kotzonis/WSA*, Slg. 1995, II-665, Rn. 107.

der Wiedergutmachung [dar], die den Interessen des Klägers wie auch den dienstlichen Erfordernissen am besten [entspricht]."[363] Die Liste an Fällen, wo diese Rechtsprechung fortgeführt wurde, ließe sich noch fortsetzen,[364] allerdings ohne bedeutenden zusätzlichen Erkenntnisgewinn.

Hinzuweisen ist jedoch noch auf Folgendes: Sind nur die Interessen des vom Begründungsausfall betroffenen Klägers tangiert und keine Interessen Dritter zu berücksichtigen, bleibt es dabei, dass die formfehlerhafte Verwaltungsentscheidung nur aufgrund des Begründungsausfalls aufgehoben wird, wenn die Begründungspflichtverletzung durch den Neuerlass einer ordnungsgemäß begründeten Entscheidung geheilt werden kann.[365] Dies geht aus den Rechtssachen *Maccaferri*[366] hervor, wo das Verfahren zur Stellenbesetzung zu keiner Ernennung geführt hatte. Besonders deutlich erläuterte auch Generalanwalt *Lenz* in seinen Schlussanträgen zur Rechtssache *Volger*, warum von einer Aufhebung der Maßnahme aufgrund des Begründungsmangels nicht abgesehen werden könne:

> „Was den vorliegenden Fall angeht, ist daran zu erinnern, dass das streitige Verfahren zur Besetzung der ausgeschriebenen Stelle nicht zu einer Ernennung geführt hat. Die Ablehnung der Bewerbung des Klägers kann daher nur auf Gründen beruhen, die ihn selbst betreffen. Insoweit durfte sich die Anstellungsbehörde nicht auf Floskeln über die Ordnungsmäßigkeit des Verfahrens beschränken, sondern musste dem Kläger deutlich machen, weshalb sie seine Verdienste im Hinblick auf die mit der Stelle verbundenen Anforderungen als unzureichend ansah. Daraus folgt, dass es der Aspekt einer eingeschränkten Begründungspflicht nicht rechtfertigte, von einer Aufhebung der Maßnahme wegen Begründungsmangels – im Hinblick auf die im gerichtlichen Verfahren gegebenen Erläuterungen – abzusehen."[367]

iii. Kritik

Diese Praxis der europäischen Gerichte, eine beamtenrechtliche Besetzungsentscheidung trotz Begründungsausfalls aufgrund einer Interessenabwägung nicht aufzuheben, sondern sie unter Zuspruch von Schadensersatz für den Kläger aufrechtzuerhalten, erfuhr vor allem von Seiten Generalanwalts *Mayras* erhebliche Kritik. Nach seiner Auffassung ist die Gewährung von Schadensersatz sowohl juristisch als auch moralisch kein angemessenes Mittel für die Lösung dieser Fälle.[368] Er betonte, dass „[n]icht alles [...] stets eine Geldfrage [ist] und es nicht das beste Mittel [ist], um die Moral der Verwaltungspraxis zu stärken, wenn der

---

[363] EuG, Urt. v. 22.03.1995, Rs. T-586/93, *Kotzonis/WSA*, Slg. 1995, II-665, Rn. 108.

[364] EuG, Urt. v. 19.10.1995, Rs. T-562/93, *Obst/Kommission*, Slg. ÖD 1995, II-737, Rn. 81; EuG, Urt. v. 19.09.1996, Rs. T-386/94, *Allo/Kommission*, Slg. ÖD 1996, I-A-393, I-A-400 und II-1161, Rn. 60; EuG, Urt. v. 12.05.1998, Rs. T-159/96, *Wenk/Kommission*, Slg. ÖD 1998, I-A-193, I-A-200; II-593, Rn. 121; EuG, Urt. v. 07.02.2007, Rs. T-118/04 und T-134/04, *Caló/Kommission*, Slg. 2007, I-A-2-37; II-A-2-253, Rn. 278.

[365] *Bülow*, Die Relativierung von Verfahrensfehlern, S. 285 f.

[366] EuG, Urt. v. 17.02.1998, Rs. T-56/96, *Maccaferri/Kommission*, Slg. ÖD 1998, I-A-57, I-A-61 und II-133, Rn. 41.

[367] GA *Lenz*, Schlussanträge v. 01.04.1993, Rs. C-115/92 P, *Parlament/Volger*, Slg. 1993, I-6549, Rn. 97.

[368] GA *Mayras*, Schlussanträge v. 27.03.1980, Rs. 24/79, *Oberthür/Kommission*, Slg. 1980, 1761.

Schaden in Geld ausgedrückt wird."[369] Der Zuspruch von Schadensersatz wirke nicht „wirklich abschreckend" für das Organ, das den Formfehler begangen habe. Zudem entspreche es nicht den Interessen des Klägers, der keinen Schadensersatz beantragt habe, ihm einen solchen unter Verzicht auf die Aufhebung der Entscheidung zuzusprechen, da es einem Kläger in diesen beamtenrechtlichen Fällen oftmals nicht (nur) um eine geldwerte Kompensation gehe. Vielmehr gehe es in diesen Streitigkeiten um Anstellungen bzw. Beförderungen oft (auch) um verletzten Stolz.[370] In den Augen des Generalanwalts sei der Grund, warum der Gerichtshof die fehlerhafte Entscheidung nicht aufhebe, sondern stattdessen Schadensersatz gewähre, „die Angst vor den Folgen der Aufhebung".[371]

Der Kritik ist zuzugeben, dass es sich bei dieser Konstellation nicht um eine „klassische" Heilung bzw. eine Heilung im rechtstechnischen Sinne handelt: Eine unterlassene Behördenhandlung wird nicht nachgeholt, vergangenes Verfahrensunrecht wird nicht rehabilitiert, da eine Begründung nach Klageerhebung auch hier nicht mehr in der Lage ist, die ihr zugedachten Funktionen zu erfüllen. Vielmehr wird der vom Verfahrensfehler Betroffene mit einer geldwerten Leistung entschädigt. Die Verwaltung kauft sich von ihren Fehlern frei.

Doch diese Form der „Wiedergutmachung"[372] stellt nicht zwingend eine „Relativierung der Verfahrensidee" dar,[373] die durch eine Heilung gerade verhindert werden soll. Vielmehr kann dieses Vorgehen geeignet sein, das Verfahrensrecht zu stärken und die Behörde für die Zukunft zur Einhaltung der Vorschriften zu veranlassen. Denn wenn über der Behörde das Damoklesschwert Schadensersatz leisten zu müssen schwebt, kann dies geeignet sein, sie in Zukunft zur Einhaltung ihrer Begründungspflichten zu motivieren.[374] Die Unionsgerichte scheinen somit bei der Frage der Sanktionierung bzw. Heilung von Verfahrens- und Formfehlern auch die Ebene des Sekundärrechtsschutzes mit in den Blick zu nehmen.

iv. Zwischenfazit

Im Ergebnis bleibt es zwar dabei, dass ein Totalausfall der Begründung zur Rechtswidrigkeit und Aufhebung der angefochtenen Entscheidung führt. Allerdings führt dieser Fehler nicht mehr zwingend zur Aufhebung des gesamten Verfahrens, an dessen Ende eine Stellenbesetzung erfolgt ist.[375] Die beamtenrechtliche Rechtsprechung

---

[369] GA *Mayras*, Schlussanträge v. 27.03.1980, Rs. 24/79, *Oberthür/Kommission*, Slg. 1980, 1761, 1766; GA *Mayras*, Schlussanträge v. 30.10.1980, Rs. 156/79 und 51/80, *Gratreau/Kommission*, Slg. 1980, 3957, 3965.

[370] GA *Mayras*, Schlussanträge v. 30.10.1980, Rs. 156/79 und 51/80, *Gratreau/Kommission*, Slg. 1980, 3957, 3965.

[371] GA *Mayras*, Schlussanträge v. 30.10.1980, Rs. 156/79 und 51/80, *Gratreau/Kommission*, Slg. 1980, 3957, 3966.

[372] EuGH, Urt. v. 01.06.1995, Rs. C-119/94 P, *Coussios/Kommission*, Slg. 1995, I-1439, Rn. 24.

[373] So *Quabeck*, Die dienende Funktion, S. 139; einen anderen Eindruck erweckt *Bülow*, Die Relativierung von Verfahrensfehlern, S. 278 ff.

[374] *Quabeck*, Die dienende Funktion, S. 139.

[375] Siehe auch EuGH, Urt. v. 01.06.1995, Rs. C-119/94 P, *Coussios/Kommission*, Slg. 1995, I-1439, Leitsatz; GA *Jacobs*, Schlussanträge v. 23.03.1995, Rs. C-119/94 P, *Coussios/Kommission*, Slg. 1995, II-1441, Rn. 8.

der Unionsgerichte hat anerkannt, dass ein gerichtlich festgestellter vollständiger Begründungsausfall nicht zur Aufhebung der streitigen Entscheidung führt, wenn dies
zur Folge hätte, dass ein gesamtes Auswahl- oder Beförderungsverfahren mit einer
Vielzahl von Teilnehmern aufgehoben und schlussendlich mit demselben Ergebnis
erneut durchgeführt werden müsste. Denn neben den Interessen des vom Begründungsausfall betroffenen Klägers seien auch die Interessen Dritter (insbesondere der
am Ende des Verfahrens in die Stelle eingewiesenen Bewerber) bei der Abwägung zu
berücksichtigen. Voraussetzung für ein Absehen von der Aufhebung ist allerdings,
dass dem betroffenen Kläger die Begründung nach Klageerhebung mitgeteilt und
ihm Schadensersatz zugesprochen wird – selbst wenn er diesen nicht beantragt hat.

Diese Fallgruppe beruht auf Verhältnismäßigkeitserwägungen und einer Abwägung der Interessen des vom Begründungsausfall betroffenen Klägers mit den Interessen Dritter, die durch das Auswahl- oder Beförderungsverfahren in die freie
Stelle ernannt wurden. Auch verfahrensökonomische Erwägungen rücken hier in
den Vordergrund.

(b) Besonderheiten des Einstellungsverfahrens nach Art. 29 Abs. 2 BeamtSt

Neben dem soeben vorgestellten Ausschluss der Aufhebung einer beamtenrechtlichen Entscheidung trotz fehlender Begründung aufgrund entgegenstehender Interessen Dritter hat die Rechtsprechung eine Aufhebung aufgrund desselben Mangels auch in anderen Fällen beamtenrechtlicher Einstellungsverfahren gem.
Art. 29 Abs. 2 BeamtSt akzeptiert.[376] Diese Vorgehensweise kann nur mit den
Besonderheiten des Verfahrens nach Art. 29 Abs. 2 BeamtSt erklärt werden.[377]
Diese Vorschrift regelt nämlich ein besonderes Auswahlverfahren für die „Einstellung von höheren Führungskräften […] sowie in Ausnahmefällen für Dienstposten, die besondere Fachkenntnisse erfordern".[378]

---

[376] Zu dieser Fallgruppe siehe GA *Lenz*, Schlussanträge v. 01.04.1993, Rs. C-115/92 P, *Parlament/
Volger*, Slg. 1993, I-6549, Rn. 93 ff.; ausführlich *Bülow*, Die Relativierung von Verfahrensfehlern,
S. 273 ff.

[377] *Bülow*, Die Relativierung von Verfahrensfehlern, S. 273.

[378] Art. 29 Abs. 1 und 2 BeamtSt: „1. Bei der Besetzung von Planstellen eines Organs prüft die Anstellungsbehörde zunächst a) die Möglichkeit i) einer Versetzung, ii) einer Ernennung gem.
Art. 45a oder iii) einer Beförderung innerhalb des Organs, b) die Übernahmeanträge von Beamten
derselben Besoldungsgruppe aus anderen Organen und/oder die Möglichkeiten der Durchführung
eines Auswahlverfahrens innerhalb des Organs, an dem nur Beamte und Bedienstete auf Zeit im
Sinne von Art. 2 der Beschäftigungsbedingungen für die sonstigen Bediensteten der Europäischen
Gemeinschaften teilnehmen können, und eröffnet sodann das Auswahlverfahren auf Grund von
Befähigungsnachweisen oder Prüfungen oder auf Grund von Befähigungsnachweisen und Prüfun-
gen. Das Auswahlverfahren ist in Anhang III geregelt. Dieses Auswahlverfahren kann auch zur
Bildung einer Reserve für spätere Einstellungen durchgeführt werden. 2. Bei der Einstellung von
höheren Führungskräften (Generaldirektoren oder gleichrangige Beamte der Besoldungsgruppen
AD 16 oder AD 15 und Direktoren oder gleichrangige Beamte der Besoldungsgruppen AD 15 oder
AD 14) sowie in Ausnahmefällen für Dienstposten, die besondere Fachkenntnisse erfordern, kann
die Anstellungsbehörde ein anderes Verfahren als das Auswahlverfahren anwenden."

i. Rechtssache Kalavros

Erstmals erlangte dieser Sonderfall im Rahmen der Rechtssache *Kalavros* an Bedeutung.[379] Der Kläger, Herr Kalavros, bewarb sich auf die Stelle des Direktors der Direktion „Bibliothek, Wissenschaftlicher Dienst und Dokumentation" beim Gerichtshof der Europäischen Gemeinschaften. Seine Bewerbung wurde jedoch abgelehnt und einem Konkurrenten der Vorzug gegeben. Herrn Kalavros wurden die Gründe für die Ablehnung seiner Bewerbung nicht mitgeteilt, obwohl die Behörde gem. Art. 25 Abs. 2 BeamtSt hierzu verpflichtet gewesen wäre. Herr Kalavros beantragte daher die Aufhebung der Entscheidung, mit der seine Bewerbung abgelehnt wurde, sowie die Aufhebung der Entscheidung, mit der sein Konkurrent auf die ausgeschriebene Stelle ernannt wurde.

Den Klagegrund der fehlenden Begründung prüfte das Gericht zuletzt – nachdem es alle anderen Klagegründe untersucht und abgelehnt hatte. Zunächst stellte das Gericht fest, dass die Begründungspflicht des Art. 25 Abs. 2 BeamtSt auch im Falle des Verfahrens nach Art. 29 Abs. 2 BeamtSt gelte.[380] Allerdings sei die Begründungspflicht im Verfahren nach Art. 29 Abs. 2 BeamtSt durch „die den anderen Bewerbern geschuldete Vertraulichkeit" begrenzt.[381]

Trotz des festgestellten Begründungsausfalls[382] hob das Gericht die Entscheidung nicht auf. Dabei stützte es sich auf zwei Rechtssachen des Gerichtshofs: Da das Gericht alle vorgetragenen Klagegründe, die sich gegen die Entscheidung zur Ernennung des Konkurrenten auf die freie Stelle richteten, untersucht und – bis auf den Begründungsmangel – zurückgewiesen hatte, verwies es zunächst auf die Rechtssache *Picciolo*.[383] Diese hatte eine unzureichende Begründung zum Gegenstand gehabt und der Gerichtshof hatte entschieden, dass, „da sich alle Rügen des Klägers in Bezug auf die Entscheidung der Anstellungsbehörde, mit der seine Bewerbung für die freie Stelle abgelehnt wurde, als unbegründet erwiesen haben, […] der Kläger kein berechtigtes Interesse an der Aufhebung der Ernennung eines anderen Bewerbers für diese Stelle [hat], die er nicht wirksam für sich beanspruchen kann."[384] Ferner verwies das Gericht auf die Rechtssache *Sergio*, die ebenfalls mit einer bloß unzureichenden Begründung befasst war.[385] Hier hatte der Gerichtshof entschieden, dass „Erläuterungen, die im Laufe des Verfahrens gegeben werden, in außergewöhnlichen Fällen die Rüge der unzureichenden Begründung gegenstandslos machen [können], sodass sie die Aufhebung der fraglichen Entscheidung nicht

---

[379] EuG, Urt. v. 13.12.1990, Rs. T-160/89 und T-161/89, *Kalavros/EuGH*, Slg. 1990, II-871.

[380] EuG, Urt. v. 13.12.1990, Rs. T-160/89 und T-161/89, *Kalavros/EuGH*, Slg. 1990, II-871, Rn. 64.

[381] EuG, Urt. v. 13.12.1990, Rs. T-160/89 und T-161/89, *Kalavros/EuGH*, Slg. 1990, II-871, Rn. 70; GA *Lenz*, Schlussanträge v. 01.04.1993, Rs. C-115/92 P, *Parlament/Volger*, Slg. 1993, I-6549, Rn. 96.

[382] EuG, Urt. v. 13.12.1990, Rs. T-160/89 und T-161/89, *Kalavros/EuGH*, Slg. 1990, II-871, Rn. 71.

[383] EuGH, Urt. v. 30.05.1984, Rs. 111/83, *Picciolo/Parlament*, Slg. 1984, 2323, Rn. 22.

[384] EuG, Urt. v. 13.12.1990, Rs. T-160/89 und T-161/89, *Kalavros/EuGH*, Slg. 1990, II-871, Rn. 72.

[385] EuGH, Urt. v. 08.03.1988, verb. Rs. 64, 71 bis 73 und 78/86, *Sergio u. a./Kommission*, Slg. 1988, 1399.

mehr rechtfertigt."[386] Diese Rechtsprechung auf den vorliegenden Fall angewendet, führte das Gericht zu dem Ergebnis,

> „dass der Kläger keinen Klagegrund vorgetragen hat, der zur Aufhebung der Ernennung des schließlich für die streitige Stelle ausgewählten Bewerbers führen könnte, und dass er aufgrund der vom Gericht angeordneten Beweisaufnahme Kenntnis von allen Gründen erhalten hat, die die Anstellungsbehörde bewogen haben, seine Bewerbung abzulehnen, bevor sie ihre abschließende Wahl traf. Unter diesen Umständen sind die Klageanträge, die darauf abzielen, die Entscheidung der Anstellungsbehörde über die Ablehnung der Bewerbung des Klägers wegen fehlender Begründung aufzuheben, gegenstandslos geworden."[387]

Hervorhebung verdient schließlich, dass das Gericht dem Kläger, obwohl er mit seinen Anträgen keinen Erfolg hatte, nicht die Verfahrenskosten aufbürdete. Denn durch die fehlende Begründung sei der Kläger unverschuldet veranlasst worden das Gericht anzurufen.[388]

ii. Rechtssache Brunagel

Ähnlich stellte sich die Situation auch in der Rechtssache *Brunagel* dar.[389] Hier führte der vom Kläger vorgebrachte „Klagegrund der fehlenden oder unzureichenden Begründung" ebenfalls nicht zum Erfolg. Zwar erkannte das Gericht die Pflicht zur Begründung im Verfahren nach Art. 29 Abs. 2 BeamtSt an[390] und konstatierte, dass im vorliegenden Fall keine hinreichende Begründung geliefert worden sei.[391] Das Gericht verneinte jedoch trotzdem einen Totalausfall der Begründung. Es rechtfertigte dies zunächst damit, dass die Bewerbung des Klägers in der Schlussphase des Verfahrens abgelehnt worden war. Der Kläger hätte daher gewusst haben müssen, dass es sich beim Verfahren nach Art. 29 Abs. 2 BeamtSt um eine Ermessensentscheidung der Anstellungsbehörde handle, die sich nach der Persönlichkeit des Bewerbers richte.[392] Darüber hinaus sei der Kläger im Laufe des gerichtlichen Verfahrens über die Gründe, die ihn persönlich betrafen, informiert worden.[393] Damit kam das Gericht zu dem Ergebnis, dass der Begründungsmangel durch die

---

[386] EuG, Urt. v. 13.12.1990, Rs. T-160/89 und T-161/89, *Kalavros/EuGH*, Slg. 1990, II-871, Rn. 72.

[387] EuG, Urt. v. 13.12.1990, Rs. T-160/89 und T-161/89, *Kalavros/EuGH*, Slg. 1990, II-871, Rn. 73 f.

[388] EuG, Urt. v. 13.12.1990, Rs. T-160/89 und T-161/89, *Kalavros/EuGH*, Slg. 1990, II-871, Rn. 80 f.

[389] EuG, Urt. v. 19.09.1996, Rs. T-158/94, *Brunagel/Parlament*, Slg. ÖD 1996, I-A-383, I-A-391; II-1131.

[390] EuG, Urt. v. 19.09.1996, Rs. T-158/94, *Brunagel/Parlament*, Slg. ÖD 1996, I-A-383, I-A-391; II-1131, Rn. 106.

[391] EuG, Urt. v. 19.09.1996, Rs. T-158/94, *Brunagel/Parlament*, Slg. ÖD 1996, I-A-383, I-A-391; II-1131, Rn. 109–112.

[392] EuG, Urt. v. 19.09.1996, Rs. T-158/94, *Brunagel/Parlament*, Slg. ÖD 1996, I-A-383, I-A-391; II-1131, Rn. 113.

[393] EuG, Urt. v. 19.09.1996, Rs. T-158/94, *Brunagel/Parlament*, Slg. ÖD 1996, I-A-383, I-A-391; II-1131, Rn. 114.

nachträgliche Begründung im Laufe des gerichtlichen Verfahrens gegenstandslos geworden sei.[394]

Dieses Urteil gibt unter verschiedenen Aspekten Anlass zur Kritik.[395] Zunächst bleibt im Dunkeln, ob das Gericht in seiner Entscheidung von einer lediglich unzureichenden oder gar einer gänzlich fehlenden Begründung ausgeht. Dies zeigt sich insbesondere anhand der Überschrift „Zum Klagegrund der fehlenden oder unzureichenden Begründung". Die Zuhilfenahme der Rechtsprechung zu unzureichenden Begründungen wäre dann aber – unter systematischen Aspekten – schlichtweg falsch.[396]

Auch kann das Argument des Gerichts nicht überzeugen, dass eine Aufhebung der Entscheidung trotz mangelhafter Begründung nicht angebracht ist, da der Bewerber erst in der Schlussphase des Verfahrens abgelehnt wurde. Führt man diese Überlegungen weiter würde sie bedeuten, dass ein Bewerber, der bereits in einem frühen Stadium des Bewerbungsverfahrens ausgeschieden wird, eine ausführlichere Begründung erhalten muss als ein Bewerber, der zu einem bereits fortgeschrittenen Stadium des Verfahrens abgelehnt wird. Denn nach Auffassung des Gerichts muss ein Bewerber, der erst zum Ende des Auswahlverfahrens hin unterliegt, wissen, dass es sich beim Verfahren nach Art. 29 Abs. 2 BeamtSt um eine Ermessensentscheidung der Anstellungsbehörde handelt, die sich nach der Persönlichkeit des Bewerbers richtet. Einen stichhaltigen Grund, warum ein Bewerber gerade zum Ende des Verfahrens hin über ein solches „erweitertes" Wissen verfügen sollte, liefert das Gericht jedoch nicht.[397]

iii. Zwischenfazit

Schlussendlich kann man davon ausgehen, dass sich die Vorgehensweise des Gerichts in diesen Fällen stark am Ergebnis orientiert, die in Frage stehende Verwaltungsentscheidung aufrechtzuerhalten.[398] Möchte ein unterliegender Bewerber in Zukunft eine Auswahlentscheidung, die nach Art. 29 Abs. 2 BeamtSt ergangen ist, aufgrund einer fehlenden Begründung angreifen, kann aufgrund der untersuchten Urteile davon ausgegangen werden, dass dieser Fehler nicht zur Aufhebung der Auswahlentscheidung führen wird. Dies ist letztendlich auf den besonderen Charakter der Entscheidung nach Art. 29 Abs. 2 BeamtSt als „eine Ermessensentscheidung der Anstellungsbehörde […], für die die Persönlichkeit der […] Bewerber ausschlaggebend [ist]", zurückzuführen.[399]

Auch Generalanwalt *Lenz* führt in seinen Schlussanträgen zur Rechtssache *Volger* den Grund für diese Rechtsprechung auf die Besonderheiten des Verfahrens nach Art. 29 Abs. 2 BeamtSt zurück, wo die Grenzen der Begründungspflicht

---

[394] EuG, Urt. v. 19.09.1996, Rs. T-158/94, *Brunagel/Parlament*, Slg. ÖD 1996, I-A-383, I-A-391; II-1131, Rn. 115.

[395] Ausführliche Kritik bei *Bülow*, Die Relativierung von Verfahrensfehlern, S. 276 f.

[396] *Bülow*, Die Relativierung von Verfahrensfehlern, S. 276.

[397] *Bülow*, Die Relativierung von Verfahrensfehlern, S. 276.

[398] So auch *Bülow*, Die Relativierung von Verfahrensfehlern, S. 277.

[399] *Bülow*, Die Relativierung von Verfahrensfehlern, S. 277.

durch „die den anderen Bewerbern geschuldete Vertraulichkeit" gezogen werden.[400]
Der Generalanwalt erläuterte:

> „Unter diesen Umständen fällt das Fehlen einer Begründung vor Klageerhebung natürlich
> weniger ins Gewicht, als wenn diese ausführlicher sein müsste. Ergänzend ist festzustellen,
> dass in solchen Fällen eine umso größere Bedeutung der materiellen Kontrolle des Gemein-
> schaftsrichters zukommt, der sich dann auch um eine aktive Aufklärung der maßgeblichen
> Umstände bemühen wird, wenn es nötig erscheint."[401]

Ob die materielle Kontrolle in der Praxis dann tatsächlich größere Bedeutung erlangt, ist jedoch zweifelhaft.[402] In der Rechtssache *Brunagel* hat das Gericht die
Richtigkeit der Beurteilung der Anstellungsbehörde jedenfalls nicht in Frage gestellt. *Bülow* weist insoweit auf einen Zirkelschluss hin: Auf der einen Seite werde
die beamtenrechtliche Begründungspflicht nach Art. 25 Abs. 2 BeamtSt als Kompensation für die eingeschränkte gerichtliche Kontrolle aufgrund des weitreichenden Ermessensspielraums der Behörde eingesetzt. Auf der anderen Seite werde die
Begründungspflicht aber aufgrund der „den anderen Bewerbern geschuldeten Vertraulichkeit" eingeschränkt und der materiellen gerichtlichen Kontrolle mehr Gewicht zugesprochen. Vor diesem Hintergrund erscheint fraglich, ob das gerichtliche
Vorgehen konsequent ist.[403]

Angesichts der erheblichen Kritik, die an dieser Rechtsprechung geübt werden
kann, sowie der Zweifel an ihrer Stringenz, sind die Entscheidungen *Kalavros* und
Brunagel nicht verallgemeinerungsfähig[404] und nicht zur Übertragung auf andere
Rechtsgebiete geeignet.

(c) Verfahren nach Art. 91 Abs. 4 BeamtSt

Die dritte und letzte beamtenrechtsspezifische Ausnahme zur grundsätzlichen Unheilbarkeit eines Begründungsausfalls im gerichtlichen Verfahren besteht bei Klageverfahren nach Art. 91 Abs. 4 BeamtSt.

Nach Art. 91 Abs. 2 BeamtSt kann beim Gerichtshof in Bezug auf eine Streitigkeit, die aus einem beamtenrechtlichen Verhältnis resultiert, grundsätzlich nur
Klage erhoben werden, wenn zuvor erfolglos ein Vorverfahren bei der Anstellungsbehörde durchgeführt wurde. Dieses Vorverfahren richtet sich nach Art. 90 Abs. 2
BeamtSt. Danach kann jede Person innerhalb von drei Monaten Beschwerde gegen
eine sie beschwerende Maßnahme erheben. Die zuständige Behörde hat den Betroffenen innerhalb von vier Monaten nach Einreichung der Beschwerde über ihre

---

[400] GA *Lenz*, Schlussanträge v. 01.04.1993, Rs. C-115/92 P, *Parlament/Volger*, Slg. 1993, I-6549,
Rn. 96; EuG, Urt. v. 13.12.1990, Rs. T-160/89 und T-161/89, *Kalavros/EuGH*, Slg. 1990, II-871,
Rn. 70.

[401] GA *Lenz*, Schlussanträge v. 01.04.1993, Rs. C-115/92 P, *Parlament/Volger*, Slg. 1993, I-6549,
Rn. 96.

[402] Zweifel diesbezüglich hegt insbesondere *Bülow*, Die Relativierung von Verfahrensfehlern,
S. 277.

[403] *Bülow*, Die Relativierung von Verfahrensfehlern, S. 277.

[404] *Bülow*, Die Relativierung von Verfahrensfehlern, S. 277.

Entscheidung in Kenntnis zu setzten. Tut sie dies nicht, gilt dies als stillschweigende Ablehnung. Gem. Art. 91 Abs. 4 S. 1 BeamtSt kann allerdings schon vor dem Ende des Vorverfahrens Klage beim Gerichtshof erhoben werden, wenn zumindest bereits Beschwerde eingereicht wurde und der Klage ein Antrag auf Aussetzung der angefochtenen Entscheidung oder der vorläufigen Maßnahme hinzugefügt wird. Dies hat gem. Art. 91 Abs. 4 S. 2 BeamtSt zur Folge, dass das Hauptverfahren vor dem Gerichtshof ausgesetzt wird, bis das Vorverfahren beendet ist. In diesem Spezialfall, so hat das Gericht in der Rechtssache *Caló*[405] entschieden, kann die zuständige Behörde ihre Entscheidung bis zur ausdrücklichen oder stillschweigenden Entscheidung über die Zurückweisung der Beschwerde begründen, auch wenn bereits Klage erhoben worden ist.

Die Gründe hierfür liegen auf der Hand: Die Ausnahme ist durch die prozessrechtlichen Besonderheiten der Klage nach Art. 91 Abs. 4 BeamtSt begründet, die die Klage noch vor Ablauf des Vorverfahrens erlaubt, allerdings bis zur endgültigen Entscheidung im Vorverfahren aussetzt. Dies erscheint auch gerechtfertigt, da ansonsten die der Behörde im Laufe des beamtenrechtlichen Vorverfahrens nach Art. 90 Abs. 2 BeamtSt zustehende Heilungsmöglichkeit unbillig verkürzt würde, wenn der Betroffene ihr durch Klageerhebung zuvorkommt.

(d) Fazit

Die Untersuchung zeigt, dass die Rechtsprechung der Unionsgerichte in gewissen beamtenrechtlichen Sonderfallgruppen anerkannt hat, dass ein totaler Begründungsausfall auch noch im Laufe des gerichtlichen Verfahrens einer Heilung zugänglich ist und damit nicht zwingend zur Aufhebung der Entscheidung im Wege der Nichtigkeitsklage führen muss.

Die erste Fallgruppe wurde von der Rechtsprechung maßgeblich in den Rechtssachen *Coussios* und *Kotzonis* etabliert.[406] Die europäischen Gerichte bleiben prinzipiell dabei, dass ein Begründungsausfall zur Rechtswidrigkeit der angegriffenen Entscheidung führt. Jedoch zieht dieser Fehler nicht mehr zwingend die Aufhebung des gesamten Verfahrens zur Stellenbesetzung nach sich. Denn neben den Interessen des vom Begründungsausfall betroffenen Klägers seien auch die berechtigten Interessen Dritter an der Aufrechterhaltung des Auswahlverfahrens bei der Abwägung mit zu berücksichtigen. Daher sei in diesen Fällen unter Zuspruch von Schadensersatz von der Aufhebung der streitigen Auswahlentscheidung abzusehen.

---

[405] EuG, Urt. v. 07.02.2007, Rs. T-118/04 und T-134/04, *Caló/Kommission*, Slg. 2007, I-A-2-37; II-A-2-253, Rn. 272–274.

[406] EuGH, Urt. v. 01.06.1995, Rs. C-119/94 P, *Coussios/Kommission*, Slg. 1995, I-1439, Leitsatz; EuG, Urt. v. 22.03.1995, Rs. T-586/93, *Kotzonis/WSA*, Slg. 1995, II-665, Rn. 107 f.; siehe auch EuG, Urt. v. 19.10.1995, Rs. T-562/93, *Obst/Kommission*, Slg. ÖD 1995, II-737, Rn. 81; EuG, Urt. v. 19.09.1996, Rs. T-386/94, *Allo/Kommission*, Slg. ÖD 1996, I-A-393, I-A-400 und II-1161, Rn. 60; EuG, Urt. v. 12.05.1998, Rs. T-159/96, *Wenk/Kommission*, Slg. ÖD 1998, I-A-193, I-A-200; II-593, Rn. 121; EuG, Urt. v. 07.02.2007, Rs. T-118/04 und T-134/04, *Caló/Kommission*, Slg. 2007, I-A-2-37; II-A-2-253, Rn. 278.

Eine zweite Fallgruppe, wo die Rechtsprechung eine Ausnahme von der grundsätzlichen Aufhebung einer Entscheidung, die an einem Begründungsausfall leidet, angenommen hat, ist das Auswahlverfahren nach Art. 29 Abs. 2 BeamtSt.[407] Nach Auffassung des Gerichts rechtfertigen die Besonderheiten dieses Verfahrens eine Herabsetzung der Anforderung an die Begründung, die einem abgelehnten Bewerber in der Endphase des Verfahrens gegeben werden muss. Das Verfahren nach Art. 29 Abs. 2 BeamtSt unterscheidet sich von anderen beamtenrechtlichen Auswahlverfahren dahingehend, dass es sich dabei um eine Ermessensentscheidung der Anstellungsbehörde handle, für die die Persönlichkeit der Bewerber maßgeblich ist. Daher müsse die Begründung der gefällten Auswahlentscheidung durch „die den anderen Bewerbern geschuldete Vertraulichkeit" eingegrenzt werden. Im Gegenzug soll der materiell-rechtlichen Kontrolle durch die Gerichte ein größeres Gewicht beigemessen werden. Dies wird in der Praxis jedoch nicht stringent verfolgt. Da die Vorgehensweise der Richter in ihren Entscheidungen letztendlich sehr am Ergebnis, die in Frage stehende Ablehnungsentscheidung am Leben zu erhalten, orientiert zu sein scheint, kann dieser Fallgruppe kein Grundsatzcharakter attestiert werden. Sie ist nicht verallgemeinerungsfähig und insbesondere nicht auf andere Rechtsgebiete übertragbar.

Eine dritte Ausnahme vom Prinzip der Aufhebung der streitigen Entscheidung aufgrund eines Begründungsausfalls besteht im Zusammenhang mit dem Klageverfahren nach Art. 91 Abs. 4 BeamtSt. Die Heilungsmöglichkeit im gerichtlichen Verfahren rechtfertigt sich hier aus den prozessrechtlichen Besonderheiten der Klage nach Art. 91 Abs. 4 BeamtSt. Diese erlaubt, schon vor dem Ende des Vorverfahrens Klage beim Gerichtshof zu erheben. Die Heilungsmöglichkeit nach Klageerhebung aber vor Ablauf der Frist des Vorverfahrens stellt einen Ausgleich für die vorgezogene Klagemöglichkeit dar, da sonst die Heilungsmöglichkeit der Behörde, die ihr im Laufe des Vorverfahrens zusteht, verkürzt würde.

(2) Sonderfälle im Wettbewerbsrecht

Auch im Wettbewerbsrecht lehnt die Rechtsprechung die Heilung eines Totalausfalls der Begründung im Laufe des gerichtlichen Verfahrens grundsätzlich ab.[408] In Ausnahmefällen ziehen die Unionsgerichte jedoch auch im Wettbewerbsrecht die

---

[407] EuG, Urt. v. 13.12.1990, Rs. T-160/89 und T-161/89, *Kalavros/EuGH*, Slg. 1990, II-871, Rn. 73 f.; EuG, Urt. v. 19.09.1996, Rs. T-158/94, *Brunagel/Parlament*, Slg. ÖD 1996, I-A-383, I-A-391; II-1131, Rn. 115 f.

[408] Rechtsprechung des EuGH: EuGH, Urt. v. 24.10.1996, Rs. C-329/93, 62/95, *Bremer Vulkanwerft/Kommission*, Slg. 1996, I-5151, Rn. 48; EuGH, Urt. v. 26.09.2002, Rs. C-351/98, *Spanien/Kommission*, Slg. 2002, I-8031, Rn. 84; EuGH, Urt. v. 29.04.2004, Rs. C-199/01 P und C-200/01 P, *IPK-München/Kommission*, Slg. 2004, I-4627, Rn. 66; EuGH, Urt. v. 28.06.2005, Rs. C-189/02 P, C-202/02 P, C-205/02 P bis C-208/02 P und C-213/02 P, *Dansk Rørindustri u. a./Kommission*, Slg. 2005, I-5425, Rn. 462 f.; EuGH, Urt. v. 2.12.2009, Rs. C-89/08 P, *Kommission/Irland u. a.*, Slg. 2009, I-11245, Rn. 61; EuGH, Urt. v. 29.09.2011, Rs. C-521/09 P, *Elf Aquitaine/Kommission*, Slg. 2011, I-8947, Rn. 148 f.; EuGH, Urt. v. 19.07.2012, Rs. C-628/10 P und C-14/11 P, *Alliance One International/Kommission*, ECLI:EU:C:2012:479, Rn. 73 f.; EuGH, Urt. v. 08.05.2013, Rs.

Heilung eines Begründungsausfalls im Laufe des gerichtlichen Verfahrens zumindest in Erwägung.

Den Anfang der wettbewerbsrechtlichen Fälle, die sich mit der Möglichkeit der Heilung eines Begründungsausfalls auseinandersetzen, markiert die Rechtssache *Dansk Pelsdyravlerforening*.[409] In diesem Verfahren hatte die Kommission einen Entscheidungsabschnitt nicht bereits bei Entscheidungserlass, sondern erst in der Klageerwiderung und der Duplik begründet. Nachdem das Gericht den Begründungsausfall festgestellt hatte, wiederholte es zunächst die ständige Rechtsprechung, wonach „die Begründung einer Entscheidung in der Entscheidung selbst enthalten sein" müsse. Eine Entscheidung könne „nicht zum erstenmal und nachträglich vor dem Gemeinschaftsrichter erläutert werden". Diesen Grundsatz schränkte es jedoch im darauffolgenden Halbsatz sogleich ein: Im Falle „außergewöhnlicher Umstände" könne eine Begründung auch erstmals vor Gericht gegeben werden. Unter welchen Voraussetzungen solche Umstände gegeben seien, führte das Gericht jedoch nicht näher aus, sondern verwies lediglich auf die beamtenrechtlichen Urteile *Michel*,[410] *Sergio*[411] sowie *Pérez-Mínguez*

C-508/11 P, *Eni SpA/Kommission*, ECLI:EU:C:2013:289, Rn. 128; EuGH, Urt. v. 13.06.2013, Rs. C-511/11 P, *Versalis SpA/Kommission*, ECLI:EU:C:2013:386, Rn. 140 f.; GA *Léger*, Schlussanträge v. 13.12.1994, Rs. C-310/93 P, *BPB/Kommission*, Slg. 1995, I-865, Rn. 21 f.; GA *Cosmas*, Schlussanträge v. 28.03.1996, verb. Rs. C-329/93, C-62/95 und C-63/95, *Bremer Vulkan Verbund/Kommission*, Slg. 1996, I-5151, Rn. 64 f.; GA *Bot*, Schlussanträge v. 12.05.2009, Rs. C-89/08 P, *Kommission/Irland u. a.*, Slg. 2009, I-11245, Rn. 114; GA *Kokott*, Schlussanträge v. 12.01.2012, verb. Rs. C-628/10 P und C-14/11 P, *Alliance One/Kommission*, Rn. 111; GA *Kokott*, Schlussanträge v. 11.12.2014, Rs. C-286/13 P, *Dole Food Company/Kommission*, ECLI:EU:C:2014:2437, Rn. 26. Rechtsprechung des EuG: EuG, Urt. v. 02.07.1992, Rs. T-61/89, *Dansk Pelsdyravlerforening*, Slg. 1992, II-1931, Rn. 131; EuG, Urt. v. 12.12.1996, Rs. T-16/91 RV, *Rendo/Kommission*, Slg. 1996, II-1827, Rn. 56; EuG, Urt. v. 14.05.1998, Rs. T-348/94, *Enso Espanola/Kommission*, Slg. 1998, II-1875, Rn. 252; EuG, Urt. v. 15.09.1998, Rs. T-374/94, T-375/94, T-384/94 und T-388/94, *European Night Services/Kommission*, Slg. 1998, II-3141, Rn. 96; EuG, Urt. v. 25.05.2000, Rs. T-77/95, *UFEX/Kommission*, Slg. 2000, II-2167, Rn. 54; EuG, Urt. v. 18.01.2005, Rs. T-93/02, *Confédération nationale du Crédit mutuel/Kommission*, Slg. 2005, II-143, Rn. 126; EuG, Urt. v. 07.06.2006, Rs. T-613/97, *UFEX/Kommission*, Slg. 2006, II-1531, Rn. 67; EuG, Urt. v. 12.09.2007, Rs. T-25/04, *González y Díez/Kommission*, Slg. 2007, II-3121, Rn. 220; EuG, Urt. v. 22.10.2008, Rs. T-309/04, T-317/04, T-329/04 und T-336/04, *TV 2/Danmark u. a./Kommission*, Slg. 2008, II-2935, Rn. 181; EuG, Urt. v. 03.03.2010, Rs. T-102/07 und T-120/07, *Freistaat Sachsen/Kommission*, Slg. 2010, II-585, Rn. 221; EuG, Urt. v. 16.06.2011, Rs. T-185/06, *L'Air liquide/Kommission*, Slg. 2011, II-2809, Rn. 81 f.; EuG, Urt. v. 16.06.2011, Rs. T-196/06, *Edison SpA/Kommission*, Slg. 2011, II-3149, Rn. 89 f.; EuG, Urt. v. 12.04.2013, Rs. T-442/08, *CISAC/Kommission*, ECLI:EU:T:2013:188, Rn. 144; EuG, Urt. v. 12.04.2013, Rs. T-401/08, *Säveltäjäin Tekijänoikeustoimisto Teosto ry/Kommission*, ECLI:EU:T:2013:170, Rn. 144; EuG, Urt. v. 27.03.2014, Rs. T-56/09 und T-73/09, *Saint-Gobain/Kommission*, ECLI:EU:T:2014:160, Rn. 145; EuG, Urt. v. 11.07.2014, Rs. T-543/08, *RWE/Kommission*, ECLI:EU:T:2014:627, Rn. 128 und 190; EuG, Urt. v. 27.11.2014, Rs. T-517/09, *Alstom/Kommission*, ECLI:EU:T:2014:999, Rn. 77 und 110; EuG, Urt. v. 12.12.2014, Rs. T-551/08, *H&R ChemPharm GmbH/Kommission*, ECLI:EU:T:2014:1081, Rn. 41.

[409] EuG, Urt. v. 02.07.1992, *Dansk Pelsdyravlerforening/Kommission*, Rs. T-61/89, Slg. 1992 II-1931.

[410] EuGH, Urt. v. 26.11.1981, Rs. 195/80, *Michel/Parlament*, Slg. 1981, 2861.

[411] EuGH, Urt. v. 08.03.1988, verb. Rs. 64, 71 bis 73 und 78/86, *Sergio u. a./Kommission*, Slg. 1988, 1399.

Casariego.[412] Jedenfalls fehle es im vorliegenden Fall an diesen „außergewöhnlichen Umständen", sodass das Gericht den Entscheidungsabschnitt für nichtig erklärte.[413]

Zwar griff das europäische Gericht in späteren Verfahren häufig die in der Rechtssache *Dansk Pelsdyravlerforening* etablierte Formulierung auf, dass „[d] ie Entscheidung nicht zum erstenmal und nachträglich vor dem Gemeinschaftsrichter erläutert werden [kann], falls nicht außergewöhnliche Umstände gegeben sind".[414] Aus dieser Rechtsprechung geht indes nicht hervor, wann man vom Vorliegen solcher „außergewöhnlichen Umstände" ausgehen kann. Denn in kaum einem Fall wurden solche angenommen, geschweige denn ihre Voraussetzungen näher erläutert.

Soweit ersichtlich nahm das europäische Gericht bis dato nur in zwei Fällen an, dass „außergewöhnliche Umstände" gegeben seien, die eine Heilung des Begründungsausfalls gestatteten: In den Rechtssachen *Enso Espanola*[415] und *Mo Och Domsjö AB*[416] hatte die Kommission dem betroffenen Unternehmen in ihrer Entscheidung keine spezifische Begründung für die Berechnungsweise der verhängten Geldbuße gegeben. Erst in den bei Gericht eingereichten Schriftsätzen sowie in einer Antwort auf eine schriftliche Frage des Gerichts erklärte die Kommission, wie sie die Geldbuße im Einzelnen berechnet hatte. Auch hier ging das Gericht von dem Grundsatz aus, dass „die Begründung einer Entscheidung nach ständiger Rechtsprechung in der Entscheidung selbst enthalten sein muss und dass nachträgliche Erläuterungen der Kommission nur unter außergewöhnlichen Umständen berücksichtigt werden können."[417] In den vorliegenden Fällen könne allerdings von „außergewöhnlichen Umstände" ausgegangen werden, da zum Zeitpunkt des Erlasses der streitigen Entscheidungen das europäische Gericht noch nie die wettbewerbsrechtliche Kommissionspraxis bei der Festsetzung von Geldbußen bemängelt hatte. Das Erfordernis, die Berechnungsweise einer Geldbuße bereits in der Entscheidung offenzulegen, stellte das europäische Gericht dagegen erst in Urteilen auf, die nach

---

[412] EuG, Urt. v. 20.03.1991, Rs. T-1/90, *Pérez-Mínguez Casariego/Kommission*, Slg. 1991, II-143.

[413] EuG, Urt. v. 02.07.1992, *Dansk Pelsdyravlerforening/Kommission*, Rs. T-61/89, Slg. 1992 II-1931, Rn. 131.

[414] EuG, Urt. v. 14.05.1998, Rs. T-348/94, *Enso Espanola/Kommission*, Slg. 1998, II-1875, Rn. 252; EuG, Urt. v. 14.05.1998, Rs. T- 352/94, *Mo Och Domsjö/Kommission*, Slg. 1998, II-1989, Rn. 276; EuG, Urt. v. 15.09.1998, Rs. T-374/94, T-375/94, T-384/94 und T-388/94, *European Night Services/Kommission*, Slg. 1998, II-3141, Rn. 95; EuG, Urt. v. 07.06.2006, Rs. T-613/97, *UFEX/ Kommission*, Slg. 2006, II-1531, Rn. 67; EuG, Urt. v. 22.10.2008, Rs. T-309/04, T-317/04, T-329/04, T-336/04, *TV 2 u. a./Kommission,* Slg. 2008, II-2935, Rn. 181.

[415] EuG, Urt. v. 14.05.1998, Rs. T-348/94, *Enso Espanola/Kommission*, Slg. 1998, II-1875.

[416] EuG, Urt. v. 14.05.1998, Rs. T- 352/94, *Mo Och Domsjö/Kommission*, Slg. 1998, II-1989.

[417] EuG, Urt. v. 14.05.1998, Rs. T-348/94, *Enso Espanola/Kommission*, Slg. 1998, II-1875, Rn. 252; EuG, Urt. v. 14.05.1998, Rs. T- 352/94, *Mo Och Domsjö/Kommission*, Slg. 1998, II-1989, Rn. 276.

Erlass der streitigen Entscheidung ergingen.[418] Die Kommission konnte damit
bei Erlass der Entscheidung strenggenommen noch gar nichts von den zusätzlichen Begründungsanforderungen wissen. Die Verletzung der Begründungspflicht erfolgte damit gewissermaßen unverschuldet und konnte der Kommission nicht als Fehler angelastet werden. Aufgrund dieses besonderen Umstandes
und der Tatsache, dass die Kommission im Rahmen des gerichtlichen Verfahrens alle Informationen in Bezug auf die Berechnung der Geldbuße offenlegte,
kam das Gericht zu dem Schluss, dass „das Fehlen einer speziellen Begründung für den Berechnungsmodus der Geldbußen in der Entscheidung im vorliegenden Fall nicht als Verstoß gegen die Begründungspflicht angesehen werden [kann], der die völlige oder teilweise Nichtigerklärung der festgesetzten
Geldbußen rechtfertigt."[419]

Diese Fälle können damit insoweit als Fälle zur Heilung eingeordnet werden,
da eine Voraussetzung dafür, dass die Entscheidung aufgrund des Begründungs-
fehlers nicht aufgehoben wird, ist, dass die Begründung nachträglich, das heißt im
gerichtlichen Verfahren, überhaupt noch gegeben wird. Jedoch geht aus den Ur-
teilsgründen nicht eindeutig hervor, ob die Gerichte nicht vielmehr davon ausgehen, dass der Kommission anfänglich bereits keine Begründungspflicht oblag, da
sie von dieser zumindest nichts wusste. Einer Pflicht kann nur insoweit nachgekommen werden, als man von ihr weiß bzw. wissen muss. Dies war in den vorliegenden Fällen jedoch ausgeschlossen. Die Heilung durch eine nachträgliche
Begründung ist damit die einzige Möglichkeit, die Kommission nicht für ihr un-
verschuldetes Nichtwissen in Bezug auf die Begründungspflicht „bestrafen" zu
müssen, gleichzeitig aber die Rechte der Fehlerbetroffenen zu wahren. Dies ist
auch an den Worten des Gerichts erkennbar, dass die Klägerin nicht dargelegt
habe, daran gehindert gewesen zu sein, „von ihren Verteidigungsrechten sachgerecht Gebrauch zu machen".[420]

Die Tatsache, dass ein „außergewöhnlicher Umstand" nur für den Fall bejaht
wurde, dass die Kommission bei Entscheidungserlass gar nicht wusste, dass ihr
eine entsprechende Begründungspflicht überhaupt oblag, belegt, dass diese
Ausnahme-Fallgruppe der Heilbarkeit eines Begründungsausfalls im Laufe des
gerichtlichen Verfahrens eng auszulegen ist. Es handelt sich hier zwar nicht um
eine wettbewerbsrechtliche Besonderheit – daher scheint eine Übertragung auf
andere Rechtsbereiche zumindest denkbar – trotzdem sollte restriktiv damit
verfahren werden.

---

[418] EuG, Urt. v. 14.05.1998, Rs. T-348/94, *Enso Espanola/Kommission*, Slg. 1998, II-1875, Rn. 253;
EuG, Urt. v. 14.05.1998, Rs. T- 352/94, *Mo Och Domsjö/Kommission*, Slg. 1998, II-1989, Rn. 277.

[419] EuG, Urt. v. 14.05.1998, Rs. T- 352/94, *Mo Och Domsjö/Kommission*, Slg. 1998, II-1989, Rn. 279;
EuG, Urt. v. 14.05.1998, Rs. T-348/94, *Enso Espanola/Kommission*, Slg. 1998, II-1875, Rn. 255.

[420] EuG, Urt. v. 14.05.1998, Rs. T- 352/94, *Mo Och Domsjö/Kommission*, Slg. 1998, II-1989,
Rn. 279.

3. Die Heilung eines Fehlers bei der Beschlussfassung

Neben der Heilung von Anhörungs- und Begründungsmängeln befassten sich die europäischen Gerichte auch mit der Heilung von Fehlern bei der Beschlussfassung, namentlich der fehlenden rechtzeitigen Feststellung einer Kommissionsentscheidung. In den Rechtssachen *Solvay*[421] und *ICI*[422] hatte die Kommission die Soda-herstellenden Unternehmen Solvay und ICI mit einer Geldbuße wegen Missbrauchs einer marktbeherrschenden Stellung gem. Art. 102 AEUV belegt. Im Rahmen einer Nichtigkeitsklage vor dem europäischen Gericht rügten die Unternehmen unter anderem die Verletzung einer wesentlichen Formvorschrift, da die Kommissionsentscheidung entgegen Art. 12 der Geschäftsordnung nicht rechtzeitig festgestellt worden sei. Der Wortlaut des damaligen Art. 12 der Geschäftsordnung der Kommission lautete:

> „Die von der Kommission [...] gefassten formellen Beschlüsse werden in der Sprache oder in den Sprachen, in denen sie verbindlich sind, durch die Unterschriften des Präsidenten und des Exekutivsekretärs festgestellt. Der Wortlaut dieser Beschlüsse wird dem Protokoll der Kommission beigefügt, in dem ihre Annahme vermerkt ist. Der Präsident gibt die von der Kommission gefassten Beschlüsse, soweit dies erforderlich ist, denjenigen bekannt, an die sie gerichtet sind."[423]

In den Rechtssachen *Solvay* und *ICI* waren die Kommissionsentscheidungen aber nicht gem. Art. 12 S. 1 durch Unterschrift des Präsidenten und des Exekutivsekretärs festgestellt worden. Vielmehr erfolgte diese Feststellung erst sechs Monate nach Klageerhebung[424] und mehr als ein Jahr nach Entscheidungserlass.[425] Das Gericht sah – wie auch bereits der Gerichtshof in der Rechtssache *BASF* –[426] in der unterlassenen Feststellung eine Verletzung wesentlicher Formvorschriften.[427] Wortlaut, Systematik und Telos von Art. 12 sprächen dafür, dass die Feststellung des Rechtsaktes zwingend vor dessen Zustellung erfolgen müsse. Denn sie habe zum Ziel, Rechtssicherheit zu gewährleisten, indem sie die vollständige Übereinstimmung des zugestellten oder veröffentlichten mit dem angenommenen Entscheidungstext sicherstelle.[428] Konsequenterweise lehnte das Gericht die Möglichkeit einer Heilung der fehlenden durch die nachträglich vorgenommene Feststellung ab, da „[e]in Organ [...] nach Eingang des verfahrenseinleitenden Schriftsatzes einen wesentlichen Formfehler der angefochtenen Entscheidung unmöglich durch eine

---

[421] EuG, Urt. v. 29.06.1995, Rs. T-32/91, *Solvay/Kommission*, Slg. 1995, II-1825.

[422] EuG, Urt. v. 29.06.1995, Rs. T-37/91, *ICI/Kommission*, Slg. 1995, II-1901.

[423] Geschäftsordnung 63/41/EWG der Kommission v. 09.01.1963, ABl. EG 1963, Nr. 17, S. 181.

[424] EuG, Urt. v. 29.06.1995, Rs. T-37/91, *ICI/Kommission*, Slg. 1995, II-1901, Rn. 22; EuG, Urt. v. 29.06.1995, Rs. T-32/91, *Solvay/Kommission*, Slg. 1995, II-1825, Rn. 17.

[425] EuG, Urt. v. 29.06.1995, Rs. T-32/91, *Solvay/Kommission*, Slg. 1995, II-1825, Rn. 28.

[426] EuGH, Urt. v. 15.06.1994, Rs. C-137/92 P, *Kommission/BASF u. a.*, Slg. 1994, I-2555, Rn. 75 f.

[427] EuG, Urt. v. 29.06.1995, Rs. T-32/91, *Solvay/Kommission*, Slg. 1995, II-1825, Rn. 51.

[428] EuG, Urt. v. 29.06.1995, Rs. T-37/91, *ICI/Kommission*, Slg. 1995, II-1901, Rn. 88 f.; EuG, Urt. v. 29.06.1995, Rs. T-32/91, *Solvay/Kommission*, Slg. 1995, II-1825, Rn. 49 f.; so auch EuGH, Urt. v. 15.06.1994, Rs. C-137/92 P, *Kommission/BASF u. a.*, Slg. 1994, I-2555, Rn. 75.

einfache rückwirkende Berichtigung heilen" könne.[429] Im konkreten Fall komme hinzu, dass den Unternehmen durch die Entscheidung eine Geldbuße auferlegt worden sei. Durch eine Heilung würde ihrer Klage aber nachträglich die Grundlage entzogen. Dies widerspräche sowohl dem Grundsatz der Rechtssicherheit als auch den Interessen der von der Geldbuße betroffenen Unternehmen.[430] Im Rechtsmittelverfahren folgte der Gerichtshof der Auffassung des Gerichts, äußerte sich jedoch nicht zur Heilung.[431]

Aus den dargestellten Rechtssachen kann zweierlei geschlossen werden: zunächst, dass dem Unionsrecht unheilbare Verfahrensfehler, die einer Relativierung ihrer Sanktion unter keinen Umständen zugänglich sind, nicht fremd sind.[432] In den Rechtssachen *Solvay*, *ICI* und *BASF* resultierte die Unheilbarkeit des Fehlers daraus, dass die Gerichte dem wettbewerbsrechtlichen Verwaltungsverfahren vor der Kommission den Charakter eines (Entwicklungs-)Prozesses mit einer bestimmten chronologischen Ordnung zuerkannten, der durch die Feststellung nach Art. 12 der Geschäftsordnung abgeschlossen werden sollte. Ob diese Fälle heute genauso entschieden werden würden, ist allerdings fraglich. Denn der Wortlaut der heute geltenden Fassung der Geschäftsordnung sieht nicht mehr eine so strenge Verfahrenschronologie vor.[433] Trotzdem ist zu erwarten, dass die Gerichte bei der Heilung Zurückhaltung üben, wenn sich aus dem Normtext der verletzten Verfahrensvorschrift eine zwingende Chronologie bzw. ein angestammter Platz für die Vornahme der Verfahrenshandlung ergibt.

Ferner bestätigen auch diese Urteile, dass das Kriterium der nachträglichen Zweckerreichung für die Beurteilung des Erfolges einer Heilung zentral ist. Insbesondere kann aus der Tatsache, dass das Gericht den Umstand betont, dass die Feststellung erst „nach Eingang des verfahrenseinleitenden Schriftsatzes" erfolgt sei, nicht im Umkehrschluss gefolgert werden, dass eine Heilung des Fehlers nach Erlass des Beschlusses, aber vor Klageerhebung möglich gewesen wäre. Hiergegen spricht nämlich, dass auch eine Feststellung zu diesem Zeitpunkt die von der Feststellung verfolgten Zwecke – die genaue Übereinstimmung zwischen verabschiedetem und notifiziertem bzw. veröffentlichtem Text

---

[429] EuG, Urt. v. 29.06.1995, Rs. T-32/91, *Solvay/Kommission*, Slg. 1995, II-1825, Rn. 53.

[430] EuG, Urt. v. 29.06.1995, Rs. T-37/91, *ICI/Kommission*, Slg. 1995, II-1901, Rn. 92; EuG, Urt. v. 29.06.1995, Rs. T-32/91, *Solvay/Kommission*, Slg. 1995, II-1825, Rn. 53.

[431] EuGH, Urt. v. 06.04.2000, Rs. C-287/95 P und C-288/95 P, *Kommission/Solvay*, Slg. 2000, I-2391, Rn. 55 f.

[432] *Bülow*, Die Relativierung von Verfahrensfehlern, S. 253.

[433] Art. 18 Abs. 1 der Geschäftsordnung der Kommission [K(2000) 3614], ABl. L 308 v. 08.12.2000, S. 26, geändert durch 2010/138/ Euratom: Beschluss der Kommission v. 24.02.2010 zur Änderung ihrer Geschäftsordnung ABl. L 55 v. 05.03.2010, S. 60: „Die von der Kommission in einer Sitzung gefassten Beschlüsse sind in der Sprache oder in den Sprachen, in denen sie verbindlich sind, untrennbar mit der Zusammenfassung verbunden, die unmittelbar nach dem Ende der Kommissionssitzung, in der sie angenommen wurden, erstellt wird. Diese Beschlüsse werden durch die Unterschrift des Präsidenten und des Generalsekretärs auf der letzten Seite der Zusammenfassung festgestellt."

zu gewährleisten und damit sicherzustellen, dass jede Änderung des Textes im
Einklang mit den Verfahrensregeln stattfindet – nicht mehr hätte verwirklichen
können.[434]

4. Die Rechtsfolgen einer erfolgreichen Heilung im Laufe des gerichtlichen Verfahrens

a) Keine Aufhebung

Wird ein Verfahrens- oder Formfehler im Laufe des gerichtlichen Verfahrens ausnahmsweise geheilt – was bei einer unzureichenden Begründung am ehesten der
Fall sein wird –, ist er beseitigt. Er kann mithin nicht mehr zur Rechtswidrigkeit des
Beschlusses führen und insofern auch nicht dessen Aufhebung im Wege der Nichtigkeitsklage herbeiführen.[435]

b) Frage der Rückwirkung

Mit der Frage, ob die Heilung eine Wirkung *ex tunc* oder *ex nunc* entfaltet, haben
sich die europäischen Gerichte kaum befasst. Zwar geht der Gerichtshof in den
Fällen unterlassener mitgliedstaatlicher beihilferechtlicher Notifizierung nach
Art. 108 Abs. 3 S. 3 AEUV davon aus, dass die Verfahrenshandlung nicht mit
rückwirkender Kraft nachgeholt werden kann, da ansonsten die praktische Wirksamkeit der Verfahrensvorschrift hierdurch beeinträchtigt und der zukünftigen
Missachtung der Vorschrift weiterer Vorschub geleistet werden würde.[436] Für den

---

[434] *Ritleng*, Le contrôle de la légalité des actes communautaires par la cour de justice et le tribunal
de première instance des communautés européennes, Rn. 125, Fn. 441.

[435] EuGH, Urt. v. 08.03.1988, verb. Rs. 64, 71 bis 73 und 78/86, *Sergio u. a./Kommission*, Slg.
1988, 1399, Rn. 53; EuG, Urt. v. 27.06.1991, Rs. T-156/89, *Valverde Mordt/EuGH*, Slg. 1991, II-
407, Rn. 133; EuG, Urt. v. 25.02.1992, Rs. T-11/91, *Schloh/Rat*, Slg. 1992, II-203, Rn. 86; EuG,
Urt. v. 6.11.1997, Rs. T-71/96, *Berlingieri Vinzek/Kommission*, Slg. ÖD 1997, II-921, Rn. 79 und
83; *Bülow*, Die Relativierung von Verfahrensfehlern, S. 301.

[436] EuGH, Urt. v. 21.11.1991, Rs. C-354/90, *FNCE/Französische Republik*, Slg. 1991, I-5505,
Rn. 16; EuGH, Urt. v. 11.07.1996, Rs. C-39/94, *SFEI/La Poste*, Slg. 1996, I-3547, Rn. 67; EuGH,
Urt. v. 21.10.2003, verb. Rs. C-261/01 und C-262/01, *Belgischer Staat/Eugène van Calster und
Felix Cleeren*, Slg. 2003, I-12249, Rn. 62 f; siehe auch *Classen*, Das nationale Verwaltungsverfahren im Kraftfeld des Europäischen Gemeinschaftsrechts, Die Verwaltung 31 (1998), S. 307,
323; *Kahl*, Grundrechtsschutz durch Verfahren in Deutschland und in der EU, VerwArch 95
(2004), S. 1, 20. A.A. *Kment*, Nationale Unbeachtlichkeits-, Heilungs- und Präklusionsvorschriften und Europäisches Recht, S. 91, Fn. 305, der in diesen Urteilen (außer im Urteil *FNCE/Franzö-
sische Republik*) eine generelle Ablehnung der Heilung sieht, nicht jedoch eine Ablehnung der
Rückwirkung der Heilung.

Bereich des europäischen Eigenverwaltungsrechts fanden die europäischen Gerichte in Bezug auf diese Frage jedoch weniger deutliche Worte. Allein in einem einzigen Fall hat sich das europäische Gericht zur Frage der Rückwirkung geäußert. So führte es in den Rechtssachen *Solvay*[437] und *ICI*[438] aus:

> „Unabhängig von diesen Erwägungen ist daran zu erinnern, dass die Feststellung der Entscheidung im vorliegenden Fall nach der Erhebung der Klage erfolgt ist. Ein Organ kann nach Eingang des verfahrenseinleitenden Schriftsatzes einen wesentlichen Formfehler der angefochtenen Entscheidung *unmöglich durch eine einfache rückwirkende Berichtigung heilen.* Dies gilt vor allem dann, wenn dem betroffenen Unternehmen wie im vorliegenden Fall durch die Entscheidung eine Geldbuße auferlegt worden ist. Eine Berichtigung nach Erhebung der Klage *entzöge nämlich dem Angriffsmittel,* mit dem das Versäumnis der Feststellung des Rechtsakts vor dessen Zustellung gerügt wird, *nachträglich seine Grundlage.* Eine solche Lösung verstieße wiederum gegen die Rechtssicherheit und die Interessen des einzelnen, der von einer Bußgeldentscheidung betroffen ist. Infolgedessen ist der Mangel, der sich aus der Verletzung einer wesentlichen Formvorschrift ergibt, nicht durch die ein Jahr nach Klageerhebung erfolgte Feststellung des Rechtsakts geheilt worden."[439]

Der Wortlaut der Entscheidung („Unabhängig von diesen Erwägungen ist daran zu erinnern […]") indiziert, dass das Gericht hier eine generelle Feststellung treffen wollte. Zwar könnte die Entscheidung auch so interpretiert werden, dass generell eine Heilung von Verfahrensfehlern im gerichtlichen Verfahren ausscheidet. Dann wäre aber die Spezifizierung, dass eine Heilung durch eine „einfache *rückwirkende* Berichtigung" nicht möglich ist, obsolet. Daher ist das Urteil so zu verstehen, dass eine Heilung, wenn sie im gerichtlichen Verfahren ausnahmsweise möglich ist, jedenfalls keine Rückwirkung entfaltet, sondern nur *ex nunc* wirkt.[440]

c) Gerichtskosten

Grundsätzlich trägt gem. Art. 138 Abs. 1 der Verfahrensordnung des Gerichtshofs[441] bzw. gem. Art. 134 Abs. 1 der Verfahrensordnung des Gerichts[442] die unterliegende Partei die Prozesskosten. Nach Art. 139 der Verfahrensordnung des Gerichtshofs und Art. 135 Abs. 2 HS. 2 der Verfahrensordnung des Gerichts können die Gerichtskosten

---

[437] EuG, Urt. v. 29.06.1995, Rs. T-32/91, *Solvay/Kommission*, Slg. 1995, II-1825.

[438] EuG, Urt. v. 29.06.1995, Rs. T-37/91, *ICI/Kommission*, Slg. 1995, II-1901.

[439] EuG, Urt. v. 29.06.1995, Rs. T-32/91, *Solvay/Kommission*, Slg. 1995, II-1825, Rn. 53; EuG, Urt. v. 29.06.1995, Rs. T-37/91, *ICI/Kommission*, Slg. 1995, II-1901, Rn. 92 (Hervorhebung durch die Verfasserin).

[440] *Kment*, Nationale Unbeachtlichkeits-, Heilungs- und Präklusionsvorschriften und Europäisches Recht, S. 92.

[441] Verfahrensordnung des Gerichtshofs ABl. 2012, Nr. L 265, S. 1.

[442] Verfahrensordnung des Gerichts ABl. 2015, Nr. L 105, S. 1.

allerdings auch der obsiegenden Partei auferlegt werden, wenn sie diese der Gegenpartei „ohne angemessenen Grund oder böswillig verursacht hat".

Konkretisiert haben die Gerichte diese Möglichkeit vor allem in beamtenrechtlichen Fällen, wo eine anfänglich fehlende oder unzureichende Begründung im Laufe des gerichtlichen Verfahrens erstmals gegeben oder ergänzt und der Mangel damit geheilt wurde: In der Rechtssache *Picciolo* wurden dem Kläger, obwohl alle Klagegründe unbegründet und die Klage daher abgewiesen worden war, die Kosten des Verfahrens nicht auferlegt. Bezeichnenderweise griff der Klagegrund der unzureichenden Begründung hier nur deshalb nicht durch, weil das Parlament während des gerichtlichen Verfahrens die Begründung ergänzt und den Verfahrensfehler damit geheilt hatte.[443] Die Praxis, in diesen Fällen der obsiegenden Beklagten die Kosten des Verfahrens aufzuerlegen, wiederholte sich in der Folge in zahlreichen Urteilen des Gerichtshofs[444] und des Gerichts.[445]

Hierbei dürfte es sich nicht um eine ausschließlich beamtenrechtliche Besonderheit handeln. Der Gedanke, dass die Kosten des gerichtlichen Verfahrens der obsiegenden Partei aufzuerlegen sind, wenn die Klage nur deshalb keinen Erfolg hatte, weil ein Verfahrensfehler im Laufe des gerichtlichen Verfahrens geheilt wurde, ist auf andere Rechtsgebiete sowie Verfahrensfehler zu übertragen. Denn ihm liegt die Überlegung zugrunde, dass den berechtigten Interessen des Klägers an der Inanspruchnahme von Rechtsschutzmöglichkeiten Rechnung getragen werden muss, wenn ein Klagegrund vor Klageerhebung bestand und nur nachträglich entfallen ist.

V. Zusammenfassung

Als Ergebnis der Bestandsaufnahme der Rechtsprechung der Unionsgerichte zur Heilung von Verfahrens- und Formfehlern kann somit festgehalten werden:

1. Die Unionsgerichte definieren „Heilung" als die *nachträgliche Berichtigung von Verfahrens- oder Formfehlern.*

   a) Der Anwendungsbereich der Heilung umfasst nur die Verletzung von *Verfahrens- und Formfehlern.* Materiell-rechtliche Verstöße können nicht geheilt werden.

---

[443] EuGH, Urt. v. 30.05.1984, Rs. 111/83, *Picciolo/Parlament*, Slg. 1984, 2323, Rn. 22; *Bülow*, Die Relativierung von Verfahrensfehlern, S. 291.

[444] EuGH, Urt. v. 08.03.1988, verb. Rs. 64, 71 bis 73 und 78/86, *Sergio u. a./Kommission*, Slg. 1988, 1399, Rn. 56.

[445] EuG, Urt. v. 13.12.1990, Rs. T-160/89 und T-161/89, *Kalavros/EuGH*, Slg. 1990, II-871, Rn. 80 f.; EuG, Urt. v. 20.03.1991, Rs. T-1/90, *Pérez-Mínguez Casariego/Kommission*, Slg. 1991, II-143, Rn. 97; EuG, Urt. v. 17.05.1995, Rs. T-16/94, *Benecos/Kommission*, Slg. ÖD 1995, I-A-103; II-335, Rn. 55; EuG, Urt. v. 19.09.1996, Rs. T-158/94, *Brungel/Parlament*, Slg. ÖD 1996, I-A-383, I-A-391; II-1131, Rn. 119.

b) Die Berichtigung erfordert, über die Nachholung der ursprünglich erforderlichen Verfahrenshandlung hinaus, die *Herstellung des Zustands, in dem sich
der Fehlerbetroffene befunden hätte, wenn der Fehler von Anfang an nicht
begangen worden wäre.*

c) Die Unionsgerichte legen dem Heilungsbegriff ein weites Verständnis zugrunde, das sowohl die Heilung nach Entscheidungserlass als auch eine bloße
Nachholung unterlassener oder fehlerhaft vorgenommener Verfahrenshandlungen vor Entscheidungserlass umfasst.

d) Mindestvoraussetzung für die Heilbarkeit eines Beschlusses ist, dass dieser
im Zeitpunkt der Heilungshandlung zwar *rechtswidrig aber noch wirksam*
ist. Nichtige Beschlüsse sind damit von vornherein keiner Heilung zugänglich. Dies schließt die Heilbarkeit aller Verfahrens- und Formfehler aus, die
so „schwer und offenkundig" sind, dass sie die Nichtigkeit des Beschlusses
nach sich ziehen.

2. In zeitlicher Hinsicht können bei der Frage der Heilung *drei Verfahrensphasen*
unterschieden werden: Die erste Phase ist der Zeitraum vor Abschluss des Verwaltungsverfahrens, die zweite der Zeitraum nach Abschluss des Verwaltungsverfahrens aber vor Klageerhebung, die letzte der Zeitraum nach Klageerhebung.
Die erste Zäsur bildet damit der Abschluss des Verwaltungsverfahrens, vor dem
eine Heilung grundsätzlich zulässig ist. Der Heilung im Laufe eines verwaltungsrechtlichen Überprüfungsverfahrens kommt dabei die größte praktische
Relevanz zu. Die zweite Zäsur bildet die Klageerhebung, nach der eine Heilung
grundsätzlich abzulehnen, in Ausnahmefällen aber ebenfalls möglich ist. Grundsätzlich gilt: Eine Heilung ist umso wahrscheinlicher, je früher sie stattfindet.

a) aa) Eine Heilung von Verfahrens- und Formfehlern ist *im Laufe des Verwaltungsverfahrens* und bis zu dessen Abschluss *grundsätzlich möglich.*
Grund hierfür ist das Prinzip der Einheit des Verfahrens. Grenze der Heilbarkeit (insbesondere von Anhörungsmängeln) ist der Zeitpunkt, an dem
die nachträgliche (fehlerfreie) Anhörung überflüssig ist, da die Behörde
ihren Meinungsbildungsprozess bereits abgeschlossen hat und keine offene
Entscheidungssituation mehr vorliegt.

bb) Besondere praktische Relevanz erhält die Heilung, wenn ein zwingendes
verwaltungsinternes Überprüfungsverfahren vor Klageerhebung sekundärrechtlich vorgesehen ist, das der Behörde Anlass zur Überprüfung ihres Handelns gibt. Dies ist sowohl im europäischen Beamtenrecht (Art. 90 Abs. 2
BeamtSt) als auch bei Entscheidungen europäischer Agenturen der Fall. Ob
eine Heilung im Rahmen dieser Überprüfungsverfahren möglich ist, entscheidet sich nach dem Prüfungsumfang der zuständigen Stelle: Untersucht
diese die in Frage stehende Entscheidung sowohl auf ihre Recht- als auch ihre
Zweckmäßigkeit und verfügt über die gleiche Entscheidungskompetenz wie
die Ausgangsbehörde, kann sie auch Verfahrens- und Formfehler heilen.

b) Eine Heilung von Verfahrens- und Formmängeln im *Zeitraum nach Abschluss des Verwaltungsverfahrens aber vor Klageerhebung ist grundsätzlich ausgeschlossen.* Der Rechtsprechung der Unionsgerichte lässt sich jedoch die Tendenz entnehmen, eine *Ausnahme* zu diesem Grundsatz für *Begründungsmängel* zuzulassen. Ihre Heilung ist jedoch nur möglich, solange dem Betroffenen aus dem Begründungsmangel kein Nachteil für seine Rechtsstellung erwächst bzw. die Durchsetzung seines Begehrens aufgrund des Begründungsmangels nicht erschwert wird.

c) Ab *Klageerhebung* ist eine Heilung von Verfahrens- und Formfehlern *grundsätzlich ausgeschlossen.*

aa) In Abkehr von älterer Rechtsprechung verneinen die europäischen Gerichte heute grundsätzlich die Möglichkeit der Heilung von *Anhörungs- und Akteneinsichtsmängeln* im Laufe des gerichtlichen Verfahrens. Etwaige Ausnahmen in der Rechtsprechung beziehen sich auf bereichsspezifische Sonderfälle und sind nicht verallgemeinerungsfähig.

bb) In Bezug auf die Heilung von *Begründungsmängeln* im gerichtlichen Verfahren unterscheiden die europäischen Gerichte zwischen einer lediglich unzureichenden und einer gänzlich fehlenden Begründung. Prinzipiell bleibt es zwar dabei, dass ein Begründungsmangel zur Rechtswidrigkeit und Aufhebung der angegriffenen Entscheidung führt. Jedoch haben die Gerichte in zahlreichen Fällen Ausnahmen von diesem Grundsatz zugelassen.

(1) Die Heilung eines Begründungsmangels ist zunächst dann möglich, wenn die Richter über eine *unbeschränkte Befugnis zur Ermessensnachprüfung* (sog. *compétence de pleine jurisdiction*) verfügen und so im Prozess ergänztes Vorbringen direkt in ihre Entscheidungsfindung einbeziehen können. Dies gilt sowohl im Falle einer unzureichenden als auch einer gänzlich fehlenden Begründung.

(2) (a) Die Unionsgerichte erlauben insbesondere im Falle einer *unzureichenden Begründung* die Möglichkeit der Heilung durch eine Vervollständigung der Gründe im Laufe des gerichtlichen Verfahrens. Zentraler Grund hierfür ist, dass selbst bei einer anfänglich unzureichenden Begründung alle von einer Begründung verfolgten *Funktionen* – namentlich den Betroffenen über die Erfolgsaussichten seiner Klage zu informieren und dem Gericht eine Rechtmäßigkeitskontrolle zu ermöglichen – (nachträglich) noch erreicht werden können. Teilweise sprechen die Richter dem Fehlerbetroffenen auch das *Interesse* an der Aufhebung der angegriffenen Entscheidung ab, wenn diese sogleich erneut mit demselben Inhalt, aber einer tragfähigen Begründung, erlassen werden könnte. Im Falle einer erfolgreichen Heilung einer unzureichenden Begründung in beamtenrechtlichen Rechtssachen bürdeten die Unionsgerichte die *Kosten* des gerichtlichen Verfahrens nicht dem unterliegenden Kläger, sondern dem beklagten Organ auf.

(b) Ihre *Grenzen* findet die Möglichkeit der Heilung einer unzureichenden Begründung, wenn die im Laufe des gerichtlichen Verfahrens ergänzten Gründe komplett neu sind bzw. den anfänglich genannten widersprechen. Die Einhaltung dieser Grenze wird besonders streng kontrolliert, wenn es sich um strafrechtliche oder strafrechtsähnliche Verfahren, wie dem Kartellverfahren, handelt.

(3) (a) Die Möglichkeit, eine *komplett fehlende Begründung* im Laufe des gerichtlichen Verfahrens zu heilen, besteht *grundsätzlich nicht*. Grund hierfür ist, dass die von der Begründung verfolgten Funktionen zu einem so späten Zeitpunkt nicht mehr erreicht werden können und dass Entscheidung und Begründung in den Augen der Gerichte ein „unteilbares Ganzes" sind.

(b) Die Unionsgerichte haben jedoch eine Vielzahl bereichsspezifischer *Ausnahmen* zu diesem Grundsatz etabliert.

(i) Im *Beamtenrecht* hat die Rechtsprechung in *drei Sonderfallgruppen* die Zulässigkeit der Heilung eines Begründungsausfalls im Laufe des gerichtlichen Verfahrens bejaht.

Ein gerichtlich festgestellter vollständiger Begründungsausfall führt erstens dann nicht zur Aufhebung der streitigen Entscheidung, wenn dies zur Folge hätte, dass ein gesamtes Auswahl- oder Beförderungsverfahren mit einer Vielzahl von Teilnehmern aufgehoben und schlussendlich mit demselben Ergebnis erneut durchgeführt werden müsste. Denn neben den Interessen des vom Begründungsausfall betroffenen Klägers sind auch die *Interessen Dritter* (insbesondere der am Ende des Verfahrens in die Stelle eingewiesenen Bewerber) bei der Abwägung zu berücksichtigen. Voraussetzung für ein Absehen von der Aufhebung ist allerdings, dass dem betroffenen Kläger die Begründung nach Klageerhebung mitgeteilt und ihm Schadensersatz zugesprochen wird.

Die zweite Fallgruppe, wo die Rechtsprechung eine Ausnahme von der grundsätzlichen Aufhebung einer Entscheidung, die an einem Begründungsausfall leidet, angenommen hat, ist das *Auswahlverfahren nach Art. 29 Abs. 2 BeamtSt*. Hier rechtfertigen die Besonderheiten des Verfahrens eine Herabsetzung der Anforderungen an die Begründung, die einem abgelehnten Bewerber in der Endphase des Verfahrens gegeben werden muss. Das Verfahren nach Art. 29 Abs. 2 BeamtSt unterscheidet sich von anderen beamtenrechtlichen Auswahlverfahren dahingehend, dass es sich dabei um eine Ermessensentscheidung der Anstellungsbehörde handelt, für die die Persönlichkeit der Bewerber maßgeblich ist. Daher muss die Begründung der gefällten Auswahlentscheidung durch „die den anderen Bewerbern geschuldete Vertraulichkeit" eingegrenzt werden.

Schließlich ist eine Heilung eines Begründungsausfalls nach Klageerhebung dann möglich, wenn die Klage gem. *Art. 91 Abs. 4 BeamtSt* bereits vor Abschluss des Vorverfahrens erhoben wurde.

(ii) In *wettbewerbsrechtlichen Fällen* hat die Rechtsprechung eine Heilung eines Begründungsausfalls im Laufe des gerichtlichen Verfahrens bejaht, wenn ein „außergewöhnlicher Umstand" gegeben ist. Wann vom Vorliegen solcher „außergewöhnlichen Umstände" ausgegangen werden kann, legte die Rechtsprechung im Detail jedoch nicht dar. Aus den Urteilen geht jedoch hervor, dass die Fallgruppe restriktiv zu handhaben ist.

cc) Den Unionsgerichten sind auch *unheilbare Verfahrensfehler* bekannt. Hierzu gehören insbesondere Verletzungen institutioneller Beteiligungsrechte.

dd) Findet eine Heilung eines Verfahrens- oder Formfehlers im Laufe des gerichtlichen Verfahrens ausnahmsweise statt, hat dies zur *Folge*, dass dieser Mangel
nicht mehr zur Aufhebung des Beschlusses im Wege der Nichtigkeitsklage führen kann. Die Heilung entfaltet jedoch nur eine *Wirkung ex nunc*. Hat eine Klage
nur deshalb keinen Erfolg, weil der Verfahrens- oder Formfehler, auf den sie
sich stützte, im Rahmen des gerichtlichen Verfahrens geheilt wurde, sind die
Kosten des Verfahrens nicht dem unterliegenden Kläger, sondern der obsiegenden beklagten Institution aufzuerlegen.

B. Die Unbeachtlichkeit von Verfahrens- und Formfehlern

Neben der Heilung ist der Rechtsprechung der Unionsgerichte auch die Rechtsfigur
der Unbeachtlichkeit hinlänglich bekannt. Sie geht damit jedoch sehr restriktiv um.[446]

I. Die Fallgruppen der Unbeachtlichkeit

Um von der im AEUV als Grundsatz vorgesehenen Nichtigkeitsfolge bei der „Verletzung wesentlicher Formvorschriften"[447] abzusehen, hat die Rechtsprechung vier
Fallgruppen der Unbeachtlichkeit entwickelt.[448] Die erste begründen Formfehler,

---

[446] Allgemein zum strengen Umgang des Eigenverwaltungsrechts mit Verfahrensfehlern *Bülow*,
Die Relativierung von Verfahrensfehlern, S. 103; *Classen*, Strukturunterschiede zwischen deut-
schem und europäischem Verwaltungsrecht, NJW 1995, S. 2457, 2459; *Greim*, Rechtsschutz bei
Verfahrensfehlern im Umweltrecht, S. 85; *Wahl*, Das Verhältnis von Verwaltungsverfahren und
Verwaltungsprozessrecht in europäischer Sicht, DVBl. 2003, S. 1285, 1292.

[447] Darstellung der Diskussion, ob sich das Kriterium der Wesentlichkeit des Art. 263 Abs. 2 AEUV
auf die Form*vorschrift* oder den begangenen *Fehler* bezieht, *Bülow*, Die Relativierung von Verfahrensfehlern, S. 77 ff.; *Daig*, Nichtigkeits- und Untätigkeitsklagen im Recht der Europäischen
Gemeinschaften, Rn. 167; *Hix*, Das Recht auf Akteneinsicht im europäischen Wirtschaftsverwaltungsrecht, S. 121 f. Im Rahmen dieser Arbeit soll der Auffassung des Gerichtshofs (EuGH, Urt. v.
15.06.1994, Rs. C-137/92 P, *Kommission/BASF u. a.*, Slg. 1994, I-2555, Rn. 76; EuGH, Urt. v.
06.04.2000, Rs. 286/95 P, *Kommission/ICI*, Slg. 2000, I-2341, Rn. 42; EuGH, Urt. v. 06.04.2000,
verb. Rs. C-287/95 P und C-288/95 P, *Kommission/Solvay*, Slg. 2000, I-2391, Rn. 46; EuGH, Urt.
v. 30.01.2002, Rs. C-107/99, *Italien/Kommission*, Slg. 2002, I-1091, Rn. 47) und von Teilen der
Generalanwaltschaft (GA *Fennelly*, Schlussanträge v. 25.11.1999, Rs. C-286/95 P und verb. Rs.
C-287/95 P und C-288/95 P, *Kommission/ICI* bzw. *Kommission/Solvay*, Slg. 2000, I-2344, Rn. 21;
GA *Lenz*, Schlussanträge v. 29.01.1987, Rs. 45/86, *Kommission/Rat*, Slg. 1987, 1501, Rn. 91; GA
Cosmas, Schlussanträge v. 15.07.1997, Rs. C-199/92 P, *Hüls/Kommission*, Slg. 1999, I-4292,
Rn. 69) gefolgt werden, wonach der Bezugspunkt der „Wesentlichkeit" die Vorschrift selbst und
nicht die Verletzung ist. Die Kriterien der Unbeachtlichkeit beziehen sich daher auf die Verletzung
einer wesentlichen Verfahrens- oder Form*vorschrift*.

[448] Zu diesen Fallgruppen, wenngleich mit zum Teil etwas unterschiedlicher Einteilung, bereits *Bredemeier*, Kommunikative Verfahrenshandlungen, S. 465 ff.; mit ausführlicher Rechtsprechungsanalyse *Bülow*, Die Relativierung von Verfahrensfehlern, S. 304 ff.: nach der sich auch die folgenden
Ausführungen richten werden siehe auch *von Danwitz*, Europäisches Verwaltungsrecht, S. 391 ff.;

die aufgrund einer rechtlich gebundenen Entscheidungslage keine Auswirkungen auf die Entscheidung in der Sache hatten.[449] Zweitens wird die Aufhebung eines Beschlusses dann versagt, wenn der Verfahrensfehler nicht ursächlich für das konkrete Verfahrensergebnis war.[450] Die dritte Fallgruppe bilden Fälle, wo der Verfahrens- oder Formfehler im konkreten Einzelfall keine nachteiligen Auswirkungen für den Fehlerbetroffenen hatte. Ihre Voraussetzungen sind insbesondere dann erfüllt, wenn der Zweck der verletzten Vorschrift trotz ihrer Verletzung noch erreicht wurde.[451] Schließlich ziehen die Unionsgerichte in Betracht, einen Verstoß mangels seiner Schwere als unbeachtlich einzustufen.[452] Das ausschlaggebende Element in Bezug auf die Beachtlichkeit des Fehlers ist dabei bei den ersten drei Fallgruppen das Kriterium der Kausalität, im Falle der letzten Fallgruppe das Kriterium der Wesentlichkeit.[453]

1. Unbeachtlichkeit von Formfehlern bei rechtlich gebundener Entscheidungssituation

Zunächst ist ein Formfehler nach gefestigter Rechtsprechung dann unbeachtlich, wenn es sich um eine rechtlich gebundene Entscheidungssituation ohne Ermessensspielraum der Verwaltung handelte, die Entscheidung mithin nicht anders ergehen *durfte*.[454] Zur Begründung dieser Fallgruppe stellen die Unionsgerichte maßgeblich

---

Fehling, Europäisches Verwaltungsverfahren und Verwaltungsprozessrecht, in: Terhechte, VwR der EU, § 12, Rn. 84; *Fengler*, Die Anhörung im europäischen Gemeinschaftsrecht und deutschen Verwaltungsverfahrensrecht, S. 96 ff.; *Hegels*, EG-Eigenverwaltungsrecht und Gemeinschaftsverwaltungsrecht, S. 87 ff.; *Schwarze*, Europäisches Verwaltungsrecht, 2. Auflage, S. 1372 ff.

[449] Hierzu unter Kap. 2, B., I., 1.

[450] Hierzu unter Kap. 2, B., I., 2.

[451] Hierzu unter Kap. 2, B., I., 3.

[452] Hierzu unter Kap. 2, B., I., 4.

[453] Siehe zu diesen beiden begrenzenden Kriterien der Beachtlichkeit von Verfahrensfehlern *Greim*, Rechtsschutz bei Verfahrensfehlern im Umweltrecht, S. 86; *Kment*, Nationale Unbeachtlichkeits-, Heilungs- und Präklusionsvorschriften und europäisches Recht, S. 59 ff.; *Kment*, Die Stellung nationaler Unbeachtlichkeits-, Heilungs- und Präklusionsvorschriften im europäischen Recht, EuR 2006, S. 201, 207 ff.; *Wahl*, Das Verhältnis von Verwaltungsverfahren und Verwaltungsprozessrecht in europäischer Sicht, DVBl. 2003, S. 1285, 1292 f.

[454] EuGH, Urt. v. 29.09.1976, Rs. 9/76, *Morello/Kommission*, Slg. 1976, 1415, Rn. 11; EuGH, Urt. v. 06.07.1983, Rs. 117/81, *Geist/Kommission*, Slg. 1983, 2191, Rn. 7; EuGH, Urt. v. 20.05.1987, Rs. 432/85, *Souna/Kommission*, Slg. 1987, 2229, Rn. 20; EuG, Urt. v. 27.06.1991, Rs. T-156/89, *Valverde Mordt/Gerichtshof*, Slg. 1991, II-407, Rn. 133; EuG, Urt. v. 9.10.1992, Rs. T-50/91, *De Persio/Kommission*, Slg. 1992, II-2365, Rn. 10 und 24 f.; EuG, Urt. v. 18.12.1992, Rs. T-43/90, *Díaz García/Parlament*, Slg. 1992, II-2619, Rn. 54; EuG, Urt. v. 15.07.1993, Rs. T-27/92, *Camera-Lampitelli u. a./Kommission*, Slg. 1993, II-873, Rn. 53; EuG, Urt. v. 20.09.2000, Rs. T-261/97, *Orthmann/Kommission*, Slg. ÖD 2000, I-A-181, I-A-183; II-829, Rn. 33; EuG, Urt. v. 13.12.2000, Rs. T-130/98 und T-131/98, *Panichelli/Parlament*, Slg. ÖD 2000, I-A-287, I-A-289; II-1311, Rn. 52; EuG, Urt. v. 13.03.2002, verb. Rs. T-357/00, T-361/00, T-363/00 und T-364/00, *Martínez Alarcón/Kommission*, Slg. ÖD 2002, I-A-37, I-A-40; II-161, Rn. 93. Siehe

auf das mangelnde Interesse des Klägers an der Aufhebung der Entscheidung ab.[455] Denn wenn sich die Verwaltung in einer rechtlich gebundenen Entscheidungssituation befindet, könnte (und müsste) die aufgehobene Maßnahme sogleich erneut mit demselben Inhalt, wenngleich diesmal verfahrensfehlerfrei, ergehen.[456] Somit erwüchse dem Kläger durch die vorübergehende Aufhebung kein Vorteil.[457] Für die Alternativlosigkeit der Entscheidung und dafür, dass der Kläger kein sonstiges berechtigtes Interesse an der Aufhebung hat, ist die Kommission allerdings voll beweispflichtig.[458]

Prominentester – und soweit ersichtlich auch einziger – Anwendungsbereich dieser Fallgruppe in der Rechtsprechung ist erneut das Beamtenrecht. Stein des Anstoßes ist in der überwiegenden Zahl der Fälle eine gänzlich fehlende oder unzureichende Begründung.[459] Eine Festlegung darauf, ob die Fallgruppe auch auf Anhörungsmängel Anwendung finden kann, haben die Unionsgerichte bislang hingegen vermieden.

a) Begründungsmängel

Die erste Entscheidung zur Unbeachtlichkeit eines Begründungsmangels erging bereits im Jahre 1976: In der Rechtssache *Morello* bewarb sich der Kläger auf eine Stelle beim Sicherheitsbüro der Kommission in Brüssel. Der Prüfungsausschuss entschied jedoch, ihn nicht zum Auswahlverfahren zuzulassen. Die Gründe für seinen Ausschluss erfuhr der Kläger erst nach Klageerhebung.[460] Da die Ausschreibung verlangte, dass

---

auch *Bredemeier*, Kommunikative Verfahrenshandlungen, S. 466; ausführlich *Bülow*, Die Relativierung von Verfahrensfehlern, S. 304 ff.; *Fengler*, Die Anhörung im europäischen Gemeinschaftsrecht und deutschen Verwaltungsverfahrensrecht, S. 96 ff.; *Gellermann*, Auflösung von Normwidersprüchen zwischen europäischem und nationalem Recht, DÖV 1996, S. 433, 442 f.; *Hegels*, EG-Eigenverwaltungsrecht und Gemeinschaftsverwaltungsrecht, S. 87; *Schwarze*, Europäisches Verwaltungsrecht, 2. Auflage, S. 1372 f.

[455] EuG, Urt. v. 12.12.1996, Rs. T-99/95, *Stott/Kommission*, Slg, 1996, II-2227, Rn. 32; EuG, Urt. v. 13.03.2002, verb. Rs. T-357/00, T-361/00, T-363/00, T-364/00, *Martínez Alarcón u. a./Kommission*, Slg. ÖD 2002, I-A-37; II-161, Rn. 93.

[456] EuG, Urt. v. 29.09.1976, Rs. 9/76, *Morello/Kommission*, Slg. 1976, 1415, Rn. 11; EuGH, Urt. v. 06.07.1983, Rs. 117/81, *Geist/Kommission*, Slg. 1983, 2191, Rn. 7; EuGH, Urt. v. 20.05.1987, Rs. 432/85, *Souna/Kommission*, Slg. 1987, 2229, Rn. 20.

[457] EuG, Urt. v. 26.01.2000, Rs. T-86/98, *Gouloussis/Kommission*, Slg. ÖD 2000, I-A-5; II-23, Rn. 77; *Bülow*, Die Relativierung von Verfahrensfehlern, S. 305.

[458] EuG, Urt. v. 21.03.1996, Rs. T-230/94, *Farrugia/Kommission*, Slg. 1996, II-195, Rn. 37 ff.; siehe auch *Bredemeier*, Kommunikative Verfahrenshandlungen, S. 466; *Bülow*, Die Relativierung von Verfahrensfehlern, S. 305 f.

[459] Ebenfalls zu dieser Fallgruppe *Bredemeier*, Kommunikative Verfahrenshandlungen, S. 465 ff.; *Müller-Ibold*, Begründungspflicht, S. 121 f.; ausführliche Analyse der Rechtsprechung bei *Bülow*, Die Relativierung von Verfahrensfehlern, S. 306 ff.; vgl. auch *Scheffler*, Die Pflicht zur Begründung von Maßnahmen nach den europäischen Gemeinschaftsverträgen, S. 205; *Schwarze*, Europäisches Verwaltungsrecht, 2. Auflage, S. 1373.

[460] EuGH, Urt. v. 29.09.1976, Rs. 9/76, *Morello/Kommission*, Slg. 1976, 1415, Rn. 5/7.

Bewerber über „gründliche einschlägige Erfahrung" verfügten, der Kläger jedoch nur
eine Tätigkeit als Sekretär in einer italienischen Gemeinde vorweisen konnte, verfügte
er auch nach Auffassung des Gerichtshofs nicht über die notwendige berufliche Erfahrung. Der Gerichtshof hielt es für „offensichtlich, dass der Kläger [...] in keiner Weise
für die Wahrnehmung der mit den betroffenen Dienstposten verbundenen Aufgaben in
Frage kommt".[461] Daher habe der Prüfungsausschuss richtig entschieden, als er den
Kläger vom Auswahlverfahren ausschloss. Nach Auffassung des Gerichtshofs habe der
Kläger unter diesen Umständen

> „kein berechtigtes Interesse an der Aufhebung einer Entscheidung wegen mangelnder oder
> unzureichender Begründung [...], von der bereits jetzt feststeht, dass sie von einem gegebe-
> nenfalls im Anschluss an die Aufhebung wiederum zusammentretenden Prüfungsausschuss
> ohne Irrtum in tatsächlicher oder rechtlicher Hinsicht bestätigt werden könnte."[462]

Auffällig ist vor allem die Prüfungsreihenfolge des Gerichtshofs, die sich in späteren Entscheidungen immer klarer abzeichnete: Zunächst prüft er auf Antrag der
beklagten Kommission hin, ob „die Verwaltung keinen Ermessensspielraum besitzt
und handeln muss, wie sie es getan hat".[463] Dies weicht von der sonst üblichen Prüfungsreihenfolge, Form- vor Sachrügen zu prüfen, ab. Sobald die rechtliche Alternativlosigkeit der Entscheidung feststeht, spricht der Gerichtshof dem Kläger das
berechtigte Interesse an der Entscheidungsaufhebung allein wegen des Begründungsmangels ab.[464] Ob der geltend gemachte Begründungsmangel tatsächlich besteht, wird gar nicht mehr untersucht.[465] Dies lässt sich allein mit prozessökonomischen Erwägungen erklären und unterstreicht die verfahrensbeschleunigende
Motivation der Fallgruppe.

Auch in den Entscheidungen des europäischen Gerichts ist das Argument entscheidend, dass der Kläger im Falle der rechtlichen Alternativlosigkeit „kein schutzwürdiges Interesse an einer Aufhebung der angefochtenen Entscheidung wegen Forman-
gels" hat.[466] Im Unterschied zum Gerichtshof finden sich beim Gericht neben
Entscheidungen, in denen nicht auf den Begründungsmangel eingegangen und die

---

[461] EuGH, Urt. v. 29.09.1976, Rs. 9/76, *Morello/Kommission*, Slg. 1976, 1415, Rn. 8/10.

[462] EuGH, Urt. v. 29.09.1976, Rs. 9/76, *Morello/Kommission*, Slg. 1976, 1415, Rn. 11.

[463] EuGH, Urt. v. 06.07.1983, Rs. 117/81, *Geist/Kommission*, Slg. 1983, 2191, Rn. 7; EuGH, Urt.
v. 20.05.1987, Rs. 432/85, *Souna/Kommission*, Slg. 1987, 2229, Rn. 20.

[464] EuGH, Urt. v. 29.09.1976, Rs. 9/76, *Morello/Kommission*, Slg. 1976, 1415, Rn. 11; siehe auch
EuGH, Urt. v. 06.07.1983, Rs. 117/81, *Geist/Kommission*, Slg. 1983, 2191, Rn. 7; EuGH, Urt. v.
20.05.1987, Rs. 432/85, *Souna/Kommission*, Slg. 1987, 2229, Rn. 20.

[465] EuGH, Urt. v. 29.09.1976, Rs. 9/76, *Morello/Kommission*, Slg. 1976, 1415, Rn. 11.

[466] EuG, Urt. v. 27.06.1991, Rs. T-156/89, *Valverde Mordt/Gerichtshof*, Slg. 1991, II-407, Rn. 133;
EuG, Urt. v. 09.10.1992, Rs. T-50/91, *De Persio/Kommission*, Slg. 1992, II-2365, Rn. 10 und 24 f.;
EuG, Urt. v. 18.12.1992, Rs. T-43/90, *Díaz García/Parlament*, Slg. 1992, II-2619, Rn. 54; EuG,
Urt. v. 15.07.1993, Rs. T-27/92, *Camera-Lampitelli u. a./Kommission*, Slg. 1993, II-873, Rn. 53;
EuG, Urt. v. 20.09.2000, Rs. T-261/97, *Orthmann/Kommission*, Slg. ÖD 2000, I-A-181, I-A-183;
II-829, Rn. 33; EuG, Urt. v. 13.12.2000, Rs. T-130/98 und T-131/98, *Panichelli/Parlament*, Slg.
ÖD 2000, I-A-287, I-A-289; II-1311, Rn. 52; EuG, Urt. v. 13.03.2002, verb. Rs. T-357/00,
T-361/00, T-363/00 und T-364/00, *Martínez Alarcón/Kommission*, Slg. ÖD 2002, I-A-37, I-A-40;
II-161, Rn. 93.

Klage allein unter Hinweis auf die gebundene Entscheidungslage abgewiesen wird,[467] allerdings auch Entscheidungen, in denen untersucht wird, ob der geltend gemachte Begründungsmangel vorliegt – obwohl eine rechtliche Alternativlosigkeit bereits feststeht.[468] Dies ist inkonsequent und unter prozessökonomischen Aspekten unvorteilhaft. Handelt es sich um eine gebundene Entscheidung und ist von vornherein klar, dass dieselbe Entscheidung nach der Aufhebung erneut ergehen könnte und würde, darf das Gericht die mit dem Begründungsmangel behaftete Entscheidung ohnehin nicht aufheben.[469] Ihm obliegt nicht einmal die Pflicht, auf den Klagegrund der mangelhaften Begründung einzugehen.[470]

b) Anhörungsmängel

Unklar erscheint hingegen, ob diese Rechtsprechung auch auf Anhörungsmängel Anwendung findet. In der beamtenrechtlichen Rechtssache *Reynolds*[471] wurde über die Rechtmäßigkeit der vorzeitigen Beendigung der Abordnung des Klägers gestritten. Dieser brachte im Verfahren unter anderem vor, dass er vor der Entscheidung über die vorzeitige Beendigung seiner Abordnung nicht angehört worden sei.[472] Daraufhin argumentierte das beklagte Parlament, dass der Kläger kein berechtigtes Interesse an der Aufhebung der Entscheidung aufgrund eines Formmangels haben könne, da es sich im vorliegenden Fall um eine Entscheidung ohne Ermessensspielraum handle, die das Parlament in jedem Fall hätte erlassen müssen. Es trug dieses Argument vor, obwohl besagte Rechtsprechung bis dato nur auf Begründungs- und damit Formmängel, nicht jedoch auf Verfahrensmängel Anwendung gefunden hatte. Das Gericht stellte fest, dass sehr wohl ein beschränkter Ermessensspielraum bestanden habe, sodass der Verfahrensmangel nicht aufgrund von rechtlicher Alternativlosigkeit für unbeachtlich erklärt werden könne.[473] Zu der Frage, ob die Rechtsprechung zur Unbeachtlichkeit wegen rechtlicher Alternativlosigkeit auch auf Verfahrensmängel übertragen werden könne, verlor das Gericht darüber hinaus kein Wort.

---

[467] Beispielsweise EuG, Urt. v. 09.10.1992, Rs. T-50/91, *De Persio/Kommission*, Slg. 1992, II-2365, Rn. 25.

[468] Keine Prüfung des Begründungsmangels beispielsweise in EuG, Urt. v. 9.10.1992, Rs. T-50/91, *De Persio/Kommission*, Slg. 1992, II-2365, Rn. 10 und 24 f.; EuG, Urt. v. 18.12.1992, Rs. T-43/90, *Díaz García/Parlament*, Slg. 1992, II-2619, Rn. 54; EuG, Urt. v. 20.09.2000, Rs. T-261/97, *Orthmann/Kommission*, Slg. ÖD 2000, I-A-181, I-A-183; II-829, Rn. 33. Dagegen wird der Begründungsmangel ausführlich geprüft, bevor er für unbeachtlich erklärt wird in EuG, Urt. v. 27.06.1991, Rs. T-156/89, *Valverde Mordt/Gerichtshof*, Slg. 1991, II-407, Rn. 128 ff.; EuG, Urt. v. 15.07.1993, Rs. T-27/92, *Camera-Lampitelli u. a./Kommission*, Slg. 1993, II-873, Rn. 51 ff.

[469] EuG, Urt. v. 15.07.1993, Rs. T-27/92, *Camera-Lampitelli u. a./Kommission*, Slg. 1993, II-873, Rn. 53.

[470] EuG, Urt. v. 18.12.1992, Rs. T-43/90, *Díaz García/Parlament*, Slg. 1992, II-2619, Rn. 54. Hierzu siehe auch *Bülow*, Die Relativierung von Verfahrensfehlern, S. 316.

[471] EuG, Urt. v. 23.01.2002, Rs. T-237/00, *Reynolds/Parlament*, Slg. 2002, II-163.

[472] EuG, Urt. v. 23.01.2002, Rs. T-237/00, *Reynolds/Parlament*, Slg. 2002, II-163, Rn. 55.

[473] EuG, Urt. v. 23.01.2002, Rs. T-237/00, *Reynolds/Parlament*, Slg. 2002, II-163, Rn. 83.

2. Unbeachtlichkeit mangels konkreter Relevanz des Verfahrensfehlers für das Entscheidungsergebnis

Indes kann ein Verfahrensfehler dann nicht zur Nichtigkeit und Aufhebung eines Beschlusses gem. Art. 263 Abs. 2 AEUV führen, wenn er im konkreten Einzelfall keine Relevanz für das Verfahrensergebnis hatte. Hierbei kann zwischen einer Alternativlosigkeit aus rechtlichen sowie aus tatsächlichen Gründen unterschieden werden, wobei letztere in der Rechtsprechung eine wesentlich prominentere Rolle spielt.[474]

a) Alternativlosigkeit aus rechtlichen Gründen

Fälle der Unbeachtlichkeit, weil der begangene Fehler aus rechtlichen Gründen keinen Einfluss auf das Ergebnis der Verwaltungsentscheidung hatte, sind in der Rechtsprechung der europäischen Gerichte sehr vereinzelt geblieben. Frühestes und geläufigstes Beispiel ist die wettbewerbsrechtliche Rechtssache *Distillers*.[475] Die Klägerin rügte hier eine Vielzahl von Verfahrensfehlern,[476] deren Untersuchung der Gerichtshof jedoch nicht einmal für erforderlich hielt. Denn

> „selbst ohne die von der Klägerin behaupteten Verfahrensfehler hätte die [...] Entscheidung der Kommission nicht anders ausfallen können."[477]

Die Klägerin hatte sich nämlich gegen die Weigerung der Kommission gewendet, die Preisbedingung nach Art. 85 Abs. 3 EWGV vom Verbot des Art. 85 Abs. 1 EWGV freizustellen. Allerdings hatte die Klägerin es versäumt, die Preisbedingungen bei der Kommission anzumelden. Damit hatte sie sich „durch ihr eigenes Verhalten um jede Möglichkeit gebracht, im Rahmen des streitgegenständlichen Verfahrens eine Freistellung [...] zu erlangen. Selbst ohne die von der Klägerin behaupteten Verfahrensfehler hätte die auf das Fehlen der Anmeldung gestützte Entscheidung der Kommission deshalb nicht anders ausfallen können." Die konkrete Entscheidung hätte daher aus Rechtsgründen nicht anders ergehen können.

Erst zehn Jahre später wiederholte sich eine ähnliche Situation, dieses Mal im beamtenrechtlichen Kontext: In der Rechtssache *Sklias*[478] rügte der Kläger unter anderem die Zusammensetzung des Ausschusses, der die Ergebnisse seiner Prüfung zu bewerten hatte. Das Gericht stellte jedoch fest, dass jeder Prüfungsausschuss –

---

[474] Zu dieser Fallgruppe ausführlich bereits *Bülow*, Die Relativierung von Verfahrensfehlern, S. 320 ff.: woran sich auch die folgenden Ausführungen orientieren werden; siehe auch *von Danwitz*, Europäisches Verwaltungsrecht, S. 391 f.; *Hegels*, EG-Eigenverwaltungsrecht und Gemeinschaftsverwaltungsrecht, S. 87.

[475] EuGH, Urt. v. 10.07.1980, Rs. 30/78, *Distillers/Kommission*, Slg. 1980, 2229. Dieser Fall wurde auch in der Lehre viel diskutiert, siehe beispielsweise *Due*, Verfahrensrechte der Unternehmen in Wettbewerbsverfahren vor der EG-Kommission, EuR 1988, S. 33, 38; *Toth*, Infringement of an essential procedural requirement, in: The Oxford Encyclopaedia of European Community Law, Vol. I, S. 301.

[476] EuGH, Urt. v. 10.07.1980, Rs. 30/78, *Distillers/Kommission*, Slg. 1980, 2229, Rn. 25.

[477] EuGH, Urt. v. 10.07.1980, Rs. 30/78, *Distillers/Kommission*, Slg. 1980, 2229, Rn. 26.

[478] EuG, Urt. v. 22.06.1990, Rs. T-27/89, *Sklias/Gerichtshof*, Slg. 1990, II-269.

unabhängig von seiner Zusammensetzung – den Kläger hätte ausschließen müssen, da dieser bereits nicht die in der Ausschreibung enthaltenen Zulassungsvoraussetzungen erfülle. Daher sei der Klagegrund mit den Worten des Gerichts „ohne Bedeutung" und zurückzuweisen.[479]

Schließlich lehnte der Gerichtshof eine Aufhebung der Entscheidung auch in der beihilfenrechtlichen Rechtssache *Falck und Acciaierie di Bolzano*[480] ab. Hier wandten sich die Kläger gegen ein Urteil des Gerichts, mit dem die von der Kommission festgestellte Unvereinbarkeit einer von Italien an das Stahlunternehmen Acciaierie di Bolzano gewährten Beihilfe bestätigt wurde. Die Kommission hatte jedoch den zum Zeitpunkt des Entscheidungserlasses geltenden Stahlkodex angewendet, anstatt ihre Entscheidung auf den zum Zeitpunkt der Auszahlung der Beihilfe geltenden Stahlkodex zu stützen. Der Gerichtshof hob jedoch hervor, dass die angefochtene Entscheidung und das angefochtene Urteil ebenso ausgefallen wären, wenn dieser Rechtsfehler nicht begangen worden wäre und die Kommission den seinerzeit geltenden Stahlkodex korrekt angewandt hätte. Der Rechtsfehler war damit unbeachtlich und konnte nicht als Rechtsmittelgrund durchgreifen.[481]

Trotz ihrer Spärlichkeit lassen diese drei Rechtssachen erkennen, dass Verfahrensfehler dann nicht zur Aufhebung einer Verwaltungsentscheidung führen, sondern unbeachtlich sind, wenn die Entscheidung aus rechtlichen Gründen nicht anders hätte ergehen können.

b) Alternativlosigkeit aus tatsächlichen Gründen

Neben den Fällen, wo die Verwaltungsentscheidung aus rechtlichen Gründen alternativlos war, lehnen die Unionsgerichte die Aufhebung einer Entscheidung im Wege der Nichtigkeitsklage auch dann ab, wenn der konkrete Ablauf des Verwaltungsverfahrens zeigt, dass die Entscheidung auch ohne die Verletzung der Verfahrensvorschrift nicht mit einem anderen Inhalt ergangen wäre.

Um diese Fallgruppe der Unbeachtlichkeit eines Verfahrensfehlers mangels konkreter Ergebnisrelevanz zu charakterisieren, ist in ständiger Rechtsprechung folgende Formulierung gebräuchlich:

> „Grundsätzlich zieht ein Verfahrensverstoß die vollständige oder teilweise Aufhebung einer Entscheidung nur dann nach sich, wenn nachgewiesen ist, dass die angefochtene Entscheidung ohne diesen Verstoß einen anderen Inhalt hätte haben können."[482]

---

[479] EuG, Urt. v. 22.06.1990, Rs. T-27/89, *Sklias/Gerichtshof*, Slg. 1990, II-269, Rn. 28.

[480] EuGH, Urt. v. 24.09.2002, Rs. C-74/00 P und C-75/00 P, *Falck und Acciaierie di Bolzano/Kommission*, Slg. 2002, I-7869.

[481] EuGH, Urt. v. 24.09.2002, Rs. C-74/00 P und C-75/00 P, *Falck und Acciaierie di Bolzano/Kommission*, Slg. 2002, I-7869, Rn. 122.

[482] EuGH, Urt. v. 23.04.1986, Rs. 150/84, *Bernardi/Parlament*, Slg. 1986, 1375, Rn. 28; siehe auch EuGH, Urt. v. 10.07.1980, Rs. 30/78, *Distillers Company/Kommission*, Slg. 1980, 2229, Rn. 26; EuGH, Urt. v. 29.10.1980, verb. Rs. 209-215 und 218/78, *Van Landewyck/Kommission*, Slg. 1980, 3125, Rn. 47; EuGH, Urt. v. 10.07.2001, Rs. C-315/99 P, *Ismeri Europa/Rechnungshof*, Slg. 2001, I-5281, Rn. 34; EuG, Urt. v. 08.07.2004, Rs. T-198/01, *Technische Glaswerke Ilmenau/Kommission*, Slg. 2004, II-2717, Rn. 201; EuG, Urt. v. 27.11.1990, Rs. T-7/90, *Kobor/Kommission*, Slg.

In Abgrenzung zur Fallgruppe der Unbeachtlichkeit aufgrund einer rechtlich gebundenen Entscheidungslage ist in dieser Fallgruppe also auf eine faktische Beurteilung abzustellen: Die „Bindung" an die gewählte Entscheidungsoption ist hier in
einem untechnischen Sinne gemeint.

Ihre Rechtfertigung findet diese Rechtsprechungslinie insbesondere in prozessökonomischen Erwägungen und dem Gedanken der Verfahrensbeschleunigung.
Dass gerade ein unnötiges „in die Länge ziehen" des gerichtlichen Verfahrens vermieden werden soll, zeigt sich insbesondere daran, dass keine Prüfung der behaupteten Verfahrensverletzung vorgenommen wird, wenn erwiesen ist, dass die Verletzung keinen Einfluss auf die Sachentscheidung haben konnte.[483] Die Kommission
begründet diese Rechtsprechung ferner damit, dass es

> „sich dabei um eine *Regel des gesunden Menschenverstands* [handele], da es offenkundig
> unverhältnismäßig und ungerechtfertigt wäre, eine inhaltlich gültige Entscheidung des-
> halb, weil in dem zu ihrem Erlass führenden Verfahren ein Mangel festgestellt worden
> sei, aufzuheben, obwohl dieser Mangel sich nicht auf den Entscheidungsinhalt ausge-
> wirkt habe."[484]

Aus der charakteristischen Formel, die die Rechtsprechung zur Kennzeichnung der
Fallgruppe verwendet, ergeben sich zudem zwei Voraussetzungen ihrer erfolgreichen Geltendmachung: Zunächst muss es sich – wie bereits der Wortlaut „Verfahrensverstoß" zeigt – um einen Verfahrensfehler handeln. Dies stellt auch einen
Unterschied zu der Fallgruppe der Alternativlosigkeit aufgrund einer rechtlich gebundenen Entscheidungssituation dar, die nur im Falle von Formmängeln Anwendung findet.[485] Zweitens bedarf es zur Abwendung der Aufhebung des *positiven*
Kausalitätsnachweises, „dass die angefochtene Entscheidung ohne diesen Verstoß
einen anderen Inhalt hätte haben können".[486] Dem liegt zugrunde, dass es sich in
der Mehrzahl der Rechtssachen, bei denen diese Fallgruppe zur Anwendung kam,
um Verfahrensfehler handelte, die in einem sehr frühen Verfahrensstadium auftra-
ten, das teilweise noch keine Verbindlichkeit für spätere Entscheidungsstadien
hatte. So ereignete sich der Verfahrensfehler in zahlreichen beamtenrechtlichen
Rechtssachen im Stadium des bloßen Entscheidungsentwurfs der Behörde.[487] Vor

---

1990, II-721, Rn. 30; EuG, Urt. v. 18.02.1993, Rs. T-1/92, *Tallarico/Parlament*, Slg. 1993, II-107,
Rn. 47; GöD, Urt. v. 11.09.2008, Rs. F-51/07, *Philippe Bui Van/Kommission*, Slg. ÖD 2008, I-A-
1-289; II-A-1-1533, Rn. 81 m.w.N.

[483] Vgl. Formulierungen in EuG, Urt. v. 27.11.1990, Rs. T-7/90, *Kobor/Kommission*, Slg. 1990, II-
721, Rn. 30; EuGH, Urt. v. 10.07.1980, Rs. 30/78, *Distillers Company/Kommission*, Slg. 1980,
2229, Rn. 26. Siehe auch *Bülow*, Die Relativierung von Verfahrensfehlern, S. 321 f.; *Müller-Ibold*,
Begründungspflicht, S. 121.

[484] EuGH, Urt. v. 08.07.1999, Rs. C- 51/92 P, *Hercules/Kommission*, Slg. 1999, I-4235, Rn. 68
(Hervorhebung durch Verf.).

[485] *Bülow*, Die Relativierung von Verfahrensfehlern, S. 321.

[486] EuGH, Urt. v. 23.04.1986, Rs. 150/84, *Bernardi/Parlament*, Slg. 1986, 1375, Rn. 28; siehe auch
EuGH, Urt. v. 29.10.1980, verb. Rs. 209-215, 218/78, *Van Landewyck/Kommission*, Slg. 1980,
3125, Rn. 47; *Bülow*, Die Relativierung von Verfahrensfehlern, S. 327 und 409.

[487] EuGH, Urt. v. 23.04.1986, Rs. 150/84, *Bernardi/Parlament*, Slg. 1986, 1375; EuG, Urt. v.
27.11.1990, Rs. T-7/90, *Kobor/Kommission*, Slg. 1990, II-721; EuG, Urt. v. 18.02.1993, Rs.
T-1/92, *Tallarico/Parlament*, Slg. 1993, II-107.

diesem Hintergrund leuchtet ein, dass sich die Unionsgerichte vergewissern wollen, dass der Fehler auch tatsächlich Einfluss auf das endgültige Entscheidungsergebnis hatte.[488]

Bei der Prüfung, ob die „angefochtene Entscheidung ohne diesen Verstoß einen anderen Inhalt hätte haben können", vergleichen die Unionsgerichte das Ergebnis des konkreten Einzelfalls mit dem hypothetischen Ergebnis, das ohne den Verfahrensfehler erreicht worden wäre.[489] Dabei legen sie einen objektiven Maßstab an, was bedeutet, dass nicht der interne behördliche Entscheidungsvorgang erforscht werden muss.[490] Die Beweislast dafür, dass der Verfahrensfehler in der Lage war, die getroffene Entscheidung zu beeinflussen, trägt der Kläger, sodass Unklarheiten zu seinen Lasten gehen.[491] Es wird jedoch nicht der Nachweis verlangt, dass die Entscheidung mit *Gewissheit* anders gelautet hätte, wenn der Verfahrensfehler unterblieben wäre. Ausreichend ist, wenn der Kläger die konkrete *Möglichkeit* darlegt, dass die Sachentscheidung ohne die Verfahrensverletzung anders ausgefallen wäre. Dies ergibt sich aus dem Wortlaut der charakteristischen Formulierung der Unionsgerichte „hätte haben *können*".[492]

aa) Wettbewerbsrecht

Einer der ersten Fälle, wo diese Fallgruppe zur Anwendung kam, war die wettbewerbsrechtliche Rechtssache *Van Landewyck*.[493] Hier rügten die Klägerinnen eine Verletzung des Berufsgeheimnisses, da die Kommission durch dieses geschützte Informationen weitergegeben habe. Jedoch erachtete der Gerichtshof die Prüfung dieser Verfahrensrüge nicht für erforderlich. Denn selbst unterstellt, dass die von der Kommission mitgeteilten Informationen vom Berufsgeheimnis erfasst würden, zöge dieser Verfahrensfehler nur dann eine Aufhebung der Entscheidung nach sich,

„wenn nachgewiesen wäre, dass die angefochtene Entscheidung ohne diesen Verfahrensverstoß einen anderen Inhalt hätte haben können."

---

[488] *Bülow,* Die Relativierung von Verfahrensfehlern, S. 327 f.

[489] Vgl. EuGH, Urt. v. 29.10.1980, verb. Rs. 209-215, 218/78, *Van Landewyck/Kommission,* Slg. 1980, 3125, Rn. 40; EuG, Urt. v. 27.11.1990, Rs. T-7/90, *Korbor/Kommission,* Slg. 1990, II-721, Rn. 28; *Bülow,* Die Relativierung von Verfahrensfehlern, S. 334.

[490] EuGH, Urt. v. 30.10.1974, Rs. 188/73, *Grassi/Rat,* Slg. 1974, 1099, Rn. 20 ff. und 32 ff., wo die Einstufung der Sprachkenntnisse im Wege einer Zeugenbefragung ermittelt wurde; *Bülow,* Die Relativierung von Verfahrensfehlern, S. 334; *Kahl,* Grundrechtsschutz durch Verfahren in Deutschland und in der EU, VerwArch 95 (2004), S. 1, 24.

[491] EuGH, Urt. v. 23.04.1986, Rs. 150/84, *Bernardi/Parlament,* Slg. 1986, 1375, Rn. 28; EuG, Urt. v. 27.11.1990, Rs. T-7/90, *Korbor/Kommission,* Slg. 1990, II-721, Rn. 28; EuG, Urt. v. 18.02.1993, Rs. T-1/92, *Tallarico/Parlament,* Slg. 1993, II-107, Rn. 47; *Bülow,* Die Relativierung von Verfahrensfehlern, S. 334.

[492] *Bülow,* Die Relativierung von Verfahrensfehlern, S. 334.

[493] EuGH, Urt. v. 29.10.1980, verb. Rs. 209-215, 218/78, *Van Landewyck/Kommission,* Slg. 1980, 3125.

Jedoch ergebe sich aus den Akten, dass die Weitergabe der in Frage stehenden Unterlagen keine zusätzlichen Argumente hervorgebracht habe, die Einfluss auf den Inhalt der Entscheidung gehabt hätten.[494] Daher wies der Gerichtshof diesen Klagegrund zurück.

Diese Rechtsprechungslinie wiederholte sich auch in Entscheidungen des europäischen Gerichts: Im Urteil *Hercules Chemicals*[495] übernahm das Gericht die Rechtsprechung des Gerichtshofs unter ausdrücklichem Hinweis auf das *Distillers*-Urteil.[496] In diesem Verfahren rügte die Klägerin, die Kommission habe den Adressaten nach Mitteilung der Beschwerdepunkte Akteneinsicht gewährt. Eine Reihe von für die Klägerin günstigen Dokumenten hätte in den Akten jedoch gefehlt. Die Klägerin habe die Kommission daher vergeblich darum gebeten, ihr Zugang zu den Dokumenten zu ermöglichen.[497] In Bezug auf die Weigerung der Kommission, der Klägerin Zugang zu den Antworten der anderen Hersteller auf die Mitteilung der Beschwerdepunkte zu gewähren, erachtete das Gericht jedoch bereits die Prüfung, ob diese Weigerung überhaupt eine Verletzung des Anhörungsrechts der Klägerin darstelle, für nicht erforderlich. Es erläuterte:

> „Eine solche Prüfung wäre nämlich nur dann erforderlich, wenn die Möglichkeit bestände, dass ohne diese Weigerung das Verwaltungsverfahren zu einem anderen Ergebnis geführt hätte. Dies ist indessen vorliegend nicht der Fall. Nach der Verbindung der Rechtssachen zu gemeinsamer mündlicher Verhandlung hat die Klägerin nämlich Zugang zu den Antworten der anderen Hersteller auf die Mitteilungen der Beschwerdepunkte gehabt und ihnen nichts entnehmen können, auf das sie sich in der mündlichen Verhandlung zu ihrer Entlastung hätte berufen können. Daraus ist zu schließen, dass diese Antworten kein Entlastungsmaterial enthielten und dass daher der Umstand, dass der Klägerin während des Verwaltungsverfahrens der Zugang zu ihnen versagt geblieben ist, das Ergebnis der Entscheidung nicht beeinflusst haben kann."[498]

Diese Rechtsprechungslinie wiederholte das Gericht auch in späteren wettbewerbsrechtlichen Urteilen, bei denen es um die Verletzung von Verteidigungsrechten ging.[499]

---

[494] EuGH, Urt. v. 29.10.1980, verb. Rs. 209-215, 218/78, *Van Landewyck/Kommission*, Slg. 1980, 3125, Rn. 47.

[495] EuG, Urt. v. 17.12.1991, Rs. T-7/89, *Hercules Chemicals/Kommission*, Slg. 1991, II-1711.

[496] EuG, Urt. v. 17.12.1991, Rs. T-7/89, *Hercules Chemicals/Kommission*, Slg. 1991, II-1711, Rn. 56.

[497] EuG, Urt. v. 17.12.1991, Rs. T-7/89, *Hercules Chemicals/Kommission*, Slg. 1991, II-1711, Rn. 46.

[498] EuG, Urt. v. 17.12.1991, Rs. T-7/89, *Hercules Chemicals/Kommission*, Slg. 1991, II-1711, Rn. 56.

[499] EuG, Urt. v. 30.09.2003, Rs. T-191/98, T-212/98 und T-214/98, *Atlantic Container Line u. a./ Kommission*, Slg. 2003, II-3275, Rn. 340 und 430; EuG, Urt. v. 14.12.2005, Rs. T-210/01, *General Electric/Kommission*, Slg. 2005, II-5575, Rn. 632 f.

bb) Beamtenrecht

Der Hauptanwendungsfall dieser Fallgruppe findet sich jedoch nicht im Wettbe-
werbs-, sondern im Beamtenrecht und dort im Rahmen der Bewertung von Ansprü-
chen nach der sog. Regelung zur Sicherung der Beamten der Europäischen Gemein-
schaften bei Unfällen und Berufskrankheiten.[500] Den Anfang dieser
Rechtsprechungslinie markierte die Rechtssache *Bernardi*.[501] Ihr lag folgender
Sachverhalt zugrunde: Der Kläger begehrte die Zahlung einer Entschädigung, die
für den Fall einer beruflich bedingten dauernden Dienstunfähigkeit (gem. Art. 73
Abs. 2 lit. b und c BeamtSt i.V.m. der Regelung zur Sicherung der Beamten der
Europäischen Gemeinschaften bei Unfällen und Berufskrankheiten) gezahlt wird.
Das Verfahren im Falle eines solchen Begehrens erfolgt in zwei Schritten: Im ersten
erlässt die Anstellungsbehörde einen Entscheidungsentwurf bezüglich der Berufs-
bedingtheit der Krankheit, der auf Grundlage einer ärztlichen Untersuchung des
betroffenen Beamten ergeht und von der Verwaltung veranlasst wird. Dieser Entwurf wird dem Beamten gemeinsam mit der ärztlichen Stellungnahme übermittelt.
Ist der Beamte mit dem Entscheidungsentwurf nicht einverstanden, hat er die Möglichkeit, in einem zweiten Schritt innerhalb von 60 Tagen einen Ärzteausschuss
einzuberufen, der ihn erneut untersucht. Stellt der Beamte einen solchen Antrag
nicht, ergeht die Entscheidung in der Fassung des zugestellten Entwurfs.[502]

Im Fall von Herrn Bernardi schätzte die Anstellungsbehörde bereits im Entscheidungsentwurf die Krankheit des Klägers als nicht berufsbedingt ein. Dies bestätigte
auch der angerufene Ärzteausschuss. Vor dem Gerichtshof rügte der Kläger, dass
ihm der Entscheidungsentwurf nicht ordnungsgemäß zugestellt worden sei, da die
Zustellung von einem nicht hierzu ermächtigten Beamten durchgeführt worden
sei.[503] Der Gerichtshof stellte fest, dass der Kläger diesen Verfahrensfehler zwar zu
Recht geltend mache. Jedoch sei ihm die endgültige Entscheidung ordnungsgemäß
zugestellt worden. Der Zustellungsfehler beim Entscheidungsentwurf habe keine
Auswirkungen auf den endgültigen Verfahrensausgang gehabt, da der Kläger dennoch den Ärzteausschuss angerufen und dieser bestätigt habe, dass die Krankheit
des Klägers nicht berufsbedingt sei. Daher konnte die fehlerhafte Zustellung keine
Auswirkung auf den Entscheidungsinhalt haben. Auch ohne den Verfahrensfehler
wäre die Entscheidung mit demselben Inhalt ergangen. Unter Verweis auf die
Rechtssache *Landewyck* wiederholt der Gerichtshof sodann, dass ein

> „Verfahrensverstoß die vollständige oder teilweise Aufhebung einer Entscheidung nur dann
> nach sich [ziehen kann], wenn nachgewiesen ist, dass die angefochtene Entscheidung ohne
> diesen Verstoß einen anderen Inhalt hätte haben können."

Da dies vorliegend nicht der Fall sei, habe die Rüge des Klägers keinen Erfolg.[504]

---

[500] *Bülow,* Die Relativierung von Verfahrensfehlern, S. 328 f. und 331 ff.

[501] EuGH, Urt. v. 23.04.1986, Rs. 150/84, *Bernardi/Parlament,* Slg. 1986, 1375.

[502] Zu diesem zweiphasigen Verfahren ausführlich GA *Damon,* Schlussanträge v. 23.01.1996, Rs.
150/84, *Bernardi/Parlament,* Slg. 1986, 1376, 1377.

[503] EuGH, Urt. v. 23.04.1986, Rs. 150/84, *Bernardi/Parlament,* Slg. 1986, 1375, Rn. 26.

[504] EuGH, Urt. v. 23.04.1986, Rs. 150/84, *Bernardi/Parlament,* Slg. 1986, 1375, Rn. 28.

Ähnlich entschied der Gerichtshof auch in der Rechtssache *Biedermann*[505]: Infolge eines Verkehrsunfalls wurde diesem Kläger, einem Beamten des Rechnungshofes, nach ärztlicher Untersuchung zunächst ein Invaliditätsgrad von 6 %, nach Einberufung des Ärzteausschusses sodann ein solcher von 9 % zuerkannt. Da der Kläger auch mit dem durch den Ärzteausschuss festgestellten Invaliditätsgrad nicht einverstanden war, erhob er zunächst Beschwerde und sodann Klage vor dem Gerichtshof. Er rügte unter anderem Unregelmäßigkeiten bei der Erstellung des ersten Gutachtens. Nach Auffassung des Gerichtshofs konnte diese Formrüge jedoch nicht zum Erfolg der Klage führen, da das Gutachten des Ärzteausschusses vom ersten Gutachten unabhängig sei und daher von Formfehlern des ersten Gutachtens nicht berührt werden könne. Auch ohne diese Unregelmäßigkeit wäre das Gutachten des Ärzteausschusses vielmehr mit demselben Inhalt ergangen.[506]

Diese Rechtsprechungslinie findet sich auch in Entscheidungen des europäischen Gerichts. Wie in den Rechtssachen *Bernardi* und *Biedermann* bestritt auch die Klägerin in der Rechtssache *Korbor*,[507] eine Beamtin der Kommission, den Grad der von der Anstellungsbehörde nach ihrem Reitunfall festgelegten Teilinvalidität. Sie rügte, die Anstellungsbehörde habe in ihrem Entscheidungsentwurf, der später vom Ärzteausschuss bestätigt wurde, ihre bereits bestehenden körperlichen Schäden zu ihren Ungunsten berücksichtigt. Hierbei stützte sie sich im Wesentlichen auf einen Formulierungsfehler im Entscheidungsentwurf. Das Gericht stellt jedoch fest,

„dass die Klägerin weder behauptet noch bewiesen hat, dass der der Kommission in ihrem Entscheidungsentwurf unterlaufene Formulierungsfehler die ärztlichen Beurteilungen des Ärzteausschusses, auf die die streitige Entscheidung gestützt ist, beeinflussen konnte.“[508]

Das Gutachten des Ärzteausschusses habe die bereits bestehenden Schäden der beim Unfall verletzten Körperteile bei der Bestätigung des ersten Gutachtens nämlich nicht berücksichtigt. Das Gutachten des Ärzteausschusses – und damit auch die auf dieses Gutachten gestützte endgültige Entscheidung –, sei damit nicht durch den anfänglichen Fehler der Anstellungsbehörde beeinflusst worden.[509] Hieraus folge, dass die angefochtene Entscheidung auch dann keinen anderen Inhalt gehabt hätte, wenn der Anstellungsbehörde der Fehler nicht unterlaufen wäre.[510] Sodann wiederholt das Gericht unter Verweis auf die Rechtssache *Distillers*, dass es

„Verfahrensfehler jedoch nur [untersuche], wenn eine Möglichkeit besteht, dass das Verwaltungsverfahren ohne diese Verfahrensfehler zu einem anderen Ergebnis geführt hätte“.[511]

---

[505] EuGH, Urt. v. 19.01.1988, Rs. 2/87, *Biedermann/Rechnungshof*, Slg. 1988, 143.

[506] EuGH, Urt. v. 19.01.1988, Rs. 2/87, *Biedermann/Rechnungshof*, Slg. 1988, 143, Rn. 21.

[507] EuG, Urt. v. 27.11.1990, Rs. T-7/90, *Korbor/Kommission*, Slg. 1990, II-721.

[508] EuG, Urt. v. 27.11.1990, Rs. T-7/90, *Korbor/Kommission*, Slg. 1990, II-721, Rn. 28.

[509] EuG, Urt. v. 27.11.1990, Rs. T-7/90, *Korbor/Kommission*, Slg. 1990, II-721, Rn. 29.

[510] EuG, Urt. v. 27.11.1990, Rs. T-7/90, *Korbor/Kommission*, Slg. 1990, II-721, Rn. 30.

[511] EuG, Urt. v. 27.11.1990, Rs. T-7/90, *Korbor/Kommission*, Slg. 1990, II-721, Rn. 30; ähnlich auch EuG, Urt. v. 18.02.1993, Rs. T-1/92, *Tallarico/Parlament*, Slg. 1993, II-107, Rn. 47.

cc) Markenrecht

Unter ausdrücklichem Verweis auf die wettbewerbsrechtliche Rechtsprechung führt auch im Unionsmarkenverfahrensrecht eine Verletzung der Verteidigungsrechte nur dann zur Nichtigkeit und damit Aufhebung der Entscheidung, wenn nachgewiesen werden kann, dass das Verfahren ohne diesen Fehler möglicherweise zu einem anderen Ergebnis hätte kommen können.[512] Konnte dagegen festgestellt werden, dass das Verfahren zu keinem anderen Ergebnis hätte führen können, erachten die Unionsgerichte die Prüfung des Fehlers für überflüssig.[513]

dd) Beihilfenrecht

Schließlich finden sich Beispiele dieser Fallgruppe auch im Beihilfenrecht: In einer Vielzahl von Fällen wehrten sich Mitgliedstaaten gegen den Vorwurf, sie hätten mitgliedstaatlichen Unternehmen unionsrechtswidrige staatliche Beihilfen gewährt mit der Rüge, dass ihr rechtliches Gehör verletzt worden sei, da sie nicht die Möglichkeit gehabt hätten, sich zu verschiedenen Stellungnahmen Dritter zu äußern. Jedoch kam der Gerichtshof in allen Fällen zu dem Schluss, dass selbst bei Einhaltung des Grundsatzes des rechtlichen Gehörs keine andere Entscheidung in der Sache ergangen wäre. Daher könne die Verletzung des Anhörungsrechts eine Aufhebung der Entscheidung nicht rechtfertigen.[514]

c) Fallgruppe auf Ermessensentscheidungen anwendbar?

Schließlich ist der Frage nachzugehen, ob die Unionsgerichte diese Fallgruppe der Unbeachtlichkeit lediglich auf gebundene Entscheidungen anwenden oder auch Ermessensentscheidungen mit einbeziehen.

Ein genauerer Blick auf die einschlägigen Urteile ergibt, dass die Unionsgerichte sehr wohl zwischen gebundenen und Ermessensentscheidungen differenzieren und es regelmäßig ablehnen, das Kriterium der konkreten Ergebnisrelevanz

---

[512] EuGH, Urt. v. 06.09.2012, Rs. C-96/11 P, *August Storck/HABM*, ECLI:EU:C:2012:537, Rn. 80; EuG, Urt. v. 17.12.2010, Rs. T-13/09, *August Storck/HABM*, Slg. 2010, II-297, Rn. 53; EuG, Urt. v. 12.05.2009, Rs. T-410/07, *Jurado Hermanos/HABM*, Slg. 2009, II-1345, Rn. 32; EuG, Urt. v. 06.09.2013, Rs. T-599/10, *Eurocool Logistik GmbH/HABM*, ECLI:EU:T:2013:399, Rn. 51; siehe auch *Bender*, in: Fezer, Hdb. Markenpraxis, Bd. I, 2. Teil, 1. Kap., Rn. 379.

[513] EuG, Urt. v. 12.05.2009, Rs. T-410/07, *Jurado Hermanos/HABM*, Slg. 2009, II-1345, Rn. 34.

[514] EuGH, Urt. v. 10.07.1986, Rs. 234/84, *Belgien/Kommission*, Slg. 1986, 2263, Rn. 30; EuGH, Urt. v. 10.07.1986, Rs. 40/85, *Belgien/Kommission*, Slg. 1986, 2321, Rn. 31; EuGH, Urt. v. 11.11.1987, Rs. 259/85, *Frankreich/Kommission*, Slg. 1987, 4393, Rn. 13; EuGH, Urt. v. 14.02.1990, Rs. 301/87, *Frankreich/Kommission*, Slg. 1990, I-307, Rn. 31; EuGH, Urt. v. 21.03.1990, Rs. C-142/87, *Belgien/Kommission*, Slg. 1990, I-959, Rn. 48; EuGH, Urt. v. 5.10.2000, Rs. 288/96, *Deutschland/Kommission*, Slg. 2000, I-8237, Rn. 102. *Bülow*, Die Relativierung von Verfahrensfehlern, S. 340 f. fasst diese Urteile hingegen unter die Fallgruppe der Zweckerreichung. Tatsächlich erfolgt die Abgrenzung der zwei Fallgruppen in den Urteilen nicht ganz eindeutig.

auf Entscheidungen der Verwaltung mit Ermessensspielraum anzuwenden.[515] So ging der Gerichtshof in der Rechtssache *Willame* – die eine Entscheidung mit Beurteilungsermessen der Verwaltung betraf – der Frage nicht nach, ob das Verfahren ohne den Fehler zu demselben Abschluss gefunden hätte. Es führte vielmehr aus:

> „Aus den Feststellungen [...] ergibt sich, dass das Überleitungsverfahren mit einem wesentlichen Fehler behaftet ist. Der Gerichtshof würde indessen in das Beurteilungsermessen des Überleitungsausschusses eingreifen, wenn er darüber entschiede, ob dieser Ausschuss auch dann eine ablehnende Stellungnahme über den Kläger hätte abgeben dürfen, wenn er den genannten Fehler nicht begangen hätte. Er kann daher lediglich feststellen, dass eine tatsächliche Vermutung dafür spricht, dass der Ausschuss in diesem Fall möglicherweise zu einem anderen Ergebnis gelangt wäre."[516]

Der Grund hierfür liegt auf der Hand – und wird vom Gerichtshof auch ausdrücklich genannt: Im Falle einer Ermessensentscheidung ist die strenge Kontrolle der Einhaltung von Verfahrens- und Formvorschriften durch die Unionsgerichte besonders wichtig, da diese als Ausgleich der hier bestehenden beschränkten Nachprüfungsbefugnis der Unionsgerichte fungiert.[517] Im Falle einer Entscheidung der Verwaltung mit Ermessensspielraum schenken die Unionsgerichte dem Einwand, der festgestellte Verfahrensfehler sei für den Entscheidungsausgang nicht erheblich gewesen, daher keine Beachtung. Die Unionsgerichte möchten so verhindern, ihre Entscheidung an die Stelle derjenigen der Verwaltung zu setzen und damit die der Verwaltung übertragene letztverbindliche Entscheidungsbefugnis zu umgehen.[518]

3. Unbeachtlichkeit wegen Zweckerreichung

Die dritte Fallgruppe der Unbeachtlichkeit umfasst Fälle, wo der begangene Verfahrens- oder Formfehler keine nachteiligen Auswirkungen für den Fehlerbetroffenen und seine Verfahrensposition hatte. Dies ist insbesondere dann der Fall,

---

[515] *Bülow*, Die Relativierung von Verfahrensfehlern, S. 321 und 335 f.; *Sedemund*, Allgemeine Prinzipien des Verwaltungsverfahrensrechts, in: Schwarze, Europäisches Verwaltungsrecht im Werden, S. 45, 54.

[516] EuGH, Urt. v. 08.07.1965, Rs. 110/63, *Willame/Kommission der EAG*, Slg. 1965, 859, 878 f.; siehe auch EuG, Urt. v. 9.11.1995, Rs. T-346/94, *France-aviation/Kommission*, Slg. 1995, II-2841, Rn. 39; EuG, Urt. v. 23.01.2002, Rs. 237/00, *Reynolds/Parlament*, Slg. ÖD 2002, II-15, Rn. 115; EuG, Urt. v. 09.07.2003, Rs. T-102/00, *Vlaams Fonds voor de Sociale Integratie van Personen met een Handicap/Kommission*, Slg. 2003, II-2433, Rn. 84 f.; *Bülow*, Die Relativierung von Verfahrensfehlern, S. 335.

[517] Zur Beschränkung der gerichtlichen Kontrolle bei Bestehen eines administrativen Beurteilungsspielraums siehe EuGH, Urt. v. 21.11.1991, Rs. C-269/90, *Technische Universität München/Hauptzollamt München-Mitte*, Slg. 1991, I-5469, Rn. 14; hierzu auch *Rausch*, Die Kontrolle von Tatsachenfeststellungen und -würdigungen durch den Gerichtshof der Europäischen Gemeinschaften, S. 169; *Schwarze*, Europäisches Verwaltungsrecht, 2. Auflage, S. LXXXIV f.

[518] *Bülow*, Die Relativierung von Verfahrensfehlern, S. 335 f.

wenn der Zweck der verletzten Vorschrift trotz ihrer Verletzung doch noch erreicht wurde.[519] Die Hauptanwendungsfälle hierzu aus der Praxis der Unionsgerichte finden sich im Wettbewerbsrecht.

a) Unregelmäßigkeiten bei der Übermittlung des Anhörungsprotokolls an den Beratenden Ausschuss

Am häufigsten findet sich diese Fallgruppe in der Rechtsprechungspraxis bei Unregelmäßigkeiten der Übermittlung des Anhörungsprotokolls an den Beratenden Ausschuss für Kartell- und Monopolfragen (im Folgenden: Beratender Ausschuss). Der Beratende Ausschuss wurde bereits durch VO Nr. 17/62 eingerichtet und blieb auch in der Neufassung der Kartellverfahrensrechtsverordnung erhalten.[520] Er ist vor jeder verfahrensabschließenden Entscheidung der Kommission zur Feststellung von Verstößen gegen Art. 101 und 102 AEUV anzuhören.[521] Hierzu müssen dem Beratenden Ausschuss nach Art. 14 Abs. 3 S. 1 VO Nr. 1/2003 die wichtigsten Schriftstücke sowie ein vorläufiger Entscheidungsentwurf vorgelegt werden, um zu ermöglichen, dass er seine beratende Funktion in voller Kenntnis aller Umstände ausüben kann.[522] Zu diesen zu übermittelnden Schriftstücken gehört regelmäßig auch das Anhörungsprotokoll. In der Rechtssache *Radio Telefis Eireann*[523] rügte die Klägerin, dass dem Beratenden Ausschuss diese Anhörungsniederschrift nicht übermittelt worden sei. Das Gericht führte hierzu aus:

> „Die Übersendung der Niederschrift über die Anhörung stellt jedoch nur dann eine wesentliche Förmlichkeit dar, wenn sie im gegebenen Fall erforderlich ist, damit der Beratende Ausschuß seine Stellungnahme in voller Kenntnis der Umstände abgeben kann, das heißt ohne durch Ungenauigkeiten oder Auslassungen in einem wesentlichen Punkt irregeführt zu werden. Dies ist nicht der Fall, wenn die Niederschrift über die Anhörung keine wichtigen neuen Informationen enthält, die in den der Einladung des Beratenden Ausschusses beigefügten schriftlichen Antworten des betroffenen Unternehmens auf die Mitteilung der Beschwerdepunkte nicht enthalten sind. In einem solchen Fall beeinträchtigt nämlich der Umstand, daß die Kommission dem Beratenden Ausschuß die Niederschrift über die Anhörung bei dessen Einladung nicht übersendet, nicht die Verteidigungsrechte des betroffenen Unternehmens und hat auch keine Auswirkungen auf den Ausgang des Anhörungsverfahrens. Deshalb ist eine solche Unterlassung nicht geeignet, das gesamte Verwaltungsverfahren ungültig zu machen und dadurch die Rechtmäßigkeit der endgültigen Entscheidung in Frage zu stellen."[524]

---

[519] Ausführlich zu dieser Fallgruppe bereits *Bülow,* Die Relativierung von Verfahrensfehlern, S. 336 ff.; siehe auch *von Danwitz,* Europäisches Verwaltungsrecht, S. 392 f.; *Schwarze,* Europäisches Verwaltungsrecht, 2. Auflage, S. 1373.

[520] Art. 14 VO 1/2003.

[521] *Weiß,* in: Loewenheim/Meessen/Riesenkampff, Kartellrecht, Art. 14 VerfVO, Rn. 5 ff.

[522] EuG, Urt. v. 10.07.1991, Rs. T-69/89, *Radio Telefis Eireann/Kommission,* Slg. 1991, II-485, Rn. 21.

[523] EuG, Urt. v. 10.07.1991, Rs. T-69/89, *Radio Telefis Eireann/Kommission,* Slg. 1991, II-485.

[524] EuG, Urt. v. 10.07.1991, Rs. T-69/89, *Radio Telefis Eireann/Kommission,* Slg. 1991, II-485, Rn. 23.

Gleiches gilt, wenn dem Beratenden Ausschuss nur eine vorläufige und nicht die endgültige Version der Niederschrift über die Anhörung übermittelt wurde: Auch dieser Fehler führt nur dann zur Rechtswidrigkeit der Entscheidung, wenn die vorläufige Fassung „in einem wesentlichen Punkt irreführend" war. Dies ist insbesondere dann nicht der Fall, wenn die Änderungsvorschläge in Bezug auf die vorläufige Version des Anhörungsprotokolls lediglich unwesentliche Bestandteile betreffen, sodass die endgültige Version der Anhörungsniederschrift nicht in einem wesentlichen Punkt von der dem Ausschuss vorliegenden vorläufigen Version abweicht. Wenn diese Voraussetzungen erfüllt sind, ist die Übermittlung der vorläufigen Version nicht geeignet, die in der Anhörung abgegebenen Erklärungen zu verfälschen. Der Beratende Ausschuss wird trotz des vorläufigen Charakters der Niederschrift vollständig über den wesentlichen Inhalt der Anhörung unterrichtet.[525]

Hieraus folgt, dass Unregelmäßigkeiten bei der Übermittlung des Anhörungsprotokolls an den Beratenden Ausschuss unbeachtlich sind und folglich nicht zur Aufhebung der Kommissionsentscheidung führen können, wenn der von der Regelung verfolgte Zweck – der Schutz der Verteidigungsrechte der Unternehmen – trotz der Verfahrensverletzung erreicht wurde und der Fehler sich folglich nicht ausgewirkt hat.[526] Dies ist insbesondere der Fall, wenn die nicht übersandten Dokumente keine neuen Informationen gegenüber den dem Beratenden Ausschuss bereits vorliegenden enthalten.

b) Fehler in der Mitteilung der Beschwerdepunkte

Nach Art. 27 Abs. 1 S. 1 VO Nr. 1/2003 hat die Kommission den Parteien die Beschwerdepunkte, die sie gegen sie anführt, darzulegen. Diese sog. Mitteilung der Beschwerdepunkte ist Ausdruck des den beteiligten Unternehmen zustehenden Rechts auf Anhörung. Denn die Mitteilung soll den Unternehmen alle notwendigen Informationen zur Verfügung stellen, um sich vor Erlass der abschließenden Kommissionsentscheidung umfassend verteidigen zu können.[527]

In der Rechtssache *Corus*[528] war die Mitteilung der Beschwerdepunkte fehlerhaft, da die Kommission nicht angegeben hatte, als wie „schwer" im Sinne der Bußgeldleitlinien von 1998[529] sie die Zuwiderhandlung einstufte.[530] Sie hatte darin nur

---

[525] EuGH, Urt. v. 15.07.1970, Rs. C-44/69, *Buchler/Kommission*, Slg. 1970, 733, Rn. 17; EuGH, Urt. v. 15.07.1970, Rs. C-45/69, *Boehringer/Kommission*, Slg. 1970, 769, Rn. 17; EuG, Urt. v. 24.10.1991, Rs. T-2/89, *Petrofina/Kommission*, Slg. 1991, II-1087, Rn. 43; EuG, Urt. v. 17.12.1991, Rs. T-6/89, *Enichem Anic/Kommission*, Slg. 1991, II-1623, Rn. 45.

[526] *Bülow*, Die Relativierung von Verfahrensfehlern, S. 337 f.; *Weiß*, in: Loewenheim/Meessen/Riesenkampff, Kartellrecht, Art. 14 VerfVO, Rn. 7.

[527] *Kellerbauer*, in: von der Groeben/Schwarze/Hatje, Art. 27 VO (EG) 1/2003, Rn. 12.

[528] EuG, Urt. v. 08.07.2004, T-48/00, *Corus UK/Kommission*, Slg. 2004, II-2325.

[529] ABl. EG Nr. C 9, S. 3. Diese Unterscheidung wurde durch die Bußgeldleitlinie von 2006 (ABl. EG Nr. C 210, S. 2 v. 01.09.2006) nicht übernommen.

[530] EuG, Urt. v. 08.07.2004, T-48/00, *Corus UK/Kommission*, Slg. 2004, II-2325, Rn. 153.

ihre Absicht kundgetan, überhaupt eine Geldbuße zu verhängen und ihre Auffassung dargelegt, es handele sich um eine Übereinkunft über eine Marktaufteilung, die eine erhebliche Wettbewerbsbeschränkung mit sich bringe. Trotzdem führte dieses Versäumnis nicht zur gerichtlichen Nichtigerklärung der angegriffenen Kommissionsentscheidung. Denn Zweck der Aufnahme einer vorläufigen Bewertung der Schwere der Zuwiderhandlung in die Beschwerdepunkte sei es, dem Adressaten zu ermöglichen, sich sachgerecht zu verteidigen.[531] Wenn ein Versäumnis keinen Einfluss auf die Verteidigung des betroffenen Unternehmens gehabt habe, könne es daher auch nicht zur Nichtigkeit der abschließenden Kommissionsentscheidung führen.[532] Vorliegend habe das Unternehmen in seiner Antwort auf die Mitteilung der Beschwerdepunkte aber zur Schwere des Verstoßes von sich aus Stellung genommen. Es habe vor Gericht daher nicht darlegen können, inwieweit der Ablauf des Verfahrens und der Inhalt der Kommissionsentscheidung ohne das Versäumnis in der Mitteilung der Beschwerdepunkte anders ausgefallen wären.[533] Folglich kam das Gericht zu dem Schluss, dass das Unternehmen sich ohne das Versäumnis in der Mitteilung der Beschwerdepunkte nicht wesentlich anders verteidigt hätte, als es dies tatsächlich ohnehin getan hatte.[534] Da der Fehler damit keine Folgen für die Verteidigung des Unternehmens gehabt habe, könne er auch nicht zur Aufhebung der Kommissionsentscheidung führen.[535]

c) Verstoß gegen Art. 3 VO Nr. 1 zur Regelung der Sprachenfrage

Ein weiterer wichtiger Anwendungsfall dieser Fallgruppe sind Verstöße gegen Art. 3 VO Nr. 1 zur Regelung der Sprachenfrage. Dieser bestimmt, dass „Schriftstücke, die ein Organ der Gemeinschaft an einen Mitgliedstaat oder an eine der Hoheitsgewalt eines Mitgliedstaates unterstehende Person richtet, [...] in der Sprache dieses Staates abzufassen" sind. Eine Verletzung dieser Vorschrift wird insbesondere im Zusammenhang mit der fehlenden Übersetzung von Anhörungsprotokollen im Wettbewerbsrecht relevant. In Fällen, in denen das Anhörungsprotokoll nicht im Einklang mit den Anforderungen von Art. 3 VO Nr. 1 zur Regelung der Sprachenfrage übersetzt wurde, lässt dieser Fehler,

> „so bedauerlich er sein mag, das Verfahren nur dann fehlerhaft [werden], wenn sich daraus für [die der Hoheitsgewalt eines Mitgliedstaats unterstehende] Person im Verwaltungsverfahren nachteilige Rechtsfolgen ergeben".[536]

---

[531] EuG, Urt. v. 08.07.2004, T-48/00, *Corus UK/Kommission,* Slg. 2004, II-2325, Rn. 154.

[532] EuG, Urt. v. 08.07.2004, T-48/00, *Corus UK/Kommission,* Slg. 2004, II-2325, Rn. 155.

[533] EuG, Urt. v. 08.07.2004, T-48/00, *Corus UK/Kommission,* Slg. 2004, II-2325, Rn. 157.

[534] EuG, Urt. v. 08.07.2004, T-48/00, *Corus UK/Kommission,* Slg. 2004, II-2325, Rn. 159.

[535] Kritik an diesem Urteil übt *Freund,* Verteidigungsrechte im kartellrechtlichen Bußgeldverfahren, EuZW 2009, S. 839, 842.

[536] So wörtlich EuG, Urt. v. 15.03.2000, Rs. T-25/95 u. a., *Cimenteries CBR/Kommission,* Slg. 2000, II-491, Rn. 643; siehe auch EuGH, Urt. v. 15.07.1970, Rs. 41/69, *ACF Chemiefarma/Kommission,* Slg. 1970, 661, Rn. 48/52; EuG, Urt. v. 14.07.1994, Rs. T-77/92, *Parker Pen/Kommission,*

Wenn die Adressaten jedoch – erstens – in der Lage waren, vom Inhalt des Protokolls ausreichend Kenntnis zu nehmen[537] (beispielsweise weil sie dank Simultanübersetzung in der Lage waren, dem Gang der Anhörung zu folgen)[538] und – zweitens – nicht vorgetragen haben, dass Teile des Protokolls wegen der mangelnden Übersetzung Ungenauigkeiten[539] oder wesentliche Unrichtigkeiten oder Auslassungen[540] aufweisen, ist davon auszugehen, dass der Fehler keine nachteiligen Auswirkungen auf den Betroffenen hatte und das Verfahren somit nicht insgesamt aufhebungswürdig geworden ist.

d) Verletzung von Fristbestimmungen

Auch bei der Verletzung von Fristbestimmungen entscheiden die Unionsgerichte in jedem Einzelfall, ob ein Fehler zur Rechtswidrigkeit und Aufhebung der Entscheidung führt oder ob er möglicherweise unbeachtlich ist.

So führte in der Rechtssache *Deutschland/Kommission*[541] die Verletzung der Übersendungsfrist von Unterlagen beispielsweise zu Rechtswidrigkeit und Aufhebung der Entscheidung. Deutschland warf der Kommission vor, einen Entscheidungsentwurf, der in einer Sitzung des Ständigen Ausschusses für das Bauwesen zur Diskussion gestellt werden sollte, nicht innerhalb der vorgesehenen Frist übersandt zu haben. Nach Auffassung des Gerichtshofs stellte dies einen Verstoß gegen eine wesentliche Formvorschrift dar, der zur Fehlerhaftigkeit und Nichtigkeit der Entscheidung führte – auch wenn die Verspätung nur einen Tag betrug. Dabei stellte der Gerichtshof in Bezug auf die absolute Unverkürzbarkeit der Übersendungsfrist entscheidend auf den Willen des Gesetzgebers ab. Diesem sei es bei Erlass der Regelung maßgeblich darauf angekommen, den vollen zur Verfügung stehenden Zeitraum zu garantieren, da es sich bei der in Frage stehenden Entscheidung um eine

---

Slg. 1994, II-549, Rn. 74; EuG, Urt. v. 20.04.1999, Rs. T-305/94, T-306/94, T-307/94, T-313/94 bis T-316/94, T-318/94, T-325/94, T-328/94, T-329/94 und T-335/94, *Limburgse Vinyl Maatschappij/Kommission*, Slg. 1999, II-931, Rn. 358–360.

[537] EuGH, Urt. v. 15.07.1970, Rs. 41/69, *ACF Chemiefarma/Kommission*, Slg. 1970, 661, Rn. 48/52; EuG, Urt. v. 20.04.1999, Rs. T-305/94, T-306/94, T-307/94, T-313/94 bis T-316/94, T-318/94, T-325/94, T-328/94, T-329/94 und T-335/94, *Limburgse Vinyl Maatschappij/Kommission*, Slg. 1999, II-931, Rn. 358.

[538] EuG, Urt. v. 14.07.1994, Rs. T-77/92, *Parker Pen/Kommission,* Slg. 1994, II-549, Rn. 74; EuG, Urt. v. 20.04.1999, Rs. T-305/94, T-306/94, T-307/94, T-313/94 bis T-316/94, T-318/94, T-325/94, T-328/94, T-329/94 und T-335/94, *Limburgse Vinyl Maatschappij/Kommission*, Slg. 1999, II-931, Rn. 359; EuG, Urt. v. 15.03.2000, Rs. T-25/95 u. a., *Cimenteries CBR/Kommission*, Slg. 2000, II-491, Rn. 636.

[539] EuG, Urt. v. 14.07.1994, Rs. T-77/92, *Parker Pen/Kommission,* Slg. 1994, II-549, Rn. 74.

[540] EuGH, Urt. v. 15.07.1970, Rs. 41/69, *ACF Chemiefarma/Kommission*, Slg. 1970, 661, Rn. 48/52; EuG, Urt. v. 14.07.1994, Rs. T-77/92, *Parker Pen/Kommission*, Slg. 1994, II-549, Rn. 74; EuG, Urt. v. 20.04.1999, Rs. T-305/94, T-306/94, T-307/94, T-313/94 bis T-316/94, T-318/94, T-325/94, T-328/94, T-329/94 und T-335/94, *Limburgse Vinyl Maatschappij/Kommission*, Slg. 1999, II-931, Rn. 359.

[541] EuGH, Urt. v. 10.02.1998, Rs. C-263/95, *Deutschland/Kommission*, Slg. 1998, I-441.

besonders komplexe handele, die in den Mitgliedstaaten einen intensiven Kontakt zwischen verschiedenen Stellen und mehreren Beteiligten erfordere.[542] Anders entschieden die Unionsgerichte im Zusammenhang mit anderen Fristerfordernissen. So ging der Gerichtshof in den Rechtssachen *ICI*[543] und *Bayer*[544] von der Unbeachtlichkeit einer Verletzung der Äußerungsfrist zum Entwurf der Niederschrift des Anhörungsprotokolls aus. Nach altem Recht hatte die Kommission Niederschriften über die wesentlichen in den Anhörungen abgegebenen Erklärungen anzufertigen. Art. 9 Abs. 4 VO Nr. 99/63 bestimmte darüber hinaus, dass diese Niederschriften über die wesentlichen Erklärungen jeder angehörten Person verlesen und von dieser genehmigt werden mussten. In den Rechtssachen *ICI* und *Bayer* rügten die Klägerinnen, dass die Kommission ihre Entscheidung erlassen habe, bevor sie sich zu der Niederschrift über die wesentlichen Erklärungen hätten äußern können. In beiden Fällen wies der Gerichtshof diese Rüge als unbegründet ab: Die Verlesung und Genehmigung des Anhörungsprotokolls habe zum Ziel, sicherzustellen, dass die Niederschrift mit den tatsächlichen wesentlichen Erklärungen der Angehörten übereinstimme. Die Verletzung der Äußerungsfrist könne daher nur dann relevant werden, das heißt, sich auf die Rechtmäßigkeit der Entscheidung auswirken, „wenn bei der Anhörung abgegebene Erklärungen dergestalt unzutreffend wiedergegeben worden wären, dass sie in wesentlichen Punkten ein falsches Bild ergäben". Da dies in beiden Fällen nicht zutreffe, könne die Verletzung der Fristvorgabe nicht die Fehlerhaftigkeit der Kommissionsentscheidung zur Folge haben.[545]

In der Rechtssache *Radio Telefis Eireann*[546] ging das europäische Gericht von der Unbeachtlichkeit der Verletzung der Frist zur Einladung des Beratenden Ausschusses aus. Schon nach Art. 10 Abs. 5 VO Nr. 17/62 hatte die Anhörung des Beratenden Ausschusses frühestens vierzehn Tage nach Absendung der Einladung der Kommission zur gemeinsamen Sitzung stattzufinden. Dieses Fristerfordernis wurde auch in Art. 14 Abs. 3 der Neufassung der Kartellverfahrensrechtsverordnung übernommen. In der Rechtssache *Radio Telefis Eireann* wies das europäische Gericht darauf hin, dass diese vierzehn-Tage-Frist eine „rein interne Verfahrensregel" sei. Zwar könne nicht gänzlich ausgeschlossen werden, dass die Nichtbeachtung dieser Fristanforderung in bestimmten Fällen Einfluss auf den Ausgang des Anhörungsverfahrens und die endgültige Kommissionsentscheidung habe. Von einer möglichen Beeinflussung könne insbesondere dann ausgegangen werden, wenn der Beratende Ausschuss nicht hinreichend Zeit gehabt habe, um sich über die wesentlichen Einzelheiten des Falles zu informieren und in ihrem vollen Bewusstsein eine Entscheidung zu treffen. Eine verspätete Einladung des Beratenden Ausschusses könne in

---

[542] EuGH, Urt. v. 10.02.1998, Rs. C-263/95, *Deutschland/Kommission*, Slg. 1998, I-441, Rn. 31.

[543] EuGH, Urt. v. 14.07.1972, Rs. 48/69, *ICI/Kommission*, Slg. 1972, 619.

[544] EuGH, Urt. v. 14.07.1972, Rs. 51/69, *Bayer/Kommission*, Slg. 1972, 745.

[545] EuGH, Urt. v. 14.07.1972, Rs. 51/69, *Bayer/Kommission*, Slg. 1972, 745, Rn. 17; EuGH, Urt. v. 14.07.1972, Rs. 48/69, *ICI/Kommission*, Slg. 1972, 619, Rn. 28/32.

[546] EuG, Urt. v. 10.07.1991, Rs. T-69/89, *Radio Telefis Eireann/Kommission*, Slg. 1991, II-485.

diesen Fällen negative Folgen für das betroffenen Unternehmen haben und folglich zur Fehlerhaftigkeit des gesamten Verfahrens führen. Das Gericht betonte jedoch auch, dass umgekehrt

> „die Nichteinhaltung dieser Frist allein aber nicht geeignet [ist], zur Rechtswidrigkeit der endgültigen Entscheidung der Kommission zu führen, wenn die Einladung gleichwohl auf eine Art und Weise übersandt worden ist, die es dem Ausschuß ermöglicht hat, seine Stellungnahme in voller Kenntnis der Umstände abzugeben. Denn in diesem Fall war der Ausschuß in der Lage, die rechtliche Situation des Unternehmens genau zu prüfen, und die blosse Nichteinhaltung der Vierzehntagefrist kann dann keine nachteiligen Folgen für dieses Unternehmen haben. Nach ständiger Rechtsprechung des Gerichtshofes kann die Nichteinhaltung einer solchen internen Verfahrensregel nur dann zur Rechtswidrigkeit der endgültigen Entscheidung führen, wenn sie wesentlicher Natur ist und für die rechtliche und tatsächliche Situation des Beteiligten, der einen Verfahrensfehler geltend macht, nachteilige Folgen hat."[547]

Die Rechtsprechungsanalyse zeigt, dass die Frage, ob die Verletzung einer Fristbestimmung zur Rechtswidrigkeit und Aufhebung einer Exekutiventscheidung führt oder unbeachtlich ist, maßgeblich von einer Bewertung im Einzelfall abhängt. Anhaltspunkte dafür, wie diese auszufallen hat, ergeben sich zum einen aus dem Willen des Gesetzgebers bei Erlass der Fristenregelung.[548] Entscheidend ist, ob es diesem besonders darauf ankam, die volle von der Frist zur Verfügung gestellte Zeit ausschöpfen zu können. Zum anderen sind bei der Entscheidung, ob die Fristverletzung unbeachtlich sein kann, auch die von der Fristbestimmung verfolgten Funktionen im Auge zu behalten. Können diese auch ohne die exakte Einhaltung der Fristvorgabe gewahrt werden, kann der Fehler nicht zur Aufhebung der Verwaltungsentscheidung führen.

e) Begründungsmängel

Schließlich kann auch ein Begründungsmangel unbeachtlich sein, wenn er keine nachteiligen Auswirkungen für den Fehlerbetroffenen hatte: In der Rechtssache *Eisen und Metall AG*[549] war die Kommissionsentscheidung nach Auffassung des Gerichtshofs „in der Tat ziemlich knapp" begründet.[550] Ohne darauf einzugehen, ob damit tatsächlich ein Begründungsmangel vorlag, versagte der Gerichtshof den Aufhebungsanspruch aber dennoch und rechtfertigte diese Entscheidung damit, dass die Klägerin die tatsächlichen Gründe für die Entscheidung bereits im Verwaltungsverfahren genau erkannt hätte.[551]

---

[547] EuG, Urt. v. 10.07.1991, Rs. T-69/89, *Radio Telefis Eireann/Kommission*, Slg. 1991, II-485, Rn. 27.

[548] *Bülow*, Die Relativierung von Verfahrensfehlern, S. 339.

[549] EuGH, Urt. v. 16.05.1984, Rs. 9/83, *Eisen und Metall AG/Kommission*, Slg. 1984, 2071.

[550] EuGH, Urt. v. 16.05.1984, Rs. 9/83, *Eisen und Metall AG/Kommission*, Slg. 1984, 2071, Rn. 27.

[551] EuGH, Urt. v. 16.05.1984, Rs. 9/83, *Eisen und Metall AG/Kommission*, Slg. 1984, 2071, Rn. 29.

4. Unbeachtlichkeit mangels Schwere des begangenen Verfahrens- oder Formfehlers

Beim letzten Relativierungsversuch knüpft die Rechtsprechung an die (mangelnde) Schwere des begangenen Fehlers an.[552] Diese Fallgruppe ist jedoch sehr vereinzelt geblieben und die Unionsgerichte haben es versäumt, allgemeingültige Kriterien herauszuarbeiten, um die Schwere eines Verstoßes zu bestimmen.

a) Unbeachtlichkeit mangels Schwere des Anhörungsmangels

In der wettbewerbsrechtlichen Rechtssache *Musique Diffusion Française*[553] machten die Klägerinnen eine Verletzung ihres Rechts auf Akteneinsicht geltend, da die Kommission ihnen trotz Antrags in bestimmte Unterlagen keinen Einblick gewährt hatte.[554] Da die Klägerinnen vor ihrer Anhörung keine Kenntnis vom Inhalt der Unterlagen erhielten, hätten sie sich nicht rechtzeitig zu deren Inhalt und Bedeutung äußern und sich nicht entsprechend verteidigen können.[555] Die Feststellungen, die die Kommission auf diese den Klägerinnen nicht vorliegenden Unterlagen stützte, betrafen jedoch Umstände, die nach Auffassung des Gerichtshofs „im Verhältnis zu den [anderen in der Kommissionsentscheidung] festgestellten Zuwiderhandlungen von völlig nachrangiger Bedeutung" waren. Daher könne die Verletzung des Anhörungsrechts auch nicht zur Nichtigkeit der gesamten Entscheidung führen.[556]

Ähnlich fiel das Urteil auch in der beihilferechtlichen Rechtssache *Technische Glaswerke Ilmenau*[557] aus. Hier hatte es die Kommission unterlassen, die Bundesrepublik Deutschland von der Stellungnahme der Streithelferin zu den Fragen zu unterrichten, die sie dieser im Anschluss an ihre anfängliche Stellungnahme zur Einleitung des Verfahrens gestellt hatte.[558] Nach Auffassung des Gerichts sei dieser Verletzung der Verteidigungsrechte der Bundesrepublik jedoch „nicht so große

---

[552] Zu diese Unterfallgruppe siehe auch *Bredemeier*, Kommunikative Verfahrenshandlungen, S. 468; *Bülow*, Die Relativierung von Verfahrensfehlern, S. 341 f.; *von Danwitz*, Europäisches Verwaltungsrecht, S. 391; *Dörr*, in: Grabitz/Hilf/Nettesheim, Art. 263 AEUV, Rn. 171; *Hegels*, EG-Eigenverwaltungsrecht und Gemeinschaftsverwaltungsrecht, S. 87 f.; *Schwarze*, Europäisches Verwaltungsrecht, 2. Auflage, S. 1374.

[553] EuGH, Urt. v. 07.06.1983, verb. Rs. 100-103/80, *Musique Diffusion Française/Kommission*, Slg. 1983, 1825.

[554] EuGH, Urt. v. 07.06.1983, verb. Rs. 100-103/80, *Musique Diffusion Française/Kommission*, Slg. 1983, 1825, Rn. 24 ff.

[555] EuGH, Urt. v. 07.06.1983, verb. Rs. 100-103/80, *Musique Diffusion Française/Kommission*, Slg. 1983, 1825, Rn. 29.

[556] EuGH, Urt. v. 07.06.1983, verb. Rs. 100-103/80, *Musique Diffusion Française/Kommission*, Slg. 1983, 1825, Rn. 30.

[557] EuG, Urt. v. 08.07.2004, Rs. T-198/01, *Technische Glaswerke Ilmenau GmbH/Kommission*, Slg. 2004, II-2717.

[558] EuG, Urt. v. 08.07.2004, Rs. T-198/01, *Technische Glaswerke Ilmenau GmbH/Kommission*, Slg. 2004, II-2717, Rn. 202.

Bedeutung beizumessen, dass sie für sich allein zur Nichtigkeit der angefochtenen Handlung" führe. Vielmehr erfordere die Beachtlichkeit des Fehlers, dass die Bundesrepublik die Auswirkungen dieses Mangels auf ihre subjektiven Rechte vortrage und dass die Fehlerhaftigkeit des Verfahrens Auswirkungen auf den Inhalt der in Frage stehenden Handlung gezeitigt habe.[559]

b) Unbeachtlichkeit mangels Schwere des Begründungsmangels

Auch bei einem Begründungsmangel berücksichtigte der Gerichtshof bereits die Schwere des Verstoßes bei der Entscheidung über die Aufhebung eines Beschlusses. In der beamtenrechtlichen Rechtssache *Küster*[560] trug der Kläger unter anderem vor, dass die angefochtene Verfügung, mit der sein Konkurrent auf eine freie Stelle ernannt worden war, „ungenau und widersprüchlich begründet" worden sei und deshalb aufgehoben werden müsse.[561] Nach Auffassung des Gerichtshofs konnte die vorgebrachte Ungenauigkeit der Begründung jedoch ohnehin nicht zur Aufhebung der Entscheidung führen, da diese „nicht von ausschlaggebender Bedeutung" gewesen sei.[562]

II. Die Rechtsfolgen der Unbeachtlichkeit

Folge der Unbeachtlichkeit eines Verfahrens- oder Formfehlers ist in erster Linie, dass der betroffene Beschluss aufgrund dieses Verfahrens- oder Formfehlers nicht wegen einer Verletzung wesentlicher Formvorschriften im Wege der Nichtigkeitsklage gem. Art. 263 Abs. 2 AEUV aufgehoben werden kann. Generalanwalt *Lenz* sprach in seinen Schlussanträgen insoweit von einer „Ausnahme vom Prinzip der Aufhebung".[563]

Aus der Rechtsprechung der Unionsgerichte ergibt sich indes nicht eindeutig, ob nur die Aufhebung der rechtswidrigen Maßnahme verhindert werden soll oder ob der Akt rechtmäßig wird, das heißt, auch die Rechtswidrigkeit der Maßnahme abgewendet wird.[564] Zu Gunsten letzterer Lösung können Urteile gedeutet werden, in denen

---

[559] EuG, Urt. v. 08.07.2004, Rs. T-198/01, *Technische Glaswerke Ilmenau GmbH/Kommission*, Slg. 2004, II-2717, Rn. 203.

[560] EuGH, Urt. v. 25.11.1976, Rs. 123/75, *Küster/Europäisches Parlament*, Slg. 1976, 1701.

[561] EuGH, Urt. v. 25.11.1976, Rs. 123/75, *Küster/Europäisches Parlament*, Slg. 1976, 1701, Rn. 30/31.

[562] EuGH, Urt. v. 25.11.1976, Rs. 123/75, *Küster/Europäisches Parlament*, Slg. 1976, 1701, Rn. 32/33.

[563] GA *Lenz*, Schlussanträge v. 01.04.1993, Rs. C-115/92 P, *Parlament/Volger*, Slg. 1993, I-6549, Rn. 98.

[564] Zu dieser Feststellung siehe auch *Bülow*, Die Relativierung von Verfahrensfehlern, S. 316 f.; *Sachs*, in: Stelkens/Bonk/Sachs, VwVfG, § 45, Rn. 161.

davon die Rede ist, dass ein Begründungsmangel „nicht mehr als Verletzung einer wesentlichen Formvorschrift betrachtet werden kann, [der] für sich genommen ihre Aufhebung rechtfertigen würde".[565] In der überwiegenden Anzahl der Fälle halten sich die Unionsgerichte jedoch mit der Prüfung des Fehlers zurück und begnügen sich damit, dem Kläger das Interesse an der Aufhebung der Entscheidung abzusprechen.[566] Diese Rechtsprechungslinie spricht wiederum dafür, allein die Aufhebung des Akts zu verneinen, nicht aber seine Rechtswidrigkeit auszuschließen.

III. Das Verhältnis der Heilung zur Unbeachtlichkeit

Schließlich ist noch auf das Verhältnis von Heilung und Unbeachtlichkeit einzugehen. Der Gerichtshof und das Gericht haben bislang eine ausdrückliche Feststellung dazu vermieden, in welchem Verhältnis die beiden Rechtsfiguren zueinander stehen, insbesondere ob einer von beiden der Vorrang gebührt. Insoweit ist die Lage nicht eindeutig. Jedoch haben die Unionsgerichte in einigen Rechtssachen zunächst die Heilung und – als diese verneint wurde – die Unbeachtlichkeit des Verfahrensfehlers untersucht.[567] Dies spricht dafür, der Prüfung der Heilung grundsätzlich den Vorrang vor der Unbeachtlichkeit zu gewähren, sofern eine „heilende" Verfahrenshandlung überhaupt ersichtlich ist.

Dafür spricht auch, dass sich Heilung und Unbeachtlichkeit auf der Tatbestandsseite gerade dadurch abgrenzen, dass erstere nur im Wege der Kompensation des Verfahrensfehlers eintreten kann, während letztere ohne ein Zutun der Verwaltung möglich ist. Diese Prüfungsreihenfolge entspricht auch der Logik: Denn nur wenn ein Verfahrensfehler nicht bereits geheilt wurde, stellt sich die Frage, ob er überhaupt beachtlich ist.[568] Ferner wird durch die Heilung ein in Gänze rechtmäßiger Zustand hergestellt und damit dem Grundsatz der Rechtmäßigkeit der Verwaltung genüge getan. Damit gebührt der Heilung bereits unter rechtsstaatlichen Gesichtspunkten der Vorrang.[569]

---

[565] EuGH, Urt. v. 08.03.1988, verb. Rs. 64, 71 bis 73 und 78/86, *Sergio u. a./Kommission*, Slg. 1988, 1399, Rn. 53; EuG, Urt. v. 27.06.1991, Rs. T-156/89, *Valverde Mordt/EuGH*, Slg. 1991, II-407, Rn. 133.

[566] EuGH, Urt. v. 29.09.1976, Rs. 9/76, *Morello/Kommission*, Slg. 1976, 1415, Rn. 11; EuGH, Urt. v. 06.07.1983, Rs. 117/81, *Geist/Kommission*, Slg. 1983, 2191, Rn. 7; EuGH, Urt. v. 20.05.1987, Rs. 432/85, *Souna/Kommission*, Slg. 1987, 2229, Rn. 20; EuG, Urt. v. 27.06.1991, Rs. T-156/89, *Valverde Mordt/Gerichtshof*, Slg. 1991, II-407, Rn. 133; EuG, Urt. v. 09.10.1992, Rs. T-50/91, *De Persio/Kommission*, Slg. 1992, II-2365, Rn. 24; EuG, Urt. v. 18.12.1992, Rs. T-43/90, *Díaz García/Parlament*, Slg. 1992, II-2619, Rn. 54; EuG, Urt. v. 15.07.1993, Rs. T-27/92, *Camera-Lampitelli u. a./Kommission*, Slg. 1993, II-873, Rn. 53.

[567] EuG, Urt. v. 06.07.2004, Rs. T-281/01, *Huygens/Kommission*, Slg. 2004, I-A-203; II-903, Rn. 108 ff.; EuG, Urt. v. 12.06.2014, Rs. T-286/09, *Intel/Kommission*, ECLI:EU:T:2014:547, Rn. 622, 626.

[568] *Mader*, Verteidigungsrechte, S. 365.

[569] Siehe hierzu ausführlich Kap. 2., A., I., 2.

Jedoch schließt die Heilung die Unbeachtlichkeit nicht aus: Ist eine Heilung erfolgreich, ist für eine Unbeachtlichkeit zwar kein Raum mehr. Jedoch kann die Aufhebung eines Beschlusses, dessen Heilung keinen Erfolg hat, ausgeschlossen sein, weil der Fehler unbeachtlich ist. Ferner könnte theoretisch auch ein unbeachtlicher Mangel geheilt werden.

IV. Zusammenfassung

Als Ergebnis der Bestandsaufnahme der Rechtsprechung der Unionsgerichte zur Unbeachtlichkeit von Verfahrens- und Formfehlern kann somit festgehalten werden:

1. Aus der Rechtsprechung der Unionsgerichte sind *vier Fallgruppen* der Unbeachtlichkeit von Verfahrens- und Formfehlern erkennbar:

   a) Zunächst lehnen die Unionsgerichte die Aufhebung eines Beschlusses im Wege der Nichtigkeitsklage wegen eines *Formfehlers* ab, wenn sich die Verwaltung in einer *rechtlich gebundenen Entscheidungslage* befand. Dem Kläger fehle es hier an einem berechtigten Interesse an der Aufhebung. Steht fest, dass es sich um eine gebundene Entscheidungslage handelt, sieht die Rechtsprechung aus prozessökonomischen Gründen gar von einer Prüfung des Mangels ab. Auf Verfahrensmängel haben die Unionsgerichte diese Rechtsprechung bislang nicht angewendet.

   b) Ein *Verfahrensfehler* zieht dann nicht die Aufhebung einer Verwaltungsentscheidung im Wege der Nichtigkeitsklage nach sich, wenn er *für das konkrete Ergebnis der angegriffenen Entscheidung nicht ursächlich* war. Die Alternativlosigkeit der Entscheidung kann dabei sowohl auf *tatsächlichen als auch auf rechtlichen Erwägungen* beruhen. Zur Abwendung der Aufhebung bedarf es eines *positiven Kausalitätsnachweises*, dass die angefochtene Entscheidung ohne die Verletzung einen anderen Inhalt hätte haben können. Diese Fallgruppe findet auf *Entscheidungen mit Ermessensspielraum keine Anwendung*. Denn im Falle von Ermessensentscheidungen bedarf es der strengen Kontrolle der Einhaltung von Verfahrens- und Formvorschriften durch die Unionsgerichte, da diese als Ausgleich für die eingeschränkte Nachprüfungsbefugnis derselben fungiert.

   c) Ein Verfahrens- oder Formfehler führt ferner dann nicht zur Aufhebung der Entscheidung im Wege der Nichtigkeitsklage, wenn er *keine nachteiligen Auswirkungen für den Fehlerbetroffenen und seine Verfahrensposition* hatte. Dies ist insbesondere der Fall, wenn der *Zweck der verletzten Vorschrift trotz ihrer Verletzung doch noch erreicht* wurde. Die Praxis wendet diese Fallgruppe vor allem im Zusammenhang mit wettbewerbsrechtlichen Rechtssachen an.

   d) Schließlich kann ein Verfahrens- oder Formfehler mangels *Schwere* unbeachtlich sein. Diese Fallgruppe ist jedoch nur sehr vereinzelt geblieben und die Gerichte haben es versäumt, allgemeingültige Kriterien zur Bemessung die Schwere der Verletzung herauszuarbeiten.

2. *Folge* der Unbeachtlichkeit ist, dass der Beschluss nicht im Wege der Nichtigkeitsklage wegen Verletzung wesentlicher Formvorschriften aufgehoben wird. Der Beschluss bleibt jedoch weiterhin rechtswidrig.

3. Sofern eine „heilende" Verfahrenshandlung ersichtlich ist, kommt der *Heilung Vorrang vor der Unbeachtlichkeit* eines Verfahrens- oder Formfehlers zu.

Kapitel 3: Die primärrechtlichen Direktiven

Inhaltsverzeichnis

A. Methodische und konzeptionelle Vorüberlegungen.. 128
B. Gebot einer bestimmten Sanktion von Verfahrens- und Formfehlern?.................. 130
    I. Grundsatz der Rechtmäßigkeit der Verwaltung.. 131
    II. Grundrecht auf eine gute Verwaltung (Art. 41 GRCh).................................. 134
    III. Grundsatz des effektiven Rechtsschutzes (Art. 47 Abs. 1 GRCh)................ 135
    IV. Grundsätze der Rechtssicherheit und des Vertrauensschutzes...................... 137
    V. Gleichheitssatz... 139
    VI. Menschenwürde (Art. 1 GRCh).. 140
    VII. Grundsatz der Rechtsstaatlichkeit (Art. 2 EUV).. 142
    VIII. Zwischenfazit... 142
C. Gebot der effizienzorientierten Ausgestaltung der Regeln der Heilung und
Unbeachtlichkeit.. 143
D. Gebot der zeitlichen Begrenzung der Heilungsmöglichkeit.................................. 147
    I. Grundsatz des institutionellen Gleichgewichts.. 147
    II. Recht auf einen fairen Prozess (Art. 47 Abs. 2 S. 1 GRCh) und Grundsatz der
Waffengleichheit... 150
    III. Recht auf ein unparteiliches Gericht (Art. 47 Abs. 2 S. 1 GRCh)............... 152
    IV. Zwischenfazit... 153

Die Untersuchung der Rechtsprechung der europäischen Gerichte liefert bereits wertvolle Erkenntnisse in Bezug auf die Rechtsfiguren der Heilung und Unbeachtlichkeit von Verfahrens- und Formfehlern im europäischen Eigenverwaltungsrecht. Jedoch äußern sich die Richter und die Generalanwaltschaft kaum grundlegend und umfassend zu den beiden Rechtsfiguren. Ihre Problemlösungen beschränken sich vielmehr auf den in Frage stehenden Einzelfall. Daher griffe es zu kurz, wollte man versuchen, allein aus der Rechtsprechung einen „allgemeinen Teil" der Heilung und

© Max-Planck-Gesellschaft zur Förderung der Wissenschaften e.V., to be
exercised by Max-Planck-Institut für ausländisches öffentliches Recht und
Völkerrecht, Heidelberg 2019
L. Hering, *Fehlerfolgen im europäischen Eigenverwaltungsrecht*, Beiträge zum
ausländischen öffentlichen Recht und Völkerrecht 286,
https://doi.org/10.1007/978-3-662-59368-4_3

Unbeachtlichkeit im europäischen Eigenverwaltungsrecht zu entwickeln.[1] Hierfür ist das Bild, das die Justiz zeichnet, zu fragmentarisch und durch einen zu starken Einzelfallbezug[2] ausgezeichnet, als dass es ausreichend wäre, um ein stimmiges Bild zu ergeben. Ein umfassendes System lässt sich darin noch nicht erkennen.

Vielmehr müssen die Rechtsfiguren der Heilung und Unbeachtlichkeit in das System des europäischen Primärrechts – verstanden als Verfassungsrecht –[3] sowie der Dogmatik und den Funktionen des europäischen Eigenverwaltungs(verfahrens) rechts[4] eingebettet werden. Diese Untersuchung ist unumgänglich, da die Relativierung von Verfahrens- und Formfehlern nicht isoliert im Gefüge des europäischen Eigenverwaltungsverfahrens und der Fehlerfolgen steht. Vielmehr sind die Probleme und Fragen, die die Heilung und Unbeachtlichkeit aufwerfen, nur aus dem Verständnis der besonderen Verflechtung des allgemeinen europäischen Verfassungs-, Verwaltungs-, Verwaltungsverfahrens- sowie Verwaltungsprozessrechts heraus zu lösen.[5] Denn eine Regelung zur Relativierung von Verfahrens- und Formfehlern muss im Einklang mit dem bereits bestehenden europäischen verfassungs- und verwaltungs(verfahrens)rechtlichen System stehen, um überhaupt zulässig zu sein.

A. Methodische und konzeptionelle Vorüberlegungen

Dem europäischen Primärrecht kommt eine systemprägende Bedeutung für das europäische Verwaltungsrecht zu. Insbesondere die allgemeinen Rechtsgrundsätze – die einen Teil des Primärrechts ausmachen –[6] sind eine „Fundgrube"

---

[1] Vgl. *Schmidt-Aßmann*, Europäisches Verwaltungsrecht als gemeinsame Aufgabe, EuZöR 2000, S. 11, 23.

[2] *Greim*, Rechtsschutz bei Verfahrensfehlern im Umweltrecht, S. 87.

[3] Zum Verständnis des europäischen Primärrechts als Verfassungsrecht siehe *Häberle/Kotzur*, Europäische Verfassungslehre, Rn. 358, 1504; *Ipsen*, Europäisches Gemeinschaftsrecht, S. 64, Rn. 2/33; *Möllers*, Verfassungsgebende Gewalt – Verfassung – Konstitutionalisierung, in: von Bogdandy/Bast, Europäisches Verfassungsrecht, S. 227, 255 ff.; *Nettesheim*, in: Grabitz/Hilf/Nettesheim, Art. 288 AEUV, Rn. 27 ff.; *Pernice*, Das Verhältnis europäischer zu nationalen Gerichten im europäischen Verfassungsverbund, S. 12 f.; *Terhechte*, Europäisches Verwaltungsrecht und europäisches Verfassungsrecht, in: Terhechte, VwR der EU, § 7, Rn. 5. Der EuGH selbst bezeichnete den EGV als „Verfassungsurkunde der Gemeinschaft", EuGH, Urt. v. 23.04.1986, Rs. 294/83, *Les Verts/Parlament*, Slg. 1986, 1339, Rn. 23; ähnlich auch EuGH, Gutachten v. 14.12.1991, Gutachten 1/91, *EWR I*, Slg. 1991, I-6079, Rn. 21. Jedoch ist umstritten, inwieweit überhaupt von einer Verfassung die Rede sein kann, *Schmidt-Aßmann*, Verfassungsprinzipien für den Europäischen Verwaltungsverbund, in: GVwR I, § 5, Rn. 10 ff.; *Pernice*, Europäisches und nationales Verfassungsrecht, VVDStRL 60 (2001), S. 148, 149; für einen Überblick zum Meinungsstand vgl. *Peters*, Elemente einer Theorie der Verfassung Europas, S. 38 ff.

[4] Siehe hierzu Kap. 4.

[5] Vgl. allgemein dazu, dass Verfahrenshandlungen „Handlungsgefüge" sind und daher nicht isoliert untersucht werden können *Schmidt-Assmann/Krämer*, Das Verwaltungsverfahren und seine Folgen, EuZöR 1993, Sonderheft, S. 99, 99. Vgl. zum deutschen Recht *Hufen*, Fehler, Rn. 792 der davon ausgeht, dass „die Probleme der Fehlerfolgen nur aus einer eigentümlichen „Gemengelage" von Verwaltungsverfahren, Allgemeinem Verwaltungsrecht und Verwaltungsprozessrecht heraus zu beantworten sind".

[6] *Nettesheim*, in: Grabitz/Hilf/Nettesheim, Art. 288 AEUV, Rn. 28 f.; *Oppermann/Classen/Nettesheim*, Europarecht, § 9, Rn. 20 und 31 ff.

verwaltungsrechtlicher Regelungen.[7] Dem liegt zuvörderst der Grundsatz des Vorrangs des Primärrechts zugrunde.[8] Demnach ist das Primärrecht „Grundlage, Rahmen und Grenze" für alle von den Unionsorganen erlassenen Rechtsakte.[9] Ferner liegt dem eine Entwicklung, die als „Konstitutionalisierung" beschrieben werden kann, zugrunde. Diese wurde in Deutschland von der einprägsamen Formel *Fritz Werners* angestoßen, der das „Verwaltungsrecht als konkretisiertes Verfassungsrecht" beschrieb.[10] Stark vereinfacht beschreibt diese die Gestaltung und Ausrichtung des einfachen Rechts anhand der Ge- und Verbote des Verfassungsrechts. Diese Entwicklung hat auch vor dem europäischen Recht keinen Halt gemacht.[11]

Diese enge Verbindung von Verfassungs- und Verwaltungsrecht zeigt sich insbesondere dort, wo kodifizierte allgemeine verwaltungsverfahrensrechtliche Regelungen rar gesät sind. Denn wenn das Verwaltungsverfahrensrecht nicht besonders stark ausgeprägt ist, ist der Rechtsanwender gezwungen, auf verfassungsrechtliche Prinzipien als eine Art prinzipiengeleitete Auffangordnung zurückzugreifen, um durch eine vorsichtige Verfassungskonkretisierung Rechtslücken zu schließen. So wird in einer Vielzahl europäischer Rechtsakte auf die allgemeinen Rechtsgrundsätze verwiesen, um eventuelle Regelungslücken zu füllen. Art. 340 Abs. 2 AEUV

---

[7] Zur Bedeutung der allgemeinen Rechtsgrundsätze für die Entstehung und Entwicklung eines allgemeinen europäischen Verwaltungsrechts und zum engen Zusammenhang von unionsrechtlichem Verwaltungsverfahrensrecht und allgemeinen Rechtsgrundsätzen *Grabitz*, Europäisches Verwaltungsrecht – Gemeinschaftsrechtliche Grundsätze des Verwaltungsverfahrens, NJW 1989, S. 1776, 1778 ff.; *Mader*, Verteidigungsrechte, S. 39; *Rengeling*, Rechtsgrundsätze beim Verwaltungsvollzug des Europäischen Gemeinschaftsrechts, S. 64; *Schmidt-Aßmann*, Europäisches Verwaltungsrecht als gemeinsame Aufgabe, EuZöR 2000, S. 11, 23; *Schwarze*, Europäisches Verwaltungsrecht, 2. Auflage, S. LII; *Soria,* Die Kodizes für gute Verwaltungspraxis, EuR 2001, S. 682, 690; *Terhechte,* Europäisches Verwaltungsrecht und europäisches Verfassungsrecht, in: Terhechte, VwR der EU, § 7, Rn. 12. Speziell zu allgemeinen Rechtsgrundsätzen des Verwaltungsverfahrensrechts siehe *Ortega*, Principles of Administrative Procedure, EuZöR 1993, Sonderheft, S. 71, passim; *Starck*, Droits fondamentaux, état de droit et principe démocratique en tant que fondements de la procédure administrative non contentieuse, EuZöR 1993, Sonderheft, S. 31, passim.

[8] Vgl. Art. 13 Abs. 2 EUV; Art. 288 Abs. 1 AEUV; *Oppermann/Classen/Nettesheim*, Europarecht, § 10, Rn. 39; *Nettesheim*, Normenhierarchien im EU-Recht, EuR 2006, S. 737, 746 ff.; *Ruffert*, in: Calliess/Ruffert, Art. 288, Rn. 8; *Terhechte*, Europäisches Verwaltungsrecht und europäisches Verfassungsrecht, in: Terhechte, VwR der EU, § 7, Rn. 7.

[9] EuGH, Urt. v. 05.10.1978, Rs. 26/78, *Institut national d'assurance maladie-invalidité/Viola*, Slg. 1978, 1771, Rn. 9/14; *Schroeder*, in: Streinz, Art. 288 AEUV, Rn. 20.

[10] *Werner*, Verwaltungsrecht als konkretisiertes Verfassungsrecht, DVBl. 1959, S. 527 ff. Siehe zur Konstitutionalisierung des Verwaltungsrechts in Deutschland auch *Schmidt-Aßmann*, Verfassungsprinzipien für den Europäischen Verwaltungsverbund, in: GVwR I, § 5, Rn. 1; *Schuppert/Bumke*, Die Konstitutionalisierung der Rechtsordnung, S. 57.

[11] *Nehl*, Europäisches Verwaltungsverfahren und Gemeinschaftsverfassung, S. 223 f.; *Nehl*, Principles of Administrative Procedure in EC Law, S. 1; *Schmidt-Aßmann*, Verfassungsprinzipien für den Europäischen Verwaltungsverbund, in: GVwR I, § 5, Rn. 1; *Terhechte*, Europäisches Verwaltungsrecht und europäisches Verfassungsrecht, in: Terhechte, VwR der EU, § 7, Rn. 1. Für eine differenziertere Betrachtung der Rolle der europäischen Grundrechte für die Systembildung des europäischen Verwaltungsrechts im Hinblick auf die „Konstitutionalisierung" siehe *Terhechte*, Einführung, in: Terhechte, VwR der EU, § 1, Rn. 30.

ist die „Modellnorm" hierfür.[12] Aber auch im europäischen Sekundärrecht wird auf allgemeine Grundsätze zur Lückenfüllung zurückgegriffen.[13] Die Unionsrechtsordnung im Allgemeinen und das europäische Verwaltungsrecht im Besonderen haben einen fragmentarischen Charakter und sind nicht auf Vollständigkeit angelegt. Denn ursprünglich diente das Gemeinschaftsrecht nur dazu, eine wirtschaftliche Annäherung zwischen den Mitgliedstaaten zu fördern und Handelsschranken zwischen ihnen zu beseitigen. Damit war es notwendig lückenhaft und unvollständig, sowohl durch Judikatur als auch durch Gesetzgebung nur schwach vorgeprägt, vor allem im Hinblick auf das Verwaltungsrecht.

Abstrakt können drei Grade der Einwirkung des Primärrechts auf eine Regelung zur Heilung und Unbeachtlichkeit unterschieden werden: Am häufigsten ergibt sich aus dem Primärrecht eine bestimmte *Wertvorstellung*, die in die Ausgestaltung der verwaltungsverfahrensrechtlichen Vorschrift aufzunehmen ist, ohne jedoch konkrete Vorgaben zu machen. Hierbei handelt es sich um einen Impuls des Primärrechts, der vom Betrachter systematisch fortgedacht werden muss. Ferner können sich aus dem Primärrecht die *äußeren Grenzen bzw. Rahmenbedingungen* für die Ausgestaltung einer verwaltungsrechtlichen Vorschrift ergeben. Diese Grenzen sind zwar stets präsent, lassen der inhaltlichen Ausgestaltung aber ansonsten einen weiten Gestaltungsspielraum. Nur selten ist das Primärrecht so konkret ausgestaltet, dass sich aus ihm eine *eindeutige Aussage* für die Ausgestaltung des Verwaltungsverfahrens ergibt, die sich so und nicht anders in einer gesetzlichen Regelung wiederfinden muss. Aus dieser Abstraktionshöhe können nur schwer konkrete Vorschläge in Bezug auf die Regelung der Heilung und Unbeachtlichkeit erarbeitet werden.[14] Verfassungsrechtliche Leitgesichtspunkte können daher ein bestimmtes Verständnis der Heilung und Unbeachtlichkeit nahelegen oder aber es weiter in die Ferne rücken; nur in Ausnahmefällen ergibt sich ein bestimmtes Verständnis gar als einzig mögliches.

B. Gebot einer bestimmten Sanktion von Verfahrens- und Formfehlern?

Zunächst ist zu prüfen, ob sich aus dem Primärrecht eine Pflicht ableiten lässt, Verfahrens- und Formfehler auf eine bestimmte Art und Weise, das heißt durch Aufhebung bzw. Nichtigkeit der Verwaltungsentscheidung, zu sanktionieren. Lässt sich

---

[12] *Schwarze*, in: Schwarze, Art. 19 EUV, Rn. 23.

[13] Beispielsweise erlaubt Art. 107 VO Nr. 2017/1001 die Heranziehung „allgemein anerkannter Grundsätze des Verfahrensrechts" der Mitgliedstaaten, soweit die Verfahrensvorschriften Lücken enthalten. Zwar handelt es sich bei der Unionsmarke um ein privatrechtliches Instrument. Allerdings kommt sie im Rahmen eines Verwaltungsverfahrens zustande. Art. 125 des Europäischen Patentübereinkommens (EPÜ) lässt ebenfalls den Rückgriff auf allgemein anerkannte Grundsätze des Verfahrensrechts zu, soweit im Übereinkommen selbst keine Regelungen in Bezug auf das Verfahren vorgesehen sind.

[14] Vgl. zu den Stufen der Intensität der Einwirkung des deutschen Verfassungsrechts auf das Verwaltungsverfahrensrecht *Schmidt-Aßmann*, Verwaltungsverfahren, in: Isensee/Kirchhof, Handbuch des Staatsrechts, Bd. V, § 109, Rn. 20.

aus dem Primärrecht möglicherweise das Erfordernis ableiten, die Folgen von Verfahrens- und Formfehlern mit denjenigen von materiell-rechtlichen Fehlern gleichzustellen, sodass eine Relativierung von formellen Fehlern ausscheidet? Mit anderen Worten ist im Folgenden die Frage zu beantworten, ob das Primärrecht bzw. die allgemeinen Rechtsgrundsätze im Falle der Verletzung von Verfahrens- und Formvorschriften eine Pflicht zur Aufhebung bzw. Nichtigkeit der fehlerhaften Verwaltungsentscheidung begründen und somit die Möglichkeit der Heilung und Unbeachtlichkeit von Verfahrens- und Formfehlern ausschließen.

I. Grundsatz der Rechtmäßigkeit der Verwaltung

Der Grundsatz der Rechtmäßigkeit der Verwaltung besagt, dass die Verwaltung nur auf der Grundlage und in den Grenzen des geltenden Rechts handeln darf.[15] Wie diese Definition bereits zeigt, erfährt der Grundsatz im Vorbehalt der vertraglichen Ermächtigung sowie dem Vorrang des Rechts zwei Ausprägungen.[16] Vor allem Letztere wird im Zusammenhang mit der Frage der Relativierung von Verfahrens- und Formfehlern relevant: Inhaltlich besagt der Vorrang des Rechts, dass die Grenze für das Handeln der europäischen Verwaltung das geltende europäische Recht ist. Die Unionsverwaltung darf bei ihrem Tätigwerden folglich nicht gegen geltendes Primär- oder Sekundärrecht verstoßen.[17] Verletzungen des Grundsatzes der Rechtmäßigkeit der Verwaltung dürfen damit prinzipiell nicht sanktionslos bleiben.[18] Der Vorrang des Primärrechts

---

[15] Zum Recht- bzw. Gesetzmäßigkeitsprinzip im Unionsrecht *Durchlaub*, Informelle Absprachen im EU-Kartellverfahrensrecht, S. 52 ff.; *Gornig/Trüe*, Die Rechtsprechung des EuGH zum europäischen allgemeinen Verwaltungsrecht, JZ 1993, S. 884, 890; *Hofmann*, Rechtsstaatsprinzip und Europäisches Gemeinschaftsrecht, in: Hofmann/Marko/Merli/Wiederin, Rechtsstaatlichkeit in Europa, S. 321, 328 f.; *Lecheler*, Die allgemeinen Rechtsgrundsätze in der Rechtsprechung des Europäischen Gerichtshofs, S. 22 ff.; *Schmahl*, Rechtsstaatlichkeit, in: Schulze/Zuleeg/Kadelbach, Europarecht, § 6, Rn. 36 ff.; *Schwarze*, Europäisches Verwaltungsrecht, 2. Auflage, S. 219 ff.

[16] *Grabitz*, Europäisches Verwaltungsrecht – Gemeinschaftsrechtliche Grundsätze des Verwaltungsverfahrens, NJW 1989, S. 1776, 1779; *Schmahl*, Rechtsstaatlichkeit, in: Schulze/Zuleeg/Kadelbach, Europarecht, § 6, Rn. 37 f.; *Schwarze*, Europäisches Verwaltungsrecht, 2. Auflage, S. 219 ff.

[17] EuGH, Urt. v. 14.12.1962, verb. Rs. 5-11/62 und 13-15/62, *Società Industriale Acciaierie San Michele u. a./Hohe Behörde*, Slg. 1962, 919, 944; EuGH, Urt. v. 29.03.1979, Rs. 113/77, *NTN Toyo Bearing Company u. a./Rat*, Slg. 1979, 1185, Rn. 21; EuGH, Urt. v. 21.09.1989, verb. Rs. 46/87 und 227/88, *Hoechst/Kommission*, Slg. 1989, 2859, Rn. 19; EuG, Urt. v. 08.06.1995, Rs. T-9/93, *Schöller/Kommission*, Slg. 1995, II-1611, Rn. 162; *Lecheler*, Der Europäische Gerichtshof und die allgemeinen Rechtsgrundsätze, S. 56; *Rengeling*, Rechtsgrundsätze beim Verwaltungsvollzug des Europäischen Gemeinschaftsrechts, S. 260 f.; *Schmahl*, Rechtsstaatlichkeit, in: Schulze/Zuleeg/Kadelbach, Europarecht, § 6, Rn. 38; *Schwarze*, Europäisches Verwaltungsrecht, 2. Auflage, S. 220.

[18] *Schmidt-Aßmann/Krämer*, Das Verwaltungsverfahren und seine Folgen, EuZöR 1993, Sonderheft, S. 99, 111.

beinhaltet eine Pflicht der europäischen Verwaltung, rechtmäßige Rechtszustände wiederherzustellen und begangenes Unrecht zu beseitigen.[19]

Hieraus folgt zunächst nur, dass es prinzipiell unzulässig ist, Verfahrens- und Formfehler für unbeachtlich zu erklären.[20] Der Rechtsfigur der Heilung ist der Vorrang gegenüber der Unbeachtlichkeit einzuräumen, da Erstere die Herstellung normgemäßer Zustände zum Ziel hat, während Letztere es bei rechtswidrigen Rechtszuständen belässt. Zwar ist mit Blick auf die Rechtsfolgen der Heilung – die in einem Sanktionsausschluss liegen – zweifelhaft, ob diese mit dem Grundsatz der Rechtmäßigkeit der Verwaltung im Einklang stehen. Betrachtet man die Heilung hingegen von ihrer Tatbestandsseite, das heißt der Kompensation eines Verfahrens- oder Formfehlers und der Wiederherstellung eines rechtmäßigen Rechtszustandes, ergeben sich keine Bedenken im Hinblick darauf, dass die europäische Verwaltung sich (zunächst) nicht an ihre Bindung an das positive Recht hält.

Jedoch trifft das Prinzip der Rechtmäßigkeit der Verwaltung keine bestimmte Aussage darüber, *wie* zu verfahren ist, wenn das Recht verletzt wurde.[21] Insbesondere kann aus dem Grundsatz kein Gebot der „Sanktionsmaximierung" beispielsweise in Form der Anordnung der Nichtigkeit oder Aufhebung einer Maßnahme abgeleitet werden.[22] Vielmehr ist der Grundsatz der Rechtmäßigkeit der Verwaltung mit anderen allgemeinen Rechtsgrundsätzen und Prinzipien in Einklang zu bringen, die möglicherweise eine Begrenzung der Sanktionierung bzw. die Möglichkeit der Relativierung von Fehlern nahelegen, wie insbesondere dem Grundsatz der Verwaltungseffizienz[23] oder den Grundsätzen der Rechtssicherheit und des Vertrauensschutzes.[24]

Von erheblicher Bedeutung im Zusammenhang mit dem Grundsatz der Rechtmäßigkeit der Verwaltung ist auch der *Gedanke der Fehlerprävention*.[25] Der Vorrang des Rechts erfordert, dass bereits vorsorgliche Maßnahmen getroffen werden, um Rechtsverletzungen zu vermeiden. Ausfluss einer solchen Prävention sind Kontrollmechanismen in Form verwaltungsinterner sowie gerichtlicher Kontrolle. Diese verwirklichen

---

[19] *Schwarze*, Europäisches Verwaltungsrecht, 2. Auflage, S. 244; vgl. auch. *Schmidt-Aßmann/Krämer*, Das Verwaltungsverfahren und seine Folgen, EuZöR 1993, Sonderheft, S. 99, 111; siehe auch *Bauer*, Das Recht auf eine gute Verwaltung im Europäischen Gemeinschaftsrecht, S. 68, der die Pflicht der Verwaltung, begangene Fehler wiedergutzumachen und zu beseitigen als Teil des Rechts guter Verwaltung begreift; siehe auch Klägervorbringen EuGH, Urt. v. 12.05.1971, Rs. 55/70, *Reinarz/Kommission*, Slg. 1971, 379, 383 und Rn. 18 f.

[20] *Schmidt-Aßmann/Krämer*, Das Verwaltungsverfahren und seine Folgen, EuZöR 1993, Sonderheft, S. 99, 111.

[21] Vgl. *Morlok*, Die Folgen von Verfahrensfehlern, S. 58.

[22] Vgl. *Schmidt-Aßmann/Krämer*, Das Verwaltungsverfahren und seine Folgen, EuZöR 1993, Sonderheft, S. 99, 111.

[23] Siehe hierzu Kap. 3, C.

[24] Vgl. *Schmidt-Aßmann/Krämer*, Das Verwaltungsverfahren und seine Folgen, EuZöR 1993, Sonderheft, S. 99, 111.

[25] Vgl. zum Gedanken der Fehlerprävention für das deutsche Recht *Felix,* Die Relativierung von Verfahrensrechten im Sozialverwaltungsverfahren, NZS 2001, S. 341, 344; *Morlok*, Die Folgen von Verfahrensfehlern, S. 60 f.; *Niedobitek*, Rechtsbindung der Verwaltung und Effizienz des Verwaltungsverfahrens, DÖV 2000, S. 761, 767; für das Schweizer Recht *Kneubühler*, Gehörsverletzung und Heilung, Schweizerisches Zentralblatt für Staats- und Verwaltungsrecht 99 (1998), S. 97, 108.

die Bindung der Verwaltung an Recht und Gesetz in erster Linie.[26] Wie hoch die Bedeutung dieser Kontrolle ist, hängt maßgeblich von der Ausgestaltung der Fehlerfolgen ab: Ob sie in der Lage ist, den Grundsatz der Rechtmäßigkeit der Verwaltung zu verwirklichen, ist davon abhängig, ob im Falle rechtswidrigen Verwaltungshandelns dieselben Rechtsfolgen eintreten wie im Falle rechtmäßigen Verwaltungshandelns. Mit anderen Worten: Leitlinie der Fehlerzumessung muss sein, dass eine Rechtsverletzung andere Rechtsfolgen nach sich zieht als rechtmäßiges Verwaltungshandeln.[27]

Dies gilt insbesondere unter dem Gesichtspunkt der Fehlerprävention. Wird ein Fehler ohne weiteres sanktionslos gestellt, begründet dies die Gefahr, dass die Verwaltung auch in Zukunft nachlässig mit Verfahrens- und Formanforderungen umgeht, da ein Fehler ohnehin keine Folgen hätte. Besteht die Möglichkeit, Verfahrens- oder Formfehler uferlos zu relativieren, dürfte die Bereitschaft der Verwaltung, diesen Vorschriften überhaupt Beachtung zu schenken, sinken, da die Nichteinhaltung von Verfahrensvorschriften praktisch risikolos würde.[28] Dies hätte fatale Auswirkungen für den Grundsatz der Rechtmäßigkeit der Verwaltung. Durch eine restriktive Handhabung der Relativierung von Verfahrens- und Formfehlern könnte die Verwaltung zu einer sorgfältigeren Beachtung der Verfahrensvorschriften bewegt werden, da über ihren Beschlüssen das Damoklesschwert der Aufhebung schwebte. Ein regelmäßiger Verzicht auf die Relativierung bzw. die grundsätzliche Durchführung eines Zweitverfahrens bei Verstößen gegen Verfahrens- und Formvorschriften hätte damit eine präventive gleichsam edukatorische Wirkung.

Die Rechtsverletzung darf sich für die Verwaltung damit nicht „lohnen". Mit Worten aus der ökonomischen Analyse des Rechts beschrieben, spricht die Sicherstellung der Beachtung des Rechts dafür, dass die Kosten eines Verstoßes gegen Verfahrens- und Formvorschriften hoch sind.[29] Darüber hinaus würde ein regelmäßiger Verzicht auf die Relativierung von Verfahrens- und Formfehlern auch zu Effizienzgewinnen führen. Denn die Verwaltung würde Verfahrens- und Formvorschriften von Anfang an mehr Aufmerksamkeit schenken und damit Fehler von Anfang an vermeiden.[30] Hierbei handelt es sich jedoch eher um eine verfassungs*politische* als eine verfassungs*rechtliche* Überlegung.

---

[26] Vgl. zu diesem Gedanken bezogen auf das deutsche Recht *Morlok*, Die Folgen von Verfahrensfehlern, S. 61; vgl. auch *Schmitt Glaeser*, Partizipation an Verwaltungsentscheidungen, VVDStRL 31 (1973), S. 179, 244.

[27] Vgl. *Morlok*, Die Folgen von Verfahrensfehlern, S. 61.

[28] Vgl. bezogen auf das deutsche Verwaltungsverfahrensrecht *Felix*, Die Relativierung von Verfahrensrechten im Sozialverwaltungsverfahren, NZS 2001, S. 341, 344; *Hufen*, Heilung und Unbeachtlichkeit grundrechtsrelevanter Verfahrensfehler?, NJW 1982, S. 2160, 2162; *Morlok*, Die Folgen von Verfahrensfehlern, S. 61.

[29] Vgl. zum deutschen Recht *Morlok*, Die Folgen von Verfahrensfehlern, S. 61; zu dem Gedanken aus der ökonomischen Theorie des Rechts siehe *Posner*, The Behavior of Administrative Agencies, Journal of Legal Studies 1 (1972), S. 305 ff.; *Posner*, An Economic Approach to Legal Procedure and Judicial Administration, Journal of Legal Studies 2 (1973), S. 399 ff.

[30] Vgl. in Bezug auf die Verletzung des Anhörungsrechts im Schweizer Recht *Kneubühler*, Gehörsverletzung und Heilung, Schweizerisches Zentralblatt für Staats- und Verwaltungsrecht 99 (1998), S. 97, 108.

Festzuhalten bleibt damit, dass

- sich aus dem Grundsatz der Rechtmäßigkeit der Verwaltung ein grundsätzlicher Vorrang der Heilung vor der Unbeachtlichkeit von Verfahrens- und Formfehlern ableiten lässt;
- sich aus dem Grundsatz der Rechtmäßigkeit der Verwaltung jedoch kein Gebot der „Sanktionsmaximierung" ergibt. Vielmehr ist er mit anderen allgemeinen Rechtsgrundsätzen, wie insbesondere dem Grundsatz der Verwaltungseffizienz, abzuwägen und in Einklang zu bringen.
- sich aus der präventiven Bedeutung des Grundsatzes der Rechtmäßigkeit der Verwaltung die Pflicht ergibt, an rechtswidriges Verwaltungshandeln andere Rechtsfolgen zu knüpfen, als an rechtmäßiges und die Relativierung von Verfahrens- und Formfehlern restriktiv zu handhaben.

II. Grundrecht auf eine gute Verwaltung (Art. 41 GRCh)

Gem. Art. 41 GRCh hat „[j]ede Person [...] ein Recht darauf, dass ihre Angelegenheiten von den Organen, Einrichtungen und sonstigen Stellen der Union unparteiisch, gerecht und innerhalb einer angemessenen Frist behandelt werden" (Abs. 1). Das Recht umfasst insbesondere das Recht auf Anhörung eines Betroffenen vor Erlass einer ihn belastenden individuellen Maßnahme, das Recht auf Aktenzugang sowie die Pflicht der Verwaltung, ihre Entscheidungen zu begründen (Abs. 2). Die Normierung des Rechts auf gute Verwaltung in Art. 41 GRCh stellt den Höhepunkt der Konkretisierung des Grundsatzes der guten Verwaltung dar.[31] Sie wertet Verfahrensrechte zu Grundrechten auf.[32]

Normalerweise führt ein Grundrechtseingriff, der nicht durch eine Schranke gedeckt ist, zu einer Verletzung des Grundrechts, die die Rechtswidrigkeit und Aufhebung der Verwaltungsentscheidung nach sich zieht. Die Möglichkeit, Verfahrens- und Formfehler zu heilen oder für unbeachtlich zu erklären, stellt eine im Vergleich zu den materiellen Grundrechten besondere Rechtsfolge dar,[33] die mit dem herkömmlichen Bild materieller Grundrechte, die hoheitlichem Handeln Grenzen setzen sollen, nur schwer in Einklang zu bringen ist.

Eine Regelung, die die Wirksamkeit einer Verwaltungsentscheidung nicht in Frage stellt, obwohl ein Grundrechtsverstoß festgestellt wurde, betont einerseits die Funktion des Art. 41 GRCh als eine bloße Verfahrens- und Formregelung und unterstreicht andererseits die Doppeldeutigkeit dieses Grundrechts, bei dem gar

---

[31] *Efstratiou*, Der Grundsatz der guten Verwaltung als Herausforderung an die Dogmatik des nationalen und europäischen Verwaltungsrechts, in: Trute/Groß/Röhl/Möllers, Allgemeines Verwaltungsrecht – zur Tragfähigkeit eines Konzepts, S. 281, 295; *Fortsakis*, Principles Governing Good Administration, European Public Law 11 (2005), S. 207, 211.

[32] *Classen*, Gute Verwaltung, S. 445.

[33] Vgl. *Classen*, Gute Verwaltung, S. 444.

eine evidente Verletzung ohne Folgen bleiben kann.[34] Die Möglichkeit der Relativierung formeller Rechtsverletzungen könnte zu einer Entwertung des Art. 41 GRCh führen. Wo Verstöße nicht mit strengen Konsequenzen, namentlich der Aufhebung bzw. Nichtigkeit der Entscheidung, verbunden werden, droht eine leere Hülle des Grundrechts zurückzubleiben, die nicht mehr als einen Formalismus mit bloßer Symbolkraft darstellt.[35]

Als Rechtfertigung für den Grundrechtseingriff denkbar erscheint jedoch insbesondere ein Rückgriff auf den Grundsatz der Verwaltungseffizienz als ungeschriebener Schranke des Art. 41 GRCh. So wird bei einer Verletzung des Rechts auf Aktenzugang teilweise auf dieses Prinzip rekurriert, um eine Einschränkung zu rechtfertigen.[36] Davon unabhängig ist nicht ersichtlich, dass sich aus der Verletzung der Grundrechte zwingend eine Sanktionspflicht ergibt: Vielmehr machen die Grundrechte lediglich einen effektiven Grundrechtsschutz erforderlich, der zu einer differenzierten Fehlerbehandlung nötigt. Ferner ist zu bedenken, dass die Grundrechte in ihrem Gewährleistungsgehalt nicht über das materielle Recht hinausgehen können. Damit ist gemeint, dass eine Aufhebung der Verwaltungsentscheidung dem Unionsbürger oder -unternehmen nichts nützt, wenn ausgeschlossen werden kann, dass ein Fehler keine Auswirkung auf die materielle Entscheidung haben konnte. Im Gegenteil: Eine Aufhebung wäre für den Fehlerbetroffenen unter verfahrensökonomischen Gesichtspunkten dann gar von Nachteil.[37] Schließlich ist dem Recht auf gute Verwaltung auch der Gesichtspunkt immanent, dass ein gutes Verfahren nicht an jedem kleinen Verfahrensfehler scheitern darf. Auch dies dient der effektiven Verwirklichung des Grundrechts.

Damit lässt sich auch aus dem Grundrecht auf gute Verwaltung ebenfalls keine Pflicht zur Sanktion von Verfahrens- und Formfehlern ableiten.

III. Grundsatz des effektiven Rechtsschutzes (Art. 47 Abs. 1 GRCh)

Der Grundsatz des effektiven Rechtsschutzes war lange Zeit ein allgemeiner, ungeschriebener Rechtsgrundsatz des Unionsrechts, der im Wege der wertenden Rechtsvergleichung aus den Verfassungstraditionen der Mitgliedstaaten sowie aus Art. 6 und Art. 13 EMRK vom Gerichtshof entwickelt wurde.[38] Später fand er Ein-

---

[34] *Classen*, Gute Verwaltung, S. 444.

[35] *Classen*, Gute Verwaltung, S. 444; von einer „Entwertung" des Grundrechts ist die Rede bei *Rengeling/Szczekala*, Grundrechte in der Europäischen Union, § 37, Rn. 1096 f.

[36] *Frenz*, Handbuch Europarecht, Bd. 4, Rn. 4575; *Gornig/Trüe*, Die Rechtsprechung des EuGH und des EuG zum europäischen Verwaltungsrecht, JZ 2000, S. 395, 406.

[37] *Classen*, Gute Verwaltung, S. 444 f.

[38] Erstmals EuGH, Urt. v. 15.05.1986, Rs. 222/84, *Johnston/Chief Constable of the Royal Ulster Constabulary*, Slg. 1986, 1651, Rn. 18; *Wiater*, Effektiver Rechtsschutz im Unionsrecht, JuS 2015, S. 788, 788.

gang in Art. 47 Abs. 1 GRCh. Unter anderem garantiert Art. 47 Abs. 1 GRCh „[j]ede[r] Person, deren durch das Recht der Union garantierte Rechte oder Freiheiten verletzt worden sind, [...] das Recht, nach Maßgabe der in diesem Artikel vorgesehenen Bedingungen bei einem Gericht einen wirksamen Rechtsbehelf einzulegen." Damit schließt er aus, dass insbesondere Akte der Exekutive von vornherein einer Kontrolle durch die Unionsgerichte entzogen sind.

Spürt man den Konturen dieser grundlegenden Vorgabe näher nach, geht ihr Inhalt dahin, dass Rechtsbehelfe gegen Handlungen und Rechtsakte von Stellen der Union wirksam sein müssen. Dies meint – selbstverständlich – keine Erfolgsgarantie für eine Klage.[39] Ebenso ist hiermit nicht gemeint, dass ein Rechtsbehelf nur im Erfolgsfall eingelegt werden darf.[40] Die „Wirksamkeit" des Rechtsbehelfs verlangt vielmehr, dass der Betroffene in der Lage sein muss, seine Rechte tatsächlich zu verfolgen und nicht lediglich abstrakter Rechtsschutz gegeben ist.[41] Die geltend gemachte Rechtsverletzung bzw. ihr Fortbestehen muss unterbunden, eine schon geschehene Rechtsverletzung in angemessener Weise beseitigt werden.[42]

Die Rechtsschutzgarantie ist in hohem Maße verfahrensabhängig und bedarf damit auch der Ausgestaltung durch den europäischen Gesetzgeber. Sie stellt nämlich eine Zugangsgarantie zu einem – eben vom europäischen Gesetzgeber eingerichteten – Verfahren dar. Unbedenklich und vereinbar mit dieser Zugangsgarantie sind Zugangsvoraussetzungen, die keine unzumutbare Hürde darstellen und sachlich gerechtfertigt sind. Hierzu gehören etwa prozessuale Zulässigkeitsvoraussetzungen, wie beispielsweise die individuelle Betroffenheit i.S.v. Art. 263 Abs. 4 AEUV sowie bereichsspezifische Präklusionsregeln.[43]

Das Recht auf effektiven Rechtsschutz strahlt auch auf das Verwaltungsverfahren aus.[44] Dieses muss so organisiert sein, dass der darauf folgende gerichtliche Rechtsschutz nicht unzumutbar erschwert oder gar vereitelt wird; es darf den gerichtlichen Rechtsschutz nicht „praktisch unmöglich machen oder übermäßig erschweren".[45] Durch die Relativierung von Verfahrens- und Formfehlern aber wird

---

[39] *Frenz*, Handbuch Europarecht, Bd. 4, Rn. 5013; *Magiera*, Bürgerrechte und justitielle Grundrechte, in: Merten/Papier, HGR VI/1, § 161, Rn. 70; *Voet van Vormizeele*, in: Schwarze, Art. 47 GRCh, Rn. 10.

[40] *Alber*, in: Tettinger/Stern, Art. 47 GRCh, Rn. 37; *Frenz*, Handbuch Europarecht, Bd. 4, Rn. 5013.

[41] *Badura*, Grenzen und Alternativen des gerichtlichen Rechtsschutzes in Verwaltungsstreitsachen, JA 1984, S. 83, 85; *Brenner*, Determinanten verwaltungsgerichtlicher Rechtsschutzgewährleistung, LKV 2002, S. 304, 305.

[42] EGMR, Urt. v. 08.06.2006, Nr. 75529/01, *Sürmeli/Deutschland*, Rn. 98 f.; *Frenz*, Handbuch Europarecht, Bd. 4, Rn. 5013.

[43] *Nowak*, Europäisches Verwaltungsrecht und Grundrechte, in: Terhechte, VwR der EU, § 14, Rn. 30.

[44] *Classen*, Gute Verwaltung, S. 437; *Jarass*, in: Jarass, Art. 47 GRCh, Rn. 48.

[45] EuGH, Urt. v. 14.07.1988, Rs. 123 und 330/87, *Jeunehomme u. a./Belgischer Staat*, Slg. 1988, 4517, Rn. 17; EuGH, Urt. v. 15.09.1998, verb. Rs. C-279/96, C-280/96 und C-281/96, *Ansaldo/Amministrazione delle Finanze dello Stato*, Slg.1998, I-5025, Rn. 27; EuGH, Urt. v. 09.02.1999, Rs. 343/96, *Dilexport Srl/Amministrazione delle Finanze dello Stato*, Slg. 1999, I-579, Rn. 25; *Jarass*, in: Jarass, Art. 47 GRCh, Rn. 48.

der Erfolg der Klage im Hinblick auf den Klagegrund der Verletzung einer wesentlichen Formvorschrift gem. Art. 263 Abs. 2 AEUV zunichte gemacht und die Sanktion desselben in Form der Aufhebung des fehlerhaften Beschlusses ausgeschlossen. Selbst wenn der Verfahrens- oder Formfehler nicht der einzige Klagegrund war und daneben weitere potenzielle formelle oder materielle Fehler bestehen bleiben, macht der Umstand, dass eine Entscheidung wegen des relativierten Verfahrensfehlers nicht mehr aufgehoben werden kann, die Durchführung eines Gerichtsverfahrens weniger attraktiv und verkürzt damit die Rechte des Betroffenen.

Trotzdem stellt die Möglichkeit der Heilung bereits keine Beeinträchtigung von Art. 47 Abs. 1 GRCh dar. Denn es ist die Funktion und das Ziel der Heilung, den ursprünglich rechtswidrigen Beschluss in einen rechtmäßigen umzuwandeln, indem der begangene Verfahrensfehler durch die Heilungshandlung kompensiert wird. Solange diese Kompensation tatsächlich stattfindet, das heißt die unterlassene oder verletzte Verfahrenshandlung nicht bloß formal nachgeholt, sondern ihr Sinn und Zweck tatsächlich nachträglich verwirklicht wird und der Betroffene keine sonstigen Nachteile erleidet, wie etwa die Gerichtskosten zu tragen, hat er kein berechtigtes Interesse an gerichtlichem Rechtsschutz. Denn er kann nicht mehr verlangen, als dass die Verletzung seiner Rechte beseitigt wird.

Anders könnte sich die Rechtslage im Fall der Unbeachtlichkeit darstellen, da diese einen sicheren Klageerfolg ohne Kompensation vereitelt. Jedoch besteht kein Grund und damit auch kein wirkliches Bedürfnis nach Rechtsschutz, eine Verwaltungsentscheidung aufzuheben, wenn eindeutig ist, dass sie im Ergebnis ohne den begangenen Verfahrens- oder Formfehler genauso ausgefallen wäre oder der von der verletzten Vorschrift verfolgte Zweck trotzdem erreicht wurde.

IV. Grundsätze der Rechtssicherheit und des Vertrauensschutzes

Den Grundsatz der Rechtssicherheit und den eng mit ihm verzahnten Grundsatz des Vertrauensschutzes erkannte der Gerichtshof bereits in seinen frühen Jahren an.[46] Bei der Gewährung von Rechtssicherheit geht es darum, dass eine Rechtsordnung sowohl in ihrer Rechtsetzung als auch -anwendung berechenbar und überschaubar ist.[47] Eng mit Rechtssicherheit ist Vertrauensschutz verbunden: Dieser Grundsatz schafft ein subjektives Recht eines Jeden darauf, dass die begründeten Erwartungen, die ein Unionsorgan in ihm geweckt hat, tatsächlich erfüllt werden.[48] Dahinter

---

[46] Zum Grundsatz der Rechtssicherheit: EuGH, Urt. v. 13.07.1961, Rs. 14, 16, 17, 20, 24, 26, 27/60 und 1/61, *Meroni u. a./Hohe Behörde,* Slg. 1961, 347, 365; EuGH, Urt. v. 06.04.1962, Rs. 13/61, *Kledingverkoopbedrijf de Geus en Uitdenbogerd/Robert Bosch GmbH u. a.,* Slg. 1962, 97, 113. Zum Grundsatz des Vertrauensschutzes: EuGH, Urt. v. 05.05.1981, Rs. 112/80, *Dürbeck/Hauptzollamt,* Slg. 1981, 1095, Rn. 48.

[47] *Terhechte,* Europäisches Verwaltungsrecht und europäisches Verfassungsrecht, in: Terhechte, VwR der EU, § 7, Rn. 22.

[48] EuG, Urt. v. 26.09.2002, Rs. T-199/99, *Sgaravatti Mediterranea/Kommission,* Slg. 2002, II-3731, Rn. 111; *Schwarze,* Europäisches Verwaltungsrecht, 1. Auflage, Bd. 2, S. 919.

verbirgt sich die „Ordnungsfunktion" des europäischen Rechts, für Unionsbürger und -unternehmen, Vorhersehbarkeit und Verlässlichkeit zu schaffen.[49] Im Hinblick auf diese Ordnungsfunktion sind die beiden Grundsätze in Bezug auf die Rechtsfiguren der Heilung und Unbeachtlichkeit jedoch doppeldeutig: Ihnen könnte zum einen dadurch genügt werden, dass auch ein rechtswidriger Beschluss Bestand haben und Rechtswirkung entfalten soll, sodass man sich eben auch an einem rechtswidrigen Beschluss zu orientieren hat. Dem liegt der Gedanke der Beständigkeit zugrunde: Der Grundsatz der Rechtssicherheit fordert, dass eine bestehende Rechtslage grundsätzlich beibehalten wird, um für Stabilität zu sorgen.[50] Zum anderen können die Grundsätze aber auch so interpretiert werden, dass ein (formell) rechtswidriger Beschluss aufgehoben werden muss, um Vorhersehbarkeit und Verlässlichkeit im Hinblick auf die Durchsetzung des materiellen Rechts zu schaffen.

Jedenfalls ergibt sich aus den Grundsätzen der Rechtssicherheit und des Vertrauensschutzes die Notwendigkeit, in dieser Hinsicht überhaupt eine Regelung zu treffen. Das Unionsrecht hat sich dazu entschieden, dass ein rechtswidriger Beschluss grundsätzlich gültig und nur im Ausnahmefall nichtig ist,[51] den Zwiespalt in Bezug auf die Ordnungsfunktion damit zu Gunsten der Beständigkeit aufgelöst. Von der Gültigkeitsvermutung ausgenommen sind nur inexistente Rechtsakte, das heißt solche, die an einem besonders schweren und offenkundigen Fehler leiden.[52] Gerade im Hinblick auf den Grundsatz der Rechtssicherheit sind diese Fälle der Inexistenz jedoch auf außergewöhnliche Fälle begrenzt.[53] Damit bleibt festzuhalten: Die Grundsätze der Rechtssicherheit und des Vertrauensschutzes stehen der Heilung und Unbeachtlichkeit von Verfahrens- und Formfehlern nicht grundsätzlich im Wege, da die Rechtsfiguren der Heilung und Unbeachtlichkeit gerade der Sicherung des Bestands eines Rechtsakts dienen.

Ferner kann sich ein Unionsbürger bzw. -unternehmen im Hinblick darauf, dass ein Verfahrensfehler nicht sanktioniert wird auch deshalb nicht auf Vertrauensschutz berufen, da es bereits an einem objektiven Vertrauenstatbestand mangelt: Ein Unionsorgan hat sich in Bezug auf die Sanktionierung von Verfahrensfehlern nie

---

[49] Zur „Ordnungsfunktion" der europäischen Verträge *Calliess*, in: Calliess/Ruffert, Art. 1 EUV, Rn. 64; vgl. zur „Ordnungsfunktion des Rechts" im deutschen Verwaltungsrecht *Bumke*, Relative Rechtswidrigkeit, S. 247.

[50] Vgl. *Schwarze*, Europäisches Verwaltungsrecht, 1. Auflage, Bd. 2, S. 920.

[51] EuGH, Urt. v. 12.07.1957, verb. Rs. 7/56 und 3/57 bis 7/57, *Algera u. a./Gemeinsame Versammlung*, Slg. 1957, 83, 126; EuGH, Urt. v. 05.10.2004, Rs. C-475/01, *Kommission/Griechenland*, Slg. 2004, I-8923, Rn. 18; *von Danwitz*, Europäisches Verwaltungsrecht, S. 264 f.

[52] EuGH, Urt. v. 26.02.1987, Rs. 15/85, *Consorzio Cooperative d'Abruzzo/Kommission*, Slg. 1987, 1005, Rn. 10; EuG, Urt. v. 25.02.2003, Rs. T-183/00, *Strabag Benelux NV/Rat der Europäischen Union*, Slg. 2003, II-135, Rn. 37; *Annacker*, Der fehlerhafte Rechtsakt im Gemeinschafts- und Unionsrecht, S. 92 ff.; *Bülow*, Die Relativierung von Verfahrensfehlern, S. 30 ff.; *Cremer*, in: Calliess/Ruffert, Art. 263 AEUV, Rn. 9; *von Danwitz*, Europäisches Verwaltungsrecht, S. 265; *Dörr*, in: Grabitz/Hilf/Nettesheim, Art. 263, Rn. 38; *Ehricke*, in: Streinz, Art. 263 AEUV, Rn. 12; *Gaitanides*, in: von der Groeben/Schwarze/Hatje, Art. 263, Rn. 18; *Cremer*, in: Calliess/Ruffert, Art. 263 AEUV, Rn. 9.

[53] *Wißmann/Lange*, Handlungsformen im europäischen Verwaltungsrecht, in: Leible/Terhechte, EnzEuR, Bd. 3, § 31, Rn. 57.

vertrauensbegründend verhalten. Im Gegenteil: Die Relativierung von Verfahrensfehlern gehört zur ständigen Praxis der Unionsorgane, wie die Analyse der Rechtsprechung der europäischen Gerichte gezeigt hat.[54]

V. Gleichheitssatz

Der allgemeine Gleichheitssatz ist ein Grundprinzip des Unionsrechts.[55] Inhaltlich
kann er auf die klassische Formel zurückgeführt werden, dass gleiche Sachverhalte
gleich und ungleiche Sachverhalte ihrer Ungleichheit entsprechend ungleich zu behandeln sind, außer es liegt eine objektive Rechtfertigung für die Ungleichbehandlung vor.[56] Ein Verstoß gegen diesen Grundsatz ist mithin bei einer willkürlichen
Gleich- oder Ungleichbehandlung gegeben.[57]

Die Möglichkeit der Heilung und Unbeachtlichkeit beschränkt sich auf Verfah-
rens- und Formfehler. Materiell-rechtliche Verstöße sind aus dem Anwendungsbereich hingegen ausgeschlossen.[58] Die Primärrechtskonformität der unterschiedlichen
Behandlung von Verfahrens- und Formfehlern auf der einen und materiell-rechtlichen Verletzungen auf der anderen Seite könnte insbesondere mit Blick auf den
allgemeinen Gleichheitssatz Zweifel aufkommen lassen.

Bei näherer Betrachtung ergibt sich folgendes Bild: Materielles Recht und Verfahrensrecht bilden bereits keine Vergleichsgruppen im Sinne des allgemeinen
Gleichheitssatzes. Sie verfolgen nicht dieselben Funktionen und sind nicht beliebig austauschbar: Während das materielle Recht die inhaltliche Ausgestaltung des
Rechtsverhältnisses zwischen Verwaltung und Unionsbürger oder -unternehmen
betrifft, regelt das Verwaltungsverfahrensrecht die Modalitäten für die Entstehung
der Entscheidung der Verwaltung.[59] Eine Sanktionspflicht materieller Fehler führt
damit nicht zwingend dazu, dass auch eine Sanktionspflicht von Verfahrens- und

---

[54] Siehe Kap. 2.

[55] EuGH, Urt. v. 19.10.1977, verb. Rs. 117/76 und 16/77, *Ruckdeschel u. a./Hauptzollamt Ham-
burg-St. Annen*, Slg. 1977, 1753, Rn. 7; EuGH, Urt. v. 08.10.1980, Rs. 810/79, *Überschär/Bundes-
versicherungsanstalt für Angestellte*, Slg. 1980, 2747, Leitsatz 3 und Rn. 16; *Borchardt*, Die rechtlichen Grundlagen der Europäischen Union, § 4, Rn. 196 m.w.N.; *Frenz*, Handbuch Europarecht,
Bd. 4, Rn. 3173; *Schwarze*, Europäisches Verwaltungsrecht, 2. Auflage, S. LXX.

[56] EuGH, Urt. v. 19.10.1977, verb. Rs. 117/76 und 16/77, *Ruckdeschel u. a./Hauptzollamt Ham-
burg-St. Annen*, Slg. 1977, 1753, Rn. 7; EuGH, Urt. v. 08.10.1980, Rs. 810/79, *Überschär/Bundes-
versicherungsanstalt für Angestellte*, Slg. 1980, 2747, Leitsatz 3 und Rn. 16; EuGH, Urt. v.
15.01.1985, Rs. 250/83, *Finsider/Kommission*, Slg. 1985, 131, Rn. 8; *Frenz*, Handbuch Europarecht, Bd. 4, Rn. 3196; *Odendahl*, Gleichheit vor dem Gesetz, in: Heselhaus/Nowak, Hdb. Europäische Grundrechte, § 43, Rn. 17 m.w.N.; *Schwarze*, Europäisches Verwaltungsrecht, 2. Auflage,
S. LXX, 547 und 629.

[57] *Schwarze*, Europäisches Verwaltungsrecht, 2. Auflage, S. 547.

[58] Siehe Kap. 2, A., I., 1.

[59] *Wolff*, Die dienende Funktion der Verfahrensrechte, in: FS Scholz, S. 977, 977. Zur Trennung von
materiellem und Verfahrensrecht siehe *Gößwein*, Allgemeines Verwaltungs(verfahrens)recht der
administrativen Normsetzung?, S. 41 f.

Formfehlern bestehen muss. Die Möglichkeit der Relativierung von Verfahrens-
und Formfehlern muss nicht zwingend auch bei materiell-rechtlichen Verstößen
gegeben sein.

Darüber hinaus kann dem allgemeinen Gleichheitssatz das Gebot entnommen
werden, dass zwischen den einzelnen Verfahrens- und Formfehlern im Hinblick auf
ihre Sanktion bzw. Relativierung sachgerecht zu differenzieren ist. Der europäische
Gesetzgeber bzw. die Verwaltung oder Rechtsprechung verletzen dieses Gebot,
wenn sie rechtmäßiges und rechtswidriges Verwaltungshandeln gleich behandeln
bzw. innerhalb der Folgen verfahrens- und formfehlerhaften Verwaltungshandelns
nicht sachgerecht differenzieren oder aber die Differenzierung von Willkür getragen
ist. Wann Willkür vorliegt ist keiner formalen und allgemeingültigen Definition zugänglich, sondern hängt stark vom Einzelfall ab.[60] Willkür meint das genaue Gegenteil von Gerechtigkeit. Mit anderen Worten ist es ihre „radikale, absolute Vernei-
nung".[61] Jede Gleich- und Ungleichbehandlung, die mit dem Rechtsbewusstsein
nicht zu vereinbaren ist, jede Differenzierung oder Gleichbehandlung, für die sich
kein vernünftiger, einleuchtender Grund finden lässt, ist demnach willkürlich.[62]

Eine Aussage darüber, *wie* diese inhaltliche Differenzierung – über das Verbot
der Willkür hinaus – im Einzelnen auszusehen hat, lässt sich dem allgemeinen
Gleichheitssatz jedoch nur schwerlich entnehmen. Dabei ist insbesondere zu fragen, was von der verletzten Vorschrift nach der Regelung der Verfahrensfehlerfolgen funktional noch übrig bleibt. Die verletzte Vorschrift darf nicht ihrer Bedeutung
entleert werden. Dabei ist sowohl die Schwere des begangenen Fehlers der Verwaltung, als auch die Bedeutung der verletzten Vorschrift in die Betrachtung mit einzubeziehen. Diese Faktoren sind zusammen mit den Interessen der möglicherweise
am Verfahren beteiligten Dritten in ihrer Gesamtheit zu würdigen.

VI. Menschenwürde (Art. 1 GRCh)

Eine gewisse Einschränkung in Bezug darauf, dass kein Gebot der „Sanktionsmaximierung" in Form der Anordnung der Nichtigkeit bzw. Aufhebung einer Maßnahme
besteht, ergibt sich allerdings aus dem Grundsatz, dass die Würde des Menschen
unantastbar und zu achten und zu schützen ist (Art. 1 GRCh). Dieser Grundsatz

---

[60] *Leibholz*, Die Gleichheit vor dem Gesetz, S. 73; *Leibholz*, Das Verbot der Willkür und des Ermessensmißbrauchs im völkerrechtlichen Verkehr der Staaten, ZaÖRV 1929, S. 77, 78; *Schwarze*,
Europäisches Verwaltungsrecht, 2. Auflage, S. 538.

[61] *Leibholz*, Die Gleichheit vor dem Gesetz, S. 72; *Leibholz*, Das Verbot der Willkür und des Ermessensmißbrauchs im völkerrechtlichen Verkehr der Staaten, ZaÖRV 1929, S. 77, 78; siehe auch
GA *Lagrange*, Schlussanträge v. 18.03.1958, Rs. 8-13/57, *Groupement des hauts fourneaux et
aciéries belges u. a./Hohe Behörde*, Slg. 1958, 263; *Schwarze*, Europäisches Verwaltungsrecht,
2. Auflage, S. 537.

[62] *Leibholz*, Die Gleichheit vor dem Gesetz, S. 61; *Schwarze*, Europäisches Verwaltungsrecht,
2. Auflage, S. 537; *Zimmermann*, Die Preisdiskriminierung im Recht der Europäischen Gemeinschaft für Kohle und Stahl, S. 36 f.

bildet die Spitze des Wertesystems der europäischen Grundrechtecharta. Er ist der deutschen Menschenwürdegarantie nach Art. 1 GG nachgebildet und die unionsrechtliche Definition der Menschenwürdegarantie lehnt sich an die *Dürig'sche* Objektformel an.[63] Diese besagt, dass der Mensch nicht zu einem Objekt hoheitlichen Handelns herabgewürdigt werden darf, sondern stets als Subjekt zu behandeln und seinem individuellen Achtungsanspruch Rechnung zu tragen ist.[64]

Dieses Prinzip ist auch ein Eckpfeiler des Verwaltungsverfahrens, da auch hier die Gefahr besteht, dass der Mensch zum Objekt herabgestuft wird.[65] Einen besonders engen Bezug zur Menschenwürdegarantie haben vor allem das Recht Verfahrensbeteiligter, vor Erlass einer (belastenden) Entscheidung angehört zu werden,[66] sowie die Pflicht der Verwaltung, belastende Entscheidungen zu begründen.[67]

Für die Relativierung von Verfahrens- und Formfehlern markiert Art. 1 GRCh eine äußere Grenze: Weist eine Verfahrensvorschrift einen besonders ausgeprägten menschenrechtlichen Gehalt auf und stellt ihre Verletzung eine evidente Herabwürdigung des Fehlerbetroffenen zum bloßen Objekt des Verfahrens dar, ist eine Sanktion der Verletzung zwingend erforderlich und eine Relativierung nicht möglich. Darüber hinausgehende konkrete Einzelforderungen lassen sich hieraus allerdings nicht ableiten.

---

[63] Dazu, dass das Unionsrecht in Bezug auf Art. 1 GRCh eine Brücke zu der im Bereich des Art. 1 Abs. 1 GG gebräuchlichen *Dürig'schen* Objektformel schlägt EuGH, Urt. v. 09.10.2001, Rs. C-377/98, *Niederlande/Parlament und Rat*, Slg. 2001, I-7079 wo entschieden wurde, dass bloße menschliche Körperteile nicht zum Gegenstand von Patenten und damit kommerziellen Rechten gemacht werden dürfen; siehe auch *Frenz*, Handbuch Europarecht, Band 4, Rn. 824; *Höfling*, in: Tettinger/Stern, Art. 1 GRCh, Rn. 19; *Jarass*, in: Jarass, Art. 1 GRCh, Rn. 6; *Nehl*, Principles of Administrative Procedure in EC Law, S. 22; vgl. ebenfalls *Galligan*, Due Process and Fair Procedures: A Study of Administrative Procedures, S. 75 ff., 132 ff.

[64] Grundlegend hierzu *Dürig*, Der Grundrechtssatz von der Menschenwürde, AöR 81 (1956), S. 117, 127; siehe auch BVerfGE 30, 1, 25; *Hofmann*, Die versprochene Menschenwürde, AöR 118 (1993), S. 353, 360; *Höfling*, Die Unantastbarkeit der Menschenwürde – Annäherungen an einen schwierigen Verfassungsrechtssatz, JuS 1995, S. 857, 859 ff. Die Objektformel ist auf *Immanuel Kant* zurückzuführen, siehe exemplarisch *Kant*, Grundlegung zur Metaphysik der Sitten, Rn. 429; *Kant*, Metaphysische Anfangsgründe der Rechtslehre, Metaphysik der Sitten, Erster Teil, Rn. 230.

[65] *Nehl*, Principles of Adminstrative Procedure in EC Law, S. 22. Siehe zum deutschen Recht *Bracher*, Nachholung der Anhörung bis zum Abschluss des verwaltungsgerichtlichen Verfahrens?, DVBl. 1997, S. 534, 535; *Eisenberg*, Die Anhörung des Bürgers im Verwaltungsverfahren und die Begründungspflicht für Verwaltungsakte, S. 117; *Felix*, Die Relativierung von Verfahrensrechten im Sozialverwaltungsverfahren, NZS 2001, S. 341, 344; *Ossenbühl*, Verwaltungsverfahren zwischen Verwaltungseffizienz und Rechtsschutzauftrag, NVwZ 1982, S. 465, 467.

[66] *Nöhmer*, Das Recht auf Anhörung im europäischen Verwaltungsverfahren, S. 30; vgl. auch *Mendes*, Participation in EU Rule-Making, S. 164 f. Für das deutsche Recht *Eisenberg*, Die Anhörung des Bürgers im Verwaltungsverfahren und die Begründungspflicht für Verwaltungsakte, S. 117; *Guckelberger*, Anhörungsfehler bei Verwaltungsakten, JuS 2011, S. 577, 578; *Kopp*, Verfassungsrecht und Verwaltungsverfahrensrecht, S. 17.

[67] Für das deutsche Recht *Eisenberg*, Die Anhörung des Bürgers im Verwaltungsverfahren und die Begründungspflicht für Verwaltungsakte, S. 117; *Kopp*, Verfassungsrecht und Verwaltungsrecht, S. 17.

VII. Grundsatz der Rechtsstaatlichkeit (Art. 2 EUV)

Eine Sanktionspflicht für einen Verfahrens- oder Formfehler kann sich ferner aus dem europäischen Grundwert[68] der Rechtsstaatlichkeit ergeben, der in Art. 2 EUV verankert ist.

Um die Relativierung eines Verfahrens- oder Formfehlers von vornherein auszuschließen, müsste die Verfahrensrechtsverletzung jedoch eine schwerwiegende, elementare und unhaltbare Verletzung des Rechtsstaatsprinzips sein bzw. eine rechtsstaatlich unverzichtbare verfahrensrechtliche Mindestanforderung betreffen. Eine einfache Verletzung rechtsstaatlicher Anforderungen reicht insofern nicht aus. Ein absolutes Sanktionsgebot aufgrund des Rechtsstaatsprinzips begründen insbesondere willkürliche, missbräuchliche oder systematische Verletzungen von Verfahrens- oder Formvorschriften.

Um eine Verletzung des Grundsatzes der Rechtsstaatlichkeit zu vermeiden, wäre es verfassungspolitisch wünschenswert, keinesfalls jedoch rechtlich zwingend, der Verwaltung die Beweislast dafür aufzuerlegen, dass sie den Verfahrens- oder Formfehler weder vorsätzlich noch grob fahrlässig begangen hat und dass es sich bei dem Fehler um einen Einzelfall (und nicht um eine ständige Verwaltungspraxis) handelt.

VIII. Zwischenfazit

Zusammenfassend bleiben damit folgende Leitlinien festzuhalten:

* Aus dem Grundsatz der Rechtmäßigkeit der Verwaltung lässt sich kein Gebot der „Sanktionsmaximierung" ableiten, das heißt, er gebietet nicht die zwingende Aufhebung von Verwaltungsentscheidungen, die an einem Verfahrens- oder Formfehler leiden. Vielmehr ist der Grundsatz mit anderen allgemeinen Rechtsgrundsätzen, insbesondere dem Grundsatz der Verwaltungseffizienz, abzuwägen und in Einklang zu bringen.
* Aus dem Grundsatz der Rechtmäßigkeit der Verwaltung ergibt sich jedoch ein grundsätzlicher Vorrang der Heilung vor der Unbeachtlichkeit.
* Aus der präventiven Bedeutung des Grundsatzes der Rechtmäßigkeit der Verwaltung resultiert die Pflicht, an rechtswidriges Verwaltungshandeln andere Rechtsfolgen zu knüpfen als an rechtmäßiges und die Relativierung von Verfahrens- und Formfehlern restriktiv zu handhaben.
* Das Grundrecht auf gute Verwaltung (Art. 41 GRCh), der Grundsatz des effektiven Rechtsschutzes (Art. 47 Abs. 1 GRCh) sowie die Grundsätze der Rechtssicherheit und des Vertrauensschutzes begründen ebenfalls keine absolute Pflicht der Sanktion von Verfahrens- und Formfehlern im Form der Aufhebung einer Verwaltungsentscheidung.

---

[68] *Calliess*, in: Calliess/Ruffert, Art. 2 EUV, Rn. 25.

- Der allgemeine Gleichheitssatz gebietet nicht, die Folgen von Verfahrens- und Formfehlern den Folgen materiell-rechtlicher Fehler gleichzusetzen. Eine Sanktionspflicht materiell-rechtlicher Fehler bedeutet damit nicht zwingend eine Sanktionspflicht von Verfahrens- und Formfehlern. Aus dem allgemeinen Gleichheitssatz kann lediglich die Pflicht abgeleitet werden, bei der Entscheidung über die Fehlerfolgen eine sachgerechte Differenzierung vorzunehmen.

- Eine zwingende Pflicht zur Sanktion eines Verfahrens- oder Formfehlers kann allerdings dann bestehen, wenn eine Vorschrift einen schweren menschenrechtlichen Gehalt aufweist und ihre Verletzung eine evidente Herabwürdigung des Fehlerbetroffenen zum bloßen Objekt des Verfahrens darstellt. Eine Sanktion ist ferner dann unumgänglich, wenn eine elementare und unhaltbare Verletzung des Rechtsstaatsprinzips oder eine Verletzung einer rechtsstaatlich unverzichtbaren verfahrensrechtlichen Mindestanforderung stattgefunden hat.

C. Gebot der effizienzorientierten Ausgestaltung der Regeln der Heilung und Unbeachtlichkeit

Aus der Untersuchung ergibt sich damit zunächst nur die Erkenntnis, dass dem europäischen Gesetzgeber bei der Regelung der Folgen von Verfahrens- und Formfehlern ein gewisser Gestaltungsspielraum zusteht, der es ihm erlaubt, Verfahrens- und Formfehler nicht zwingend mit einer Sanktion in Form der Nichtigkeit bzw. Aufhebung zu belegen, sondern ihre Relativierung zuzulassen. Eine Sanktionspflicht besteht nur im Falle der Verletzung grundlegender primärrechtlicher Mindestanforderungen. Etwas bestimmtere Anforderungen in Bezug auf die Ausgestaltung der Regeln der Heilung und Unbeachtlichkeit lassen sich hingegen den Grundsätzen der Verfahrens- und Verwaltungseffizienz entnehmen.

Als eine Gemeinschaft, die ursprünglich primär mit dem Fokus gegründet wurde, wirtschaftliche Ziele zu erreichen,[69] orientiert sich die Europäische Union seit ihren Anfängen und bis heute an Effizienzgesichtspunkten. In Anlehnung an die Wirtschaftswissenschaften kann Effizienz als Maßstab des Verhältnisses von Aufwand bzw. eingesetzten Mitteln (Kosten, Ressourcen) zum erzielten Ertrag (Nutzen, Ziel) beschrieben werden. Es geht darum, mit möglichst geringem Ressourcenaufwand ein festgelegtes Ziel zu erreichen (Minimalprinzip) oder mit feststehenden Ressourcen den maximalen Nutzen zu erzielen (Maximalprinzip). Effizienz zielt damit darauf, eine möglichst optimale Zweck-Mittel-Relation herzustellen.[70] In Bezug auf

---

[69] Zu den Zielen der Union vgl. Art. 3 EUV.

[70] Allgemein zum Effizienzbegriff *Hoffmann-Riem*, Effizienz als Herausforderung an das Verwaltungsrecht, in: Hoffmann-Riem/Schmidt-Aßmann, Effizienz als Herausforderung an das Verwaltungsrecht, S. 11, 17 f.; *Röhl*, Verantwortung und Effizienz in der Mehrebenenverwaltung, DVBl. 2006, S. 1070, 1070; *Schmidt-Aßmann*, Effizienz als Herausforderung an das Verwaltungsrecht, in: Hoffmann-Riem/Schmidt-Aßmann, Effizienz als Herausforderung an das Verwaltungsrecht, S. 245, 246; monografisch zum Effizienzprinzip *Leisner*, Effizienz als Rechtsprinzip, 1971.

das Verwaltungsverfahren dient Effizienz als Maßstab des Verhältnisses von Verwaltungsaufwand im Vergleich zu dem erzielten Verfahrensergebnis. Ein Verwaltungsverfahren ist dann effizienzbetont gestaltet, wenn es zweckmäßig, einfach und rasch ist, Verzögerungen vermieden,[71] komplizierte Verfahren vereinfacht und mehrfache Bearbeitungen verhindert[72] werden. Der Aufwand, den die Verwaltung in Verfahren betreibt, muss in einem angemessenen Verhältnis zum erzielten Ergebnis stehen.

Im AEUV findet sich der Effizienzgedanke gleich an mehreren Stellen: Beispielsweise deuten Art. 120 und Art. 127 Abs. 1 AEUV auf eine effiziente Wirtschafts- und Währungspolitik hin. Auch Art. 45 Abs. 1 lit. b) EUV erwähnt den Effizienzgedanken. Die prominenteste Verankerung des Effizienzprinzips findet sich aber in Art. 298 Abs. 1 AEUV in Bezug auf die Verwaltung. Diese Vorschrift bestimmt, dass sich die Organe, Einrichtungen u\nd sonstigen Stellen der Union zur Ausführung ihrer Aufgaben auf eine „offene, effiziente und unabhängige europäische Verwaltung" stützen. Angesichts dieser Verankerung in den Verträgen ist der Effizienzgrundsatz als allgemeines Rechtsprinzip des Unionsrechts anerkannt.[73]

Die Rechtsfiguren der Heilung und Unbeachtlichkeit stellen in hohem Maße eine Konkretisierung des Effizienzprinzips dar.[74] Denn die Relativierung von Verfahrens- und Formfehlern vermeidet Mehrfachbearbeitungen und zusätzlichen Arbeitsaufwand, indem sie verhindert, dass ein verfahrens- oder formfehlerhafter

---

[71] Dazu, dass ein effizientes Verwaltungsverfahren ein solches ist, das unnötige und unangemessene Verzögerungen gegenüber den Betroffenen vermeidet, *Classen*, Gute Verwaltung, S. 335; dazu, dass „eine langsame Verwaltung eine schlechte Verwaltung" ist GA *Jacobs*, Schlussanträge v. 22.03.2001, Rs. C-270/99, *Z/Parlament*, Slg. 2001, I-9197, Rn. 40. In zahlreichen beihilferechtlichen Fällen hat der EuGH entschieden, dass die Kommissionsverfahren mit der gebotenen Eile stattzufinden haben, EuGH, Urt. v. 11.12.1973, Rs. 120/73, *Gebrüder Lorenz/Deutschland*, Slg. 1973, 1471, Rn. 4; EuGH, Urt. v. 28.01.2003, Rs. C-334/99, *Deutschland/Kommission*, Slg. 2003, I-1139, Rn. 49; EuG, Urt. v. 15.12.1999, Rs. T-132/96 und T-143/96, *Freistaat Sachsen/Kommission*, Slg. 1999, II-3663, Rn. 213.

[72] *Krajewski/Rösslein*, in: Grabitz/Hilf/Nettesheim, Art. 298 AEUV, Rn. 22; *Siegel*, Entscheidungsfindung im Verwaltungsverbund, S. 273.

[73] EuG, Urt. v. 24.02.2000, Rs. T-145/98, *ADT/Kommission*, Slg. 2000, II-387, Rn. 166, wo das EuG aus dem Grundsatz der ordnungsgemäßen Verwaltung die Wirtschaftlichkeit und Effektivität des Verwaltungsverfahrens herleitete; vgl. zu weiterer Rechtsprechung zur Effizienz der Verwaltung *Bauer*, Das Recht auf eine gute Verwaltung im Europäischen Gemeinschaftsrecht, S. 70 ff. Zum Effizienzprinzip als allgemeinem Rechtsgrundsatz des Unionsrechts *Krajewski/Rösslein*, in: Grabitz/Hilf/Nettesheim, Art. 298 AEUV, Rn. 20; *Siegel*, Entscheidungsfindung im Verwaltungsverbund, S. 270 ff. Zum Effizienzgedanken als „latentem Strukturprinzip" *von Arnauld*, Zum Status quo des europäischen Verwaltungsrecht, in: Terhechte, VwR der EU, § 2, Rn. 45. Dafür, dass das Unionsrecht das Effizienzprinzip als allgemeinen Rechtsgrundsatz anerkennt, spricht auch die Unterstreichung dieses Gedankens in der Erklärung von Laeken, Erklärung von Laeken zur Zukunft der Europäischen Union, Anlage 1 zu den Schlussfolgerungen des Vorsitzes, Europäischer Rat (Laeken), 14. und 15.12.2001, abrufbar unter https://www.google.com/url?sa=t&rct=j&q=&esrc=s&source=web&cd=1&ved=2ahUKEwjBs5Oz8KLgAhVH1uAKHaAcC90QFjAAegQIAhAC&url=http%3A%2F%2Feuropa.eu%2Frapid%2Fpress-release_DOC-01-18_de.pdf&usg=AOvVaw3PztoG4s-N2NI4uWU4BJLU.

[74] Vgl. im Hinblick auf die Funktionsleistung der Heilung im deutschen Recht, Verfahrensökonomie herzustellen *Gurlit*, Der Eigenwert des Verfahrens im Verwaltungsrecht, VVDStRL 70 (2011), S. 227, 260; *Martin*, Heilung von Verfahrensfehlern, S. 253 f.

Beschluss allein aufgrund dieses Fehlers aufgehoben wird. Gerade wenn ein Beschluss in der Sache korrekt war, ist die Wahrscheinlichkeit, dass die Verwaltung ihn nach seiner Aufhebung erneut, diesmal beanstandungsfrei, erlässt, hoch. Somit verhindert die Relativierung ein möglicherweise zeit-, sachmittel-, personal- und kostenintensives Zweitverfahren, an dessen Ende dasselbe materielle Ergebnis wie beim ersten Verfahren stünde. Hinzu kommt, dass es wahrscheinlich erscheint, dass das Gericht sich nach Erlass des zweiten Beschlusses ohnehin erneut mit dem Beschluss befassen muss – diesmal jedoch aus sachlichen Gründen und nicht wegen eines Verfahrens- oder Formfehlers.

Effizienz bedeutet jedoch nicht nur Schnelligkeit und Kostenminimierung, sondern muss mit den Aspekten der Geeignetheit und Erforderlichkeit, die aus dem Verhältnismäßigkeitsgrundsatz bekannt sind, gepaart werden. Ferner kommt dem Effizienzprinzip im Vergleich zu anderen (rechtsstaatlichen) Rechtsgrundsätzen nur eine nachrangige Rolle zu.[75] Ihm kommt nur ein „Verwaltungswert" zu, während anderen Grundsätzen, wie dem der Verhältnismäßigkeit oder des Vertrauensschutzes, ein „Rechtswert" zugeschrieben wird.[76] Insbesondere findet er seine Schranken im Grundsatz der Rechtsbindung der Verwaltung sowie individualschützenden Verfahrensvorschriften. Hieraus folgt, dass dem Effizienzprinzip im Vergleich zu anderen allgemeinen Rechtsgrundsätzen kein allzu großes Gewicht beigemessen werden darf. Effizienz darf nicht um jeden Preis angestrebt werden. Vielmehr hat Effizienz nur eine Art „dienende" Funktion.

Um tatsächlich effizienzsteigernd zu wirken, müssen Regelungen zur Relativierung von Verfahrens- und Formfehlern unter Effizienzgesichtspunkten gut durchdacht sein, damit sie für das Verwaltungsverfahren wirklich entlastend wirken und auf lange Sicht nicht zu Effizienzverlusten führen. Effizienzmindernde Gesichtspunkte müssen bei der Ausgestaltung von Relativierungsregelungen damit berücksichtigt werden. Für die konkrete Ausgestaltung der Regelungen der Heilung und Unbeachtlichkeit bedeutet dies zunächst, dass sie sinnvoll begrenzt und differenziert ausgestaltet werden müssen, damit die Bereitschaft der Verwaltung, Verfahrensvorschriften zu beachten, nicht sinkt.

Aus diesen Überlegungen folgt: Das Ziel der Umsetzung des Effizienzprinzips in einer Regelung zur Relativierung von Verfahrens- und Formfehlern darf nicht das Erreichen größtmöglicher Verfahrenseffizienz an sich sein, sondern (lediglich) die

---

[75] Vgl. bezogen auf das deutsche Verwaltungsverfahrensrecht *Hoffmann-Riem*, Tendenzen in der Verwaltungsrechtsentwicklung, DÖV 1997, S. 433, 437 der verlangt, dass das „Gebot effizienter Ressourcenverwendung in der Rechtsverwirklichung […] neutral im Hinblick auf die sonstige Qualität der Aufgabenerfüllung" wirken muss. Siehe auch *Kopp*, Die Heilung von Mängeln des Verwaltungsverfahrens und das Nachschieben von Gründen im Verwaltungsprozess, VerwArch. (61) 1970, S. 219, 226; *Schmidt-Aßmann*, Effizienz als Herausforderung an das Verwaltungsrecht, in: Hoffmann-Riem/Schmidt-Aßmann, Effizienz als Herausforderung an das Verwaltungsrecht, S. 245, 258.

[76] Vgl. zu dieser Unterscheidung bezogen auf das deutsche Verwaltungsrecht *Krüger*, Allgemeine Staatslehre, S. 713 ff., 730 ff.; *Schmidt-Aßmann*, Effizienz als Herausforderung an das Verwaltungsrecht, in: Hoffmann-Riem/Schmidt-Aßmann, Effizienz als Herausforderung an das Verwaltungsrecht, S. 245, 258.

größtmögliche Verfahrenseffizienz unter Berücksichtigung der Rechte und der Interessen der Betroffenen.[77] Die Durchführung eines zeit-, sachmittel-, personal- und kostenintensiven Zweitverfahrens muss daher mit dessen Gewinn an Rechtsstaatlichkeit im Vergleich zur isolierten Heilung bzw. Unbeachtlichkeit eines Verfahrens- oder Formfehlers abgewogen werden.

Im Hinblick auf die Heilung zeichnet sich also folgendes Bild ab: Ein erneutes Verwaltungsverfahren durchzuführen ist gegenüber einer Heilung vorteilhaft, wenn die Heilung den gleichen Verfahrensaufwand bedeutet, jedoch keine greifbaren Effizienzvorteile bieten würde. Der Vorteil des Zweitverfahrens ist nämlich, dass die Verfahrenshandlung an ihrem ursprünglich vorgesehenen Platz, zu ihrem ursprünglich vorgesehenen Zeitpunkt im Entscheidungsprozess stattfindet und damit die reale Möglichkeit hat, Einfluss auf das Verfahrensergebnis zu nehmen. Die Verwaltung ist damit weniger dem Verdacht ausgesetzt, aufgrund des Verfahrensfehlers voreingenommen zu sein.[78] Dies erhöht die Akzeptanz der Entscheidung[79] und verringert zugleich die Gefahr eines späteren Widerstands dagegen.

Allgemein gesprochen ist die Relativierung eines Verfahrens- oder Formfehlers gegenüber der Durchführung eines Zweitverfahrens effizienzsteigernd, wenn der Zeit-, Mittel-, Personal- und Finanzaufwand für die Durchführung eines Zweitverfahrens so groß ist, dass die Durchführung eines Zweitverfahrens grob unverhältnismäßig ist. Eine Relativierung ist damit gegenüber einem Zweitverfahren umso wahrscheinlicher, je anspruchsvoller das Verwaltungsverfahren ist, das heißt, je komplexer der Sachverhalt ist, je mehr Personen und Stellen an der Mitgestaltung des Beschlusses beteiligt und vom Verfahrensergebnis betroffen sind und je grundrechts- bzw. grundfreiheitsrelevanter der Gegenstand des Verfahrens ist. Je einfacher das Verwaltungsverfahren hingegen ist, desto geringer sind die Effizienzeinbußen, die bei der Durchführung eines Zweitverfahrens in Kauf genommen werden müssen und desto größer sind die rechtsstaatlichen Vorteile seiner Durchführung. Gleichzeitig darf eine Heilung der Durchführung eines Zweitverfahrens aber in Rechtsstaatlichkeit in nichts nachstehen und sie muss die Rechte und Interessen der Betroffenen bestmöglich wahren. Dies hängt davon ab, ob durch die Heilung unter Anlegung eines realitätsgerechten Maßstabs das Verfahren in den Stand zurückversetzt werden kann, der bestünde, wenn der Fehler von Anfang an nicht begangen worden wäre. So entsteht bei den Betroffenen nicht der Eindruck, dass sich die Heilung in einem bloß symbolischen Akt erschöpft, sondern dass die Verwaltung tatsächlich an die ihr obliegenden Pflichten gebunden wird, was die Wahrscheinlichkeit des Protests gegen den Beschluss verringert.

---

[77] Vgl. bezogen auf das deutsche Verwaltungsverfahrensrecht *Degenhart,* Das Verwaltungsverfahren zwischen Verwaltungseffizienz und Rechtsschutzauftrag, DVBl. 1982, S. 872, 872.

[78] Wobei auch bei der erneuten Durchführung eines Verfahrens nicht gänzlich ausgeschlossen werden kann, dass die Verwaltung nicht durch die Ermittlungen und Ergebnisse des ersten Verfahrens beeinflusst wird.

[79] Siehe zur Zielsetzung, die Akzeptanz von Verwaltungsentscheidungen zu verbessern, um Verwaltungsverfahren zu verkürzen und gerichtliche Verfahren zu vermeiden *Würtenberger,* Die Akzeptanz von Verwaltungentscheidungen, S. 65 ff.

D. Gebot der zeitlichen Begrenzung der Heilungsmöglichkeit

Konkrete Vorgaben lassen sich aus dem Primärrecht insbesondere in Bezug auf die zeitliche Begrenzung der Möglichkeit der Heilung von Verfahrens- und Formfehlern ableiten.

I. Grundsatz des institutionellen Gleichgewichts

Die Organe der europäischen Union üben Hoheitsgewalt aus, indem sie Recht setzen, vollziehen und sprechen. Wollen sie dies auf eine legitime und rechtsstaatliche Weise tun, müssen sie den Anforderungen der Gewaltenteilung Rechnung tragen. Da die Europäische Union jedoch kein Staat ist und die Legislativ- und Exekutivkompetenzen nicht jeweils einem einzigen Organ übertragen, sondern auf mehrere verteilt sind, gibt es zwischen Parlament, Rat und Kommission keine klassische Gewaltenteilung, wie sie aus den mitgliedstaatlichen Rechtsordnungen bekannt ist.[80] Stattdessen richtet sich die Funktionentrennung der europäischen Organe nach dem sog. Prinzip des institutionellen Gleichgewichts, das dem Grundsatz der Gewaltenteilung zugeordnet werden kann.[81] Auch die Rechtsprechung meidet den Begriff der Gewaltenteilung und operiert stattdessen mit dem des institutionellen Gleichgewichts.[82]

Hierbei handelt es sich um ein horizontales institutionelles Rechtsprinzip, das Teil der allgemeinen Rechtsgrundsätze des Unionsrechts ist.[83] Es beschreibt das

---

[80] Dazu, dass die Union keinem herkömmlichen Modell klassischer Gewaltenteilung folgt *Haratsch*, Der Grundsatz der Gewaltenteilung als rechtsordnungsübergreifender Rechtssatz, in: Demel/Hausotter/Heibeyn, Funktionen und Kontrolle der Gewalten, S. 199, 209; *Kirchner/Haas*, Rechtliche Grenzen für Kompetenzübertragungen auf die Europäische Gemeinschaft, JZ 1993, S. 760, 768; *Lecheler*, Allgemeine Grundsätze des Unionsrechts, in: Merten/Papier, HGR VI/1, § 158, Rn. 24; *Nettesheim*, in: Grabitz/Hilf/Nettesheim, Art. 13 EUV, Rn. 1; *Schmidt-Aßmann*, Das Allgemeine Verwaltungsrecht als Ordnungsidee, Kap. 7, Rn. 4; *Schorkopf*, Homogenität in der Europäischen Union, S. 97 f.

[81] *Haratsch*, Der Grundsatz der Gewaltenteilung als rechtsordnungsübergreifender Rechtssatz, in: Demel/Hausotter/Heibeyn, Funktionen und Kontrolle der Gewalten, S. 199, 207; *Hofmann*, Rechtsstaatsprinzip und Europäisches Gemeinschaftsrecht, in: Hofmann/Marko/Merli/Wiederin, Rechtsstaatlichkeit in Europa, S. 321, 326 f.

[82] Zuerst EuGH, Urt. v. 13.06.1958, Rs. 9/56, *Meroni/Hoher Rat*, Slg. 1958, 11, 44 („Gleichgewicht der Gewalten"); EuGH, Urt. v. 17.12.1970, Rs. 30/70, *Scheer/Einfuhr- und Vorratsstelle für Getreide und Futtermittel*, Slg. 1970, 1197, Rn. 13 und 18; EuGH, Urt. v. 17.12.1970, Rs. 25/70, *Einfuhr- und Vorratsstelle für Getreide und Futtermittel/Köster und Berodt&Co*, Slg. 1970, 1161, Rn. 4 und 9; EuGH, Urt. v. 29.10.1980, Rs. 138/79, *Roquette Frères/Rat*, Slg. 1980, 3333, Rn. 33; EuGH, Urt. v. 22.05.1990, Rs. 70/88, *Parlament/Rat (Tschernobyl)*, Slg. 1990, I-2041, Rn. 21 ff.

[83] *Di Fabio*, Eine europäische Charta, JZ 2000, S. 737, 742; *Jacqué*, The principle of institutional balance, CMLR 41 (2004), S. 383 ff.; *Lecheler*, Allgemeine Grundsätze des Unionsrechts, in: Merten/Papier, HGR VI/1, § 158, Rn. 24; *De Witte*, Institutional Principles: A Special Category of General Principles of EC Law, in: Bernitz/Nergelius, General Principles of European Community Law, S. 143, 143 und 150 ff.

Verhältnis der verschiedenen europäischen Institutionen zueinander und die Vertei-
lung der Kompetenzen unter ihnen.[84] Die Wahrung des institutionellen Gleichgewichts bedeutet – mit den Worten des Gerichtshofs – „dass jedes Organ seine Befugnisse unter Beachtung der Befugnisse der anderen Organe ausübt. Sie verlangt
auch, dass eventuelle Verstöße gegen diesen Grundsatz geahndet werden können."[85]
Anders ausgedrückt, darf ein europäisches Organ nicht in den Aufgabenbereich eines anderen eingreifen und diesem zugewiesene Aufgaben übernehmen.[86] Welchem
Organ welche Funktionen übertragen sind, richtet sich dabei nach dem Prinzip der
Sicherung der optimalen Funktionsfähigkeit der Union.[87]

Um Schlussfolgerungen in Bezug auf die Heilung von Verfahrensfehlern aus dem
Prinzip des institutionellen Gleichgewichts zu ziehen, ist insbesondere das Verhältnis
der europäischen Kommission als zentralem Verwaltungsorgan der EU und „Spitze"
der europäischen Eigenverwaltung[88] zu den europäischen Gerichten, denen gem.
Art. 19 EUV i.V.m. Art. 251 ff. AEUV die Rolle der Judikative zukommt, zu untersuchen: Aufgabe der Administrative ist es, abstraktes materielles Recht in jedem Einzelfall zu konkretisieren. Hierzu bedient sie sich des Verwaltungsverfahrens als eines
offenen und dynamischen Entwicklungsprozesses, in dessen Verlauf das materielle
Recht mit Leben gefüllt wird und an dessen Ende die Verwaltungsentscheidung als
Antwort steht. Im Rahmen des Verwaltungsverfahrens kommt der Verwaltung damit
eine aktiv gestaltende Rolle zu. Aufgabe der europäischen Gerichte hingegen ist es,
die bereits getroffene Entscheidung der Verwaltung zu überprüfen und einen Rechtsstreit zu entscheiden. Sie agieren, das heißt, sie ersetzen das Verwaltungsverfahren in
der Regel nicht, sondern sind für eine spezifisch rechtliche Kontrolle zuständig.[89]

Diese Funktionenteilung wird bereits durch das System der Klagearten des
AEUV nahegelegt: Lehnt die Verwaltung einen Antrag ab, steht dem Betroffenen
nur die Nichtigkeitsklage zur Verfügung, die sich in ihrer Rechtsfolge auf die
Nichtigerklärung des Beschlusses beschränkt.[90] Der Gerichtshof hat nicht die

---

[84] *Hatje*, in: Schwarze, Art. 13 EUV, Rn. 33; *De Witte*, Institutional Principles: A Special Category
of General Principles of EC Law, in: Bernitz/Nergelius, General Principles of European Community Law, S. 143, 143.

[85] EuGH, Urt. v. 22.05.1990, Rs. 70/88, *Parlament/Rat (Tschernobyl)*, Slg. 1990, I-2041, Rn. 22.

[86] EuGH, Urt. v. 17.12.1970, Rs. 25/70, *Einfuhr- und Vorratsstelle für Getreide und Futtermit-
tel/Köster und Berodt & Co*, Slg. 1970, 1161, Rn. 4 und 9; EuGH, Urt. v. 29.10.1980, Rs. 138/79,
Roquette Frères/Rat, Slg. 1980, 3333, Rn. 33; EuGH, Urt. v. 22.05.1990, Rs. 70/88, *Parlament/Rat
(Tschernobyl)*, Rn. 21 f.; *Calliess*, in: Calliess/Ruffert, Art. 13 EUV, Rn. 16; *Hatje*, in: Schwarze,
Art. 13 EUV, Rn. 33.

[87] Vgl. *Lecheler*, Allgemeine Grundsätze des Unionsrechts, in: Merten/Papier, HGR VI/1, § 158,
Rn. 24.

[88] *Nemitz*, in: Schwarze, Art. 17 EUV, Rn. 39; *Ruffert*, in: Calliess/Ruffert, Art. 298 AEUV, Rn. 2;
Schmidt-Aßmann, Das Allgemeine Verwaltungsrecht als Ordnungsidee, Kap. 7, Rn. 4.

[89] EuGH als „Organ einer spezifisch rechtlichen Kontrolle", EuGH, Urt. v. 04.10.1983, Rs. 191/82,
FEDIOL/Kommission, Slg. 1983, 2913, Rn. 29 f.; *Classen*, Die Europäisierung der Verwaltungsgerichtsbarkeit, S. 171.

[90] EuGH, Urt. v. 25.05.1993, Rs. C-199/91, *Sart-Tilman/Kommission*, Slg. 1993, I-2689, Rn. 17;
Cremer, in : Calliess/Ruffert, Art. 263 AEUV, Rn. 2.

Möglichkeit, der Verwaltung eine (inhaltlich) bestimmte Entscheidung aufzuerlegen.[91] Auch bei der Untätigkeitsklage kann der Gerichtshof nur darüber entscheiden, ob das betreffende Organ überhaupt hätte handeln müssen. Aussagen, wie die Entscheidung inhaltlich hätte ausgestaltet sein müssen, trifft der Gerichtshof nicht.[92] Dies entspricht der „Gewaltenteilung" zwischen europäischen Gerichten und der Kommission.[93]

Darüber hinaus wären die Gerichte für die Übernahme von Exekutivfunktionen auch nicht ausgerüstet: Während die europäische Verwaltung gem. Art. 337 AEUV[94] sowohl das Recht als auch die Pflicht hat, einen Sachverhalt vollständig aufzuklären,[95] ist die Ermittlungstätigkeit der Gerichte eingeschränkt: Der Gerichtshof ist zwar zu einer umfassenden Sachverhaltsaufklärung unabhängig von den Beweisanträgen der Parteien befugt. Aus der Dispositionsmaxime folgt jedoch, dass er bei der Aufklärung des Sachverhalts an die vom Kläger geltend gemachten Klagegründe gebunden ist.[96] Eine über die Klagegründe hinausgehende Sachverhaltsüberprüfung würde aufgrund des engen unionsrechtlichen Streitgegenstandsbegriffs eine Verletzung des *ne ultra petita partium*-Prinzips darstellen.[97] Die beschränkte Kontrollmöglichkeit der europäischen Gerichte spiegelt sich auch in der Struktur der Nichtigkeitsklage nach Art. 263 AEUV wider. In der Norm sind bestimmte Nichtigkeitsgründe aufgeführt. Damit ist der Umfang der gerichtlichen Prüfung von vornherein auf diese Klagegründe beschränkt. Art. 263 AEUV schließt eine umfassende richterliche Kontrolle damit im Prinzip *a priori* aus.[98]

Dies hat zur Folge, dass das Verwaltungsverfahren im Rahmen des Prozesses nicht vollständig dargestellt werden kann. Das gerichtliche Verfahren ist nicht in der

---

[91] Eine Ausnahme besteht lediglich im Falle der sog. *pleine jurisdiction*, ausführlich hierzu siehe Kap. 2, A., IV., 2., a), aa).

[92] EuGH, Urt. v. 09.08.1994, Rs. C-412/92 P, *Parlament/Meskens*, Slg. 1994, I-3757, Rn. 27; *Classen*, Strukturunterschiede zwischen deutschem und europäischem Verwaltungsrecht – Konflikt oder Bereicherung?, NJW 1995, S. 2457, 2461.

[93] *Feddersen*, in: Grabitz/Hilf, 40. Auflage 2009 (Altauflage), Art. 31 VO 1/2003, Rn. 18.

[94] Allgemein zum Untersuchungsgrundsatz *von Danwitz*, Verwaltungsrechtliches System und Europäische Integration, S. 73 ff.; *Gornig/Trüe*, Die Rechtsprechung des EuGH und des EuG zum Europäischen Verwaltungsrecht, JZ 2000, S. 446, 449 ff.; *Haibach*, Die Rechtsprechung des EuGH zu den Grundsätzen des Verwaltungsverfahrens, NVwZ 1998, S. 456, 458; *Wittkopp*, Sachverhaltsermittlung im Gemeinschaftsverwaltungsrecht, S. 81 ff.

[95] *Fehling*, Europäisches Verwaltungsverfahren und Verwaltungsprozessrecht, in: Terhechte, VwR der EU, § 12, Rn. 27.

[96] EuGH, Urt. v. 10.07.1990, Rs. T-51/89, *Tetra Pak/Kommission*, Slg. 1990, II-309, Rn. 11 ff.; *Pache*, Die Kontrolldichte in der Rechtsprechung des Gerichtshofs der Europäischen Gemeinschaften, DVBl. 1998, S. 380, 382; *Rausch*, Die Kontrolle von Tatsachenfeststellungen und -würdigungen durch den Gerichtshof der Europäischen Gemeinschaften, S. 164 ff.

[97] EuGH, Urt. v. 14.12.1962, verb. Rs. 46 und 47/59, *Meroni/Hohe Behörde*, Slg. 1962, 835, 854; *Pache*, Die Kontrolldichte in der Rechtsprechung des Gerichtshofs der Europäischen Gemeinschaften, DVBl. 1998, S. 380, 383; *Rausch*, Die Kontrolle von Tatsachenfeststellungen und -würdigungen durch den Gerichtshof der Europäischen Gemeinschaften, S. 167 f.

[98] *Saurer*, Der Einzelne im europäischen Verwaltungsrecht, S. 255.

Lage, das Verwaltungsverfahren zu ersetzen.[99] Um einen gleichwertigen Ersatz für das Verwaltungsverfahren zu bilden, müssten die Richter zur vollständigen Aufklärung des Sachverhaltes im Rahmen des Prozesses befugt sein, so wie es die Verwaltung im Verwaltungsverfahren ist. Eine Heilung durch die Gerichte bzw. im Laufe des Prozesses würde insofern dem Funktionsverständnis der kontrollierenden dritten Gewalt widersprechen. Denn das gerichtliche Verfahren ist nicht der Ort für ein nachgeholtes Verwaltungsverfahren. Mit einer Heilung im Prozess würden die Gerichte das Verwaltungsverfahren, als wesentlichen Teil der Funktion der Exekutive, fortsetzen, obwohl sie dieses nur kontrollieren sollten. Hiermit würde ein Teil der Funktion der Exekutive auf die Judikative verlagert, was den Grundsatz des institutionellen Gleichgewichts ins Wanken bringen würde.[100] Zugleich und darüber hinaus sind die Gerichte aufgrund ihrer eingeschränkten Ermittlungstätigkeit und Kontrolldichte auch nicht mit den „Werkzeugen" ausgestattet, um eine Heilung herbeizuführen.

Eine Ausnahme zu diesem Grundsatz besteht jedoch im Falle der sog. *pleine jurisdiction*.[101] Da der Gerichtshof in einem solchen Fall befugt ist, nicht nur die Aufhebung der Kommissionsentscheidung anzuordnen, sondern unter Berücksichtigung einer nachgeholten Verteidigungshandlung eines am Verfahren Beteiligten eine eigene Sachentscheidung nach seinem Dafürhalten zu treffen, ist auch die Heilung von Verfahrensfehlern ohne eine Verletzung des Prinzips des institutionellen Gleichgewichts möglich, da der Gerichtshof insofern nicht „unbefugt" in den der Verwaltung zugewiesenen Funktionsbereich eindringt.

II. Recht auf einen fairen Prozess (Art. 47 Abs. 2 S. 1 GRCh) und Grundsatz der Waffengleichheit

Ein handfestes Problem wirft die Heilung von Verfahrens- und Formfehlern während des gerichtlichen Verfahrens ferner mit Blick auf den Grundsatz der Waffen- und Chancengleichheit im Prozess als Teilgewährleistung des Grundsatzes eines fairen Verfahrens auf.

---

[99] EuGH, Urt. v. 15.10.2002, Rs. C-238/99 P, C-244/99 P, C-245/99 P, C-247/99 P, C-250/99 P bis C-252/99 P und C-254/99 P, *LVM/Kommission*, Slg. 2002, I-8375, Rn. 327; EuG, Urt. v. 29.06.1995, Rs. T-30/91, *Solvay/Kommission*, Slg. 1995, II-1775, Rn. 98; EuG, Urt. v. 20.04.1999, Rs. T-305/94 u. a., *Limburgse Vinyl Maatschappij NV (LVM) u. a./Kommission,* Slg. 1999, II-931, Rn. 1022; *Classen*, Gute Verwaltung, S. 444; *Saurer*, Der Einzelne im europäischen Verwaltungsrecht, S. 255.

[100] Vgl. *Classen*, Strukturunterschiede zwischen deutschem und europäischem Verwaltungsrecht – Konflikt oder Bereicherung?, NJW 1995, S. 2457, 2461 f.; *Kment*, Nationale Unbeachtlichkeits-, Heilungs- und Präklusionsvorschriften und Europäisches Recht, S. 94 f.; *Kment*, Die Stellung nationaler Unbeachtlichkeits-, Heilungs- und Präklusionsvorschriften im europäischen Recht, EuR 2006, S. 201, 230; *Kment*, Zur Europarechtskonformität der neuen baurechtlichen Planerhaltungsregeln, AöR 130 (2005), S. 570, 585.

[101] Ausführlich hierzu siehe bereits Kap. 2, A., IV., 2., a), aa).

Die Forderung nach einem fairen Prozess, die als Ausdruck und Herzstück des europäischen Verständnisses der Rechtsstaatlichkeit begriffen wird,[102] ist in Art. 47 Abs. 2 S. 1 GRCh niedergelegt. Eine spezielle Ausprägung dieses Prinzips stellt der Grundsatz der Waffengleichheit dar.[103] Dieser besagt, dass jeder Prozessbeteiligte gleich behandelt werden muss und keiner Partei ein Recht versagt werden darf, das der anderen zu ihrem Vorteil gewährt wird. Insbesondere muss allen Prozessbeteiligten die Möglichkeit gegeben werden, ihren Standpunkt unter gleichen Bedingungen darzulegen.[104]

Zwar garantiert die Möglichkeit der Heilung nicht automatisch auch den Prozesserfolg der Behörde. Jedoch wird durch sie der Ausgang des gerichtlichen Verfahrens für den Kläger zumindest unvorhersehbar, wenn nicht gar der sichere Klageerfolg ohne irgendwelche Abwehrmöglichkeiten zunichte gemacht. Außerdem bleibt dem Kläger bei der Heilung eines Anhörungs- oder Begründungsmangels während des gerichtlichen Verfahrens nur noch die Klageerwiderung, um seinen Standpunkt vorzutragen. Insbesondere bei einer Heilung von Begründungsmängeln während des Prozesses erscheint dies problematisch.[105] Dies stellt ein extremes Ungleichgewicht zu Lasten des Klägers dar und begünstigt die Verwaltung einseitig.

Dieser einseitigen Privilegierung der Verwaltung könnte allenfalls dadurch abgeholfen werden, dass ihr die Prozesskosten auferlegt würden, wenn sich die Klage (lediglich) aufgrund der Heilung erledigte bzw. keinen Erfolg hätte. Der Kläger hätte dann zumindest nicht das Prozessrisiko zu tragen und der Vorteil der

---

[102] *Nowak*, Europäisches Verwaltungsrecht und Grundrechte, in: Terhechte, VwR der EU, § 14, Rn. 44; *Pache*, Der Grundsatz des fairen gerichtlichen Verfahrens auf europäischer Ebene, EuGRZ 2000, S. 601, 601; *Schwarze*, Europäische Rahmenbedingungen für die Verwaltungsgerichtsbarkeit, NVwZ 2000, S. 241, 244.

[103] EuGH, Urt. v. 15.06.2000, Rs. C-13/99, *TEAM/Kommission*, Slg. 2000, I-4671, Rn. 45; EuGH, Urt. v. 17.07.2014, Rs. C-169/14, *Morcillo/Banco Bilbao*, ECLI:EU:C:2014:2099, Rn. 48; EuG, Urt. v. 12.09.2007, Rs. T-36/04, *API/Kommission*, Slg. 2007, II-3201, Rn. 79; *Jarass*, in: Jarass, Art. 47 GRCh, Rn. 37; *Wiater*, Effektiver Rechtsschutz im Unionsrecht, JuS 2015, S. 788, 791. Auch der EMRK-rechtliche Grundsatz des fairen Verfahrens umfasst den Grundsatz der Waffengleichheit, siehe *Favoreu*, Droit des libertés fondamentales, Rn. 660; *Nowak*, Europäisches Verwaltungsrecht und Grundrechte, in: Terhechte, VwR der EU, § 14, Rn. 45; ausführlich *Schlosser*, EMRK und Waffengleichheit im Zivilprozess, NJW 1995, S. 1404 ff. Andere Stimmen in der Literatur sehen den Grundsatz der Waffengleichheit als eine Ausprägung des allgemeinen Gleichheitssatzes, so etwa *Blanke*, in: Calliess/Ruffert, Art. 47 GRCh, Rn. 15.

[104] EGMR, Urt. v. 27.10.1993, Nr. 14448/88, *Dombo Beheer B.V./Niederlande*, Rn. 33; EGMR, Urt. v. 15.07.2003, Nr. 33400/96, *Ernst u. a./Belgien*, Rn. 60; EGMR, Urt. v. 18.04.2006, Nr. 66018/01, *Vezon/Frankreich*, Rn. 31; EuG, Urt. v. 12.09.2007, Rs. T-36/04, *API/Kommission*, Slg. 2007, II-3201, Rn. 79; *Frenz*, Handbuch Europarecht, Bd. 4, Rn. 5044; *Jarass*, in: Jarass, Art. 47 GRCh, Rn. 37; *Nowak*, Europäisches Verwaltungsrecht und Grundrechte, in: Terhechte, VwR der EU, § 14, Rn. 45.

[105] EuG, Urt. v. 12.02.1992, Rs. T-52/90, *Volger/Parlament*, Slg. 1992, II-121, Rn. 41; EuG, Urt. v. 06.07.2004, Rs. T-281/01, *Huygens/Kommission*, Slg. 2004, I-A-203; II-903, Rn. 109; EuG, Urt. v. 15.09.2005, Rs. T-132/03, *Casini/Kommission*, Slg. ÖD 2005, I-A-253, II-1169, Rn. 33; EuG, Urt. v. 12.12.2006, Rs. T-228/02, *Organisation des Modjahedines du peuple d'Iran/Rat*, Slg. 2006, II-4665, Rn. 139; *Classen*, Gute Verwaltung, S. 332.

Verwaltung durch die Heilung würde auf der Kostenseite ausgeglichen.[106] Allerdings kommt der Befreiung des Klägers von den Prozesskosten keine ausgleichende Kraft im eigentlichen Sinne zu. Diese Kompensation ist nämlich nicht gleichartig bzw. -wertig mit dem den Kläger spiegelbildlich treffenden Nachteil in Form des nachträglichen Wegfalls seines Klageerfolgs und ist daher nicht in der Lage, den Prozessverlust aufzuwiegen. Von einem Ausgleich könnte nur dann die Rede sein, wenn die Heilung im Prozess eine gleichwertige Kompensation der begangenen Verfahrens- oder Formverletzung darstellte. Dies ist im Stadium nach Klageerhebung jedoch nur schwerlich anzunehmen, da die Behörde nicht mehr „Herrin des Verfahrens" ist, der Vorgang sich mithin nicht mehr in ihrem Verantwortungsbereich befindet, der durch eine entwicklungsoffene Entscheidungssituation gekennzeichnet ist.

III. Recht auf ein unparteiliches Gericht (Art. 47 Abs. 2 S. 1 GRCh)

Die Möglichkeit der Heilung von Verfahrens- und Formfehlern im Laufe des gerichtlichen Verfahrens wäre ferner in der Lage, beim Kläger und Fehlerbetroffenen Zweifel an der grundrechtlich garantierten Neutralität des Gerichts gegenüber den am Prozess Beteiligten zu wecken.[107]

Als Kandidat der geschriebenen Rechtsgrundsätze des Unionsrechts, über den diese Problemlage erfasst werden kann, kommt der Grundsatz der Unparteilichkeit des Gerichts aus Art. 47 Abs. 2 S. 1 GRCh in Betracht. Dieser Grundsatz beinhaltet zum einen die Forderung, dass das Gericht in subjektiver Hinsicht unparteiisch ist, das heißt, kein einziger Richter in seinem Verhalten und seiner persönlichen Überzeugung Partei ergreift. Ferner verlangt er, dass ausreichende Garantien bereitgestellt werden, damit keine berechtigten Zweifel an der Unparteilichkeit des Gerichts aufkommen (objektive Prüfung).[108]

---

[106] Mit diesem Argument wird im deutschen Verwaltungsverfahrensrecht, das eine Heilung im Laufe des gerichtlichen Verfahrens gestattet, ein Verstoß gegen das Fairnessgebot verneint, siehe *Erbguth,* Novellierte Heilungs- und Unbeachtlichkeitsvorschriften im deutschen Allgemeinen Verwaltungsverfahrensrecht, in: Adamiak/Boć/Miemiec/Nowacki, Administracja Publiczna w Panstwie Prawa, S. 71, 77; *Fisahn,* Demokratie und Öffentlichkeitsbeteiligung, S. 344; *Hatje,* Die Heilung formell rechtswidriger Verwaltungsakte im Prozess als Mittel der Verfahrensbeschleunigung, DÖV 1997, S. 477, 481.

[107] Ähnliche Bedenken bestehen im deutschen Recht, das eine Heilung im Laufe des gerichtlichen Verfahrens zulässt, siehe *Erbguth,* Novellierte Heilungs- und Unbeachtlichkeitsvorschriften im deutschen Allgemeinen Verwaltungsverfahrensrecht, in: Adamiak/Boć/Miemiec/Nowacki, Administracja Publiczna w Panstwie Prawa, S. 71, 80; *Hatje,* Die Heilung formell rechtswidriger Verwaltungsakte im Prozess als Mittel der Verfahrensbeschleunigung, DÖV 1997, S. 477, 482; dieselbe Gefahr sieht bezogen auf das französische Recht *Woehrling,* Un aspect méconnu de la gestion administrative: La régularisation des procédures et décisions illégales, RFAP 2004, S. 533, 543.

[108] EuGH, Urt. v. 01.07.2008, verb. Rs. C-341/06 P und C-342/06 P, *Chronopost/UFEX,* Slg. 2008, I-4777, Rn. 54; EuGH, Urt. v. 19.02.2009, Rs. C-308/07 P, *Atxalandabaso/Parlament,* Slg. 2009, I-1059, Rn. 46; *Frenz,* Handbuch Europarecht, Bd. 4, Rn. 5025; *Jarass,* in: Jarass, Art. 47 GRCh, Rn. 22.

Die objektive Unparteilichkeit des Gerichts könnte einerseits durch eine Heilung unter richterlicher Ägide im Rahmen des Prozesses in Frage gestellt werden. Andererseits könnten solche Bedenken jedoch auch durch das Erfordernis ausgeräumt werden, das richterliche Ermessen, eine Heilung anzuordnen, ausschließlich an prozessökonomischen Gründen zu orientieren und nicht an den Interessen der Verwaltung. Ferner könnte die objektive Neutralität des Gerichts dadurch sichergestellt werden, dass allen Prozessbeteiligten, inklusive des Klägers, ein Recht zustünde, die Heilung zu beantragen. Durch ein solches Antragsrecht könnte die Stellung des Gerichts als unparteiischer Dritter gestärkt werden.

Selbst wenn insofern die rechtlichen Bedenken eines Verstoßes gegen das Recht auf ein unparteiisches Gericht aus dem Weg geräumt werden könnten, verblieben in jedem Fall Bedenken hinsichtlich der subjektiven Unparteilichkeit des Gerichts: Besteht die Möglichkeit der Heilung von Verfahrensfehlern im Prozess, ist zu befürchten, dass sich der Kläger im Prozess in einer schwächeren Position im Vergleich zur Verwaltung wähnt, da er das Gericht auf Seiten der beklagten Behörde befürchtet, auch wenn die Richter bei verständiger (objektiver) Würdigung lediglich als zuständige Leiter des gerichtlichen Verfahrens gesehen werden müssten, die auf eine zügige Prozessführung hinwirken, ohne aber auf ein bestimmtes Ergebnis festgelegt zu sein.

IV. Zwischenfazit

Damit kann aus den allgemeinen Rechtsgrundsätzen auf ein grundsätzliches Verbot der Heilung von Verfahrens- und Formfehlern im Laufe des gerichtlichen Verfahrens geschlossen werden. Ausnahmen können sich im Einzelfall ergeben, wenn eine Abwägung mit kollidierenden Interessen Dritter oder Verhältnismäßigkeitserwägungen eine Heilung erforderlich macht.

Kapitel 4: Das Verfahrensleitbild des europäischen Eigenverwaltungsrechts

Inhaltsverzeichnis

A. Die konkurrierenden Verfahrensleitbilder.. 156
    I. Die „dienende Funktion" des Verfahrensrechts.. 157
    II. Der Eigenwert des Verfahrensrechts... 159
    III. Das Spannungsverhältnis der Verfahrensleitbilder................................... 161
B. Das Verhältnis der Regeln der Heilung und Unbeachtlichkeit zum Verfahrensleitbild....... 162
C. Die Prüfung des Eigenwerts des Verfahrens.. 163
    I. Reichweite der Verfahrensgarantien... 164
        1. Anhörungsrecht... 164
        2. Begründungspflicht.. 166
        3. Zwischenfazit... 168
    II. Ausrichtung der gerichtlichen Rechtsschutzkonzeption........................... 169
        1. Kontrolldichte.. 170
        2. Objektivierte Kontrolle... 174
        3. Kein „Durchentscheiden"... 175
        4. Klage nur gegen verfahrensabschließende Verwaltungsentscheidungen......... 176
        5. Zwischenfazit... 177
    III. Der Verwaltung zuerkannter Entscheidungsspielraum............................. 177
D. Fazit.. 180

Neben dem europäischen Verfassungsrecht steht die Relativierung von Verfahrens- und Formfehlern auch in einem systematischen und folgenreichen Zusammenhang mit dem Verfahrensleitbild, das dem europäischen Verwaltungsverfahrensrecht zugrunde liegt. Denn die Reichweite einer Fehlerfolgenregelung hängt maßgeblich davon ab, wie sehr eine Rechtsordnung den Eigenwert des Verwaltungsverfahrens gegenüber dem materiell korrekten Ergebnis betont.

© Max-Planck-Gesellschaft zur Förderung der Wissenschaften e.V., to be exercised by Max-Planck-Institut für ausländisches öffentliches Recht und Völkerrecht, Heidelberg 2019
L. Hering, *Fehlerfolgen im europäischen Eigenverwaltungsrecht*, Beiträge zum ausländischen öffentlichen Recht und Völkerrecht 286, https://doi.org/10.1007/978-3-662-59368-4_4

A. Die konkurrierenden Verfahrensleitbilder

Verwaltungsverfahren sind kein Selbstzweck. Ihnen kommt vielmehr eine Vielzahl verschiedener Funktionen zu.[1] In modernen Rechtssystemen haben sich im Wesentlichen zwei – potenziell miteinander in Konflikt stehende – Hauptverwaltungsverfahrensfunktionen herausgebildet: Die objektive und effektive Rechtsdurchsetzung im öffentlichen Interesse einerseits sowie die Gewährleistung von Individualrechtsschutz andererseits. Das Verfahrensrecht soll der Verwaltung erstens ermöglichen, im Gemeinwohlinteresse eine sachrichtige und effiziente Verwaltungsentscheidung zu treffen und damit das materielle Recht zu verwirklichen. Zweitens dient das Verfahren dem Individualrechtsschutz des Bürgers gegenüber der Verwaltung. In dieser Dichotomie der Funktionen spiegelt sich der Doppelauftrag des Verwaltungsrechts, hoheitlichem Handeln *und* den Interessen des Einzelnen zur Wirksamkeit zu verhelfen.[2] Im Unionsrecht geht dieser

---

[1] Allgemein zu den verschiedenen Funktionen von Verwaltungsverfahren *Cassese*, Legislative Regulation of Adjudicative Procedures, EuZöR 1993, Sonderheft, S. 15, 16 ff.; *Nehl*, Europäisches Verwaltungsverfahren und Gemeinschaftsverfassung, S. 173 ff.; *Schmidt-Aßmann*, Der Verfahrensgedanke im deutschen und europäischen Verwaltungsrecht, in: GVwR II, § 27, Rn. 56 ff.; *Schmidt-Aßmann*, Europäisches Verwaltungsverfahrensrecht, in: Müller-Graff, Perspektiven des Rechts in der Europäischen Union, S. 131, 132 ff.; *Wolff*, Die dienende Funktion der Verfahrensrechte, in: FS Scholz, S. 977, 977 ff.

[2] Grundlegend zu diesem Doppelauftrag des Verwaltungsverfahrens *Classen*, Gute Verwaltung, S. 434; *Schmidt-Aßmann*, Verfassungsprinzipien für den Europäischen Verwaltungsverbund, in: GVwR I, § 5, Rn. 6; für das Unionsrecht *Barbier de la Serre*, Procedural Justice in the European Community Case-law concerning the Rights of the Defence: Essientialist and Instrumental Trends, European Public Law 2006, S. 225 ff.; *von Danwitz*, Verwaltungsrechtliches System und Europäische Integration, S. 45; *Efstratiou*, Der Grundsatz der guten Verwaltung als Herausforderung an die Dogmatik des nationalen und europäischen Verwaltungsrechts, in: Trute/Groß/Röhl/Möllers, Allgemeines Verwaltungsrecht – zur Tragfähigkeit eines Konzepts, S. 281, 302; *Kahl*, Grundrechtsschutz durch Verfahren in Deutschland und in der EU, VerwArch 95 (2004), S. 1, 9; *Nehl*, Good administration as procedural right and/or general principle?, in: Hofmann/Türk, Legal Challenges in EU Administrative Law, S. 322, 343; *Nehl*, Principles of Administrative Procedure in EC Law, S. 23; *Nehl*, Europäisches Verwaltungsverfahren und Gemeinschaftsverfassung, S. 175 ff.; *Schoch*, Die europäische Perspektive des Verwaltungsverfahrens- und Verwaltungsprozessrechts, in: Schmidt-Aßmann/Hoffmann-Riem, Strukturen, S. 279, 296 f.; siehe auch EuG, Beschl. v. 19.06.1996, verb. Rs. T-134/94 u. a., *NMH Stahlwerke GmbH u. a./Kommission*, Slg. 1996, II-537, Rn. 74: „hat das Gericht unter Beachtung der Verfahrensrechte und des rechtlichen Gehörs den Grundsatz der Wirksamkeit des Verwaltungshandelns und die Garantie des Rechtsschutzes gegen Handlungen der Verwaltung gegeneinander abzuwägen." Für das deutsche Recht *Schmidt-Aßmann*, Das allgemeine Verwaltungsrecht als Ordnungsidee, Kap. 1, Rn. 32; *Schoch*, Der Verfahrensgedanke im Allgemeinen Verwaltungsrecht, Die Verwaltung 25 (1992), S. 21, 24 ff.; *Wahl* und *Pietzcker*, VVDStRL 1983, S. 151 ff. und 193 ff. bei der 41. deutschen Staatsrechtslehrertagung, die sich im zweiten Beratungsgegenstand mit dem Thema „Verwaltungsverfahren zwischen Verwaltungseffizienz und Rechtsschutzauftrag" befassten. Für das *common law* System siehe *Craig*, Procedures and Administrative Decisionmaking: A Common Law Perspective, EuZöR 1993, Sonderheft, S. 55, 56 ff. (der von „*instrumental*" und „*dignitarian rationale*" spricht); *Galligan*, Due Process and Fair Procedures: A Study of Administrative Procedures, S. 128 ff. (Verfahren als „*instrumental to outcomes*" und als „*serving values independent of outcomes*").

Dualismus der Verfahrenskonzeptionen besonders klar aus der Rechtssache *Akzo Nobel Chemicals* in Bezug auf das sog. *legal professional privilege* hervor: In diesem Verfahren ging das Gericht davon aus, dass der Grundsatz des Schutzes der Vertraulichkeit der Kommunikation zwischen Rechtsanwalt und Mandant zum einen dem Individualschutz der Betroffenen dient, indem die volle Ausübung ihrer Verteidigungsrechte sichergestellt wird. Zum anderen ist der Grundsatz aber auch dazu da, das „öffentliche Interesse an einer geordneten Rechtspflege" zu gewährleisten.[3]

In diese beiden Hauptfunktionen des Verwaltungsverfahrens spiegeln sich zwei unterschiedliche Leitbilder des Verfahrensverständnisses wider. Zugespitzt können diese wie folgt umschrieben werden: Dem Verwaltungsverfahren kann zum einen eine nur „dienende Funktion" zuerkannt werden. Dieses Verständnis geht von einem Vorrang des materiellen Rechts aus und erwartet vom Verfahrensrecht in erster Linie, dass es zur Erreichung eines richtigen materiellen Ergebnisses dient.[4] Dem diametral entgegengesetzt steht das Verständnis, das dem Verfahren einen Eigenwert zuspricht. Nicht das richtige Verfahrens*ergebnis*, sondern die Durchführung eines richtigen und gerechten *Verfahrens* steht hier im Vordergrund.[5]

I. Die „dienende Funktion" des Verfahrensrechts

Ein Verfahrensverständnis geht davon aus, dass sich die Bedeutung von Verwaltungsverfahren in erster Linie daraus speist, der zuständigen Behörde zu ermöglichen, im Interesse der Allgemeinheit und der „guten Verwaltung" rechtmäßig, sachrichtig und effizient das materielle Recht in einer Entscheidung umzusetzen.[6] Insofern kommt dem Verwaltungsverfahren eine instrumentelle[7] oder „utilitaristische"[8] Funktion zu. Denn es verfolgt das Ziel, die Qualität der Sachentscheidung

---

[3] EuG, Urt. v. 17.09.2007, verb. Rs. T-125/03 und T-253/03, *Akzo Nobel Chemicals Ltd und Akcros Chemicals Ltd/Kommission*, Slg. 2007, II-3523, Rn. 86 f.

[4] Hierzu unter Kap. 4, A., I.

[5] Hierzu unter Kap. 4, A., II.

[6] Allgemein hierzu *Fehling*, Eigenwert des Verfahrens im Verwaltungsrecht, VVDStRL 70 (2011), S. 278, 284 f., bezogen auf das Unionsrecht vgl. *Barbier de la Serre*, Procedural Justice in the European Community Case-law concerning the Rights of the Defence: Essientialist and Instrumental Trends, European Public Law 2006, S. 225, 229.

[7] Zur instrumentellen Verfahrensfunktion im Unionsrecht siehe *Fehling*, Europäisches Verwaltungsverfahren und Verwaltungsprozessrecht, in: Terhechte, VwR der EU, § 12, Rn. 73; speziell in Bezug auf die Begründungspflicht *Saurer*, Die Begründung im deutschen, europäischen und US-amerikanischen Verwaltungsverfahrensrecht, VerwArch 100 (2009), S. 364, 386 f.

[8] Prägend für das utilitaristische Verfahrenskonzept waren insbesondere die Arbeiten von *Bentham*, siehe *Bieber*, Verfahrensregeln – Skizze einer verborgenen Quelle des Gemeinschaftsrechts, in: Capotorti, Du droit international au droit de l'intégration: Liber amicorum Pierre Pescatore, S. 25, 26 f.; *Craig*, Procedures and Administrative Decisionmaking: A Common Law Perspective, EuZöR 1993, Sonderheft, S. 55, 57.

zu optimieren. Rechtlich bedeutet dies, dass das Ergebnis der administrativen Entscheidungsfindung mit dem materiellen Recht im Einklang zu stehen und dieses bestmöglich umzusetzen hat. Das Verfahren ist insoweit der „Verwirklichungsmodus" des materiellen Rechts.[9]

Oft wird in diesem Zusammenhang der Begriff der „dienenden Funktion" des Verfahrensrechts verwendet um zu unterstreichen, dass Verwaltungsverfahren und (Verfahrens-)Recht lediglich Mittel zum Zweck sind, ein materiell korrektes Verfahrensergebnis zu erzielen.[10] Spiegelbildlich geht dieses Verfahrensverständnis von einem Vorrang des materiellen Rechts aus bzw. begreift das Verfahrensrecht als dem materiellen Recht untergeordnet.

Dienend bedeutet in diesem Sinne jedoch keineswegs eine Abwertung des Verfahrensgedankens: Dass Verfahrensrechte dazu „dienen", ein materiell richtiges Verfahrensergebnis zu erzielen, bedeutet nicht automatisch, dass ihnen kein Gewicht oder geringere Bedeutung beizumessen wäre.[11]

---

[9] Der Begriff „Verwaltungsverfahren als Verwirklichungsmodus des Verwaltungsrechts" wurde für das deutsche Recht geprägt von *Wahl*, Verwaltungsverfahren zwischen Verwaltungseffizienz und Rechtsschutzauftrag, VVDStRL 41 (1983), S. 151, 153. Aufgegriffen von *Schmidt-Aßmann*, Der Verfahrensgedanke im deutschen und europäischen Verwaltungsrecht, in: GVwR II, § 27, Rn. 65; *Schoch*, Gerichtliche Verwaltungskontrollen, in: GVwR III, § 50, Rn. 298.

[10] Der Begriff der „dienenden Funktion" wird insbesondere im deutschen Verwaltungsverfahrensrecht verwendet, siehe *Groschupf*, Wie entscheidet das Verwaltungsgericht, wenn das Verwaltungsverfahren fehlerhaft war?, DVBl. 1962, S. 627, 630; *Held*, Der Grundrechtsbezug des Verwaltungsverfahrens, S. 34 ff.; *Morlok*, Die Folgen von Verfahrensfehlern, S. 21 und 90; *Schoch*, Die europäische Perspektive des Verwaltungsverfahrens- und Verwaltungsprozessrechts, in: Schmidt-Aßmann/Hoffmann-Riem, Strukturen, S. 279, 282; *Weyreuther*, Das Bundesbaurecht in den Jahren 1978 und 1979, DÖV 1980, S. 389, 389. *Alexy*, Theorie der Grundrechte, S. 446 spricht vom „Primat des materialen Aspekts". Seltener findet sich vergleichbares in anderen Rechtsordnungen. Für Frankreich siehe *Ladenburger*, Verfahrensfehlerfolgen, S. 183; *Debbasch/Ricci*, Contentieux administratif, Rn. 908: „La forme n'est qu'un moyen au service d'une fin". Für die Sichtweise im Unionsrecht *Fehling*, Europäisches Verwaltungsverfahren und Verwaltungsprozessrecht, in: Terhechte, VwR der EU, § 12, Rn. 73; zur dienenden Funktion speziell bezogen auf die Begründungspflicht *Saurer*, Die Begründung im deutschen, europäischen und US-amerikanischen Verwaltungsverfahrensrecht, VerwArch 100 (2009), S. 364, 386 f. Rechtsvergleichend siehe *Schmidt-Aßmann/Krämer*, Das Verwaltungsverfahren und seine Folgen, EuZöR 1993, Sonderheft, S. 99, 101 m.w.N. *Schmidt-Aßmann*, Der Verfahrensgedanke im deutschen und europäischen Verwaltungsrecht, in: GVwR II, § 27, Rn. 64;

[11] *Fehling*, Eigenwert des Verfahrens im Verwaltungsrecht, VVDStRL 70 (2011), S. 278, 286 f. m.w.N. Fn. 27 f.; *Fehling*, Europäisches Verwaltungsverfahren und Verwaltungsprozessrecht, in: Terhechte, VwR der EU, § 12, Rn. 73. Vgl. auch *Barbier de la Serre*, Procedural Justice in the European Community Case-law concerning the Rights of the Defence: Essientialist and Instrumental Trends, European Public Law 2006, S. 225, 228.

II. Der Eigenwert des Verfahrensrechts

Der „dienenden" Verfahrensratio diametral entgegengesetzt ist das Verständnis, das dem Verfahren einen Eigenwert zuerkennt. Dieser Konzeption liegt die Durchführung eines gerechten und geordneten Verfahrens maßgeblich zugrunde.[12] Zentraler Gesichtspunkt ist damit „nicht das richtige Ergebnis, sondern das faire Verfahren".[13] Dieses sei der Garant für ein richtiges Verfahrensergebnis. Mehr noch: Dieses Verfahrensverständnis zweifelt an der Existenz eines einzig richtigen Ergebnisses. Vielmehr müsse durch eine möglichst korrekte Gestaltung und Durchführung des Verwaltungsverfahrens mittelbar das Beste getan werden, um ein Ergebnis zu erreichen.[14]

Einer Verfahrensvorschrift wird dann ein Eigenwert zugesprochen, wenn ihr „ein eigenständiger Zweck bzw. Gestaltungswert" zukommt.[15] Zu den prominentesten Verfahrensvorschriften, denen ein Eigenwert zukommt, zählen die individualrechtsschützenden Verfahrensregeln.[16] Sie setzen den Akzent im Wesentlichen auf den Einfluss und die Auswirkungen verwaltungsrechtlicher Entscheidungen auf den Einzelnen. Durch die Stellung des Einzelnen als Subjekt im Verwaltungsverfahren rückt die Menschenwürde in den Vordergrund.[17] Der Schutz der Subjektstellung erfolgt durch die Einräumung und Einhaltung individualschützender Verfahrensrechte, die das Individuum vor seiner Stellung als Objekt des Verfahrens bewahren sollen.[18] Folge der Anerkennung der Subjektstellung im Verwaltungsverfahren ist,

---

[12] Zum fairen Verfahren aus der Perspektive der Rechtssoziologie *Röhl*, Verfahrensgerechtigkeit (Procedural Justice). Einführung in den Themenbereich und Überblick, ZfRSoz 1993, S. 1, 11 ff.

[13] *Wahl*, Das Verhältnis von Verwaltungsverfahren und Verwaltungsprozessrecht in europäischer Sicht, DVBl. 2003, S. 1285, 1287.

[14] *Wahl*, Das Verhältnis von Verwaltungsverfahren und Verwaltungsprozessrecht in europäischer Sicht, DVBl. 2003, S. 1285, 1287.

[15] *Kment*, Die Stellung nationaler Unbeachtlichkeits-, Heilungs- und Präklusionsvorschriften im europäischen Recht, EuR 2006, S. 201, 206.

[16] Die individualrechtsschützende Verfahrensfunktion steht auf dem Fundament beispielsweise der proceduralen Gerechtigkeitstheorie *Rawls*, der sich vor allem gegen die weit verbreitete utilitaristische Sichtweise im anglo-amerikanischen Rechtsraum richtet: *Rawls*, Eine Theorie der Gerechtigkeit, S. 40 ff.

[17] *Fehling*, Eigenwert des Verfahrens im Verwaltungsrecht, VVDStRL 70 (2011), S. 278, 282; *Nehl*, Europäisches Verwaltungsverfahren und Gemeinschaftsverfassung, S. 186; *Nehl*, Principles of Administrative Procedure in EC Law, S. 22; *Rubin*, Due Process and the Administrative State, Cal.L.Rev. 72 (1984), S. 1044, 1109. Vgl. auch *Häberles* Figur des „*status activus processualis*", die in eine ähnliche Richtung deutet, siehe *Häberle*, Grundrechte im Leistungsstaat, VVDStRL 30 (1972), S. 43, 86 ff.

[18] *Nehl*, Principles of Administrative Procedure in EC Law, S. 22; *Nolte*, General Principles of German and European Administrative Law, MLR 1994, S. 191, 204 f.; *Schoch*, Der Verfahrensgedanke im allgemeinen Verwaltungsrecht, Die Verwaltung 25 (1992), S. 21, 26 f.

dass der am Verfahren beteiligte Bürger vor willkürlichen, sachfremden oder unverhältnismäßigen Entscheidungen der öffentlichen Gewalt bewahrt werden muss.[19] Dies geschieht zum einen durch den Grundsatz der Förmlichkeit des Verfahrens. So stellte bereits *Jhering* fest: „Die Form ist die geschworene Feindin der Willkür, die Zwillingsschwester der Freiheit."[20] Ähnlich äußerte sich auch Generalanwalt *Trabucchi*, der in seinen Schlussanträgen davon sprach, dass die Form die „Hüterin der Gerechtigkeit" sei.[21] Der formalisierte Ablauf auf dem Weg zum Erlass einer Verwaltungsentscheidung und der dabei stattfindende Austausch von Behörde und Betroffenem hat gerade zum Ziel, willkürliche und unverhältnismäßige Verwaltungsentscheidungen zu verhindern.[22] Je größer die Betonung ist, die eine Rechtsordnung auf die individualschützende Funktion des Verwaltungsverfahrens legt, umso größer ist der Eigenwert ohne Rücksicht auf das Verfahrensergebnis, den sie dem Verfahren beimisst und der dem Verfahren auch in den Augen des Bürgers zugeschrieben wird.[23] Die individualschützende Verfahrensfunktion geht damit über die der objektiven Rechtswahrung und effektiven Rechtsdurchsetzung hinaus und stellt einen Eigenwert des Verwaltungsverfahrens ohne Berücksichtigung des materiellen Verfahrensergebnisses dar.[24]

Daneben kommt auch Vorschriften, die zum Ziel haben, Akzeptanz für die Verwaltungsentscheidung zu stiften, insbesondere bei für den Betroffenen belastenden Entscheidungen, ein erheblicher Eigenwert zu.[25] Dies sind vor allem Vorschriften zur Transparenz[26] und Gerechtigkeit des Verfahrens.[27] Die Europäische Union ist

---

[19] *Nehl*, Principles of Administrative Procedure in EC Law, S. 22; *Nehl*, Europäisches Verwaltungsverfahren und Gemeinschaftsverfassung, S. 186.

[20] *Jhering*, Geist des römischen Rechts auf den verschiedenen Stufen seiner Entwicklung, 2. Teil, Abteilung 2, S. 471.

[21] GA *Trabucchi*, Schlussanträge v. 5.4.1973, Rs. 46/72, *De Greef/Kommission*, Slg. 1973, 557, 558.

[22] *Nehl*, Europäisches Verwaltungsverfahren und Gemeinschaftsverfassung, S. 187.

[23] *Classen*, Gute Verwaltung, S. 435; *Nehl*, Principles of Administrative Procedure in EC Law, S. 22.

[24] *Fehling*, Eigenwert des Verfahrens im Verwaltungsrecht, VVDStRL 70 (2011), S. 278, 282; *Nehl*, Principles of Administrative Procedure in EC Law, S. 23.

[25] Allgemein zur Akzeptanzstiftung als nicht-instrumenteller Verfahrensfunktion *Fehling*, Die Funktion von Verfahren im Unionsrecht, in: Leible/Terhechte, EnzEuR, Bd. 3, § 3, Rn. 15; *Fehling*, Eigenwert des Verfahrens im Verwaltungsrecht, VVDStRL 70 (2011), S. 278, 282 f.; *Gurlit*, Der Eigenwert des Verfahrens im Verwaltungsrecht, VVDStRL 70 (2011), S. 227, 244 ff. Bezogen auf das deutsche Recht *Hill*, Das fehlerhafte Verfahren, S. 212 f.; *Würtenberger*, Akzeptanz durch Verwaltungsverfahren, NJW 1991, S. 257 ff.; grundlegend *Würtenberger*, Die Akzeptanz von Verwaltungsentscheidungen, passim.

[26] Transparenz kann auch als eine eigenständige Verfahrensfunktion bzw. Funktion der Verteidigungsrechte angesehen werden, so *Barbier de la Serre*, Procedural Justice in the European Community Case-law concerning the Rights of the Defence: Essientialist and Instrumental Trends, European Public Law 2006, S. 225, 230. Allgemein zur Funktion der Verteidigungsrechte, Transparenz herzustellen: *Vesterdorf*, Transparency – Not Just a Vogue Word, Fordham Int'l L.J. 22 (1998), S. 902, 906. Vgl. im Hinblick auf die Funktion der Begründungpflicht, Transparenz zu schaffen: EuGH, Urt. v. 26.11.1981, Rs. 195/80, *Michel/Parlament*, Slg. 1981, 2861, Rn. 22.

[27] *Fehling*, Eigenwert des Verfahrens im Verwaltungsrecht, VVDStRL 70 (2011), S. 278, 282.

besonders auf die akzeptanzstiftende Funktion des Verfahrens angewiesen, da sie kaum über eigene Zwangsgewalt verfügt.[28] Vielmehr müssen die Mitgliedstaaten die geeigneten Maßnahmen zur Durchsetzung des Unionsrechts treffen.[29]

III. Das Spannungsverhältnis der Verfahrensleitbilder

Die beiden Verfahrenskonzepte geraten in zahlreichen Punkten miteinander in Konflikt.[30] Dies ist beispielsweise der Fall, wenn individuelle Verfahrensbeteiligungen, die für die Sachrichtigkeit einer Verwaltungsentscheidung prinzipiell förderlich sind, zu großzügig ausgestaltet sind, sodass sie den administrativen Entscheidungsprozess in die Länge ziehen und die Leistungsfähigkeit administrativer Ressourcen überfordern.[31]

An zahlreichen Stellen können die zwei Verfahrensfunktionen jedoch miteinander in Einklang gebracht werden, sich gar gegenseitig ergänzen.[32] So kann in zahlreichen Verfahren die Schaffung von Individualrechtsschutz, Interessenausgleich, sowie Befriedung und Akzeptanz gerade zur Verwirklichung der Funktion der effektiven Rechtsdurchsetzung geboten sein.[33]

---

[28] *Fehling*, Die Funktion von Verfahren im Unionsrecht, in: Leible/Terhechte, EnzEuR, Bd. 3, § 3, Rn. 15.

[29] *Martenczuk*, in: Grabitz/Hilf/Nettesheim, Art. 17 EUV, Rn. 16.

[30] Im Unionsrecht besteht dieser Konflikt insbesondere im Wettbewerbsverfahrensrecht. *Karydis*, Le contrôle des concentrations entre entreprises en vertu du règlement 4064/89 et la protection des intérêts légitimes des tiers, CDE 1997, S. 81, 82 ff. kritisiert den überwiegend instrumentellen Verfahrenszweck der Fusionskontrollverordnung. Mit diesem Spannungsverhältnis befasste sich auch die 41. deutsche Staatsrechtslehrertagung, deren zweiter Beratungsgegenstand das Thema „Verwaltungsverfahren zwischen Verwaltungseffizienz und Rechtsschutzauftrag" war. *Wahl*, Verwaltungsverfahren zwischen Verwaltungseffizienz und Rechtsschutzauftrag, VVDStRL 41 (1983), S. 151, 157, verwies auf die Effizienz und den Rechtsschutz als nur zwei Eckpunkte eines „magischen Vielecks" der „Dilemma-Struktur", die sich aus der Vielfalt der Anforderungen an das Verwaltungsverfahren ergebe.

[31] *Schmidt-Aßmann/Krämer*, Das Verwaltungsverfahren und seine Folgen, EuZöR 1993, Sonderheft, S. 99, 104, sprechen vom „Verfahren als Verhinderungsstrategie". Siehe auch *Pietzcker*, Das Verwaltungsverfahren zwischen Verwaltungseffizienz und Rechtsschutzauftrag, VVDStRL 41 (1983), S. 193, 194 f.

[32] *Pietzcker*, Das Verwaltungsverfahren zwischen Verwaltungseffizienz und Rechtsschutzauftrag, VVDStRL 41 (1983), S. 194, 199 spricht von „Koinzidenz"; *Wahl*, Verwaltungsverfahren zwischen Verwaltungseffizienz und Rechtsschutzauftrag, VVDStRL 41 (1983), S. 151, 164 spricht von den Fällen „der wechselseitigen Ergänzung und der Neutralität von Rechtswahrung und Effizienz". Siehe auch *von Mutius*, Grundrechtsschutz contra Verwaltungseffizienz im Verwaltungsverfahren, NJW 1982, S. 2150, 2152; *Ossenbühl*, Verwaltungsverfahren zwischen Verwaltungseffizienz und Rechtsschutzauftrag, NVwZ 1982, S. 465, 469 f.

[33] *Von Mutius*, Grundrechtsschutz contra Verwaltungseffizienz im Verwaltungsverfahren, NJW 1982, S. 2150, 2152.

Jedenfalls macht der Konfliktfall die Auflösung des Spannungsverhältnisses durch die Herstellung einer „praktischen Konkordanz"[34] erforderlich. Die Gefahren und Risiken einer Überbetonung einer jeden der beiden Funktionen sind evident: Eine zu starke Betonung der Verfahrensratio der effektiven Rechtsdurchsetzung birgt die Gefahr, die Rechte der Betroffenen unangemessen zu vernachlässigen, was dazu führt, dass die Akzeptanz von Verwaltungsentscheidungen ab- und der Widerstand vor Gericht gegen dieselben zunimmt. Akzentuiert man hingegen den Individualrechtsschutz zu stark, birgt dies das Risiko der Instrumentalisierung von Rechten, was zur erschwerten Umsetzung von (politischen) Entscheidungen führt.[35]

B. Das Verhältnis der Regeln der Heilung und Unbeachtlichkeit zum Verfahrensleitbild

Die Regeln der Heilung und Unbeachtlichkeit von Verfahrens- und Formfehlern sind ein Spiegel davon, welche Verfahrenskonzeption einer Rechtsordnung primär zugrunde liegt. Denn hier kommt es zum Schwur darüber, wie hoch die Bedeutung ist, die eine Rechtsordnung ihren Verfahrensvorschriften attestiert.[36]

---

[34] *Hesse*, Grundzüge des Verfassungsrechts der Bundesrepublik Deutschland, Rn. 72; exemplarisch siehe auch BVerfGE 83, 130, 143.

[35] Siehe zu den potentiellen Gefahren, die die Auflösung des Spannungsverhältnisses birgt, *Classen*, Gute Verwaltung, S. 434 f.; *Nehl*, Europäisches Verwaltungsverfahren und Gemeinschaftsverfassung, S. 191 f. Über die Schwierigkeiten der Auflösung des Spannungsverhältnisses zwischen Verwaltungseffizienz und Individualrechtsschutz und damit der Grenzen eines *„ius commune"* für das Verwaltungsverfahren im europäischen öffentlichen Wirtschaftsrecht: *Pernice/Kadelbach*, Verfahren und Sanktionen im Wirtschaftsverwaltungsrecht, DVBl. 1996, S. 1100, 1101 f.

[36] Auf den Zusammenhang des Verfahrensverständnisses bzw. des Eigenwerts des Verfahrens im Vergleich zum materiellen Recht mit den Regeln zur Heilung und Unbeachtlichkeit weisen hin *Classen*, Gute Verwaltung, S. 442; *Ladenburger*, Verfahrensfehlerfolgen, S. 3; *Lenz*, Der ReNEU-AL-Musterentwurf für ein Europäisches Verwaltungsverfahrensrecht in der Diskussion, NVwZ 2016, S. 38, 39; *Nehl*, Europäisches Verwaltungsverfahren und Gemeinschaftsverfassung, S. 195 ff.; *Schlecht*, Die Unbeachtlichkeit von Verfahrensfehlern im deutschen Umweltrecht, S. 198; *Schoch*, Gerichtliche Verwaltungskontrollen, in: GVwR III, § 50, Rn. 307; *Schoch*, Die europäische Perspektive des Verwaltungsverfahrens- und Verwaltungsprozessrechts, in: Schmidt-Aßmann/Hoffmann-Riem, Strukturen, S. 279, 282; *Stüer*, ReNEUAL-Musterentwurf für ein EU-Verwaltungsverfahrensrecht, DVBl. 2016, S. 100, 103; *Wahl*, Das Verhältnis von Verwaltungsverfahren und Verwaltungsprozessrecht in europäischer Sicht, DVBl. 2003, S. 1285, 1287 und 1290; *Wahl*, Das Verhältnis von Verwaltungsverfahren und Verwaltungsprozessrecht in europäischer Sicht, in: Hill/Pitschas, Europäisches Verwaltungsverfahrensrecht, S. 357, 362 f. In diesem Zusammenhang sei ferner auf die deutsche Verwaltungsrechtsdogmatik hingewiesen, wo die weitreichenden Heilungs- und Unbeachtlichkeitsvorschriften in einem engen Zusammenhang mit der „dienenden Funktion" des Verfahrensrechts gegenüber dem materiellen Recht stehen, vgl. *Hatje*, Die Heilung formell rechtswidriger Verwaltungsakte im Prozess als Mittel der Verfahrensbeschleunigung, DÖV 1997, S. 477, 479 ff.; *Redeker*, Die „Heilungsvorschriften" der 6. VwGO-Novelle, NVwZ 1997, S. 625 ff.; *Schoch*, Die europäische Perspektive des Verwaltungsverfahrens- und Verwaltungsprozessrechts, in: Schmidt-Aßmann/Hoffmann-Riem, Strukturen, S. 279, 282; *Wolff*, Die dienende Funktion der Verfahrensrechte, in: FS Scholz, S. 977, 979.

Die Basis für die Auffassung, dass Verfahrensfehler – im Vergleich zu materiell-rechtlichen Fehlern – weniger gravierend sind und damit einer Relativierung zugänglich sein können ist die Annahme, dass das Verfahren lediglich ein Mittel zu dem Zweck ist, eine korrekte Sachentscheidung zu treffen. Insofern wird die dem materiellen Recht lediglich „dienende" Bedeutung des Verfahrensrechts in den Vordergrund gerückt. Betont man hingegen den Eigenwert des Verfahrens, erscheint die Relativierung von Verfahrensfehlern schon weniger wahrscheinlich. Diese Überlegungen lassen sich insbesondere anhand von Konstellationen illustrieren, wo eine sachrichtige oder auch rechtlich gebundene Verwaltungsentscheidung allein daran krankt, dass sie unter Verletzung einer Verfahrensvorschrift ergangen ist. Die Aufrechterhaltung einer solchen Verwaltungsmaßnahme spricht für eine Zurückdrängung der eigenständigen Bedeutung des Verfahrens gegenüber dem materiellen Recht. Diese Unterordnung bildet die Basis der Möglichkeit der Heilung und Unbeachtlichkeit von Verfahrens- und Formfehlern.

Zugespitzt lassen sich die Szenarien wie folgt umschreiben: Geht eine Rechtsordnung davon aus, dass dem Verfahren lediglich die Funktion zukommt, ein materiell richtiges Ergebnis auf eine effiziente Art und Weise zu erreichen, geht sie von einer lediglich dienenden Verfahrensratio aus. Mit anderen Worten ordnet sie das Verfahrensrecht dem materiellen Recht unter. Hier liegt es nahe, dass ein Verfahrensfehler unbeachtlich ist bzw. geheilt werden kann, wenn das materielle Ergebnis der Entscheidung korrekt ist, das heißt, der Fehler sich nicht auf das Ergebnis ausgewirkt hat. Denn das Ziel des Verfahrens, zu einer materiell korrekten Sachentscheidung zu führen, ist trotzdem erreicht worden. Erkennt eine Rechtsordnung dem Verfahren hingegen einen über die Erlangung eines richtigen Ergebnisses hinausgehenden Eigenwert zu, müssen Verfahrensfehler prinzipiell beachtlich und nicht heilbar sein. Sie führen zur Rechtswidrigkeit und Aufhebung einer Entscheidung. Der Verfahrensfehler hat bereits aus sich selbst heraus Gewicht und Bedeutung, unabhängig davon, ob er sich auf das Ergebnis der Sachentscheidung ausgewirkt hat.

C. Die Prüfung des Eigenwerts des Verfahrens

Vor dem Hintergrund dieser rechtlichen Zusammenhänge ist es für eine Regelung der Fehlerfolgen im Allgemeinen und der Heilung und Unbeachtlichkeit im Besonderen unumgänglich, sich des Eigenwerts des Verfahrens im europäischen Eigenverwaltungsrecht zu vergewissern. Die Unionsgerichte haben noch keine klaren Abgrenzungskriterien gefunden, wann dem Verfahren ein Eigenwert zukommt bzw. ihm keine besondere Bedeutung zugesprochen werden kann.[37] Anhaltspunkte für die Qualität des verfahrensrechtlichen Denkens im europäischen Eigenverwaltungs-

---

[37] Vgl. auch *Kment*, Die Stellung nationaler Unbeachtlichkeits-, Heilungs- und Präklusionsvorschriften im europäischen Recht, EuR 2006, S. 201, 207.

recht ergeben sich jedoch aus der Reichweite der gewährten Verfahrensgarantien,[38] der Ausrichtung der gerichtlichen Rechtsschutzkonzeption,[39] sowie dem der Verwaltung zuerkannten Entscheidungsspielraum.[40]

I. Reichweite der Verfahrensgarantien

Als Maßstab für die Prüfung des Eigenwerts des Verwaltungsverfahrens im Vergleich zum materiellen Recht kann zunächst die Reichweite der von einer Rechtsordnung gewährten Verfahrensgarantien herangezogen werden.[41] Zur Illustration soll an dieser Stelle auf das rechtliche Gehör und die Begründungspflicht im europäischen Eigenverwaltungsrecht eingegangen werden. Reizvoll ist dabei insbesondere auch der Kontrast zwischen dem Unionsrecht und den mitgliedstaatlichen Rechtsordnungen.

1. Anhörungsrecht

Das Recht auf Anhörung ist ein fundamentaler Grundsatz des Unionsrechts.[42] Er wurde in einer Vielzahl sekundärrechtlicher Regelungen positivrechtlich niedergeschrieben.[43] Den „Höhepunkt" seiner Kodifikation hat der Grundsatz aber mit seiner Verankerung als klassischer Verfahrensgarantie in Art. 41 Abs. 2 lit. a GRCh gefunden. Hiermit hat der Grundsatz eine erhebliche Aufwertung erfahren: Die Kodifikation in der GRCh hat in Bezug auf die Bedeutung und den Stellenwert des Verwaltungsverfahrens neue Schwerpunkte gesetzt und den Eigenwert des europäischen Verwaltungsverfahrens gestärkt.[44]

Bei dem unionsrechtlichen Recht auf Anhörung handelt es sich, im Gegensatz zu vielen mitgliedstaatlichen Rechtsordnungen, um eine „handlungsformenunspezifische Gewährleistung".[45] Ferner verlangt das Eigenverwaltungsrecht eine Anhörung

---

[38] Hierzu unter Kap. 4, C., I.

[39] Hierzu unter Kap. 4, C., II.

[40] Hierzu unter Kap. 4, C., III.

[41] *Fehling*, Eigenwert des Verfahrens im Verwaltungsrecht, VVDStRL 70 (2011), S. 278, 289 ff.; *Schoch*, Die europäische Perspektive des Verwaltungsverfahrens- und Verwaltungsprozessrechts, in: Schmidt-Aßmann/Hoffmann-Riem, Strukturen, S. 279, 297 ff.

[42] EuGH, Urt. v. 8.3.2007, Rs. C-44/06, *Gerlach und Co. mbH/Hauptzollamt Frankfurt (Oder)*, Slg. 2007, I-2071, Rn. 38 m.w.N. aus der Rechtsprechung.

[43] Übersicht hierzu bei *Gasser*, Rechtsgrundlagen und Verfahrensgrundsätze des Europäischen Verwaltungsverfahrensrechts, DVBl. 1995, S. 16, 17 f.

[44] *Fehling*, Eigenwert des Verfahrens im Verwaltungsrecht, VVDStRL 70 (2011), S. 278, 324 f.; *Ladenburger*, Evolution oder Kodifikation eines allgemeinen Verwaltungsrechts in der EU, in: Trute/Groß/Möllers, Allgemeines Verwaltungsrecht – zur Tragfähigkeit eines Konzepts, S. 107, 116; vgl. auch *Classen*, Gute Verwaltung, S. 441.

[45] *Von Danwitz*, Europäisches Verwaltungsrecht, S. 535.

auch, bevor eine Begünstigung abgelehnt wird.[46] Hingegen legt beispielsweise das deutsche Verwaltungsrecht § 28 Abs. 1 VwVfG erheblich enger aus.[47]

Der persönliche Anwendungsbereich des Rechts auf Anhörung im Unionsrecht beschränkt sich auf (potenzielle) Adressaten einer verwaltungsrechtlichen Sanktion[48] oder zumindest belastenden Maßnahme.[49,50] Eine generelle Anhörungspflicht gegenüber Dritten besteht im europäischen Eigenverwaltungsrecht im Grundsatz nicht.[51] Dritten, die von der Verwaltungsentscheidung betroffen werden, steht nur dann ein Recht auf Anhörung zu, wenn dies spezialgesetzlich verbürgt ist.[52] Dies ist im Kartell-, Fusionskontroll- und Antidumpingrecht vermehrt der Fall.[53] Die Anhörung setzt dann neben der individuellen Betroffenheit des Dritten meist auch einen Antrag voraus.[54] Auch in mitgliedstaatlichen Rechtsordnungen ist die Anhörung Drittbetroffener lückenhaft und selbst in zwei-Personen-Verhältnissen ist nicht stets garantiert, dass eine Anhörung stattfindet.[55] So erfasst das Anhörungsrecht in

---

[46] EuGH, Urt. v. 21.11.1991, Rs. C-269/90, *Technische Universität München/Hauptzollamt München-Mitte*, Slg. 1991, I-5469, Rn. 23 ff.

[47] BVerwG, Urt. v. 15.12.1989, 7 C 52/88, NJW 1990, S. 2637; OVG Koblenz, Urt. v. 02.10.1991, 2 A 10038/91, NVwZ 1992, S. 386; BVerwG, Urt. v. 12.02.1997, 11 A 66/95, NVwZ-RR 1998, S. 90. Vgl. hierzu auch *Schoch*, Die europäische Perspektive des Verwaltungsverfahrens- und Verwaltungsprozessrechts, in: Schmidt-Aßmann/Hoffmann-Riem, Strukturen, S. 279, 298.

[48] EuGH, Urt. v. 13.02.1979, Rs. 85/76, *Hoffmann-La Roche/Kommission*, Slg. 1979, 461, Rn. 9.

[49] EuGH, Urt. v. 23.10.1974, Rs. 17/74, *Transocean Marine Paint/Kommission*, Slg. 1974, 1063, Rn. 15; EuGH, Urt. v. 27.06.1991, Rs. C-49/88, *Al-Jubail Fertilizer Company u. a./Rat*, Slg. 1991, I-3187, Rn. 15.

[50] *Craig*, EU Administrative Law, 314 f.; *Fehling*, Eigenwert des Verfahrens im Verwaltungsrecht, VVDStRL 70 (2011), S. 278, 291; *Fehling*, Europäisches Verwaltungsverfahren und Verwaltungsprozessrecht, in: Terhechte, VwR der EU, § 12, Rn. 31; *Schwarze*, Europäisches Verwaltungsrecht, 2. Auflage, S. 1276 f.; in Bezug auf Art. 41 Abs. 2 GRCh differenzierend *Kanska*, Towards Administrative Human Rights in the EU, European Law Journal 10 (2004), S. 296, 315 f.

[51] EuGH, Urt. v. 28.11.1991, Rs. C-170/89, *BEUC/Kommission*, Slg. 1991, I-5709, Rn. 19 ff.; EuG, Urt. v. 24.03.1994, Rs. T-3/93, *Air France/Kommission*, Slg. 1994, II-121, Rn. 119; EuG, Urt. v. 25.06.1998, verb. Rs. T-371/94 und T-394/94, *British Airways u. a./Kommission*, Slg. 1998, II-2405, Rn. 59 f.; siehe auch *Bredemeier*, Kommunikative Verfahrenshandlungen, S. 403 und 510; *Fehling*, Eigenwert des Verfahrens im Verwaltungsrecht, VVDStRL 70 (2011), S. 278, 291, Fn. 43; *Pfeffer*, Das Recht auf eine gute Verwaltung, S. 142 ff.

[52] *Fehling*, Eigenwert des Verfahrens im Verwaltungsrecht, VVDStRL 70 (2011), S. 278, 291; *Fehling*, Europäisches Verwaltungsverfahren und Verwaltungsprozessrecht, in: Terhechte, VwR der EU, § 12, Rn. 34. *Britz*, Transnationale Effekte im kartellbehördlichen Verwaltungsverfahren und europäische Verfahrens(grund)rechte, in: Gropp/Lipp/Steiger, Rechtswissenschaft im Wandel, S. 115, 122 ff. bemängelt erhebliche Lücken des Rechts auf Anhörung von Drittbetroffenen.

[53] Art. 27 Abs. 3 S. 1 und 2 VO 1/2003, Art. 13 Abs. 1 VO 773/2004, Art. 18 Abs. 4 VO 139/2004, Art. 11 lit. c, 16 Abs. 1 VO 802/2004.

[54] *Bredemeier*, Kommunikative Verfahrenshandlungen, S. 403; *Gornig/Trüe*, Die Rechsprechung des EuGH und des EuG zum Europäischen Verwaltungsrecht, JZ 2000, S. 395, 404 f.; detailliert *Heidenreich*, Anhörungsrechte im EG-Kartell- und Fusionskontrollverfahren, S. 172 ff.

[55] Vgl. hierzu auch *Fehling*, Eigenwert des Verfahrens im Verwaltungsrecht, VVDStRL 70 (2011), S. 278, 289 f.

Frankreich weder drittbelastende Maßnahmen[56] oder die Ablehnung einer Begünstigung,[57] noch stets alle adressatenbezogenen Eingriffsmaßnahmen.[58] In Deutschland steht Dritten ein Recht auf Anhörung nur dann zu, wenn es gesetzlich vorgesehen ist.[59] In England ist die Frage des Inhalts des Anhörungsrechts Gegenstand einer Wertungs- und Abwägungsfrage im Einzelfall.[60] Tendenziell geht das Anhörungsrecht in England jedoch etwas weiter als das unionsrechtliche, da nicht nur ein Eingriff in Rechte eine Anhörung erforderlich macht, sondern bereits ein Eingriff in schutzwürdige Interessen oder legitime Erwartungen ausreichend ist.[61] Auch ist das Anhörungsrecht nicht auf die direkten Verfahrensbeteiligten beschränkt.[62] Trotzdem wird das Recht auf Anhörung nicht zu weit ausgedehnt und Drittbetroffene müssen auch in England nur selten angehört werden.[63] Insbesondere im Falle der Allokation knapper Ressourcen wird Drittbetroffenen ein Recht zur Stellungnahme eingeräumt.[64]

Schließlich räumt Art. 41 Abs. 2 lit. a) GRCh keine Ausnahmen vom gesetzlich vorgesehenen Recht auf Anhörung ein. In Deutschland enthält § 28 Abs. 2 VwVfG hingegen einen Katalog gesetzlicher Ausnahmen, der auch extensiv Anwendung findet.[65]

Diese Ausführungen zeigen, dass das Anhörungsrecht im europäischen Eigenverwaltungsrecht im mitgliedstaatlichen Vergleich zumindest nicht erheblich schwächer ausgeprägt ist.

2. Begründungspflicht

Die Begründungspflicht ist im Unionrecht in Art. 296 Abs. 2 AEUV sowie Art. 41 Abs. 2 lit. c GRCh ausdrücklich niedergeschrieben. Sie gilt sowohl für belastende als auch begünstigende Rechtsakte.[66] Mit dem Vertrag von Lissabon und mit

---

[56] *Fromont*, Droit administratif des États européens, S. 217; *Ladenburger*, Verfahrensfehlerfolgen, S. 45 f.

[57] *Fromont*, Droit administratif des États européens, S. 217.

[58] *Fehling*, Eigenwert des Verfahrens im Verwaltungsrecht, VVDStRL 70 (2011), S. 278, 291, Fn. 41; rechtsvergleichend *Ladenburger*, Verfahrensfehlerfolgen, S. 121 f.

[59] *Ritgen*, in: Knack/Henneke, VwVfG, § 28, Rn. 45.

[60] Hierzu *Craig*, Administrative Law, Rn. 12-022.

[61] *Craig*, Administrative Law, Rn. 12-014 ff.; *Fehling*, Eigenwert des Verfahrens im Verwaltungsrecht, VVDStRL 70 (2011), S. 278, 290, Fn. 41; *Woolf/Jowell/Le Sueur*, De Smith's Judicial Review, Rn. 6-046 und 7-018.

[62] *Woolf/Jowell/Le Sueur*, De Smith's Judicial Reveiw, Rn. 7-023 m.w.N. zur Rechtsprechung in Fn. 85.

[63] *Fromont*, Droit administratif des États européens, S. 218.

[64] *Woolf/Jowell/Le Sueur*, De Smith's Judicial Reveiw, Rn. 7-024.

[65] BVerwG, Urt. v. 29.04.1983, 1 C 5/83, NVwZ 1983, S. 742; siehe hierzu auch *Schoch*, Die europäische Perspektive des Verwaltungsverfahrens- und Verwaltungsprozessrechts, in: Schmidt-Aßmann/Hoffmann-Riem, Strukturen, S. 279, 298.

[66] Vgl. zu Art. 296 Abs. 2 AEUV: *Geismann*, in: von der Groeben/Schwarze/Hatje, Art. 296 AEUV, Rn. 16; zu Art. 41 Abs. 2 lit. c GRCh: GA *Kokott*, Schlussanträge v. 13.12.2007, Rs. C-413/06, *Bertelsmann AG u. a./Impala*, Slg. 2008, I-4951, Rn. 98; *Jarass*, in: Jarass, Art. 41 GRCh, Rn. 24.

Art. 296 Abs. 2 AEUV hat die Begründungspflicht eine Aufwertung erfahren, da dieser die Begründungspflicht auf grundsätzlich alle Rechtsakte ohne Ausnahmen erstreckt und damit weiter geht als die abschließende Aufzählung des ex-Art. 253 EGV.[67] Die in Art. 41 Abs. 2 lit. c GRCh vorgesehene Begründungspflicht entspricht der aus Art. 296 Abs. 2 AEUV.[68]

Die Verankerung der Begründungspflicht in der GRCh hat in Bezug auf die Bedeutung und den Stellenwert verfahrensrechtlicher Garantien neue Schwerpunkte gesetzt.[69] Dies erkannte auch die Rechtsprechung an: So führte Generalanwalt *Colomer* bezogen auf die Pflicht zur Begründung aus, dass diese, seit sie in Art. 41 Abs. 2 lit. c GRCh niedergelegt wurde, eine „neue Dimension" erlangt habe.[70]

Beispielsweise England kennt hingegen bereits keine allgemeine Pflicht zur Begründung von Verwaltungsentscheidungen. Zwar sehen viele fachgesetzliche Regelungen ausdrücklich oder konkludent eine Begründungspflicht vor.[71] Das *common law* – das ungeschriebene Richterrecht, dem die Grundsätze des englischen Verwaltungsrechts zum größten Teil entstammen – kennt jedoch keine allgemeine Pflicht, Verwaltungsentscheidungen zu begründen.[72] Frankreich verfügte lange Zeit über keine allgemeine Pflicht zur Begründung von Verwaltungsentscheidungen.[73] Mit dem Gesetz über die Begründungspflicht aus dem Jahre 1979 führte es unter maßgeblichem europarechtlichem Einfluss erstmals eine gesetzliche Pflicht zur Begründung belastender Verwaltungsakte ein.[74] Heute ist die Begründungspflicht in den

---

[67] *Calliess*, in: Calliess/Ruffert, Art. 296 AEUV, Rn. 8.

[68] *Jarass*, in: Jarass, Art. 41 GRCh, Rn. 24; *Magiera*, in: Meyer, Art. 41 GRCh, Rn. 14. Hierauf weisen auch die Charta-Erläuterungen hin, ABl. 2007 C 303/28. A.A. *Ruffert*, in: Calliess/Ruffert, Art. 41 GRCh, Rn. 18, der davon ausgeht, dass die Begründungspflicht nach der GRCh in ihrem Anwendungbereich weiter reicht als die des Art. 296 Abs. 2 AEUV.

[69] Vgl. *Classen*, Gute Verwaltung, S. 441.

[70] GA *Colomer*, Schlussanträge v. 11.03.2004, Rs. C-150/03 P, *Hectors/Parlament*, Slg. 2004, I-8691, Rn. 40.

[71] *Schwarze*, Europäisches Verwaltungsrecht, 2. Auflage, S. 1339; *Woolf/Jowell/Le Sueur*, De Smith's Judicial Review, Rn. 7-096.

[72] *R. v. Home Secretary ex p. Doody* [1994] 1 AC 531 S. 564; *Craig*, Administrative Law, Rn. 12-038 und 12-041; *Craig*, Großbritannien, in: Hdb. Ius Publicum Europaeum, Bd. V, § 77, Rn. 45; *Freivogel*, Audi Alteram Partem, S. 116 ff.; *Kleve/Schirmer*, England, in: Schneider, Verwaltungsrecht in Europa, S. 35, 109; *Pietzcker*, Verfahrensrechte und Folgen von Verfahrensfehlern, in: FS Maurer, S. 695, 700; *Schwarze*, Europäisches Verwaltungsrecht, 2. Auflage, S. 1338; *Wade/Forsyth*, Administrative Law, S. 440; *Woolf/Jowell/Le Sueur*, De Smith's Judicial Review, Rn. 7-086 und 7-089.

[73] Zur Entwicklung der Begründungspflicht in Frankreich siehe *Eisenberg*, Die Anhörung des Bürgers im Verwaltungsverfahren und die Begründungspflicht für Verwaltungsakte, S. 71 ff.; *Chrétien/Chifflot/Tourbe*, Droit administratif, Rn. 627 f.; *Fromont*, Droit administratif des États européens, S. 226 f.

[74] *Bredemeier*, Kommunikative Verfahrenshandlungen, S. 549; *Eisenberg*, Die Anhörung des Bürgers im Verwaltungsverfahren und die Begründungspflicht für Verwaltungsakte, S. 71 ff.; *Flauss*, Rapport français, in: Schwarze, Verwaltungsrecht unter europäischem Einfluss, S. 31, 74 ff.; *Fromont*, Frankreich, in: Hill/Pitschas, Europäisches Verwaltungsverfahrensrecht, S. 73, 78 f.; *Holoubek*, Rechte, Lasten und Pflichten von Beteiligten und Behörden im Verwaltungsverfahren, in: Hoffmann-Riem/Schmidt-Aßmann, Verwaltungsverfahren und Verwaltungsverfahrensgesetz, S. 193, 199, Fn. 19; *Ladenburger*, Verfahrensfehlerfolgen, S. 28 ff.; *Müller-Ibold*, Begründungspflicht, S. 44 f.; *Pietzcker*, Verfahrensrechte und Folgen von Verfahrensfehlern, in: FS Maurer, S. 695, 698; *Schwarze*, Europäisches Verwaltungsrecht, 2. Auflage, S. 1335.

Art. L211-1 ff. des *Code des relations entre le public et l'administration*[75] niedergelegt.[76] Dieser macht eine Begründung belastender Verwaltungsentscheidungen
sowie solcher, die von Regeln abweichen, die durch Gesetz oder Verordnung niedergelegt sind, erforderlich. Auch im italienischen Verwaltungsrecht war eine allgemeine Begründungspflicht lange Zeit unbekannt. Sie bestand nur in spezialgesetzlich ausdrücklich angeordneten Fällen.[77] Unter Einflüssen des Gemeinschaftsrechts[78]
etablierte sich jedoch ein umfassender gesetzlicher Grundsatz der allgemeinen Begründungspflicht: Nach Art. 3 Abs. 1 *legge* 241/1990[79] muss nunmehr jeder Verwaltungsakt begründet werden. Hervorzuheben ist, dass Individualentscheidungen ausnahmslos zu begründen sind.[80] Ausgenommen sind gem. Art. 3 Abs. 2 nur
Allgemeinverfügungen sowie andere Verwaltungsakte generellen Charakters. Damit erweist sich die unionsrechtliche Begründungspflicht im mitgliedstaatlichen
Vergleich als relativ weitreichend.

3. Zwischenfazit

Die Untersuchung hat gezeigt, dass zumindest das Recht auf Anhörung und die Begründungspflicht im europäischen Eigenverwaltungsrecht relativ weitreichend ausgestaltet sind. Dies spricht für einen hohen Eigenwert des Verfahrensrechts, was
grundsätzlich zu einer restriktiven Handhabung der Regeln der Heilung und Unbeachtlichkeit anhalten sollte.

Zu bedenken ist jedoch auch Folgendes: Die Rechtsfiguren der Heilung und Unbeachtlichkeit dienen im Wesentlichen der Herstellung von Verfahrenseffizienz.
Beide Rechtsfiguren stellen jedoch eine nur nachgelagerte Realisierung von Verwaltungseffizienz dar. Vorgelagert kann dem Bedürfnis nach einem effizienten Verwaltungsverfahren dadurch Rechnung getragen werden, dass Verfahrensgarantien
und Formerfordernisse schwächer ausgestaltet bzw. auf ein unbedingt erforderli-
ches Minimum reduziert werden. Eine enge Konzeption verfahrensrechtlicher Garantien und Formerfordernisse spiegelt – genauso wie die Heilung und Unbeachtlichkeit derselben – eine Rücksichtnahme auf die Bedürfnisse einer effizienten

---

[75] Code des relations entre le public et l'administration v. 1.1.2016, Ordonnance n. 2015-1341 v.
23.10.2015 relative aux dispositions législatives du code des relations entre le public et l'administration und Décret n. 2015-1342 v. 23.10.2015 relative aux dispositions réglementaires du code des
relations entre le public et l'administration, JO n. 248 v. 25.10.2015.

[76] Allgemein zum im Januar 2016 in Kraft getretenen *Code des relations entre le public et l'administration* siehe *Melzer*, Die Kodifikation des französischen Verwaltungsverfahrensrechts, DÖV
2016, S. 149, 154.

[77] *Hahn*, Der italienische Verwaltungsakt, S. 85; *Schwarze,* Europäisches Verwaltungsrecht, 2. Auflage, S. 1337 f.

[78] *Chiti*, Italian Report, in: Schwarze, Das Verwaltungsrecht unter europäischem Einfluss, S. 229,
248; *Galetta*, Wechselwirkungen zwischen nationalem Verwaltungsrecht und europäischem Gemeinschaftsrecht, in: Magiera/Sommermann, Verwaltung in der Europäischen Union, S. 63, 71.

[79] Legge sul procedimento amministrativo, L. n. 241/1990 in G.U. 18.08.1990.

[80] *Fromont*, Droit administratif des États européens, S. 228.

Verwaltung wider. Verfahrenseffizienz kann jedoch nicht auf beiden Seiten – das heißt sowohl auf der Seite der Gewährung von Verfahrensgarantien als auch der Seite der Ausgestaltung der Folgen von Verfahrensfehlern – uneingeschränkt maximiert werden. Denn dies würde eine zu große Einschränkung des Individualrechtsschutzes darstellen.

Vor diesem Hintergrund determinieren die in einer Rechtsordnung gewährten Verfahrensstandards, wie streng oder lax die Verfahrensfehlerbehandlung und damit auch die Rechtsfiguren der Heilung und Unbeachtlichkeit ausgestaltet sind.[81] Wenn die verwaltungsverfahrensrechtlichen Standards nur wenig anspruchsvoll und eng konzipiert sind, müssen Verfahrensfehlerfolgen strenger durchgehalten werden. Für eine Heilung bzw. Unbeachtlichkeit von Verfahrensfehlern bleibt dann nur wenig Platz.[82] Umgekehrt ist eine Relativierung von Verfahrens- und Formfehlern weniger bedenklich, wenn anspruchsvolle Verfahrensgarantien eingeräumt wurden.[83] Mag sie auch weniger bedenklich sein, kann sie jedoch als inkonsequent kritisiert werden: Einerseits anspruchsvolle Verfahrensgarantien einzuräumen, um es andererseits zu scheuen, Verstöße gegen dieselben zu ahnden, erscheint widersprüchlich.[84]

II. Ausrichtung der gerichtlichen Rechtsschutzkonzeption

Wie hoch der Eigenwert des Verwaltungsverfahrensrechts ist, hängt zudem maßgeblich von der Rechtsschutzphilosophie der Gerichte ab, das heißt davon, ob gerichtliche Rechtsschutz stärker prozedural oder ergebnisorientiert ist.[85] Der Grundsatz der Gewaltenteilung bzw. des institutionellen Gleichgewichts gebietet zwar eine strenge Trennung von Verwaltungs- und Gerichtsverfahren. Zweifelsohne sind administrative Verfahren jedoch eng mit einem sich an sie möglicherweise anschließenden gerichtlichen Verfahren verwoben. Es bestehen unauflösbare

---

[81] Vgl. *Fehling*, Eigenwert des Verfahrens im Verwaltungsrecht, VVDStRL 70 (2011), S. 278, 289. Aus einem Vergleich des deutschen und französischen Verwaltungsverfahrensrechts leiten diesen Gedanken ab *von Danwitz*, Europäisches Verwaltungsrecht, S. 59 f.; *Ladenburger*, Verfahrensfehlerfolgen, S. 321 f.

[82] Siehe beispielsweise für das französische Recht *Ladenburger*, Verfahrensfehlerfolgen, S. 321.

[83] Siehe beispielsweise für das deutsche Recht *Ladenburger*, Verfahrensfehlerfolgen S. 321.

[84] So Kritik am deutschen Recht: *Breuer*, Diskussionsbeitrag in Aussprache und Schlußworte zu Verwaltungsverfahren zwischen Verwaltungseffizienz und Rechtsschutzauftrag, VVdStRL 41 (1983), S. 281; *Schmidt-Aßmann/Krämer*, Das Verwaltungsverfahren und seine Folgen, EuZöR 1993, Sonderheft, S. 99, 126, die im Zusammenhang mit den Regelungen zur Unbeachtlichkeit von Verfahrens- und Formfehlern im Städtebau- und Kommunalrecht schreiben, dass es eine oft anzutreffende gesetzgeberische Inkonsequenz sei, „auf der einen Seite anspruchsvolle Vorschriften zu erlassen, später aber vor den Folgen zurückzuschrecken"; ebenso *Schoch*, Der Verfahrensgedanke im allgemeinen Verwaltungsrecht, Die Verwaltung 25 (1992), S. 21, 51.

[85] *Classen*, Gute Verwaltung, S. 434 ff.; *Fehling*, Eigenwert des Verfahrens im Verwaltungsrecht, VVDStRL 70 (2011), S. 278, 299 ff.; vgl. auch *Saurer*, Der Einzelne im europäischen Verwaltungsrecht, S. 323.

Wechselbeziehungen zwischen ihnen.[86] So wirkt sich das verwaltungsrechtliche Verfahrensverständnis maßgeblich auf die Gerichtskontrolle aus. Umgekehrt ist die gerichtliche Rechtsschutzkonzeption aber auch Spiegel des Stellenwerts der Verfahrensgarantien.[87]

1. Kontrolldichte

Erhebliche Rückwirkungen auf die Wertigkeit des Verfahrensrechts einer Rechtsordnung hat der Modus der gerichtlichen Kontrolldichte des Handelns der Verwaltung.[88] Dabei stehen sich zwei gerichtliche Kontrolldichtekonzeptionen gegenüber: Das Verwaltungshandeln kann entweder einer materiell nur eingeschränkten oder aber einer hohen gerichtlichen Kontrolle unterliegen. Je höher die materielle Kontrolldichte des Handelns der Verwaltung, desto mehr wird die Bedeutung des Verfahrensrechts in den Hintergrund gedrängt. Je begrenzter die gerichtliche Inhaltskontrolle ist, desto mehr gewinnt die Verfahrenskontrolle an Gewicht und desto größer ist die eigenständige Rechtsschutzgewähr, die das Verwaltungsverfahren übernimmt. Es wird zum Garant für ein sachgerechtes Ergebnis.[89]

Art. 263 AEUV lässt den Unionsgerichten im Rahmen des Verfahrens der Nichtigkeitsklage freie Hand in Bezug auf den Umfang ihrer Kontrolle.[90] Definitive Vorgaben

---

[86] *Classen*, Gute Verwaltung, S. 434 und *Wahl*, Das Verhältnis von Verwaltungsverfahren und Verwaltungsprozessrecht in europäischer Sicht, in: Hill/Pitschas, Europäisches Verwaltungsverfahrensrecht, S. 357, 359, sprechen von einem „systematischen und folgenreichen Zusammenhang" von Verwaltungs- und gerichtlichem Verfahren; *Nehl*, Europäisches Verwaltungsverfahren und Gemeinschaftsverfassung, S. 193 spricht von einem „unauflösbaren Wechselwirkungsverhältnis"; *Schoch*, Die europäische Perspektive des Verwaltungsverfahrens- und Verwaltungsprozessrechts, in: Schmidt-Aßmann/Hoffmann-Riem, Strukturen, S. 279, 300 ff. spricht von einem „funktionalen Zusammenhang"; siehe auch *Saurer*, Der Einzelne im europäischen Verwaltungsrecht, S. 323; *Schmidt-Aßmann*, Der Verfahrensgedanke im deutschen und europäischen Verwaltungsrecht, in: GVwR II, § 27, Rn. 66 ff.; *Schwarze*, Der funktionale Zusammenhang von Verwaltungsverfahrensrecht und verwaltungsgerichtlichem Rechtsschutz, S. 1 ff.

[87] *Fehling*, Eigenwert des Verfahrens im Verwaltungsrecht, VVDStRL 70 (2011), S. 278, 289 ff.; *Nehl*, Europäisches Verwaltungsverfahren und Gemeinschaftsverfassung, S. 193 ff.

[88] *Classen*, Gute Verwaltung, S. 439; *Fehling*, Eigenwert des Verfahrens im Verwaltungsrecht, VVDStRL 70 (2011), S. 278, 304; *Nehl*, Wechselwirkung zwischen verwaltungsverfahrensrechtlichem und gerichtlichem Individualrechtsschutz in der EG, in: Nowak/Cremer, Individualrechtsschutz in der EG und der WTO, S. 135, 137; *Nehl*, Europäisches Verwaltungsverfahren und Gemeinschaftsverfassung, S. 194.

[89] *Kment*, Nationale Unbeachtlichkeits-, Heilungs- und Präklusionsvorschriften und Europäisches Recht, S. 37; *Nehl*, Europäisches Verwaltungsverfahren und Gemeinschaftsverfassung, S. 194; vgl. auch *Oeter*, Die Kontrolldichte hinsichtlich unbestimmter Begriffe und des Ermessens, in: Frowein, Die Kontrolldichte bei der gerichtlichen Überprüfung von Handlungen der Verwaltung, S. 266, 272 f.

[90] *Dörr*, in: Grabitz/Hilf/Nettesheim, Art. 263 AEUV, Rn. 186.

diesbezüglich lassen sich auch dem sonstigen Primärrecht kaum entnehmen: Auf der einen Seite lässt sich dem Grundsatz des effektiven Rechtsschutzes entnehmen, dass die gerichtliche Kontrolle ein Minimum an Tiefe, Breite und Dichte aufweisen muss.[91] Andererseits kann aus Art. 261 AEUV geschlossen werden, dass den beklagten Unionsorganen eigene Beurteilungsspielräume zustehen, die von den Unionsgerichten respektiert werden müssen.[92]

Die Unionsgerichte interpretieren ihre in Art. 19 Abs. 1 S. 2 EUV niedergeschriebene Aufgabe der Sicherung der „Wahrung des Rechts bei der Auslegung und Anwendung der Verträge" – in Anlehnung an das in Frankreich bestehende Rechtsschutzmodell –[93] eher restriktiv.[94] Sie verstehen sich als ein Organ einer spezifisch rechtlichen Kontrolle[95] und überprüfen die Entscheidungen der Unionsorgane zwar anhand des Maßstabs des Rechts. Jedoch setzen sie ihre eigene Entscheidung nicht an die Stelle der Entscheidung der zuständigen Stelle, um die Kompetenzen der anderen Organe und damit den Grundsatz des institutionellen Gleichgewichts zu wahren.[96]

---

[91] Zu den Anforderungen des Grundsatzes des effektiven Rechtsschutzes an die gerichtliche Kontrolldichte siehe *Nowak*, Justizielle Grundrechte und Verfahrensgarantien, in: Heselhaus/Nowak, Hdb. Europäische Grundrechte, § 51, Rn. 44 f.

[92] *Dörr*, in: Grabitz/Hilf/Nettesheim, Art. 263 AEUV, Rn. 186.

[93] *Everling*, Auf dem Wege zu einem europäischen Verwaltungsrecht, NVwZ 1987, S. 1, 9; *Rengeling*, Deutsches und europäisches Verwaltungsrecht – wechselseitige Einwirkungen, VVDStRL 53 (1994), S. 202, 215; *Kahl*, Grundrechtsschutz durch Verfahren in Deutschland und der EU, VerwArch 95 (2004), S. 1, 20.

[94] Anders insbesondere das deutsche Modell des Verwaltungsrechtsschutzes, wo das Verfahrensergebnis einer kompletten gerichtlichen Rechtskontrolle unterliegt, hierzu *Classen*, Strukturunterschiede zwischen deutschem und europäischem Verwaltungsrecht, NJW 1995, S. 2457, 2461; *Rausch*, Die Kontrolle von Tatsachenfeststellungen und -würdigungen durch den EuGH, S. 33; *Schmidt-Aßmann/Groß*, Zur verwaltungsgerichtlichen Kontrolldichte nach der Privatgrundschulentscheidung des BVerfG, NVwZ 1993, S. 617, 620. Dies hat zur Folge, dass dem Verfahren teilweise sein Eigenwert abgesprochen wird, siehe *Franßen*, 50 Jahre Verwaltungsgerichtsbarkeit in der Bundesrepublik Deutschland, DVBl. 1998, S. 413, 420 f. Anders in Frankreich, wo der Grundsatz herrscht, dass die Gerichte die Verwaltung nicht behindern dürfen, siehe *Kment*, Nationale Unbeachtlichkeits-, Heilungs- und Präklusionsvorschriften und Europäisches Recht, S. 36; *Schlette*, Die verwaltungsgerichtliche Kontrolle von Ermessensakten in Frankreich, S. 24 ff.

[95] EuGH, Urt. v. 04.10.1983, Rs. 191/82, *Fediol/Kommission*, Slg. 1983, 2913, Rn. 30; *Classen*, Strukturunterschiede zwischen deutschem und europäischem Verwaltungsrecht, NJW 1995, S. 2457, 2460; *Kment*, Nationale Unbeachtlichkeits-, Heilungs- und Präklusionsvorschriften und Europäisches Recht, S. 36.

[96] *Classen*, Strukturunterschiede zwischen deutschem und europäischem Verwaltungsrecht, NJW 1995, S. 2457, 2461; *Kahl*, Grundrechtsschutz durch Verfahren in Deutschland und in der EU, VerwArch 95 (2004), S. 1, 9 f.; *Kment*, Nationale Unbeachtlichkeits-, Heilungs- und Präklusionsvorschriften und Europäisches Recht, S. 36; EuGH, Urt. v. 03.12.1981, Rs. 280/80, *Bakke-d'Aloya/Rat*, Slg. 1981, 2887, Rn. 17; EuGH, Urt. v. 21.04.1983, Rs. 282/81, *Ragusa/Kommission*, Slg. 1983, 1245, Rn. 13.

Insbesondere im Falle von Entscheidungen mit einem Ermessens- und Beurteilungsspielraum der Unionsexekutive ist die richterliche Kontrolle eingeschränkt.[97] Nach ständiger Rechtsprechung ist „[d]ie gerichtliche Kontrolle [...] auf die Prüfung der Fragen zu beschränken, ob die Verfahrens- und Begründungsvorschriften eingehalten worden sind, ob der Sachverhalt, der der getroffenen Entscheidung zugrunde gelegt wurde, zutreffend festgestellt worden ist und ob keine offensichtlich fehlerhafte Würdigung dieses Sachverhalts und kein Ermessensmissbrauch vorliegen".[98] Der geringeren gerichtlichen Inhaltskontrolle steht im Gegenzug eine umfassendere Prüfung der Einhaltung der Verwaltungsverfahrensgarantien gegenüber.[99] So führte der Gerichtshof in der Rechtssache *Technische Universität München* aus, dass die Einräumung eines administrativen Beurteilungsspielraums und die damit einhergehende Beschränkung der gerichtlichen Kontrolle als Gegengewicht eine strengere Überprüfung der im Verwaltungsverfahren gewährten Garantien erfordere.[100] Das Verwaltungsverfahren wird daher nicht durch die gerichtliche Überprüfung ersetzt, sondern durch diese lediglich kontrolliert. Dies hat zur Folge, dass der Stellenwert und die Bedeutung des Verwaltungsverfahrens als Garant für ein sachgerechtes Verfahrensergebnis wachsen.[101]

Vor diesem Hintergrund wird auch verständlich, dass ein Verfahrensfehler im gerichtlichen Verfahren grundsätzlich nicht mit dem Hinweis für unbeachtlich erklärt wird, dass er keinen Einfluss auf das Verfahrensergebnis gehabt habe. Denn das Verfahrensergebnis wird im Prozess gerade nicht auf seine inhaltliche Richtigkeit

---

[97] *Brenner*, Der Gestaltungsauftrag der Verwaltung in der Europäischen Union, S. 390 f.; *Classen*, Die Europäisierung der Verwaltungsgerichtsbarkeit, S. 165 ff.; *Dörr*, in: Grabitz/Hilf/Nettesheim, Art. 263 AEUV, Rn. 187; *Everling*, Zur richterlichen Kontrolle der Tatsachenfeststellungen und der Beweiswürdigung durch die Kommission in Wettbewerbssachen, WuW 1989, S. 877, 880; *Herdegen/Richter*, Die Rechtslage in den Europäischen Gemeinschaften, in: Frowein, Die Kontrolldichte bei der gerichtlichen Überprüfung von Handlungen der Verwaltung, S. 209, 217 ff.; *Kahl*, Grundrechtsschutz durch Verfahren in Deutschland und in der EU, VerwArch 95 (2004), S. 1, 10 f.; *Kment*, Nationale Unbeachtlichkeits-, Heilungs- und Präklusionsvorschriften und Europäisches Recht, S. 37; *Schmidt-Aßmann*, Die Kontrolldichte der Verwaltungsgerichte, DVBl. 1997, S. 281, 284.

[98] Bezogen auf die Kriterien der Gewährung einer Beihilfe, EuGH, Urt. v. 29.02.1996, Rs. C-56/93, *Königreich Belgien/Kommission*, Slg. 1996, I-723, Rn. 11 m.w.N. aus der Rechtsprechung.

[99] *Von Danwitz*, Europäisches Verwaltungsrecht, S. 300 spricht von einer „gleichsam kompensatorisch angelegten Nachprüfung von Verfahrensgarantien in der Rechtsprechung der Gemeinschaftsgerichte"; *Kahl*, Grundrechtsschutz durch Verfahren in Deutschland und in der EU, VerwArch 95 (2004), S. 1, 10 spricht davon, dass „[d]ie strenge Überwachung des Verfahrens [...] insofern als Kompensation für die reduzierte materielle Steuerungsfähigkeit des EG-Rechts [fungiert]".

[100] EuGH, Urt. v. 21.11.1991, Rs. C-269/90, *Technische Universität München/Hauptzollamt München-Mitte*, Slg. 1991, I-5469, Rn. 14; siehe auch *Schwarze*, Europäisches Verwaltungsrecht, 2. Auflage, S. LXXXIV f.; EuG, Urt. v. 11.09.2002, Rs. T-13/99, *Pfizer Animal Health/Rat*, Slg. 2002, II-3305, Rn. 168 und 171; EuG, Urt. v. 07.11.2007, Rs. T-374/04, *Deutschland/Kommission*, Slg. 2007, II-4431, Rn. 81.

[101] *Kment*, Nationale Unbeachtlichkeits-, Heilungs- und Präklusionsvorschriften und Europäisches Recht, S. 37; *Wahl*, Das Verhältnis von Verwaltungsverfahren und Verwaltungsprozessrecht in europäischer Sicht, DVBl. 2003, S. 1285, 1290.

kontrolliert.[102] Die Kontrolldichte der Gerichte reicht in der Regel nicht aus, um zu gewährleisten, dass das Ergebnis des Verwaltungsverfahrens auch ohne den Verfahrensfehler dasselbe gewesen wäre.[103] Vor diesem Hintergrund genießt das Verfahrensrecht besonderen Schutz und erhält einen herausgehobenen Eigenwert, wenn der Verwaltung ein Ermessensspielraum zusteht,[104] der der Möglichkeit der Relativierung von Verfahrens- und Formfehlern entgegensteht.

Am häufigsten finden sich Fälle einer solchen reduzierten richterlichen Kontrolldichte bei Entscheidungen, die eine komplexe wirtschaftliche Beurteilung beinhalten. Diese Situation findet sich zum einen im Wettbewerbsrecht wieder, insbesondere im Rahmen von Entscheidungen zur Beihilfe- und Fusionskontrolle sowie beim Schutz gegen Wettbewerbsverzerrungen und bei Kartellen. Zum anderen sind komplexe wirtschaftliche Beurteilungen im Außenhandels- und insbesondere im Antidumpingrecht nötig.[105] Zudem ist die gerichtliche Kontrolle bei Entscheidungen mit politischem Gestaltungsspielraum, wie beispielsweise Ausnahme- und Freistellungsentscheidungen im Beihilfenrecht,[106] beim Erlass von Antidumping-Maßnahmen[107] sowie in der Gemeinsamen Agrarpolitik[108] reduziert. Die richterliche Kontrolldichte ist ferner dort eingeschränkt, wo für die Anwendung des Rechts naturwissenschaftlicher, technischer oder medizinischer Sachverstand unbedingt erforderlich ist. Dieser wird meist durch Sachverständige oder Gremien beigebracht. Die Domänen dieser Fallgruppe sind vor allem das Zoll-, Agrar-, Umwelt- und Beamtenrecht.[109] Vor allem das Beamtenrecht, wo viel beurteilt und ausgewählt wird und viele Entscheidungen mit einem persönlichen Eindruck einhergehen,

---

[102] *Kahl*, Grundrechtsschutz durch Verfahren in Deutschland und in der EU, VerwArch 95 (2004), S. 1, 10 f.; *Kment*, Nationale Unbeachtlichkeits-, Heilungs- und Präklusionsvorschriften und Europäisches Recht, S. 37.

[103] *Kment*, Nationale Unbeachtlichkeits-, Heilungs- und Präklusionsvorschriften und Europäisches Recht, S. 37.

[104] *Barbier de la Serre*, Procedural Justice in the European Community Case-law concerning the Rights of the Defence: Essientialist and Instrumental Trends, European Public Law 2006, S. 225, 241 ff.; siehe auch *Bebr*, Judicial control of the European Communities, S. 82; *Nehl*, Europäisches Verwaltungsverfahren und Gemeinschaftsverfassung, S. 189.

[105] *Dörr*, in: Grabitz/Hilf/Nettesheim, Art. 263 AEUV, Rn. 191 m.w.N.

[106] Art. 107 Abs. 3, Art. 108 Abs. 2 Unterabs. 3 AEUV. Siehe exemplarisch EuGH, Urt. v. 13.02.2003, Rs. C-409/00, *Spanien/Kommission*, Slg. 2003, I-1487, Rn. 93; EuGH, Urt. v. 11.09.2008, verb. Rs. C-75/05 P und C-80/05 P, *Deutschland u. a./Kronofrance*, Slg. 2008, I-6619, Rn. 59; *Dörr*, in: Grabitz/Hilf/Nettesheim, Art. 263 AEUV, Rn. 188.

[107] Siehe exemplarisch EuG, Urt. v. 8.7.2003, Rs. T-132/01, *Euroalliages u. a./Kommission*, Slg. 2003, II-2359, Rn. 47-50; *Dörr*, in: Grabitz/Hilf/Nettesheim, Art. 263 AEUV, Rn. 188.

[108] Art. 40-43 AEUV. Siehe exemplarisch EuGH, Urt. v. 17.01.2008, verb. Rs. C-37/06 und C-58/06, *Viamex Agrar Handel/Hauptzollamt Hamburg*, Slg. 2008, I-69, Rn. 34; EuGH, Urt. v. 26.06.2012, Rs. C-335/09 P, *Polen/Kommission*, ECLI:EU:C:2012:385, Rn. 71 und 128; *Dörr*, in: Grabitz/Hilf/Nettesheim, Art. 263 AEUV, Rn. 188.

[109] Siehe exemplarisch EuGH, Urt. v. 21.11.1991, Rs. C-269/90, *Technische Universität München/ Hauptzollamt München-Mitte*, Slg. 1991, I-5469, Rn. 13 f.; EuG, Urt. v. 11.09.2002, Rs. T-13/99, *Pfizer Animal Health/Rat*, Slg. 2002, II-3305, Rn. 169 ff.; *Dörr*, in: Grabitz/Hilf/Nettesheim, Art. 263 AEUV, Rn. 189.

weist eine Vielzahl von Situationen mit Bewertungscharakter auf, die von den Unionsgerichten kaum sinnvoll im Detail kontrolliert werden können.[110]

Umgekehrt kann die Kontrollbefugnis der Unionsgerichte bei Zwangsmaßnahmen der Unionsorgane auch gem. Art. 261 AEUV erweitert sein. Diese sog. *compétence de pleine jurisdiction* muss den Gerichten jedoch ausdrücklich durch Verordnung übertragen worden sein.[111] Die Tatsache, dass es den Unionsgerichten hier möglich ist, einerseits eine unbeschränkte Ermessensnachprüfung vorzunehmen, andererseits ihre eigene Sachentscheidung an die Stelle der der Exekutive zu setzen,[112] führt zu einer Schmälerung der Bedeutung und des Eigenwerts des Verfahrensrechts, was eine Relativierung von Verfahrensfehlern in höherem Maße ermöglicht.

2. Objektivierte Kontrolle

Eng mit dem Stellenwert von Verfahrensgarantien ist die Rügefähigkeit von deren Verletzung verwoben, das heißt die Frage, ob der Gerichtsschutz eng zu verstehen und auf subjektive Rechte des Klägers zu beschränken ist oder ob ein weiteres Verständnis und damit ein objektives Kontrollmodell vorherrscht.

Die unionsrechtliche Nichtigkeitsklage verfolgt einen objektiven Kontrollansatz. Für ihre Begründetheit kommt es daher nicht darauf an, welche Rechtsnorm verletzt wurde und ob diese dem Individualschutz des Betroffenen dient. Vielmehr genügt jede Verletzung objektiven Rechts.[113] Erheblich enger ist beispielsweise die Legalitätskontrolle der deutschen Gerichte gefasst: Für die Begründetheit der Anfechtungsklage gem. § 113 Abs. 1 S. 1 VwGO bedarf es der Verletzung eines subjektiv-öffentlichen Rechts des Klägers.[114] Dem unionsrechtlichen Modell konzeptionell näher ist hingegen das französische Rechtsschutzmodell, das ebenfalls eine objektive Legalitätskontrolle durchführt.[115]

---

[110] Siehe exemplarisch EuG, Urt. v. 10.12.1992, Rs. T-33/91, *Williams/Rechnungshof*, Slg. 1992, II-2499, Rn. 43; *Dörr*, in: Grabitz/Hilf/Nettesheim, Art. 263 AEUV, Rn. 190.

[111] Ausführlich hierzu oben, Kap. 2, A., IV., 2., a), aa).

[112] *Dörr*, in: Grabitz/Hilf/Nettesheim, Art. 263 AEUV, Rn. 196.

[113] *Cremer*, in: Calliess/Ruffert, Art. 263 AEUV, Rn. 86; *von Danwitz*, Europäisches Verwaltungsrecht, S. 290; *Dörr*, in: Grabitz/Hilf/Nettesheim, Art. 263 AEUV, Rn. 159; *Pechstein*, EU-Prozessrecht, Rn. 542.

[114] Vgl. zum insofern besonders restriktiven deutschen Recht *Baumgartner*, Die Klagebefugnis nach deutschem Recht vor dem Hintergrund der Einwirkungen des Gemeinschaftsrechts, S. 68 ff.; *von Danwitz*, Europäisches Verwaltungsrecht, S. 24 ff.; *Epiney/Sollberger*, Zugang zu Gerichten und gerichtliche Kontrolle im Umweltrecht, S. 34 ff.; *Quabeck*, Die dienende Funktion, S. 53 ff.; *Schmidt-Kötters*, in: Posser/Wolff, BeckOK VwGO, § 42, Rn. 108 ff.

[115] Siehe zum Modell der objektiven Legalitätskontrolle im französischen Recht *Chapus*, Droit administratif général, T. 1, Rn. 999; *von Danwitz*, Europäisches Verwaltungsrecht, S. 60 ff.; *Fromont*, Droit administratif des États européens, S. 164; *Ladenburger*, Verfahrensfehlerfolgen, S. 329 ff.; vgl. auch *Würtenberger/Neidhard*, Distanz und Annäherung zwischen deutschem und französischem Verwaltungsrecht im Zeichen europäischer Integration, in: Schwarze, Bestand und Perspektiven des europäischen Verwaltungsrechts, S. 255, 273.

Betroffene können im Unionsrecht damit unter recht großzügigen Voraussetzungen gerichtlichen Rechtsschutz erlangen. Durch den objektiven Zuschnitt gerichtlicher Kontrolle können auch Verletzungen von Verfahrensvorschriften sanktioniert werden, die nur mittelbar dem Schutz des Klägers zu dienen bestimmt sind.[116] Dies spricht für einen höheren Stellenwert unionsrechtlicher Verfahrensgarantien. Gleichzeitig offenbart der objektive Kontrollzuschnitt aber auch die Aufgabe der Gerichtsbarkeit, im Wesentlichen zugunsten aller Unionsbürger, dem allgemeinen Interesse zu dienen. Es geht darum, das gute Funktionieren der Verwaltung zu sichern, indem ihre Rechtmäßigkeit gewährleistet wird. Dieser Gedanke der objektiven Legalität hat zur Folge, dass besondere Rücksicht auf das Gebot der effizienten Verwaltung genommen werden muss.

3. Kein „Durchentscheiden"

Ferner ist die Tatsache, ob ein Gericht eine Sache „durchentscheidet" oder diese an die Verwaltung zurückverweist, Anhaltspunkt dafür, ob das Verwaltungsverfahren und die Verfahrensgarantien einer Rechtsordnung „stark" oder „schwach" ausgestaltet sind.[117]

Lehnt die europäische Verwaltung ein Begehren ab, kann ein Betroffener hiergegen Nichtigkeitsklage erheben. Hat diese Erfolg, hebt der Gerichtshof die angegriffene Entscheidung auf. Er ist in aller Regel indes nicht befugt, Anordnungen an andere Unionsorgane oder -einrichtungen zu adressieren oder sie zu einem bestimmten Handeln anzuhalten.[118] Sonst würde der Gerichtshof in die Rechtsetzungskompetenz des zuständigen Unionsorgans eingreifen und damit den Grundsatz der Gewaltenteilung verletzen.[119] Folglich kann der Gerichtshof ein Unionsorgan auch nicht dazu verurteilen, eine bestimmte Maßnahme, die sich aus der Nichtigerklärung ergibt, zu erlassen.[120] Das gleiche gilt bei der Untätigkeitsklage: Ist ein Unionsorgan untätig, ist hiergegen zwar eine Untätigkeitsklage statthaft. Jedoch

---

[116] *Fehling*, Eigenwert des Verfahrens im Verwaltungsrecht, VVDStRL 70 (2011), S. 278, 301.

[117] *Fehling*, Eigenwert des Verfahrens im Verwaltungsrecht, VVDStRL 70 (2011), S. 278, 302 f.

[118] *Dörr*, in: Grabitz/Hilf/Nettesheim, Art. 263 AEUV, Rn. 27; *Pechstein*, EU-Prozessrecht, Rn. 563. Ständige Rechtsprechung, siehe beispielsweise EuG, Urt. v. 09.01.1996, Rs. T-575/93, *Koelman/Kommission*, Slg. 1996, II-1, Rn. 29; EuG, Urt. v. 6.2.1998, Rs. T-124/96, *Interporc/ Kommission*, Slg. 1998, II-231, Rn. 61; EuG, Urt. v. 12.07.2001, Rs. T-204/99, *Mattila/Rat und Kommission*, Slg. 2001, II-2265, Rn. 26; EuG, Urt. v. 07.10.2009, Rs. T-380/06, *Vischim/Kommission*, Slg. 2009, II-3911, Rn. 46.

[119] *Classen*, Strukturunterschiede zwischen deutschem und europäischem Verwaltungsrecht, NJW 1995, S. 2457, 2461; *Fehling*, Eigenwert des Verfahrens im Verwaltungsrecht, VVDStRL 70 (2011), S. 278, 302.

[120] *Dörr*, in: Grabitz/Hilf/Nettesheim, Art. 263 AEUV, Rn. 27; *Pechstein*, EU-Prozessrecht, Rn. 563; EuGH, Urt. v. 25.05.1993, Rs. C-199/91, *Foyer culturel du Sart-Tilman/Kommission*, Slg. 1993, I-2667, Rn. 17; EuG, Urt. v. 09.11.1995, Rs. T-346/94, *France-aviation/Kommission*, Slg. 1995, II-2841, Rn. 42; EuG, Urt. v. 12.12.2006, Rs. T-155/04, *SELEX Sistemi Integrati/Kommission*, Slg. 2006, II-4797, Rn. 28.

entscheidet der Gerichtshof in ihrem Rahmen nur darüber, ob das Unionsorgan überhaupt zum Handeln verpflichtet ist; der Gerichtshof entscheidet hingegen nicht darüber, wie das Handeln inhaltlich ausgestaltet sein muss.[121] Die hierdurch entstehende Lücke soll durch Art. 266 Abs. 1 AEUV geschlossen werden, der bestimmt, dass „[d]ie Organe, Einrichtungen oder sonstigen Stellen, denen das für nichtig erklärte Handeln zur Last fällt oder deren Untätigkeit als vertragswidrig erklärt worden ist, […] die sich aus dem Urteil des Gerichtshofs der Europäischen Union ergebenden Maßnahmen zu ergreifen" haben.

Die Tatsache, dass der Gerichtshof die Sache nicht selbst entscheidungsreif machen kann, sondern die Sache an die Verwaltung zurückverweisen muss, damit diese selbst entscheiden kann, spricht für eine „starke" Verwaltung und einen hohen Stellenwert der Verfahrensgarantien.[122] Hätte der Gerichtshof nämlich ein Letztentscheidungsrecht, wäre das gerichtliche Verfahren gleichsam nur eine Verlängerung des Verwaltungsverfahrens. Denn die gerichtliche Amtsermittlung würde dann nur die Ermittlungen der Verwaltung im Rahmen des Verwaltungsverfahrens ausbessern, was die Funktionen des Verwaltungsverfahrens zu schmälern drohte. Dies bestätigt ein Vergleich mit dem deutschen Recht: Die deutschen Verwaltungsgerichte sind verpflichtet, die Sache bei nicht ausreichenden Ermittlungen im Rahmen des Verwaltungsverfahrens grundsätzlich selbst entscheidungsreif zu machen.[123] Diese Vorgehensweise stuft das Verwaltungsverfahren zur bloßen Vorprüfung des gerichtlichen Verfahrens herab.[124] Dieses Letztentscheidungsrecht der deutschen Verwaltungsgerichte führt zwangsläufig zu einer Relativierung der Bedeutung und des Stellenwerts des Verwaltungsverfahrens und damit zu dessen Schwächung.[125]

4. Klage nur gegen verfahrensabschließende Verwaltungsentscheidungen

Schließlich könnte der Eigenwert des Verwaltungsverfahrens eine Minderung dadurch erfahren, dass im Unionsrecht grundsätzlich nur abschließende Beschlüsse im Wege der Nichtigkeitsklage angefochten werden können, vorbereitende oder

---

[121] *Classen*, Strukturunterschiede zwischen deutschem und europäischem Verwaltungsrecht, NJW 1995, S. 2457, 2461; *Cremer*, in: Calliess/Ruffert, Art. 265, Rn. 1; EuGH, Urt. v. 09.08.1994, Rs. C-412/92 P, *Parlament/Meskens*, Slg. 1994 I, 3757, Rn. 27 ff.

[122] Rechtsvergleichend hierzu *Fehling*, Eigenwert des Verfahrens im Verwaltungsrecht, VVDStRL 70 (2011), S. 278, 302.

[123] *Decker*, in: Posser/Wolff, BeckOK VwGO, § 113, Rn. 27. Ausnahme: § 113 Abs. 3 VwGO.

[124] *Fehling*, Eigenwert des Verfahrens im Verwaltungsrecht, VVDStRL 70 (2011), S. 278, 302 bezeichnet den Verwaltungsprozess im deutschen Recht in diesem Zusammenhang als „besseres Verwaltungsverfahren"; *Stelkens*, Der Eigenwert des Verfahrens im Verwaltungsrecht, DVBl. 2010, S. 1078, 1081. Zusammenfassend zur damaligen Diskussion im deutschen Recht *Kaiser*, Die Kommunikation der Verwaltung, S. 96 f.

[125] *Kaiser*, Die Kommunikation der Verwaltung, S. 97; *Wahl*, Verwaltungsverfahren zwischen Verwaltungseffizienz und Rechtsschutzauftrag, VVDStRL 41 (1983), S. 151, 176.

Zwischenmaßnahmen, die in einem mehrphasigen Verfahren ergehen, hingegen nicht isoliert anfechtbar sind.[126]

Da Verfahrensfehler jedoch uneingeschränkt zumindest nachträglich im Rahmen der Klage gegen die verfahrensabschließende Verwaltungsentscheidung vorgebracht werden können,[127] schmälert es den Stellenwert des Verfahrens nicht, wenn unter verfahrensökonomischen Gesichtspunkten überflüssige Rechtsstreitigkeiten verhindert und bereits laufende Verwaltungsverfahren durch Klageerhebung gegen vorbereitende Zwischenhandlungen nicht unnötig verzögert werden.[128]

5. Zwischenfazit

Der hohe Eigenwert des Verfahrensrechts bestätigt sich damit auch mit Blick auf die prozessualen Rahmenbedingungen. Zunächst weist die materiell nur eingeschränkte Kontrolldichte der Gerichte auf eine „starke" Verwaltung und einen hohen Wert der Verfahrensvorschriften hin. Eine Schmälerung seiner Bedeutung erfährt das Verfahrensrecht lediglich im Falle der sog. *compétence de pleine juridiction*, wo es den Unionsgerichten möglich ist, eine unbeschränkte Ermessensnachprüfung vorzunehmen und ihre eigene Sachentscheidung an die Stelle der der Exekutive zu setzen. Der objektive Kontrollansatz der Gerichte und die Tatsache, dass eine Sache an die Verwaltung zurückverwiesen wird, anstatt von den Gerichten „durchentschieden" zu werden, trägt ebenfalls zu einer Stärkung des Verfahrensrechts bei. Die Tatsache, dass im Unionsrecht nur gegen verfahrensabschließende Verwaltungsentscheidungen geklagt werden kann, mindert den Eigenwert des Verfahrens kaum.

III. Der Verwaltung zuerkannter Entscheidungsspielraum

Schließlich ist der Eigenwert, der dem Verfahrensrecht zugesprochen wird, von dem der Verwaltung zustehenden Entscheidungsspielraum abhängig. Das Verfahrensrecht genießt einen besonderen Schutz und herausgehobenen Eigenwert, wenn der

---

[126] *Cremer*, in: Calliess/Ruffert, Art. 263 AEUV, Rn. 18; *Dörr*, in: Grabitz/Hilf/Nettesheim, Art. 263 AEUV, Rn. 39; *Ehricke*, in: Streinz, Art. 263 AEUV, Rn. 23; ständige Rechtsprechung, siehe beispielsweise EuGH, Urt. v. 1.7.1964, Rs. C-80/63, *Degreef/Kommission*, Slg. 1964, 837, 863; EuGH, Urt. v. 11.11.1981, Rs. C-60/81, *IBM/Kommission*, Slg. 1981, 2639, Rn. 11; EuGH, Urt. v. 30.09.2003, Rs. C-76/01 P, *Eurocoton u. a./Rat*, Slg. 2003, I-10091, Rn. 55; EuGH, Urt. v. 13.10.2011, verb. Rs. C-463/10 P, C-475/10 P, *Deutsche Post und Deutschland/Kommission*, Slg. 2011, I-9639, Rn. 50; EuG, Urt. v. 10.01.2010, verb. Rs. T-355/04, T-446/04, *Co-Frutta/Kommission*, Slg. 2010, II-1, Rn. 33.

[127] *Ehricke*, in: Streinz, Art. 263 AEUV, Rn. 23; EuGH, Urt. v. 11.11.1981, Rs. 60/81, *IBM/Kommission*, Slg. 1981, 2639, Rn. 11 f.

[128] *Fehling*, Eigenwert des Verfahrens im Verwaltungsrecht, VVDStRL 70 (2011), S. 278, 300. Ähnlich in Bezug auf das deutsche Recht und § 44a VwGO *Schoch*, Gerichtliche Verwaltungskontrolle, in: GVwR III, § 50, Rn. 299.

Verwaltung ein Ermessensspielraum zusteht.[129] Grund hierfür ist, dass die gerichtliche Kontrolle im Bereich von Ermessensentscheidungen am schwächsten ausgeprägt ist.[130] Folglich kommt dem Verwaltungsverfahren in dieser Situation eine umso größere Bedeutung zu, zu einer sachrichtigen Entscheidung beizutragen.[131]

Auf diesen Zusammenhang wies die Rechtsprechung der Unionsgerichte erstmals in beamtenrechtlichen Fällen hin. So machte der Gerichtshof in der Rechtssache *Oslizlok* darauf aufmerksam, dass der Kommission ein weiter Ermessensspielraum sowohl bei der Stellenenthebung als auch Versetzung eines Beamten der Besoldungsgruppen A 1 und A 2 zustehe. Jedoch, so fügte der Gerichtshof hinzu, müsse der Beamte „so weit der Ermessensspielraum auch sein mag [...] zuvor die Gelegenheit erhalten [...] seine Interessen in zweckdienlicher Weise wahrzunehmen."[132]

Dasselbe trifft auch auf das Wettbewerbsrecht zu: In der Rechtssache *Solvay* führte das europäische Gericht beispielsweise aus, dass die Gewährung eines Akteneinsichtsrechts dann als besonders wichtig eingestuft werden müsse, wenn es sich um „schwierige und komplexe wirtschaftliche Beurteilungen" handle und „Schriftstücke sowohl zugunsten als auch zuungunsten der betroffenen Unternehmen ausgelegt werden können".[133] In der Rechtssache *Ahmed Ali Yusuf und Al Barakaat International Foundation* erklärte das europäische Gericht, dass die ständige Rechtsprechung zur Beachtung der Verteidigungsrechte gerade in Verfahren „in Bereichen wie dem Recht des Wettbewerbs, der Dumpingbekämpfung und der staatlichen Beihilfen, aber auch dem Disziplinarrecht oder der Kürzung von Zuschüssen entwickelt worden ist, in denen die Gemeinschaftsorgane über ausgedehnte Untersuchungs- und Ermittlungsbefugnisse sowie über einen weiten Ermessensspielraum verfügen."[134]

Anders stellt sich die Rechtslage im Falle gebundener Entscheidungslagen dar: Ist die Verwaltung rechtlich dazu verpflichtet, eine bestimmte Entscheidung zu treffen,

---

[129] *Barbier de la Serre*, Procedural Justice in the European Community Case-law concerning the Rights of the Defence: Essientialist and Instrumental Trends, European Public Law 2006, S. 225, 241 ff.; siehe auch *Bebr*, Judicial control of the European Communities, S. 82; *Fehling*, Eigenwert des Verfahrens im Verwaltungsrecht, VVDStRL 70 (2011), S. 278, 289.

[130] Siehe hierzu Kap. 4, C., II., 1.

[131] *Barbier de la Serre*, Procedural Justice in the European Community Case-law concerning the Rights of the Defence: Essientialist and Instrumental Trends, European Public Law 2006, S. 225, 242 f.

[132] EuGH, Urt. v. 11.05.1978, Rs. 34/77, *Oslizlok/Kommission*, Slg. 1978, 1099, Rn. 30; siehe auch EuGH, Urt. v. 30.06.1971, Rs. 19/70, *Almini/Kommission*, Slg. 1971, 623, Rn. 8/11: „Die Ausübung einer so weit gefassten Ermessensbefugnis macht es jedoch erforderlich, dass der Beamte, dem gegenüber eine solche Maßnahme vorgesehen ist, vorher Gelegenheit erhält seine Interessen in zweckdienlicher Weise zu vertreten."

[133] EuG, Urt. v. 29.06.1995, Rs. T-30/91, *Solvay/Kommission*, Slg. 1995, II-1775, Rn. 81 f.

[134] EuG, Urt. v. 21.09.2005, Rs. T-306/01, *Ahmed Ali Yusuf und Al Barakaat International Foundation/Kommission*, Slg. 2005, II-3533, Rn. 326. Siehe hierzu und mit weiteren Beispielen *Barbier de la Serre*, Procedural Justice in the European Community Case-law concerning the Rights of the Defence: Essientialist and Instrumental Trends, European Public Law 2006, S. 225, 242 f.

nimmt die Bedeutung des Verfahrensrechts ab, da das Handeln der Verwaltung und der Verfahrensausgang bereits rechtlich vorgezeichnet sind. Dem Eigenwert des Verfahrens, der sich daraus ergibt, dass das Verfahren zu einer materiell-rechtlich korrekten Entscheidung führen soll, kommt kaum Bedeutung zu, da das materiell-rechtliche Ergebnis bereits feststeht, das Verfahrensrecht mithin nicht zur Richtigkeit des Ergebnisses beitragen kann.[135] Der individualschützenden Funktion des Verfahrensrechts kommt eine nur untergeordnete Bedeutung zu.[136] Allein der akzeptanzstiftenden Wirkung der Ausübung der Verteidigungsrechte kann ein gewisses Gewicht zugesprochen werden, das aber nicht zu hoch angesetzt werden darf, da der Betroffene im Falle einer gebundenen Entscheidungslage vernünftigerweise nicht davon ausgehen kann, noch Einfluss auf den Verfahrensausgang nehmen zu können.[137]

Besonders klar geht der reduzierte Eigenwert des Verfahrensrechts im Falle gebundener Entscheidungen aus der Rechtssache *Ahmed Ali Yusuf und Al Barakaat International Foundation* hervor. Das europäische Gericht führt in diesem Zusammenhang, nachdem es festgestellt hat, dass die Gemeinschaftsorgane über „keinen Ermessensspielraum [...] und keine Beurteilungsfreiheit hinsichtlich der Zweckmäßigkeit des Erlasses von Sanktionen gegenüber den Klägern" verfügen, aus, dass „[d]as gemeinschaftsrechtliche Prinzip des Anspruchs auf rechtliches Gehör [...] unter solchen Umständen, unter denen eine Anhörung der Betroffenen das Organ keinesfalls veranlassen könnte, seinen Standpunkt zu revidieren, keine Anwendung finden" könne.[138]

Folglich ist der Eigenwert, der dem Verfahrensrecht im Falle gebundener Entscheidungslagen zukommt, niedriger anzusetzen als bei Entscheidungen mit Ermessensspielräumen.

---

[135] *Barbier de la Serre*, Procedural Justice in the European Community Case-law concerning the Rights of the Defence: Essientialist and Instrumental Trends, European Public Law 2006, S. 225, 243.

[136] *Barbier de la Serre*, Procedural Justice in the European Community Case-law concerning the Rights of the Defence: Essientialist and Instrumental Trends, European Public Law 2006, S. 225, 243; siehe auch EuGH, Urt. v. 6.7.1983, Rs. 117/81, *Geist/Kommission*, Slg. 1983, 2191, Rn. 7: „Es ist festzustellen, dass, auch wenn man unterstellt, dass die angefochtene Entscheidung die beiden behaupteten Formfehler aufweist, ein Kläger dann kein berechtigtes Interesse an der Aufhebung einer Entscheidung wegen Formmangels hat, wenn die Verwaltung keinen Ermessensspielraum besitzt und handeln muss, wie sie es getan hat. In einem solchen Fall könnte nämlich die Aufhebung der angefochtenen Entscheidung nur zum Erlass einer neuen Entscheidung führen, die inhaltlich mit der aufgehobenen Entscheidung identisch ist."

[137] *Barbier de la Serre*, Procedural Justice in the European Community Case-law concerning the Rights of the Defence: Essientialist and Instrumental Trends, European Public Law 2006, S. 225, 243; *Redish/Marshall*, Adjudicatory Independence and the Value of Procedural Due Process, Yale L.J. 95 (1986), S. 455, 487 f.

[138] EuG, Urt. v. 21.09.2005, Rs. T-306/01, *Ahmed Ali Yusuf und Al Barakaat International Foundation/Kommission*, Slg. 2005, II-3533, Rn. 328; vgl. auch EuG, Urt. v. 23.01.2002, Rs. T-237/00, *Reynolds/Parlament*, Slg. 2002, II-163, Rn. 113 ff.

D. Fazit

Die Reichweite, mit der Verfahrens- und Formfehler geheilt bzw. für unbeachtlich erklärt werden können, hängt maßgeblich von dem Eigenwert ab, den eine Rechtsordnung dem Verwaltungsverfahren zuspricht. Das unionsrechtliche Eigenverwaltungsverfahrensrecht ist mit einem beträchtlichen Eigenwert ausgestattet.[139] Ihm liegt ein Verfahrensverständnis zugrunde, wonach eine nicht zu erreichende materielle Richtigkeit durch die Richtigkeit des Verwaltungsverfahrens kompensiert werden soll.[140]

Der weitreichende Eigenwert zeigt sich zum einen anhand der im europäischen Eigenverwaltungsverfahrensrecht vergleichsweise großzügig gewährten Verfahrensgarantien und bestätigt sich auch mit Blick auf die prozessualen Rahmenbedingungen. Der objektive Kontrollansatz der Gerichte, die Tatsache, dass eine Sache an die Verwaltung zurückverwiesen wird, anstatt von den Gerichten „durchentschieden" zu werden sowie die materiell nur eingeschränkte Kontrolldichte der Gerichte weisen auf eine „starke" Verwaltung und einen hohen Wert der Verfahrensvorschriften hin. Die Tatsache, dass im Unionsrecht nur gegen verfahrensabschließende Verwaltungsentscheidungen geklagt werden kann, mindert den Eigenwert des Verfahrens kaum.

Der „Wert" des Verwaltungsverfahrens ist jedoch nicht durchgehend homogen ausgestaltet. So ist der Eigenwert des Verfahrens höher, je größer die der Verwaltung zustehenden Entscheidungsspielräume sind. Umgekehrt nimmt der Eigenwert des Verfahrens im Falle gebundener Entscheidungslagen ab.

Für die Ausgestaltung der Heilung und Unbeachtlichkeit von Verfahrens- und Formfehlern bedeutet dies generell, dass diese Rechtsfiguren von einer äußersten Zurückhaltung geprägt sein müssen. Der hohe Eigenwert verwaltungsverfahrensrechtlicher Vorschriften steht einer zu weitreichenden Ausgestaltung von Heilungs- und insbesondere Unbeachtlichkeitsregelungen entgegen.[141] Im Hinblick auf die der Verwaltung zugestandenen Entscheidungsspielräume gilt: Je größer der der Verwaltung eingeräumte Entscheidungsspielraum ist, umso geringer ist die Wahrscheinlichkeit, dass ein Verfahrens- oder Formfehler geheilt werden oder gar unbeachtlich sein kann.

---

[139] So bereits *von Danwitz*, Europäisches Verwaltungsrecht, S. 530; *Greim*, Rechtsschutz bei Verfahrensfehlern im Umweltrecht, S. 29; *Kahl*, Grundrechtsschutz durch Verfahren in Deutschland und in der EU, VerwArch 95 (2004), 1, 8 ff.; *Saurer*, Der Einzelne im europäischen Verwaltungsrecht, S. 323 f.; *Schoch*, Gerichtliche Verwaltungskontrollen, in: GVwR III, § 50, Rn. 307; *Schoch*, Die europäische Perspektive des Verwaltungsverfahrens- und Verwaltungsprozessrechts, in: Schmidt-Aßmann/Hoffmann-Riem, Strukturen, S. 279, 297 ff.; *Wahl*, Das Verhältnis von Verwaltungsverfahren und Verwaltungsprozessrecht in europäischer Sicht, DVBl. 2003, S. 1285, 1290. Das OVG Koblenz, Beschluß v. 25.01.2005, 7 E 12117/04, NVwZ 2005, S. 1208, 1210 stellte am Beispiel der UVP fest, dass das Unionsrecht „dem Verfahrensgedanken eine eigenständige Bedeutung" zumesse.

[140] *Greim*, Rechtsschutz bei Verfahrensfehlern im Umweltrecht, S. 29; *Wahl*, Das Verhältnis von Verwaltungsverfahren und Verwaltungsprozessrecht in europäischer Sicht, DVBl. 2003, S. 1285, 1290.

[141] Siehe auch *von Danwitz*, Europäisches Verwaltungsrecht, S. 541; *Schoch*, Die europäische Perspektive des Verwaltungsverfahrens- und Verwaltungsprozessrechts, in: Schmidt-Aßmann/Hoffmann-Riem, Strukturen, S. 279, 299.

Kapitel 5: Die rechtsvergleichende Perspektive

Inhaltsverzeichnis

A. Vorüberlegungen: Ziele und Methode der Rechtsvergleichung.. 183
B. Deutschland.. 188
  I. Die Heilung von Verfahrens- und Formfehlern... 188
    1. § 45 VwVfG: Die isolierte Heilung von Verfahrens- und Formfehlern....................... 189
      a) Voraussetzungen.. 189
      b) Heilbare Fehler.. 191
      c) Rechtsfolgen... 195
    2. Die Heilung im Rahmen eines Widerspruchsverfahrens... 196
    3. Die Heilung im Laufe des gerichtlichen Verfahrens... 198
      a) § 45 Abs. 2 VwVfG: Die Heilung „bis zum Abschluss der letzten
        Tatsacheninstanz eines verwaltungsgerichtlichen Verfahrens“............................... 198
      b) Die Heilung eines Anhörungsmangels im gerichtlichen Verfahren........................ 202
      c) Die Heilung eines Begründungsmangels im gerichtlichen Verfahren..................... 204
      d) Die Kostenverteilung.. 205
  II. Die Unbeachtlichkeit von Verfahrens- und Formfehlern.. 206
    1. Die Unbeachtlichkeitsregelung des § 46 VwVfG... 206
      a) Die Voraussetzungen der Unbeachtlichkeit nach § 46 VwVfG.............................. 207
      b) Der Anwendungsbereich von § 46 VwVfG... 208
      c) Die Rechtsfolgen der Unbeachtlichkeit nach § 46 VwVfG..................................... 211
    2. Das Verhältnis von § 45 VwVfG zu § 46 VwVfG.. 212
  III. Zwischenfazit.. 213
C. Italien.. 213
  I. Die Unbeachtlichkeit von Verfahrens- und Formfehlern... 213
    1. Art. 21-octies Abs. 2 S. 1 legge 241/1990: Unbeachtlichkeit bei gebundener
      Entscheidungslage.. 214
      a) Verletzung einer Verfahrens- oder Formvorschrift... 216
      b) Anwendungsbereich: Gebundene Entscheidungslage... 216
      c) Tatbestandsmerkmal der Offensichtlichkeit.. 217
    2. Art. 21-octies Abs. 2 S. 2 legge 241/90: Unbeachtlichkeit der Verletzung der
      Vorschriften zur Mitteilung der Einleitung eines Verfahrens................................... 218
      a) Anwendungsbereich: Sowohl Ermessens- als auch gebundene Entscheidungen..... 219
      b) Die Beweislastverteilung... 220

© Max-Planck-Gesellschaft zur Förderung der Wissenschaften e.V., to be
exercised by Max-Planck-Institut für ausländisches öffentliches Recht und
Völkerrecht, Heidelberg 2019
L. Hering, *Fehlerfolgen im europäischen Eigenverwaltungsrecht*, Beiträge zum
ausländischen öffentlichen Recht und Völkerrecht 286,
https://doi.org/10.1007/978-3-662-59368-4_5

3. Rechtsfolgen.. 221
   a) Keine Aufhebung... 221
   b) Kosten.. 222
4. Kritik an der Gesetzesreform... 222
II. Die Heilung von Verfahrens- und Formfehlern.. 223
  1. Sanatoria: Die isolierte Heilung von Verfahrens- und Formfehlern.............. 224
   a) Voraussetzungen.. 225
   b) Rechtsfolgen... 228
  2. Motivazione postuma: Heilung eines Begründungsausfalls im gerichtlichen
     Verfahren?.. 228
   a) Traditionelle Auffassung... 229
   b) Neuere Entwicklungen: Nach der Reform des Verwaltungsverfahrensgesetzes im
     Jahr 2005 und der Einführung von Art. 21-octies legge 241/1990............... 230
III. Zwischenfazit.. 232
D. Frankreich.. 233
I. Die Unbeachtlichkeit von Verfahrens- und Formfehlern...................................... 233
  1. Die sog. théorie des moyens inopérants en cas de compétence liée: Die Unbeacht-
    lichkeit bei rechtlich gebundener Entscheidungslage..................................... 234
   a) Voraussetzungen.. 234
   b) Insbesondere: Unbeachtlichkeit von Begründungsmängeln......................... 236
   c) Rechtsfolgen... 237
  2. Die Unterscheidung zwischen formalités substantielles und formalités non substan-
    tielles: Die Unbeachtlichkeit bei Entscheidungen mit Ermessensspielraum.... 237
   a) Die normbezogene Differenzierung... 239
   b) Das Kriterium der fehlenden konkreten Ergebnisrelevanz........................... 241
   c) Das Kriterium der Zweckerreichung.. 241
II. Die Heilung von Verfahrens- und Formfehlern.. 244
  1. Régularisation: Die isolierte Heilung von Verfahrens- und Formfehlern....... 244
   a) Grundsatz: Unzulässigkeit der régularisation.. 245
   b) Ausnahme: Régularisation nicht-wesentlicher Förmlichkeiten..................... 246
  2. Die Heilung im Rahmen des verwaltungsinternen Rechtsschutzes................ 246
  3. Die Heilung im Laufe des gerichtlichen Verfahrens..................................... 248
   a) Grundsatz: Heilung im gerichtlichen Verfahren ausgeschlossen.................. 248
   b) Substitution de motifs... 250
III. Zwischenfazit.. 252
E. England... 252
I. Die Heilung von Verfahrens- und Formfehlern.. 253
  1. Die Heilung vor Beginn des gerichtlichen bzw. quasi-gerichtlichen Verfahrens......... 253
  2. Die Heilung im Laufe des gerichtlichen Verfahrens..................................... 255
   a) Die Heilung der Verletzung eines statutory procedural requirement............. 256
   b) Die Heilung der Verletzung von natural justice Grundsätzen....................... 258
   c) Die Heilung einer Verletzung des Grundsatzes der Unparteilichkeit aus Art. 6
    Abs. 1 EMRK... 268
II. Die Unbeachtlichkeit von Verfahrens- und Formfehlern...................................... 273
  1. Die Unbeachtlichkeit der Verletzung eines statutory procedural requirement............ 273
   a) Die traditionelle Unterscheidung zwischen mandatory und directory procedural
    requirements... 273
   b) Der jüngere, sog. common sense approach.. 274
  2. Die Unbeachtlichkeit der Verletzung eines natural justice procedural requirement..... 277
   a) Die traditionelle Rechtsprechung: Das Argument der Alternativlosigkeit der
    Entscheidung.. 278
   b) Die neuesten Entwicklungen: Die Einführung des no difference principle durch
    den Criminal Justice and Courts Act 2015.. 283
III. Zwischenfazit.. 285

F. Rechtsvergleichende Analyse.. 286
  I. Die Gründe für das „ob" und die Reichweite der Relativierung von Verfahrens- und
    Formfehlern.. 286
  II. Vergleich der Heilungsmöglichkeiten... 292
    1. Der Begriff und die Voraussetzungen der Heilung... 292
    2. Die heilbaren Verfahrens- und Formfehler... 293
    3. Die zeitlichen Grenzen der Heilungsmöglichkeit... 295
      a) Die Heilung im Rahmen eines verwaltungsrechtlichen Überprüfungsverfahrens.... 295
      b) Die Heilung im Rahmen des gerichtlichen Verfahrens.................................... 295
    4. Die Rechtsfolgen der Heilung... 302
  III. Vergleich der Möglichkeiten der Unbeachtlichkeit... 302
    1. Die Fallgruppen der Unbeachtlichkeit... 303
      a) Die Unbeachtlichkeit bei rechtlich gebundener Entscheidungslage..................... 303
      b) Die Unbeachtlichkeit mangels konkreter Relevanz des Fehlers für das Entschei-
        dungsergebnis... 307
      c) Die Unbeachtlichkeit wegen Zweckerreichung... 313
      d) Die Unbeachtlichkeit mangels Schwere des Fehlers...................................... 314
    2. Die Rechtsfolgen der Unbeachtlichkeit.. 315
    3. Vergleich des Verhältnisses der Heilung zur Unbeachtlichkeit............................. 315

Nachdem die Rechtsprechung der europäischen Gerichte untersucht und die Relativierung von Verfahrensfehlern in den verfassungs- und verwaltungsverfahrensrechtlichen Kontext eingebettet wurde, darf auch der Blick auf die mitgliedstaatlichen Verwaltungsrechtsordnungen nicht fehlen. Denn sie sind eine wichtige Quelle für die Entwicklung europäischer prozeduraler Denkmuster.[1] So hat der Gerichtshof eine Vielzahl allgemeiner verwaltungsrechtlicher Rechtsgrundsätze aus den den nationalen Rechtsordnungen gemeinsam zugrunde liegenden Wertvorstellungen geschöpft.[2]

A. Vorüberlegungen: Ziele und Methode der Rechtsvergleichung

Entwicklungsgeschichtlich kommt der Rechtsvergleichung für das europäische Verwaltungsrecht eine herausragende Bedeutung zu: Anfangs war der Gerichtshof noch sehr zurückhaltend und beschränkte sich bei der Entstehung und Entwicklung des europäischen Verwaltungsrechts nur auf die Anwendung der Verträge.[3] Da diese aber nur eine sehr begrenzte Anzahl verwaltungsrechtlicher Vorschriften enthielten, war dieses Arsenal schnell ausgeschöpft. So begann der Gerichtshof auf die Rechtsordnungen der Mitgliedstaaten zurückzugreifen, wenn

---

[1] *Quabeck*, Die dienende Funktion, S. 166; *Schmidt-Aßmann*, Deutsches und Europäisches Verwaltungsrecht, DVBl. 1993, S. 924, 928.

[2] *Kasten*, Entwicklung eines Europäischen Allgemeinen Verwaltungsrechts, DÖV 1989, S. 570, 571.

[3] *Kasten*, Entwicklung eines Europäischen Allgemeinen Verwaltungsrechts, DÖV 1989, S. 570, 571.

er vor einem Rechtsproblem stand, zu dem sowohl eine Regelung in den Verträgen als auch im Sekundärrecht fehlte. Er nutzte die nationalen Verwaltungsrechtsordnungen dabei als „Speicher und Rechtserkenntnisquelle" des europäischen Verwaltungsrechts, aus dem das europäische verfahrensrechtliche Denken schöpfen könne.[4] So erarbeitete er unter Anwendung der Methode wertender Rechtsvergleichung[5] aus den in den mitgliedstaatlichen Rechtsordnungen anerkannten Grundsätzen und gemeinsamen Rechtstraditionen eine stattliche Anzahl allgemeiner Rechtsgrundsätze des Unionsrechts.[6] Diese rechtsvergleichende Vorgehensweise wurde später in den europäischen Verträgen explizit niedergelegt: Der heutige Art. 340 Abs. 2 AEUV bestimmt, dass sich die außervertragliche Haftung der Union „nach den allgemeinen Rechtsgrundsätzen, die den Rechtsordnungen der Mitgliedstaaten gemeinsam sind", richtet.[7] In Bezug auf die europäischen

---

[4] *Schmidt-Aßmann*, Deutsches und Europäisches Verwaltungsrecht, DVBl. 1993, S. 924, 928; siehe auch *Hoffmann-Riem*, Strukturen des Europäischen Verwaltungsrechts, in: Schmidt-Aßmann/ Hoffmann-Riem, Strukturen, S. 317, 338; *Quabeck*, Die dienende Funktion, S. 166 spricht von den mitgliedstaatlichen Rechtsordnungen als „Lösungspool" für das Europarecht.

[5] Vgl. zur Methode der wertenden Rechtsvergleichung das grundlegende Urteil EuGH, Urt. v. 10.07.1957, verb. Rs. 7/56, 3/57-7/57, *Algera*, u. a./EGKS, Slg. 1957, 83, 118; siehe auch *Classen*, Gute Verwaltung, S. 30; *Dannecker/Biermann*, in: Immenga/Mestmäcker, Vorbem. Art. 23 f. VO 1/2003, Rn. 37; *von Danwitz*, Europäisches Verwaltungsrecht, S. 212 f. *Fehling*, Europäisches Verwaltungsverfahren und Verwaltungsprozessrecht, in: Terhechte, VwR der EU, § 12, Rn. 6; *Hegels*, EG-Eigenverwaltungsrecht und Gemeinschaftsverwaltungsrecht, S. 38; *Mader*, Verteidigungsrechte, S. 76 ff.; *Schwarze*, Der Schutz des Gemeinschaftsbürgers durch allgemeine Verwaltungsrechtsgrundsätze im EG-Recht, NJW 1986, S. 1067, 1067 f.; *Zuleeg*, Deutsches und europäisches Verwaltungsrecht – wechselseitige Einwirkungen, VVDStRL 53 (1994), S. 154, 172 f.; *Tridimas*, The General Principles of EU Law, S. 20 ff. und 24 f.; *Zweigert*, Der Einfluss des europäischen Gemeinschaftsrechts auf die Rechtsordnungen der Mitgliedstaaten, RabelsZ 1964, S. 601, 611.

[6] Hierzu gehören beispielsweise der Grundsatz der Gesetzmäßigkeit der Verwaltung: EuGH, Urt. v. 22.03.1961, Rs. 42 und 49/59, *SNUPAT/Hohe Behörde*, Slg. 1961, 109, 172; das Anhörungsrecht bei belastendem Verwaltungshandeln: EuGH, Urt. v. 23.10.1974, Rs. 17/74, *Transocean Marine Paint/Kommission*, Slg. 1974, 1063, Rn. 15; EuGH, Urt. v. 13.02.1979, Rs. 85/76, *Hoffmann-La Roche/Kommission*, Slg. 1979, 461, Rn. 9; das Diskriminierungsverbot: EuGH, Urt. v. 19.10.1977, verb. Rs. 117/76 und 16/77, *Ruckdeschel*, Slg. 1977, 1753, Rn. 7; EuGH, Urt. v. 21.01.1979, Rs. 138/78, *Stölting/Hauptzollamt Hamburg*, Slg. 1979, 713, Rn. 9; EuGH, Urt. v. 18.03.1980, Rs. 52/79, *Debauve u. a.*, Slg. 1980, 833, Rn. 20 f.; der Verhältnismäßigkeitsgrundsatz: EuGH, Urt. v. 17.12.1970, Rs. 11/70, *Internationale Handelsgesellschaft*, Slg. 1970, 1125, Rn. 15; EuGH, Urt. v. 24.10.1973, Rs. 5/73, *Balkan-Import-Export/Hauptozollamt Berlin*, Slg. 1973, 1091, Rn. 19 ff.; der Grundsatz der Rechtssicherheit: EuGH, Urt. v. 21.02.1974, Rs. 15/73, *Kortner-Schots u. a./Rat u. a.*, Slg. 1974, 177, Rn. 31/32; EuGH, Urt. v. 25.01.1979, Rs. 98/78, *Racke/Hauptzollamt Mainz*, Slg. 1979, 69, Rn. 20; der Grundsatz des Vertrauensschutzes: EuGH, Urt. v. 13.07.1965, Rs. 111/63, *Lemmerz-Werke/Hohe Behörde*, Slg. 1965, 894, 911; EuGH, Urt. v. 4.07.1973, Rs. 1/73, *Westzucker GmbH/Einfuhr- und Vorratsstelle für Zucker*, Slg. 1973, 723, Rn. 5. Besonders deutlich wird die Anwendung der Methode der wertenden Rechtsvergleichung bei der Entwicklung der Grundsätze über Widerruf und Rücknahme von Entscheidungen: EuGH, Urt. v. 10.07.1957, verb. Rs. 7/56, 3/57-7/57, *Algera u. a./EGKS*, Slg. 1957, 83, 118 f.

[7] *Anweiler*, Die Auslegungsmethoden des Gerichtshofs der Europäischen Gemeinschaften, S. 347 bezeichnet Art. 340 Abs. 2 AEUV als „allgemeingültige Methodenanweisung bei der Ausfüllung von Regelungslücken"; *Schwarze*, in: Schwarze, Art. 19 EUV, Rn. 23 bezeichnet Art. 340 Abs. 2 AEUV als „Modellnorm"; vgl. auch *Hegels*, EG-Eigenverwaltungsrecht und

Grundrechte findet sich die rechtsvergleichende Methodenanweisung (dort i.V.m. der EMRK) in Art. 6 Abs. 3 EUV wieder. Auch das Sekundärrecht erlaubt bei Regelungslücken oft den Rückgriff auf einen wertenden Vergleich mitgliedstaatlicher Rechtsordnungen.[8]

Mit der nachfolgenden Untersuchung soll im Wesentlichen von der Lückenfüllungsfunktion der Rechtsvergleichung Gebrauch gemacht werden.[9] Das Thema der Heilung und Unbeachtlichkeit von Verfahrens- und Formfehlern zieht sich durch alle Schichten des europäischen Verwaltungsrechts.[10] Wie oben bereits untersucht, sind in der Rechtsschicht des europäischen Eigenverwaltungsrechts bereits verschiedene, fein differenzierte Lösungsmöglichkeiten entwickelt worden.[11] Bisher hat sich das europäische Eigenverwaltungsrecht der umfassenden und insbesondere systematischen Beantwortung der Frage der Relativierung von Verfahrens- und Formfehlern jedoch noch nicht angenommen: Allgemeingültige, systematische und erschöpfende Regeln zu Heilung und Unbeachtlichkeit sind nicht eindeutig erkennbar.

Der Vergleich der mitgliedstaatlichen Rechtsordnungen dient damit zum einen zur Vergewisserung, dass bereits bestehende Lösungsansätze des europäischen Eigenverwaltungsrechts sich nahtlos in die gemeinsamen Grundstrukturen und -annahmen der europäischen Verwaltungsrechtsdogmatik einfügen und damit richtig sind.[12] Denn je breiter die Basis ist, die in den mitgliedstaatlichen Rechtsordnungen für ein bestimmtes verwaltungsrechtliches Vorgehen gefunden werden kann, umso plausibler ist die Herleitung einer Vorschrift auf EU-Ebene.[13] Zum anderen dient die

---

Gemeinschaftsverwaltungsrecht, S. 38; *Ipsen*, Europäisches Gemeinschaftsrecht, S. 114, Rn. 21 f.; *Mader*, Verteidigungsrechte, S. 59.

[8] Beispielsweise gestattet Art. 107 VO Nr. 2017/1001 die Heranziehung „allgemein anerkannter Grundsätze des Verfahrensrechts" der Mitgliedstaaten, soweit die Verfahrensvorschriften Lücken enthalten.

[9] Zu den Zielen der Rechtsvergleichung im öffentlichen Recht im Allgemeinen *Bernhardt*, Eigenheiten und Ziele der Rechtsvergleichung im öffentlichen Recht, ZaöRV 24 (1964), S. 431, 434 ff. und 441 ff.; *Groß*, Die Autonomie der Wissenschaft im europäischen Rechtsvergleich, S. 26 ff.; *Schwarze*, Europäisches Verwaltungsrecht, 2. Auflage, S. 76 ff., 87 ff.; *Starck*, Rechtsvergleichung im öffentlichen Recht, JZ 1997, S. 1021, 1023 ff. Grundlegend zu den Funktionen und Zielen der Rechtsvergleichung *Zweigert/Kötz*, Einführung in die Rechtsvergleichung, S. 12 ff.; siehe auch *Constantinesco*, Les buts et les méthodes du droit comparé, ZVglRW 75 (1976), S. 144, 144 ff. Speziell zum Ziel der Rechtsvergleichung, Lücken zu füllen siehe *Bleckmann*, Die Rolle der Rechtsvergleichung in den Europäischen Gemeinschaften, ZVglRW 75 (1976), S. 106, 109 ff.; *Schwarze*, Europäisches Verwaltungsrecht, 2. Auflage, S. 76 f.

[10] Zu den verschiedenen Schichten des europäischen Verwaltungsrechts siehe *Schmidt-Aßmann*, Das allgemeine Verwaltungsrecht als Ordnungsidee, Kap. 7, Rn. 12; *Schmidt-Aßmann*, Deutsches und Europäisches Verwaltungsrecht, DVBl. 1993, S. 924, 924 ff.

[11] Siehe Kap. 2.

[12] Zu diesem Ziel der Rechtsvergleichung siehe *Ress*, Die Bedeutung der Rechtsvergleichung für das Recht internationaler Organisationen, ZaöRV 36 (1976), S. 227, 235 ff.; *Schmidt-Assmann/Krämer*, Das Verwaltungsverfahren und seine Folgen, EuZöR 1993, Sonderheft, S. 99, 99.

[13] Vgl. *Beaucamp*, Allgemeine Rechtsgrundsätze als methodisches Problem, DÖV 2013, S. 41, 46; *Metzger*, Allgemeine Rechtsgrundsätze in Europa, RabelsZ 75 (2011), S. 845, 855; *Weyreuther*,

Rechtsvergleichung als Hilfestellung dazu, neues Recht zu schaffen, soweit im europäischen Eigenverwaltungsrecht noch keine gesicherten Erkenntnisse vorliegen. Aus den mitgliedstaatlichen Rechtsordnungen sollen neue Lösungsmöglichkeiten für sich auf EU-Ebene stellende Probleme gewonnen werden.[14]

Hierbei handelt es sich nicht um eine rein mathematische Übung, worauf bereits das wertende Element der Rechtsvergleichung hindeutet.[15] Die aus den mitgliedstaatlichen Regelungsmodellen gefundenen Lösungen dürfen damit nicht bloß auf den „kleinsten gemeinsamen Nenner" reduziert werden.[16] Denn hierdurch würde das Schutzniveau der einzelnen Verwaltungsgrundsätze zwangsläufig niedrig angesetzt und damit unbillig verkürzt.[17] Vielmehr muss durch eine kritische Untersuchung nationaler Normen die für das EU-Recht „beste Lösung", die sich aus einer einzelnen Lösung oder einer Kombination verschiedener Lösungsansätze ergeben kann, gefunden werden.[18] Ganz im Sinne von *Häberle* ist die Rechtsvergleichung damit eine produktive Fortschreibung des Rechts.[19] Das Verwaltungsrecht der Mitgliedstaaten ist somit keine unmittelbare Rechtsquelle, sondern nur Rechtserkenntnis- oder Inspirationsquelle.[20]

Bemerkenswertes über Grundsätzliches, DÖV 1989, S. 321, 327 f., der von einem Ableitungs- und Gestaltungsanteil spricht.

[14] *Schmidt-Assmann/Krämer*, Das Verwaltungsverfahren und seine Folgen, EuZöR 1993, Sonderheft, S. 99, 99.

[15] *Borchardt*, Auslegung, Rechtsfortbildung und Rechtsschöpfung, in: Schulze/Zuleeg/Kadelbach, Europarecht, § 15, Rn. 24; *von Danwitz*, Europäisches Verwaltungsrecht, S. 213; *Fehling*, Rechtsvergleichende Methode und europäisches Verwaltungsrecht, EuR 2016, Beiheft 1, S. 59, 65; *Kakouris*, Use of the comparative method by the Court of Justice of the European Communities, Pace Int'l L. Rev. 6 (1994), S. 267, 270.

[16] Vgl. in Bezug auf Art. 340 Abs. 2 AEUV, GA *Roemer*, Schlussanträge v. 13.07.1971, Rs. 5/71, *Zuckerfabrik Schöppenstedt/Rat*, Slg. 1971, 987, 990; GA *Maduro*, Schlussanträge v. 20.02.2008, verb. Rs. C-120/06 P und C-121/06 P, *FIAMM u. a./Rat*, Slg. 2008, I-6513, Rn. 55; siehe hierzu auch *Dannecker/Biermann*, in: Immenga/Mestmäcker, Vorbem. Art. 23 f. VO 1/2003, Rn. 37; *von Danwitz*, Europäisches Verwaltungsrecht, S. 213; *Hegels*, EG-Eigenverwaltungsrecht und Gemeinschaftsverwaltungsrecht, S. 39; *Mader*, Verteidigungsrechte, S. 76.

[17] *Fehling*, Rechtsvergleichende Methode und europäisches Verwaltungsrecht, EuR 2016, Beiheft 1, S. 59, 65.

[18] *Classen*, Gute Verwaltung, S. 30; *von Danwitz*, Europäisches Verwaltungsrecht, S. 213 m.w.N.; *Guckelberger/Geber*, Allgemeines europäisches Verwaltungsverfahrensrecht vor seiner unionsrechtlichen Kodifizierung?, S. 66; *Hegels*, EG-Eigenverwaltungsrecht und Gemeinschaftsverwaltungsrecht, S. 39; *Mader*, Verteidigungsrechte, S. 76 f.; *Schwarze*, Europäisches Verwaltungsrecht, 2. Auflage, S. 82; grundlegend *Zweigert*, Der Einfluss des europäischen Gemeinschaftsrechts auf die Rechtsordnungen der Mitgliedstaaten, RabelsZ 1964, S. 601, 611.

[19] Siehe exemplarisch *Häberle*, Europa als werdende Verfassungsgemeinschaft, DVBl 2000, S. 843 ff.

[20] Dies wird insbesondere aus der englischen und der französischen Fassung von EuGH, Urt. v. 17.12.1970, Rs. 11/70, *Internationale Handelsgesellschaft*, Slg. 1970, 1125, Rn. 4 deutlich: Die Grundrechte seien „*inspired* by constitutional traditions common to the member states" bzw. „tout en *s'inspirant* des traditions constitutionelles communes aux états membres" (Hervorhebung durch die Verfasserin). Siehe auch *Guckelberger/Geber*, Allgemeines Europäisches Verwaltungsverfahrensrecht vor seiner unionsrechtlichen Kodifizierung?, S. 66; *Gundel*, Verwaltung, in: Schulze/Zuleeg/Kadelbach, Europarecht, § 3, Rn. 98; *Hegels*, EG-Eigenverwaltungsrecht und Gemein-

Maßstab für die Ermittlung dieser „besten Lösung" ist nicht nur, ob sie zweckmäßig, sondern beispielsweise auch, wie gerecht,[21] modern[22] oder im Hinblick auf die Vertragsziele fortschrittlich[23] sie ist. Der Gerichtshof scheint bei der Ermittlung der „besten Lösung" großzügig vorzugehen und eine starke Betonung auf das wertende Element der Rechtsvergleichung zu setzen.[24] In seinen Augen ist keine vollkommene Übereinstimmung der nationalen Rechtsordnungen erforderlich. Zum Teil beschränkt er sich sogar auf eine einzige nationale Lösung, die er für die Zukunft für besonders aussichtsreich und vielversprechend hält.[25] Das anhand dieser Kriterien gewonnene Zwischenergebnis ist daraufhin danach zu befragen, ob es sich in die Struktur und die Ziele der Unionsrechtsordnung einfügt.[26] Denn natürlich darf die „beste Lösung" das System der Unionsrechtsordnung nicht völlig außer Betracht lassen, da die Ziele der mitgliedstaatlichen Rechtsordnungen nicht selten andere sind als die der Europäischen Union als supranationales Gebilde und die Interessenlage im Unionsrecht anders bewertet werden kann als im nationalen Recht.[27]

Grundsätzlich erfordert die Entwicklung eines allgemeinen Rechtsgrundsatzes des Unionsrechts im Wege der rechtsvergleichenden Rechtsfortbildung eine möglichst lückenlose Untersuchung aller nationalen Rechtsordnungen in Bezug auf Gemeinsamkeiten und Unterschiede.[28] Jedoch ist eine Analyse aller mitgliedstaatli-

---

schaftsverwaltungsrecht, S. 39; *Klein,* Vereinheitlichung des Verwaltungsrechts im europäischen Integrationsprozess, in: Starck, Rechtsvereinheitlichung durch Gesetze, S. 117, 132; *Schmidt-Aß-mann,* Zur Europäisierung des allgemeinen Verwaltungsrechts, in: FS Lerche, S. 513, 518; *Stoye,* Die Entwicklung des europäischen Verwaltungsrechts durch das Gericht erster Instanz, S. 29 f.; *Streinz,* Vertrauensschutz und Gemeinschaftsinteresse beim Vollzug von europäischem Gemeinschaftsrecht durch deutsche Behörden, Die Verwaltung 1990, S. 153, 174; *Weiß,* Verteidigungsrechte im EG-Kartellverfahren, S. 27.

[21] *Hegels,* EG-Eigenverwaltungsrecht und Gemeinschaftsverwaltungsrecht, S. 40; *Schwarze,* Europäisches Verwaltungsrecht, 1. Auflage, Bd. I, S. 82.

[22] *Hegels,* EG-Eigenverwaltungsrecht und Gemeinschaftsverwaltungsrecht, S. 40; *Mader,* Verteidigungsrechte, S. 77.

[23] GA *Lagrange,* Schlussanträge v. 04.06.1962, Rs. 14/61, *Hoogovens/Hohe Behörde,* Slg. 1962, 559, 570 f.: Lösungen, „die im Hinblick auf die Vertragsziele […] als die fortschrittlichsten erscheinen"; *Hix,* Das Recht auf Akteneinsicht im europäischen Wirtschaftsverwaltungsrecht, S. 62; *Mader,* Verteidigungsrechte, S. 77.

[24] *Fehling,* Rechtsvergleichende Methode und europäisches Verwaltungsrecht, EuR 2016, Beiheft 1, S. 59, 65 f.

[25] *Fehling,* Rechtsvergleichende Methode und europäisches Verwaltungsrecht, EuR 2016, Beiheft 1, S. 59, 66; siehe auch *Kakouris,* Use of the comparative method by the Court of Justice of the European Communities, Pace Int'l L. Rev. 6 (1994), S. 267, 279 f.; *Lenaerts,* Interlocking Legal Orders in the European Union and Comparative Law, Int'l & Comp. L. Q. 52 (2003), S. 873, 887 ff.

[26] EuGH, Urt. v. 17.12.1970, Rs. 11/70, *Internationale Handelsgesellschaft,* Slg. 1970, 1125, Rn. 4; GA *Maduro,* Schlussanträge v. 20.02.2008, verb. Rs. C-120/06 P und C-121/06 P, *FIAMM u. a./Rat,* Slg. 2008, I-6513, Rn. 55; *Hegels,* EG-Eigenverwaltungsrecht und Gemeinschaftsverwaltungsrecht, S. 40; *Klein,* Vereinheitlichung des Verwaltungsrechts im europäischen Integrationsprozess, in: Starck, Rechtsvereinheitlichung durch Gesetze, S. 117, 132.

[27] *Bleckmann,* Methoden der Bildung europäischen Verwaltungsrechts, DÖV 1993, S. 837, 846.

[28] Vgl. *Fehling,* Rechtsvergleichende Methode und europäisches Verwaltungsrecht, EuR 2016, Beiheft 1, S. 59, 64.

chen Rechtsordnungen ein äußert aufwändiges Unterfangen und praktisch kaum zu leisten. In einem Europa mit derzeit (noch) achtundzwanzig Mitgliedstaaten wird es immer schwieriger, eine erschöpfende Rechtsvergleichung vorzunehmen, die alle Mitgliedstaaten in den Blick nimmt und gleichzeitig in die Tiefe geht.[29] Mit dieser Herausforderung sieht sich auch der Gerichtshof in seiner Praxis konfrontiert. Daher beschränkt er sich zumeist darauf, nur die wichtigsten mitgliedstaatlichen Rechtssysteme zu untersuchen, denen dadurch eine Rolle als „Leitsysteme" zuteilwird.[30] Hierzu gehören die Rechtsordnungen Deutschlands, Englands,[31] Frankreichs und Italiens, auf die sich auch diese Arbeit in ihrer Untersuchung beschränken möchte.[32]

B. Deutschland

I. Die Heilung von Verfahrens- und Formfehlern

Im deutschen Verwaltungsrecht wird unter dem Begriff der Heilung ganz allgemein jede Nachholung oder Nachbesserung einer unterlassenen oder fehlerhaft vorgenommenen Verfahrenshandlung nach Entscheidungserlass verstanden, die es ermöglicht, die ursprünglich fehlerhafte Verwaltungsentscheidung aufrechtzuerhalten.[33] Dabei werden insbesondere zwei Möglichkeiten der Fehlerbehebung rele-

---

[29] Dies betonen auch *Fehling*, Rechtsvergleichende Methode und europäisches Verwaltungsrecht, EuR 2016, Beiheft 1, S. 59, 72; *Henninger*, Europäisches Privatrecht und Methode, S. 294. Hingegen wurde in der Anfangsphase des europäischen Verwaltungsrechts stets eine umfassende Untersuchung vorgenommen, siehe *Schwarze*, Europäisches Verwaltungsrecht, 1. Auflage, 2 Bände.

[30] *Terhechte*, Einführung, in: Terhechte, VwR der EU, § 1, Rn. 17.

[31] Das englische Recht und sein Verfahrensverständnis haben seit dem Beitritt des Vereinigten Königreichs zu den Europäischen Gemeinschaften im Jahr 1973 erhebliche Spuren in der Entwicklung des Rechts der Europäischen Union hinterlassen. Insbesondere im Hinblick auf die Herausbildung verfahrensrechtlicher Denkmuster wird dem *common law*-System ein prägender Einfluss auf das Unionsrecht attestiert, siehe *Bohne*, Langfristige Entwicklungstendenzen im Umwelt- und Technikrecht, in: Schmidt-Aßmann/Hoffmann-Riem, Strukturen, S. 217, 221 ff.; *Heselhaus*, Recht auf eine gute Verwaltung, in: Heselhaus/Nowak, Hdb. Europäischen Grundrechte, § 57, Rn. 26; *Quabeck*, Die dienende Funktion, S. 166; *Schmidt-Aßmann*, Der Verfahrensgedanke im deutschen und europäischen Verwaltungsrecht, in: GVwR II, Altauflage 2008, § 27, Rn. 18; *Schmidt-Aßmann*, Deutsches und europäisches Verwaltungsrecht, DVBl. 1993, S. 924, 928. Daher darf seine Untersuchung – trotz des wahrscheinlichen baldigen Austritts des Vereinigten Königreichs aus der Europäischen Union – auch hier nicht fehlen.

[32] Zu diesen „Leitsystemen" zählt der EuGH auch das polnische Recht. Dessen Untersuchung kann mangels Kenntnis der polnischen Sprache hier jedoch nicht geleistet werden, auch wenn die Analyse zumindest eines osteuropäischen Mitgliedsstaates für eine rechtsvergleichende Abbildung der Rechtssysteme innerhalb der Europäischen Union durchaus wünschenswert wäre.

[33] Siehe zu dieser herrschenden Konzeption der Heilung im deutschen Verwaltungsrecht *Durner*, Die behördliche Befugnis zur Nachbesserung fehlerhafter Verwaltungsakte, VerwArch 97 (2006), S. 345, 350; *Eisenberg*, Die Anhörung des Bürgers im Verwaltungsverfahren und die Begründungspflicht für Verwaltungsakte, S. 211; *Hufen*, Fehler, Rn. 934; *Laubinger*, Heilung und Folgen von Verfahrens- und Formfehlern, VerwArch 72 (1981), S. 333, 336 ff.; *Martin*, Heilung von

vant: Erstens die isolierte Heilung nach § 45 VwVfG[34] und zweitens die Nachbesserung von Rechtsfehlern im Rahmen des Widerspruchsverfahrens.[35] § 45 Abs. 1 i.V.m. Abs. 2 VwVfG erlaubt daneben auch die Heilung im Laufe des gerichtlichen Verfahrens.[36] Daneben bleibt es der Verwaltung unbenommen, den verfahrensfehlerhaften Verwaltungsakt erneut zu erlassen.[37]

1. § 45 VwVfG: Die isolierte Heilung von Verfahrens- und Formfehlern

Das bei weitem bekannteste Instrument zur Behebung von Verfahrens- und Formfehlern ist in § 45 VwVfG niedergelegt. Die Norm erklärt fünf Verfahrens- und Formfehler für unbeachtlich, wenn die entsprechende Handlung spätestens „zum Abschluss der letzten Tatsacheninstanz" des gerichtlichen Verfahrens nachgeholt wird. Sie findet Anwendung, soweit Bundesbehörden gehandelt haben; das Landesrecht enthält § 45 VwVfG entsprechende Bestimmungen. Neben der allgemeinen Regelung des § 45 VwVfG sieht das besondere Verwaltungsrecht des Bundes eine Vielzahl spezialgesetzlicher Heilungsvorschriften – wie beispielsweise § 214 BauGB und § 12 BeamtStG – vor. Soweit diese inhaltsgleiche oder entgegenstehende Bestimmungen enthalten, haben sie als *leges speciales* Vorrang vor § 45 VwVfG.[38]

a) Voraussetzungen

Voraussetzung einer Heilung nach § 45 VwVfG ist zuvörderst, dass der Verwaltungsakt im Zeitpunkt der nachgeholten Verfahrenshandlung zwar rechtswidrig, jedoch wirksam[39] und nicht nichtig[40] ist.[41] Damit ist die Regelung nur auf Verfahrensfehler anwendbar, die nicht zur Nichtigkeit des Verwaltungsakts gem. § 44 VwVfG führen oder ihn erst gar nicht entstehen lassen.[42]

Verfahrensfehlern, S. 22; *Morlok*, Die Folgen von Verfahrensfehlern, S. 147; *Ramsauer*, in: Kopp/Ramsauer, VwVfG, § 45, Rn. 1; ausführlich zur dogmatischen Natur des Heilungsbegriffs *Eibert*, Die formelle Rechtswidrigkeit von Verwaltungsakten, S. 133 ff.

[34] Hierzu unter Kap. 5, B., I., 1.

[35] Hierzu unter Kap. 5, B., I., 2.

[36] Hierzu unter Kap. 5, B., I., 3.

[37] *Morlok*, Die Folgen von Verfahrensfehlern, S. 147.

[38] Siehe § 1 Abs. 1 letzter Halbsatz und Abs. 2 S. 1 letzter Halbsatz VwVfG; siehe auch BVerwG, Urt. v. 23.09.2004, 2.C 37.03, BVerwGE 122, 58, 64; *Peuker*, in: Knack/Henneke, VwVfG, § 45, Rn. 7.

[39] § 43 VwVfG.

[40] § 44 VwVfG.

[41] *Guckelberger*, Anhörungsfehler bei Verwaltungsakten, JuS 2011, S. 577, 580; *Hufen*, Fehler, Rn. 938; *Martin*, Heilung von Verfahrensfehlern, S. 29; *Peuker*, in: Knack/Henneke, VwVfG, § 45, Rn. 20; *Schwarz*, in: Fehling/Kastner/Störmer, HK-VerwR, § 45 VwVfG, Rn. 7; *Sachs*, in: Stelkens/Bonk/Sachs, VwVfG, § 45, Rn. 19.

[42] *Peuker*, in: Knack/Henneke, VwVfG, § 45, Rn. 19 f.; *Sachs*, in: Stelkens/Bonk/Sachs, VwVfG, § 45, Rn. 19.

Ansonsten kennt § 45 VwVfG – bis auf die zeitliche Grenze des § 45 Abs. 2 VwVfG – keine über die ursprünglich geltenden Anforderungen an die Verfahrenshandlung hinausgehenden Erfordernisse an die Heilungshandlung.[43] Die ursprünglich geltenden Anforderungen an die vorgeschriebene Verfahrenshandlung sind im Rahmen der Heilung dann aber ohne Einschränkungen einzuhalten und nicht niedriger anzusetzen.[44] Denn die Verwaltung soll für ihr fehlerhaftes Verhalten nicht auch noch „belohnt" werden.[45] Dies wird in der deutschen Literatur als der Grundsatz der „realen Fehlerheilung" bezeichnet.[46] Der Betroffene soll durch die Heilung im Idealfall so gestellt werden wie er stünde, wenn die Verfahrenshandlung rechtzeitig ordnungsgemäß durchgeführt worden wäre,[47] der durch den Fehler entstandene Nachteil mithin vollständig ausgeglichen wird.[48]

Ob dies praktisch überhaupt möglich ist, ist zweifelhaft.[49] Jedenfalls darf sich die Heilungshandlung nicht in einer bloß inhaltsleeren Förmlichkeit erschöpfen, die die begangene Verletzung gar nicht beseitigt.[50] Es muss die Möglichkeit bestehen, dass die Heilungshandlung tatsächlich zu einer Änderung des Verwaltungsakts führt.[51]

Anhand dieser Messlatte der „realen Fehlerheilung" ergibt sich zweierlei: Erstens ist eine wirksame Heilung umso wahrscheinlicher, je früher die Heilungshandlung im Laufe des Verwaltungsverfahrens stattfindet, unabhängig von der Regelung in § 45 Abs. 2 VwVfG. Zweitens kann nicht jeder Verfahrens- oder Formfehler heilbar sein. Vielmehr existieren solche Fehler, bei denen von vorne herein ausgeschlossen ist, dass eine Heilungshandlung in der Lage ist, den Mangel auszugleichen.[52]

---

[43] *Sachs*, in: Stelkens/Bonk/Sachs, VwVfG, § 45, Rn. 20.

[44] *Sachs*, in: Stelkens/Bonk/Sachs, VwVfG, § 45, Rn. 20.

[45] *Schoch*, Die Heilung von Anhörungsmängeln im Verwaltungsverfahren, Jura 2007, S. 28, 29.

[46] Siehe *Hill*, Das fehlerhafte Verfahren, S. 99 f.; *Hufen*, Fehler, Rn. 939 ff.; *Hufen*, Heilung und Unbeachtlichkeit von Verfahrensfehlern, JuS 1999, S. 313, 315 f.; *Hufen*, Heilung und Unbeachtlichkeit grundrechtsrelevanter Verfahrensfehler?, NJW 1982, S. 2160, 2165; *Schwarz*, in: Fehling/Kastner/Störmer, HK-VerwR, § 45 VwVfG, Rn. 16; bezogen auf die Heilung von Anhörungsmängeln *Schoch*, Die Heilung von Anhörungsmängeln im Verwaltungsverfahren, Jura 2007, S. 28, 29; siehe auch *Felix*, Die Relativierung von Verfahrensrechten im Sozialverwaltungsverfahren, NZS 2001, S. 341, 345.

[47] *Hufen*, Heilung und Unbeachtlichkeit grundrechtsrelevanter Verfahrensfehler?, NJW 1982, S. 2160, 2165; *Hufen*, Heilung und Unbeachtlichkeit von Verfahrensfehlern, JuS 1999, S. 313, 315 f.; *Hufen*, Fehler, Rn. 942; *Ramsauer*, in: Kopp/Ramsauer, VwVfG, § 45, Rn. 42; *Schoch*, Die Heilung von Anhörungsmängeln im Verwaltungsverfahren, Jura 2007, S. 28, 29.

[48] *Schwarz*, in: Fehling/Kastner/Störmer, HK-VerwR, § 45 VwVfG, Rn. 16.

[49] Insbesondere im Hinblick auf die sog. „verwaltungspsychologische Bestandskraft" siehe *Hufen*, Heilung und Unbeachtlichkeit grundrechtsrelevanter Verfahrensfehler?, NJW 1982, S. 2160, 2165. Zu den Problemen siehe etwa *Bumke*, Relative Rechtswidrigkeit, S. 206 f.

[50] *Hatje*, Die Heilung formell rechtswidriger Verwaltungakte im Prozess als Mittel der Verfahrensbeschleunigung, DÖV 1997, S. 477, 483.

[51] BVerwG, Urt. v. 15.12.1983, 3 C 27.82, BVerwGE 68, 267, 274 f.; OVG Münster, Beschl. v. 28.03.1990, 16 A 2103/88, NVwZ-RR 1990, S. 566, 567; *Schwarz*, in: Fehling/Kastner/Störmer, HK-VerwR, § 45 VwVfG, Rn. 16.

[52] *Hufen*, Heilung und Unbeachtlichkeit von Verfahrensfehlern, JuS 1999, S. 313, 316; *Hufen*, Fehler, Rn. 939 ff. und 943 ff.

Hervorzuheben ist, dass die Heilung nach § 45 VwVfG keine Neuvornahme des Verwaltungsakts ist[53] und gerade nicht die Wiederholung des gesamten Verfahrens zur Fehlerbeseitigung erfordert.[54] Vielmehr intendiert § 45 VwVfG eine Art „nachbessernde Modifikation des Ausgangsbescheids".[55] Dies macht gerade die Attraktivität der Vorschrift für die Verwaltung aus: Die isolierte Heilbarkeit von Verfahrens- und Formfehlern erlaubt es, sich nur auf die Korrektur des fehlerbehafteten Teils zu beschränken und damit den ursprünglich erlassenen Akt voll aufrechtzuerhalten. Dies stellt eine Situation her, als ob der ursprünglich erlassene Verwaltungsakt von Anfang an rechtmäßig gewesen wäre.[56] Trotzdem unterscheidet sich beispielsweise die Heilung einer unterlassenen Anhörung nach § 45 Abs. 1 Nr. 3 VwVfG in der Praxis nur marginal von einer Behebung des Fehlers im Rahmen eines erneuten Verfahrens.[57]

b) Heilbare Fehler

Im Einzelnen gestattet § 45 Abs. 1 VwVfG neben der Heilung von Begründungs- (Nr. 2) und Anhörungsmängeln (Nr. 3) auch die Heilung eines fehlenden Antrags (Nr. 1), eines fehlenden Beschlusses eines Ausschusses (Nr. 4) sowie schließlich der fehlenden Mitwirkung einer anderen Behörde (Nr. 5).

aa) Fehlender Antrag, § 45 Abs. 1 Nr. 1 VwVfG

Ein mitwirkungsbedürftiger Verwaltungsakt ist grundsätzlich rechtswidrig, wenn der Antrag gem. § 22 S. 2 Nr. 2 VwVfG fehlt.[58] Dieser Mangel ist jedoch nach § 45 Abs. 1 Nr. 1 VwVfG nachträglich heilbar, indem der Antrag schriftlich, mündlich oder – soweit keine Formvorschriften entgegenstehen – durch schlüssiges Verhalten[59] nachträglich gestellt wird.[60]

---

[53] *Durner*, Die behördliche Befugnis zur Nachbesserung fehlerhafter Verwaltungsakte, VerwArch 97 (2006), S. 345, 366; *Ramsauer*, in: Kopp/Ramsauer, VwVfG, § 45, Rn. 20.

[54] *Hill*, Das fehlerhafte Verfahren, S. 98.

[55] *Durner*, Die behördliche Befugnis zur Nachbesserung fehlerhafter Verwaltungsakte, VerwArch 97 (2006), S. 345, 366.

[56] *Morlok*, Die Folgen von Verfahrensfehlern, S. 147.

[57] Ausführlich hierzu *Durner*, Die behördliche Befugnis zur Nachbesserung fehlerhafter Verwaltungsakte, VerwArch 97 (2006), S. 345, 366.

[58] *Sachs*, in: Stelkens/Bonk/Sachs, VwVfG, § 45, Rn. 28; *Schemmer*, in: Bader/Ronellenfitsch, BeckOK VwVfG, § 45, Rn. 24.

[59] *Peuker*, in Knack/Henneke, VwVfG, § 45, Rn. 29; *Sachs*, in: Stelkens/Bonk/Sachs, VwVfG, § 45, Rn. 28.

[60] *Schmitz*, in: Stelkens/Bonk/Sachs, VwVfG, § 22, Rn. 30.

Konkludent kann der Antrag dadurch nachgeholt werden, dass Klage auf Erlass eines (auch ohne den notwendigen Antrag) abgelehnten[61] oder gegen einen nicht begehrten Verwaltungsakt[62] erhoben wird. Der nachträglich gestellte Antrag wird mit Zugang bei der zuständigen Behörde wirksam.[63] Ein versäumtes Fristerfordernis für die Antragstellung wird mit der Heilung jedoch nicht überwunden.[64]

bb) Begründungsmangel, § 45 Abs. 1 Nr. 2 VwVfG

Nach § 45 Abs. 1 Nr. 2 VwVfG kann eine vollständig fehlende oder lediglich unzureichende Begründung eines Verwaltungsakts geheilt werden.[65] Hierzu muss die nachträgliche Begründung schriftlich erfolgen und mindestens den Voraussetzungen des § 39 VwVfG entsprechen.[66] Eine materiell falsche Begründung ist einer Heilung nach § 45 Abs. 1 Nr. 2 VwVfG dagegen nicht zugänglich. Dieses Problem wird im deutschen Recht unter dem Stichwort des sog. Nachschiebens von Gründen erörtert.[67]

cc) Anhörungsmangel, § 45 Abs. 1 Nr. 3 VwVfG

§ 45 Abs. 1 Nr. 3 VwVfG eröffnet die Möglichkeit der Heilung für den Fall, dass die erforderliche Anhörung eines Beteiligten ganz oder zum Teil unterblieben ist oder sonst nicht ordnungsgemäß oder in ausreichendem Maße durchgeführt wurde.[68]

Die Heilungshandlung muss dabei den Anforderungen des § 28 VwVfG genügen. Um überhaupt von einer Heilung ausgehen zu können, ist insbesondere erforderlich, dass der Zweck der Anhörung – die Entscheidung anhand der Äußerungen des Betroffenen zu kontrollieren – durch die Nachholung noch erreicht werden

---

[61] VG Berlin, Urt. v. 10.12.1980, VG 19 A 252/80, NJW 1981, S. 540, 540; *Sachs*, in: Stelkens/Bonk/Sachs, VwVfG, § 45, Rn. 28.

[62] VGH Kassel, Urt. v. 27.02.1985, I OE 50/81, NVwZ 1985, S. 498, 499; a.A. *Sachs*, in: Stelkens/Bonk/Sachs, VwVfG, § 45, Rn. 28.

[63] *Schemmer*, in: Bader/Ronellenfitsch, BeckOK VwVfG, § 45, Rn. 24.

[64] *Peuker*, in Knack/Henneke, VwVfG, § 45, Rn. 29; *Sachs*, in: Stelkens/Bonk/Sachs, VwVfG, § 45, Rn. 32.

[65] OVG Magdeburg, Urt. v. 27.02.2001, 1 L 327/01, NVwZ 2003, S. 121; *Peuker*, in: Knack/Henneke, § 45, Rn. 31 ff.; *Ramsauer*, in: Kopp/Ramsauer, § 45, Rn. 18; *Sachs*, in: Stelkens/Bonk/Sachs, VwVfG, § 45, Rn. 34; *Schemmer*, in: Bader/Ronellenfitsch, BeckOK VwVfG, § 45, Rn. 29.

[66] *Sachs*, in: Stelkens/Bonk/Sachs, VwVfG, § 45, Rn. 33.

[67] Zum sog. Nachschieben von Gründen siehe beispielsweise *Axmann*, Das Nachschieben von Gründen im Verwaltungsrechtsstreit, passim; *Schenke*, Das Nachschieben von Gründen im Rahmen der Anfechtungsklage, NVwZ 1988, S. 1 ff.; *Schoch*, Nachholen der Begründung und Nachschieben von Gründen, DÖV 1984, S. 401 ff.

[68] *Ramsauer*, in: Kopp/Ramsauer, VwVfG, § 45, Rn. 23; BVerwG, Beschl. v. 18.02.1991, 7 B 15/91, NVwZ-RR 1991, S. 337.

kann.[69] Dies erfordert zum einen die vollwertige Möglichkeit zur Stellungnahme[70] und zum anderen, dass die Behörde die vorgebrachten Argumente nicht bloß zur Kenntnis, sondern vielmehr zum Anlass nimmt, die getroffene Entscheidung kritisch zu überdenken.[71]

dd) Fehlender Beschluss eines Ausschusses, § 45 Abs. 1 Nr. 4 VwVfG

Das deutsche Recht lässt eine Heilung auch dann zu, wenn die Rechtswidrigkeit des Verwaltungsakts darauf beruht, dass eine gesetzlich vorgeschriebene Mitwirkung eines Ausschusses fehlt. Eine solche Heilung erfolgt, indem gem. § 45 Abs. 1 Nr. 4 VwVfG der Beschluss des Ausschusses, dessen Mitwirkung für den Entscheidungserlass erforderlich war, nachträglich gefasst wird. Eine Heilung ist jedoch dann nicht möglich, wenn der Zweck der Mitwirkung zwingend nur im Wege einer Mitwirkung vor Erlass des Verwaltungsakts erreicht werden kann.[72]

ee) Fehlende Mitwirkung einer anderen Behörde, § 45 Abs. 1 Nr. 5 VwVfG

§ 45 Abs. 1 Nr. 5 VwVfG betrifft die Mitwirkung einer anderen Behörde im Rahmen eines mehrstufigen Verwaltungsaktes.[73] Fehlt die gesetzlich vorgesehene Mitwirkung einer anderen Behörde am Verwaltungsakt, ist dieser rechtswidrig.[74] Dieses Versäumnis kann jedoch nach § 45 Abs. 1 Nr. 5 VwVfG dadurch geheilt werden, dass die erforderliche Mitwirkung der Behörde nachgeholt wird. Voraussetzung für eine wirksame Heilung ist jedoch auch hier, dass die Nachholung der Beteiligung ihren Zweck nachträglich noch erreichen kann.[75] Dies ist nicht der

---

[69] *Ramsauer*, in: Kopp/Ramsauer, § 45, Rn. 26; *Sachs*, in: Stelkens/Bonk/Sachs, VwVfG, § 45, Rn. 74; *Schwarz*, in: Fehling/Kastner/Störmer, HK-VerwR, § 45 VwVfG, Rn. 29.

[70] *Sachs*, in: Stelkens/Bonk/Sachs, VwVfG, § 45, Rn. 75; *Schwarz*, in: Fehling/Kastner/Störmer, HK-VerwR, § 45 VwVfG, Rn. 29; vgl. auch BVerwG, Urt. v. 05.12.1986, 4 C 13.85, BVerwGE 75, 214, 227; VG Berlin, Urt. v. 18.06.2001, 27 A 344/00, NJW 2002, S. 1063, 1064.

[71] VGH Kassel, Beschl. v. 23.09.2011, 6 B 1701/11, NVwZ-RR 2012, S. 163, 164, m. Anm. *Waldhoff*, Allgemeines Verwaltungsrecht: Heilung eines Anhörungsfehlers im Verwaltungsverfahren, JuS 2012, S. 671, 672; *Ramsauer*, in: Kopp/Ramsauer, § 45, Rn. 26; *Sachs*, in: Stelkens/Bonk/Sachs, VwVfG, § 45, Rn. 75; *Schwarz*, in: Fehling/Kastner/Störmer, HK-VerwR, § 45 VwVfG, Rn. 29.

[72] BVerwG, Urt. v. 08.07.1959, VI C 288.57, BVerwGE 9, 69, 72; BVerwG, Urt. v. 04.11.1960, VI C 163.58, BVerwGE 11, 195, 204 f.; BVerwG, Urt. v. 13.12.1963, VI C 203.61, BVerwGE 17, 279; BVerwG, Urt. v. 24.06.1965, VI C 176.61, BVerwGE 21, 240, 248 f.; OVG Münster, Beschl. v. 08.03.1982, 12 B 313/82, NJW 1982, S. 1663; *Laubinger*, Heilung und Folgen von Verfahrens- und Formfehlern, VerwArch. 72 (1981), S. 333, 339 f.; *Sachs*, in: Stelkens/Bonk/Sachs, VwVfG, § 45, Rn. 95.

[73] *Sachs*, in: Stelkens/Bonk/Sachs, VwVfG, § 45, Rn. 97; *Schemmer*, in: Bader/Ronellenfitsch, BeckOK VwVfG, § 45, Rn. 48.

[74] *Peuker*, in Knack/Henneke, VwVfG, § 45, Rn. 46; *Schemmer*, in: Bader/Ronellenfitsch, BeckOK VwVfG, § 45, Rn. 48.

[75] *Ramsauer*, in: Kopp/Ramsauer, § 45, Rn. 32; *Sachs*, in: Stelkens/Bonk/Sachs, VwVfG, § 45, Rn. 97.

Fall, wenn die nachträgliche Beteiligung nicht zur Folge hat, dass die federführende Behörde ihre Entscheidung kritisch überdenkt.[76]

ff) Heilbarkeit weiterer Verfahrens- und Formfehler

Neben der Heilung dieser ausdrücklich aufgelisteten Fehler wird auch die analoge Anwendung von § 45 Abs. 1 VwVfG auf andere Verfahrensfehler in Erwägung gezogen. Während einige Stimmen die Aufzählung von § 45 Abs. 1 VwVfG als abschließend verstehen und andere als die genannten Verfahrensfehler als „unheilbar" einstufen,[77] sprechen sich andere dafür aus, § 45 Abs. 1 VwVfG als „Ausdruck eines allgemeinen Rechtsgedankens" zu begreifen und befürworten eine analoge Anwendung auf andere Verfahrensfehler.[78] Aufgrund des engen Zusammenhangs von Anhörungs- und Akteneinsichtsrecht wird insbesondere eine entsprechende Anwendung von § 45 Abs. 1 Nr. 3 VwVfG auf Fälle der Verletzung des Rechts auf Akteneinsicht befürwortet.[79] § 45 Abs. 1 VwVfG soll aber auch auf Fehler in der Sachverhaltsaufklärung[80] sowie bei der Mitwirkung befangener Amtsträger entsprechende Anwendung finden.[81]

Nach ganz herrschender Auffassung erfasst § 45 VwVfG allerdings nicht die Korrektur materiell-rechtlicher Fehler[82] oder von Zuständigkeitsmängeln.[83] Der Anwendungsbereich der Regelung beschränkt sich auf die Nachbesserung formeller Fehler des Verwaltungsverfahrens.[84]

---

[76] *Ramsauer*, in: Kopp/Ramsauer, § 45, Rn. 32.

[77] *Beaucamp*, Heilung und Unbeachtlichkeit von formellen Fehlern im Verwaltungsverfahren, JA 2007, S. 117, 119; *Hufen*, Fehler, Rn. 938; *Meyer*, Die Kodifikation des Verwaltungsverfahrens und die Sanktion für Verfahrensfehler, NVwZ 1986, S. 513, 519; *Peuker*, in: Knack/Henneke, VwVfG, § 45, Rn. 25; *Sodan*, Unbeachtlichkeit und Heilung von Verfahrens- und Formfehlern, DVBl. 1999, S. 729, 732.

[78] OVG Münster, Urt. v. 09.09.1994, 10 A 1616/90, NVwZ-RR 1995, S. 314, 314; *Bader*, Die Heilung von Verfahrens- und Formfehlern im verwaltungsgerichtlichen Verfahren, NVwZ 1998, S. 674, 675 f.; *Ramsauer*, in: Kopp/Ramsauer, VwVfG, § 45, Rn. 9.

[79] BVerwG, Urt. v. 25.07.1973, VI C 43.73, BVerwGE 44, 17 ff.; *Ramsauer*, in: Kopp/Ramsauer, VwVfG, § 45, Rn. 7 und 24; *Sachs*, in: Stelkens/Bonk/Sachs, VwVfG, § 45, Rn. 145; *Schemmer*, in: Bader/Ronellenfitsch, BeckOK VwVfG, § 45, Rn. 44.

[80] BVerwG, Urt. v. 26.03.1981, 5 C 28.80, BVerwGE 62, 108, 113; *Ramsauer*, in: Kopp/Ramsauer, VwVfG, § 45, Rn. 9; *Sachs*, in: Stelkens/Bonk/Sachs, VwVfG, § 45, Rn. 145.

[81] *Ramsauer*, in: Kopp/Ramsauer, VwVfG, § 45, Rn. 9; *Sachs*, in: Stelkens/Bonk/Sachs, VwVfG, § 45, Rn. 147.

[82] *Hill*, Das fehlerhafte Verfahren, S. 325; *Hufen*, Fehler, Rn. 938; *Martin*, Heilung von Verfahrensfehlern, S. 29; *Peuker*, in: Knack/Henneke, VwVfG, § 45, Rn. 15; *Sachs*, in: Stelkens/Bonk/Sachs, VwVfG, § 45, Rn. 1; *Schemmer*, in: Bader/Ronellenfitsch, BeckOK VwVfG, § 45, Rn. 1; *Schwarz*, in: Fehling/Kastner/Störmer, HK-VerwR, § 45 VwVfG, Rn. 7.

[83] *Hufen*, Fehler, Rn. 938; *Sachs*, in: Stelkens/Bonk/Sachs, VwVfG, § 45, Rn. 146; *Sodan*, Unbeachtlichkeit und Heilung von Verfahrens- und Formfehlern, DVBl. 1999, S. 729, 732.

[84] *Hill*, Das fehlerhafte Verfahren, S. 325; *Peuker*, in; Knack/Henneke, VwVfG, § 45, Rn. 15;

c) Rechtsfolgen

Eine erfolgreich durchgeführte Heilung hat zur Folge, dass der anfänglich formell rechtswidrige Verwaltungsakt in dem Umfang, in dem der Fehler behoben wurde, rechtmäßig wird.[85] Eine Anfechtungsklage aufgrund dieses Fehlers bliebe dann erfolglos.[86]

Unklar ist, ob der Heilung eine *ex tunc* oder lediglich eine *ex nunc* Wirkung zukommt. Eine Auffassung argumentiert, die Heilung könne an der anfänglichen Rechtswidrigkeit nichts ändern und plädiert folglich für eine Wirkung *ex nunc*.[87] Die herrschende Meinung spricht sich jedoch für eine rückwirkende Beseitigung des Fehlers aus, die auf den Zeitpunkt des Erlasses zurückwirkt.[88] Wiederum andere sprechen sich für eine Fiktion der anfänglichen Rechtmäßigkeit aus und wollen den geheilten Verwaltungsakt so behandeln, als sei er von Anfang an fehlerfrei.[89] In der Begründung des Entwurfs des Verwaltungsverfahrensgesetzes erklärt die Bundesregierung die Tatsache, dass die Frage der Rückwirkung nicht ausdrücklich im Gesetz geregelt wurde damit, dass „die Frage allenfalls von rechtstheoretischem, nicht aber von praktischem Interesse sein dürfte".[90] Jedenfalls kann der Verwaltungsakt nicht mehr im Wege der Anfechtungsklage aufgehoben werden.

Sachs, in: Stelkens/Bonk/Sachs, VwVfG, § 45, Rn. 1; *Schemmer*, in: Bader/Ronellenfitsch, BeckOK VwVfG, § 45, Rn. 1.

[85] OVG Münster, Beschl. v. 23.06.1987, 13 B 826/87, NVwZ 1988, S. 740, 741; *Hill*, Das fehlerhafte Verfahren, S. 98; *Messerschmidt*, Zur Heilung und Folgenlosigkeit von Verfahrens- und Formfehlern bei Verwaltungsakten gem. §§ 45 und 46 VwVfG, NVwZ 1985, S. 877, 878; *Schnapp/Cordewener*, Welche Rechtsfolgen hat die Fehlerhaftigkeit eines Verwaltungsakts?, JuS 1999, S. 147, 147; *Schoch*, Die Heilung von Anhörungsmängeln im Verwaltungsverfahren, Jura 2007, S. 28, 32.

[86] *Hufen*, Fehler, Rn. 973; *Schoch*, Die Heilung von Anhörungsmängeln im Verwaltungsverfahren, Jura 2007, S. 28, 32.

[87] *Hill*, Das fehlerhafte Verfahren, S. 95 und 98; *Hufen*, Fehler, Rn. 973; *Hufen*, Heilung und Unbeachtlichkeit von Verfahrensfehlern, JuS 1999, S. 313, 318; *Messerschmidt*, Zur Heilung und Folgenlosigkeit von Verfahrens- und Formfehlern bei Verwaltungsakten gem. § 45 und § 46 VwVfG, NVwZ 1985, S. 877, 878; *Morlok*, Die Folgen von Verfahrensfehlern, S. 149; *Ramsauer*, in: Kopp/Ramsauer, VwVfG, § 45, Rn. 14; *Schenke*, Die Heilung von Verfahrensfehlern gem. § 45 VwVfG, VerwArch 97 (2006), S. 597, 604; *Schoch*, Die Heilung von Anhörungsmängeln im Verwaltungsverfahren, Jura 2007, S. 28, 32.

[88] *Horn*, Das Nachschieben von Gründen und die Rechtmäßigkeit von Verwaltungsakten, Die Verwaltung 1992, S. 203, 206; *Peuker*, in: Knack/Henneke, VwVfG, § 45, Rn. 22; *Sachs*, in: Stelkens/Bonk/Sachs, VwVfG, § 45, Rn. 21.

[89] *Jachmann*, Die Fiktion im öffentlichen Recht, S. 498 ff.

[90] Entwurf eines Verwaltungsverfahrensgesetzes, Drucks. VI/1173, Begründung zu § 35 Abs. 1, S. 52; kritisch hierzu *Spanner*, Der Regierungsentwurf eines Bundes-Verwaltungsverfahrensgesetzes, JZ 1970, S. 671, 673.

2. Die Heilung im Rahmen eines Widerspruchsverfahrens

Im deutschen Recht sind gem. § 68 Abs. 1 S. 1, Abs. 2 VwGO Recht- sowie Zweckmäßigkeit eines Verwaltungsakts vor Erhebung der Anfechtungs- bzw. Verpflichtungsklage grundsätzlich zwingend in einem verwaltungsrechtlichen Vorverfahren nachzuprüfen. Dies dient sowohl dem individuellen Rechtsschutz als auch der Selbstkontrolle der Verwaltung und der Entlastung der Gerichte.[91]

Im Rahmen des Widerspruchsverfahrens können fehlerhafte Verwaltungsakte ohne weiteres nachgebessert werden.[92] Verfügt die Widerspruchsbehörde über die gleichen Entscheidungsbefugnisse wie die Ausgangsbehörde, können neben den in § 45 VwVfG genannten Form- und Verfahrensfehlern auch andere Rechtsverletzungen und vor allem auch materiell-rechtliche Fehler nachgebessert werden.[93] Insbesondere eine erforderliche Begründung kann im Rahmen des Widerspruchsbescheids nachgeholt werden.[94]

Jedoch wird diese Möglichkeit der Nachbesserung immer weiter eingeschränkt: Denn dem Trend, das Widerspruchsverfahren nach § 68 Abs. 1 S. 2 VwGO durch Gesetz auszuschließen oder einzuschränken, sind immer mehr Landesgesetzgeber gefolgt. So wurde das obligatorische Widerspruchsverfahren im Laufe der letzten Jahre auf Landesebene immer öfter abgeschafft.[95] Begründet wird dies insbesondere damit, dass Widerspruchsverfahren kosten- und zeitintensiv seien und dass empirische Studien belegten, dass sie selbst die Funktion der Selbstkontrolle der Verwaltung in der Praxis nicht erfüllten.[96]

Kontrovers diskutiert wird insbesondere die Möglichkeit der Heilung von Anhörungsmängeln im Rahmen des Widerspruchsverfahrens. Über die konkreten Anforderungen an die Art der „heilenden" Verfahrenshandlung besteht erhebliche Uneinigkeit zwischen dem deutschen Schrifttum und der Rechtsprechung. Während der überwiegende Teil der Lehre sich dafür einsetzt, das Gebot der „realen Fehlerheilung" ernst zu nehmen, tendiert die Rechtsprechung zu einer pragmatischeren

---

[91] *Kahl*, Deutschland, in: Hdb. Ius Publicum Europaeum, Bd. V, § 74, Rn. 134; *Kastner*, in: Fehling/Kastner/Störmer, HK-VerwR, § 68 VwGO, Rn. 4.

[92] *Durner*, Die behördliche Befugnis zur Nachbesserung fehlerhafter Verwaltungsakte, VerwArch 97 (2006), S. 345, 352; ausführlich *Weides*, Verwaltungsverfahren und Widerspruchsverfahren, S. 220 ff. und 284 ff.

[93] OVG Weimar, Beschl. v. 18.03.2002, 4 ZEO 669/01, NVwZ-RR 2003, S. 91 f.; *Bumke*, Verwaltungsakte, in: GVwR II, § 35, Rn. 183.

[94] BVerwG, Urt. v. 18.08.1977, V C 8.77, BVerwGE 54, 276, 280; VGH München, Beschl. v. 28.02.1985, 5 B 84 A. 158, NVwZ 1985, S. 663 f.; *Ramsauer*, in: Kopp/Ramsauer, VwVfG, § 45, Rn. 20; *Sachs*, in: Stelkens/Bonk/Sachs, VwVfG, § 45, Rn. 33; *Schoch*, Nachholen der Begründung und Nachschieben von Gründen, DÖV 1984, S. 401, 406.

[95] Für eine Übersicht über die Regelungen in den einzelnen Bundesländern siehe *Geis*, in: Sodan/Ziekow, VwGO, § 68, Rn. 131; zur Abschaffung des Widerspruchsverfahrens siehe *Kastner*, in: Fehling/Kastner/Störmer, HK-VerwR, § 68 VwGO, Rn. 10; zu anderen Reformansätzen siehe *Schneider*, Strukturen und Typen von Verwaltungsverfahren, in: GVwR II, § 28, Rn. 129.

[96] *Kahl*, Deutschland, in: Hdb. Ius Publicum Europaeum, Bd. V, § 74, Rn. 136 m.w.N. Fn. 542 und 543.

Herangehensweise.[97] Das Bundesverwaltungsgericht[98] (sowie ein Teil des Schrifttums)[99] vertritt die Auffassung, dass es für die Heilung eines Anhörungsmangels im Rahmen des Widerspruchsverfahrens ausreichend sei, dass der Betroffene die Gelegenheit erhalte, seine Belange im Verlauf des Widerspruchsverfahrens geltend zu machen. Damit sei die bloße Durchführung des Widerspruchsverfahrens ohne ausdrücklichen Hinweis an den Betroffenen, dass er nun die Möglichkeit zur Stellungnahme habe, ausreichend, um eine Heilung zu bewirken, solange die Behörde die Stellungnahme des Betroffenen zur Kenntnis nehme und bei ihrer Entscheidung berücksichtige.[100] Eine besondere „Heilungsmaßnahme" der Behörde sei insofern nicht erforderlich.[101]

Die herrschende Lehre sieht dies anders.[102] Die Heilung mittels bloßer Durchführung des Widerspruchsverfahrens bewirke einen „Heilungsautomatismus", aufgrund dessen § 45 Abs. 1 Nr. 3 VwVfG weitgehend leerliefe.[103] Vielmehr müsse der Betroffene darauf hingewiesen werden, dass das Widerspruchsverfahren die Heilung des Anhörungsmangels bewirken könne.[104] Es sei ein aktives Tätigwerden der Verwaltungsbehörde, wie bei einer Anhörung nach § 28 Abs. 1 VwVfG, erforderlich.[105]

---

[97] *Schoch*, Die Heilung von Anhörungsmängeln im Verwaltungsverfahren, Jura 2007, S. 28, 31.

[98] BVerwG, Urt. v. 18.08.1977, V C 8.77, BVerwGE 54, 276, 280; BVerwG, Urt. v. 25.04.1979, 8 C 52.77, BVerwGE 58, 37, 43 f.; BVerwG, Urt. v. 17.08.1982, 1 C 22.81, BVerwGE 66, 111, 114; BVerwG, Urt. v. 14.10.1982, 3 C 46.81, BVerwGE 66, 184, 189; BVerwG, Beschl. v. 17.07.1986, 7 B 6/86, NJW 1987, S. 143, 143; BVerwG, Urt. v. 09.12.1988, 8 C 13/87, NJW 1989, S. 1873, 1874; OVG Münster, Urt. v. 20.06.1983, 1 A 1480/81, NVwZ 1985, S. 132, 133; VG Berlin, Beschl. v. 05.09.2002, 14 A 66/02, NVwZ-RR 2003, S. 429, 430.

[99] *Hoppenberg*, Die Rechtmäßigkeit des VA sowie die Rechtsfolgen von Verstößen gegen die Rechtmäßigkeitsanforderungen, JA 1983, S. 499, 501; *Martens*, Die Rechtsprechung zum Verwaltungsverfahrensrecht, NVwZ 1984, S. 556, 558; *Ramsauer*, in: Kopp/Ramsauer, VwVfG, § 45, Rn. 43.

[100] BVerwG, Urt. v. 17.08.1982, 1 C 22.81, BVerwGE 66, 111, 114; OVG Koblenz, Beschl. v. 09.03.1987, 12 B 13/87, NVwZ 1987, S. 1098, 1098.

[101] BVerwG, Urt. v. 17.08.1982, 1 C 22.81, BVerwGE 66, 111, 115; BVerwG, Urt. v. 14.10.1982, 3 C 46.81, BVerwGE 66, 184, 189; *Ramsauer*, in: Kopp/Ramsauer, VwVfG, § 45, Rn. 43.

[102] *Bülow*, Die Relativierung von Verfahrensfehlern, S. 367; *Ehlers*, Anhörung im Verwaltungsverfahren, Jura 1996, S. 617, 621; *Guckelberger*, Anhörungsfehler bei Verwaltungsakten, JuS 2011, S. 577, 580; *Hill*, Das fehlerhafte Verfahren, S. 99 f.; *Hufen*, Fehler, Rn. 954 ff.; *Hufen*, Heilung und Unbeachtlichkeit von Verfahrensfehlern, JuS 1999, S. 313, 316; *Hufen*, Heilung und Unbeachtlichkeit grundrechtsrelevanter Verfahrensfehler?, NJW 1982, S. 2160, 2166; *Mandelartz*, Anhörung, Absehen von der Anhörung, Nachholen der unterbliebenen Anhörung, DVBl. 1983, S. 112, 115 f.; *Meyer*, Die Kodifikation des Verwaltungsverfahrens und die Sanktion für Verfahrensfehler, NVwZ 1986, S. 513, 519; *von Mutius*, Grundrechtsschutz contra Verwaltungseffizienz im Verwaltungsverfahren?, NJW 1982, S. 2150, 2159; *Peuker*, in Knack/Henneke, VwVfG, § 45, Rn. 40; *Sachs*, in: Stelkens/Bonk/Sachs, VwVfG, § 45, Rn. 79 f.; *Schoch*, Heilung unterbliebener Anhörung im Verwaltungsverfahren durch Widerspruchsverfahren?, NVwZ 1983, S. 249, 255; *Sodan*, Unbeachtlichkeit und Heilung von Verfahrens- und Formfehlern, DVBl. 1999, S. 729, 733.

[103] *Ehlers*, Anhörung im Verwaltungsverfahren, Jura 1996, S. 617, 621; *Hufen*, Heilung und Unbeachtlichkeit von Verfahrensfehlern, JuS 1999, S. 313, 316; *Sodan*, Unbeachtlichkeit und Heilung von Verfahrens- und Formfehlern, DVBl. 1999, S. 729, 733.

[104] *Ehlers*, Anhörung im Verwaltungsverfahren, Jura 1996, S. 617, 621.

[105] *Schnapp/Cordewener*, Welche Rechtsfolgen hat die Fehlerhaftigkeit eines Verwaltungsakts?,

Findet eine Heilung im Rahmen eines Widerspruchsverfahrens statt und wird dem Rechtsbehelf dadurch der Boden entzogen, wäre es unbillig, den Betroffenen die Widerspruchskosten für einen Fehler, der zu Lasten der Verwaltung geht, aufzuerlegen.[106] Daher sind die Kosten eines aufgrund einer Heilung erfolglosen Widerspruchs nach § 80 Abs. 1 S. 2 VwVfG dem Träger der öffentlichen Verwaltung aufzubürden, dessen Stelle den fehlerhaften Verwaltungsakt erlassen hat.[107]

3. Die Heilung im Laufe des gerichtlichen Verfahrens

a) § 45 Abs. 2 VwVfG: Die Heilung „bis zum Abschluss der letzten Tatsacheninstanz eines verwaltungsgerichtlichen Verfahrens"

Eine Heilung kann nach der heute maßgeblichen Fassung des § 45 Abs. 2 VwVfG „bis zum Abschluss der letzten Tatsacheninstanz eines verwaltungsgerichtlichen Verfahrens" stattfinden. Dies ist jedoch keine Selbstverständlichkeit: Seine heute geltende Form hat § 45 VwVfG erst durch das 3. Gesetz zur Änderung verwaltungsverfahrensrechtlicher Vorschriften vom 27.08.2002 erhalten.[108] In den Jahrzehnten zuvor schwankte die Rechtslage zwischen den Extremen, eine Heilung nur bis zum Abschluss des verwaltungsrechtlichen Vorverfahrens oder gar bis zum Abschluss der Revisionsinstanz zuzulassen.

Vor Erlass des Verwaltungsverfahrensgesetzes im Jahr 1976 war die Behandlung von Verfahrensfehlern in Deutschland Gegenstand reger Debatten.[109] Vor allem die Rechtsprechung,[110] aber auch stellenweise die Lehre,[111] tendierte dazu, der Verletzung von Verfahrensfehlern nicht den gleichen Stellenwert einzuräumen wie der Verletzung materieller Vorschriften[112] und eine Heilung von Verfahrens- und Form-

JuS 1999, S. 147, 147; *Schoch*, Heilung unterbliebener Anhörung im Verwaltungsverfahren durch Widerspruchsverfahren?, NVwZ 1983, S. 249, 254.

[106] BT-Drucks. 7/910, S. 92; *Peuker*, in: Knack/Henneke, VwVfG, § 45, Rn. 54; *Schwarz*, in: Fehling/Kastner/Störmer, HK-VerwR, § 45 VwVfG, Rn. 39.

[107] *Peuker*, in: Knack/Henneke, VwVfG, § 45, Rn. 54; *Schwarz*, in: Fehling/Kastner/Störmer, HK-VerwR, § 45 VwVfG, Rn. 39.

[108] BGBl. I, S. 3322 mit Wirkung v. 01.02.2003.

[109] Siehe beispielsweise *Kopp*, Die Heilung von Mängeln des Verwaltungsverfahrens und das Nachschieben von Gründen im Verwaltungsprozess, VerwArch 61 (1970), S. 219 ff. m.w.N.

[110] Beispielhaft BVerwG, Urt. v. 29.03.1966, I C 19.65, BVerwGE 24, 23, 32; BVerwG, Urt. v. 10.04.1968, IV C 227.65, BVerwGE 29, 282, 283 f.

[111] *Bettermann*, Anm. zum Urteil des VG Sigmaringen, Urt. v. 17.09.1962, I 163/62, DVBl. 1963, S. 826, 827 f.; *Groschupf*, Wie entscheidet das Verwaltungsgericht, wenn das Verwaltungsverfahren fehlerhaft war?, DVBl. 1962, S. 627, 629 ff.; *Haueisen*, Verwaltungsverfahren und Verwaltungsakt, DÖV 1973, S. 653, 653; *Weyreuther*, Probleme der Rechtsprechung zum Enteignungsverfahren, DVBl. 1972, S. 93, 94 f.

[112] Zur bloß dienenden Funktion des Verwaltungsverfahrensrechts gegenüber dem materiellen Recht BVerwG, Urt. v. 29.04.1993, 7 A 2.92, DVBl. 1993, S. 886, 887; *Groschupf*, Wie entscheidet das Verwaltungsgericht, wenn das Verwaltungsverfahren fehlerhaft war?, DVBl. 1962, S. 627, 630;

fehlern in weitreichendem Maße auch noch während des verwaltungsgerichtlichen Prozesses zu gestatten.

Dies änderte sich nach Erlass des Verwaltungsverfahrensgesetzes im Jahr 1976.[113] Dessen § 45 erlaubte eine Heilung der dort aufgezählten Verfahrensvorschriften, wenn die jeweilige Verfahrenshandlung fehlerfrei und rechtzeitig, das heißt bis zum Abschluss des Vorverfahrens, oder wenn ein solches nicht vorgesehen war, bis zur Klageerhebung, vorgenommen wurde.[114] Der Gesetzgeber begründete diesen Sinneswandel mit „einer vertieften Auffassung vom Wesen des Rechtsstaatsprinzips".[115] So könne beispielsweise eine Begründung im gerichtlichen Verfahren nicht nachgeholt werden, da ein Betroffener vor Klageerhebung in der Lage sein müsse zu prüfen, ob seine Klage Erfolg haben werde. Auch rechtliches Gehör müsse aus rechtsstaatlichen Gründen zwingend vor Klageerhebung gewährt werden.[116] Als entscheidend wurde daneben auch erachtet, dass die Aufgaben der Verwaltung und der Gerichte klar abgegrenzt werden müssten.[117] Eine Heilung dürfe daher nur so lange stattfinden, wie die Behörde „Herrin des Verfahrens" sei.[118] Durch die Nachholung einer Verfahrenshandlung nach Klageerhebung könne ihr Zweck nicht mehr erfüllt werden, da eine Behörde zu diesem späten Zeitpunkt nicht in der Lage sei, eine unbefangene Entscheidung zu treffen.[119]

Durch das Genehmigungsverfahrensbeschleunigungsgesetz im Jahre 1996[120] wurden diese Erwägungen gänzlich „über Bord" geworfen und die zeitlichen Schranken der Heilung erfuhren eine wesentliche Erneuerung sowie eine erhebliche Erweiterung: Nach dem neuen § 45 Abs. 2 VwVfG konnten Verstöße sogar bis zum Abschluss des verwaltungsgerichtlichen Verfahren korrigiert werden. Laut Gesetzesbegründung würde „[d]en berechtigten Belangen des Klägers […] dadurch Rechnung getragen, dass das Gericht die erst im verwaltungsgerichtlichen

---

Ossenbühl, Verwaltungsverfahren zwischen Verwaltungseffizienz und Rechtsschutzauftrag, NVwZ 1982, S. 465, 471; *Pietzcker*, Verwaltungsverfahren zwischen Verwaltungseffizienz und Rechtsschutzauftrag, VVDStRL 41 (1983), S. 193, 222; *Steinberg*, Komplexe Verwaltungsverfahren zwischen Verwaltungseffizienz und Rechtsschutzauftrag, DÖV 1982, S. 619, 620.

[113] Verwaltungsverfahrensgesetz v. 25.05.1976, BGBl. I, 1253.

[114] Vgl. zur damaligen Rechtslage *Hill*, Das fehlerhafte Verfahren, S. 97 ff.; *Hufen*, Heilung und Unbeachtlichkeit grundrechtsrelevanter Verfahrensfehler?, NJW 1982, S. 2160 ff.; *Laubinger*, Heilung und Folgen von Verfahrens- und Formfehlern, VerwArch 72 (1981), S. 333 ff.; *Messerschmidt*, Zur Heilung und Folgenlosigkeit von Verfahrens- und Formfehlern bei Verwaltungsakten gem. §§ 45 und 46 VwVfG, NVwZ 1985, S. 877 ff.

[115] Begründung zu § 41 EVwVfG, BT-Drucks. 7/910, S. 66.

[116] Begründung zu § 41 EVwVfG, BT-Drucks. 7/910, S. 66.

[117] *Bülow*, Die Relativierung von Verfahrensfehlern, S. 355.

[118] *Schnapp/Cordewener*, Welche Rechtsfolgen hat die Fehlerhaftigkeit eines Verwaltungsakts?, JuS 1999, S. 147, 149.

[119] OVG Münster, Urt. v. 16.07.1992, 22 A 2549/91, NVwZ 1993, S. 95, 96; *Odenthal*, Die Heilung von Verfahrensfehlern gem. § 45 VwVfG nach erhobener Untätigkeitsklage, NVwZ 1995, S. 668, 669; *Schnapp/Codewener*, Welche Rechtsfolgen hat die Fehlerhaftigkeit eines Verwaltungsakts?, JuS 1999, S. 147, 149; *Schoch*, Die Heilung von Anhörungsmängeln im Verwaltungsverfahren, Jura 2007, S. 28, 30.

[120] Genehmigungsverfahrensbeschleunigungsgesetz v. 12.09.1996, BGBl. I, S. 1354.

Verfahren erfolgte Heilung bei der Kostenentscheidung berücksichtigt."[121] Bei seiner Entscheidung zur zeitlichen Ausdehnung der Heilungsmöglichkeit hatte sich der Gesetzgeber von wirtschaftsstandortpolitischen Erwägungen und den Interessen der Investoren leiten lassen.[122] Nach der Wiedervereinigung hatte Deutschland noch mit wirtschaftlichen Schwierigkeiten zu kämpfen und politischer Erfolg war rar gesät. Durch die Möglichkeit, Verfahrensfehler auch noch während des gerichtlichen Verfahrens zu heilen, sollte das Beschleunigungsgesetz von 1996 den Wirtschaftsstandort Deutschland stärken.[123]

Teilweise wurde diese Neuerung als „moderate und begrüßenswerte Fortentwicklung" gelobt.[124] Überwiegend stieß sie jedoch auf heftige Ablehnung.[125] Hauptkritikpunkt war, dass die Unterscheidung zwischen Verwaltungsverfahren und verwaltungsgerichtlichem Verfahren durch die zeitliche Ausdehnung der Heilung aufgelöst worden sei.[126] Damit ginge eine Geringschätzung und Abwertung des Verwaltungsverfahrensrechts einher.[127] Die Möglichkeit der Heilung im Prozess sei geradezu eine Einladung an die Verwaltung, mit Verfahrensvorschriften nachlässig umzugehen.[128] Es sei vor allem zu befürchten, dass die Verwaltung im

---

[121] BT-Drucks. 13/3995, S. 8.

[122] BT-Drucks. 13/3995, S. 7; *Bonk*, Strukturelle Änderungen des Verwaltungsverfahrens durch das Genehmigungsverfahrensbeschleunigungsgesetz, NVwZ 1997, S. 320, 321; *Krumsiek/Frenzen*, Beschleunigung von Planungs- und Genehmigungsverfahren, DÖV 1995, S. 1013, 1014 f.; *Schmitz/Wessendorf*, Das Genehmigungsverfahrensbeschleunigungsgesetz, NVwZ 1996, S. 955, 956; *Stüer*, Die Beschleunigungsnovellen 1996, DVBl. 1997, S. 326, 326.

[123] *Künnecke*, Tradition and Change in Administrative Law, S. 137.

[124] *Ronellenfitsch*, Rechtsfolgen fehlerhafter Planung, NVwZ 1999, S. 583, 589; vgl. auch *Schmitz/ Olbertz*, Das Zweite Gesetz zur Änderung verwaltungsverfahrensrechtlicher Vorschriften – Eine Zwischenbilanz?, NVwZ 1999, S. 126, 129; *Schmitz/Wessendorf*, Das Genehmigungsverfahrensbeschleunigungsgesetz – Neue Regelungen im Verwaltungsverfahrensgesetz und der Wirtschaftsstandort Deutschland, NVwZ 1996, S. 955, 957 f.

[125] Siehe hierzu *Bracher*, Nachholung der Anhörung bis zum Abschluß des verwaltungsgerichtlichen Verfahrens?, DVBl. 1997, S. 534, 535 und 538; *Eckert*, Beschleunigung von Planungs- und Genehmigungsverfahren, S. 57 ff. differenziert bei ihrer Kritik nach der Art des Fehlers; *Martin*, Heilung von Verfahrensfehlern, S. 34 ff.; *Niedobitek*, Rechtsbindung der Verwaltung und Effizienz des Verwaltungsverfahrens, DÖV 2000, S. 761, 768; *Sodan*, Unbeachtlichkeit und Heilung von Verfahrens- und Formfehlern, DVBl. 1999, S. 729, 736 ff.

[126] *Martin*, Heilung von Verfahrensfehlern, S. 34; *Morlok*, Die Folgen von Verfahrensfehlern, S. 155 f.; *Ramsauer*, in: Kopp/Ramsauer, VwVfG, § 45, Rn. 5; *Schnapp/Cordewener*, Welche Rechtsfolgen hat die Fehlerhaftigkeit eines Verwaltungsakts?, JuS 1999, S. 147, 149.

[127] *Bracher*, Nachholung der Anhörung bis zum Abschluß des verwaltungsgerichtlichen Verfahrens?, DVBl. 1997, S. 534, 537; *Bonk*, Strukturelle Änderungen des Verwaltungsverfahrens durch das Genehmigungsverfahrensbeschleunigungsgesetz, NVwZ 1997, S. 320, 325; *Hatje*, Die Heilung formell rechtswidriger Verwaltungsakte, DÖV 1997, S. 477, 480; *Hufen*, Heilung und Unbeachtlichkeit grundrechtsrelevanter Verfahrensfehler?, NJW 1982, S. 2160, 2161; *Martin*, Heilung von Verfahrensfehlern, S. 34; *Peuker*, in: Knack/Henneke, VwVfG, § 45, Rn. 14; *Quabeck*, Die dienende Funktion, S. 66 f.; *Schenke*, „Reform" ohne Ende, NJW 1997, S. 81, 87; *Schenke*, Heilung von Verfahrensfehlern gem. § 45 VwVfG, VerwArch (97) 2006, S. 592, 597.

[128] *Bonk*, Strukturelle Änderungen des Verwaltungsverfahrens durch das Genehmigungsverfahrensbeschleunigungsgesetz, NVwZ 1997, S. 320, 325; *Peuker*, in: Knack/Henneke, VwVfG,

Prozess eine bloß „symbolische" Heilung vornehme, ohne das zuvor gefundene Ergebnis aber tatsächlich zu überdenken.[129] Darüber hinaus könnten die von den Verfahrenshandlungen verfolgten Zwecke durch eine Heilung im gerichtlichen Verfahren nicht mehr erreicht werden.[130] Insbesondere sei die Nachholung einer mangelhaften Anhörung im gerichtlichen Verfahren nicht mehr in der Lage, die von der Anhörung verfolgten Funktionen nachträglich zu erreichen.[131] So sei kaum zu erwarten, dass die Behörde ihre Meinung durch eine nach Entscheidungserlass erfolgte Anhörung revidieren werde – zumal damit negative Konsequenzen für die Behörde einhergehen könnten.[132] Schließlich wurde auch bezweifelt, ob die Regelung überhaupt in der Lage sei, den angestrebten Beschleunigungs- und Entlastungseffekt zu erzielen.[133]

Einige Kritiker gingen gar so weit, die Neuregelung als verfassungswidrig anzusehen.[134] Die verfassungsrechtliche Kritik richtete sich vor allem gegen die Möglichkeit, Anhörungs- und Begründungsmängel im Rahmen des Gerichtsverfahrens zu heilen.[135] Andere wiederum sprachen sich lediglich für eine verfas-

---

§ 45, Rn. 14; *Quabeck*, Die dienende Funktion, S. 66 f.; *Schenke*, Heilung von Verfahrensfehlern gem. § 45 VwVfG, VerwArch (97) 2006, S. 592, 597; *Schmidt*, Die Reform von Verwaltung und Verwaltungsrecht, VerwArch 91 (2000), S. 149, 165; *Schoch*, in: Schmidt-Aßmann/Hoffmann-Riem, Strukturen, S. 279, 292.

[129] *Martin*, Heilung von Verfahrensfehlern, S. 16 und 297 f.; *Sparwasser*, Das Genehmigungsverfahrensbeschleunigungsgesetz, AnwBl. 2000, S. 658, 663.

[130] *Ramsauer*, in: Kopp/Ramsauer, VwVfG, § 45, Rn. 5.

[131] *Berkemann*, Verwaltungsprozessrecht auf „neuen Wegen"?, DVBl. 1998, S. 446, 447 f.; *Bonk*, Strukturelle Änderungen des Verwaltungsverfahrens durch das Genehmigungsverfahrensbeschleunigungsgesetz, NVwZ 1997, S. 320, 325; *Bracher*, Nachholung der Anhörung bis zum Abschluß des verwaltungsgerichtlichen Verfahrens?, DVBl. 1997, S. 534, 535; *Ehlers*, Anhörung im Verwaltungsverfahren, Jura 1996, S. 617, 622; *Fisahn*, Demokratie und Öffentlichkeitsbeteiligung, S. 345 ff.; *Hatje*, Die Heilung formell rechtswidriger Verwaltungsakte, DÖV 1997, S. 477, 484; *Hufen*, Fehler, Rn. 945; *Martin*, Heilung von Verfahrensfehlern, S. 34.

[132] *Berkemann*, Verwaltungsprozessrecht auf „neuen Wegen"?, DVBl. 1998, S. 446, 448; *Bracher*, Nachholung der Anhörung bis zum Abschluß des verwaltungsgerichtlichen Verfahrens?, DVBl. 1997, S. 534, 537; *Redeker*, Neue Experimente mit der VwGO?, NVwZ 1996, S. 521, 523; *Redeker*, Legislative, Exekutive und Verwaltungsgerichtsbarkeit. Versuch eines sachlichen Gesprächs, NVwZ 1996, S. 126, 131.

[133] Beispielsweise *Bracher*, Nachholung der Anhörung bis zum Abschluß des verwaltungsgerichtlichen Verfahrens?, DVBl. 1997, S. 534, 537; *Hatje*, Die Heilung formell rechtswidriger Verwaltungsakte, DÖV 1997, S. 477, 481; *Ramsauer*, in: Kopp/Ramsauer, VwVfG, § 45, Rn. 5.

[134] Für verfassungswidrig halten die Heilungsmöglichkeit im gerichtlichen Verfahren *Bracher*, Nachholung der Anhörung bis zum Abschluß des verwaltungsgerichtlichen Verfahrens?, DVBl. 1997, S. 534 ff.; *Hatje*, Die Heilung formell rechtswidriger Verwaltungsakte, DÖV 1997, S. 477, 481; *Niedobitek*, Rechtsbindung der Verwaltung und Effizienz des Verwaltungsverfahrens, DÖV 2000, S. 761, 768; *Sodan*, Unbeachtlichkeit und Heilung von Verfahrens- und Formfehlern, DVBl. 1999, S. 729, 738; *Peuker*, in: Knack/Henneke, VwVfG, § 45, Rn. 52; *Sachs*, in: Stelkens/Bonk/Sachs, VwVfG, § 45, Rn. 103 ff. Überblick über den Meinungsstand bei *Martin*, Heilung von Verfahrensfehlern, S. 33 ff.

[135] *Bracher*, Nachholung der Anhörung bis zum Abschluß des verwaltungsgerichtlichen Verfahrens?, DVBl. 1997, S. 534 ff.; *Holznagel/Nagel*, Verfahrensbeschleunigung nach dem Energielei-

sungskonforme, restriktive Auslegung aus.[136] Die Rechtsprechung teilte diese Bedenken allerdings nicht.[137]

Zudem bestand beim neugefassten § 45 Abs. 2 VwVfG Unklarheit darüber, ob eine Heilung nur in der Tatsachen-[138] oder – dem Wortlaut der Norm entsprechend – noch bis zum Abschluss des verwaltungsgerichtlichen Verfahrens, das heißt auch noch in der Revisionsinstanz,[139] erfolgen durfte. Auf diese Bedenken ist der Gesetzgeber im 3. Gesetz zur Änderung verwaltungsverfahrensrechtlicher Vorschriften,[140] welches § 45 VwVfG seine heute maßgebliche Fassung verleiht, eingegangen, indem er die Heilung ausdrücklich auf den Zeitraum bis zum „Abschluss der letzten Tatsacheninstanz" beschränkt hat.[141]

b) Die Heilung eines Anhörungsmangels im gerichtlichen Verfahren

Stets wird betont, dass die Möglichkeit der Heilung nach § 45 Abs. 1 Nr. 3 i.V.m. Abs. 2 VwVfG nicht bedeute, dass die Behörde von ihrer Pflicht zur Anhörung befreit werde.[142] Vielmehr erfordere die Heilung, dass die Nachholung der Anhörung formell ordnungsgemäß erfolgt und die von der Anhörung verfolgten Funktionen nachträglich noch erreicht werden. Letzteres erfordere insbesondere, dass die Behörde das Anhörungsergebnis zum Anlass nimmt, ihre Entscheidung kritisch zu überprüfen.[143] Oft wird bezweifelt, ob den von der Anhörung verfolgten Funktionen im gerichtlichen Verfahren überhaupt noch nachgekommen werden kann.

Eine vollgültige Anhörung würde erfordern, dass der Fehlerbetroffene so gestellt wird wie er stünde, wenn die Anhörung rechtzeitig und fehlerfrei durchgeführt

---

tungsausbaugesetz, DVBl. 2010, S. 669, 670; *Kaltenborn*, Streitvermeidung und Streitbeilegung im Verwaltungsrecht, S. 244 ff.

[136] *Hufen*, Fehler, Rn. 960.

[137] BVerwG, Beschl. v. 30.04.2010, 9 B 42/10, NVwZ-RR 2010, S. 550.

[138] So die wohl herrschende Meinung mit Rückgriff auf § 137 Abs. 2 VwGO. Siehe beispielhaft *Bader*, Die Heilung von Verfahrens- und Formfehlern im verwaltungsgerichtlichen Verfahren, NVwZ 1998, S. 674, 676; *Hufen*, Fehler, Rn. 959.

[139] So beispielsweise *Schmitz/Wessendorf*, Das Genehmigungsverfahrensbeschleunigungsgesetz, NVwZ 1996, S. 955, 957.

[140] V. 27.08.2002, BGBl. I, S. 3322 mit Wirkung v. 01.02.2003.

[141] Vgl. BT-Drucks. 14/9000, S. 34.

[142] *Bülow*, Die Relativierung von Verfahrensfehlern, S. 365; *Sachs*, in: Stelkens/Bonk/Sachs, VwVfG, § 45, Rn. 25.

[143] *Ramsauer*, in: Kopp/Ramsauer, VwVfG, § 45, Rn. 26; VGH Kassel, Beschl. v. 23.09.2011, 6 B 1701/11, NVwZ-RR 2012, S. 163, 164; OVG Lüneburg, Beschl. v. 31.01.2002, 1 MA 4216/01, NVwZ-RR 2002, S. 822, 822, allerdings bezogen auf die Heilung des Mangels der unterlassenen Anhörung zum Grundverwaltungsakt im gerichtlichen Eilverfahren. Zu der Entscheidung *Waldhoff*, Allgemeines Verwaltungsrecht: Heilung eines Anhörungsfehlers im Verwaltungsverfahren, JuS 2012, S. 671.

worden wäre.[144] Dann müsste aber sichergestellt werden, dass der Sinn und Zweck der Anhörung, die Überprüfung der Entscheidung anhand der Äußerungen des Beteiligten zu ermöglichen, noch erreicht werden kann.[145] Die nachgeholte Verfahrenshandlung müsste noch die tatsächliche Chance bieten, auf das Entscheidungsergebnis einwirken zu können.[146]

Zu einem so späten Zeitpunkt wie dem des gerichtlichen Verfahrens ist dies jedoch mehr als zweifelhaft.[147] Einige Stimmen der deutschen Literatur halten § 45 Abs. 1 Nr. 3 i.V.m. Abs. 2 VwVfG daher bereits für verfassungswidrig.[148] Andere befürworten eine verfassungskonforme Auslegung der Vorschrift, derzufolge eine Heilung nur vor Erhebung der verwaltungsgerichtlichen Klage möglich wäre.[149] Die Rechtsprechung ist hingegen der Auffassung, dass ein Anhörungsmangel auch „durch das im gerichtlichen Verfahren gewährte Gehör geheilt"[150] werden könne. Hierfür sei bereits ausreichend, dass die Behörde sich zu den in der Klageschrift geltend gemachten Einwänden äußert.[151]

Die Bedeutung dieser Kontroverse darf jedoch nicht überschätzt werden: Die meisten Anhörungsfehler finden sich in Deutschland bereits nicht mehr vor Gericht wieder, da nach herrschender Auffassung bereits die bloße Durchführung eines Widerspruchsverfahrens zur Nachholung der Anhörung ausreicht, sofern die Widerspruchsbehörde die Ausführungen des Widerspruchsführers in ihrem Bescheid berücksichtigt.[152] Da die Durchführung eines Widerspruchsverfahrens vor

---

[144] *Hufen*, Fehler, Rn. 939 ff. spricht in diesem Zusammenhang von der „realen Fehlerheilung"; siehe auch *Heinrich*, Behördliche Nachbesserung, S. 91 f.; *Hill*, Das fehlerhafte Verfahren, S. 100; *Roßnagel*, Verfahrensfehler ohne Sanktion?, JuS 1994, S. 927, 930 f.

[145] *Roßnagel*, Verfahrensfehler ohne Sanktion?, JuS 1994, S. 927, 931; *Sachs*, in: Stelkens/Bonk/Sachs, VwVfG, § 45, Rn. 74.

[146] *Martin*, Heilung von Verfahrensfehlern, S. 282.

[147] *Hufen*, Fehler, Rn. 939 und 968.

[148] So im Ergebnis *Bracher*, Nachholung der Anhörung bis zum Abschluss des verwaltungsgerichtlichen Verfahrens?, DVBl. 1997, S. 534, 538; *Eckert*, Beschleunigung von Planungs- und Genehmigungsverfahren, S. 59; *Hatje*, Die Heilung formell rechtswidriger Verwaltungsakte, DÖV 1997, S. 477, 484; *Martin,* Heilung von Verfahrensfehlern, S. 295; *Niedobitek*, Rechtsbindung der Verwaltung und Effizienz des Verwaltungsverfahrens, DÖV 2000, S. 761, 768; *Sodan*, Unbeachtlichkeit und Heilung von Verfahrens- und Formfehlern, DVBl. 1999, S. 729, 738; *Sparwasser*, Das Genehmigungsverfahrensbeschleunigungsgesetz, AnwBl. 2000, S. 658, 663.

[149] *Bonk*, Strukturelle Änderungen des Verwaltungsverfahrens durch das Genehmigungsverfahrensbeschleunigungsgesetz, NVwZ 1997, S. 320, 325; *Peuker*, in: Knack/Henneke, VwVfG, § 45, Rn. 16.

[150] OVG Berlin, Beschl. v. 13.07.1992, 6 S 72/92, NVwZ 1993, S. 198, 198.

[151] BayVGH, Beschl. v. 09.10.2003, Az. CS 03.897, BayVBl. 2004, S. 149, 150.

[152] BVerwG, Urt. v. 17.08.1982, 1 C 22.81, BVerwGE 66, 111, 114; BVerwG, Urt. v. 14.10.1982, 3 C 46.81, BVerwGE 66, 184, 189; BVerwG, Beschl. v. 17.07.1986, 7 B 6/86, NJW 1987, S. 143; OVG Münster, Urt. v. 20.06.1983, 1 A 1480/81, NVwZ 1985, S. 132, 133; VG Berlin, Beschl. v. 05.09.2002, 14 A 66/02, NVwZ-RR 2003, S. 429, 430. Ausführlich hierzu siehe oben, Kap. 5, B. I., 2.

Klageerhebung in Deutschland grundsätzlich zwingend ist, stellt sich die Frage der Verfassungsmäßigkeit der Heilung eines Anhörungsmangels im gerichtlichen Verfahren nur in den seltenen Fällen, wo das Vorverfahren entbehrlich ist.[153]

c) Die Heilung eines Begründungsmangels im gerichtlichen Verfahren

Erhebliche Bedeutung kommt ferner der Beseitigung von Begründungsmängeln im gerichtlichen Verfahren zu.

§ 45 Abs. 1 Nr. 2 i.V.m. Abs. 2 VwVfG erfasst die Fälle der Heilung einer gänzlich fehlenden oder formal unzureichenden Begründung.[154] Um die Heilung eines solchen Begründungsmangels herbeizuführen ist erforderlich, dass die nachträgliche Begründung schriftlich erfolgt und mindestens den Voraussetzungen des § 39 VwVfG entspricht.[155]

Nach § 39 Abs. 1 S. 2 VwVfG müssen in der Begründung „die wesentlichen tatsächlichen und rechtlichen Gründe" enthalten sein, die für die Entscheidung der Behörde verantwortlich sind.[156] Wie umfangreich die Begründung im Einzelfall zu sein hat, entscheidet sich von Fall zu Fall und ist je nach Rechtsgebiet unterschiedlich.[157] Jedenfalls muss die erlassende Behörde die ihre Entscheidung tragenden Gründe angeben, von denen sie beim Entscheidungserlass ausgegangen ist.[158] Die Begründung muss umso akkurater sein, je komplexer der Sachverhalt und je schwerer der mit dem Verwaltungsakt bewirkte Eingriff ist.[159] Nicht ausreichend ist eine lediglich formelhafte Begründung oder die bloße Wiedergabe des Gesetzestexts.[160]

---

[153] *Bülow*, Die Relativierung von Verfahrensfehlern, S. 367.

[154] OVG Magdeburg, Urt. v. 27.02.2001, 1 L 327/01, NVwZ 2003, S. 121; *Peuker*, in: Knack/Henneke, § 45, Rn. 31 ff.; *Ramsauer*, in: Kopp/Ramsauer, VwVfG, § 45, Rn. 18; *Sachs*, in: Stelkens/Bonk/Sachs, VwVfG, § 45, Rn. 34; *Schemmer*, in: Bader/Ronellenfitsch, BeckOK VwVfG, § 45, Rn. 29.

[155] *Sachs*, in: Stelkens/Bonk/Sachs, VwVfG, § 45, Rn. 33.

[156] *Ramsauer*, in: Kopp/Ramsauer, VwVfG, § 39, Rn. 18; *Ruffert*, in: Knack/Henneke, VwVfG, § 39, Rn. 21; *Schwarz*, in: Fehling/Kastner/Störmer, HK-VerwR, § 39 VwVfG, Rn. 22; *Stelkens*, in: Stelkens/Bonk/Sachs, VwVfG, § 39, Rn. 45.

[157] BVerwG, Urt. v. 14.10.1965, 2 C 3.63, BVerwGE 22, 215, 217; BVerwG, Urt. v. 05.07.1985, 8 C 22.83, BVerwGE 72, 1, 6; BVerwG, Urt. v. 20.02.1990, 1 C 42.83, BVerwGE 84, 375, 388, NVwZ 1995, S. 591; BT-Drucks. 7/910, S. 60; *Ramsauer*, in: Kopp/Ramsauer, VwVfG, § 39, Rn. 18; *Ruffert*, in: Knack/Henneke, VwVfG, § 39, Rn. 21; *Schwarz*, in: Fehling/Kastner/Störmer, HK-VerwR, § 39 VwVfG, Rn. 22; *Stelkens*, in: Stelkens/Bonk/Sachs, VwVfG, § 39, Rn. 43.

[158] *Schwarz*, in: Fehling/Kastner/Störmer, HK-VerwR, § 39 VwVfG, Rn. 23; *Stelkens*, in: Stelkens/Bonk/Sachs, VwVfG, § 39, Rn. 45.

[159] VGH Kassel, Beschl. v. 28.06.2006, 7 UZ 2930/05, NVwZ-RR 2006, S. 776, 779; *Ramsauer*, in: Kopp/Ramsauer, VwVfG, § 39, Rn. 21; *Ruffert*, in: Knack/Henneke, VwVfG, § 39, Rn. 21.

[160] BVerwG, Urt. v. 24.09.1996, 1 C 9/94, BVerwGE 102, 63, 70; BVerwG, Beschl. v. 21.09.2000 –

Für die Begründung von Ermessensentscheidungen gilt ergänzend § 39 Abs. 1
S. 3 VwVfG. Hier muss die Behörde zu erkennen geben, welche Gesichtspunkte
bei der Ausübung ihres Ermessens maßgeblich waren. Es müssen die tragenden
Gründe für die Ermessensausübung erkennbar werden. Nicht ausreichend ist, dass
lediglich ersichtlich wird, dass Ermessen überhaupt ausgeübt wurde.[161] Dabei muss
die Begründung umso sorgfältiger sein, je weiter der Ermessensspielraum der Behörde ist.[162]

Diese Regelung stößt – insbesondere in der Lehre – auf Bedenken, da die Begründung in diesem Verfahrensstadium die von ihr verfolgten Funktionen nur noch
eingeschränkt erreichen kann: Sie dient nicht mehr der Selbstkontrolle der Verwaltung und ist auch nicht mehr in der Lage, den Betroffenen vor einer erfolglosen
Klageerhebung zu bewahren.[163] Daher verlangen einige Stimmen eine verfassungskonforme Anwendung der Vorschrift, die eine Heilung nach Klageerhebung ausschließt.[164] Die Rechtsprechung hat sich zu dieser Frage nicht ausdrücklich verhalten. Das Bundesverfassungsgericht hat sich nur dahingehend geäußert, dass die
Heilung von Begründungsfehlern zumindest dann nicht mehr möglich ist, wenn
die im gerichtlichen Prozess gegebene Begründung eine Wesensveränderung des
Verwaltungsakts bewirkt.[165]

d) Die Kostenverteilung

Findet die Heilung erst im gerichtlichen Verfahren statt und hat die Klage deshalb keinen Erfolg, wird den ursprünglich berechtigten Belangen des Klägers
dadurch Rechnung getragen, dass das Gericht die Heilung bei der Kostenentscheidung berücksichtigt.[166] Eine ausdrückliche gesetzliche Regelung fehlt
hierzu jedoch. Die Lehre empfiehlt als Lösungsweg, § 161 Abs. 2 VwGO heran-

---

1 DB 7/00, NVwZ-RR 2001, S. 246, 248; *Ramsauer*, in: Kopp/Ramsauer, VwVfG, § 39, Rn. 18;
Stelkens, in: Stelkens/Bonk/Sachs, VwVfG, § 39, Rn. 51.

[161] VGH Mannheim, Beschl. v. 26.03.1997, 8 S 3371/96, NVwZ 1998, S. 86; *Ramsauer*, in: Kopp/
Ramsauer, VwVfG, § 39, Rn. 25; *Ruffert*, in: Knack/Henneke, VwVfG, § 39, Rn. 31; *Stelkens*, in:
Stelkens/Bonk/Sachs, VwVfG, § 39, Rn. 61.

[162] *Ruffert*, in: Knack/Henneke, VwVfG, § 39, Rn. 31; *Stelkens*, in: Stelkens/Bonk/Sachs, VwVfG,
§ 39, Rn. 60.

[163] *Hatje*, Die Heilung formell rechtswidriger Verwaltungsakte im Prozess als Mittel der Verfahrensbeschleunigung, DÖV 1997, S. 477, 485.

[164] *Peuker*, in: Knack/Henneke, VwVfG, § 45, Rn. 49.

[165] BVerwG, Entsch. v. 09.04.2002, 4 B 20/02, BeckRS 2002, 22140.

[166] BT-Drucks. 13/3995, S. 8; *Peuker*, in: Knack/Henneke, VwVfG, § 45, Rn. 55; *Schwarz*, in:
Fehling/Kastner/Störmer, HK-VerwR, § 45 VwVfG, Rn. 40; BVerwG, Beschl. v. 30.04.2010, 9 B
42/10, NVwZ-RR 2010, S. 550 (für den Fall der übereinstimmenden Erledigungserklärung bei
nachgeschobenen Ermessenserwägungen).

zuziehen und die Kostenlast für den Kläger durch eine Erledigungserklärung aufgrund der Heilung zu vermeiden.[167] Darüber hinaus plädieren einige Stimmen für eine weite Auslegung von § 155 Abs. 4 VwGO, um dem Betroffenen auch bei einer Klagerücknahme die Kostenlast nicht aufzubürden.[168]

II. Die Unbeachtlichkeit von Verfahrens- und Formfehlern

1. Die Unbeachtlichkeitsregelung des § 46 VwVfG

Zentrale Regelung der Unbeachtlichkeit von Verfahrens- und Formfehlern ist im deutschen Recht § 46 VwVfG, der seit Inkrafttreten des Verwaltungsverfahrensgesetzes im Jahr 1977 eine Regelung zu den „Folgen von Verfahrens- und Formfehlern" kodifiziert.[169] In seiner heute maßgeblichen Fassung bestimmt § 46 VwVfG, dass

> „[d]ie Aufhebung eines Verwaltungsaktes, der nicht nach § 44 nichtig ist, [...] nicht allein deshalb beansprucht werden [kann], weil er unter Verletzung von Vorschriften über das Verfahren, die Form oder die örtliche Zuständigkeit zustande gekommen ist, wenn offensichtlich ist, dass die Verletzung die Entscheidung in der Sache nicht beeinflusst hat."

Im Laufe der Jahre unterlag § 46 VwVfG nur marginalen Veränderungen, von denen insbesondere die Präzisierung, die er im Rahmen des Genehmigungsverfahrensbeschleunigungsgesetzes im Jahr 1996[170] erfuhr, erwähnenswert ist.[171]

---

[167] *Hufen*, Fehler, Rn. 974; *Ramsauer*, in: Kopp/Ramsauer, VwVfG, § 45, Rn. 38; *Sachs*, in: Stelkens/Bonk/Sachs, VwVfG, § 45, Rn. 114; *Schmitz/Wessendorf*, Das Genehmigungsverfahrensbeschleunigungsgesetz, NVwZ 1996, S. 955, 958; *Schwarz*, in: Fehling/Kastner/Störmer, HK-VerwR, § 45 VwVfG, Rn. 40; siehe auch BVerwG, Beschl. v. 30.04.2010, 9 B 42/10, NVwZ-RR 2010, S. 550 f.

[168] *Berkemann*, Verwaltungsprozessrecht auf „neuen Wegen"?, DVBl. 1998, S. 446, 448; *Peuker*, in: Knack/Henneke, VwVfG, § 45, Rn. 55; *Ramsauer*, in: Kopp/Ramsauer, VwVfG, § 45, Rn. 14; *Sachs*, in: Stelkens/Bonk/Sachs, VwVfG, § 45, Rn. 114; im Einzelfall für möglich halten dies *Schmitz/Olbertz*, Das Zweite Gesetz zur Änderung verwaltungsverfahrensrechtlicher Vorschriften, NVwZ 1999, S. 126, 129.

[169] Siehe BGBl. I v. 29.05.1976, Nr. 59, S. 1253, § 46. Der Gedanke der Heilung und Unbeachtlichkeit von Verfahrens- und Formfehlern tauchte aber erstmals in §§ 35, 36 des EVwVerfG aus dem Jahre 1963 – der Vorgängervorschrift der späteren §§ 45 und 46 VwVfG – auf, siehe hierzu auch *Kaiser*, Die Kommunikation der Verwaltung, S. 96.

[170] Genehmigungsverfahrensbeschleunigungsgesetz v. 12.09.1996, BGBl. I, S. 1354.

[171] Zu dieser Novellierung des Verwaltungsverfahrensgesetzes, die am 01.01.1977 in Kraft trat, siehe ausführlich *Ronellenfitsch*, in: Bader/Ronellenfitsch, BeckOK VwVfG, § 1, Rn. 1.8; *Ronellenfitsch*, Novellierung des Verwaltungsverfahrensgesetzes, in: Rengeling, Beschleunigung von Planungs- und Genehmigungsverfahren, S. 51, 51 ff.

a) Die Voraussetzungen der Unbeachtlichkeit nach § 46 VwVfG

aa) Bereits erlassener, nicht nichtiger Verwaltungsakt

Wie sich bereits aus dem Wortlaut des Gesetzestexts ergibt, setzt § 46 VwVfG einen schon erlassenen Verwaltungsakt voraus. Dieser darf zudem nicht gem. § 44 VwVfG nichtig sein.[172] Denn ein Fehler, der einen Verwaltungsakt nichtig macht, ist stets beachtlich.[173]

bb) Die erfassten Fehlertypen

In Bezug auf die erfassten Fehlertypen ist § 46 VwVfG weitreichend: Er erfasst – wie bereits am Wortlaut erkennbar – alle Verletzungen von Verfahrens- und Form-vorschriften sowie der örtlichen Zuständigkeit.

Anders als bei der Heilung nach § 45 VwVfG kommen daher grundsätzlich alle Verfahrens- und Formvorschriften in Betracht, das heißt neben den allgemeinen Verfahrensbestimmungen des VwVfG und den Regelungen über besondere Verfah-rensarten[174] auch solche, die in Fachgesetzen niedergelegt sind.[175] Insofern ist die Unbeachtlichkeitsregelung beispielsweise auf einen fehlenden erforderlichen An-trag, die Verletzung von Befangenheitsvorschriften sowie Hinweispflichten, eine unterlassene Anhörung, eine Verletzung der Ermittlungspflichten, eine fehlende Mitwirkung von Ausschüssen oder anderen Behörden, Besetzungs- und Beschluss-fehler von Kollegialorganen, die Mitwirkung ausgeschlossener Personen sowie die Verletzung von Begründungsvorschriften anwendbar.[176]

Auf die Verletzung materiellen Rechts findet die Vorschrift jedoch keine Anwen-dung – selbst wenn diese mit einer Verfahrensrechtsverletzung zusammentreffen sollte.[177]

---

[172] *Diekötter*, Die Auswirkung von Verfahrensfehlern, S. 138; *Ramsauer*, in: Kopp/Ramsauer, VwVfG, § 46, Rn. 16 b.

[173] *Breuer*, Verfahrens- und Formfehler in der Planfeststellung für raum- und umweltrelevante Großvorhaben, in: FS Sendler, S. 357, 378; *Sachs*, in: Stelkens/Bonk/Sachs, VwVfG, § 46, Rn. 20.

[174] *Schwarz*, in: Fehling/Kastner/Störmer, HK-VerwR, § 46 VwVfG, Rn. 16.

[175] So ausdrücklich BVerwG, Urt. v. 24.06.2010, 3 C 14.09, BVerwGE 137, 199, Rn. 39; siehe auch *Schwarz*, in: Fehling/Kastner/Störmer, HK-VerwR, § 46 VwVfG, Rn. 16; *Ramsauer*, in: Kopp/Ramsauer, VwVfG, § 46, Rn. 16; *Peuker*, in: Knack/Henneke, VwVfG, § 46, Rn. 27; *Sachs*, in: Stelkens/Bonk/Sachs, VwVfG, § 46, Rn. 19.

[176] Vgl. Aufzählung bei *Bülow*, Die Relativierung von Verfahrensfehlern, S. 376; *Diekötter*, Die Auswirkung von Verfahrensfehlern, S. 138 f.; *Schwarz*, in: Fehling/Kastner/Störmer, HK-VerwR, § 46 VwVfG, Rn. 17.

[177] *Martens*, Die Rechtsprechung zum Verwaltungsverfahrensrecht, NVwZ 1988, S. 684, 684; *Ramsauer*, in: Kopp/Ramsauer, VwVfG, § 46, Rn. 10; *Sachs*, in: Stelkens/Bonk/Sachs, VwVfG, § 46, Rn. 36; *Schwarz*, in: Fehling/Kastner/Störmer, HK-VerwR, § 46 VwVfG, Rn. 6.

b) Der Anwendungsbereich von § 46 VwVfG

aa) Der frühere Anwendungsbereich

Nach einer früheren Fassung des § 46 VwVfG war ein Fehler unbeachtlich, „wenn keine andere Entscheidung in der Sache hätte getroffen werden können". Diese Formulierung wurde von der ganz herrschenden Auffassung in Rechtsprechung und Literatur auf Fälle der rechtlichen Alternativlosigkeit begrenzt: Der Fehler war demnach unbeachtlich, wenn die Entscheidung aus rechtlichen Gründen im Ergebnis nicht anders hätte ausfallen dürfen. Dies war vor allem bei gebundenen Entscheidungen der Fall.[178] Nicht unter § 46 VwVfG fielen hingegen grundsätzlich Ermessensentscheidungen und solche, wo ein Beurteilungs- und Abwägungsspielraum bestand.[179] Möglich war allerdings, § 46 VwVfG bei Entscheidungen anzuwenden, in denen – aus der *ex ante* Perspektive – eine sog. Ermessensreduzierung auf Null bestand, da eine Entscheidung in diesen Fällen im Ergebnis nicht anders hätte ausfallen können.[180]

Dieser Regelung lag in erster Linie die Annahme zugrunde, dass im Falle einer gebundenen Entscheidungssituation nur eine einzige richtige Verwaltungsentscheidung ergehen könne.[181] Ferner beruhte sie maßgeblich auf dem Gedanken der Verfahrensökonomie, da sie gerade dem Ziel dienen sollte, überflüssige Zweitverfahren zu vermeiden.[182] Zudem verbarg sich der Gedanke der Treuwidrigkeit hinter ihr, da ein Betroffener rechtsmissbräuchlich handele, wenn er die Aufhebung eines

---

[178] Vgl. Begründung zu § 42 EVwVfG 1973, BT-Drucks. 7/910, Begründung, S. 66; BVerwG, Urt. v. 07.10.1980, 6 C 39.80, BVerwGE 61, 45, 50; *Ladenburger*, Verfahrensfehlerfolgen, S. 245; *Ramsauer*, in: Kopp/Ramsauer, VwVfG, § 46, Rn. 25a; *Sachs*, in: Stelkens/Bonk/Sachs, VwVfG, § 46, Rn. 52 f.; *Schemmer*, in: Bader/Ronellenfitsch, BeckOK VwVfG, § 46, Rn. 33.

[179] BVerwG, Urt. v. 26.03.1981, 5 C 28.80, BVerwGE 62, 108, 116; *Eibert*, Die formelle Rechtswidrigkeit von Verwaltungsakten, S. 61; *Hufen*, Zur Systematik der Folgen von Verfahrensfehlern, DVBl. 1988, S. 69, 76; *Sachs*, in: Stelkens/Bonk/Sachs, VwVfG, § 46, Rn. 60.

[180] BVerwG, Urt. v. 26.03.1981, 5 C 28.80, BVerwGE 62, 108, 116; *Krebs*, Kompensation von Verwaltungsverfahrensfehlern durch gerichtlichen Rechtsschutz?, DVBl. 1984, S. 109, 112 f.; *Redeker*, Die „Heilungsvorschriften" der 6. VwGO-Novelle, NVwZ 1997, S. 625, 626; *Ossenbühl*, Zur Bedeutung von Verfahrensmängeln im Atomrecht, NJW 1981, S. 375, 376; *Sachs*, in: Stelkens/Bonk/Sachs, VwVfG, § 46, Rn. 61; *Schemmer*, in: Bader/Ronellenfitsch, BeckOK VwVfG, § 46, Rn. 33. Kritisch in Bezug auf diese Ausweitung hingegen *Hufen*, Zur Systematik der Folgen von Verfahrensfehlern, DVBl. 1988, S. 69, 76 sowie *Hufen*, Heilung und Unbeachtlichkeit grundrechtsrelevanter Verfahrensfehler?, NJW 1982, S. 69, 76. Ablehnend *Eibert*, Die formelle Rechtswidrigkeit von Verwaltungsakten, S. 62.

[181] Sog. Dogma von der einzig richtigen Entscheidung. Ausführlich hierzu *Hill*, Das fehlerhafte Verfahren, S. 111 ff. und 115 ff.

[182] BVerwG, Urt. v. 07.10.1980, 6 C 39.80, BVerwGE 61, 45, 49; *Eibert*, Die formelle Rechtswidrigkeit von Verwaltungsakten, S. 154; *Ladenburger*, Verfahrensfehlerfolgen, S. 246 f. *Schenke*, Der verfahrensfehlerhafte Verwaltungsakt gem. § 46 VwVfG, DÖV 1986, S. 305, 314; *Schnapp/Cordewener*, Welche Rechtsfolgen hat die Fehlerhaftigkeit eines Verwaltungsakts?, JuS 1999, S. 147, 150; *Schwarz*, in: Fehling/Kastner/Störmer, HK-VerwR, § 46 VwVfG, Rn. 1. *Krebs*, Kompensation von Verwaltungsverfahrensfehlern durch gerichtlichen Rechtsschutz?, DVBl. 1984, S. 109, 114 äußert sich allerdings kritisch darüber, ob dieses Ziel erreicht wurde.

Verwaltungsakts verlange, der mit dem gleichlautenden Inhalt sogleich erneut ergehen könnte (*dolo agit, qui petit, quod statim redditurus est*).[183]

Trotzdem erweiterte die Rechtsprechung[184] den Anwendungsbereich des § 46 VwVfG auf Fälle der sog. tatsächlichen Alternativlosigkeit.[185] Damit sollte ein Fehler nur dann zur Aufhebung des Verwaltungsakts führen, wenn zwischen ihm und dem Entscheidungsergebnis bzw. den Entscheidungsalternativen ein Kausalzusammenhang festgestellt werden konnte.[186] Dieser Kausalzusammenhang lag nach der Rechtsprechung vor, wenn die konkrete Möglichkeit nachgewiesen werden konnte, dass die Entscheidung ohne den Fehler anders ausgefallen wäre.[187]

bb) Der erweiterte Anwendungsbereich

Unter dem Eindruck dieser Rechtsprechung verankerte der deutsche Gesetzgeber im Rahmen des Genehmigungsverfahrensbeschleunigungsgesetzes im Jahr 1996[188] die „tatsächliche Alternativlosigkeit" in der Neufassung des § 46 VwVfG.[189] Der letzte Halbsatz des § 46 VwVfG wurde im Zuge dessen vollständig geändert: Seither lässt § 46 VwVfG eine Unbeachtlichkeit des Fehlers zu, „wenn offensichtlich ist, dass die Verletzung die Entscheidung in der Sache nicht beeinflusst hat".

Während nach der ursprünglichen Fassung für die Unbeachtlichkeit des Fehlers entscheidend darauf abzustellen war, ob keine andere Entscheidung in der Sache hätte ergehen können, ist nunmehr neben dem Erfordernis der Alternativlosigkeit des Inhalts der Entscheidung auch auf deren Offensichtlichkeit sowie darauf abzustellen, ob der Fehler für die konkrete Entscheidung kausal war.[190] Damit kann ein Fehler nicht nur im Falle einer gebundenen Entscheidung oder einer

---

[183] *Bülow*, Die Relativierung von Verfahrensfehlern, S. 374; *Hufen*, Zur Systematik der Folgen von Verfahrensfehlern – eine Bestandsaufnahme nach zehn Jahren VwVfG, DVBl. 1988, S. 69, 75 f.; *Hufen*, Heilung und Unbeachtlichkeit von Verfahrensfehlern, JuS 1999, S. 313, 318; *Ladenburger*, Verfahrensfehlerfolgen, S. 247; *Schöbner*, Der Ausschluss des Aufhebungsanspruchs wegen Verfahrensfehlern bei materiell-rechtlich und tatsächlich alternativlosen Verwaltungsakten, Die Verwaltung 2000, S. 447, 453.

[184] BayVGH, Beschl. v. 16.04.1981, 20 CS 80 D. 61, NVwZ 1982, S. 510, 513; BVerwG, Urt. v. 30.05.1984, 4 C 58.81, BVerwGE 69, 256, 269 f.; BVerwG, Urt. v. 05.12.1986, 4 C 13.85, BVerwGE 75, 214, 228; BVerwG, Urt. v. 20.02.1992, 5 C 66.88, BVerwGE 90, 25, 33.

[185] Kritisch hingegen *Breuer*, Verfahrens- und Formfehler der Planfeststellung für raum- und umweltrelevante Großvorhaben, in: FS Sendler, S. 357, 381.

[186] *Diekötter*, Die Auswirkung von Verfahrensfehlern, S. 144.

[187] BVerwG, Urt. v. 30.05.1984, 4 C 58.81, BVerwGE 69, 256, 269 f.; BVerwG, Urt. v. 25.01.1996, 4 C 5.95, BVerwGE 100, 238, 252.

[188] Genehmigungsverfahrensbeschleunigungsgesetz v. 12.09.1996, BGBl. I S. 1354.

[189] *Schöbner*, Der Ausschluss des Aufhebungsanspruchs wegen Verfahrensfehlern bei materiell-rechtlich und tatsächlich alternativlosen Verwaltungsakten, Die Verwaltung 2000, S. 447, 461.

[190] *Bonk*, Strukturelle Änderungen des Verwaltungsverfahrens durch das Genehmigungsverfahrensbeschleunigungsgesetz, NVwZ 1997, S. 320, 325; *Schöbner*, Der Ausschluss des Aufhebungsanspruchs wegen Verfahrensfehlern bei materiell-rechtlich und tatsächlich alternativlosen Verwaltungsakten, Die Verwaltung 2000, S. 447, 449.

Ermessensreduzierung auf Null, das heißt einer abstrakten rechtlichen Alternativlosigkeit, unbeachtlich sein – wie dies bei der alten Fassung des § 46 VwVfG der Fall war – sondern auch im Falle einer Entscheidung mit Ermessens- oder Beurteilungsspielraum, wenn sicher ist, dass die Behörde auch ohne den Fehler dieselbe Sachentscheidung getroffen hätte.[191]

Sinn und Zweck der Unbeachtlichkeitsregelung ist es zu verhindern, dass ein in der Sache korrekter Verwaltungsakt nur aufgrund eines Verfahrens- oder Formfehlers aufgehoben wird, sodann jedoch ein inhaltsgleicher Bescheid erneut erlassen wird. Dem liegt maßgeblich der Gedanke des fehlenden Rechtswidrigkeitszusammenhangs zugrunde.[192]

(1) Unbeachtlichkeit mangels konkreter Ergebnisrelevanz

Damit bleibt es – wie bisher – dabei, dass ein Aufhebungsanspruch nach § 46 VwVfG ausgeschlossen ist, wenn die Behörde nach zwingendem Recht nur eine einzige korrekte Entscheidung treffen konnte. Darüber hinaus verlangt die Neufassung – unabhängig davon, ob eine gebundene Entscheidungslage oder ein Ermessensspielraum vorliegt –, dass der Fehler keinen Einfluss auf die Entscheidung in der Sache genommen hat.[193] Damit bedarf es für eine Unbeachtlichkeit einer *konkreten Kausalitätsprüfung*, durch die nachgewiesen wird, dass es ausgeschlossen ist, dass der Fehler Einfluss auf den Entscheidungsinhalt hatte.[194]

Nach Auffassung der Rechtsprechung hat der Fehler nur Auswirkung auf das Ergebnis des Verwaltungsakts, wenn die konkrete – und nicht bloß abstrakte – Möglichkeit besteht, dass ohne ihn eine andere Entscheidung ergangen wäre.[195] Die Prüfung der fehlenden Kausalität erfordert eine hypothetische Beurteilung des Verhaltens der Behörde für den Fall, dass das Verwaltungsverfahren fehlerfrei durchgeführt worden wäre.[196] Es besteht eine Vermutung zu Lasten der Behörde dafür, dass der Fehler Einfluss auf den Inhalt des Verwaltungsakts hatte,[197] für deren Umkehrung die Behörde die Beweislast trägt.[198]

---

[191] BT-Drucks. 13/3995, S. 8; *Bonk*, Strukturelle Änderungen des Verwaltungsverfahrens durch das Genehmigungsverfahrensbeschleunigungsgesetz, NVwZ 1997, S. 320, 325.

[192] *Guckelberger*, Anhörungsfehler bei Verwaltungsakten, JuS 2011, S. 577, 581; *Schemmer*, in: Bader/Ronellenfitsch, BeckOK VwVfG, § 46, Rn. 33.

[193] *Sachs*, in: Stelkens/Bonk/Sachs, VwVfG, § 46, Rn. 76; *Schöbner*, Der Ausschluss des Aufhebungsanspruchs wegen Verfahrensfehlern bei materiell-rechtlich und tatsächlich alternativlosen Verwaltungsakten, Die Verwaltung 2000, S. 447, 450 und 472.

[194] *Bülow*, Die Relativierung von Verfahrensfehlern, S. 386; *Peuker*, in: Knack/Henneke, VwVfG, § 46, Rn. 36; *Sachs*, in: Stelkens/Bonk/Sachs, VwVfG, § 46, Rn. 80a.

[195] BVerwG, Urt. v. 24.11.2011, 9 A 23.10, BVerwGE 141, 171, 173 f.

[196] *Bülow*, Die Relativierung von Verfahrensfehlern, S. 387; *Sachs*, in: Stelkens/Bonk/Sachs, VwVfG, § 46, Rn. 77; *Schemmer*, in: Bader/Ronellenfitsch, BeckOK VwVfG, § 46, Rn. 34.

[197] OVG Münster, Beschl. v. 17.07.2013, 6 A 2296/11, BeckRS 2013, 53705; *Bülow*, Die Relativierung von Verfahrensfehlern, S. 388; *Schemmer*, in: Bader/Ronellenfitsch, BeckOK VwVfG, § 46, Rn. 35.

[198] VGH München, Urt. v. 22.08.1986, 23 B 85 A. 446, NVwZ 1987, S. 729, 730; *Sachs*, in: Stelkens/Bonk/Sachs, VwVfG, § 46, Rn. 2; *Schemmer*, in: Bader/Ronellenfitsch, BeckOK VwVfG, § 46, Rn. 35.

(2) Offensichtlichkeit des fehlenden Einflusses auf die Sachentscheidung

Der Begriff der Offensichtlichkeit wird in § 46 nicht näher bestimmt. Auch die Rechtsprechung befasst sich mit diesem Tatbestandsmerkmal meist nicht näher.[199] Nach herrschender Auffassung bezieht sich das Erfordernis der Offensichtlichkeit auf den fehlenden Einfluss des Fehlers auf die Entscheidung in der Sache und nicht auf den Fehler als solchen.[200] Die fehlende Kausalität zwischen Fehler und Sachentscheidung ist dann offensichtlich, wenn sie sowohl für die Behörde als auch für den Betroffenen klar und unzweideutig erkennbar ist, sie gleichsam „ins Auge springt". Jeder Zweifel diesbezüglich muss im Ergebnis ausgeschlossen sein.[201] Hingegen kann die Annahme der Offensichtlichkeit ausgeschlossen sein, wenn „nach den Umständen des Einzelfalls die konkrete Möglichkeit bestehe, dass ohne den Verfahrensfehler eine andere Entscheidung hätte getroffen werden können".[202]

Aufgrund des effektiven Rechtsschutzes, der dem Verfahrensrecht seine herausragende Bedeutung verleiht, müssen strenge Anforderungen an das Kriterium der Offensichtlichkeit gestellt werden,[203] was zur Folge hat, dass der Anwendungsbereich der Unbeachtlichkeitsregelung des § 46 VwVfG eng begrenzt bleibt.[204]

c) Die Rechtsfolgen der Unbeachtlichkeit nach § 46 VwVfG

aa) Keine Aufhebung

Folge der Unbeachtlichkeit eines Fehlers nach § 46 VwVfG ist, dass der Anspruch auf Aufhebung des rechtswidrigen Verwaltungsakts aufgrund dieses Fehlers ausgeschlossen ist. Die Rechtswidrigkeit des Verwaltungsakts aufgrund des formellen Mangels bleibt jedoch unberührt.[205]

---

[199] Vgl. etwa OVG Münster, Beschl. 07.02.2006, 1 B 1659/05, BeckRS 2006, 21219.

[200] *Bonk*, Strukturelle Änderungen des Verwaltungsverfahrens durch das Genehmigungsverfahrensbeschleunigungsgesetz, NVwZ 1997, S. 320, 326; *Schmitz/Wessendorf*, Das Genehmigungsverfahrensbeschleunigungsgesetz – Neue Regelungen im Verwaltungsverfahrensgesetz und der Wirtschaftsstandort Deutschland, NVwZ 1996, S. 955, 958; *Schöbner*, Der Ausschluss des Aufhebungsanspruchs wegen Verfahrensfehlern bei materiell-rechtlich und tatsächlich alternativlosen Verwaltungsakten, Die Verwaltung 2000, S. 447, 467 f.

[201] *Peuker*, in: Knack/Henneke, VwVfG, § 46, Rn. 43; *Schemmer*, in: Bader/Ronellenfitsch, BeckOK VwVfG, § 46, Rn. 42; *Schwarz*, in: Fehling/Kastner/Störmer, HK-VerwR, § 46 VwVfG, Rn. 29.

[202] BVerwG, Beschl. v. 05.11.2013, 2 B 60/13, NVwZ 2014, S. 530, 531; VG Aachen, Urt. v. 29.01.2010, 9 K 1439/09, BeckRS 2010, 46675; *Schemmer*, in: Bader/Ronellenfitsch, BeckOK VwVfG, § 46, Rn. 42.

[203] *Schwarz*, in: Fehling/Kastner/Störmer, HK-VerwR, § 46 VwVfG, Rn. 29.

[204] *Hufen*, Heilung und Unbeachtlichkeit von Verfahrensfehlern, JuS 1999, S. 313, 318; *Sachs*, in: Stelkens/Bonk/Sachs, VwVfG, § 46, Rn. 84; *Schemmer*, in: Bader/Ronellenfitsch, BeckOK VwVfG, § 46, Rn. 42. *Diekötter*, Auswirkung von Verfahrensfehlern, S. 156 ist gar der Auffassung, dass § 46 VwVfG n.F. „überhaupt keinen eigenständigen Anwendungsbereich" hat.

[205] *Schwarz*, in: Fehling/Kastner/Störmer, HK-VerwR, § 46 VwVfG, Rn. 30.

bb) Kosten

§ 80 Abs. 1 S. 2 VwVfG, der die Kostenentscheidung im Falle einer Heilung nach
§ 45 VwVfG im Laufe eines Widerspruchsverfahrens regelt, trifft keine ausdrückliche Regelung für die Erstattung der Kosten im Widerspruchsverfahren für den
Fall, dass eine Aufhebung allein aufgrund § 46 VwVfG ausgeschlossen ist. Einige
Stimmen in der Literatur befürworten jedoch eine analoge Anwendung der Norm
für den Fall der Unbeachtlichkeit und möchten der Behörde die Kosten aufbür-
den.[206] Jedoch steht einer analogen Anwendung bereits der eindeutige Gesetzes-
wortlaut entgegen, sodass die Norm trotz Billigkeitserwägungen nicht entsprechend
herangezogen werden kann.[207]

Im Rahmen des gerichtlichen Verfahrens ist es hingegen möglich, das Verschulden der Behörde über § 155 Abs. 4 VwGO in der Kostenentscheidung zu berücksichtigen und der Behörde damit die Kosten aufzuerlegen.[208]

2. Das Verhältnis von § 45 VwVfG zu § 46 VwVfG

Das Verhältnis von Unbeachtlichkeit und Heilung stellt sich im deutschen Recht
wie folgt dar: Die Prüfung, ob ein Verfahrens- oder Formfehler gem. § 46 VwVfG
unbeachtlich ist, entfällt, wenn eine Heilung nach § 45 VwVfG fristgemäß eingetreten ist.[209] Ist eine Heilung nach § 45 VwVfG jedoch nicht erfolgt, kann der Aufhebungsanspruch trotzdem nach § 46 VwVfG ausgeschlossen sein, sofern dessen Voraussetzungen vorliegen.[210] § 45 VwVfG ist trotz dieses Prüfungsvorrangs nicht *lex
specialis* gegenüber § 46 VwVfG;[211] die zwei Vorschriften stehen vielmehr
nebeneinander.[212]

---

[206] *Altenmüller*, Die Kostenerstattung im Widerspruchsverfahren, DVBl. 1978, S. 285, 288; *Hufen*,
Heilung und Unbeachtlichkeit von Verfahrensfehlern, JuS 1999, S. 313, 319; *Ramsauer*, in: Kopp/
Ramsauer, VwVfG, § 80, Rn. 30 a.

[207] *Dörr*, in: Knack/Henneke,VwVfG, § 80, Rn. 35; *Hill*, Das fehlerhafte Verfahren, S. 471; *Kallerhoff*, in: Stelkens/Bonk/Sachs, VwVfG, § 80, Rn. 41.

[208] *Hill*, Das fehlerhafte Verfahren, S. 472; *Kallerhoff*, in: Stelkens/Bonk/Sachs, VwVfG, § 80,
Rn. 41.

[209] BT-Drucks. 7/910, S. 66; OVG Münster, Beschl. v. 15.12.2011, BeckRS 2011, 56769; *Heinrich*,
Behördliche Nachbesserung, S. 73; *Peuker*, in Knack/Henneke, VwVfG, § 45, Rn. 21 und § 46,
Rn. 20; *Bülow*, Die Relativierung von Verfahrensfehlern, S. 372; *Ramsauer*, in: Kopp/Ramsauer,
VwVfG, § 46, Rn. 11; *Sachs*, in: Stelkens/Bonk/Sachs, VwVfG, § 45, Rn. 18.

[210] *Bülow*, Die Relativierung von Verfahrensfehlern, S. 372; *Hill*, Das fehlerhafte Verfahren, 173;
Peuker, in: Knack/Henneke, VwVfG, § 46, Rn. 20.

[211] *Bülow*, Die Relativierung von Verfahrensfehlern, S. 373; *Peuker*, in Knack/Henneke, VwVfG,
§ 45, Rn. 21 und § 46, Rn. 20; *Sachs*, in: Stelkens/Bonk/Sachs, VwVfG, § 45, Rn. 18; *Schemmer*,
in: Bader/Ronellenfitsch, BeckOK VwVfG, § 46, Rn. 6; a.A. *Martin*, Heilung von Verfahrensfehlern, S. 271.

[212] *Ramsauer*, in: Kopp/Ramsauer, VwVfG, § 46, Rn. 11; *Sachs*, in: Stelkens/Bonk/Sachs, VwVfG,
§ 45, Rn. 18; *Schwarz*, in: Fehling/Kastner/Störmer, HK-VerwR, § 46 VwVfG, Rn. 7.

III. Zwischenfazit

Die Untersuchung hat gezeigt, dass das deutsche Verwaltungsrecht über ein detailliertes und abgestuftes System von Verfahrensfehlerfolgen verfügt. Insgesamt ist festzustellen, dass es die Möglichkeiten der Relativierung von Verfahrensfehlern großzügig ausgestaltet hat.

Besonders relevant ist dabei die Möglichkeit der isolierten Heilung nach § 45 VwVfG sowie die Fehlerbehebung im Rahmen des Widerspruchsverfahrens gem. § 68 VwGO, das in Deutschland in der Regel zwingend vor Klageerhebung durchzuführen ist. Darüber hinaus – und hierbei handelt es sich um eine Besonderheit des deutschen Rechts, insbesondere im Vergleich zum Unionsrecht – kann eine Heilung gem. § 45 Abs. 2 VwVfG auch noch im Laufe des gerichtlichen Verfahrens stattfinden. Messlatte der Heilungshandlung ist dabei der Grundsatz der „realen Fehlerheilung", der verlangt, den Betroffenen durch die Heilung so zu stellen wie er stünde, wenn der Fehler nicht begangen worden wäre. Dies erfordert zumindest, dass sich die Heilungshandlung nicht bloß in einer inhaltsleeren Förmelei erschöpft.

Nach § 46 VwVfG sind die Verletzungen von Vorschriften über Verfahren, Form oder örtliche Zuständigkeit unbeachtlich, wenn der Fehler offensichtlich die Entscheidung in der Sache nicht beeinflusst hat. Dies ist entweder der Fall, wenn rechtlich keine andere Entscheidung in der Sache möglich war, weil die Entscheidung rechtlich gebunden oder das Ermessen auf Null reduziert war. Oder der Fehler war für die Entscheidung tatsächlich nicht kausal, beispielsweise weil er keinen Einfluss auf die Ermessenserwägungen hatte. Dabei besteht eine Vermutung zu Lasten der Behörde dafür, dass der Fehler Einfluss auf den Inhalt des Verwaltungsaktes hatte.

C. Italien

I. Die Unbeachtlichkeit von Verfahrens- und Formfehlern

Mit der Reform des italienischen Verwaltungsverfahrensgesetzes im Jahre 2005[213] hat der Gesetzgeber einen Abschnitt IV-*bis* zu den Fragen der Wirksamkeit und Ungültigkeit von Verwaltungsmaßnahmen sowie zu Widerruf und Rücktritt eingefügt und damit eine Materie kodifiziert, die traditionell von der Rechtsprechung dominiert wurde. Maßgebliche Neuerungen brachte insbesondere Art. 21-*octies* mit sich, der in seinem zweiten Absatz zwei Fälle der Unbeachtlichkeit von Verfahrens- und Formfehlern regelt. In Abs. 1 wiederholt die Vorschrift zunächst den Grundsatz, dass „eine Verwaltungsmaßnahme aufgehoben werden kann, wenn sie gesetzwidrig

---

[213] Legge n. 241/1990, Nuove norme in materia di procedimento amministrativo e di diritto di accesso ai documenti amministrativi, in G.U. v. 18.08.1990. Reformiert durch legge n. 15/2005, Modifiche ed integrazioni alla legge 7 agosto 1990, n. 241, concernenti norme generali sull'azione amministrativa, in G.U. v. n. 42 vom 21.02.2005.

ist oder wegen Befugnisüberschreitung oder Unzuständigkeit fehlerhaft ist.“[214] Sodann schließt die Norm in ihrem zweiten Absatz die Aufhebung jedoch in zwei
Fällen aus:

> „Nicht aufgehoben werden kann eine Verwaltungsmaßnahme, wenn sie zwar in Wider-
> spruch zu *Verfahrens*bestimmungen oder zur vorgeschriebenen *Form* der Verwaltungs-
> akte erlassen wurde, aber wegen der *bindenden Natur* der Maßnahme *eindeutig* ist,
> dass deren *verfügender Inhalt nicht anders als der darin festgelegte hätte sein können.*
> Eine Verwaltungsmaßnahme kann außerdem nicht wegen *fehlender Mitteilung über*
> *den Beginn des Verfahrens* aufgehoben werden, wenn die Verwaltung vor Gericht nach-
> weist, dass der *Inhalt der Maßnahme nicht anders als der darin festgelegte hätte sein*
> *können.*“[215]

Die Regelung des Art. 21-*octies* Abs. 2 *legge* 241/1990 weist damit eine klare
Trennung zwischen dem ersten und zweiten Satz auf: Während Satz 1 eine allgemeine Regelung aufstellt, die die Unbeachtlichkeit eines Verfahrensfehlers im
Falle einer gebundenen Entscheidungslage statuiert, regelt Satz 2 den Spezialfall
der Verletzung der Vorschriften zur Mitteilung der Einleitung des Verfahrens, die
unabhängig von der gebundenen Rechtsnatur der Verwaltungsentscheidung unbeachtlich ist, wenn die Entscheidung in der Sache nicht anders hätte ausfallen
können.

1. Art. 21-octies Abs. 2 S. 1 legge 241/1990: Unbeachtlichkeit bei gebundener Entscheidungslage

Art. 21-*octies* Abs. 2 S. 1 *legge* 241/1990 normiert den Grundfall.[216] Die Norm sieht
vor, dass die Verletzung einer Verfahrens- oder Formvorschrift bei einer gebundenen Verwaltungsentscheidung nicht zu einer Aufhebung derselben führen kann,
wenn offensichtlich ist, dass in der Sache keine andere Entscheidung hätte getroffen
werden können.

In der Kodifikation von Art. 21-*octies* Abs. 2 S. 1 *legge* 241/1990 finden sich
zwei Rechtsfiguren wieder, die von der italienischen Lehre bzw. Rechtsprechung
entwickelt wurden. Zum einen ist offensichtlich, dass das Konzept der *irregolarità*,
das heißt der bloß geringfügigen Unregelmäßigkeit, in der Vorschrift enthalten
ist.[217] Dieses wurde von der italienischen Lehre entwickelt. Die Rechtsfigur der
irregolarità unterscheidet zwischen bloßen Formfehlern (*vizi formali*) und weitaus

---

[214] Legge sul procedimento amministrativo, L. n. 241/1990 in G.U. 18.08.1990. Übersetzung nach
http://www.provinz.bz.it/politik-recht-aussenbeziehungen/recht/sprachangelegenheiten/ueber-
setzte-staatsgesetze.asp?&someforms_action=300&someforms_image_id=106941.

[215] Legge sul procedimento amministrativo, L. n. 241/1990 in G.U. 18.08.1990. Übersetzung nach
http://www.provinz.bz.it/politik-recht-aussenbeziehungen/recht/sprachangelegenheiten/ueber-
setzte-staatsgesetze.asp?&someforms_action=300&someforms_image_id=106941.

[216] *Matteucci*, Formalismo giuridico ed invalidità formali, in: Perfetti, Le riforme della l. 7 agosto
1990, n. 241, S. 283, 290.

[217] *Galetta*, Notazioni critiche sul nuovo art. 21-octies della legge n. 241/90, S. 2 f.

schwerwiegenderen Fehlern (*vizi di natura sostanziale*).[218] Eine Verwaltungsentscheidung ist *irregolare*, wenn sie im Ergebnis zwar korrekt ist, aber verfahrensoder formfehlerhaft ergangen ist, dieser Fehler aber minimal, unwesentlich, geringfügig bzw. harmlos ist.[219] Die Verwaltungsentscheidung ist dann zwar fehlerhaft, jedoch von ihrem Erlass an wirksam und nicht rechtswidrig[220] und wird nicht aufgehoben.[221]

Zum anderen spiegelt Art. 21-*octies* Abs. 2 S. 1 *legge* 241/1990 die *regola del raggiungimento dello scopo* wieder, die als „Regel der Zweckerreichung" übersetzt werden kann.[222] Sie ist ein Leitmotiv der italienischen Rechtsprechung,[223] das sich aus Art. 156 Abs. 3 der italienischen Zivilprozessordnung entwickelt hat, der bestimmt, dass ein Akt nicht aufgehoben werden kann, wenn er den von ihm verfolgten Zweck erreicht hat. Im Verwaltungsrecht besagt diese Regel, dass ein Verfahrens- oder Formfehler dann nicht zur Rechtswidrigkeit der Verwaltungsentscheidung führen kann, wenn der von der Vorschrift verfolgte Zweck trotz ihrer Verletzung erreicht wurde.[224] Anders als die Rechtsfigur der *irregolarità* geht die *regola del raggiungimento dello scopo* davon aus, dass die Verwaltungsentscheidung aufgrund des Fehlers abstrakt rechtswidrig ist, diese Rechtswidrigkeit im konkreten Fall jedoch als irrelevant eingestuft werden kann, weil sich aufgrund einer *ex post*-Prüfung durch den Verwaltungsrichter in Bezug auf den konkreten Einzelfall herausstellt, dass der Zweck der Vorschrift trotz ihrer Verletzung erreicht wurde.[225]

[218] *Fraudatario*, Motivazione postuma, Il foro amministrativo 9 (2010) 1, S. 151, 157.

[219] Cons. Stato, 17.02.1997, sez. IV, n. 123, in: Giustizia civile 1997, S. 2644, 2646; *D'Antonio*, Alcune considerazioni in tema d'irregolarità degli atti amministrativi, Il foro amministrativo 1998, S. 3251, 3254 und 3257; *Tassone*, Contributo sul tema dell'irregolarità degli atti amministrativi, S. 84; *Marrama*, Brevi riflessioni sul tema dell'irregolarità dei provvedimenti amministrativi, Dir. Proc.Amm. 2005, S. 359, 362 f.; *Morbidelli*, Invalidità e irregolarità, AIPDA 2002, S. 79, 79; *Staffini*, Considerazioni in tema di irregolarità nell'ordinamento amministrativo, Il Consiglio di Stato 1996, S. 1573, 1573.

[220] *Morbidelli*, Invalidità e irregolarità, AIPDA 2002, S. 79, 80.

[221] *Di Mario*, Il procedimento amministrativo, S. 86.

[222] *Galetta*, Notazioni critiche sul nuovo art. 21-octies della legge n. 241/90, S. 3.

[223] *D'Antonio*, Alcune considerazioni in tema d'irregolarità degli atti amministrativi, Il foro amministrativo 1998, S. 3251, 3255.

[224] *D'Antonio*, Alcune considerazioni in tema d'irregolarità degli atti amministrativi, Il foro amministrativo 1998, S. 3251, 3255.

[225] *D'Antonio*, Alcune considerazioni in tema d'irregolarità degli atti amministrativi, Il foro amministrativo 1998, S. 3251, 3255 f.; *Chieppa/Giovagnoli*, Manuale di diritto amministrativo, S. 620; *Marrama*, Brevi riflessioni sul tema dell'irregolarità dei provvedimenti amministrativi, Dir.Proc.Amm. 2005, S. 359, 363; *Tassone*, Contributo sul tema dell'irregolarità degli atti amministrativi, S. 64.

a) Verletzung einer Verfahrens- oder Formvorschrift

Nach ihrem Wortlaut ist die Regelung des Art. 21-*octies* Abs. 2 S. 1 *legge* 241/1990
auf Verletzungen von Verfahrens- und Formvorschriften anwendbar. Daneben
wurde sie auch auf Verletzungen relativer Zuständigkeitsvorschriften angewendet,[226] das heißt auf Fälle, in denen zwar ein für das Sachgebiet zuständiges Organ
tätig wurde, jedoch der falsche Verwaltungsträger handelte.[227]
      Nach herrschender Auffassung ist Art. 21-*octies* Abs. 2 S. 1 *legge* 241/1990 je-
doch nicht auf Begründungsmängel anwendbar.[228] Denn die Begründung ist ein
wesentlicher Bestandteil der Verwaltungsentscheidung und eine wesentliche Garantie für die rechtmäßige Ausübung der Verwaltungsbefugnisse. Sie ist damit un-
ersetzlich.[229] Nur eine Mindermeinung in der Literatur[230] und der Rechtsprechung[231]
möchte Begründungsmängel unter das Tatbestandsmerkmal der „vorgeschriebenen
Form der Verwaltungsakte" des Art. 21-*octies* Abs. 2 S. 1 *legge* 241/1990 fassen
und eine Aufhebung der Verwaltungsentscheidung verneinen, wenn wenn aufgrund
des gebundenen Charakters der Verwaltungsentscheidung offensichtlich ist, dass
die Entscheidung im Ergebnis nicht anders hätte ergehen können. Dieses Problem
hängt eng mit der Rechtsfigur der sog. *motivazione postuma* zusammen, die sich
mit der Frage befasst, ob die Verwaltung die Begründung einer ihrer Entscheidungen auch erstmals im Laufe des gerichtlichen Verfahrens geben kann.[232]

b) Anwendungsbereich: Gebundene Entscheidungslage

Art. 21-*octies* Abs. 2 S. 1 *legge* 241/1990 ist seinem Wortlaut nach ausschließlich
auf gebundene Entscheidungslagen anwendbar, weshalb die Rechtsprechung die
(analoge) Anwendung auf Entscheidungen mit Ermessensspielraum bereits mehrfach ausdrücklich ausgeschlossen hat.[233]

---

[226] Cons. Stato, sez. III, 03.08.2015, n. 3791; *Chieppa/Giovagnoli*, Manuale di diritto amministrativo, S. 619.

[227] *Hahn*, Der italienische Verwaltungsakt, S. 120.

[228] *Galetta*, L'Art. 21-octies della novellata legge sul procedimento amministrativo nelle prime applicazioni giurisprudenziali, in: Sandulli, Riforma della L. 241/90/1990 e processo amministrativo,
Il foro amministrativo/TAR, Sonderheft 6/2005, S. 100 ff.

[229] Cons. Stato, sez. III, 30.04.2014, n. 2247; *Chieppa/Giovagnoli*, Manuale di diritto amministrativo, S. 619.

[230] Siehe zu den Mindermeinungen in der Lehre Nachweise bei *Galetta*, L'Art. 21-octies della no-
vellata legge sul procedimento amministrativo nelle prime applicazioni giurisprudenziali, in:
Sandulli, Riforma della L.241/90/1990 e processo amministrativo, Il foro amministrativo/TAR,
Sonderheft 6/2005, S. 100, Fn. 33.

[231] TAR Abruzzo, Pescara, sez. I, 14.04.2005, n. 185; TAR Abruzzo, Pescara, sez. I, 13.06.2005, n.
394; TAR Veneto, Venezia, sez. I, n. 2020/05.

[232] Ausführlich hierzu unter Kap. 5, C., II., 2.

[233] Cons. Stato, sez. VI, 08.11.2005, n. 6204; TAR Lazio, Roma, sez. I bis, 31.10.2005, n. 12376; TAR
Lombardia, Milano, sez. IV, 06.10.2005, n. 3954; TAR Veneto, Venezia, sez. III, 08.06.2005, n. 2427.

Die Beschränkung auf gebundene Entscheidungslagen erklärt sich mit der großen Skepsis der italienischen Verwaltungsrechtswissenschaft gegenüber dem Rechtsinstitut der Unbeachtlichkeit: Zunächst besteht Besorgnis hinsichtlich der möglichen Einschränkung verfahrensrechtlicher Garantien. Darüber hinaus herrscht auch Skepsis wegen der Tatsache, dass ein Richter mit der Aufgabe betraut wird, den Ausgang einer Ermessensausübung zu prognostizieren. Oft wird auch auf die Schwierigkeit, wenn nicht gar Unmöglichkeit hingewiesen, ein hypothetisches Urteil darüber zu fällen, wie eine Entscheidung ohne den Fehler ausgegangen wäre.[234]

Teilweise schlagen die Gerichte jedoch vor, den Anwendungsbereich der Regelung zu erweitern und auch auf Verwaltungsentscheidungen auszudehnen, die zwar im Grundsatz gebunden sind, zum Teil jedoch Ermessensspielräume belassen.[235] Dieser Vorschlag ist jedoch insbesondere in der Lehre auf Kritik gestoßen.[236]

c) Tatbestandsmerkmal der Offensichtlichkeit

Nach dem Wortlaut von Art. 21-*octies* Abs. 2 S. 1 *legge* 241/1990 muss für den Ausschluss des Aufhebungsanspruchs *eindeutig* bzw. *offensichtlich* sein, dass in der Sache keine andere Entscheidung hätte getroffen werden können. Damit ist gemeint, dass sich die Alternativlosigkeit des Entscheidungsergebnisses sowohl aus der rechtlichen als auch tatsächlichen Situation ergibt. Das bedeutet, dass die tatsächlichen Feststellungen nicht bestritten werden dürfen und in rechtlicher Hinsicht die Subsumtion des konkreten Sachverhalts unter die gesetzliche Regelung nicht besonders komplex sein darf.[237] Hierbei handelt es sich im Wesentlichen um ein Beweisproblem: Die Richter müssen zu der Überzeugung gelangen, dass die Verwaltungsentscheidung in der Sache nicht anders hätte ergehen können.[238] Der Verwaltung obliegt diesbezüglich die Beweislast.

Zum Teil misst die Rechtsprechung diesem Kriterium jedoch ein nur geringes Gewicht bei und legt es – entgegen dem ausdrücklichen Wortlaut – sehr weit und verwaltungsfreundlich aus.[239] Besonders weit entfernt sich das *Tribunale*

---

[234] *Matteucci*, Formalismo giuridico ed invalidità formali, in: Perfetti, Le riforme della l. 7 agosto 1990, n. 241, S. 283, 287 m.w.N.; *Pubusa*, Forma e sostanza nel procedimento, Diritto Pubblico 12 (2006), S. 511, 526.

[235] So beispielsweise TAR Sardegna, Cagliari, sez. I, n. 1170/05.

[236] *Galetta*, L'Art. 21-octies della novellata legge sul procedimento amministrativo nelle prime applicazioni giurisprudenziali, in: Sandulli, Riforma della L.241/90/1990 e processo amministrativo, Il foro amministrativo/TAR, Sonderheft 6/2005, S. 91, 104.

[237] *Trebastoni*, La sanatoria dell'invalidità dei provvedimenti nel processo amministrativo, Il foro amministrativo, 7 (2008) 4, S. 1293, 1298.

[238] *Galetta*, Notazioni critiche sul nuovo art. 21-octies della legge n. 241/90, S. 5.

[239] Exemplarisch TAR Campania, Salerno, sez. I, n. 789/05; TAR Emilia Romagna, Bologna, sez. II, n. 765/05; siehe hierzu auch *Füßer/Martini*, Vizi formali e annullabilità dell'atto amministrativo, S. 14 f.; *Galetta*, Italien, in: Hill/Sommermann/Stelkens/Ziekow, 35 Jahre Verwaltungsver-

Amministrativo Regionale Sicilia, Palermo vom Wortlaut der Norm: Anlässlich der Unerlässlichkeit der Verwaltungsentscheidung und dem Mangel an Ermessensspielräumen der Verwaltung kam es zu dem Schluss, dass die Verwaltungsentscheidung nicht aufgehoben werden könne, wenn es bloß „wahrscheinlich" sei, dass kein anderes Ergebnis erzielt worden wäre.[240] Diese großzügigste Auslegung ist klar *contra legem*, da sie sich vollständig vom Wortlaut der Regelung entfernt und *de facto* die den Betroffenen gewährten Verfahrensgarantien entwertet.[241]

2. Art. 21-octies Abs. 2 S. 2 legge 241/90: Unbeachtlichkeit der Verletzung der Vorschriften zur Mitteilung der Einleitung eines Verfahrens

Art. 21-*octies* Abs. 2 S. 2 *legge* 241/90 betrifft den Spezialfall der Verletzung der Vorschriften zur Mitteilung der Einleitung eines Verfahrens, der ein im italienischen Recht typischerweise auftretender Verfahrensfehler ist.[242] Die Pflicht zur Mitteilung der Einleitung eines Verfahrens an den Betroffenen ist in Art. 7 *legge* 241/1990 kodifiziert.[243] Eine fehlerhafte Mitteilung kann jedoch gem. Art. 21-*octies* Abs. 2 S. 2 *legge* 241/90 dann nicht zur Aufhebung der Verwaltungsentscheidung führen, wenn die Verwaltung im Gerichtsverfahren beweist, dass keine andere Entscheidung in der Sache hätte getroffen werden können.

---

fahrensgesetz, S. 155, 160 f.; *Galetta*, L'Art. 21-octies della novellata legge sul procedimento amministrativo nelle prime applicazioni giurisprudenziali, in: Sandulli, Riforma della L.241/90/1990 e processo amministrativo, Il foro amministrativo/TAR, Son–derheft 6/2005, S. 91, 97 f.

[240] TAR Sicilia, Palermo, sez. II, n. 941/05.

[241] *Galetta*, Italien, in: Hill/Sommermann/Stelkens/Ziekow, 35 Jahre Verwaltungsverfahrensgesetz, S. 155, 161.

[242] *Chieppa/Giovagnoli*, Manuale di diritto amministrativo, S. 619.

[243] Übersetzung nach http://www.provinz.bz.it/politik-recht-aussenbeziehungen/recht/sprachange-legenheiten/uebersetzte-staatsgesetze.asp?&someforms_action=300&someforms_image_ id=106941: „Sofern es nicht wegen der besonderen Dringlichkeit des Verfahrens unmöglich ist, wird die Einleitung des Verfahrens nach den in Art. 8 angeführten Modalitäten jenen Rechtssubjekten mitgeteilt, gegenüber denen die abschließende Maßnahme direkte Wirkungen entfalten wird, sowie jenen, die sich am Verfahren kraft Gesetzes beteiligen müssen. Falls bestimmten oder leicht bestimmbaren Rechtssubjekten, die nicht direkt Betroffene sind, aus einer Maßnahme ein Nachteil erwachsen könnte, ist die Verwaltung angehalten, diese in derselben Art und Weise über den Beginn des Verfahrens zu benachrichtigen, immer vorausgesetzt, dass keine besondere Dringlichkeit vorliegt. In den Fällen laut Abs. 1 bleibt für die Verwaltung die Möglichkeit aufrecht, auch vor Versand der im selben Absatz genannten Mitteilungen Sicherungsmaßnahmen zu treffen."

a) Anwendungsbereich: Sowohl Ermessens- als auch gebundene
Entscheidungen

Art. 21-*octies* Abs. 2 S. 2 *legge* 241/90 stellt im Wesentlichen eine Kodifikation und
Weiterentwicklung der Rechtsprechung dar. Denn die Gerichte hatten sich besonders ausführlich mit der unterlassenen Mitteilung der Einleitung eines Verfahrens
auseinandergesetzt.[244] Dabei legten sie Art. 7 *legge* 241/1990 nach seinem Sinn und
Zweck aus, was zu einer Einschränkung seines Anwendungsbereichs führte.[245]

Zusammengefasst führte die unterlassene Mitteilung der Einleitung eines Verfahrens nach der Rechtsprechung vor der Kodifikation von Art. 21-*octies* Abs. 2 S. 2
legge 241/90 in zwei Fällen nicht zur Aufhebung der verfahrensabschließenden Entscheidung: Erstens dort, wo die von der Mitteilung der Einleitung eines Verfahrens
verfolgte Funktion trotz ihrer Unterlassung gleichwohl erreicht wurde. Dies schließt
die Aufhebung einer Verwaltungsentscheidung aus, wenn der Betroffene trotz der
fehlenden Mitteilung im Verfahren eingeschritten ist, das heißt, anderweitig recht-
zeitige Kenntnis von der Verfahrenseinleitung erlangt hat. Zweitens dort, wo die
aufgrund der unterlassenen Mitteilung fehlende Mitwirkung nicht fähig gewesen
wäre, auf die Entscheidungsfindung der Verwaltung Einfluss zu nehmen. Dies ist
bei gebundenen Entscheidungssituationen der Fall.[246] Das *Tribunale Amministrativo Regionale Sicilia* führte beispielsweise aus, dass die fehlende Mitteilung der
Einleitung des Verfahrens dann nicht zur Aufhebung der Verwaltungsentscheidung
führen könne, wenn die Beteiligung des Betroffenen am Verwaltungsverfahren
keine Erkenntnisse hätte beitragen können, die geeignet gewesen wären, sich auf
eine für den Betroffenen günstige Art und Weise auf die verfahrensabschließende
Entscheidung auszuwirken.[247] Schon vor der Gesetzesnovelle und Einführung von
Art. 21-*octies* Abs. 2 S. 2 *legge* 241/1990 im Jahr 2005 lehnte die Rechtsprechung
die Aufhebung einer Verwaltungsentscheidung aufgrund einer unterlassenen Mitteilung der Einleitung eines Verfahrens ab, wenn es sich um eine gebundene Entscheidungslage handelte. So entschied beispielsweise der Staatsrat im Zusammenhang mit Verfahren der Ausweisung von Staatsangehörigen aus Drittländern, dass
die Notwendigkeit der Mitteilung der Einleitung des Verfahrens aufgrund des gebundenen Charakters der Ausweisungsentscheidung nicht notwendig sei.[248] Die Gerichte betonten aber zugleich, dass die Pflicht der Mitteilung der Einleitung des
Verfahrens weiterhin auch in Bezug auf gebundene Entscheidungen gelte.[249]

---

[244] Vgl. hierzu beispielsweise *Caringella*, Corso di diritto amministrativo, T. II, S. 1996 ff.; *Füßer/ Martini*, Vizi formali e annullabilità dell'atto amministrativo, S. 11 f.

[245] *Caringella*, Corso di diritto amministrativo, T. II, S. 2005.

[246] *Caringella*, Corso di diritto amministrativo, T. II, S. 2005 f.

[247] TAR Sicilia, Palermo, sez. I, 05.03.2004, n. 466 mit Verweis auf Cons. Stato, sez. V, 03.07.2003, n. 3969 und Cons. Stato, 17.03.2003, n. 1357.

[248] Cons. Stato, sez. IV, n. 1381/2001 mit Verweis auf Cons. Stato, sez. IV, 26.10.1999, n. 1625.

[249] Cons. Stato, sez. V, 23.04.1998, n. 474.

Wie aus dem Wortlaut „außerdem"[250] des Art. 21-*octies* Abs. 2 S. 2 *legge* 241/1990 hervorgeht, bezieht sich die Regelung sowohl auf Ermessens- als auch auf gebundene Entscheidungen. Dies leuchtet ein, da Abs. 2 S. 2 sonst auch eine bloße Wiederholung von Abs. 2 S. 1 wäre.[251] Dies stellt eine erhebliche Neuerung im Vergleich zu der Handhabung dieses Fehlers vor der Reform dar: Während die Rechtsprechung eine Aufhebung zuvor nur ausschloss, wenn es sich um eine gebundene Entscheidung handelte, findet die Unbeachtlichkeitsregelung des Art. 21-*octies* Abs. 2 S. 2 *legge* 241/90 nunmehr sowohl auf Ermessens- als auch gebundene Verwaltungsentscheidungen Anwendung.[252]

b) Die Beweislastverteilung

Viel diskutiert wird die Beweislastregelung des Art. 21-*octies* Abs. 2 S. 2 *legge* 241/90. Gewissermaßen als Ausgleich für die Erstreckung auf Ermessensentscheidungen legt der eindeutige Wortlaut der Verwaltung im gerichtlichen Verfahren den Nachweis auf, dass der Inhalt der Maßnahme auch mit erfolgter Eröffnungsmitteilung nicht anders als der darin tatsächlich festgelegte hätte sein können.

Teile der Rechtsprechung haben auf eine enge und strenge Auslegung der Beweislastverteilung zulasten der Verwaltung gedrängt.[253] Begründet wurde dies insbesondere mit verfassungsrechtlichen Bedenken bei einer weiten Auslegung der Vorschrift. Befürchtet wurde vor allem eine Verletzung von Art. 113 der italienischen Verfassung, der den Rechtsweg gegen Akte der öffentlichen Verwaltung garantiert und es verbietet, den Rechtsschutz auszuschließen oder zu beschränken, sowie von Art. 24, der den Rechtsweg zu den staatlichen Gerichten garantiert.[254] Oft wurde diese enge Auslegung von den Gerichten auch beherzigt, insbesondere im Falle von Ermessensentscheidungen.[255] So müsse – gemäß eines Urteils des *Tribunale Amministrativo Regionale Puglia* – das Gericht zu der Auffassung gelangen, dass es „unüberwindbar" ausgeschlossen sei, dass ein hypothetisches alternatives Verfahren anders ausgefallen wäre.[256]

---

[250] „*Comunque*". Kann auch mit „jedenfalls" übersetzt werden.

[251] *Füßer/Martini*, Vizi formali e annullabilità dell'atto amministrativo, S. 8.

[252] Exemplarisch TAR Campania, Napoli, sez. II, n. 5226/2005; siehe auch *Chieppa/Giovagnoli*, Manuale di diritto amministrativo, S. 619.

[253] So spricht TAR Sardegna, sez. II, n. 1386/05 von der Notwendigkeit einer „interpretazione restrittiva e rigorosa".

[254] Exemplarisch TAR Sardegna, sez. II, n. 1386/05.

[255] Exemplarisch TAR Sardegna, Cagliari, sez. II, n. 483/05; TAR Campania, Napoli, sez. II, n. 5226/2005; siehe auch TAR Puglia, Bari, sez. III, n. 1332/05.

[256] TAR Puglia, Bari, sez. III, 25.03.2005, n. 1332.

Die herrschende Rechtsprechung legt den Zwischensatz „wenn die Verwaltung im Gerichtsverfahren beweist" jedoch sehr großzügig und verwaltungsfreundlich aus und lässt dabei die Verfahrensgarantien des Fehlerbetroffenen weitgehend außer Acht.[257] Beispielsweise nahm der Staatsrat in einem seiner ersten Urteile zu Art. 21-*octies legge* 241/1990 auf die zentrale Frage, ob die Verwaltung die ihr aufgebürdete Beweislast erfüllt habe, gar keine Stellung, sondern beschränkte sich darauf, selbst festzustellen, dass der Klagegrund der unterlassenen Mitteilung der Einleitung eines Verfahrens keinen Erfolg habe. Denn im Laufe des gerichtlichen Verfahrens habe sich ergeben, dass das Ergebnis der Verwaltungsentscheidung nicht anders hätte ausfallen können.[258] Mehr noch: Einige Verwaltungsrichter legen die Vorschrift gar so aus, dass sie die Beweislast zu Lasten des Klägers und zu Gunsten der Verwaltung umkehren.[259] Diese ausgedehnte Auslegung ist *contra legem* und entwertet *de facto* die den Betroffenen gewährten Verfahrensgarantien.[260]

3. Rechtsfolgen

a) Keine Aufhebung

Folge der Unbeachtlichkeit nach Art. 21-*octies* Abs. 2 *legge* 241/1990 ist, dass die Verwaltungsentscheidung zwar weiterhin rechtswidrig bleibt, dies jedoch keine Konsequenzen nach sich zieht. Die Verwaltungsentscheidung wird nicht aufgehoben.[261]

---

[257] Siehe hierzu *Füßer/Martini*, Vizi formali e annullabilità dell'atto amministrativo, S. 14 f.; *Galetta*, Italien, in: Hill/Sommermann/Stelkens/Ziekow, 35 Jahre Verwaltungsverfahrensgesetz, S. 155, 160 f.; *Galetta*, L'Art. 21-octies della novellata legge sul procedimento amministrativo nelle prime applicazioni giurisprudenziali, in: Sandulli, Riforma della L. 241/90/1990 e processo amministrativo, Il foro amministrativo/TAR, Sonderheft 6/2005, S. 91, 98 f.

[258] Cons. Stato, sez. IV, 15.03.2005, n. 3124.

[259] Siehe beispielsweise TAR Campania, Salerno, sez. I, 27.01.2005, n. 671; TAR Emilia Romagna, Parma, sez. I, n. 291/05; TAR Piemonte, Torino, sez. II, n. 1649/05; TAR Lazio, Roma, sez. I-ter, n. 4269/05; TAR Campania, Napoli, sez. IV, n. 7114/05; siehe auch *Galetta*, L'Art. 21-octies della novellata legge sul procedimento amministrativo nelle prime applicazioni giurisprudenziali, in: Sandulli, Riforma della L.241/90/1990 e processo amministrativo, Il foro amministrativo/TAR, Sonderheft 6/2005, S. 91, 98 f.

[260] *Galetta*, Italien, in: Hill/Sommermann/Stelkens/Ziekow, 35 Jahre Verwaltungsverfahrensgesetz, S. 155, 161.

[261] *Galetta*, L'Art. 21-octies della novellata legge sul procedimento amministrativo nelle prime applicazioni giurisprudenziali, in: Sandulli, Riforma della L.241/90/1990 e processo amministrativo, Il foro amministrativo/TAR, Sonderheft 6/2005, S. 91, 103; *Trebastoni*, La sanatoria dell'invalidità dei provvedimenti nel processo amministrativo, Il foro amministrativo, 7 (2008) 4, S. 1293, 1296.

b) Kosten

In bisher ergangenen Urteilen wurde die Verwaltung trotz Rechtswidrigkeit ihrer Entscheidung nicht zur Kostentragung verurteilt, wenn eine Verwaltungsentscheidung im Rahmen des gerichtlichen Verfahrens aufgrund einer Unbeachtlichkeit nach Art. 21-*octies* Abs. 2 *legge* 241/1990 nicht aufgehoben wurde. Vielmehr wurden die Gerichtskosten aufgerechnet. Die Kostenfolge könnte auch noch darüber hinausgehen: Nach geltendem Recht spräche nichts dagegen, dem unterliegenden Teil die gesamten Kosten aufzuerlegen.[262] Diese Rechtslage hat – trotz ihrer ins Auge springenden Unbilligkeit – bislang kaum Kritik erfahren.

4. Kritik an der Gesetzesreform

Mehr als einmal hatte der italienische Gesetzgeber betont, dass die Reform des Verwaltungsverfahrensgesetzes zum Ziel hatte, das italienische System der Unbeachtlichkeit dem System anderer europäischer Staaten anzugleichen.[263] Für die Regelung des Art. 21-*octies legge* 241/1990 stand daher auch § 46 des deutschen VwVfG maßgeblich Modell.[264] Die neue Regelung stellt eine Mischform des § 46 VwVfG in den Fassungen vor und nach der Reform des deutschen Verwaltungsverfahrensrechts im Jahr 1996 dar.[265]

Die Übernahme des § 46 VwVfG in seiner alten Fassung – einer Norm, die bereits im deutschen Recht für viel Kontroverse gesorgt hat – in Art. 21-*octies* Abs. 2 S. 1 *legge* 241/1990 stößt in der italienischen Rechtswissenschaft allerdings nicht auf Begeisterung.[266] Bemängelt wird vor allem, dass die Regelung nicht in das italienische verwaltungsverfahrensrechtliche System passe: So verfüge das italie-

---

[262] Vgl. TAR Veneto, sez. II, n. 3430/05; *Galetta*, L'Art. 21-octies della novellata legge sul procedimento amministrativo nelle prime applicazioni giurisprudenziali, in: Sandulli, Riforma della L. 241/90/1990 e processo amministrativo, Il foro amministrativo/TAR, Sonderheft 6/2005, S. 91, 93.

[263] Vgl. *Marrama*, Brevi riflessioni sul tema dell'irregolarità dei provvedimenti amministrativi, Dir. Proc.Amm. 2005, S. 359, 373.

[264] Siehe *Camera dei Deputati*, Relazione della I Commissione Permanente, n. 3890-1160-2574-A v. 06.11.2003, S. 10 f., abrufbar unter http://leg14.camera.it/_dati/leg14/lavori/stampati/pdf/14PDL0050950.pdf; siehe auch *Galetta*, Notazioni critiche sul nuovo art. 21-octies della legge n. 241/90, S. 5; *Matteucci*, Formalismo giuridico ed invalidità formali, in: Perfetti, Le riforme della l. 7 agosto 1990, n. 241, S. 283, 286; *Tropea*, La c.d. motivazione „successiva" tra attività di sanatoria e giudizio amministrativo, Dir. Amm. 2003, S. 531, 563.

[265] *Galetta*, Italien, in: Hill/Sommermann/Stelkens/Ziekow, 35 Jahre Verwaltungsverfahrensgesetz, S. 155, 160.

[266] Siehe beispielsweise *Fracchia/Occhiena*, Teoria dell'invalidità dell'atto amministrativo e art. 21-octies, l. 241/1990: quando il legislatore non può e non deve, S. 41 ff.; *Galetta*, L'Art. 21-octies della novellata legge sul procedimento amministrativo nelle prime applicazioni giurisprudenziali, in: Sandulli, Riforma della L. 241/90/1990 e processo amministrativo, Il foro amministrativo/TAR, Sonderheft 6/2005, S. 91, 106; *Galetta*, Notazioni critiche sul nuovo art. 21-octies della legge n. 241/90, S. 3 ff.

nische Recht weder über ein zwingendes verwaltungsrechtliches Vorverfahren,[267] noch über weitreichende Heilungsmöglichkeiten.[268] Das deutsche Recht hingegen stelle Mechanismen bereit, die es erlaubten, seltener auf die Unbeachtlichkeitsregelung zurückgreifen zu müssen. So sieht § 68 VwGO ein zwingendes verwaltungsrechtliches Vorverfahren vor. Auch würden die meisten Verfahrens- und Formfehler im deutschen Verwaltungsrecht gem. § 45 VwVfG geheilt, was den Rückgriff auf die Unbeachtlichkeitsregelung häufig obsolet mache. Eine Heilung finde im italienischen Verwaltungsrecht nur sehr restriktiv Anwendung. Zudem verfüge das italienische Verwaltungsrecht über keine § 80 Abs. 1 VwVfG vergleichbare Regelung, sodass die Gerichte der Verwaltung nicht die Kostentragung auferlegten, wenn der Kläger nur deshalb keinen Erfolg hatte, weil der Verfahrens- oder Formfehler unbeachtlich war.[269] Schließlich gelte im italienischen Verwaltungsprozess im Gegensatz zu Deutschland nicht der Amtsermittlungsgrundsatz,[270] sodass der italienische Richter nicht autonom alle Phasen des Verwaltungsverfahrens durchgehen könne, was jedoch unumgänglich sei um zu beurteilen, ob der Inhalt der Verwaltungsmaßnahme nicht anders als der darin festgelegte hätte sein können.[271]

II. Die Heilung von Verfahrens- und Formfehlern

Eine weitaus geringere Bedeutung im Vergleich zur Unbeachtlichkeit kommt der Rechtsfigur der Heilung zu. Das italienische Verwaltungsrecht hält eine Vielfalt von verschiedenen Heilungsmöglichkeiten bereit. Sie werden unter dem Oberbegriff der *convalescenza* zusammengefasst, der sich in die drei Rechtsfiguren der *sanatoria (in senso stretto), convalida* und *ratifica* unterteilt.[272] Dabei beschreibt

---

[267] *von Danwitz*, Europäisches Verwaltungsrecht, S. 75; *Groß*, Konvergenzen des Verwaltungsrechtsschutzes in der Europäischen Union, Die Verw 33 (2000), S. 415, 424.

[268] Zur Heilung im italienischen Verwaltungsrecht siehe Kap. 5, C., II.

[269] Zur Kritik siehe *Chieppa/Giovagnoli*, Manuale di diritto amministrativo, S. 621; *Füßer/Martini*, Vizi formali e annullabilità dell'atto amministrativo, S. 60 f.; *Galetta*, L'Art. 21-octies della novellata legge sul procedimento amministrativo nelle prime applicazioni giurisprudenziali, in: Sandulli, Riforma della L. 241/90/1990 e processo amministrativo, Il foro amministrativo/TAR, Sonderheft 6/2005, S. 91, 93 und 106; *Galetta*, Notazioni critiche sul nuovo art. 21-octies della legge n. 241/90, S. 5 f.

[270] Im italienischen Verwaltungsprozess gilt der Beibringungsgrundsatz, siehe *von Danwitz*, Europäisches Verwaltungsrecht, S. 81.

[271] *Marrama*, Brevi riflessioni sul tema dell'irregolarità dei provvedimenti amministrativi, Dir. Proc.Amm. 2005, S. 359, 373 f.

[272] *Delpino/Del Giudice*, Manuale di diritto amministrativo, S. 428; *Di Mario*, Il procedimento amministrativo, S. 99; *Santaniello*, Convalida, in: Enciclopedia del Diritto, Bd. X, S. 503. Anders *Landi/Potenza*, Manuale, S. 322, die *convalida* als Oberbegriff für *ratifica* und *sanatoria* nennen. Anders auch *Vignocchi/Ghetti*, Corso di diritto pubblico, S. 665, die *sanatoria* als Oberbegriff für *ratifica* und *convalida* begreifen. Insgesamt besteht eine erhebliche terminologische Unklarheit

jedoch nur die *sanatoria*[273] die isolierte Heilung von Verfahrens- und Formfehlern. Die *convalida* – die im Zuge der Reform des italienischen Verwaltungsverfahrensgesetzes im Jahre 2005 ausdrücklich in Art. 21-*nonies* Abs. 2 *legge* 241/1990 kodifiziert wurde[274] – bezeichnet hingegen den Erlass eines neuen, eigenständigen und konstitutiven Verwaltungsakts durch die Ausgangsbehörde, der sich auf die Regelung der verfahrens- oder formfehlerhaften Ausgangsentscheidung bezieht und diese bestätigt, zugleich aber deren Verfahrens- oder Formfehler beseitigt.[275] Die *ratifica* befasst sich ausschließlich mit Zuständigkeitsmängeln: Eine zuständige Behörde genehmigt hier durch den Erlass einer neuen, konstitutiven Verwaltungsentscheidung[276] eine Entscheidung, die ursprünglich von einem für das Sachgebiet zuständigen Organ, jedoch vom falschen Verwaltungsträger erlassen wurde.[277]

Daneben befasst sich das italienische Recht unter dem Stichwort der sog. *motivazione postuma* mit der Heilung einer fehlenden Begründung im Laufe eines gerichtlichen Verfahrens.[278]

1. Sanatoria: Die isolierte Heilung von Verfahrens- und Formfehlern

Die Rechtsfigur der *sanatoria* im engeren Sinne beschreibt die isolierte Nachholung einer im Laufe des Verwaltungsverfahrens rechtswidrig unterlassenen oder fehlerhaft vorgenommenen vorbereitenden Verfahrenshandlung nach Erlass der

---

und Heterogenität, siehe *Vasta,* Convalida e vizi sostanziali: Un ipotesi ricostruttiva, Diritto Pubblico 2014, S. 953, 957, Fn. 14. Auf Deutsch können die verschiedenen Begriffe nur einheitlich mit dem Wort Heilung übersetzt werden, da die Nuancen des italienischen Rechts im deutschen Recht keine Entsprechung finden.

[273] Hierzu unter Kap. 5, C., II., 1.

[274] Übersetzung nach http://www.provinz.bz.it/politik-recht-aussenbeziehungen/recht/sprachangelegenheiten/uebersetzte-staatsgesetze.asp?&someforms_action=300&someforms_image_id=106941: „Die Heilung einer aufhebbaren Verwaltungsmaßnahme ist möglich, wenn sie durch das öffentliche Interesse begründet ist und innerhalb einer vernünftigen Frist erfolgt."

[275] *Delpino/Del Giudice,* Manuale di diritto amministrativo, S. 428; *Hahn,* Der italienische Verwaltungsakt, S. 153; *Di Mario,* Il procedimento amministrativo, S. 99; *Santaniello,* Convalida, in: Enciclopedia del Diritto, Bd. X, S. 503; *Vasta,* Convalida e vizi sostanziali: Un ipotesi ricostruttiva, Diritto Pubblico 2014, S. 953, 954; siehe auch TAR Veneto, Venezia, sez. II, 16.06.2008, n. 1736.

[276] *Delpino/Del Giudice,* Manuale di diritto amministrativo, S. 429; *Di Mario,* Il procedimento amministrativo, S. 99; *Vignocchi/Ghetti,* Corso di diritto pubblico, S. 665.

[277] *Hahn,* Der italienische Verwaltungsakt, S. 154; *Di Mario,* Il procedimento amministrativo, S. 99; *Santaniello,* Convalida, in: Enciclopedia del Diritto, Bd. X, S. 503; *Santaniello,* Ratifica, in: Enciclopedia del Diritto, Bd. XXXVIII, S. 706; *Vignocchi/Ghetti,* Corso di diritto pubblico, S. 665.

[278] Hierzu unter Kap. 5, C., II., 2.

Verwaltungsentscheidung, die die Heilung dieses Fehlers bewirkt.[279] Sie erfordert nicht den Erlass einer neuen, selbstständigen Verwaltungsentscheidung,[280] sondern kann als eine Art Modifikation des Ausgangsbescheids begriffen werden.

a) Voraussetzungen

aa) Keine Nichtigkeit

Voraussetzung der *sanatoria* ist zuvörderst, dass die zu heilende Verwaltungsentscheidung nicht nichtig ist.[281]

bb) Herstellung eines gleichwertigen Zustands

Da die *sanatoria* eine Umkehrung der gesetzlich vorgesehenen, chronologischen Verfahrensreihenfolge darstellt, ist sie nur dann möglich, wenn diese Umkehrung nicht Verfahrensgarantien des Betroffenen oder unabdingbare Verfahrensbestimmungen verletzt.[282] Daher muss ein Vergleich der bestehenden Situation mit der Situation, die bestanden hätte, wenn die Verfahrenshandlung an ihrem ursprünglich angestammten Platz durchgeführt worden wäre, in jedem Einzelfall zeigen, dass die bestehende Situation für den Betroffenen nicht nachteilhaft ist und dass keine unabdingbaren Verfahrensbestimmungen verletzt wurden.[283] Ferner kann eine *sanatoria* nur dann stattfinden, wenn Sinn und Zweck der unterlassenen Verfahrenshandlung auch nachträglich noch erreicht werden können, sodass die nachträgliche Vornahme die Verfahrensvorschrift nicht ihrer Bedeutung entleert.[284]

---

[279] *Casetta*, Manuale di diritto amministrativo, S. 550; *Clarich*, Manuale di diritto amministrativo, S. 220; *Delpino/Del Giudice*, Manuale di diritto amministrativo, S. 430; *Hahn*, Der italienische Verwaltungsakt, S. 155; *Landi/Potenza*, Manuale di diritto amministrativo, S. 323; *Di Mario*, Il procedimento amministrativo, S. 99; *Santaniello*, Convalida, in: Enciclopedia del Diritto, Bd. X, S. 503.

[280] *Michetti*, La motivazione del provvedimento amministrativo impugnato, S. 29; *Santaniello*, Sanatoria, in: Enciclopedia del Diritto, Bd. XLI, S. 243.

[281] *Caringella*, Corso di diritto amministrativo, S. 1901 f.; *Hahn*, Der italienische Verwaltungsakt, S. 129.

[282] *Michetti*, La motivazione del provvedimento amministrativo impugnato, S. 31; *Santaniello*, Sanatoria, in: Enciclopedia del Diritto, Bd. XLI, S. 244.

[283] *Sandulli*, Il procedimento amministrativo, S. 352; *Santaniello*, Sanatoria, in: Enciclopedia del Diritto, Bd. XLI, S. 244.

[284] *Landi/Potenza*, Manuale di diritto amministrativo, S. 323; *Sandulli*, Il procedimento amministrativo, S. 346 ff.; *Santaniello*, Sanatoria, in: Enciclopedia del Diritto, Bd. XLI, S. 244. So formulierte die Corte conti, sez. contr., 22.11.1991, n. 108, dass eine *sanatoria* immer dann nicht zulässig sei, wenn „non sia possibilie far venir meno, con atto successivo, i difetti che viziano l'atto invalido."

cc) Heilbare Fehler

Vor diesem Hintergrund sind grundsätzlich alle Verfahrens- und Formfehler im Wege der *sanatoria* heilbar. Das italienische Verwaltungsrecht erlaubt insbesondere die Nachholung von Genehmigungen[285] und technischen Ermittlungen, wie beispielsweise eines technischen Gutachtens[286] im Wege der *sanatoria*.

Umstritten ist hingegen beispielsweise, ob ein Antrag[287] nachträglich gestellt werden kann. Ein Teil der Lehre möchte dies zulassen.[288] Sofern die zuständige Behörde im Sinne des (nachträglich) gestellten Antrags entschieden habe und sie in der Lage gewesen sei, das Begehren des Antragstellers zu beurteilen, sei die von einem Antrag verfolgte Funktion, den Erlass einer bestimmten Verwaltungsentscheidung durch eine bestimmte Stelle auszulösen, erreicht worden.[289] Ein anderer Teil der Lehre lehnt eine solche Nachholung hingegen ab. Er argumentiert, dass ein Antrag eine Willensäußerung sei, deren Freiwilligkeit kompromittiert sei, wenn die öffentliche Gewalt ihren Willen bereits kundgetan habe.[290]

Umstritten ist ferner, ob die Stellungnahme einer anderen Behörde[291] nach Erlass der Verwaltungsentscheidung nachgeholt werden kann. Die herrschende Lehre[292] und Rechtsprechung[293] lehnen dies ab, da die Stellungnahme notwendigerweise einen „präventiven Charakter" habe. Die Funktion einer Stellungnahme, der Behörde die notwendigen Informationen zur Entscheidungsfindung zu liefern, könne nicht mehr erreicht werden, wenn sie erst nach Erlass der Verwaltungsentscheidung erfolge. Die Behörde müsse in der Lage sein, die Stellungnahme bei ihrer Entscheidungsfindung zu berücksichtigen. Daher liege es in der Natur einer Stellungnahme, dass sie vor Erlass einer Verwaltungsentscheidung vorliegen müsse.

---

[285] *Autorizzazioni tardive*, siehe *Delpino/Del Giudice*, Manuale di diritto amministrativo, S. 430; *Landi/Potenza*, Manuale di diritto amministrativo, S. 323; *Santaniello*, Sanatoria, in: Enciclopedia del Diritto, Bd. XLI, S. 244.

[286] *Accertamenti tecnici*, siehe *Delpino/Del Giudice*, Manuale di diritto amministrativo, S. 430; *Santaniello*, Sanatoria, in: Enciclopedia del Diritto, Bd. XLI, S. 244.

[287] *Atto di iniziativa e di propulsione, in particolare la proposta.*

[288] *Delpino/Del Giudice*, Manuale di diritto amministrativo, S. 430; *Sandulli*, Il procedimento amministrativo, S. 356 f.

[289] *Sandulli*, Il procedimento amministrativo, S. 356 f.

[290] *Landi/Potenza*, Manuale di diritto amministrativo, S. 323.

[291] *Parere.*

[292] *Delpino/Del Giudice*, Manuale di diritto amministrativo, S. 430; *Landi/Potenza*, Manuale di diritto amministrativo, S. 323; *Di Mario*, Il procedimento amministrativo, S. 99; *Santaniello*, Sanatoria, in: Enciclopedia del Diritto, Bd. XLI, S. 244; *Sandulli*, Il procedimento amministrativo, S. 357 f.

[293] Cons. Stato, Ad. plen., 09.03.1984, n. 5, in: Foro it., 1985, S. 22; Cons. Stato, 12.06.1998, n. 941.

dd) Zeitliche Schranken

Die Heilung von Verfahrens- und Formfehlern ist im italienischen Verwaltungsrecht im Wesentlichen ein Instrument der Eigenkontrolle der Verwaltung, dem sog. *potere di autotutela*. Mit ihr kann die Verwaltung innerhalb ihres Zuständigkeitsbereichs eventuell auftretende Konflikte in Bezug auf Verwaltungsentscheidungen selbst lösen, indem sie einseitig und von Amts wegen innerhalb ihres Machtbereichs tätig wird.[294] Dies kann sie entweder, indem sie die Verwaltungsentscheidung aufhebt, oder – gleichsam als zweite Seite derselben Medaille – sie mittels Heilung „am Leben erhält" und damit jedenfalls Rechtssicherheit schafft.

Die Heilung ist damit Ausdruck des sog. *principio di conservazione dell'atto amministrativo*, dem Grundsatz der Aufrechterhaltung von Verwaltungsentscheidungen oder – allgemeiner gesprochen – des sog. *principio della conservazione dei valori giuridici*, der als Grundsatz der Erhaltung von Rechtswirkungen übersetzt werden kann. Dieser Grundsatz stammt ursprünglich aus dem Zivilrecht, beansprucht jedoch auch im Verwaltungsrecht Geltung. Auf seiner Basis soll die Verwaltung, bevor sie eine Entscheidung aufhebt, prüfen, ob die Möglichkeit besteht, diese irgendwie aufrechtzuerhalten.[295] Seiner verwaltungsrechtlichen Ausprägung liegen der Grundsatz der Verwaltungseffizienz (sog. *principio di economicità dell'azione amministrativa*), sowie das Verbot der Erschwerung des Verfahrens bzw. das Gebot der Einfachheit des Verfahrens (sog. *divieto di aggravamento del procedimento*) zugrunde.[296]

Umgekehrt ist eine *sanatoria* ausgeschlossen, wenn sich die Verwaltungsentscheidung nicht mehr im Machtbereich der Verwaltung befindet, sondern bereits Gegenstand eines gerichtlichen Verfahrens geworden ist.[297] Grund dafür ist, dass die *sanatoria* und das gerichtliche Verfahren im italienischen Recht traditionell in einem Alternativverhältnis stehen, sodass die Eröffnung des gerichtlichen Verfahrens stets das Ende der Möglichkeit einer *sanatoria* markiert.[298]

---

[294] Allgemein zum *potere di autotutela*: *Caringella*, Corso di diritto amministrativo, T. II, S. 2110; *Delpino/Del Giudice*, Manuale di diritto amministrativo, S. 420 und 428.

[295] Zum *principio della conservazione dei valori giuridici* oder *principio di conservazione dell'atto amministrativo* siehe *Chieppa/Giovagnoli*, Manuale di diritto amministrativo, S. 652; ausführlich *Michetti*, La motivazione del provvedimento amministrativo impugnato, S. 1 ff.; *Sandulli*, Il procedimento amministrativo, S. 351; *Santaniello*, Sanatoria, in: Enciclopedia del Diritto, Bd. XLI, S. 243; *Vasta*, Convalida e vizi sostanziali: Un ipotesi ricostruttiva, Diritto Pubblico 2014, S. 953, 957; siehe auch TAR Lazio, 08.05.2008, sez. I, n. 3737.

[296] *Santaniello*, Sanatoria, in: Enciclopedia del Diritto, Bd. XLI, S. 243.

[297] Cons. Stato, sez. V, 14.03.1994, n. 165, in: Foro amministrativo 1994, S. 460; Cons. Stato, 26.06.1992, sez. V., n. 581, in: Foro amministrativo 1992, S. 1378; *Italia*, Atti, procedimenti, documentazione, S. 1669.

[298] *Tropea*, La c.d. motivazione „successiva" tra attività di sanatoria e giudizio amministrativo, Dir. Amm. 2003, S. 531, 534.

b) Rechtsfolgen

Rechtsfolge der *sanatoria* ist, dass die Verwaltungsentscheidung in Bezug auf den geheilten Fehler rechtmäßig wird und nicht mehr aufgrund dessen vor Gericht aufgehoben werden kann. Nach der Rechtsprechung kommt der *sanatoria* eine Wirkung *ex tunc* zu.[299]

2. Motivazione postuma: Heilung eines Begründungsausfalls im gerichtlichen Verfahren?

Lange Zeit war dem italienischen Verwaltungsrecht eine allgemeine Begründungspflicht unbekannt.[300] Nur in spezialgesetzlich ausdrücklich angeordneten Fällen bestand eine Begründungspflicht.[301] Unter Einflüssen des Gemeinschaftsrechts[302] etablierte sich jedoch ein umfassender gesetzlicher Grundsatz der allgemeinen Begründungspflicht: Nach Art. 3 Abs. 1 *legge* 249/1990[303] muss nunmehr jeder Verwaltungsakt begründet werden. Insbesondere Individualentscheidungen sind ausnahmslos zu begründen.[304] Dabei stellt die Begründung ein *elemento essenziale* – das heißt ein wesentliches Element der Verwaltungsentscheidung – dar.[305]

Die Frage, ob die Verwaltung die Begründung einer Verwaltungsentscheidung auch erstmals im Laufe des gerichtlichen Verfahrens geben kann, wird in der italienischen Rechtsordnung unter dem Stichwort *motivazione postuma* oder *motiva-*

---

[299] Cons. Stato, sez. IV, 17.06.2003, n. 3448. So auch *Chieppa/Giovagnoli*, Manuale di diritto amministrativo, S. 653; *Michetti*, La motivazione del provvedimento amministrativo impugnato, S. 32; *Sandulli*, Manuale di diritto amministrativo, S. 708, der grundsätzlich eine Wirkung *ex tunc* und nur ausnahmsweise eine Wirkung *ex nunc* annimmt. A.A. *Di Mario*, Il procedimento amministrativo, S. 99.

[300] *Chieppa/Giovagnoli*, Manuale di diritto amministrativo, S. 582.

[301] *Schwarze,* Europäisches Verwaltungsrecht, 2. Auflage, S. 1337 f.

[302] *Chiti*, Italian Report, in: Schwarze, Das Verwaltungsrecht unter europäischem Einfluss, S. 229, 248; *Galetta*, Wechselwirkungen zwischen nationalem Verwaltungsrecht und europäischem Gemeinschaftsrecht, in: Magiera/Sommermann, Verwaltung in der Europäischen Union, S. 63, 71; *Müller-Ibold*, Begründungspflicht, S. 46.

[303] Übersetzung nach http://www.provinz.bz.it/politik-recht-aussenbeziehungen/recht/sprachange-legenheiten/uebersetzte-staatsgesetze.asp?&someforms_action=300&someforms_image_id=106941: „1. Außer in den in Abs. 2 genannten Fällen müssen alle Verwaltungsmaßnahmen begründet werden, auch jene über die Verwaltungsorganisation, über die Durchführung der öffentlichen Wettbewerbe und über das Personal. Die Begründung muss die Sachvoraussetzungen und die rechtlichen Gründe anführen, die nach den Ergebnissen der Sachverhaltsermittlung zur Entscheidung der Verwaltung geführt haben."

[304] *Fromont*, Droit administratif des États européens, S. 228.

[305] Zur Begründung als *elemento essenziale* siehe exemplarisch TAR Liguria, Genova, sez. I, 01.12.2006, n. 1626.

zione successiva erörtert.[306] Diese Frage ist traditionell Gegenstand reger Debatten sowohl in der Rechtsprechung als auch in der Literatur.

a) Traditionelle Auffassung

Traditionell lehnt das italienische Verwaltungsrecht die Möglichkeit, eine fehlende Begründung im gerichtlichen Verfahren nachzuholen, strikt ab.[307] Die Begründung müsse stets schon bei Erlass des Verwaltungsakts vorliegen.

Zentrales Argument für diese Auffassung ist, dass eine Zulässigkeit der *motivazione postuma* es der Verwaltung gestatte, ihre Verwaltungstätigkeit im gerichtlichen Verfahren erneut auszuüben und faktisch einen neuen Verwaltungsakt zu erlassen, der sich von dem angefochtenen unterscheide.[308] Zudem würde durch die Möglichkeit einer *motivazione postuma* die Begründungspflicht des Art. 3 *legge* 241/1990 leerlaufen, da deren Verletzung sanktionslos bliebe.[309]

Maßgeblich wird zudem auf die Funktionen der Begründungspflicht abgestellt,[310] die durch die Möglichkeit einer *motivazione postuma* leerliefen. Insofern wird insbesondere auf die außer-prozessuale Funktion der Begründungspflicht hingewiesen, den rechtsstaatlichen Charakter des Verwaltungshandelns zu gewährleisten, indem jedem Bürger die Möglichkeit gegeben werde, die Gründe für ein bestimmtes Verwaltungshandeln von Mal zu Mal zu erfahren. Die Darlegung der Gründe erst in der Phase des gerichtlichen Verfahrens werde der Erfüllung dieser Funktion daher nicht mehr gerecht. Sie könne der Darlegung der Gründe bei Erlass der Verwaltungsentscheidung insbesondere deshalb nicht gleichgestellt werden, weil sie dem Erfordernis nach Transparenz, das die italienische Begründungspflicht des Art. 3 *legge* 241/1990 verlange, nicht mehr genüge.[311]

Schließlich stelle die Möglichkeit der nachträglichen Begründung einen Verstoß gegen den prozessualen Grundsatz der Waffen- und Chancengleichheit der Parteien dar. Der Verwaltung würde durch die Möglichkeit der *motivazione postuma* eine privilegierte Position im gerichtlichen Verfahren eingeräumt, die es ihr erlaube, die

---

[306] Definitionen der *motivazione postuma* bei *Delpino/Del Giudice*, Manuale di diritto amministrativo, S. 327; *Parisio*, Motivazione postuma, qualità dell'azione amministrativa e vizi formali, Il foro amm. 5 (2006), S. 3087, 3088.

[307] Cons. Stato, sez. IV, 01.09.1999, n. 1378, in: Giust. Civ., 2000, I, S. 582; Cons. Stato, sez. IV, 12.03.2001, n. 1396; Cons. Stato, sez. V, 01.10.2001, n. 5187, in: Foro amm. 2001, S. 2786; TAR Liguria, Genova, sez. I, 09.06.2004, n. 883; siehe hierzu auch *Chieppa/Giovagnoli*, Manuale di diritto amministrativo, S. 593 f.

[308] *Caringella*, Corso di diritto amministrativo, S. 2032.

[309] *Caringella*, Corso di diritto amministrativo, S. 2033; *Chieppa/Giovagnoli*, Manuale di diritto amministrativo, S. 593.

[310] Ausführlich zu den Funktionen der Begründung *Michetti*, La motivatzione del provvedimento amministrativo impugnato, S. 45 ff.

[311] *Chieppa/Giovagnoli*, Manuale di diritto amministrativo, S. 593 f.

Situation zu ihren Gunsten zu verändern, gleichsam „den Spieß umzudrehen".[312] Dies hätte eine für den Bürger unterdrückende Wirkung: Nicht nur müsse dieser Klage einreichen, ohne über die Gründe des Verwaltungsakts informiert zu sein. Auch bestehe die Möglichkeit, dass seiner Klage durch die nachträgliche Begründung der Boden entzogen werde.[313]

Neben diesen Hauptargumenten werden noch weitere Kritikpunkte an einer Zulässigkeit der *motivazione postuma* vorgebracht: So habe die Begründung bereits aus logischen Gründen chronologisch vor dem verfügenden Teil des Verwaltungsakts zu ergehen.[314] Ferner sei das Verwaltungsverfahren der Ort, an dem alle für eine erschöpfende Begründung erforderlichen Sachumstände ermittelt werden müssten. Das gerichtliche Verfahren hingegen sei nur dazu da, bereits bestehende Gründe zu überprüfen.[315]

Während die traditionelle Lehre demzufolge von einem grundsätzlichen Verbot der *motivazione postuma* ausgeht, unterscheidet die Rechtsprechung zwischen gebundenen und Ermessensentscheidungen.[316] Dabei gelte im Falle einer gebundenen Entscheidung eine Ausnahme vom Verbot der *motivazione postuma*,[317] während es im Falle einer Ermessensentscheidung weiterhin fortbestehe.[318]

b) Neuere Entwicklungen: Nach der Reform des Verwaltungsverfahrensgesetzes im Jahr 2005 und der Einführung von Art. 21-octies legge 241/1990

Insbesondere in jüngeren Jahren hat sich die traditionelle Auffassung, die die Möglichkeit der Heilung von Begründungsmängeln im gerichtlichen Verfahren strikt ablehnt, abgeschwächt.[319]

Als Hauptargument dieser Gegenströmung wird angeführt, es sei eine Verschwendung von Verwaltungs- und Gerichtsressourcen, eine Entscheidung allein wegen eines Begründungsmangels aufzuheben, wenn sie mit dem materiellen Recht

---

[312] *Caringella*, Corso di diritto amministrativo, S. 2033; *Chieppa/Giovagnoli*, Manuale di diritto amministrativo, S. 594; *Delpino/Del Giudice*, Manuale di diritto amministrativo, S. 327; *Parisio*, Motivazione postuma, qualità dell'azione amministrativa e vizi formali, Il foro amm. 5 (2006), S. 3087, 3094.

[313] *Caringella*, Corso di diritto amministrativo, S. 2033.

[314] Cons. Stato, sez. V, 25.01.2003, n. 342; Cons. Stato, sez. VI, 01.10.2004, n. 6457; siehe auch *Parisio*, Motivazione postuma, qualità dell'azione amministrativa e vizi formali, Il foro amm. 5 (2006), S. 3087, 3093.

[315] Cons. Stato, sez. IV, 20.03.2000, n. 1499; *Caringella*, Corso di diritto amministrativo, S. 2032 m.w.N. Fn. 92.

[316] Exemplarisch Cons. Stato, sez. IV, 24.05.2005, n. 2630; siehe auch *Parisio*, Motivazione postuma, qualità dell'azione amministrativa e vizi formali, Il foro amm. 5 (2006), S. 3087, 3094 m.w.N. zur Rechtsprechung.

[317] Exemplarisch TAR Lombardia, Brescia, 11.06.2003, n. 838; TAR Campania, Napoli, sez. IV, 20.11.2006, n. 9984.

[318] Cons. Stato, sez. IV, 24.05.2005, n. 2630.

[319] *Chieppa/Giovagnoli*, Manuale di diritto amministrativo, S. 594.

offensichtlich in Einklang stehe. So könne die Verwaltung in diesen Fällen sogleich nach der Aufhebung eine Entscheidung mit demselben Inhalt, dieses Mal mit einer angemessenen Begründung versehen, erlassen. Dies verwandle die zuvor stattgefundene Aufhebung in einen Pyrrhussieg für den Betroffenen.[320]

Auftrieb hat die Diskussion um die Frage der Zulässigkeit der *motivazione postuma* insbesondere seit der Reform des Verwaltungsverfahrensgesetzes im Jahr 2005, im Zuge derer die Unbeachtlichkeitsregelung des Art. 21-*octies* Abs. 2 *legge* 241/1990 eingeführt wurde,[321] erhalten.[322] Dieser sieht vor, dass eine Verwaltungsentscheidung nicht allein aufgrund eines Verfahrens- oder Formfehlers aufgehoben werden kann, wenn es sich um eine gebundene Entscheidungslage handelt und offensichtlich ist, dass in der Sache keine andere Entscheidung hätte getroffen werden können. Die Vorschrift kodifiziert damit die von der italienischen Lehre entwickelte Rechtsfigur der *irregolarità*.[323] Seither ist umstritten, ob die Begründungspflicht zumindest teilweise an Bedeutung eingebüßt hat und zu einem bloß formellen Element im Sinne von Art. 21-*octies* Abs. 2 *legge* 241/1990 „herabgestuft" wurde.[324] Bejaht man dies, hätte diese Ansicht zur Folge, dass ein Begründungsmangel bei einer Ermessensentscheidung zu ihrer Aufhebung führt, bei einer gebundenen Entscheidungen hingegen keine Bedeutung hat, sofern durch eine Begründung im Laufe des gerichtlichen Verfahrens nachgewiesen werden kann, dass der Inhalt der Verwaltungsentscheidung nicht anders hätte ausfallen können.[325]

Die Rechtsprechung ist in dieser Hinsicht gespalten: Einerseits sprachen sich viele Urteile für die Fortgeltung eines Verbots der *motivazione postuma* aus. So bezeichnete das *Tribunale Amministrativo Regionale Liguria* die Begründung als ein „*elemento essenziale*" einer Verwaltungsentscheidung und sprach sich damit dagegen aus, Begründungsmängel als bloße Formfehler, die in den Anwendungsbereich von Art. 21-*octies* Abs. 2 *legge* 241/1990 fallen, anzusehen.[326] Andererseits hat sich eine Rechtsprechungslinie herausgebildet, nach der ein Begründungsmangel als bloßer Formfehler einzuordnen sei und damit vom Anwendungsbereich von Art. 21-*octies legge* 241/1990 erfasst würde. So sprach das *Tribunale Amministrativo Regionale Campania* beispielsweise davon, dass der neue Art. 21-*octies* zum „endgültigen Umsturz des traditionellen Grundsat-

---

[320] *Chieppa/Giovagnoli*, Manuale di diritto amministrativo, S. 594.

[321] Siehe ausführlich zu Art. 21-*octies legge* 241/1990 Kap. 5, B., I.

[322] Vgl. *Fraudatario*, Motivazione postuma, Il foro amministrativo 9 (2010) 1, S. 151, 156.

[323] Hierzu siehe bereits oben, Kap. 5, C., I., 1.

[324] Zu dieser Kontroverse siehe *Clarich*, Manuale, S. 167; *Caringella*, Corso di diritto amministrativo, S. 1835 f.; *Fraudatario*, Motivazione postuma, Il foro amministrativo 9 (2010), S. 151, 156 ff.

[325] *de Pretis*, Italien, in: Hdb. Ius Publicum Europaeum, § 78, Rn. 70.

[326] TAR Liguria, Genova, sez. I, 01.12.2006, n. 1626; ebenfalls gegen die Anwendbarkeit von Art. 21-*octies* auf Begründungsmängel und für eine Fortgeltung des Verbots der *motivazione postuma* sprachen sich aus TAR Campania, Napoli, sez. VII, 16.11.2006, n. 9734; TAR Piemonte, Torino, sez. I, 09.11.2005, n. 3501; TAR Sicilia, Palermo, sez. II, 23.01.2007, n. 192.

zes des Verbots der nachträglichen Begründung" führen müsse.[327] Selbst der
Staatsrat befürwortete in einem Urteil im Hinblick auf das *jus novum* eine Ab-
schwächung des Verbots der Begründungsergänzung im Laufe des gerichtlichen
Verfahrens.[328] Der Gesetzgeber habe im Wesentlichen darauf reagiert, dass ein
Bürger, der die Aufhebung einer Verwaltungsentscheidung wegen eines Begründungsmangels erbitte, kein Interesse an einer bloßen Heilung der Begründung
habe, da diese für ihn ein bloßer Pyrrhussieg sei. Die Aufhebung einer Verwaltungsentscheidung, deren Gründe zwar nicht vollständig zum Ausdruck gebracht
wurden, aber aus dem verfügenden Teil erschlossen werden könnten, sei daher
überflüssig. In der Mehrzahl ihrer Urteile bestätigen die Richter im *Palazzo
Spada* jedoch die Fortgeltung des Verbots der *motivazione postuma*,[329] sodass
davon auszugehen ist, dass die Rechtsprechung an der traditionellen Sichtweise
des Verbots der *motivazione postuma* festhält.

III. Zwischenfazit

Zusammenfassend bleibt festzuhalten, dass auch das italienische Verwaltungsrecht
zahlreiche Möglichkeiten bereithält, Verfahrens- und Formfehler zu relativieren.

Im Zuge der Reform des Verwaltungsverfahrensrechts im Jahre 2005 wurden
die Regeln der Unbeachtlichkeit – die zuvor durch Richterrecht geregelt wurden – in Art. 21-*octies* Abs. 2 *legge* 241/1990 kodifiziert. Es wurden ein Grund-
und ein Spezialfall der Unbeachtlichkeit normiert: Zum einen führt ein Verfah-
rens- oder Formfehler bei einer gebundenen Verwaltungsentscheidung nicht zur
Aufhebung derselben, wenn offensichtlich ist, dass in der Sache keine andere
Entscheidung hätte getroffen werden können. Zum anderen kann eine fehlerhafte
Mitteilung der Einleitung eines Verfahrens – ein im italienischen Recht typisch
auftretender Fehler – dann nicht die Aufhebung der Verwaltungsentscheidung
nach sich ziehen, wenn die Verwaltung im Gerichtsverfahren beweist, dass keine
andere Entscheidung in der Sache hätte getroffen werden können. Während erstere

---

[327] TAR Campania, Salerno, sez. I, 04.05.2005, n. 760; siehe auch TAR Abruzzo, Pescara, sez. I, 14.04.2005, n. 185.

[328] Cons. Stato, sez. V, 09.10.2007, n. 5271: „attenuazione del divieto di motivazione postuma".

[329] Cons. Stato, sez. V, 14.04.2006, n. 2085: „Ed è costante la giurisprudenza di questo Consiglio di Stato circa l'impossibilità di integrare o sostituire in giudizio la motivazione di un provvedimento, per l'evidente ragione che non è possibile riferire le nuove considerazioni (esposte in giudizio dai difensori) come presenti all'organo amministrativo nel momento in cui è stata decisa la misura della quale si discute." Siehe ferner gegen eine Überholung des Verbots der *motivazione postuma* Cons. Stato, sez. V, 04.04.2006, n. 1750; Cons. Stato, 14.04.2006, sez. V, n. 2085; Cons. Stato, sez. IV, 08.02.2008, n. 449; Cons. Stato, sez. VI, 29.05.2008, n. 2555; Cons. Stato, sez. IV, 28.05.2009, n. 3336; Cons. Stato, sez. VI, 19.08.2009, n. 4990; Cons. Stato, sez. IV, 04.03.2014, n. 1018.

Regelung nur auf gebundene Entscheidungslagen Anwendung findet, kann letztere darüber hinaus auch bei Ermessensentscheidungen zum Einsatz kommen.

Der Heilung von Verfahrens- und Formfehlern kommt im Vergleich zur Unbeachtlichkeit eine nur zweitrangige Rolle zu: Die Rechtsfigur der *sanatoria* beschreibt die isolierte Nachholung einer im Laufe des Verwaltungsverfahrens rechtswidrig unterlassenen oder fehlerhaft vorgenommenen vorbereitenden Verfahrenshandlung nach Erlass der Verwaltungsentscheidung. Sie ist im Wesentlichen ein Instrument der Eigenkontrolle der Verwaltung, womit diese innerhalb ihres Zuständigkeitsbereichs auftretende Konflikte selbst lösen kann, indem sie einseitig und von Amts wegen innerhalb ihres Machtbereichs tätig wird. Eine *sanatoria* im Laufe des gerichtlichen Verfahrens ist ausgeschlossen.

Unter dem Stichwort der sog. *motivazione postuma* wird die Heilung von Begründungsmängeln im Laufe des gerichtlichen Verfahrens erörtert. Die herrschende Rechtsprechung und Lehre lehnen diese Möglichkeit jedoch ab.

D. Frankreich

I. Die Unbeachtlichkeit von Verfahrens- und Formfehlern

Bei der Unbeachtlichkeit von Verfahrens- und Formfehlern handelt es sich im französischen Recht um eine bis heute weitgehend durch Richterrecht geregelte Materie. Auch im Zuge des im Januar 2016 in Kraft getretenen *Code des relations entre le public et l'administration*[330] wurde diese Rechtsfigur nicht kodifiziert.

Die Frage der Unbeachtlichkeit wird dabei unter dem Begriff der *couverture de l'irrégularité* erörtert.[331] Dabei unterscheidet das französische Recht zwischen zwei durch Richterrecht etablierten Rechtsfiguren: Zum einen kennt es eine Theorie, wonach ein formeller Klagegrund bei einer gebundenen Entscheidung unbeachtlich sein kann (sog. *théorie des moyens inopérants en cas de compétence liée*). Zum anderen nimmt es eine Unterscheidung zwischen wesentlichen und unwesentlichen Förmlichkeiten vor (sog. *formalités substantielles* und *formalités non substantielles*).

---

[330] Code des relations entre le public et l'administration v. 1.1.2016, Ordonnance n. 2015-1341 v. 23.10.2015 relative aux dispositions législatives du code des relations entre le public et l'administration und Décret n. 2015-1342 v. 23.10.2015 relative aux dispositions réglementaires du code des relations entre le public et l'administration, JO n. 248 v. 25.10.2015.

[331] *Calogéropoulos*, Le contrôle de la légalité externe des actes administratifs unilatéraux, S. 231; *Eisenberg*, Die Anhörung des Bürgers im Verwaltungsverfahren und die Begründungspflicht für Verwaltungsakte, S. 215; *Israël*, La régularisation en droit administratif français, S. 31 ff.

1. Die sog. théorie des moyens inopérants en cas de compétence liée: Die Unbeachtlichkeit bei rechtlich gebundener Entscheidungslage

Die erste Fallgruppe, im Rahmen derer eine Verletzung einer Verfahrens- oder Formvorschrift ausnahmsweise nicht die Aufhebung der Entscheidung im Anfechtungsprozess nach sich zieht, ist die sog. *théorie des moyens inopérants en cas de compétence liée*.

a) Voraussetzungen

Ganz allgemein sind in der französischen Rechtsordnung unter *moyens inopérants* Klagegründe zu verstehen, die, selbst wenn sie zulässig und begründet sind, nicht in der Lage sind, Einfluss auf die Lösung der Streitigkeit zu haben.[332] Die meisten Klagegründe gehen insbesondere dann ins Leere (und sind damit *inopérant*), wenn die Verwaltung rechtlich verpflichtet war, eine bestimmte Entscheidung zu treffen, es sich mithin um eine gebundene Entscheidungslage handelt.[333] Das Gericht kann die vorgebrachten Klagegründe dann, ohne sie zu prüfen, beiseite schieben, außer sie sind in der Lage, die gebundene Entscheidungslage der Verwaltung in Frage zu stellen.[334] Unter *moyen inopérant* wird damit die Unbeachtlichkeit eines – prinzipiell durchaus begründeten – Klagegrundes im Rahmen eines Anfechtungsprozesses verstanden, der allerdings gegen eine gebundene Verwaltungsentscheidung geltend gemacht wird, die mit demselben Inhalt unabhängig vom fraglichen Klagegrund erneut getroffen werden könnte.[335]

Anstoß für die Entstehung der *théorie des moyens inopérants en cas de compétence liée* war die wachsende Prozessflut in den 50er-Jahren, der hierdurch Einhalt geboten werden sollte.[336] Hinter der Rechtsprechung der *moyens inopérants* steht zudem die Logik, dass jede Prüfung einer Verwaltungsentscheidung im Falle einer gebundenen Entscheidung überflüssig sei. Selbst wenn die Entscheidung aufgehoben werden würde, müsste sie erneut mit demselben Inhalt erlassen werden. Daher sei auch eine Prüfung der Klagegründe zwecklos. Eine

---

[332] *Chapus*, Droit du contentieux administratif, Rn. 921; siehe auch *Guillaume/Beaugonin*, Audiovisuel, in: Dalloz, Répertoire de contentieux administratif, Rn. 124.

[333] *Guillaume/Beaugonin*, Audiovisuel, in: Dalloz, Répertoire de contentieux administratif, Rn. 127. Insgesamt gibt es vier Fallgruppen, wo Klagegründe als *inopérant* eingestuft werden können. Die rechtlich gebundene Entscheidungslage ist nur eine hiervon. Ausführlich hierzu *Cazin*, La requête, in: Dalloz professionnels, Pratique du contentieux administratif, Rn. 230.560 ff.

[334] *Guillaume*, Installations classées, in: Dalloz, Répertoire de contentieux administratif, Rn. 36.

[335] *Caringella*, Corso di diritto amministrativo, T. II, S. 2051 f.; *Frier*, Vice de forme, Dalloz, Répertoire de contentieux administratif, Rn. 114 m.w.N.; *Ladenburger*, Verfahrensfehlerfolgen, S. 157 f. m.w.N. aus der Rechtsprechung; *Marsch*, Frankreich, in: Schneider, Verwaltungsrecht in Europa, S. 33, 181; *Woehrling*, Un aspect méconnu de la gestion administrative: La régularisation des procédures et décisions illégales, RFAP 2004, S. 533, 537 f.

[336] *Auby/Drago*, Traité des recours en matière administrative, Rn. 326; *Isaac*, La procédure administrative non contentieuse, S. 313; *Ladenburger*, Verfahrensfehlerfolgen, S. 183.

Aufhebung würde nur die Verwaltungsressourcen schmälern, dem Betroffenen jedoch zu keinem Mehrwert verhelfen.[337] *Auby* sprach in diesem Zusammenhang davon, dass ein Kläger kein Interesse an einem „platonischen Aufhebungsanspruch" haben könne.[338]

Als *inopérants* können zunächst die Klagegründe der sog. *légalité externe* eingestuft werden, die sowohl Fehler der Zuständigkeit als auch Form- und Verfahrensrechtsverletzungen umfassen.[339] Überdies kann auch ein sog. *détournement de pouvoir* unbeachtlich sein.[340] Dieses ist gegeben, wenn die Verwaltung ihr Ermessen zu einem anderen Zweck als dem von der Handlungsermächtigung vorgesehenen ausübt.[341] Hierbei handelt es sich um einen zur materiellen Rechtswidrigkeit zählenden Klagegrund.[342]

Jedoch lässt die Rechtsprechung auch im Falle gebundener Entscheidungen ein paar „Schlupflöcher" offen, um Betroffene nicht gänzlich schutzlos zu stellen[343] und sich dem Vorwurf auszusetzen, im Falle gebundener Entscheidungen überhaupt keinen effektiven Rechtsweg zu eröffnen.[344] So führt ein Verfahrensfehler auch im Falle einer gebundenen Entscheidungslage zur Aufhebung, wenn die verletzte Regelung eine Garantie für die Unparteilichkeit der Entscheidung war[345] oder wenn es unmöglich ist, sie dem Betroffenen vorzuenthalten.[346]

---

[337] C.E., 03.02.1999, *Montaignac*, n. 149722 und 152848. Die hinter der Rechtsprechung der *moyens inopérants* stehende Logik fasste insbesondere der Präsident des Staatsrats *Letourneur* treffend zusammen: „L'acte devait, en tout état de cause, être pris dans le sens où il l'a été; s'il était annulé, il devrait être repris dans les mêmes termes; cette constatation suffit pour rejeter la requête dirigée contre lui, et il est inutile d'examiner les moyens qu'elle contenait, puisque ces moyens, même s'ils étaient reconnus fondés, ne pourraient conduire qu'à une annulation sans lendemain: pourquoi annuler une décision prise par une autorité incompétente dès lors que demain l'autorité compétente sera tenue de reprendre la même? On évite ainsi des annulations absolument inutiles, susceptibles seulement d'apporter un certain trouble dans le service public sans aucun profit pour l'administré", *Raynaud/Fombeur*, Théorie de la compétence liée, AJDA 1999, S. 567, 571.

[338] *Auby*, Les moyens inopérants dans la jurisprudence administrative, AJDA 1966, S. 5, 7.

[339] *Ladenburger*, Verfahrensfehlerfolgen, S. 158. Zu den Klagegründen der *légalité externe* und den *vice de forme* und *vice de procédure* siehe ausführlich *Melleray*, Recours pour excès de pouvoir (Moyens d'annulation), in: Dalloz, Répertoire de contentieux administratif, Rn. 13 ff.

[340] *Ladenburger*, Verfahrensfehlerfolgen, S. 158.

[341] *Chapus*, Droit administratif général, T. 1, Rn. 1242 ff.; *Marsch*, Frankreich, in: Schneider, Verwaltungsrecht in Europa, S. 33, 185.

[342] *Marsch*, Frankreich, in: Schneider, Verwaltungsrecht in Europa, S. 33, 180. Umfassende Rechtsprechungsnachweise zur Verweigerung der Aufhebung einer Verwaltungsentscheidung wegen eines *moyen inopérant* bei *Frier*, Motifs, in: Dalloz, Répertoire de contentieux administratif, Rn. 129.

[343] *Cazin*, La requête, in: Dalloz professionnels, Pratique du contentieux administratif, Rn. 230.590.

[344] Dieser Vorwurf klingt an bei *Cazin*, La requête, in: Dalloz professionnels, Pratique du contentieux administratif, Rn. 230.590.

[345] C.E., sect., 19.03.1971, *Jacquemin*, n. 77536, Rec. CE, S. 234.

[346] C.E., 09.04.1986, *Faugeroux*, n. 67157, Rec. CE, S. 674.

b) Insbesondere: Unbeachtlichkeit von Begründungsmängeln

Lange Zeit verfügte die französische Rechtsordnung über keine allgemeine Pflicht zur Begründung von Verwaltungsentscheidungen – weder einfachgesetzlich noch aus der Verfassung oder als *principe général de droit*.[347] Erstmals mit dem Gesetz über die Begründungspflicht aus dem Jahre 1979[348] führte der französische Gesetzgeber unter maßgeblichem europarechtlichen Einfluss eine gesetzliche Pflicht zur Begründung belastender Verwaltungsakte ein, jedoch ohne eine allgemeine Begründungspflicht zu statuieren.[349] Heute ist die Begründungspflicht in den Art. L211-1 ff. des *Code des relations entre le public et l'administration* niedergelegt. Dieser macht eine Begründung belastender Verwaltungsentscheidungen sowie solcher, die von Regeln abweichen, die durch Gesetz oder Verordnung niedergelegt sind, erforderlich.

Die Rechtsfigur der *moyens inopérants* kommt insbesondere im Zusammenhang mit Begründungsmängeln zum Einsatz.[350] Kann die Verwaltung nur eine einzige richtige Entscheidung treffen, weil sie sich in einer gebundenen Entscheidungssituation befindet, ist die Aufhebung wegen eines Begründungsmangels unnötig.[351] Zum Teil wird die Aufhebung im Falle einer gebundenen Entscheidungslage als überflüssig, gar gekünstelt bezeichnet, da die Entscheidung im Ergebnis ohnehin so hätte getroffen werden müssen.[352]

Ferner gestattet der Staatsrat dem Richter des *recours pour l'excès de pouvoir* eine Verwaltungsentscheidung, die sich sowohl auf rechtswidrige als auch auf rechtmäßige Gründe stützt, allein anhand der rechtmäßigen Gründe zu beurteilen,

---

[347] Zur Entwicklung der Begründungspflicht in Frankreich siehe *Eisenberg*, Die Anhörung des Bürgers im Verwaltungsverfahren und die Begründungspflicht für Verwaltungsakte, S. 71 ff.; *Chrétien/Chifflot/Tourbe*, Droit administratif, Rn. 627 f.; *Fromont*, Droit administratif des États européens, S. 226 f.; *Marsch*, Frankreich, in: Schneider, Verwaltungsrecht in Europa, S. 33, 125.

[348] Loi n. 79-587 v. 11.07.1979 relative à la motivation des actes administratifs et à l'amélioration des relations entre l'administration et le public.

[349] *Bredemeier*, Kommunikative Verfahrenshandlungen, S. 549; *Eisenberg*, Die Anhörung des Bürgers im Verwaltungsverfahren und die Begründungspflicht für Verwaltungsakte, S. 71 ff.; *Flauss*, Rapport français, in: Schwarze, Das Verwaltungsrecht unter europäischem Einfluss, S. 31, 74 ff.; *Fromont*, Frankreich, in: Hill/Pitschas, Europäisches Verwaltungsverfahrensrecht, S. 73, 78 f.; *Holoubek*, Rechte, Lasten und Pflichten von Beteiligten und Behörden im Verwaltungsverfahren, in: Hoffmann-Riem/Schmidt-Aßmann, Verwaltungsverfahren und Verwaltungsverfahrensgesetz, S. 193, 199. Fn. 19; *Ladenburger*, Verfahrensfehlerfolgen, S. 28 ff.; *Müller-Ibold*, Begründungspflicht, S. 44 f.; *Pietzcker*, Verfahrensrechte und Folgen von Verfahrensfehlern, in: FS Maurer, S. 695, 698; *Schwarze*, Europäisches Verwaltungsrecht, 2. Auflage, S. 1335.

[350] *Frier*, Motifs, in: Dalloz, Répertoire de contentieux administratif, Rn. 129.

[351] *Frier*, Motifs, in: Dalloz, Répertoire de contentieux administratif, Rn. 129; siehe auch C.E., 03.02.1999, *Montaignac*, n. 149722, n. 152848, besprochen von *Raynaud/Fombeur*, Théorie de la compétence liée, AJDA 1999, S. 567.

[352] Exemplarisch C.E., Sect., 06.12.1968, *Ministre des Armées/sieur Vincent*, Rec. CE 1968, S. 627; C.E., Urt. v. 14.10.1974, *Ledé*, Rec. CE 1974, S. 1117; *Guédon*, Régularité interne de l'acte administratif et pouvoir de substitution du juge, AJDA 1981, S. 443, 451; *Peyrical*, Le juge administratif et la sauvegarde des actes de l'annulation, AJDA 1996, S. 22, 29 und 30.

wenn er zu dem Schluss kommt, dass die zuständige Stelle dieselbe Entscheidung getroffen hätte, wenn sie sich ausschließlich auf die rechtmäßigen Gründe gestützt hätte.[353] Hierbei handelt es sich um die Technik der sog. *neutralisation des motifs illégaux*. Die rechtswidrigen Gründe werden insoweit als *inopérants* behandelt.[354] Umgekehrt muss die Verwaltungsentscheidung aufgehoben werden, wenn die Gründe, die maßgeblichen Einfluss auf die Entscheidung hatten, rechtswidrig waren.[355]

c) Rechtsfolgen

Wird ein Klagegrund als *inopérant* eingestuft, ergeben sich hieraus zweierlei Rechtsfolgen: Erstens führt die gerügte Verletzung zwar zur Rechtswidrigkeit der angegriffenen Verwaltungsentscheidung. Diese Rechtswidrigkeit führt prozessual jedoch zu keinerlei Konsequenzen. Insbesondere wird die Verwaltungsentscheidung nicht aufgehoben. Zweitens obliegt dem Gericht nicht einmal die Pflicht, auf den unbeachtlichen Klagegrund einzugehen oder ihn gar zu prüfen.[356]

2. Die Unterscheidung zwischen formalités substantielles und formalités non substantielles: Die Unbeachtlichkeit bei Entscheidungen mit Ermessensspielraum

Soweit keine gebundene Entscheidung vorliegt, sondern ein Ermessensverwaltungsakt – was im französischen Verwaltungsrecht der Regelfall ist – differenziert die Rechtsprechung zwischen den sog. *formalités substantielles* und *formalités non substantielles* oder *accessoires*, das heißt zwischen wesentlichen und nicht-wesentlichen Förmlichkeiten.[357] Nur die Verletzung einer sog. *formalité substantielle* führt zur Rechtswidrigkeit der Verwaltungsentscheidung und rechtfertigt ihre Aufhebung. Die Nichtbeachtung einer unwesentlichen Förmlichkeit hingegen lässt die Rechtmäßigkeit der Verwaltungsentscheidung unberührt, weshalb eine Anfechtungsklage allein

---

[353] C.E., Ass., 12.01.1968, *Ministre de l'économie et des finances/Dame Perrot*, AJDA 1968, S. 179 mit Anm. *Kahn*; *Frier*, Motifs, in: Dalloz, Répertoire de contentieux administratif, Rn. 135.

[354] Siehe beispielsweise C.E., 19.06.1992, *SARL Le Bistrot aixois*, Rec. CE 1992, S. 239, 240.

[355] Siehe beispielsweise C.E., 25.11.1998, *Onteniente*, Rec. CE 1998, S. 446; *Frier*, Motifs, in: Dalloz, Répertoire de contentieux administratif, Rn. 134 ff.

[356] *Auby*, Les moyens inopérants dans la jurisprudence administrative, AJDA 1966, S. 5, 5 ff.; *Ladenburger*, Verfahrensfehlerfolgen, S. 158.

[357] *Auby/Drago*, Traité des recours en matière administrative, Rn. 230; *Chapus,* Droit administratif général, T. 1, Rn. 1225; *Debbasch/Ricci*, Contentieux administratif, Rn. 908; *Isaac*, La procédure administrative non contentieuse, Rn. 283 ff.; *Ladenburger*, Verfahrensfehlerfolgen, S. 159 ff.; *Marsch*, Frankreich, in: Schneider, Verwaltungsrecht in Europa, S. 33, 184; *Moreau*, Les conséquences des illégalités procédurales en droit administratif français, EuZÖR 1993, Sonderheft, S. 85, 90 f.; *Vedel/Delvolvé,* Droit administratif 2, S. 311.

auf dieser Grundlage keinen Erfolg hätte.[358] Dabei stellt die Unwesentlichkeit einer Förmlichkeit die Ausnahme dar. Im Regelfall ist eine Förmlichkeit wesentlich und ihre Verletzung rechtfertigt die Aufhebung der Verwaltungsentscheidung im Rahmen des gerichtlichen Verfahrens.[359]

Die Unterscheidung zwischen *formalités substantielles* und *formalités non substantielles* bezieht sich ausschließlich auf Verfahrens- und Formfehler. Zuständigkeitsmängel werden hiervon nicht erfasst und stets als wesentlich eingestuft. Liegt keine gebundene Entscheidung vor, führen sie daher stets zur Aufhebung der Verwaltungsmaßnahme.[360]

Zentral für das Verständnis der Abgrenzung wesentlicher und nicht-wesentlicher Förmlichkeiten ist, dass es zwei Anknüpfungspunkte für sie gibt: Zunächst kann auf einer ersten Ebene zwischen wesentlichen und unwesentlichen *Normen* des Verfahrens oder der Form differenziert werden, das heißt solchen, deren Verletzung grundsätzlich eine Sanktion nach sich ziehen sollte und solchen, deren Verletzung nicht sanktionswürdig ist. Jedoch kann auch die *Verletzung* einer prinzipiell wesentlichen Verfahrens- oder Formvorschrift auf einer zweiten Ebene aufgrund einer Einzelfallbetrachtung als unwesentlich eingestuft werden und keine Aufhebung der Verwaltungsmaßnahme rechtfertigen.[361]

Welche Kriterien für die Abgrenzung auf diesen beiden Ebenen im Einzelnen maßgeblich sind, ist jedoch umstritten.[362] Jedenfalls besteht Einigkeit darüber, dass es sich bei der Einschätzung um eine Einzelfallentscheidung handelt, bei der der Judikative ein großer Bewertungsspielraum zusteht.[363] In der Lehre werden stets die variierten,[364] nuancierten und empirischen[365] Züge der Rechtsprechung hervorgehoben. Denn die französischen Gerichte sind sich bewusst, dass ein

---

[358] *Ladenburger*, Verfahrensfehlerfolgen, S. 159 m.w.N. aus der Rechtsprechung; *Vedel/Delvolvé*, Droit administratif 2, S. 311; *Woehrling*, Un aspect méconnu de la gestion administrative: La régularisation des procédures et décisions illégales, RFAP 2004, S. 533, 537.

[359] Zum Regel-Ausnahme-Verhältnis siehe *Isaac*, La procédure administrative non contentieuse, S. 289; *Lachaume*, Le formalisme, AJDA 1995, S. 133, 134; *Ladenburger*, Verfahrensfehlerfolgen, S. 159 f.

[360] *Calogéropoulos*, Le contrôle de la légalité externe des actes administratifs unilatéraux, S. 237 ff.; *Ladenburger*, Verfahrensfehlerfolgen, S. 160.

[361] Herausarbeitung dieser terminologischen Doppeldeutigkeit bei *Ladenburger*, Verfahrensfehlerfolgen, S. 160 f.; *de Laubadère/Venezia/Gaudemet*, Droit administratif, Rn. 714, 716, 946.

[362] *Auby/Drago*, Traité des recours en matière administrative, Rn. 230; *Calogéropoulos*, Le contrôle de la légalité externe des actes administratifs unilatéraux, S. 187 ff.; *Frier*, Vice de procédure, in: Dalloz, Répertoire de contentieux administratif, Rn. 168; *Isaac*, La procédure administrative non contentieuse, Rn. 286; *Ladenburger*, Verfahrensfehlerfolgen, S. 161 ff.

[363] *Auby/Drago*, Traité des recours en matière administrative, Rn. 230; *Ladenburger*, Verfahrensfehlerfolgen, S. 161 f.

[364] *Frier*, Vice de procédure, in: Dalloz, Répertoire de contentieux administratif, Rn. 170.

[365] *De Laubadère/Venezia/Gaudemet*, Traité de droit administratif, T. 1, Rn. 713.

übertriebener Formalismus das Handeln der Verwaltung paralysieren würde und legen daher einen gewissen Pragmatismus an den Tag.[366]

a) Die normbezogene Differenzierung

Auf der ersten, „normbezogenen" Ebene werden Verfahrens*vorschriften* als unwesentlich eingestuft, deren Verletzung grundsätzlich nicht als sanktionswürdig erachtet wird.[367]

aa) Die Abgrenzungskriterien der Literatur

In der französischen Literatur finden sich für die Abgrenzung wesentlicher von unwesentlichen Formvorschriften zwei verschiedene Ansätze.

Nach dem ersten handelt es sich um eine unwesentliche Vorschrift, wenn ihre Außerachtlassung bzw. Verletzung in jedem Fall nicht in der Lage ist, Einfluss auf das Ergebnis der Entscheidung zu haben und damit bereits nicht abstrakt ergebnisrelevant ist. Zudem darf es sich auch nicht um eine „Verfahrensgarantie" handeln, das heißt eine Vorschrift, die für die Wahrung der Rechte des Betroffenen besonders wichtig ist.[368]

Der zweite Ansatz aus der Literatur unterscheidet zwischen Verfahrensvorschriften im engeren Sinne und bloßen Formvorschriften. Erstere werden in der Regel als wesentlich eingestuft und können nur mit zusätzlichem Begründungsaufwand als unbeachtlich angesehen werden. Letztere sind hingegen grundsätzlich als unwesentlich und deren Verletzung damit als nicht sanktionswürdig, nur ausnahmsweise einmal als wesentlich einzuordnen.[369]

bb) Die Abgrenzungskriterien der Rechtsprechung

Diesem Ansatz ähnelt auch die Abgrenzung, die sich in der Rechtsprechung des *Conseil d'État* etabliert hat. Durch diesen werden reine Formvorschriften prinzipiell als unwesentlich eingestuft, da sie keinen Einfluss auf das Ergebnis der Verwaltungsentscheidung haben.[370] Sie dienen meist nur der Dokumentation von

---

[366] *Melleray*, Recours pour excès de pouvoir, in: Dalloz, Répertoire de contentieux administratif, Rn. 27.

[367] Hierzu bereits *Ladenburger*, Verfahrensfehlerfolgen, S. 164 ff, auf dem die folgenden Ausführungen beruhen.

[368] *Chapus*, Droit administratif général, T. 1, Rn. 1225; *Ladenburger*, Verfahrensfehlerfolgen, S. 164; *Vedel/Delvolvé*, Droit administratif 2, S. 311.

[369] *Auby/Drago*, Traité des recours en matière administrative, Rn. 230; *Ladenburger*, Verfahrensfehlerfolgen, S. 164 f.; *Moreau*, Droit administratif, Rn. 129.

[370] *Calogéropoulos*, Le contrôle de la légalité externe des actes administratifs unilatéraux, S. 199; *Hostiou*, Procédure et formes de l'acte administratif unilatéral en droit français, S. 257 f.; *Ladenburger*, Verfahrensfehlerfolgen, S. 166 f.

Verfahrenshandlungen oder Behördeneinschätzungen.[371] So stufte der Staatsrat es als unwesentlich ein, dass einzelne Schritte zur Berechnung einer Preisfestsetzung nicht ausdrücklich Erwähnung fanden, sofern sie denn tatsächlich korrekt vorgenommen wurden.[372] Auch war ein Gemeinderatsbeschluss nicht rechtswidrig, bloß weil die Unterschrift einzelner Abgeordneter fehlte, solange klar war, dass diese bei der Sitzung tatsächlich anwesend waren.[373] Die falsche Auflistung der Mitglieder eines Konsultativgremiums im Protokoll der Sitzung wurde für unbeachtlich befunden, wenn das Gremium tatsächlich einwandfrei besetzt war.[374]

Um eine Formvorschrift als wesentlich einzustufen, werden hingegen erhöhte Anforderungen gestellt.[375] Bejaht wurde die Wesentlichkeit einer Formvorschrift insbesondere bei der Pflicht zur Begründung von Verwaltungsentscheidungen sowie zur ministeriellen Gegenzeichnung. Grund hierfür ist, dass diese Formvorschriften einen vom Entscheidungsergebnis selbstständigen und bedeutsamen Zweck verfolgen, der ihre Wesentlichkeit rechtfertigt: Dies ist bei der Begründungspflicht die Funktion, einem effektiven gerichtlichen Rechtsschutz zu dienen, bei der Pflicht zur Gegenzeichnung das Zeugnis der Mitverantwortung für den erlassenen Akt.[376] Zum Teil wird auch der Wille des Gesetzgebers als Argument herangezogen, um die Einhaltung gerade dieser Formvorschriften zur Rechtmäßigkeitsvoraussetzung zu machen.[377]

Verfahrensvorschriften im engeren Sinn werden hingegen prinzipiell als wesentlich eingestuft, da ihnen eine abstrakte Ergebnisrelevanz attestiert wird.[378] Nur ausnahmsweise wird ihre Verletzung als nicht sanktionswürdig befunden. Dies ist insbesondere bei Fristbestimmungen der Fall, da diese meist nur das Ziel verfolgen, das Verfahren zu beschleunigen.[379] Dienen die Fristen hingegen bedeutsameren Zielen, wie beispielsweise das Recht Betroffener zur Äußerung sicherzustellen oder im Falle belastender Entscheidungen das Vertrauen dahingehend zu schützen, dass nach Fristablauf keine Entscheidung mehr erlassen wird, werden sie regelmäßig als wesentlich eingestuft.[380]

Verfahrensnormen werden von der Rechtsprechung damit nur dann als unwesentlich erachtet, wenn sie weder abstrakt geeignet sind, auf das Ergebnis der

---

[371] *Ladenburger*, Verfahrensfehlerfolgen, S. 167.

[372] C.E., 29.03.1957, *Fédération nationale des syndicats d'utilisateurs et transformateurs de lait*, Rec. CE 1957, S. 222; *Ladenburger*, Verfahrensfehlerfolgen, S. 167.

[373] C.E., Sect., 04.02.1955, *Sieur Lods*, Rec. CE 1955, S. 67; *Ladenburger*, Verfahrensfehlerfolgen, S. 167.

[374] C.E., 18.12.1991, *Syndicat national de l'industrie pharmaceutique*, Rec. CE 1991, S. 447; *Ladenburger*, Verfahrensfehlerfolgen, S. 167 f.

[375] *Ladenburger*, Verfahrensfehlerfolgen, S. 166.

[376] *Ladenburger*, Verfahrensfehlerfolgen, S. 167 m.w.N.

[377] *Auby/Drago*, Traité des recours en matière administrative, Rn. 230: „violation expresse de la loi"; *Ladenburger*, Verfahrensfehlerfolgen, S. 167. Fn. 49.

[378] *Ladenburger*, Verfahrensfehlerfolgen, S. 165.

[379] *Ladenburger*, Verfahrensfehlerfolgen, S. 165 mit Beispielen.

[380] *Ladenburger*, Verfahrensfehlerfolgen, S. 165 mit Beispielen.

Sachentscheidung Einfluss zu nehmen, noch einen vom Entscheidungsergebnis selbstständigen und wichtigen Zweck verfolgen. Die grundsätzliche Wesentlichkeit von „Verfahrensvorschriften im engeren Sinne" resultiert bereits daraus, dass sie abstrakt ergebnisrelevant sind. Bloße Formvorschriften sind hingegen nur ausnahmsweise als wesentlich einzustufen, insbesondere, wenn sie einen vom Entscheidungsergebnis selbstständigen und wichtigen Zweck verfolgen.[381]

b) Das Kriterium der fehlenden konkreten Ergebnisrelevanz

Als Kriterium zur Abgrenzung der *formalités substantielles* und *accessoires* fungiert ferner die konkrete Ergebnisrelevanz: Hat ein Verfahrensfehler im konkreten Einzelfall keinen Einfluss auf die Sachentscheidung gehabt, wird er als nicht sanktionswürdig befunden.[382]

Dieses Kriterium findet allerdings in den Lehrbüchern mehr Beachtung als in der Praxis der Rechtsprechung.[383] Die Urteile des französischen *Conseil d'État*, die sich mit der Fallgruppe befassen, betreffen stets dieselbe Fallkonstellation: Fehler, die innerhalb eines Konsultationsverfahrens begangen wurden, werden für unbeachtlich befunden, wenn sich die entscheidende Behörde ohnehin über die Auffassung des Konsultationsgremiums hinwegsetzt.[384]

c) Das Kriterium der Zweckerreichung

Das bedeutendste Kriterium zur Abgrenzung wesentlicher von unwesentlichen Förmlichkeiten in der Rechtsprechung und Literatur ist allerdings das sog. „finalistische Kriterium". Demnach soll für die Wesentlichkeit oder Unwesentlichkeit einer Verfahrensverletzung maßgeblich sein, ob der von der Vorschrift verfolgte Zweck im Einzelfall trotz der Verletzung als erreicht angesehen werden kann.[385]

---

[381] So zusammenfassend *Ladenburger*, Verfahrensfehlerfolgen, S. 168.

[382] *Auby/Drago*, Traité des recours en matière administrative, Rn. 230; *Ladenburger*, Verfahrensfehlerfolgen, S. 193; *de Laubadère/Venezia/Gaudemet*, Traité de droit administratif, T. 1, Rn. 716. Ablehnend hingegen *Calogéropoulos*, Le contrôle de la légalité externe des actes administratifs unilatéraux, S. 198 ff. Vgl. auch *Frier*, Vice de procédure, in: Dalloz, Répertoire de contentieux administratif, Rn. 172; *Melleray*, Recours pour excès de pouvoir, in: Dalloz, Répertoire de contentieux administratif, Rn. 27.

[383] *Ladenburger*, Verfahrensfehlerfolgen, S. 194.

[384] Siehe beispielsweise C.E., 06.11.1957, *Synd. chrétien des agents du ministère de la Reconstruction et de l'Urbanisme*, Rec. 1957, S. 582; C.E., 11.01.1980, *Laveau*, Rec. 1980, S. 6; *Ladenburger*, Verfahrensfehlerfolgen, S. 194.

[385] *Calogéropoulos*, Le contrôle de la légalité externe des actes administratifs unilatéraux, S. 211 ff.: „critère attaché à la finalité des formes"; *Isaac*, La procédure administrative non contentieuse, S. 291: „le principe finaliste en vertu duquel […] toute situation, toute institution, et l'on peut même ajouter, toute règle doit s'apprécier – sauf exception – par rapport au but auquel elle se trouve „ordonnée" ou à la fonction qui lui est assignée […] Toute formalité administrative présente

Bedeutung kommt diesem Ansatz insbesondere im Zusammenhang mit Begründungs- und Gegenzeichnungsmängeln zu: Sie werden als wesentliche Form*vorschriften* eingestuft, da der von ihnen verfolgte Zweck derart bedeutsam ist, dass ihre Verletzung eine Sanktionswürdigkeit nach sich zieht.[386] Dem „finalistischen Kriterium" kommt ferner Bedeutung für den konkreten Einzelfall zu: Eine Verwaltungsentscheidung ist dann nicht aufzuheben, wenn der Zweck einer Verfahrensvorschrift trotz ihrer Verletzung doch noch erreicht wurde.[387]

aa) Zweckerreichung durch Äquivalenz des tatsächlich durchgeführten mit dem normierten Verfahren

Eine erste Unterkategorie der Zweckerreichung stellen die Fälle dar, in denen das von der Verwaltung im konkreten Fall durchgeführte Verfahren dem gesetzlich normierten als gleichwertig angesehen werden kann.[388] Diese Unterfallgruppe kommt einer Heilung, die im französischen Verwaltungsrecht grundsätzlich unzulässig ist,[389] recht nahe, da die Gleichwertigkeit des Verfahrens im konkreten Einzelfall auch daraus resultieren kann, dass der Fehler im weiteren Verfahrensverlauf behoben wird.[390]

---

un sens propre, une finalité particulière; c'est par référence à cette finalité que doit être jugé si l'administration a satisfait á la volonté du législateur", der auf den allgemein im französischen Verwaltungsrecht geltenden „finalistischen" (das heißt teleologischen) Ansatz verweist und hierfür auf *Latournerie*, Essai sur les méthodes juridictionnelles du Conseil d'État, in: Conseil d'État, Livre jubilaire, S. 177, 226 Bezug nimmt; *Moreau*, Les conséquences des illégalités procédurales en droit administratif français, EuZöR 1993, Sonderheft, S. 85, 91: „il n'existe pas des procédures substantielles et des procédures accessoires, mais que bien plutôt ce qui est déterminant, c'est la prise en considération, dans chaque cas d'espèce, des conséquences de l'irrégularité commise mesurées à l'aune de la finalité de la procédure en cause. Le non-respect de la règle de procédure a-t-il amenuisé les garanties des administrés, ou ces dernières ont-elles été préservées? Telle est la vériable question!" Ausführlich hierzu *Ladenburger*, Verfahrensfehlerfolgen, S. 198 ff. Vgl. auch *Frier*, Vice de procédure, in: Dalloz, Répertoire de contentieux administratif, Rn. 170.

[386] Siehe oben, Kap. 5., D., I., 2., a), bb).

[387] *Ladenburger*, Verfahrensfehlerfolgen, S. 199.

[388] *Calogéropoulos*, Le contrôle de la légalité externe des actes administratifs unilatéraux, S. 226 ff. überschreibt diese Fallgruppe mit: „Le caractère accessoire du vice de forme dû au respect des formalités équivalentes"; *Frier*, Vice de procédure, in: Dalloz, Répertoire de contentieux administratif, Rn. 171; ausführlich hierzu *Ladenburger*, Verfahrensfehlerfolgen, S. 199 ff., der diese Fallgruppe „Zweckerreichung durch äquivalentes Verhalten" nennt. Aus der Rechtsprechung siehe exemplarisch C.E., Sect., 15.02.1974, *Societé civile agricole Centre d'insémination de la Crespelle*, Rec. CE 1974, S. 109; C.E. Ass., 26.11.1976, *Sieur Soldani*, AJDA 1977, S. 33, m. Anm. *Latournerie*.

[389] Zur Heilung siehe unten, Kap. 5, D., II.

[390] So bereits *Calogéropoulos*, Le contrôle de la légalité externe des actes administratifs unilatéraux, S. 234 f.; *Ladenburger*, Verfahrensfehlerfolgen, S. 199, Fn. 169.

bb) Verfahrensposition des Fehlerbetroffenen trotz Verfahrensverletzung gewahrt

Eine zweite Unterkategorie der Zweckerreichung bilden die Fälle, in denen trotz des Verfahrensfehlers die Rechtsstellung des Fehlerbetroffenen als gewahrt angesehen werden kann.[391]

Von der ersten Unterkategorie der Durchführung eines gleichwertigen Verfahrens unterscheidet sich diese Fallgruppe zunächst dadurch, dass es hier um das Verhältnis zwischen Behörde und Bürger geht, während im ersten Fall das Verhältnis der entscheidenden Behörde zu anderen Stellen betroffen ist. Ferner unterscheiden sich die Unterkategorien dadurch, dass das Verwaltungshandeln in der zweiten Fallgruppe nicht als dem rechtmäßigen Verfahrensablauf äquivalent angesehen werden kann. Vielmehr bleibt es falsch; nur die Verfahrensposition des Fehlerbetroffenen ist im Einzelfall aufgrund anderweitiger Umstände garantiert.[392]

Von der Fallgruppe der Unbeachtlichkeit wegen mangelnder konkreter Ergebnisrelevanz unterscheidet sich die Unterkategorie der Wahrung der Verfahrensposition dadurch, dass sich die Unbeachtlichkeit des Fehlers allein anhand des äußeren Verfahrensablaufs nachweisen lässt. Es ist nicht notwendig, auf eine Einwirkung des Verfahrensfehlers auf den internen Entscheidungsprozess der Verwaltung abzustellen.[393]

Beispiele für die Anwendung dieser Fallgruppe finden sich insbesondere im öffentlichen Dienstrecht und betreffen hier vor allem das Recht auf Akteneinsicht: Wurde rechtswidrig die Einsicht in Teile der Personalakte verwehrt, erachtet die Rechtsprechung diesen Mangel für unbeachtlich, wenn die nicht übermittelten Aktenteile entweder keine neuen Informationen enthielten oder die Verwaltung sich nicht auf sie berufen hat.[394] Ferner kommt die Fallgruppe im Bereich des öffentlichen Anhörungsverfahrens, der sog. *enquête publique*, vielfach zur Anwendung.[395]

---

[391] *Auby/Drago*, Traité des recours en matière administrative, Rn. 230; *Frier*, Vice de procédure, in: Dalloz, Répertoire de contentieux administratif, Rn. 169 m.w.N. zur Rechtsprechung; ausführlich *Ladenburger*, Verfahrensfehlerfolgen, S. 202 ff. m.w.N. aus der Rechtsprechung; *Moreau*, Les conséquences des illégalités procédurales en droit administratif français, EuZöR 1993, Sonderheft, S. 85, 91. Aus der neueren Rechtsprechung ist insbesondere auf C.E., 17.12.2003, *CNFPT*, n. 248814, AJDA 2004, S. 462 hinzuweisen: Hier wurde entschieden, dass die Unterlassung der gesetzlich vorgeschriebenen Pflicht zur Weitergabe eines Protokolls einer Sitzung zum Abbau von Arbeitsplätzen keine Auswirkungen auf die Rechtmäßigkeit der Entscheidung zum Abbau der Arbeitsplätze haben könne, da die Regelung weder zum Ziel noch zur Folge habe, die Rechte und Interessen der Beamten zu schützen.

[392] Zu den Unterschieden zwischen den Unterfallgruppen siehe *Ladenburger*, Verfahrensfehlerfolgen, S. 202 f.

[393] Zu dieser Unterscheidung bereits *Ladenburger*, Verfahrensfehlerfolgen, S. 203.

[394] *Ladenburger*, Verfahrensfehlerfolgen, S. 204 m.w.N. zur Rechtsprechung in Fn. 185.

[395] Ausführlich m.w.N. zur Rechtsprechung *Ladenburger*, Verfahrensfehlerfolgen, S. 204 f.

Oftmals kombiniert die Rechtsprechung das Merkmal der Zweckerreichung auch mit der Schwere der Verfahrensverletzung und argumentiert, dass der Zweck der verletzten Vorschrift als noch erreicht angesehen werden kann, da die Verletzung in der Gesamtbetrachtung relativ bedeutungslos erscheine.[396]

Aus der neueren Rechtsprechung ist insbesondere auf zwei Urteile zu dieser Fallgruppe hinzuweisen. Der erste Fall betrifft die Veröffentlichung einer fehlerhaften Mitteilung eines Anhörungsverfahrens. Die Veröffentlichung ließ unerwähnt, an welchen Tagen und zu welcher Uhrzeit der Anhörungsbeauftragte im einzigen Rathaus einer Gemeinde mit 1500 Einwohnern anwesend war. Der Staatsrat entschied, dass dieser Fehler nicht die Rechtswidrigkeit des gesamten Verfahrens zur Folge haben könne. Denn tatsächlich hatten 64 Personen Stellung genommen. Daher könne nicht davon ausgegangen werden, dass die Unterlassung jemanden von seinem Recht zur Stellungnahme abgehalten habe.[397]

In einer anderen Rechtssache trug der Kläger vor, dass die gegen ihn verhängte Disziplinarmaßnahme der Zwangsversetzung in den Ruhestand unter fehlerhaften Voraussetzungen ausgesprochen worden war. Denn der Berichterstatter habe seinen Bericht nicht während der Sitzung des Obersten Rats der Magistratur, der die Angelegenheit untersuchen sollte, vorgelesen. Der *Conseil d'État* befand, dass das Verfahren nicht mit einem Mangel behaftet sei, der die Aufhebung rechtfertige, da der schriftliche Bericht rechtzeitig vor der Sitzung mitgeteilt worden war.[398]

II. Die Heilung von Verfahrens- und Formfehlern

1. Régularisation: Die isolierte Heilung von Verfahrens- und Formfehlern

Das französische Verwaltungsverfahrensrecht setzt sich unter der Bezeichnung *régularisation* mit der Frage der Heilung von Rechtsfehlern auseinander. Damit ist die nachträgliche, fehlerfreie Vornahme einer unterlassenen oder fehlerhaft vorgenommenen Verfahrens- oder Formvorgabe im Rahmen einer einseitigen Verwaltungsentscheidung gemeint, die zur Folge hat, dass die Rechtswidrigkeit „positiv" korrigiert wird.[399]

---

[396] Ausführlich m.w.N. zur Rechtsprechung *Ladenburger*, Verfahrensfehlerfolgen, S. 205.

[397] C.E., 03.07.1998, *Assoc. défense environnement Saint-Come d'Olt*, Rec. CE, S. 283.

[398] C.E. sect., 06.11.2002, *M. W.*, n. 225341, AJDA 2002, S. 1443, m. Anm. *Donnat/Casas*.

[399] *Calogéropoulos*, Le contrôle de la légalité externe des actes administratifs unilatéraux, S. 230 f., definiert die *régularisation* als „une formalité omise ou irrégulière est accomplie a posteriori ayant comme effet de corriger le vice „positivement""; *Israël*, La régularisation en droit administratif français, S. 9 ff., definiert *régularisation* als „correction positive d'une illégalité préexistente. Correction, correction positive, tels sont les deux éléments qui caractérisent la régularisation"; siehe auch *Chapus*, Droit administratif général, T. 1, Rn. 1213; *Eisenberg*, Die Anhörung des Bürgers im Verwaltungsverfahren und die Begründungspflicht für Verwaltungsakte, S. 211 f.; *Frier*, Vice de procédure, in: Dalloz, Répertoire de contentieux administratif, Rn. 175; *Ladenburger*, Verfahrensfehlerfolgen, S. 13; *De Laubadère/Venezia/Gaudemet*, Traité de droit administratif, T. 1, Rn. 717.

a) Grundsatz: Unzulässigkeit der régularisation

Das französische Verwaltungsrecht lehnt die Zulässigkeit einer *régularisation* grundsätzlich ab.[400] Dies wird in erster Linie mit dem im französischen Recht geltenden Verbot, Rechtsfolgen rückwirkend zu setzen, begründet.[401] Der Verwaltung ist es nur gestattet, neue, rechtmäßige Verwaltungsentscheidungen für die Zukunft zu erlassen, nicht jedoch durch eine Heilung rückwirkend Rechtsfolgen zu setzen. Als Begründung dient ferner vielfach der Hinweis, dass der Sinn und Zweck der verletzten Vorschriften leerlaufen würde, wenn man ihre isolierte Heilung zuließe.[402] Für die Erfüllung einer jeden Verfahrens- oder Formvorschrift gebe es einen günstigen Zeitpunkt, der nicht beliebig von der Verwaltung verschoben werden könne und der jedenfalls vor Erlass der Verwaltungsentscheidung liege.[403] Dieses Argument beansprucht pauschal Geltung, ohne dass nach der jeweils verletzten Verfahrensvorschrift differenziert oder im Einzelfall geprüft würde, ob ihr Zweck nachträglich doch noch erreicht werden könne.[404] Schließlich wird auf die Gefahr hingewiesen, dass die Verwaltung durch die Möglichkeit, Verfahrensfehler zu heilen, dazu veranlasst werden könnte, in Zukunft nachlässiger mit Verfahrensvorschriften umzugehen.[405] Damit wird auf die edukatorische Funktion einer Sanktion Bezug genommen.

---

[400] *Chapus*, Droit administratif général, T. 1, Rn. 1213, in Bezug auf Verfahrensfehler siehe Rn. 1222; *Frier*, Vice de procédure, in: Dalloz, Répertoire de contentieux administratif, Rn. 175 m.w.N. aus der Rechtsprechung; *Fromont*, Frankreich, in: Hill/Pitschas, Europäisches Verwaltungsverfahrensrecht, S. 73, 82; *De Laubadère/Venezia/Gaudemet*, Traité de droit administratif, T. 1, Rn. 717 m.w.N. aus der Rechtsprechung; *Ladenburger*, Verfahrensfehlerfolgen, S. 13; *Nöhmer*, Das Recht auf Anhörung im europäischen Verwaltungsverfahren, S. 88; *Schmidt-Aßmann*, Der Verfahrensgedanke im deutschen und europäischen Verwaltungsrecht, GVwR II, § 27, Rn. 19.

[401] *Auby/Drago*, Traité des recours en matière administrative, Rn. 246; *Israël*, La régularisation en droit administratif français, S. 57 f.; *Ladenburger*, Verfahrensfehlerfolgen, S. 14; *De Laubadère/Venezia/Gaudemet*, Traité de droit administratif, T. 1, Rn. 717; *Woehrling*, Un aspect méconnu de la gestion administrative: La régularisation des procédures et décisions illégales, RFAP 2004, S. 533, 536.

[402] *Frier*, Vice de procédure, in: Dalloz, Répertoire de contentieux administratif, Rn. 175: „ces formalités dès qu'elles interviennent après l'édiction de l'acte perdent toute leur utilité; l'objectif poursuivi par la règle qui les impose n'est donc en général pas atteint"; *Israël*, La régularisation en droit administratif français, S. 58 ff.; *Ladenburger*, Verfahrensfehlerfolgen, S. 14. *Chapus*, Droit administratif général, T. 1, Rn. 1222 schreibt in Bezug auf Verfahrensfehler, dass eine Heilung nicht möglich sei, weil die nachträgliche Erfüllung vorgesehener Verfahrensvorgaben keinen Sinn habe.

[403] *Calogéropoulos*, Le contrôle de la légalité externe des actes administratifs unilatéraux, S. 233; *Israël*, La régularisation en droit administratif français, S. 51.

[404] *Ladenburger*, Verfahrensfehlerfolgen, S. 14.

[405] *Woehrling*, Un aspect méconnu de la gestion administrative: La régularisation des procédures et décisions illégales, RFAP 2004, S. 533, 534.

b) Ausnahme: Régularisation nicht-wesentlicher Förmlichkeiten

Allein im Falle der Verletzung nicht-wesentlicher Förmlichkeiten wird eine *régularisation* für möglich gehalten.[406] Dem liegt die im französischen Verwaltungsrecht auch bei der Frage nach der Unbeachtlichkeit von Verfahrens- und Formfehlern vorgenommene Unterscheidung zwischen wesentlichen und nicht wesentlichen Verfahrens- und Formvorschriften – den sog. *formalités substantielles* und *formalités non substantielles* bzw. *accessoires* – zugrunde.[407]

Dies leuchtet auch unmittelbar ein: Kann ein Fehler bereits als unbeachtlich eingestuft werden, muss es erst recht möglich sein, ihn durch eine rückwirkende Berichtigung zu heilen. Beispielsweise hat der französische Staatsrat es für zulässig erachtet, dass das Protokoll einer Gemeinderatssitzung von Gemeinderatsmitgliedern, deren Anwesenheit bei der Sitzung nicht bestritten wird, zu einem späteren Zeitpunkt als dem der Beschlussfassung unterschrieben werden kann.[408] Im Grunde sei der von der Unterschrift verfolgte Zweck, die Anwesenheit der Unterzeichnenden bei der Beschlussfassung sicherzustellen, nämlich erfüllt worden.[409]

2. Die Heilung im Rahmen des verwaltungsinternen Rechtsschutzes

Neben der isolierten Heilung in Form der *régularisation*, die nur in eng begrenzten Ausnahmefällen erlaubt ist, gestattet das französische Recht eine Beseitigung von Verfahrens- und Formfehlern im Laufe verwaltungsinterner Überprüfungsverfahren.

In Frankreich steht den Bürgern ein System verwaltungsinternen Rechtsschutzes zur Verfügung, um sich gegen belastende Verwaltungsentscheidungen zur Wehr zu setzen. Der Oberbegriff hierfür lautet *recours administratif*. Dieser erfährt verschiedene Ausprägungen, von denen die beiden wichtigsten der *recours gracieux* und der *recours hiérarchique* sind. Bei dem sog. *recours gracieux* wendet sich der Rechtsschutzsuchende erneut an die Ausgangsbehörde. Im Rahmen des *recours hiérarchique* richtet der Betroffene sein Begehren hingegen an eine übergeordnete Behörde.[410]

---

[406] *Calogéropoulos*, Le contrôle de la légalité externe des actes administratifs unilatéraux, S. 231 f.; *Moreau*, Droit administratif, Rn. 129. Die Unterscheidung zwischen *formalités substantielles* und *formalités non substantielles* in Bezug auf die Möglichkeit der Heilung ist auch erkennbar bei *Debbasch/Ricci*, Contentieux administratif, Rn. 908.

[407] Ausführlich hierzu oben, Kap. 5, D., I., 2.

[408] *Calogéropoulos*, Le contrôle de la légalité externe des actes administratifs unilatéraux, S. 231, Fn. 303 m.w.N. aus der Rechtsprechung.

[409] *Israël*, La régularisation en droit administratif français, S. 48.

[410] *Huber*, Grundzüge des Verwaltungsrechts in Europa, in: Hdb. Ius Publicum Europaeum, Bd. V, § 73, Rn. 198; *Marsch*, Frankreich, in: Schneider, Verwaltungsrecht in Europa, S. 33, 143 ff.; *Sydow/Neidhardt*, Verwaltungsinterner Rechtsschutz, S. 43 ff.

Diese beiden Formen des *recours administratif* stehen einem Betroffenen immer zur Verfügung, es sei denn, sie werden durch eine Rechtsnorm explizit ausgeschlossen.[411] Ist die Durchführung eines verwaltungsinternen Vorverfahrens nicht ausdrücklich durch ein Gesetz vorgeschrieben, muss es jedoch vor Klageerhebung nicht zwingend stattfinden. Nur ausnahmsweise sehen Spezialgesetze – wie beispielsweise im Steuerrecht – vor, dass vor Klageerhebung eine Überprüfung der Entscheidung durch die Verwaltung stattfinden muss. In anderen Fällen kann das Verwaltungsgericht auch direkt angerufen werden.[412]

Ist die Durchführung eines verwaltungsinternen Vorverfahrens zwingend oder handelt es sich um einen *recours hiérarchique*, wird die Ausgangs- durch die Beschwerdeentscheidung ersetzt, sofern Letztere von Ersterer abweicht.[413] In diesen Fällen kann durch das verwaltungsinterne Vorverfahren eine Heilung der Ausgangsentscheidung bewirkt werden. Denn die Ausgangsentscheidung wird entweder schon durch die Beschwerdeentscheidung ausgetauscht oder aber vom Gericht unter Aufrechterhaltung der Beschwerdeentscheidung isoliert aufgehoben.[414] So nimmt die französische Rechtsprechung an, dass „die Rechtmäßigkeit der Ausgangsentscheidung nicht zwingend die Rechtmäßigkeit der Entscheidung, die im Rahmen eines *recours hiérarchique* getroffen wird, bedingt".[415] Allgemeiner gesprochen kann die Stelle, die im Wege des verwaltungsinternen Rechtsschutzes angerufen wird, im Rahmen ihrer Zuständigkeit die inhaltlich selbe Entscheidung wie die Ausgangsentscheidung verfahrensfehlerfrei treffen.[416] Diese Heilungsmöglichkeit besteht unabhängig von der Art des Verfahrensfehlers der Ausgangsentscheidung.[417]

---

[411] *Marsch*, Frankreich, in: Schneider, Verwaltungsrecht in Europa, S. 33, 143 f.; *Sydow/Neidhardt*, Verwaltungsinterner Rechtsschutz, S. 44.

[412] Allgemein zum Fehlen eines zwingenden Vorverfahrens im französischen Recht siehe *Woehrling*, Die deutsche und die französische Verwaltungsgerichtsbarkeit an der Schwelle zum 21. Jahrhundert, NVwZ 1998, S. 462, 465; *Schwarze*, Grundlinien und neuere Entwicklungen des Verwaltungsrechtsschutzes in Frankreich und Deutschland, NVwZ 1996, S. 23, 24.

[413] *Chapus*, Droit administratif général, T. 1, Rn. 550; *Chapus*, Droit du contentieux administratif, Rn. 498, 634; *Marsch*, Frankreich, in: Schneider, Verwaltungsrecht in Europa, S. 33, 147; siehe auch *Frier*, Vice de procédure, in: Dalloz, Répertoire de contentieux administratif, Rn. 176 m.w.N. aus der Rechtsprechung.

[414] *Hostiou*, Procédure et formes de l'acte administratif unilatéral en droit français, S. 280 f.; *Israël*, La régularisation en droit administratif français, S. 145 ff., der die neue Verwaltungsentscheidung als „acte régularisateur" bezeichnet; *Marsch*, Frankreich, in: Schneider, Verwaltungsrecht in Europa, S. 33, 147; *Truchet*, Recours administratif, in: Dalloz, Répertoire de contentieux administratif, Rn. 256.

[415] *Puybasset/Puissochet*, Chronique générale de jurisprudence administrative française, AJDA 1965, S. 332, 332: „la légalité de la décision initiale ne conditionne pas nécessairement la légalité de la décision prise sur recours hiérarchique".

[416] *Hostiou*, Procédure et formes de l'acte administratif unilatéral en droit français, S. 280; *Israël*, La régularisation en droit administratif français, S. 158 ff.; *Truchet*, Recours administratif, in: Dalloz, Répertoire de contentieux administratif, Rn. 256.

[417] C.E., Urt. v. 27.02.1956, *Association des moyens et petits propriétaires du Chesne et autres*, Rec. CE 1956, S. 92 ff.; *Truchet*, Recours administratif, in: Dalloz, Répertoire de contentieux administratif, Rn. 257.

Eine anfänglich fehlerhafte Begründung kann daher sowohl durch die Ausgangs- als auch die übergeordnete Behörde mit einer korrekten Begründung ersetzt werden.[418] Diese Heilungsmöglichkeit wurde insbesondere von der Lehre kritisiert. Denn der Beschwerdeführer hätte die Aufhebung der Ausgangsentscheidung erreichen können, hätte er das Gericht direkt angerufen. Die – häufig freiwillige – Durchführung des verwaltungsrechtlichen Überprüfungsverfahrens führt hingegen zur Bestätigung der Ausgangsentscheidung und bringt den Beschwerdeführer um den Erfolg eines eventuellen gerichtlichen Verfahrens.[419] Gerechtfertigt wird diese Heilungsmöglichkeit jedoch damit, dass es kein „Recht auf Aufhebung" einer Verwaltungsentscheidung gebe, deren anfängliche Rechtswidrigkeit beseitigt wurde.[420]

Allerdings entfaltet diese Form der Heilung keine Rückwirkung; die neue Verwaltungsentscheidung wirkt lediglich *ex nunc*.[421]

Daneben bleibt es der Verwaltung selbstverständlich unbenommen, das Verwaltungsverfahren in seiner Gesamtheit wiederaufzugreifen und eine neue Verwaltungsentscheidung mit gleichem Inhalt, dieses Mal verfahrens- und formfehlerfrei, zu erlassen, die dazu bestimmt ist, die vorangegangene, verfahrens- oder formfehlerhafte Verwaltungsentscheidung zu beseitigen.[422]

3. Die Heilung im Laufe des gerichtlichen Verfahrens

a) Grundsatz: Heilung im gerichtlichen Verfahren ausgeschlossen

Verfahrens- oder Formfehler führen im französischen Verwaltungsprozess grundsätzlich zur Aufhebung der Verwaltungsentscheidung. Eine Heilung ist ausgeschlossen.[423]

Dies liegt in erster Linie an den Charakteristika der französischen Anfechtungsklage, dem *recours pour excès de pouvoir*.[424] Der französische *Conseil d'État* prüft

---

[418] C.E., Ass., 23.04.1965, *Dame veuve Ducroux*, Rec. CE 1965, S. 231; *Truchet*, Recours administratif, in: Dalloz, Répertoire de contentieux administratif, Rn. 260.

[419] *Isaac*, La procédure administrative non contentieuse, Rn. 663; *Truchet*, Recours administratif, in: Dalloz, Répertoire de contentieux administratif, Rn. 261 m.w.N.

[420] *Truchet*, Recours administratif, in: Dalloz, Répertoire de contentieux administratif, Rn. 261.

[421] *Israël*, La régularisation en droit administratif français, S. 209 ff.; *Woehrling*, Un aspect méconnu de la gestion administrative: La régularisation des procédures et décisions illégales, RFAP 2004, S. 533, 543, Fn. 27.

[422] C.E., 04.10.1961, *Syndicat du personnel des services publics de la Seine*, Rec. CE 1961, S. 536; C.E., 21.04.1967, *Département de la Mayenne/Menon*, Rec. CE 1967, S. 173; *Frier*, Vice de procédure, in: Dalloz, Répertoire de contentieux administratif, Rn. 176.

[423] *Fromont*, Frankreich, in: Hill/Pitschas, Europäisches Verwaltungsverfahrensrecht, S. 73, 81 f.; *Nöhmer*, Das Recht auf Anhörung im europäischen Verwaltungsverfahren, S. 88; *Woehrling*, Un aspect méconnu der gestion administrative: La régularisation des procédures et décisions illégales, RFAP 2004, S. 533, 535.

[424] *Woehrling*, Un aspect méconnu de la gestion administrative: La régularisation des procédures et décisions illégales, RFAP 2004, S. 533, 535.

im Rahmen dieser Klageart die Rechtmäßigkeit einseitiger Verwaltungsentscheidungen.[425] Einer der vier Klagegründe des *recours pour excès de pouvoir* ist die
Rüge von Form- und Verfahrensfehlern, die sog. *vice de forme et de procédure*.[426]
Hierbei handelt es sich um einen Klagegrund der formellen Rechtmäßigkeit, der
sog. *légalité externe*.[427] Allerdings soll die verwaltungsgerichtliche Prüfung der
Verwaltungsentscheidungen in Frankreich weniger dem Schutz subjektiver Rechte
als vielmehr dem Schutz der objektiven Rechtsordnung dienen.[428] Traditionell
kommt der französischen Verwaltungsgerichtsbarkeit im Wesentlichen die Aufgabe
zu, dem Gemeininteresse aller Bürger zu dienen. Der Verwaltungsgerichtsbarkeit
kommt gegenüber der Verwaltung eine edukatorische Funktion zu,[429] die eine Sanktion von Verfahrens- und Formfehlern erforderlich macht. Darüber hinaus wirkt die
Entscheidung *erga omnes*,[430] was eine Heilbarkeit von Verfahrens- und Formfehlern unbillig erscheinen lässt.[431] Zudem ist der maßgebliche Zeitpunkt für die Beurteilung der Rechtmäßigkeit der Verwaltungsentscheidung im französischen Recht
der Zeitpunkt ihres Erlasses.[432] Der Richter kann folglich keine Umstände berücksichtigen, die nach Erlass der Verwaltungsentscheidung stattgefunden haben.
Schließlich wird die Heilbarkeit im Laufe des gerichtlichen Verfahrens auch deshalb abgelehnt, weil das Gericht durch sie selbst verwaltend tätig werden und damit
in den Zuständigkeitsbereich der Verwaltung eingreifen könnte, sodass der Gewal-
tenteilungsgrundsatz verletzt würde.[433]

---

[425] *Marsch*, Frankreich, in: Schneider, Verwaltungsrecht in Europa, S. 33, 160.

[426] *Marsch*, Frankreich, in: Schneider, Verwaltungsrecht in Europa, S. 33, 180.

[427] *Ladenburger*, Verfahrensfehlerfolgen, S. 156.

[428] *Chapus*, Droit administratif général, T. 1, Rn. 999; *Drewes*, Entstehen und Entwicklung des
Rechtsschutzes vor den Gerichten der Europäischen Gemeinschaften, S. 95; *Fromont*, Frankreich,
in: Hill/Pitschas, Europäisches Verwaltungsverfahrensrecht, S. 73, 812; *Woehrling*, Un aspect méconnu de la gestion administrative: La régularisation des procédures et décisions illégales, RFAP
2004, S. 533, 535; *Woehrling*, Die deutsche und die französische Verwaltungsgerichtsbarkeit an
der Schwelle zum 21. Jahrhundert, NVwZ 1998, S. 462, 463.

[429] *von Danwitz*, Europäisches Verwaltungsrecht, S. 60 und Fn. 335; *von Danwitz*, Rechtliche Op-
timierungsgebote oder Rahmensetzung für das Verwaltungshandeln?, DVBl. 1998, S. 928, 933;
Halfmann, Verwaltungsrechtsschutz in Deutschland, Frankreich und Europa, VerwArch 91 (2000),
S. 74, 80.

[430] *Debbasch/Ricci*, Contentieux administratif, Rn. 939.

[431] *Woehrling*, Un aspect méconnu de la gestion administrative: La régularisation des procédures et
décisions illégales, RFAP 2004, S. 533, 535.

[432] *Calogéropoulos*, Le contrôle de la légalité externe des actes administratifs unilatéraux, S. 233;
Chapus, Droit du contentieux administratif, Rn. 249; *Israël*, La régularisation en droit administratif français, S. 56.

[433] *Woehrling*, Un aspect méconnu de la gestion administrative: La régularisation des procédures et
décisions illégales, RFAP 2004, S. 533, 536.

b) Substitution de motifs

Ein Begründungsmangel führt im französischen Recht meist zur vollständigen Aufhebung der Verwaltungsentscheidung im gerichtlichen Verfahren.[434] Die Heilung eines Begründungsmangels ist grundsätzlich nicht möglich, da es sich bei der Begründung um eine wesentliche Förmlichkeit, einer sog. *formalité substantielle*, handelt.[435] Nur ausnahmsweise kann die Verwaltungsentscheidung auch bei Vorliegen eines Begründungsmangels „am Leben" erhalten werden, insbesondere, wenn es sich um eine gebundene Entscheidungssituation handelt und somit die sog. *théorie des moyens inopérants* zum Zuge kommt.[436]

In diesem Zusammenhang ist jedoch auf eine weitere Rechtsfigur im französischen Verwaltungsrecht einzugehen, die es der Verwaltung erlauben soll, bei Erlass der Verwaltungsentscheidung nicht genannte Gründe im Laufe des gerichtlichen Verfahrens vorzutragen: die sog. *substitution de motifs*.[437]

Lange Zeit war diese nur in sehr engen Grenzen erlaubt.[438] Die Rechtsprechung differenzierte dabei zwischen gebundenen und Ermessensentscheidungen.[439] Nur im Falle gebundener Entscheidungen erlaubte sie – ganz im Sinne der Theorie der sog. *moyen inopérants en cas de compétence liée*[440] – die Gründe im Prozess zu heilen.[441] Im Falle einer Ermessensentscheidung war eine *substitution de motifs* hingegen strikt ausgeschlossen.[442]

---

[434] *Demeter*, Die Begründungspflicht für Verwaltungsentscheidungen im deutschen, französischen und europäischen Recht, S. 92 ff.; *Frier*, Motifs, in: Dalloz, Répertoire de contentieux administratif, Rn. 127. Möglich ist allerdings, dass nur ein Teil der Verwaltungsentscheidung aufgehoben wird, wenn die Verfügung, die auf der fehlerhaften Begründung beruhte, teilbar ist und die fehlerhafte Begründung sich ausschließlich auf diesen Teil der Verfügung bezog, siehe *Frier*, Motifs, in: Dalloz, Répertoire de contentieux administratif, Rn. 127 m.w.N. aus der Rspr.

[435] *Ladenburger*, Verfahrensfehlerfolgen, S. 166 f.

[436] Siehe oben, Kap. 5, D., I., 1.

[437] Die Begrifflichkeiten sind jedoch nicht einheitlich. So wird anstelle von *substitution de motifs* auch der Begriff *réfection, redressement, reformation* oder *régularisation* verwendet, siehe *Peyrical*, Le juge administratif et la sauvegarde des actes de l'annulation, AJDA 1996, S. 22, 28 f. m.w.N.; vgl. auch *Frier*, Motifs, in: Dalloz, Répertoire de contentieux administratif, Rn. 137; *Pacteau*, Le juge de l'excès de pouvoir et les motifs de l'acte administratif, S. 89.

[438] C.E. Urt. v. 23.07.1976, *Ministre du travail/URSSAFF du Jura*, AJDA 1976, S. 416, 417 f.

[439] Siehe ausführlich zu dieser „alten Rechtslage" *Pacteau*, Le juge de l'excès de pouvoir et les motifs de l'acte administratif, S. 89 ff.

[440] Ausführlich hierzu oben, Kap. 5, D., I., 1.

[441] *Dupuis/Guédon*, Institutions administratives, Droit administratif, S. 471; *Frier*, Motifs, in: Dalloz, Répertoire de contentieux administratif, Rn. 137; *Peyrical*, Le juge administratif et la sauvegarde des actes de l'annulation, AJDA 1996, S. 22, 29; *Ziller*, Frankreich, in: Hill/Sommermann/Stelkens/Ziekow, 35 Jahre Verwaltungsverfahrensgesetz, S. 141, 149.

[442] C.E., Urt. v. 10.11.1978, *Secrétaire d'État aux Universités/Malet*, Rec. CE 1978, S. 437, 438; C.E., Urt. v. 24.11.1978, *Ministre de l'Equipement/Dame Lamarche-Jacomet*, Rec. CE 1978, S. 472; C.E., 27.11.1996, *Epoux Naderan*, n. 170941, Rec. CE 1996, S. 464; *Frier*, Motifs, in: Dalloz, Répertoire de contentieux administratif, Rn. 137; differenzierend *Pacteau*, Le juge de l'excès de pouvoir et les motifs de l'acte administratif, S. 99 ff.

Seit Februar 2004 hat sich die Rechtslage jedoch geändert: In der Rechtssache *Mme Hallal*[443] hat der *Conseil d'État* eine Begründung im gerichtlichen Verfahren erstmals auch bei Ermessensverwaltungsakten akzeptiert. Diese unterliegt jedoch strengen Voraussetzungen: Zunächst müssen die nachträglich vorgebrachten rechtlichen oder tatsächlichen Gründe bereits im Zeitpunkt des Entscheidungserlasses vorgelegen haben. Ferner kann das Gericht die Begründung nur zulassen, nachdem es dem Antragsteller die Möglichkeit gegeben hat, sich zu den neuen Umständen zu äußern. Zudem muss das Gericht prüfen, ob die nachträglich vorgetragenen rechtlichen oder tatsächlichen Gründe in der Lage sind, die Entscheidung tatsächlich zu tragen. Der Richter muss außerdem zu der Überzeugung gelangen, dass die Verwaltung unter Zugrundelegung der neuen Gründe zu derselben Entscheidung gelangt wäre. Schließlich muss der Richter sicherstellen, dass die neuen Gründe den Antragsteller keiner verfahrensrechtlichen Garantien berauben. Ob das Gericht die nachträglich vorgebrachten Gründe tatsächlich berücksichtigt, ist ihm freigestellt. Die Möglichkeit hierzu steht den Gerichten sowohl in erster als auch in der Berufungsinstanz offen.[444]

Entscheidend ist zudem, dass die nachträglich vorgebrachten Gründe nur auf Antrag der Verwaltung – genauer gesagt der Stelle, die die angegriffene Entscheidung erlassen hat[445] – Berücksichtigung finden dürfen. Das Gericht darf nicht von Amts wegen handeln. Dies soll verhindern, dass sich das Gericht an die Stelle der Verwaltung drängt. Zudem verpflichtet die Antragstellung die Verwaltung, sich ausdrücklich dazu zu äußern, warum sie die Entscheidung aufgrund oder gerade trotz der neuen Gründe aufrechterhält. Das Gericht begnügt sich damit zu prüfen, dass die neuen Gründe die Entscheidung tragen und dass die Verwaltung unter Zugrundelegung der neuen Gründe zu derselben Entscheidung gelangt wäre.[446]

In der Literatur herrscht Skepsis gegenüber dieser angepassten Rechtsfigur. Moniert wird insbesondere, dass das heilende Gericht sich an der äußersten Grenze seiner Befugnisse bewege und insbesondere im Falle einer Ermessensentscheidung dahin tendiere, anstelle der Verwaltung zu handeln und damit in deren Zuständigkeitsbereich eingreife.[447] Ferner stünde das prozessuale Prinzip der Waffengleichheit in Gefahr, da der Verwaltung eine neue „Waffe" zur Hand gegeben werde, die es ihr erlaube, eine Entscheidung lange nach ihrem Erlass „wiederherzustellen".

---

[443] C.E., Sect., 06.02.2004, *Mme Hallal*, AJDA 2004, S. 436.

[444] C.E., Sect., 06.02.2004, *Mme Hallal*, AJDA 2004, S. 436; siehe auch C.E., 15.03.2004, *Cne de Villasavary*, AJDA 2004, S. 1311; sowie *Frier*, Motifs, in: Dalloz, Répertoire de contentieux administratif, Rn. 138; *Woehrling*, Un aspect méconnu de la gestion administrative: La régularisation des procédures et décisions illégales, RFAP 2004, S. 533, 539; *Ziller*, Frankreich, in: Hill/Sommermann/Stelkens/Ziekow, 35 Jahre Verwaltungsverfahrensgesetz, S. 141, 149.

[445] C.E., 05.02.2014, *Sté Pludis*, AJDA 2014, S. 315; *Frier*, Motifs, in: Dalloz, Répertoire de contentieux administratif, Rn. 139.

[446] *Frier*, Motifs, in: Dalloz, Répertoire de contentieux administratif, Rn. 139.

[447] *Frier*, Motifs, in: Dalloz, Répertoire de contentieux administratif, Rn. 140; zur Rechtslage vor dem Jahr 2004 siehe *Peyrical*, Le juge administratif et la sauvegarde des actes de l'annulation, AJDA 1996, S. 22, 28.

Dies könne bei den Betroffenen den Eindruck von Willkür erwecken.[448] Daher dürfe ein Gericht nur mit großer Zurückhaltung und nur in Fällen, in denen eine Aufhebung der Verwaltungsentscheidung offensichtlich ausgeschlossen sei, von dieser Rechtsfigur Gebrauch machen. Umgekehrt dürfe ein Gericht nicht davor zurückschrecken, jedes ungebührliche Verhalten, das von Anfang an zum Ziel habe, das Recht zu umgehen, zu sanktionieren.[449]

III. Zwischenfazit

Zusammenfassend bleibt festzuhalten, dass das französische Verwaltungsrecht Verfahrensfehler insgesamt streng sanktioniert und der Möglichkeit ihrer Relativierung deutlich reserviert gegenübersteht. Zwar kennt das französische Verwaltungsrecht die Rechtsfigur der Unbeachtlichkeit. Jedoch sind die beiden Unbeachtlichkeitskriterien der rechtlichen Alternativlosigkeit im Falle der sog. *théorie des moyens inopérants en cas de compétence liée* und der konkreten Ergebnisrelevanz (als ausschlaggebendes Kriterium bei der Unterscheidung zwischen *formalités substantielles* und *formalités non substantielles*) sehr restriktiv und erlangen in der Praxis nur selten Relevanz. Zudem erlaubt das französische Recht eine Heilung von unterlassenen oder fehlerhaft vorgenommenen Verfahrenshandlungen durch ihre Nachholung grundsätzlich nicht. Eine Ausnahme besteht nur im Falle nicht-wesentlicher Förmlichkeiten, die jedoch für die Praxis von zu vernachlässigender Bedeutung ist. Allein die Möglichkeit der Heilung von Begründungsmängeln im Laufe des gerichtlichen Verfahrens wird großzügiger gehandhabt: Im Rahmen der Rechtsfigur der sog. *substitution de motifs* kann ein Begründungsmangel im Prozess geheilt werden, wenn es sich um eine gebundene Entscheidungslage handelt oder – seit einem Urteil des Staatsrats aus dem Jahr 2004 – im Falle einer Ermessensentscheidung, wenn auf Antrag der Verwaltung die neuen Gründe tatsächlich in der Lage sind, die Verwaltungsentscheidung zu tragen und die Verwaltung dieselbe Entscheidung auch unter Berücksichtigung der neuen Begründung getroffen hätte.

E. England

Das englische Rechtssystem unterscheidet sich als *common law*-System grundlegend von den Rechtssystemen der Länder Kontinentaleuropas. So kennt das englische Recht zwar die Unterscheidung zwischen öffentlichem Recht und Privatrecht. Jedoch ist die Abgrenzung weniger trennscharf als in den kontinentaleuropäischen Rechtsordnungen, vor allem deshalb, weil die „ordentlichen" Gerichte, insbeson-

---

[448] *Frier*, Motifs, in: Dalloz, Répertoire de contentieux administratif, Rn. 141.
[449] *Frier*, Motifs, in: Dalloz, Répertoire de contentieux administratif, Rn. 141.

dere die *Queen's Bench Division* des *High Court*, der *Court of Appeal* und der *Supreme Court*, im Gegensatz zu den kontinentaleuropäischen Gerichten sowohl für Streitigkeiten zwischen Privaten als auch für solche zwischen Staat und Bürger zuständig sind.[450] Ferner existiert in England kein kodifiziertes allgemeines Verwaltungsverfahrensrecht. Vielmehr wurden die Grundsätze des englischen Verwaltungsverfahrensrechts zum größten Teil von der Rechtsprechung im Einklang mit den Traditionen des *common law* entwickelt.[451] Dies erschwert die Aufgabe, ein klares Bild von den Möglichkeiten der Relativierung von Verfahrens- und Formfehlern zu zeichnen.

I. Die Heilung von Verfahrens- und Formfehlern

Bereits die Bestimmung des Begriffs der Heilung wirft im englischen Recht Schwierigkeiten auf. Die Rechtsfigur wird hauptsächlich unter dem Schlagwort *cure* untersucht;[452] eine allgemeingültige Definition für diesen Rechtsbegriff halten jedoch weder die Rechtsprechung noch die Literatur bereit. Er wird primär im Zusammenhang mit der Heilung von Anhörungsmängeln im Rahmen von *appeal*-Verfahren gebraucht, die meist vor einem *tribunal* stattfinden. Die *tribunals* nehmen im englischen Rechtssystem dabei eine Stellung zwischen Verwaltung und Gerichten ein; sie sind weder verwaltungsinterne Widerspruchsbehörde, noch Gericht, sondern dazwischen zu verorten.[453]

1. Die Heilung vor Beginn des gerichtlichen bzw. quasi-gerichtlichen Verfahrens

Das englische Recht verfügt über weitreichende verwaltungsinterne Mechanismen zur Behandlung von Beschwerden. Vor Beginn des gerichtlichen bzw. quasi-gerichtlichen Verfahrens ist es der Verwaltung möglich, Verfahrens- und Formfehler im Rahmen dieser Beschwerdeverfahren zu beseitigen. In diesem Zusammenhang sind insbesondere die Verfahren der *alternative dispute resolution* von Interesse. Das *Department for Constitutional Affairs*[454] hat die Wendung der *proportionate dispute resolution* geprägt.[455] Dahinter verbirgt sich unter anderem der

---

[450] *Cane*, Administrative Law, S. 4.

[451] *Craig*, Großbritannien, in: Hdb. Ius Publicum Europaeum, Bd. V, § 77, Rn. 29; *Kleve/Schirmer*, England, in: Schneider, Verwaltungsrecht in Europa, S. 35, 91 f.

[452] Siehe beispielsweise *Calvin v Carr*, [1980] A.C. 574, 592; *Auburn/Moffett/Sharland*, Judicial Review, Rn. 5.51; *Fordham*, Judicial Review Handbook, Rn. 36.4.4, 36.4.6 und 36.4.7; *Woolf/Jowell/Le Sueur*, De Smith's Judicial Review, Rn. 8-031.

[453] *Kleve/Schirmer*, England, in: Schneider, Verwaltungsrecht in Europa, S. 35, 121.

[454] Seit Mai 2007 *Ministry of Justice* genannt.

[455] *Woolf/Jowell/Le Sueur*, De Smith's Judicial Review, Rn. 1-062.

Gedanke, dass Streitigkeiten im Zivil- und Verwaltungsrechtssystem so weit wie
möglich durch verwaltungsinterne Mechanismen beizulegen sind. Es sollen verschiedene sog. *alternative dispute resolution services* zur Verfügung gestellt werden, damit Streitigkeiten fair, zügig, effizient und effektiv beigelegt werden können, ohne auf die Gerichte oder *tribunals* zurückgreifen zu müssen.[456]

Zu den Verfahren der *alternative dispute resolution* gehört unter anderem das
internal complaint system. Dabei handelt es sich um verwaltungsinterne Mechanismen zur Überprüfung von Beschwerden gegen Verwaltungsentscheidungen.[457]
Dieses System der *internal review* hat sich in den neunziger Jahren durch die *Citi-
zen's Charter* etabliert und seitdem ausgeweitet.[458] In vielen Fällen sind diese Verfahren stark formalisiert und durch Gesetz vorgeschrieben.[459] Das heute wohl bedeutendste Beispiel verwaltungsinternen Rechtsschutzes findet sich im nationalen
Gesundheitssystem.[460] Dort sehen die *Local Authority Social Services and National Health Service Complaints (England) Regulations 2009* ein detailliertes Verfahren vor, das im Falle einer Beschwerde befolgt werden muss.[461] Ein weiteres
verwaltungsinternes Beschwerdeverfahren ist auch in *section* 202 f. des *Housing
Act 1996* vorgesehen.[462]

Die Durchführung einer solchen *internal review* kann gesetzliche Voraussetzung
für die Durchführung eines *appeal* vor einem *tribunal* sein. Ferner kann die unge-
nutzte Möglichkeit, eine *internal review* durchzuführen, ähnlich einer Präklusion
Grund für die Ablehnung eines Antrags auf Erlaubnis der Durchführung einer *judicial review* sein.[463] Damit ist verwaltungsinterner Rechtsschutz meist zwingend vor

---

[456] *Department for Constitutional Affairs*, Transforming Public Services: Complaints Redress and
Tribunals, Juli 2004, Cm 6243, Rn. 2.3.

[457] *Cane*, Administrative Law, S. 351 ff.; *Foulkes*, Administrative Law, S. 154 f.; *Kleve/Schirmer*,
England, in: Schneider, Verwaltungsrecht in Europa, S. 35, 120; *Woolf/Jowell/Le Sueur*, De
Smith's Judicial Review, Rn. 1-066; siehe weiterführend auch *Cowan/Halliday*, The Appeal of
Internal Review.

[458] *Cane*, Administrative Law, S. 352; *Kleve/Schirmer*, England, in: Schneider, Verwaltungsrecht in
Europa, S. 35, 120.

[459] *Woolf/Jowell/Le Sueur*, De Smith's Judicial Review, Rn. 1-066.

[460] *Cane*, Administrative Law, S. 355 ff.

[461] Statutory Instruments 2009 No. 309, abrufbar unter https://www.google.com/url?sa=t&rct=j&q=&e
src=s&source=web&cd=1&ved=2ahUKEwiq3Yvt86LgAhUQnRoKHcysDhcQFjAAegQIA-
BAC&url=http%3A%2F%2Fwww.legislation.gov.uk%2Fuksi%2F2009%2F309%2Fpdfs%2Fu
ksi_20090309_en.pdf&usg=AOvVaw0WJrGeCWgM6FlzwmihHsZu. Siehe auch Statutory Instruments 2009 No. 1768, abrufbar unter http://www.devon.gov.uk/amendment_to_regs_1.10.10.pdf.

[462] Statutory Instruments 1999 No. 71, Part VII Section 202 f., abrufbar unter http://www.legisla-
tion.gov.uk/ukpga/1996/52/part/VII; sowie Appendix 1, Section 202 Housing Act 1996 Review
Procedure, abrufbar unter https://www.google.com/url?sa=t&rct=j&q=&esrc=s&source=web&cd
=1&ved=2ahUKEwjc5fSc9KLgAhXmzIUKHZfxA_0QFjAAegQIABAC&url=https%3A%2F%
2Fdemocracy.dacorum.gov.uk%2FCeConvert2PDF.aspx%3FMID%3D784%26F%3DCoun-
cil%2520-%252015-4-15%2520Item%252012-%2520Appendix%25201.
pdf%26A%3D1%26R%3D0&usg=AOvVaw16mCQ5yoeb-Yi1qJ6%2D%2DJ31.

[463] *Cane*, Administrative Law, S. 352; *Woolf/Jowell/Le Sueur*, De Smith's Judicial Review,
Rn. 1-068, 16-014 und 16-021.

Anrufung eines *tribunals* oder Gerichts in Anspruch zu nehmen und meist bleiben nach der Durchführung einer *internal review* kaum Beschwerden bestehen, sodass es nur selten zu einem gerichtlichen oder gerichtsähnlichen Verfahren kommt.[464]

Im Rahmen dieser verwaltungsinternen Verfahren wird eine Verwaltungsentscheidung entweder vom ursprünglichen Entscheidungsträger oder von einem anderen Amtsträger innerhalb der Behörde einer erneuten Überprüfung unterzogen.[465] Diese umfasst eine vollständige erneute Prüfung der Sach- und Rechtslage.[466] Die *internal review* geht damit weiter als jedes Verfahren vor einem *tribunal* oder Gericht. Sie untersucht nämlich nicht nur, ob die Entscheidung im Einklang mit dem Verfahrens- und materiellen Recht ergangen ist, sondern auch, ob sie im konkreten Einzelfall korrekt getroffen wurde. Damit ist die *internal review* mit einem gänzlich neuen Verwaltungsverfahren vergleichbar,[467] weshalb auch Verfahrens- und Formfehler in ihrem Rahmen vollumfänglich beseitigt werden können.

2. Die Heilung im Laufe des gerichtlichen Verfahrens

Im englischen Recht ist bei der Frage nach den Rechtsfolgen von Verfahrens- und Formfehlern im Allgemeinen sowie bei der Frage nach der Möglichkeit einer Heilung im Rahmen eines gerichtlichen Verfahrens im Besonderen zwingend zwischen zwei Fällen zu unterscheiden: Handelt es sich um eine Verletzung eines *statutory procedural requirement*, das heißt einer Verfahrensregelung, die in einem bereichsspezifischen Gesetz (*statute*) niedergeschrieben ist,[468] oder aber um einen Verstoß gegen eine Regel der *natural justice*[469]?[470]

---

[464] *Woolf/Jowell/Le Sueur*, De Smith's Judicial Review, Rn. 1-066.

[465] *Cane*, Administrative Law, S. 352.

[466] *Cane*, Administrative Law, S. 352.

[467] *Cane*, Administrative Law, S. 352.

[468] Hierzu unter Kap. 5, E., I., 2., a).

[469] Hierzu unter Kap. 5, E., I., 2., b).

[470] Zur Unterscheidung zwischen *statutory procedural requirements* und den Regeln der *natural justice* siehe *Kleve/Schirmer*, England, in: Schneider, Verwaltungsrecht in Europa, S. 35, 161; vgl. auch *Jones/Thompson*, Garner's Administative Law, S. 236 ff. und 240 ff.; *Leyland/Anthony*, Administrative Law, S. 383 ff. und 394 ff. Insbesondere in Bezug auf die Heilung von Begründungsmängeln wird zwischen Begründungspflichten, die durch *statute* vorgesehen sind, und solchen, die lediglich allgemein aus dem *common law* resultieren, unterschieden, siehe *Alletta Nash v Chelsea College of Art and Design*, [2001] EWHC Admin 538, 2001 WL 825052, Rn. 34; *Fordham*, Judicial Review Handbook, Rn. 62.4.7 ff.; *Schaeffer*, Reasons and Rationalisations: Late Reasons in Judicial Review, JR 2004, S. 151, Rn. 1 ff.

a) Die Heilung der Verletzung eines statutory procedural requirement

aa) Allgemein: Die Unterscheidung zwischen mandatory und directory
procedural requirements

Aufgrund der Tradition des *common law* und des grundsätzlich eher pragmatischen als systematischen Ansatzes des englischen Rechts ist das englische Verwaltungsverfahrensrecht – wie bereits erwähnt – nicht in einem allgemeinen Verwaltungsverfahrensgesetz niedergelegt. Bisweilen sind jedoch Verfahrensregelungen in bereichsspezifischen Gesetzen (*statutes*) niedergeschrieben, so beispielsweise im Bauplanungsrecht.[471] Nur selten regeln *statutes*, die Verfahrensregeln vorschreiben, aber auch die Rechtsfolgen von Verstößen gegen selbige. Vielmehr ist es traditionell Aufgabe der Gerichte, über die Rechtsfolgen zu entscheiden.[472]

Insofern unterscheiden die englischen Gerichte gewöhnlich zwischen *mandatory* und *directory procedural requirements* – das heißt zwischen zwingenden und lediglich empfehlenden Verfahrensregeln.[473] Während ein Verstoß gegen Erstere zwingend die Nichtigkeit *ex nunc* (*voidness*) der Verwaltungsentscheidung nach sich zieht, bleibt die Verletzung eines *directory procedural requirement* prinzipiell folgenlos.[474] Hierbei handelt es sich in erster Linie um eine Unbeachtlichkeitsregelung.[475] Je nach Einzelfall erscheint es damit aber erst recht auch möglich, die Verletzung eines *directory procedural requirement* durch ein Nachholen der unterlassenen oder fehlerhaften Verfahrenshandlung zu heilen.[476]

bb) Insbesondere: Die Heilung der Verletzung einer durch statute
vorgeschriebenen Begründungspflicht

In der Regel zieht die Verletzung einer durch *statute* angeordneten Begründungspflicht die Aufhebung der Verwaltungsentscheidung nach sich.[477] Der Heilung einer fehlenden oder unzureichenden Begründung im Verfahren der *judicial review* steht

---

[471] *Craig*, Großbritannien, in: Hdb. Ius Publicum Europaeum, Bd. V, § 77, Rn. 29.

[472] *Jones/Thompson,* Garner's Administrative Law, S. 237.

[473] Siehe zur Unterscheidung zwischen *mandatory* und *directory procedural requirements* beispielsweise *R v Secretary of State for the Home Department Ex p Jeyeanthan,* [2000] 1 W.L.R. 354, 538; siehe auch *Bailey*, Grounds for Judicial Review: Due Process, Natural Justice, and Fairness, in: Feldman, English Public Law, Rn. 15.96.; *Bergner*, Grundrechtsschutz durch Verfahren, S. 266; *Kleve/Schirmer,* England, in: Schneider, Verwaltungsrecht in Europa, S. 35, 161; *Leyland/Anthony*, Administrative Law, S. 385.

[474] *Bailey*, Grounds for Judicial Review: Due Process, Natural Justice, and Fairness, in: Feldman, English Public Law, Rn. 15.96; *Bergner*, Grundrechtsschutz durch Verfahren, S. 266; *Jones/ Thompson,* Garner's Administrative Law, S. 237; *Leyland/Anthony*, Textbook on Administrative Law, S. 385.

[475] Ausführlicher hierzu unten, Kap. 5, E., II., 1.

[476] So auch *Kleve/Schirmer,* England, in: Schneider, Verwaltungsrecht in Europa, S. 35, 161 f.

[477] Vgl. *R (on the application of Nash) v Chelsea College of Art and Design,* [2001] EWHC (Admin) 538, Rn. 34; *R (Richardson) v. North Yorkshire County Council,* [2004] 1 W.L.R. 1920, Rn. 33; *London Fire and Emergency Planning Authority,* [2007] EWHC 1176 (Admin) Rn. 66;

das englische Recht skeptisch gegenüber.[478] Während die Heilung von Begründungsmängeln nach Entscheidungserlass, aber vor Klageerhebung möglich erscheint, stellt der Beginn des gerichtlichen Verfahrens eine Zäsur dar.[479] Trotzdem haben die englischen Gerichte die Heilung von Begründungsmängeln unter bestimmten Voraussetzungen für zulässig erachtet.

In der Rechtssache *R. v. City of Westminster ex p. Ermakov*[480] stellte der *Court of Appeal* die Kriterien für die Zulässigkeit der Heilung der Verletzung einer durch *statute* vorgesehenen Begründungspflicht auf. Die Rechtssache betraf ein Verfahren der *judicial review* gegen eine Entscheidung des lokalen Amts für Wohnungswesen. Dieses hatte in seiner Entscheidung festgestellt, dass der Antragsteller vorsätzlich obdachlos geworden war. Durch *statute* war vorgesehen, dass die Entscheidung zusammen mit einer Begründung erlassen werden müsse. Das Amt gab jedoch erst im Verfahren der *judicial review* eine Begründung für seine Entscheidung, die es als „die wahre" bezeichnete und die sich von der ursprünglich bei Entscheidungserlass genannten Begründung unterschied. Es stellte sich damit die Frage, ob das Gericht diese Gründe berücksichtigen sollte.

In seiner Urteilsbegründung stellte *Lord Justice Hutchison* zunächst zweierlei fest: Erstens führe eine Begründung, die nicht ausreiche, um dem Gericht die Beurteilung der Rechtmäßigkeit einer Entscheidung zu erlauben, zur Rechtswidrigkeit der Entscheidung. Zweitens müsse ein Gericht vorsichtig sein, eidesstattliche Beweise oder ähnliches zur Lückenfüllung zuzulassen.[481]

Sodann legte er Kriterien für die Zulässigkeit einer Heilung des Begründungsmangels fest: Ein Gericht könne eine im gerichtlichen Verfahren gegebene Begründung nur berücksichtigen, wenn diese lediglich die zuvor gegebene Begründung erläutere oder, in Ausnahmefällen, korrigiere oder ergänze. Das Gericht müsse hierbei aber sehr zurückhaltend sein. Die Möglichkeit der Heilung bestünde beispielsweise in Fällen, in denen Schreibfehler gemacht wurden, der falsche Ausdruck verwendet oder ein Wort irrtümlich ausgelassen wurde sowie in Situationen, in denen sprachliche Unklarheiten bestünden. Mit dieser nicht abschließenden Liste von Beispielen wolle *Lord Justice Hutchison* zum Ausdruck bringen, dass die Funktion der nachgeholten Begründung lediglich in einer Erläuterung, nicht aber in einer grundlegenden Änderung, mit anderen Worten in einer Bestätigung, nicht aber in einer

---

siehe auch *Endicott*, Administrative Law, S. 214; *Fordham*, Judicial Review Handbook, Rn. 62.5; *Woolf/Jowell/Le Sueur*, De Smith's Judicial Review, Rn. 7–112.

[478] Exemplarisch *L.J. Schiemann* in *S, T and P v. London Borough of Brent*, [2002] EWCA Civ. 693, 2002 WL 819956, Rn. 26; *L.J. Wilson* in *R (M) v Haringey Independent Appeal Panel*, [2010] EWCA Civ 1103, 2010 WL 3927845, Rn. 22; *J. Beatson* in *R (Mavalon Care Ltd) v Pembrokeshire County Council*, [2011] EWHC 3371 (Admin), Rn. 54; *L.J. Pill* in *R (Macrae) v Herefordshire District Council*, [2012] EWCA Civ 457, Rn. 40; *Andrew Jedwell v Denbighshire County Council, DH, DR Jones*, [2015] EWCA Civ 1232, 2015, WL 7692992; siehe auch *Fordham*, Judicial Review Handbook, Rn. 62.4.6; *Woolf/Jowell/Le Sueur*, De Smith's Judicial Review, Rn. 7–113.

[479] Vgl. *Andrew Jedwell v Denbighshire County Council, DH, DR Jones*, [2015] EWCA Civ 1232, 2015, WL 7692992, Rn. 42.

[480] *R. v. City of Westminster ex p. Ermakov*, [1996] 28 H.L.R. 819.

[481] *R. v. City of Westminster ex p. Ermakov*, [1996] 28 H.L.R. 819, 829.

Widerrede liegen dürfe. Wenn gar keine oder eine gänzlich unzureichende Begründung gegeben worden war, sei die Entscheidung jedenfalls aufzuheben.[482]

Lord Justice Hutchison betonte allerdings, dass sich seine Ausführungen ausschließlich auf diesen konkreten Einzelfall bezögen.[483] Im Falle der Verletzung einer durch *statute* vorgeschriebenen Begründungspflicht kann daher kein einheitlicher und allgemeingültiger Ansatz präsentiert werden. Vielmehr richtet sich die Zulässigkeit der Heilung nach den Umständen des Einzelfalls unter maßgeblicher Berücksichtigung des *statutory context*.[484]

Spätere Urteile weisen darauf hin, dass im Laufe des gerichtlichen Verfahrens vorgetragene Gründe im Falle einer durch *statute* vorgeschriebenen Begründungspflicht nur in sehr begrenztem Umfang Beachtung finden können.[485]

b) Die Heilung der Verletzung von *natural justice* Grundsätzen

Zum größten Teil entstammen die Grundsätze des englischen *administrative law* jedoch nicht *statutory procedural requirements*, sondern dem *common law*, das heißt dem ungeschriebenen Richterrecht. Hierzu zählen die Regeln der *natural justice*.[486] Zwar wurden diese Regeln ursprünglich für das gerichtliche Verfahren entwickelt. Ihre Geltung erstreckt sich jedoch nunmehr auch auf das Verwaltungsverfahren.[487] Die Regeln der *natural justice* setzen sich aus zwei Hauptpfeilern

---

[482] *R. v. City of Westminster ex p. Ermakov,* [1996] 28 H.L.R. 819, S. 833; siehe auch *R (Wall) v. Brighton and Hove City Council,* [2004] EWHC 2582 und *R (Richards) v. Pembrokeshire County Council,* [2004] EWCA Civ. 1000.

[483] *R. v. City of Westminster ex p. Ermakov,* [1996] 28 H.L.R. 819, S. 833.

[484] *Barke v. Seetec Business Technology Centre Ltd,* [2005] EWCA Civ 578, S. 1385, Rn. 35 sowie *R (Richardson) v. North Yorkshire County Council,* [2004] 1 W.L.R. 1920, S. 1930, Rn. 33: „The consequences of a failure to comply with a requirement to give reasons depend very much on statutory context and the particular circumstances of the case. The authorities cited by counsel cover a range of different situations."

[485] *R (Metropolitan Borough of Wirral) v Chief Schools Adjudicator,* [2001] E.L.R.574, 2000 WL 33148705, Rn. 58: „In the instant case, there is a specific statutory duty on the adjudicator to give a determination with reasons. [...] where such a duty exists, [...] a subsequent witness statement from the adjudicator is not permissible [...]"; *R v Doncaster Metropolitan Borough Council, ex p Nortrop,* (1996) 28 H.L.R. 862, 874, wo die Entscheidung wegen fehlender angemessener Begründung aufgehoben wurde; *Alletta Nash v Chelsea College of Art and Design,* [2001] EWHC Admin 538, 2001 WL 825052, Rn. 34: „Where there is a statutory duty to give reasons as part of the notification of the decision, so that [...] „the adequacy of the reasons is itself made a condition of the legality of the decision", only in exceptional circumstances if at all will the Court accept subsequent evidence of the reasons". Siehe auch *Fordham,* Judicial Review Handbook, Rn. 62.4.8 m.w.N. zur Rechtsprechung.

[486] Grundlegend zum *natural justice* Prinzip *Cane,* Administrative Law, S. 69 ff.; *Junk,* Die Rolle des Verwaltungsverfahrens in Deutschland und England, S. 83 ff.; *Wade/Forsyth,* Administrative Law, S. 373.

[487] Halsbury's Laws of England, 5. Auflage 2010, Vol. 61, Rn. 629; *Junk,* Die Rolle des Verwaltungsverfahrens in Deutschland und England, S. 92.

zusammen: Dem Grundsatz der Unparteilichkeit (*nemo judex in causa sua*) und dem Grundsatz des rechtlichen Gehörs (*audi alteram partem*).[488]

aa) Die Schwierigkeiten der Heilung einer Verletzung von natural justice-*Grundsätzen*

Traditionell verneinte die Rechtsprechung die Möglichkeit der Heilung einer Verletzung der Grundsätze der *natural justice* im gerichtlichen Verfahren.[489]

So sprach sich *Justice Megarry* in der Rechtssache *Leary v National Union of Vehicle Builders* schon im Jahr 1969 gegen die Heilung eines Anhörungsmangels im Laufe eines *appeal*-Verfahrens aus. Er argumentierte, dass eine Heilung im Rahmen des *appeal*-Verfahrens faktisch dem Betroffenen sein Recht auf ein Rechtsmittel vorenthalte. Wenn das Gesetz einem Betroffenen sowohl das Recht auf ein faires Verfahren als auch das Recht auf Einlegung eines Rechtsmittels einräume, sollte er sich nicht mit einem unfairen Verfahren und einem fairen Rechtsmittel zufriedengeben müssen. Daher sei eine Heilung im gerichtlichen Verfahren ausgeschlossen.

„If one accepts the contention that a defect of natural justice in the trial body can be cured by the presence of natural justice in the appellate body, this has the result of depriving the member of his right of appeal from the expelling body. If the rules and the law combine to give the member the right to a fair trial and the right of appeal, why should he be told that he ought to be satisfied with an unjust trial and a fair appeal? [...] *As a general rule [...] I hold that a failure of natural justice in the trial body cannot be cured by a sufficiency of natural justice in an appellate body.*"[490]

Auch wegen der strengen Nichtigkeitsfolgen stößt die Heilung von Verletzungen der Grundsätze der *natural justice* im englischen Recht auf Schwierigkeiten.[491] Grundsätzlich führen Verletzungen der *natural justice* zur Nichtigkeit der

---

[488] *Auburn/Moffett/Sharland,* Judicial Review, Rn. 5.04 ziehen den Begriff der *duty to act fairly* dem Begriff der *natural justice* und seiner beiden Komponenten *nemo judex in causa sua* und *audi alteram partem* vor; *Craig,* Großbritannien, in: Hdb. Ius Publicum Europaeum, Bd. V, § 77, Rn. 30; *Fordham,* Judicial Review Handbook, Rn. 60.1.2; *Kleve/Schirmer,* England, in: Schneider, Verwaltungsrecht in Europa, S. 35, 94; *Ridley,* Großbritannien, in: Hill/Pitschas, Europäisches Verwaltungsverfahrensrecht, S. 205, 213 f.; *Ruffert,* Die Methodik der Verwaltungsrechtswissenschaft in anderen Ländern der Europäischen Union, in: Schmidt-Aßmann/Hoffmann-Riem, Methoden, S. 165, 176.

[489] Bezogen auf das *appeal*-Verfahren *Bergner,* Grundrechtsschutz durch Verfahren, S. 284; *Wade/Forsyth,* Administrative Law, S. 446.

[490] *Leary v National Union of Vehicle Builders,* [1969 L. No. 5156], [1971] Ch. 34 S. 49 (Hervorhebung durch die Verfasserin). Ähnlich auch *R (S) v Knowsley NHS Primary Care Trust,* [2006] EWHC 26 Admin, Rn. 71, wo das *High Court* eine Heilung im *appeal*-Verfahren mit der Begründung ablehnte, dass eine zwingende Pflicht zur Einhaltung der *fairness*-Grundsätze bereits auf der ersten Stufe des Verfahrens bestehe und diese nicht durch eine Heilung im *appeal*-Verfahren umgangen werden dürfe.

[491] *Bergner,* Grundrechtsschutz durch Verfahren, S. 282.

Verwaltungsentscheidung.[492] Die Entscheidung entfaltet damit schon keine rechtliche Wirkung.[493] Um die Heilung eines solchen Mangels herbeizuführen, mussten die englischen Gerichte argumentieren, dass das nachfolgende *appeal*-Verfahren ein vollständig neues Verfahrens darstellt, dessen Ergebnis an den Platz der ursprünglichen Entscheidung tritt. Hierfür ist jedoch erforderlich, dass im neuen Verfahren neben der Rechtmäßigkeit auch die Zweckmäßigkeit der Verwaltungsentscheidung untersucht wird.[494]

bb) Die Maßgeblichkeit des Prüfungsumfangs des appeal bzw. judicial review-Verfahrens

Heute scheint es indes nicht mehr ausgeschlossen zu sein, eine Heilung von Verstößen gegen die Grundsätze der *natural justice* unter bestimmten Voraussetzungen zu bejahen. Die Gerichte haben jedoch keinen allgemeingültigen Grundsatz oder Regeln der Heilung aufgestellt.[495] Vielmehr haben sie sich punktuell und einzelfallbezogen mit der Frage der Heilung auseinandergesetzt.

Dennoch scheint erkennbar, dass die englischen Gerichte dazu neigen, eine Heilung zu bejahen, wenn im Rahmen des gerichtlichen Verfahrens den Grundsätzen der Verfahrensgerechtigkeit nachgekommen wird und das Verfahren in einer Gesamtschau unter Berücksichtigung eines *appeal* oder einer *review* als *fair* eingestuft werden kann. Der Verfahrensfehler muss mithin kompensiert und die Rechtsposition des Betroffenen nicht verkürzt worden sein.[496] Es besteht die Tendenz, eine Heilung zu bejahen, wenn im gerichtlichen Verfahren eine vollständige tatsächliche und rechtliche Prüfung der Exekutiventscheidung vorgenommen wird, diese mithin den Charakter eines *appeal* hat.[497]

---

[492] *O'Reilly v Mackman*, [1983] 2 A.C. 237, 275; *Bergner*, Grundrechtsschutz durch Verfahren, S. 272 ff.

[493] Siehe *Lord Wilberforce* in *Calvin v Carr*, [1980] A.C. 574, 589 f.

[494] *Bergner*, Grundrechtsschutz durch Verfahren, S. 282.

[495] Siehe beispielhaft bezogen auf die Heilung von Anhörungsmängeln im *appeal*-Verfahren *Calvin v Carr*, [1980] A.C. 574, 592: „no clear and absolute rule can be laid down on the question whether defects in natural justice appearing at an original hearing, whether administrative or quasi-judicial, can be „cured" through appeal proceedings."

[496] *Auburn/Moffett/Sharland*, Judicial Review, Rn. 5.51; *Lewis*, Judicial Remedies in Public Law, Rn. 9-027; in Bezug auf Anhörungsmängel siehe *Woolf/Jowell/Le Sueur*, De Smith's Judicial Review, Rn. 8-031. Rechtsvergleichend mit dem deutschen Widerspruchsverfahren *Bergner*, Grundrechtsschutz durch Verfahren, S. 281.

[497] *Kleve/Schirmer*, England, in: Schneider, Verwaltungsrecht in Europa, S. 35, 162; *Pietzcker*, Verfahrensrechte und Folgen von Verfahrensfehlern, in: FS Maurer, S. 695, 700; *Woolf/Jowell/Le Sueur*, De Smith's Judicial Review, Rn. 8-031: „There are situations where the absence of procedural fairness before a decision is made can subsequently be adequately „cured", for example on appeal"; vgl. auch *Bergner*, Grundrechtsschutz durch Verfahren, S. 282. Für eine Übersicht der Rechtsprechung zur Heilung im *appeal*-Verfahren siehe *Fordham*, Judicial Review Handbook, Rn. 36.4.2. Eine Unterscheidung anhand *appeal* oder *judicial review*-Verfahren um die Frage der Heilung zu beantworten nimmt auch *Fordham*, Judicial Review Handbook, Rn. 36.4.2. ff., 36.4.7 und 59.5.7. vor.

Dies bedarf der näheren Erläuterung: Zur gerichtlichen Kontrolle von Exekutiventscheidungen stehen im englischen Rechtssystem sowohl das Verfahren der *judicial review* als auch der *appeal* zur Verfügung. Während die *judicial review* von den Gerichten im Rahmen des *common law* entwickelt wurde, bezeichnet das *appeal* die durch Gesetz geschaffene Möglichkeit, Verwaltungsentscheidungen zu überprüfen.[498] Der Prüfungsumfang eines *appeal* hängt vom Einzelfall ab und variiert je nach dem zugrunde liegenden (Spezial-)Gesetz, das den *appeal* für einen bestimmten Regelungsbereich vorsieht. So kann ein *appeal* allein mit der Prüfung von Sach- oder Rechtsfragen oder aber mit beiden befasst sein. Teilweise setzen sich *appeals* auch mit Fragen der Zweckmäßigkeit auseinander.[499]

Die *judicial review* ist im Gegensatz dazu grundsätzlich auf die Prüfung von Rechtsfragen beschränkt.[500] Im Rahmen der *judicial review* prüft das Gericht damit nicht die *merits*, das heißt die einschlägigen materiellen Aspekte der Verwaltungsentscheidung, wozu sowohl Rechts- als auch Sachverhalts- und Wertungsfragen sowie Ermessensgesichtspunkte zählen.[501] Der *High Court*, der für die *judicial review* in erster Instanz zuständig ist, kann die Verwaltungsentscheidung mithin nicht durch eine eigene ersetzen.[502]

Bejaht die Rechtsprechung nun die Heilung eines Verfahrensfehlers, wenn das Überprüfungsverfahren eine vollständige tatsächliche und rechtliche Prüfung der Verwaltungsentscheidung ermöglicht, folgt hieraus – stark vereinfacht gesprochen – dass eine Heilung im *appeal*-Verfahren, wo der Prüfungsumfang gesetzlich festgelegt werden kann, wahrscheinlicher ist als im Verfahren der *judicial review*, die von vornherein über einen nur beschränkten Prüfungsumfang verfügt.[503]

Jedoch kann auch nicht in jedem *appeal*-Verfahren eine Heilung herbeigeführt werden. Insbesondere ist es unwahrscheinlich, dass ein *appeal*-Verfahren zur Heilung einer Verletzung der Grundsätze der *natural justice* führt, wenn kein *full rehearing de novo* stattfindet, sondern das *appeal* auf Rechtsfragen beschränkt ist oder der Entscheidungsträger an Tatsachenfeststellungen der vorgehenden Instanz gebunden ist.[504]

---

[498] *von Danwitz*, Europäisches Verwaltungsrecht, S. 43; *Kleve/Schirmer*, England, in: Schneider, Verwaltungsrecht in Europa, S. 35, 128.

[499] *Kleve/Schirmer*, England, in: Schneider, Verwaltungsrecht in Europa, S. 35, 128 und 150; *Woolf/ Jowell/Le Sueur*, De Smith's Judicial Review, Rn. 16-019.

[500] *Alter*, „Judicial Review" im englischen Sicherheitsrecht, ZaöRV 75 (2015), S. 847, 850; *von Danwitz*, Europäisches Verwaltungsrecht, S. 43; *Kleve/Schirmer*, England, in: Schneider, Verwaltungsrecht in Europa, S. 35, 129.

[501] *Kleve/Schirmer*, England, in: Schneider, Verwaltungsrecht in Europa, S. 35, 129; grundlegend zu den *merits* siehe *Brinktrine*, Verwaltungsermessen in Deutschland und England, S. 187.

[502] *Kleve/Schirmer*, England, in: Schneider, Verwaltungsrecht in Europa, S. 35, 129; siehe hierzu auch *Lord Greene* MR in *Associated Provincial Picture Houses, Limited v Wednesbury Corporation*, [1948] 1 K.B. 223, Rn. 228: „must not substitute itself for that authority".

[503] *Fordham*, Judicial Review Handbook, Rn. 36.4.2 ff., 36.4.7 und 59.5.7 m.w.N. unterscheidet bei der Frage der Heilung auch zwischen *appeal* und *judicial review*-Verfahren; vgl. auch *Bergner*, Grundrechtsschutz durch Verfahren, S. 280.

[504] *Auburn/Moffett/Sharland*, Judicial Review, Rn. 5.54 m.w.N.; *Bailey*, Cases, Materials and Commentary on Administrative Law, S. 862.

cc) Die Heilung von Anhörungsmängeln im appeal-*Verfahren*

Besonders ausführlich hat sich die Rechtsprechung mit der Heilung von Anhörungsmängeln im Rahmen von *appeal*-Verfahren befasst.

(1) Die Leitentscheidung Calvin v Carr

Die Leitentscheidung in diesem Zusammenhang ist die Rechtssache *Calvin v Carr.*[505] Obwohl in Bezug auf die Heilung von Verfahrensfehlern im *appeal*-Verfahren stets auf diesen Fall verwiesen wird, ist zu beachten, dass es sich hier um eine Streitigkeit handelt, die auf der Grundlage eines vereinbarten Verfahrens im Rahmen einer vertraglichen Regelung gelöst werden musste. Streng genommen zählt die Rechtssache damit nicht zum Verwaltungsrecht, da sie nicht mit staatlichen Maßnahmen befasst ist.[506]

Der Sachverhalt stellte sich wie folgt dar: Der Antragsteller war Mitglied des *Australian Jockey Clubs* und Eigentümer eines Rennpferdes, mit dem er an den Rennen des Clubs teilnahm. Das Pferd erbrachte aber nicht die erwartete Leistung, sodass Ermittlungen von Seiten des Clubs durchgeführt wurden im Verlauf derer man zu der Einsicht gelangte, dass der Eigentümer gegen die Rennregeln des Clubs verstoßen hatte. Daraufhin wurde der Antragsteller für ein Jahr von den Pferderennen ausgeschlossen und ihm die Clubmitgliedschaft entzogen.

Im Verfahren war der Antragsteller jedoch nicht angehört worden. Daher legte er gegen die Entscheidung der *racing stewards* einen *appeal* bei einem Ausschuss des Rennclubs ein, der jedoch zurückgewiesen wurde. Sodann legte er Rechtsmittel beim *Supreme Court of New South Wales* ein und argumentierte, der Rennclub habe gegen die Grundsätze der *natural justice* verstoßen, da er ihn nicht angehört habe. Der *Supreme Court* wies das Rechtsmittel zurück und verwies den Fall an den *Privy Council*. Dieser wies den Antrag ebenfalls zurück.

Zur Begründung führte der *Privy Council* aus, der Verstoß gegen den Grundsatz der *natural justice* sei dadurch geheilt worden, dass dem Antragsteller im *appeal*-Verfahren vor dem Ausschuss des Rennclubs rechtliches Gehör gewährt worden sei und auch eine erneute Vernehmung aller Zeugen, die im Verfahren vor den *racing stewards* ausgesagt hatten, stattgefunden hätte. Hierdurch sei das Verfahren in einer Gesamtbetrachtung, trotz der anfänglichen Verfahrensfehler, als *fair* einzustufen.[507]

Besonders interessant sind die Ausführungen von *Lord Wilberforce* zur Rechtssache *Calvin v Carr*, der die Auffassung von Richter *Megarry* in der Rechtssache

---

[505] *Calvin v Carr,* [1980] A.C. 574.

[506] *Wade/Forsyth,* Administrative Law, S. 447.

[507] Vgl. hierzu auch *Auburn/Moffett/Sharland*, Judicial Review, Rn. 5.53; *Künnecke,* Tradition and Change in Administrative Law, S. 142; *Pünder*, German administrative procedure in a comparative perspective, Int'l J. Const. L. 2013, S. 940, 956.

Leary[508] ablehnt. Vielmehr ist er der Auffassung, dass Verletzungen der Grundsätze der *natural justice* im Ausgangsverfahren in bestimmten Fällen im *appeal*-Verfahren durchaus geheilt werden können. Der Fall *Leary* sei zwar in der Sache korrekt entschieden worden. Jedoch lege das Urteil keinen generellen Grundsatz von allgemeiner Anwendbarkeit nieder.[509]

Lord Wilberforce schlägt stattdessen vor, zwischen drei Fallgruppen zu unterscheiden.[510] Die erste dieser Fallgruppen sei dadurch gekennzeichnet, dass die Stelle, die die Ausgangsentscheidung trifft, eine erneute Anhörung in einem *appeal*-Verfahren in derselben oder einer ergänzten Zusammensetzung vornehme. Eine Heilung des Anhörungsmangels sei in diesen Fällen zu bejahen, da die Fehler der ersten Anhörung durch die zweite kompensiert werden könnten. Die zweite Fallgruppe umfasse Fälle, bei denen im Rahmen einer Gesamtbetrachtung des Rechts auf Anhörung und der speziellen Verfahrensstruktur eine Anhörung sowohl im Ausgangs- als auch im Überprüfungsverfahren erforderlich sei. Eine Heilung durch Nachholung der Anhörung lediglich im Überprüfungsverfahren sei folglich ausgeschlossen. Der Antragsteller habe in solchen Fällen sowohl ein Recht auf eine Anhörung im Ausgangs- als auch im *appeal*-Verfahren. Im Rahmen der dritten Fallgruppe sei schließlich eine Gesamtwürdigung in jedem Einzelfall vorzunehmen, um zu entscheiden, ob der Grundsatz der Verfahrensfairness eingehalten wurde.

(2) Weitere Rechtssachen zur Heilung von Anhörungsmängeln

Im Anschluss an die Entscheidung *Calvin v Carr* bejahte die Rechtsprechung auch in späteren Rechtssachen die Möglichkeit der Heilung von Anhörungsmängeln im Laufe eines *appeal*-Verfahrens.

Einer der ersten originär verwaltungsrechtlichen Fälle, der sich mit der Frage der Heilung auseinandersetzt, liegt der Rechtssache *Lloyd v McMahon* zugrunde.[511] Hier folgte das *House of Lords* der Auffassung des *Privy Council* in der Rechtssache *Calvin v Carr*. Ein Bezirksrevisor hatte gegen die Räte der Stadt Liverpool eine Zahlungspflicht verhängt, da sie es versäumt hatten, einen gültigen Steuersatz anzusetzen, wodurch Verluste entstanden waren. Im Verfahren wurde bezweifelt, dass die Räte im Verwaltungsverfahren hinreichend angehört worden waren. Das *House of Lords* war jedoch der Auffassung, dass eine fehlerhafte Anhörung jedenfalls durch ein *full rehearing* im Rahmen des *appeal*-Verfahrens vor dem *High Court* geheilt worden sei. *Lord Bridge* notierte, dass der Umfang des gesetzlich vorgeschriebenen *appeal*-Verfahrens so weit wie nur möglich und damit viel weiter als der einer *judicial review* sei.[512] *Lord Tempelman* unterschied hingegen zwischen *full*

---

[508] Siehe hierzu oben, Kap. 5, E., I., 2., b), aa).

[509] *Calvin v Carr,* [1980] A.C. 574, S. 593 f.

[510] Vgl. hierzu auch *Bergner,* Grundrechtsschutz durch Verfahren, S. 285; *Künnecke,* Tradition and Change in Administrative Law, S. 142 f.

[511] *Lloyd v McMahon*, [1987] W.L.R. 821, [1987] A.C. 625.

[512] *Lloyd v McMahon*, [1987] W.L.R. 821, [1987] A.C. 625, S. 709.

appeals, im Rahmen derer alle Beweise geprüft werden könnten, und *limited appeals*, die sich auf die Prüfung von Rechtsfragen beschränkten oder im Rahmen derer der Spruchkörper keine Tatsachenfeststellungen überprüfe.[513] Nur wo der *appeal*-Spruchkörper die einschlägigen materiellen Aspekte der Verwaltungsentscheidung untersuche, zu denen sowohl Rechts- als auch Sachverhalts- und Wertungsfragen sowie Ermessensaspekte zählten, und in der Sache selbst entscheide, sei eine Heilung möglich.

Ähnlich wurde die Frage der Heilung auch in der Rechtssache *R (Dr) v Head Teacher of St George's Catholic School*[514] beschieden – obwohl der *appeal*-Spruchkörper hier kein Gericht war. Zwei Schüler wurden wegen schlechten Benehmens dauerhaft ihrer Schule verwiesen und konnten ihre Wiederzulassung auch nicht mittels eines *appeals* vor einem unabhängigen *appeal panel* erwirken. Da das Ausgangsverfahren jedoch in zahlreichen Punkten nicht im Einklang mit dem Grundsatz der Verfahrensfairness durchgeführt worden war, stellte sich vor dem *Court of Appeal* die Frage, ob ein faires Verfahren vor dem *appeal panel* die anfänglichen Verfahrensfehler heilen könne. *Lord Justice Brown* bejahte eine Heilung durch das ordnungsgemäße *appeal*-Verfahren vor dem *appeal panel*[515] und konstatierte:

> „I for my part find it difficult to think of any case in which a decision reached upon an otherwise fairly conducted appeal by an independent tribunal following a full merits hearing should be impugnable by reference to unfairness at an earlier stage."[516]

Entscheidend war damit auch in diesem Fall, dass das *appeal panel* sowohl Tatsachen- als auch Rechtsfragen untersuchen konnte und weitreichende Entscheidungsbefugnisse hatte.[517]

In der Rechtssache *R v Visitors to the Inns of Court, ex p Calder & Persaud*[518] bejahte *Lord Justice Stuart-Smith* ebenfalls die Möglichkeit einer Heilung, wenn im *appeal*-Verfahren ein „full rehearing on the merits" stattfinde.[519]

---

[513] *Lloyd v McMahon*, [1987] W.L.R. 821, [1987] A.C. 625, S. 716; siehe auch *Wade/Forsyth*, Administrative Law, S. 447.

[514] *R (Dr) v Head Teacher of St George's Catholic School*, [2002] EWCA Civ 1822, [2003] E.L.R. 104.

[515] *R (Dr) v Head Teacher of St George's Catholic School*, [2002] EWCA Civ 1822, [2003] E.L.R. 104, Rn. 45.

[516] *R (Dr) v Head Teacher of St George's Catholic School*, [2002] EWCA Civ 1822, [2003] E.L.R. 104, Rn. 43.

[517] *R (Dr) v Head Teacher of St George's Catholic School*, [2002] EWCA Civ 1822, [2003] E.L.R. 104, Rn. 37 f.

[518] *R v Visitors to the Inns of Court, ex p Calder & Persaud*, [1993] 3 W.L.R. 287, [1994] QB 1.

[519] *R v Visitors to the Inns of Court, ex p Calder & Persaud*, [1993] 3 W.L.R. 287, [1994] QB 1, Rn. 59.

Ähnlich entschied das Gericht auch in der Rechtssache *Modahl v British Athletic Federation Ltd.*[520] Die Klägerin, eine britische Athletin, war vom Disziplinarausschuss von der Teilnahme an Wettkämpfen ausgeschlossen worden, da sie einen Drogentest nicht bestanden hatte. Sie reichte einen *appeal* bei einem unabhängigen *appeal panel* ein, der – aufgrund von Beweisen, die dem Disziplinarausschuss noch nicht vorgelegen hatten – zu dem Schluss kam, dass die Zuverlässigkeit des Drogentests möglicherweise durch eine bakterielle Verunreinigung der Urinprobe beeinträchtigt worden war. Daraufhin hob der *appeal panel* den Ausschluss der Klägerin von den Wettkämpfen auf. In der Folge begehrte die Klägerin Schadensersatz für die Zeit ihres Wettkampfausschlusses. Sie begründete ihre Forderung damit, dass der Disziplinarausschuss nicht unbefangen gewesen sei und sie nicht fair und unvoreingenommen angehört habe. Das *Court of Appeal* kam zu dem Schluss, dass zu fragen sei, ob das Verfahren in seiner Gesamtheit, also auch unter Berücksichtigung des *appeal*-Verfahrens, als fair eingestuft werden könne, um zu beurteilen, ob ein Anhörungsmangel geheilt worden sei.[521]

(3) Die Grenzen der Heilung von Anhörungsmängeln im appeal-Verfahren

Jedoch ist auch ein *full rehearing de novo* im *appeal*-Verfahren keine Garantie für einen Heilungserfolg. Trotz eines solchen vermag eine Heilung nämlich dann nicht einzutreten, wenn eine strafrechtliche bzw. strafrechtsähnliche Sanktion Gegenstand des Verfahrens ist. In solchen Fällen ist es vielmehr unerlässlich, dass der Betroffene in jedem Verfahrensabschnitt fehlerfrei angehört wird.[522]

Ferner kann keine Heilung eintreten, wenn der anfängliche Verstoß gegen die Grundsätze der *natural justice* nicht rückgängig zu machende Konsequenzen mit sich bringt, die sich auch noch auf das *appeal*-Verfahren auswirken.[523] So wies *Lord Bridge* schon in *Calvin v Carr* darauf hin, dass eine Heilung nicht möglich sei,

> „when the defect is so flagrant, the consequences so severe, that the most perfect of appeals or rehearings will not be sufficient to produce a just result."[524]

---

[520] *Modahl v British Athletic Federation Ltd*, [2001] EWCA Civ 1447, [2002] 1 W.L.R. 1192.

[521] *Modahl v British Athletic Federation Ltd*, [2001] EWCA Civ 1447, [2002] 1 W.L.R. 1192, L.J. *Latham*, Rn. 67.

[522] *Auburn/Moffett/Sharland*, Judicial Review, Rn. 5.55; *Lewis*, Judicial Remedies in Public Law, Rn. 9-027; siehe auch *Lord Bingham CJ* in *R v Hereford Magistrates' Court, ex p Rowlands*, [1997] 2 W.L.R. 854, [1998] QB 110, Rn. 120 ff. m.w.N.

[523] *Auburn/Moffett/Sharland*, Judicial Review, Rn. 5.52 und 5.55; *Lewis*, Judicial Remedies in Public Law, Rn. 9-027; *R (Dr) v Head Teacher and Governing Body of S School and Independent Appeal Panel of W City Council*, [2002] EWCA Civ 1822, [2003] E.L.R. 104, Rn. 43 und 55.

[524] *Calvin v Carr*, [1980] A.C. 574, 593; siehe auch *L.J. Simon Brown* in *R (Dr) v Head Teacher of S School*, [2002] EWCA Civ 1822, [2003] E.L.R. 104, Rn. 29 und 43.

dd) Die Heilung der Verletzung einer Begründungspflicht des common law

Die Regeln der *natural justice* umfassen grundsätzlich keine allgemeine Pflicht, Verwaltungsentscheidungen zu begründen.[525] Obwohl eine generelle Begründungspflicht im *common law* daher nicht existiert, ist ein Trend der Rechtsprechung dahingehend zu verzeichnen, dass eine Begründung immer häufiger auf Grundlage des *fairness*-Grundsatzes eingefordert wird.[526] Die Tendenz der Rechtsprechung geht dahin, von der Verwaltung bei ihren Entscheidungen mehr Offenheit und Transparenz zu verlangen.[527] Wo eine fehlende Begründung einer Verwaltungsentscheidung im Einzelfall unfair erscheint, muss eine solche gegeben werden.[528] Aufgrund der umfassenden Rechtsprechung, die eine Begründung einer Verwaltungsentscheidung für erforderlich hält, kann faktisch von einer allgemeinen Begründungspflicht ausgegangen werden – auch wenn Rechtsprechung und Literatur weiterhin betonen, dass sich eine solche Pflicht nicht aus der *natural justice* selbst, sondern nur aus dem *fairness*-Grundsatz oder den Umständen des Einzelfalls ergibt.[529]

Die Verletzung dieser Pflicht zur Begründung hat in vielen Fällen die Aufhebung der Verwaltungsentscheidung nach sich gezogen.[530] Während die Heilung von

---

[525] *R. v. Home Secretary ex p. Doody*, [1994] 1 A.C. 531, S. 564; *Craig*, Administrative Law, Rn. 12-038; *Craig*, Großbritannien, in: Hdb. Ius Publicum Europaeum, Bd. V, § 77, Rn. 45; *Freivogel*, Audi Alteram Partem, S. 116 ff.; *Kleve/Schirmer*, England, in: Schneider, Verwaltungsrecht in Europa, S. 35, 109; *Pietzcker*, Verfahrensrechte und Folgen von Verfahrensfehlern, in: FS Maurer, S. 695, 700; *Schwarze*, Europäisches Verwaltungsrecht, 2. Auflage, S. 1338; *Wade/Forsyth*, Administrative Law, S. 440; *Woolf/Jowell/Le Sueur*, De Smith's Judicial Review, Rn. 7-086 und 7-089.

[526] *R. v. Home Secretary ex p. Doody*, [1994] 1 A.C. 531, S. 564; *Craig*, Großbritannien, in: Hdb. Ius Publicum Europaeum, Bd. V, § 77, Rn. 45; *Jones/Thompson*, Garner's Administrative Law, S. 241; *Kleve/Schirmer*, England, in: Schneider, Verwaltungsrecht in Europa, S. 35, 109; *Pietzcker*, Verfahrensrechte und Folgen von Verfahrensfehlern, in: FS Maurer, S. 695, 700; *Schwarze*, Europäisches Verwaltungsrecht, 2. Auflage, S. 1339; *Wade/Forsyth*, Administrative Law, S. 441; *Woolf/ Jowell/Le Sueur*, De Smith's Judicial Review, Rn. 7-099. Zur Idee der Gerechtigkeit als Fairness siehe *Rawls*, Gerechtigkeit als Fairneß, passim.

[527] *Wade/Forsyth*, Administrative Law, S. 441 m.w.N.

[528] *R. v. Home Secretary ex p. Doody*, [1994] 1 A.C. 531, S. 564; *Wade/Forsyth*, Administrative Law, S. 441. Hierzu hat sich eine umfassende Einzelfallrechtsprechung herausgebildet, ausführliche Liste mit Beispielen bei *Wade/Forsyth*, Administrative Law, S. 442 f.; *Woolf/Jowell/Le Sueur*, De Smith's Judicial Review, Rn. 7-098 ff. So ist eine Begründung beispielsweise zu erteilen, wenn sie für die effektive Verteidigung des Betroffenen erforderlich ist, die Entscheidung von vorherigen Entscheidungen in vergleichbaren Fällen abweicht oder die betroffenen Interessen so wichtig sind, dass der Grundsatz der *fairness* eine Begründung gebietet.

[529] *Kleve/Schirmer*, England, in: Schneider, Verwaltungsrecht in Europa, S. 35, 110; *Wade/Forsyth*, Administrative Law, S. 443.

[530] Vgl. *R (on the application of Nash) v Chelsea College of Art and Design*, [2001] EWHC (Admin) 538, Rn. 34: „In other cases [damit sind Verletzungen der aus dem *common law* stammenden Pflicht zur Begründung gemeint], the Court will be cautious about accepting late reasons"; *R (Richardson) v North Yorkshire County Council*, [2004] 1 W.L.R. 1920, Rn. 33: „there has been [...] a tendency in recent years to adopt a stricter approach to the requirement to give reasons and to be readier to quash a decision for failure to give reasons and less ready to allow a deficiency of reasons

Begründungsmängeln nach Entscheidungserlass aber vor Klageerhebung möglich erscheint, stellt der Beginn des gerichtlichen Verfahrens eine Zäsur dar.[531] Der Zulässigkeit der Heilung eines Begründungsmangels im Verfahren der *judicial review* steht das englische Recht insgesamt skeptisch gegenüber.[532] Teilweise haben die Gerichte eine Heilungsmöglichkeit jedoch bejaht.

Welche Kriterien bei der Beurteilung der Zulässigkeit der Heilung von Begründungsmängeln gelten, fasste *Justice Burnton* erstmals in der Leitentscheidung *Alletta Nash v Chelsea College of Art and Design* zusammen, die einen Begründungsausfall betraf:

> „(a) Whether the new reasons are consistent with the original reasons.
> (b) Whether it is clear that the new reasons are indeed the original reasons of the whole committee.
> (c) Whether there is a real risk that the later reasons have been composed subsequently in order to support the tribunal's decision, or are a retrospective justification of the original decision. This consideration is really an aspect of (b).
> (d) The delay before the later reasons were put forward.
> (e) The circumstances in which the later reasons were put forward. In particular, reasons put forward after the commencement of proceedings must be treated especially carefully. Conversely, reasons put forward during correspondence in which the parties are seeking to elucidate the decision should be approached more tolerantly."[533]

Neben diesem Katalog, mit dem *Justice Burnton* die bisherige Rechtsprechung zusammenfassen wollte, fügt er noch folgenden Aspekt hinzu: Aus den allgemeinen Grundsätzen des Verwaltungsrechts ergebe sich, dass die Möglichkeit, Begründungsmängel zu beheben, auch vom Gegenstand der Verwaltungsentscheidung abhänge. Wenn es sich um Menschenrechte, Asylverfahren oder ähnlich existenzielle Verfahren handle, sei eine Heilung durch eine nachträgliche Begründung weniger

---

to be cured by the provision of reasons or supplemental reasons at a later stage"; *London Fire and Emergency Planning Authority,* [2007] EWHC 1176 (Admin), Rn. 66; siehe auch *Endicott,* Administrative Law, S. 214; *Fordham,* Judicial Review Handbook, Rn. 62.5; *Woolf/Jowell/Le Sueur,* De Smith's Judicial Review, Rn. 7–112.

[531] *Andrew Jedwell v Denbighshire County Council, DH, DR Jones,* [2015] EWCA Civ 1232, 2015, WL 7692992, Rn. 42.

[532] Exemplarisch *L.J. Schiemann* in *S, T and P v. London Borough of Brent,* [2002] EWCA Civ. 693, 2002 WL 819956, Rn. 26: „It should be supposed that errors of reasoning or due process can be explained away or marginalized by evidence if judicial review is sought […] it is not ordinarily open to a decision maker who is required to give reasons to respond to a challenge by giving different or better reasons […]"; *L.J. Wilson* in *R (M) v Haringey Independent Appeal Panel,* [2010] EWCA Civ 1103, 2010 WL 3927845, Rn. 22; *J. Beatson* in *R (Mavalon Care Ltd) v Pembrokeshire County Council,* [2011] EWHC 3371 (Admin), Rn. 54; *L.J. Pill* in *R (Macrae) v Herefordshire District Council,* [2012] EWCA Civ 457, Rn. 40; *Andrew Jedwell v Denbighshire County Council, DH, DR Jones,* [2015] EWCA Civ 1232, 2015, WL 7692992; siehe auch *Fordham,* Judicial Review Handbook, Rn. 62.4.6; *Woolf/Jowell/Le Sueur,* De Smith's Judicial Review, Rn. 7–113.

[533] *Alletta Nash v Chelsea College of Art and Design,* [2001] EWHC Admin 538, 2001 WL 825052, Rn. 34. Hierauf wird auch in *London Fire and Emergency Planning Authority,* [2007] EWHC 1176 (Admin), Rn. 65 f. Bezug genommen. Siehe hierzu ferner *Woolf/Jowell/Le Sueur,* De Smith's Judicial Review, Rn. 7–113.

wahrscheinlich als wenn es sich um weniger wichtige Verfahrensgegenstände handle.[534]

In späteren Entscheidungen wurde immer wieder auf diese in der Rechtssache *Nash* niedergelegten Vorschläge Bezug genommen[535] und diese weiterentwickelt: In der Rechtssache *R (B) v Merton London Borough Council* räumte *Justice Burnton* selbst ein, dass die Vorschläge in *Nash* zu weit gefasst worden waren und dass ergänzende Gründe einer bei Entscheidungserlass lediglich unzureichenden Begründung von einem Gericht berücksichtigt werden müssten.[536]

In der Rechtssache *R (Leung) v Imperial College of Science, Technology and Medicine* erweiterte *Justice Silber* die *Nash*-Grundsätze um zwei weitere Vorschläge: Erstens müsse auch maßgeblich sein, ob von dem Entscheidungsträger zu erwarten gewesen sei, den nachträglich vorgebrachten Grund bereits bei Entscheidungserlass vorzutragen, das heißt, ob die Unterlassung entschuldbar war. Zweitens fordert *Justice Silber* zu fragen, ob es unter Berücksichtigung aller Umstände gerecht erscheine, nachträglich vorgebrachte Gründe nicht zu beachten. Wenn es für eine Entscheidung beispielsweise keine Notwendigkeit einer Begründung gegeben habe, wäre es seltsam, wenn die entscheidende Stelle nach Entscheidungserlass nicht Gründe vortragen könnte, um ihre Entscheidung zu verteidigen.[537]

Jedenfalls sollten nach Entscheidungserlass vorgetragene Gründe vom Gericht stets außer Acht gelassen werden, wenn sie den anfänglich gegebenen Gründen widersprechen.[538]

c) Die Heilung einer Verletzung des Grundsatzes der Unparteilichkeit aus Art. 6 Abs. 1 EMRK

Rege wird auch die Möglichkeit der Heilung einer Verletzung des Grundsatzes der Unparteilichkeit aus Art. 6 Abs. 1 EMRK im Laufe eines Gerichtsverfahrens debattiert.

---

[534] *Alletta Nash v Chelsea College of Art and Design,* [2001] EWHC Admin 538, 2001 WL 825052, Rn. 35.

[535] *R (B) v Merton London Borough Council,* [2003] EWHC 1689 (Admin) 2003 WL 21492021, Rn. 41; *R (Leung) v Imperial College of Science, Technology and Medicine,* [2002] EWHC 1358 (Admin) 2002 WL 1875997, Rn. 28; *Keane v Law Society,* [2009] EWHC 783 (Admin) 2009 WL 3829372, Rn. 27.

[536] *R (B) v Merton London Borough Council,* [2003] EWHC 1689 (Admin) 2003 WL 21492021, Rn. 42.

[537] *R (Leung) v Imperial College of Science, Technology and Medicine,* [2002] EWHC 1358 (Admin) 2002 WL 1875997, Rn. 29 f.

[538] Exemplarisch *R (G) v Legal Services Commission,* [2004] EWHC 276 (Admin) Rn. 52, wo eine spätere Begründung für zulässig erachtet wurde, weil sie keine „material change of reason" zur Folge hatte; *R (I) v Independent Appeal Panel for G Technology College,* [2005] EWHC 558 (Admin), Rn. 11, wo spätere Gründe als unzulässig erachtet wurden, da sie „contradictory of the previous reasons" waren. Siehe auch *Fordham,* Judicial Review Handbook, Rn. 62.4.10 m.w.N. zur Rechtsprechung.

Im Vereinigten Königreich gelten über den *Human Rights Act 1998* die in der EMRK niedergelegten Menschenrechte direkt im nationalen britischen Recht. *Section 6* des *Human Rights Act* verbietet öffentlichen Stellen, auf eine Art und Weise zu handeln, die nicht mit den Rechten der EMRK in Einklang steht. *Section 7* trifft entsprechende verfahrensrechtliche Regelungen.[539]

Wenn eine Entscheidung, auf die Art. 6 Abs. 1 EMRK Anwendung findet, nicht allen von Art. 6 Abs. 1 EMRK statuierten Erfordernissen entspricht – beispielsweise weil die entscheidende Behörde nicht unabhängig ist – kann dieser Verstoß geheilt werden, wenn die Entscheidung einer Kontrolle durch ein Gericht mit einer *full jurisdiction* unterliegt. Dies ist der Fall, wenn das Gericht über eine uneingeschränkte Befugnis zur Überprüfung der Entscheidung verfügt und es selbst den Erfordernissen von Art. 6 Abs. 1 EMRK genügt.[540] Mit anderen Worten muss das Verfahren in seiner Gesamtheit mit Art. 6 EMRK im Einklang stehen.[541]

Im Zusammenhang mit Verwaltungsentscheidungen, die einer *judicial review* unterliegen, stellt sich damit die Frage, ob das *Administrative Court* oder das *Upper Tribunal* über eine solch uneingeschränkte Befugnis zur Überprüfung der Entscheidung verfügen. Eine *judicial review* ist nämlich eine *supervisory jurisdiction*, die auf die Überprüfung von Rechtsfragen beschränkt ist.[542] Grundsätzlich werden Tatsachenfeststellungen gerade nicht mehr untersucht. Ob ein *Administrative Court* oder ein *Upper Tribunal* im Rahmen einer *judicial review* eine uneingeschränkte Befugnis zur Überprüfung der Entscheidung haben, hängt allerdings letztlich vom Einzelfall ab. Grundsätzlich ist dies eher unwahrscheinlich.[543] Eine uneingeschränkte Befugnis zur Überprüfung der Entscheidung im Rahmen der *judicial review* liegt jedoch dann vor, wenn für die in Frage stehende Entscheidung Fachwissen, Erfahrung oder die Anwendung einer Politik erforderlich ist.[544]

Mit der Frage, inwieweit ein Gericht im Rahmen einer *judicial review* eine uneingeschränkte Befugnis zur Überprüfung der Entscheidung hat und somit einen Mangel der Unparteilichkeit nach Art. 6 Abs. 1 EMRK heilen kann, hat sich die

---

[539] Grundlegend zum Human Rights Act und Art. 6 EMRK im verwaltungsrechtlichen Kontext *Auburn/Moffett/Sharland*, Judicial Review, Rn. 3.01 ff.; *Elliott/Varuhas*, Administrative Law, S. 344 ff.; *Kleve/Schirmer*, England, in: Schneider, Verwaltungsrecht in Europa, S. 35, 162.

[540] *Auburn/Moffett/Sharland*, Judicial Review, Rn. 5.82; *Fordham*, Judicial Review Handbook, Rn. 59.5.7 m.w.N. aus der Rechtsprechung; *Forsyth*, Case Comment: Administrative decision-makers and compliance with Article 6 (1): the limits of the curative principle, Cambridge Law Journal 2007, 66 (3), S. 487, 488; *Reid*, Case Comment: Judicial review not always a guarantee of a fair trial, Scottish Planning and Environmental Law 2007, S. 13, 13; *Woolf/Jowell/Le Sueur*, De Smith's Judicial Review, Rn. 8-036; *Bryan v United Kingdom*, (1996) 21 E.H.R.R. 342, Rn. 40.

[541] *Woolf/Jowell/Le Sueur*, De Smith's Judicial Review, Rn. 8-036.

[542] *Kleve/Schirmer*, England, in: Schneider, Verwaltungsrecht in Europa, S. 35, 129.

[543] *Auburn/Moffett/Sharland*, Judicial Review, Rn. 5.83.

[544] *Auburn/Moffett/Sharland*, Judicial Review, Rn. 5.83; *Reid*, Case Comment: Judicial review not always a guarantee of a fair trial, Scottish Planning and Environmental Law 2007, S. 13, 13; *Tomlinson and others v Birmingham City Council*, [2010] UKSC 8, Rn. 54.

Rechtsprechung insbesondere im Zusammenhang mit Rechtssachen zu Raumordnung und Städteplanung sowie Sozialleistungen befasst.[545]

aa) Rechtsprechung zu Raumordnung und Städteplanung

Im Zusammenhang mit Angelegenheiten der Raumordnung und Städteplanung werden Baugenehmigungen oft vom *Secretary of State* oder von durch diesen ernannten Inspektoren erteilt oder versagt. Diese Entscheidungsträger sind nicht „unabhängig" im Sinne von Art. 6 Abs. 1 EMRK. Daher liegt ein Verstoß gegen Art. 6 Abs. 1 EMRK vor, sofern die Entscheidung nicht einer *judicial review* durch ein Gericht oder *tribunal* unterliegt, das über eine uneingeschränkte Befugnis zur Überprüfung der Entscheidung verfügt.[546]

Beispielsweise hatte sich in der Rechtssache *Alconbury* Alconbury Developments mit dem Verteidigungsministerium darauf geeinigt, dass es einen stillgelegten Flugplatz, der Eigentum des Ministeriums war, in ein Versandhandelszentrum umwandeln sollte. Die hierfür erforderliche Baugenehmigung wurde jedoch nicht erteilt. So erhob Alconbury einen *appeal*. Lokale Interessengruppen beklagten, dass der *Secretary of State*, der über diesen *appeal* zu entscheiden hatte, kein unabhängiges und unparteiisches Gericht im Sinne des Art. 6 EMRK sei. Alconbury beantragte daher eine *judicial review*. Das *House of Lords* kam zu dem Schluss, dass die Tatsache, dass die Entscheidung einer *judicial review* unterliege, ausreichend sei, um sicherzustellen, dass das Verfahren in der Gesamtschau als „unabhängig" im Sinne von Art. 6 EMRK eingestuft werden könne.[547] Das *House of Lords* argumentierte insbesondere damit, dass die in Frage stehende Entscheidung im Wesentlichen Zweckmäßigkeitserwägungen und weniger Rechtsfragen betraf und eine Entscheidung darüber erforderte, was im öffentlichen Interesse liege.[548]

bb) Rechtsprechung zu Sozialleistungen

Auch im Bereich der Zuerkennung von Sozialleistungen werden Entscheidungen oft von Gemeindebeamten getroffen, die nicht „unabhängig" im Sinne von Art. 6 Abs. 1 EMRK sind, da sie eigene Mittel zuweisen müssen. Damit liegt ein Verstoß gegen Art. 6 Abs. 1 EMRK vor, wenn die Entscheidung nicht einer Überprüfung durch ein Gericht oder *tribunal* unterliegt, das über eine uneingeschränkte Befugnis zur Überprüfung der Entscheidung verfügt.[549]

---

[545] *Auburn/Moffett/Sharland*, Judicial Review, Rn. 5.84 ff.

[546] *Auburn/Moffett/Sharland*, Judicial Review, Rn. 5.85.

[547] *R. (Alconbury) v Secretary of State for the Environment, Transport & Regions*, [2001] UKHL 23, [2003] 2 A.C. 295; *Lord Slynn*, Rn. 44 ff.; *Lord Hoffmann*, Rn. 122; *Lord Clyde*, Rn. 151 ff.

[548] *R. (Alconbury) v Secretary of State for the Environment, Transport & Regions*, [2001] UKHL 23, [2003] 2 A.C. 295; *Lord Hoffmann*, Rn. 117, 122; *Lord Clyde*, Rn. 151–168.

[549] *Auburn/Moffett/Sharland*, Judicial Review, Rn. 5.87.

Die Rechtssache *Runa Begum v Tower Hamlets London Borough Council*[550] betraf die Entscheidung einer Gemeindebehörde, die sich damit befasst hatte, ob die der Rechtsmittelführerin zugesprochene Sozialwohnung angemessen war. Die Entscheidung war von einem Beamten, der bei derselben Behörde angestellt war, die auch die Ausgangsentscheidung erlassen hatte, überprüft worden. Das *House of Lords* erkannte zwar an, dass der überprüfende Beamte kein unabhängiges und unparteiisches Gericht im Sinne von Art. 6 Abs. 1 EMRK sei. Allerdings sei die Möglichkeit, ein *judicial review*-Verfahren gegen die Entscheidung durchzuführen, ausreichend, um einen Verstoß gegen Art. 6 Abs. 1 EMRK zu verneinen. Zwar müsse der überprüfende Beamte streitige Sachfragen klären. Jedoch seien die Feststellungen tatsächlicher Art nur Zwischenschritte auf dem Weg zu einem breiteren Urteil, das Fachwissen und Erfahrung erfordere.[551] In diesem Zusammenhang ließ sich das *House of Lords* durchaus auch von praktischen Erwägungen leiten: Es war über eine „*over-judicialization*" des Verwaltungsverfahrens besorgt und der Auffassung, dass es nicht dem öffentlichen Interesse entspreche, wenn ein übermäßiger Anteil öffentlicher Gelder für die Verfahren der Verwaltung von Sozialleistungen ausgegeben würde, anstatt für die Sozialleistungen selbst.[552]

In der Rechtssache *Tsfayo v United Kingdom* sah der EGMR die Möglichkeit der *judicial review* hingegen nicht als ausreichend an, um einen Mangel der Unabhängigkeit nach Art. 6 Abs. 1 EMRK zu heilen. Der Sachverhalt stellte sich wie folgt dar: Frau Tsfayo war eine äthiopische Staatsbürgerin, die im Vereinigten Königreich Asyl suchte. Sie erhielt Wohngeld und eine Kommunalsteuerbefreiung vom Londoner Bezirk Hammersmith and Fulham. Diese Leistungsbewilligungen mussten jährlich erneuert werden. Wegen ihrer schlechten Englischkenntnisse und ihrer Unkenntnis vom englischen Sozialleistungssystem versäumte es Frau Tsfayo allerdings, ihren Antrag fristgemäß zu verlängern.[553] Sie stellte sodann einen Antrag an den Bezirk, ihr sowohl künftige als auch vergangene und versäumte Leistungen auszuzahlen.[554] Während ersteres Begehren Erfolg hatte, wurde letzteres mit der Begründung abgewiesen, dass die Antragstellerin keinen wichtigen Grund vorbringen konnte, warum sie ihren Verlängerungsantrag auf Sozialleistung nicht früher gestellt hatte.[555] Der Bezirk erhielt seine Entscheidung damit aufrecht.[556] Die Antragstellerin legte einen *appeal* ein. Das *review board*, vor dem der *appeal* gehört wurde, setzte sich aus drei Mitgliedern, die auch dem Bezirk Hammersmith and Fulham angehörten, zusammen und wurde von einem Rechtsanwalt beraten,

---

[550] *Runa Begum v Tower Hamlets London Borough Council*, [2003] UKHL 5, [2003] 2 A.C. 430.

[551] *Runa Begum v Tower Hamlets London Borough Council*, [2003] UKHL 5, [2003] 2 A.C. 430; *Lord Bingham*, Rn. 9 (2).

[552] *Runa Begum v Tower Hamlets London Borough Council*, [2003] UKHL 5, [2003] 2 A.C. 430; *Lord Bingham*, Rn. 5; *Lord Hoffmann*, Rn. 43 f.

[553] EGMR, Urt. v. 14.11.2006, *Tsfayo v The United Kingdom*, no. 60860/00, Rn. 10, 11.

[554] EGMR, Urt. v. 14.11.2006, *Tsfayo v The United Kingdom*, no. 60860/00, Rn. 11.

[555] EGMR, Urt. v. 14.11.2006, *Tsfayo v The United Kingdom*, no. 60860/00, Rn. 12.

[556] EGMR, Urt. v. 14.11.2006, *Tsfayo v The United Kingdom*, no. 60860/00, Rn. 14.

der Teil der Rechtsabteilung des Bezirks war.[557] Der *appeal* wurde zurückgewiesen, da auch die Widerspruchsbehörde der Auffassung war, dass die Antragstellerin keinen wichtigen Grund vorgetragen habe und keine glaubwürdige Zeugin sei.[558] Dem Antrag auf Zulassung der *judicial review* der Entscheidung des *review board* wurde ebenfalls nicht stattgegeben.[559] So wandte sich die Antragstellerin an den EGMR, der sich vor allem mit der Frage befasste, ob „the High Court on judicial review had sufficient jurisdiction to ensure that the proceedings as a whole complied with Article 6.1".[560]

Der EGMR kam zu dem Schluss, dass das *review board* nicht „unabhängig" im Sinne von Art. 6 Abs. 1 EMRK war[561] und die Möglichkeit der *judicial review* diesen Mangel auch nicht heilen konnte. Denn der *High Court* hätte die Entscheidung der Widerspruchsbehörde zwar aufheben können, wenn er zu dem Schluss gekommen wäre, dass es keine Beweise gab, um diese Tatsachenfeststellungen zu stützen oder wenn die Feststellungen der Widerspruchsbehörde schlicht unhaltbar waren oder die Widerspruchsbehörde feststehende Tatsachen nicht kannte oder missverstanden hatte. Der *High Court* hätte hingegen nicht eine erneute Beweisaufnahme durchführen oder seine eigene Beurteilung der Glaubwürdigkeit der Antragstellerin an die Stelle der Beurteilung der Widerspruchsbehörde setzen können. Daher bestand nie die Möglichkeit, dass die Kernfrage des Falles von einem unabhängigen Gericht entschieden werden würde.[562]

Was nun aber unterscheidet die Rechtssache *Tsfayo* von den Rechtssachen *Alconbury* und *Begum*? Warum wurde im ersten Fall eine Heilung verneint, während sie in letzteren beiden Fällen bejaht wurde? Der EGMR unterschied die Rechtssachen in drei Punkten: Zunächst ging es in der Rechtssache *Tsfayo* um reine Tatsachenfragen. Es ging darum, ob die Klägerin einen guten Grund hatte, warum sie ihren Antrag verspätet gestellt hatte. Im Gegensatz zu den Rechtssachen *Alconbury* und *Begum* bedurfte es in der Rechtssache *Tsfayo* damit keines Fachwissens oder besonderer Erfahrung, um das Problem des Falls zu lösen.[563] Ferner handelte es sich im Fall *Tsfayo* um einen Leistungsanspruch und dieser hing – anders als im Fall *Alconbury* – nicht von einer Anwendung der *government policy* ab.[564] Schließlich war das *review board* in der Rechtssache *Tsfayo* nicht nur nicht unabhängig von der Exekutive, sondern es stand zudem in direktem Zusammenhang mit einer der Parteien, da fünf Beamte von der Gemeinde stammten, die die Leistung hätte auszahlen

---

[557] EGMR, Urt. v. 14.11.2006, *Tsfayo v The United Kingdom*, no. 60860/00, Rn. 15.

[558] EGMR, Urt. v. 14.11.2006, *Tsfayo v The United Kingdom*, no. 60860/00, Rn. 15, 48.

[559] EGMR, Urt. v. 14.11.2006, *Tsfayo v The United Kingdom*, no. 60860/00, Rn. 18.

[560] EGMR, Urt. v. 14.11.2006, *Tsfayo v The United Kingdom*, no. 60860/00, Rn. 41.

[561] EGMR, Urt. v. 14.11.2006, *Tsfayo v The United Kingdom*, no. 60860/00, Rn. 36, 41, 47.

[562] EGMR, Urt. v. 14.11.2006, *Tsfayo v The United Kingdom*, no. 60860/00, Rn. 48.

[563] EGMR, Urt. v. 14.11.2006, *Tsfayo v The United Kingdom*, no. 60860/00, Rn. 46 f.

[564] EGMR, Urt. v. 14.11.2006, *Tsfayo v The United Kingdom*, no. 60860/00, Rn. 39.

müssen.[565] All diese Punkte unterschieden *Tsfayo* von den Rechtssachen *Alconbury* und *Begum* und verhinderten die Möglichkeit der Heilung der Verletzung von Art. 6 EMRK.

II. Die Unbeachtlichkeit von Verfahrens- und Formfehlern

Wie schon bei der Heilung ist auch im Zusammenhang mit der Unbeachtlichkeit die Unterscheidung zwischen der Verletzung von gesetzlich niedergelegten Verfahrensanforderungen (*statutory procedural requirements*) und solchen, die sich aus den Grundsätzen der *natural justice* ergeben, maßgeblich.[566]

1. Die Unbeachtlichkeit der Verletzung eines *statutory procedural requirement*

a) Die traditionelle Unterscheidung zwischen *mandatory* und *directory procedural requirements*

Im Rahmen des *statute law* unterscheiden die Gerichte traditionell zwischen *mandatory* und *directory procedural requirements*, das heißt zwingenden und lediglich empfehlenden Verfahrensanforderungen.[567] Während ein Verstoß gegen Erstere zwingend die Nichtigkeit *ex nunc* (*voidness*) der Verwaltungsentscheidung nach sich zieht, bleibt die Verletzung eines *directory procedural requirements* prinzipiell folgenlos[568] und ist damit unbeachtlich. Hierbei ist es die Aufgabe des Gerichts, durch Auslegung der Vorschrift zu prüfen, ob es sich um eine zwingende oder bloß empfehlende Vorschrift handelt. Der gesetzlichen Regelung ist meist weder die Einordnung als *mandatory* oder *directory* ausdrücklich zu entnehmen, noch welche Rechtsfolgen im Falle ihrer Verletzung eintreten sollen.[569]

Maßgeblich für die Kategorisierung als *mandatory* oder *directory* war traditionell eine *norm*bezogene Perspektive: Es wurde auf die generelle, das heißt vom konkreten Einzelfall abstrahierte Relevanz der Verfahrensvorschrift für den Schutz

---

[565] EGMR, Urt. v. 14.11.2006, *Tsfayo v The United Kingdom*, no. 60860/00, Rn. 46 f.

[566] Zur Unterscheidung zwischen *statutory procedural requirements* und den Regeln der *natural justice* siehe bereits Fn. 470.

[567] Siehe zur Unterscheidung zwischen *mandatory* und *directory procedural requirements* bereits Fn. 473.

[568] *Bergner*, Grundrechtsschutz durch Verfahren, S. 266; *Jones/Thompson*, Garner's Administrative Law, S. 237; *Leyland/Anthony*, Textbook on Administrative Law, S. 385.

[569] *Bergner*, Grundrechtsschutz durch Verfahren, S. 266; *Jones/Thompson*, Garner's Administrative Law, S. 237.

des Betroffenen aus der *ex ante*-Perspektive abgestellt.[570] Diese Betrachtungsweise unterscheidet die *statutory procedural requirements* gerade von der Einzelfallbetrachtung *ex post*, die bei den Verfahrensgrundsätzen der *natural justice* zur Anwendung kommt.[571]

Die Rechtsprechung hat gesetzliche Verfahrensanforderungen meist dort als zwingend eingestuft, wo sie dem Schutz von Individualinteressen zu dienen bestimmt sind.[572] Folglich wurden beispielsweise die gesetzlich angeordnete Anhörungspflicht[573] sowie der gesetzlich angeordnete Hinweis auf das Recht, einen *appeal*[574] oder Widerspruch[575] einlegen zu können, als zwingende Verfahrensvorschriften eingeordnet.[576] Umgekehrt hat die Rechtsprechung gesetzliche Verfahrensanforderungen als bloß empfehlend eingestuft, wo es lediglich um Bagatell- bzw. Detailfragen[577] oder Fristbestimmungen[578] ging, die nicht geeignet waren, Einfluss auf das Verfahrensergebnis zu nehmen.

b) Der jüngere, sog. *common sense approach*

Die normbezogene Unterscheidung zwischen *mandatory* und *directory procedural requirements* hat in jüngster Zeit jedoch verstärkte Kritik erfahren. Bereits 1980 hatte *Lord Hailsham* in der Rechtssache *London & Clydeside Estates Ltd v*

---

[570] Vgl. *Bergner*, Grundrechtsschutz durch Verfahren, S. 267.

[571] *Bergner*, Grundrechtsschutz durch Verfahren, S. 267.

[572] *Bailey*, Grounds for Judicial Review: Due Process, Natural Justice, and Fairness, in: Feldman, English Public Law, Rn. 15.98.

[573] Exemplarisch *Bradbury and Others v Enfield London Borough Council*, [1967] 1 W.L.R. 1311; *Agricultural, Horticultural and Forestry Industry Training Board v Aylesbury Mushrooms Ltd.*, [1972] 1 W.L.R. 190; *Grunwick Processing Laboratories Ltd. and Others Respondents v Advisory, Conciliation and Arbitration Service and Another Appellants*, [1978] 2 W.L.R. 277, [1978] A.C. 655.

[574] Exemplarisch *Rayner v Corporation of Stepney*, [1911 R. 840.], [1911] 2 Ch. 312; *London & Clydeside Estates Ltd v Aberdeen District Council and Another*, [1980] 1 W.L.R. 182; *Agricultural, Horticultural and Forestry Industry Training Board v Kent*, [1970] 2 Q.B. 19. Siehe auch *Bailey*, Grounds for Judicial Review: Due Process, Natural Justice, and Fairness, in: Feldman, English Public Law, Rn. 15.98; *Leyland/Anthony*, Textbook on Administrative Law, S. 388.

[575] *R. v London Borough of Lambeth Council*, (1988) 55 P. & C.R. 232.

[576] Siehe auch *Bailey*, Grounds for Judicial Review: Due Process, Natural Justice, and Fairness, in: Feldman, English Public Law, Rn. 15.98; *Leyland/Anthony*, Textbook on Administrative Law, S. 388 f.

[577] Siehe beispielsweise *Bradbury and Others v Enfield London Borough Council*, [1967] 1 W.L.R. 1311; *R. v Dacorum Gaming Licensing Committee ex p. EMI Cinemas and Leisure*, [1971] 3 All E.R. 666 (Tippfehler); siehe auch *Bailey*, Grounds for Judicial Review: Due Process, Natural Justice, and Fairness, in: Feldman, English Public Law, Rn. 15.99 m.w.N. aus der Rechtsprechung; *Leyland/Anthony*, Textbook on Administrative Law, S. 385.

[578] *Nina T. H. Wang v Commissioner of Inland Revenue*, [1994] 1 W.L.R. 1286; siehe auch *Bailey*, Grounds for Judicial Review: Due Process, Natural Justice, and Fairness, in: Feldman, English Public Law, Rn. 15.99 m.w.N. aus der Rechtsprechung.

Aberdeen District Council[579] auf die Gefahren einer starren Kategorisierung von Verfahrensfehlern und ihren Folgen in *mandatory* und *directory requirements* hingewiesen, die sich einer flexiblen Handhabung verschließe und damit nur schwerlich den Anforderungen des Verwaltungsrechts gerecht würde.[580] Es wurde vorgeschlagen, die normbezogene Differenzierung zwischen *mandatory* und *directory procedural requirements* als nur einen Aspekt – sozusagen als einen ersten Schritt[581] – von mehreren zu sehen. Daneben sei auf weitere Aspekte abzustellen.

So hat sich in der jüngeren Rechtsprechung eine Trendwende von der starren normbezogenen Unterscheidung hin zu einer stärkeren Einzelfallbetrachtung vollzogen. Um zu bestimmen, ob die Verletzung einer durch Gesetzesrecht vorgesehenen Verfahrensvorschrift die Nichtigkeit der Entscheidung nach sich zieht, folgen die Gerichte nunmehr einem *flexible*[582] bzw. *common sense approach*,[583] der als „Ansatz des gesunden Menschenverstandes" verstanden werden kann[584] und der alle Umstände des Einzelfalls in die Betrachtung einbezieht. Auch das *House of Lords* hat bestätigt, dass die starre Unterscheidung zwischen *mandatory* und *directory procedural requirements* überholt ist.[585]

In die vorzunehmende Einzelfallbetrachtung fließen eine Vielzahl verschiedener Kriterien ein. Die Dichotomie *mandatory/directory* ist dabei nur ein Aspekt. Welche Fragen gestellt werden müssen, zählte *Lord Woolf* in der Rechtssache *R v Secretary of State for the Home Department ex p Jeyeanthan* beispielhaft auf:

> „1. Is the statutory requirement fulfilled if there has been substantial compliance with the requirement and, if so, has there been substantial compliance in the case in issue even though there has not been strict compliance? (The substantial compliance question.)
> 2. Is the non-compliance capable of being waived, and if so, has it, or can it and should it be waived in this particular case? (The discretionary question.) I treat the grant of an extension of time for compliance as a waiver.
> 3. If it is not capable of being waived or is not waived then what is the consequence of the non-compliance? (The consequences question.)"[586]

Maßgeblich stellen die Richter auch auf die Bedeutung der Vorschrift in der Gesamtbetrachtung des Verfahrens ab. In einer in diesem Zusammenhang viel zitierten Urteilspassage von *Lord Penzance* heißt es:

---

[579] [1980] 1 W.L.R. 182, 189 f.

[580] Vgl. Ferner *Bailey*, Grounds for Judicial Review: Due Process, Natural Justice, and Fairness, in: Feldman, English Public Law, Rn. 15.100 ff.; *Jones/Thompson,* Garner's Administrative Law, S. 237.

[581] In *R v Secretary of State for the Home Department ex p Jeyeanthan,* [2000] 1 W.L.R. 354, 361 spricht *Lord Woolf* davon, dass die Unterscheidung zwischen *mandatory* und *directory procedural requirements* „only at most a first step" ist.

[582] *Bailey*, Grounds for Judicial Review: Due Process, Natural Justice, and Fairness, in: Feldman, English Public Law, Rn. 15.100 ff.; *Jones/Thompson,* Garner's Administrative Law, S. 237.

[583] *Leyland/Anthony*, Textbook on Administrative Law, S. 392 f.

[584] So *Kleve/Schirmer,* England, in: Schneider, Verwaltungsrecht in Europa, S. 35, 161.

[585] *Regina v Soneji and another,* [2005] UKHL 49, [2006] 1 A.C. 340, Rn. 23.

[586] [2000] 1 W.L.R. 354, 361.

> „[…] in each case you must look to the subject matter; consider the importance of the pro-
> vision that has been disregarded and the relation of that provision to the general object in-
> tended to be secured by the Act; and upon a review of the case in that aspect decide whether
> the matter is what is called imperative or only directory."[587]

Mit der Verletzung einer gesetzlich normierten Verfahrensregel konfrontiert fragt
sich ein Gericht damit, wie wichtig die verletzte Regel ist und ob es fair, gerecht und
angemessen erschiene, die Exekutiventscheidung aufgrund dieser Verletzung aufzuheben.[588]

Ferner ist die Schwere der Verletzung entscheidend, das heißt die Frage, ob beispielsweise ein vollständiger oder nur ein partieller Verstoß gegen die Verfahrensregelung vorliegt.[589] Ist die Verletzung geringfügig, wird sie in aller Regel nicht zur
Aufhebung der Verwaltungsentscheidung führen.[590]

Entscheidend wird auch auf das Kriterium der Zweckerreichung abgestellt und
gefragt, ob der von der verletzten Vorschrift verfolgte Zweck trotz des Verstoßes
erreicht wurde. *Lord Justice Woolf* führte in diesem Zusammenhang in der Rechtssache *R v Lambeth LBC, ex p Sharp* aus:

> „When the provision of (procedural) regulations are contravened, almost invariably it is
> unhelpful to consider what are the consequences of non-compliance with the regulations by
> classifying them as containing mandatory or directory provisions, or as containing a condi-
> tion precedent, or as containing a provision which renders a decision void or voidable, or by
> considering whether they contain a provision that goes to jurisdiction. What has to be con-
> sidered is: what is the particular provision designed to achieve?"[591]

In engem Zusammenhang mit dem Kriterium der Zweckerreichung steht die Frage,
ob die Verfahrensposition des Fehlerbetroffenen trotz Verfahrensverletzung gewahrt
wurde. In der dieses Kriterium exemplarisch erarbeitenden Rechtssache *Coney v
Choyce*[592] plante die Verwaltung eine Neuorganisation der Schulen in Nottingham-
shire. *Section* 13 des *Education Act* 1944 schrieb der Verwaltung vor, dass ein Hinweis auf diese Pläne an oder in der Nähe von den Haupteingängen der Schulen sowie in den Lokalzeitungen veröffentlicht werden musste. Tatsächlich machte die
Verwaltung das Vorhaben im Rahmen von Veranstaltungen bekannt und veröffent-
lichte es in Informationsblättern sowie in Kirchen. Jedoch versäumte sie es, die
Mitteilung in zwei der betroffenen Schulen auszuhängen. Mit diesem Verfahrensfehler konfrontiert entschied *Justice Templeman*, dass die generelle Mitteilungsan-
forderung zwar *mandatory* sei. Jedoch verweigerte er dennoch Abhilfe, da die Pläne
ausreichend gut veröffentlicht worden seien, um die Erhebung von Einwänden seitens der Bevölkerung zu erlauben. Mit anderen Worten hatte es eine „substantial

---

[587] *Lord Penzance* in *Howard v Bodington*, (1877) 2 P.D. 203, 211.

[588] *Leyland/Anthony*, Textbook on Administrative Law, S. 392; siehe auch *Kleve/Schirmer*, England, in: Schneider, Verwaltungsrecht in Europa, S. 35, 161.

[589] *Jones/Thompson*, Garner's Administrative Law, S. 237.

[590] *Coney v Choyce and others*, [1975] 1 W.L.R. 422, 434: „is likely to be treated as a mere irregularity if the departure from the terms of the Act is of a trivial nature" sowie „technical defects".

[591] *L.J. Woolf* in *R v Lambeth LBC, ex p Sharp*, (1988) 55 P.& C.R. 232, 239.

[592] *Coney v Choyce and others*, [1975] 1 W.L.R. 422.

compliance" mit den gesetzlichen Anforderungen gegeben. Die Einzelheiten bzw. spezifischen Anforderungen der Veröffentlichung waren damit nur *directory*, denn die Pläne waren so veröffentlicht worden, dass eine repräsentative Anzahl von Bürgern in der Lage war, sich darüber zu informieren. Daher konnte keine Verletzung derjenigen Verfahrensbeteiligten festgestellt werden, zu deren Schutz die gesetzliche Regelung erlassen worden war.[593]

Schließlich ist auch der Wille des Gesetzgebers bei Erlass der verletzten Vorschrift entscheidend dafür, ob die Verletzung zwingend zur Aufhebung der Verwaltungsentscheidung führen muss.[594]

Zusammenfassend kann damit festgehalten werden, dass nach dem *common sense approach* die Frage der Unbeachtlichkeit der Verletzung einer durch *statute* vorgeschriebenen Verfahrensanforderung in zwei Schritten beantwortet wird: In einem ersten Schritt wird durch Auslegung danach unterschieden, ob es sich bei der Regelung um eine zwingende oder lediglich um eine empfehlende Verfahrensanforderung handelt. Dabei wird auf die generelle, das heißt vom konkreten Einzelfall abstrahierte Relevanz der Verfahrensvorschrift für den Schutz des Betroffenen aus der *ex ante*-Sicht abgestellt, mithin eine *norm*bezogene Perspektive eingenommen. In einem zweiten Schritt fließen die konkreten Umstände des Einzelfalls in die Bewertung mit ein. Maßgebliche Kriterien für diese Einzelfallbetrachtung sind die Bedeutung der verletzten Vorschrift für das konkrete Verfahren, die Schwere der Verletzung, die Zweckerreichung und – als Unterkategorie des letzten Aspekts – ob die Verfahrensposition des Betroffenen trotz der Verletzung als gewahrt angesehen werden kann.

2. Die Unbeachtlichkeit der Verletzung eines *natural justice procedural requirement*

Auch im Zusammenhang mit der Verletzung der Grundsätze der *natural justice* ist der englischen Rechtsordnung die Rechtsfigur der Unbeachtlichkeit nicht gänzlich unbekannt, selbst wenn sie dort meist Gegenstand heftiger Kontroversen war. Gesetzgeberische Entwicklungen in den vergangenen Jahren lassen für die Zukunft mehr Klarheit erhoffen.

---

[593] *J. Templeman* in *Coney v Choyce and others*, [1975] 1 W.L.R. 422, 434: „Asking myself whether any substantial prejudice has been suffered by those for whose benefit the requirements were introduced, I am quite satisfied the answer is ‚No‘"; siehe auch *Leyland/Anthony*, Textbook on Administrative Law, S. 387.

[594] *Regina v Soneji and another*, [2005] UKHL 49, [2006] 1 A.C. 340 Rn. 23: „the emphasis ought to be on […] posing the question whether Parliament can fairly be taken to have intended total invalidity."

a) Die traditionelle Rechtsprechung: Das Argument der Alternativlosigkeit der Entscheidung

Oft wird die Frage der Unbeachtlichkeit unter der Bezeichnung *no difference principle* oder *no difference situation* diskutiert.[595] Im Wesentlichen wird dabei mit der Alternativlosigkeit der getroffenen Entscheidung argumentiert. In seiner ursprünglichen Form besagt der Grundsatz, dass ein Gericht bei einem rechtswidrigen Verwaltungshandeln keine Abhilfe schafft, wenn es zu dem Schluss kommt, dass das Entscheidungsergebnis selbst bei rechtmäßigem Handeln nicht anders ausgefallen wäre.[596] Dabei unterscheidet das englische Recht jedoch nicht zwischen den Kategorien der tatsächlichen und der rechtlichen Alternativlosigkeit.[597] Oft wird auch das Argument herangezogen, dass die Verfahrensposition des Fehlerbetroffenen trotz der Verletzung der Verfahrensrechte gewahrt wurde.[598] Die Argumente der Alternativlosigkeit der Entscheidung und der mangelnden Rechtsverletzung werden jedoch nicht klar voneinander getrennt, sondern verschmelzen oft zu einer einheitlichen Argumentation.

aa) Rechtsprechungsüberblick

Die ältere Rechtsprechung stand einer Anwendung des *no difference principle* skeptisch gegenüber.[599] So entgegnete *Lord Reid* in der Leitentscheidung *Ridge v. Baldwin* dem Argument der beklagten Behörde, dass nichts von dem, was der Kläger in einer hypothetischen ordnungsgemäß durchgeführten Anhörung hätte vorbringen können, zu einer anderen als der getroffenen Entscheidung geführt hätte:

> „It is at least very doubtful whether that could be accepted as an excuse."[600]

In der Rechtssache *General Medical Council v Spackman*,[601] die sogar bis ins Jahr 1943 zurückreicht, entzog der *General Medical Council* (GMC) Dr. Spackman die Approbation, weil er Ehebruch mit einer Patientin begangen hatte. Als sich der GMC zusammenfand, um über den Fall zu beraten, weigerte er sich, neue Beweis-

---

[595] *Auburn/Moffett/Sharland*, Judicial Review, Rn. 32.51 ff.; *Craig,* Administrative Law, Rn. 12-027; *Mills,* The „Makes No Difference" Controversy, Judicial Review 18 (2013), S. 124, Rn. 2; *Wade/Forsyth,* Administrative Law, S. 424 f.; *Woolf/Jowell/Le Sueur,* De Smith's Judicial Review, Rn. 8-052.

[596] *Auburn/Moffett/Sharland*, Judicial Review, Rn. 32.51; *Mills,* The „Makes No Difference" Controversy, Judicial Review 18 (2013), S. 124, Rn. 2.

[597] So bereits *Bergner*, Grundrechtsschutz durch Verfahren, S. 293.

[598] Vgl. *Auburn/Moffett/Sharland*, Judicial Review, Rn. 32.51.

[599] *Craig,* Administrative Law, Rn. 12-027 m.w.N. aus der Rechtsprechung.

[600] *Ridge v Baldwin,* [1963] 2 W.L.R. 935, [1964] A.C. 40, S. 68.

[601] *General Medical Council v Spackman,* [1943] A.C. 627.

vorbringen von Dr. Spackman zu hören. Stattdessen stützte sich der GMC auf ein Urteil, das im vorherigen Scheidungsprozess ergangen war und in dem festgestellt worden war, dass Dr. Spackman Ehebruch begangen hatte. Das *House of Lords* kam zu dem Schluss, dass hierdurch der Grundsatz der Verfahrensfairness verletzt worden sei, da das Scheidungsurteil nur ein Anscheins-, nicht jedoch ein unwiderlegbarer Beweis sein könne. In diesem Zusammenhang führte *Lord Wright* aus:

> „If the principles of natural justice are violated in respect of any decision, it is, indeed, immaterial whether the same decision would have been arrived at in the absence of the departure from the essential principles of justice. The decision must be declared to be no decision."[602]

Dieser Auffassung liegt maßgeblich der im englischen Recht oft zitierte Ausspruch „justice should not only be done, but should manifestly and undoubtedly be seen to be done"[603] zugrunde, der den Schwerpunkt auf die öffentliche Wahrnehmung der Einhaltung des Verfahrens und damit auf die Verfahrensfunktion, Akzeptanz herzustellen, richtet. Auf dem Spiel steht das Vertrauen der Öffentlichkeit in ein gerechtes Verfahren, welches untergraben werden würde, wenn eine Entscheidung weiterhin Bestand hätte, obwohl sie in den Augen eines objektiven Betrachters gegen die Grundsätze der *fairness* verstößt.[604]

Skepsis in Bezug auf das *no difference principle* und der Argumentation mit der Alternativlosigkeit besteht ferner dahingehend, dass ein Entscheidungsträger nie mit Sicherheit sagen könne, ob ein rechtswidriges Handeln tatsächlich keinen maßgeblichen Einfluss auf den Ausgang des Verfahrens hatte.[605] So verwarf *Justice Megarry* in einer viel zitierten Urteilspassage eine solche Argumentation als spekulativ und beliebig.[606]

Schließlich erkannte man auch die Schwierigkeiten, die daraus entstehen, dass ein Gericht seine Auffassung an die Stelle der Auffassung der für die Entscheidung ursprünglich zuständigen Verwaltungsstelle setzt: Ein Gericht ist nicht in der Lage, zu bestimmen, wie die Exekutive ihre Befugnisse ausgeübt und entschieden hätte. Dies nicht nur, weil ein Gericht nicht Zugang zu allen der Verwaltung vorliegenden Informationen hat, sondern auch, weil ein Gericht möglicherweise nicht wie die Verwaltung über das erforderliche Fachwissen verfügt.[607]

---

[602] *General Medical Council v Spackman*, [1943] A.C. 627, 644 f.

[603] *R v Sussex Justices ex p. McCarthy*, [1924] 1 KB 256, 259, *Lord Hewart C.J.*; siehe auch *Mills*, The „Makes No Difference" Controversy, Judicial Review 18 (2013), S. 124, Rn. 6.

[604] *Woolf/Jowell/Le Sueur*, De Smith's Judicial Review, Rn. 8-057.

[605] *Mills*, The „Makes No Difference" Controversy, Judicial Review 18 (2013), S. 124, Rn. 13.

[606] *John v Rees*, [1970] Ch 345, 402.

[607] *Woolf/Jowell/Le Sueur*, De Smith's Judicial Review, Rn. 8-056 m.w.N. aus der Rechtsprechung; diese Bedenken bleiben auch in Bezug auf die neueren Entwicklungen bestehen, siehe *Elliott/Varuhas*, Administrative Law, S. 576.

Erstmals wurde in der Rechtssache *Malloch v Aberdeen Corporation*[608] angedeutet, dass ein Anhörungsmangel unbeachtlich sein könne, wenn keine materiellrechtliche Betroffenheit vorliegt. *Lord Wilberforce* erklärte:

> „The appellant has first to show that his position was such that he had, in principle, a right to make representations before a decision against him was taken. But to show this is not necessarily enough, unless he can also show that if admitted to state his case he had a case of substance to make. A breach of procedure, whether called a failure of natural justice, or an essential administrative fault, cannot give him a remedy in the courts, unless behind it there is something of substance which has been lost by the failure. The court does not act in vain."[609]

Dieser Argumentation stimmte *Lord Reid* zu und betonte, dass es eine „good answer", das heißt ein valides Argument für die Unbeachtlichkeit eines Anhörungsmangels, sein könne, dass der Kläger auch bei einer Anhörung nichts zu seinen Gunsten hätte vortragen können und diese damit bloße Formalie gewesen sei.[610]

Dieselbe Argumentation kam auch in der Rechtssache *Glynn v Keele University* zum Tragen.[611] Hier wurde ein Student ohne Anhörung und damit unter Verstoß gegen die Grundsätze der *natural justice* der Hochschule verwiesen. Die Gerichte verweigerten jedoch die Aufhebung der Entscheidung und begründeten dies damit, dass nichts, was der Student hätte sagen können, Einfluss auf die getroffene Entscheidung hätte haben können. Ferner habe die Zuwiderhandlung des Studenten eine schwere Strafe verdient und die auferlegte Strafe sei angemessen.

Ähnlich argumentierte auch der *Court of Appeal* in der Rechtssache *R v Leicester City Justices ex p. Barrow*: Hier wurde einem Kläger der Rechtsbeistand eines Freundes vor Gericht verweigert. *Lord Donaldson* kam zu dem Schluss, dass dies gegen den *fairness*-Grundsatz des *common law* verstoße. Als er Abhilfe erwog, führte er aus:

> „Any unfairness, whether apparent or actual and however inadvertent, strikes at the roots of justice. *I cannot be sure that the applicants were not prejudiced* and accordingly I have no doubt that the justices' order should be quashed."[612]

Im Umkehrschluss folgt hieraus, dass der *Court of Appeal* die Abhilfe hätte verweigern können, wenn es davon überzeugt gewesen wäre, dass der Kläger nicht von dem Fehler in seiner Rechtsposition beeinträchtigt worden wäre.[613]

Jedoch geht die Rechtsprechung sehr zurückhaltend damit um, die Unbeachtlichkeit eines Verstoßes gegen die Regeln der *natural justice* zu bejahen und handhabt das Argument der Alternativlosigkeit restriktiv.[614] Wie streng das

---

[608] *Malloch v Aberdeen Corporation,* [1971] 1 W.L.R. 1578.

[609] *Malloch v Aberdeen Corporation,* [1971] 1 W.L.R. 1578, 1595.

[610] *Malloch v Aberdeen Corporation,* [1971] 1 W.L.R. 1578, 1582.

[611] *Glynn v Keele University,* [1971] 1 W.L.R. 487.

[612] *R v Leicester City Justices ex p. Barrow,* [1991] 2 QB 260 (Hervorhebung durch die Verfasserin).

[613] Siehe hierzu auch *Mills*, The „Makes No Difference" Controversy, Judicial Review 18 (2013), S. 124, Rn. 11.

[614] Die Gründe für eine derart restriktive Handhabung listete *L.J. Bingham* in der Rechtssache *R v Chief Constable of Thames Valley ex p. Cotton,* [1990] IRLR 344 auf.

Unbeachtlichkeitskriterium gehandhabt wird, zeigt insbesondere die Rechtssache *R. v Ealing Justices ex p. Fanneran.*[615] Hier wurde die Einschläferung eines Hundes nach dem *Dangerous Dog Act* angeordnet, ohne dass der Eigentümer des Hundes vorher angehört worden wäre. Ein Verstoß gegen den Grundsatz der *natural justice* wurde bejaht und dieser auch nicht für unbeachtlich befunden, obwohl es sich in dem Fall um eine gebundene Entscheidungslage handelte, da das Verfahren ohne Anhörung als grundlegend fehlerhaft eingestuft wurde. Grund war in erster Linie die Befürchtung, dass durch die Annahme der Unbeachtlichkeit Willkür Tür und Tor geöffnet werden würde. So konstatierte *Lord Justice Staughton*:

> „[T]he notion that when the rules of natural justice have not been observed, one can still uphold the result because it would not have made any difference, is to be treated with great caution. Down that slippery slope lies the way to dictatorship."[616]

Auch darüber hinaus darf die Bedeutung des *no difference principle* nicht überbewertet werden: Die Frage der Unbeachtlichkeit von Verfahrensfehlern verliert im englischen Recht erheblich an Bedeutung, weil die Gerichte sie bei jeder Gelegenheit zu umgehen versuchen, indem sie argumentieren, dass die Anwendung der Regeln der *natural justice* von vorne herein ausgeschlossen ist.[617] Dies war beispielsweise in der Rechtssache *Cinnamond v British Airports Authority* der Fall.[618] Der diesem Fall zugrunde liegende Sachverhalt betraf Taxifahrer, die wiederholt von der *British Airport Authority* verfolgt wurden, weil sie Passagiere rechtswidrig am Flughafen anwarben. Die *British Airport Authority* verbot den Taxifahrern, außer als selbst Reisende den Flughafen zu betreten. Die Taxifahrer beantragten die Feststellung, dass dieses Verbot unwirksam sei. Sie argumentierten unter anderem, dass gegen den Grundsatz der *natural justice* verstoßen worden sei, da sie vor Erlass des Verbotes nicht angehört worden waren. Das Gericht erkannte allerdings keinen Verstoß gegen den Grundsatz der *natural justice*. Denn die Taxifahrer hatten aufgrund der wiederholten und anhaltenden Gesetzesverstöße keine berechtigte Erwartung, überhaupt angehört zu werden. Wo es keine solche berechtigte Erwartung auf eine Anhörung gebe, gebe es aber ebenfalls keine Pflicht zur Anhörung. Da der Kläger sein Recht auf Verfahrensgerechtigkeit verwirkt und damit kein Recht auf Anhörung habe, lag bereits kein Verstoß gegen die Grundsätze der *natural justice* vor, sodass die Frage der Unbeachtlichkeit gar nicht angesprochen werden musste.

---

[615] *R. v Ealing Justices ex p. Fanneran,* [1996] 8 Admin. L.R. 351.

[616] *R. v Ealing Justices ex p. Fanneran,* [1996] 8 Admin. L.R. 351, 356, *L.J. Staughton.*

[617] *Bergner,* Grundrechtsschutz durch Verfahren, S. 294 f.; *Craig,* Administrative Law, Rn. 12-027; *Woolf/Jowell/Le Sueur,* De Smith's Judicial Review, Rn. 8-061.

[618] *Cinnamond v British Airports Authority,* [1980] 1 W.L.R. 582.

bb) Argumentationsmuster der Gerichte

Eine einheitliche Herangehensweise der Rechtsprechung an das *no difference*-Argument hat sich nicht herausgebildet.[619] Es können jedoch zwei Herangehensmuster an das Argument der Alternativlosigkeit unterschieden werden: Zum Teil setzen die Gerichte sehr früh an und kommen zu dem Schluss, dass bereits kein Verstoß gegen den *fairness*-Grundsatz vorliegt und die *natural justice*-Grundsätze nicht verletzt wurden, wenn der Verfahrensmangel keinen Einfluss auf das Entscheidungsergebnis hatte. Die Frage, welchen Einfluss der Fehler auf das Ergebnis hatte und welche Nachteile er für den Betroffenen verursacht hat, wird damit in die logisch vorgelagerte Frage, ob überhaupt eine Verletzung dieser Grundsätze vorliegt, „internalisiert". Hierbei handelt es sich um eine stark instrumentell geprägte Herangehensweise.[620]

Statt die Frage nach dem Einfluss des Fehlers auf das Entscheidungsergebnis derart zu „internalisieren", erfolgt die Argumentation der Richter in anderen Urteilen in zwei Stufen: In einem ersten Schritt fragen sie – ohne Berücksichtigung ihrer potenziellen Auswirkungen – danach, ob überhaupt eine Verfahrensrechtsverletzung vorliegt. Erst in einem zweiten Schritt wenden sie sich der Frage zu, ob dieser Fehler auch zu einer materiell-rechtlichen Betroffenheit des Einzelnen führte.[621]

cc) Beweislastverteilung

Derjenige, der das *no difference principle* zu seinen Gunsten geltend machen möchte, trägt die Beweislast dafür, dass die Rechtswidrigkeit keinen Einfluss auf die Sachentscheidung genommen hat.[622] Zur Erbringung des Beweises genügt es, zur Überzeugung des Gerichts darzulegen, dass die Verwaltung zwangsläufig zu derselben Entscheidung gelangt wäre oder auf dieselbe Art und Weise gehandelt hätte, wenn sie rechtmäßig gehandelt hätte.[623]

Bezogen auf den zur Beweisführung erforderlichen Grad der Wahrscheinlichkeit für das Treffen derselben Entscheidung haben sich die englischen Gerichte nie zweifelsfrei positioniert.[624] Durchgesetzt zu haben scheint sich jedoch die Auffassung, dass ein Maßstab der „Offensichtlichkeit" anzusetzen ist: So finden sich in

---

[619] Vgl. *Bergner*, Grundrechtsschutz durch Verfahren, S. 294.

[620] So argumentierte *Lord Denning* in der Rechtssache *George v Secretary of State for the Environment and Another,* (1979) 38 P. & C.R. 609, 617: „One should not find a breach of natural justice unless there has been substantial prejudice to the applicant as a result of the mistake or error that has been made." Siehe auch *Mills*, The „Makes No Difference" Controversy, Judicial Review 18 (2013), S. 124, Rn. 8.

[621] Besonders eindeutig geht diese Prüfung in zwei Schritten aus der bereits zitierten Rechtssache *Malloch v Aberdeen Corporation,* [1971] 1 W.L.R. 1578, 1595 hervor. Siehe auch *Mills*, The „Makes No Difference" Controversy, Judicial Review 18 (2013), S. 124, Rn. 9.

[622] *Auburn/Moffett/Sharland*, Judicial Review, Rn. 32.52.

[623] *Auburn/Moffett/Sharland*, Judicial Review, Rn. 32.53.

[624] Vgl. *Elliott/Varuhas*, Administrative Law, S. 575.

der Rechtsprechung Anforderungen dahingehend, dass es „demonstrable beyond doubt"[625] oder „established beyond argument"[626] sei, dass der Beklagte zu demselben Ergebnis gekommen wäre.[627] Die Regierung ging in ihrem Konsultationspapier über die Reform der *judicial review* davon aus, dass es „inevitable", das heißt unvermeidlich sein müsse, dass dasselbe Ergebnis trotz des rechtswidrigen Verhaltens erreicht worden wäre.[628] Jedenfalls ist die bloße Wahrscheinlichkeit bzw. Möglichkeit, dass die Entscheidung in der Sache nicht anders ergangen wäre, nicht ausreichend.[629]

b) Die neuesten Entwicklungen: Die Einführung des *no difference principle* durch den *Criminal Justice and Courts Act* 2015

Aktuelle Entwicklungen versprechen mehr Klarheit bei den Voraussetzungen zur Anwendung des *no difference principle* im Rahmen des *judicial review*-Verfahrens.[630] Im Rahmen der soeben erläuterten Rechtsprechung verwehrten die Gerichte im Falle der Unbeachtlichkeit eines Verfahrensfehlers häufig die Abhilfe und hoben die in Frage stehende Entscheidung nicht auf, da der Verfahrensausgang unabhängig vom Verfahrensfehler der Gleiche geblieben wäre. Jüngste Änderungen von *Section 31 des Senior Courts Act 1981*[631] durch *Section* 84 des *Criminal Justice and Courts Act 2015*[632] schließen für den Fall, dass ein Verfahrensfehler keine Auswirkungen auf das Verfahrensergebnis gehabt hat, jedoch bereits den Zugang zu einem *judicial review*-Verfahren aus – und setzen damit bereits einen Schritt früher an.[633]

Die neue *Section 31 des Senior Courts Act 1981* lautet wie folgt:

> „(3C) When considering whether to grant leave to make an application for judicial review, the High Court –
> (a) may of its own motion consider whether the outcome for the applicant would have been substantially different if the conduct complained of had not occurred, and

---

[625] *R. v Ealing Justices ex p. Fanneran*, [1996] 8 Admin. L.R., S. 351, 356, *L.J. Staughton*.

[626] *L.J. Schiemann*, in *R v Tandridge District Council, ex p Al Fayed*, (2000) 80 P. & C.R. 90, 93.

[627] Siehe zudem auch *R (Varma) v Duke of Kent*, [2004] EWHC 1705 (Admin) [2004] E.L.R. 616, Rn. 27: „entirely satisfied that (der Kläger) could not have made any representation which could have affected the result. The appeal was bound to fail"; *R (Siborurema) v Office of the Independent Adjudicator*, [2007] EWCA Civ 1365 [2008] E.L.R. 209, Rn. 66: „no real possibility".

[628] *Ministry of Justice*, Judicial Review: Proposals for Further Reform, Cm 8703 (2013), Rn. 104, abrufbar unter https://www.gov.uk/government/uploads/system/uploads/attachment_data/file/264091/8703. pdf.

[629] *L.J. May* in *R (Smith) v North East Derbyshire Primary Care Trust,* [2006] EWCA Civ 1291, [2006] 1 W.L.R. 3315, Rn. 10: „Probability is not enough"; *Auburn/Moffett/Sharland*, Judicial Review, Rn. 32.53.

[630] Vgl. *Elliott/Varuhas*, Administrative Law, S. 575.

[631] Abrufbar unter http://www.legislation.gov.uk/ukpga/1981/54/section/31.

[632] Abrufbar unter http://www.legislation.gov.uk/ukpga/2015/2/section/84.

[633] Siehe hierzu auch *Craig*, Administrative Law, Rn. 12-028; *Elliott/Varuhas*, Administrative Law, S. 575.

(b) must consider that question if the defendant asks it to do so.

(3D) If, on considering that question, it appears to the High Court to be highly likely that the outcome for the applicant would not have been substantially different, the court must refuse to grant leave.

(3E) The court may disregard the requirement in subsection (3D) if it considers that it is appropriate to do so for reasons of exceptional public interest.

(3F) If the court grants leave in reliance on subsection (3E), the court must certify that the condition in subsection (3E) is satisfied."

Das Leitprinzip ist in *Section* 31 (3D) niedergelegt: Wenn das Gericht der Auffassung ist, dass es sehr wahrscheinlich ist, dass das Entscheidungsergebnis auch ohne das bemängelte Verhalten nicht wesentlich anders ausgefallen wäre, muss es den Zugang zur *judicial review* ablehnen. Hierbei handelt es sich um eine zwingende Bestimmung. Jedoch müssen zwei vorgelagerte Schritte beachtet werden: Zunächst darf das Gericht selbst entscheiden, ob es sich überhaupt mit der Frage der Alternativlosigkeit befasst.[634] Es muss sich jedoch mit der Frage auseinandersetzen, wenn der Antragsgegner dies verlangt.[635] Ferner kann das Gericht die Anwendung des Grundsatzes aus *Section* 31 (3D) außer Acht lassen, wenn entgegenstehende öffentliche Belange vorliegen, die einen Zugang zum *judicial review*-Verfahren rechtfertigen.[636] Zudem beschränkt sich die Unbeachtlichkeit aufgrund der Alternativlosigkeit der Entscheidung nicht nur auf Verfahrens- und Formfehler, sondern kann auch bei materiell-rechtlichen Mängeln zur Anwendung kommen, selbst wenn dies weniger wahrscheinlich erscheint.[637]

Aus mehreren Gründen ist diese Regelung jedoch nur mit großer Zurückhaltung anzuwenden: Zunächst ist der Zugang zu Gerichten ein verfassungsmäßiges Recht des *common law*, was die Gerichte dazu anhalten sollte, dieses Recht nur widerwillig zu beschneiden.[638] Außerdem geht aus der parlamentarischen Debatte zu dieser Gesetzesnovelle hervor, dass ihr Sinn und Zweck darin liegen soll, Verfahrenseffizienz zu schaffen und nicht etwa darin, den Zugang zum Verfahren der *judicial review* zu beschränken.[639] Dies bestätigt sich auch dadurch, dass das Gericht laut Gesetzestext mit einer „hohen Wahrscheinlichkeit" davon ausgehen muss, dass das Ergebnis des Verfahrens nicht anders ausgefallen wäre. Schließlich findet der Ausschluss bereits zu einem sehr frühen Zeitpunkt statt, bevor das Gericht überhaupt das gesamte Parteivorbringen in der Sache gehört hat. Daher

---

[634] *Section* 31 (3C) (a).

[635] *Section* 31 (3C) (b).

[636] *Section* 31 (3E)-(3F).

[637] *Elliott/Varuhas*, Administrative Law, S. 577.

[638] Vorschriften, die eine Ausnahme zu verfassungsmäßig gewährten Rechten darstellen (zu denen auch das Recht auf Zugang zu den Gerichten zählt) „should receive a strict and narrow rather than a broad construction", *The Director of Public Prosecutions v Kurt Mollison (No. 2)*, [2003] UKPC 6, [2003] 2 A.C. 411, 428; siehe auch *Elliott/Varuhas*, Administrative Law, S. 576.

[639] Vgl. *Lord Faulks*, House of Lords, Parliamentary debate, 21.01.2015, Vol. 758, No. 89, S. 1342: „Our ambition for this clause is relatively modest: it is simply to limit the time and resources spent on judicial reviews brought on grounds highly unlikely to make a substantial difference to the outcome for the applicant"; siehe auch *Elliott/Varuhas*, Administrative Law, S. 576.

ist es für das Gericht schwer überhaupt einzuschätzen, was gewesen wäre, wenn rechtmäßig gehandelt worden wäre.[640]

Ist die Hürde des Zugangs zum Verfahren der *judicial review* genommen, kann im Falle einer Alternativlosigkeit – sozusagen auf einer zweiten Stufe – auch die Abhilfe verweigert werden. So bestimmt *Section* 31 (2A) des *Senior Courts Act 1981*:

> „2A) The High Court
> (a) must refuse to grant relief on an application for judicial review, and
> (b) may not make an award under subsection (4) on such an application,
> if it appears to the court to be highly likely that the outcome for the applicant would not have been substantially different if the conduct complained of had not occurred."

Im Unterschied zu *Section* 31 (3D), wo das Gericht über Ermessen verfügt, muss sich das Gericht die Frage der Alternativlosigkeit im Stadium der Begründetheit zwingend stellen und ist verpflichtet, Abhilfe zu verweigern, wenn „das Gericht mit einer hohen Wahrscheinlichkeit davon ausgehen kann, dass der Verfahrensausgang für den Antragsteller nicht erheblich anders hätte ausfallen können, wenn das beanstandete Verhalten sich nicht ereignet hätte".

Wie extensiv der Anwendungsbereich von *Section* 31 (2A) ausgelegt werden wird, bleibt abzuwarten. Ein erster Einsatz dieser Regelung in der Praxis scheint auf eine restriktive Anwendung hinzuweisen: In der Rechtssache *R. (on the application of Logan) v Havering LBC* wurde die Regelung so ausgelegt, als sei sie „only intended to apply to somewhat trivial procedural failings".[641] Die Rechtssache *R. (on the application of Spitalfields Historic Trust Ltd) v Mayor of London*[642] weist hingegen auf einen weiteren Anwendungsbereich der Neuregelung hin: Hier hielt das Gericht die Voraussetzungen von *Section* 31(2A) des *Senior Courts Act* 1981 in der Fassung des *Criminal Justice and Courts Act* 2015 für gegeben und schien den *no difference*-Test bei der Begründetheitsprüfung eines jeden Klagegrundes im Hinterkopf zu haben, anstatt zunächst eine Sachentscheidung in Bezug auf jeden Klagegrund zu treffen und sodann die Frage der Abhilfe im Anschluss getrennt zu beurteilen.

III. Zwischenfazit

Die vorstehende Untersuchung hat gezeigt, dass die englischen Gerichte Verfahrensfehler vergleichsweise streng sanktionieren und ihrer Relativierung skeptisch gegenüberstehen. Im Hinblick auf die Relativierung ist das englische Recht dabei

---

[640] *Elliott/Varuhas*, Administrative Law, S. 576.

[641] *R. (on the application of Logan) v Havering LBC*, [2015] EWHC 3193 (Admin), [2016] P.T.S.R. 603,617.

[642] *R. (on the application of Spitalfields Historic Trust Ltd) v Mayor of London*, [2016] EWHC 1006 (Admin).

von einer strengen Zweiteilung geprägt: Es unterscheidet zwischen der Verletzung
der Grundsätze der *natural justice* auf der einen und Verfahrensregelungen, die in
einem bereichsspezifischen Gesetz niedergeschrieben sind, auf der anderen Seite.
Die normierten Verfahrensvorgaben unterteilen sich wiederum in zwingende und
lediglich empfehlende (*mandatory* und *directory procedural requirements*), wobei
diese Unterscheidung in jüngster Zeit einem flexibleren Ansatz der Differenzierung
zu weichen scheint.

Die Verletzung von *statutory procedural requirements* führt dann zur Nichtigkeit
der Exekutiventscheidung, wenn es sich dabei um zwingende Verfahrensanforderungen handelt. Wurde lediglich gegen eine empfehlende Verfahrensregel verstoßen, kann diese Verletzung unbeachtlich sein oder – *a maiore ad minus* – geheilt
werden. Die Frage der Unbeachtlichkeit beantwortet sich dabei nach einer Einzelfallbetrachtung, in der die Bedeutung der verletzten Vorschrift für das konkrete Verfahren, die Schwere des Fehlers, die Zweckerreichung und die Frage, ob die Verfahrensposition des Betroffenen trotz der Verletzung als gewahrt angesehen werden
kann, mit einfließen.

Ob die Verletzung eines Grundsatzes der *natural justice* geheilt werden kann
hängt maßgeblich vom Prüfungsumfang des Verfahrens ab: Eine Heilung wird bejaht, wenn im Rahmen des gerichtlichen Verfahrens den Grundsätzen der Verfahrensgerechtigkeit nachgekommen wird und das Verfahren in einer Gesamtschau
unter Berücksichtigung eines *appeal* oder einer *review* als *fair* eingestuft werden
kann, der Verfahrensfehler mithin kompensiert werden kann und die Rechtsposition
des Betroffenen nicht verkürzt wurde. Besonders ausführlich haben sich die
englischen Gerichte dabei mit der Heilung von Anhörungsmängeln im Laufe des
appeal-Verfahrens befasst. Unbeachtlich kann die Verletzung eines *natural justice
procedural requirement* sein, wenn ein Gericht zu dem Schluss kommt, dass das
Ergebnis der Exekutiventscheidung selbst bei rechtmäßigem Handeln nicht anders
ausgefallen wäre (*no difference principle* oder *no difference situation*). Dann schafft
das Gericht selbst bei rechtswidrigem Verwaltungshandeln keine Abhilfe. Eindeutige Linien bzw. Unbeachtlichkeitskriterien der englischen Gerichte sind jedoch nur
schwer zu erkennen. Vielmehr ist eine erhebliche Unsicherheit sowohl der Rechtsprechung als auch der Literatur spürbar, ob und unter welchen Voraussetzungen
Verfahrensfehler überhaupt unbeachtlich sein können. Insgesamt kann festgestellt
werden, dass sich die Rechtsprechung bei der Anwendung der Rechtsfigur der
Unbeachtlichkeit in Zurückhaltung übt.

F. Rechtsvergleichende Analyse

I. Die Gründe für das „ob" und die Reichweite der Relativierung von Verfahrens- und Formfehlern

Dass Verfahrens- und Formfehler in der Regel zur Rechtswidrigkeit und in der
Folge grundsätzlich zur Aufhebung einer Verwaltungsentscheidung führen, ist in
allen untersuchten mitgliedsstaatlichen Rechtsordnungen in vergleichbarer Weise

bekannt: So ist ein Verwaltungsakt in Deutschland fehlerhaft und damit rechtswidrig, wenn er unter Verletzung von Verfahrens- oder Formvorschriften zustande gekommen ist und kann wegen formeller Rechtswidrigkeit im Wege einer Anfechtungsklage nach § 113 Abs. 1 S. 1 VwGO aufgehoben werden. Auch in Frankreich führt die Verletzung einer wesentlichen Verfahrens- oder Formvorschrift zur Aufhebung der Verwaltungsentscheidung im Wege des *recours pour excès de pouvoir*.[643] In Italien ist eine verfahrens- oder formfehlerhafte Verwaltungsentscheidung grundsätzlich *invalida*, das heißt rechtswidrig, und kann ebenfalls aufgehoben werden.[644] In England werten die Gerichte traditionell die Verletzung von *mandatory procedural requirements* des *statute law* sowie Verletzungen des *natural justice*-Grundsatzes als einen Nichtigkeitsgrund.[645]

Diese Parallele hängt damit zusammen, dass allen Rechtsordnungen die Bedeutung von Verfahrens- und Formregeln bewusst ist, die prinzipiell eine Sanktion ihrer Verletzung erforderlich werden lässt. Verwaltungsverfahren sind kein Selbstzweck. Vielmehr ergibt sich ihr Eigenwert aus dem Beitrag den sie leisten, um die Sachrichtigkeit und Rechtmäßigkeit des Verfahrensergebnisses zu sichern (instrumentelle Funktion),[646] aber auch – unabhängig vom Resultat der Entscheidung – Transparenz des Verwaltungshandelns bei der Entscheidungsfindung zu schaffen,[647] die Menschenwürde zu schützen[648] sowie die Akzeptanz der Entscheidung zu fördern[649] (nicht-instrumentelle Funktionen).[650]

---

[643] *Marsch*, Frankreich, in: Schneider, Verwaltungsrecht in Europa, S. 33, 184; *Pünder*, German administrative procedure in a comparative perspective, Int'l J. Const. L. 2013, S. 940, 958.

[644] *Delpino/Del Giudice*, Manuale di diritto amministrativo, S. 405 f.

[645] *Bergner*, Grundrechtsschutz durch Verfahren, S. 266 und 272 f.

[646] Allgemein zur Richtigkeitsgewähr des Entscheidungsergebnisses durch Verfahrensvorkehrungen *Hoffmann-Riem*, Eigenständigkeit der Verwaltung, in: GVwR I, § 10, Rn. 100. Für Deutschland *Hill*, Das fehlerhafte Verfahren, S. 202 f. Für England *Woolf/Jowell/Le Sueur*, De Smith's Judicial Review, Rn. 6-008.

[647] Für Deutschland beschrieb *Jhering* die Form als „die geschworene Feindin der Willkür, die Zwillingsschwester der Freiheit", Geist des römischen Rechts auf den verschiedenen Stufen seiner Entwicklung, 2. Teil, Abteilung 2, S. 471. Für Italien vgl. *Pubusa*, Forma e sostanza nel procedimento, Diritto Pubblico 12 (2006), S. 511, 522.

[648] Für Deutschland *Hill*, Das fehlerhafte Verfahren, S. 200; *Kopp*, Verfassungsrecht und Verwaltungsverfahrensrecht, S. 16 ff.; für England *Woolf/Jowell/Le Sueur*, De Smith's Judicial Review, Rn. 6-008.

[649] Allgemein zur Funktion des Verfahrens, Akzeptanz zu stiften *Fehling*, Eigenwert des Verfahrens im Verwaltungsrecht, VVDStRL 70 (2011), S. 278, 282. Für Deutschland *Hill*, Das fehlerhafte Verfahren, S. 212 f.; *Würtenberger*, Die Akzeptanz von Verwaltungsentscheidungen, S. 64 ff.; *Würtenberger*, Akzeptanz durch Verwaltungsverfahren, NJW 1991, S. 257 ff., insb. 260 ff. Besonders hohes Gewicht wird dem Verfahren in Bezug auf die Herstellung von Akzeptanz von Verwaltungsentscheidungen in England zugeschrieben, was sich in der oft zitierten Urteilspassage widerspiegelt, dass „justice should not only be done, but should manifestly and undoubtedly be seen to be done", *R v Sussex Justices ex p. McCarthy*, [1924] 1 KB 256, 259, *Lord Hewart C.J.*; siehe auch *Woolf/Jowell/Le Sueur*, De Smith's Judicial Review, Rn. 8-057 m.w.N. Fn. 242.

[650] Zu der Unterscheidung zwischen instrumenteller und nicht-instrumenteller Verfahrensfunktion siehe grundlegend *Fehling*, Eigenwert des Verfahrens im Verwaltungsrecht, VVDStRL 70 (2011), S. 278, 281 ff. Für Deutschland *Morlok*, Die Folgen von Verfahrensfehlern, S. 90 ff. der zwischen den Kategorien „instrumentelle Verfahrensvorschriften" und Verfahrensvorschriften „mit Selbst-

Weitgehende Einigkeit ist jedoch auch dahingehend zu verzeichnen, dass nicht jede Verletzung von Verfahrens- und Formvorschriften zwingend und stets zur Aufhebung oder gar Nichtigkeit der Verwaltungsentscheidung führen muss, sondern Verfahrens- oder Formfehler ausnahmsweise auch sanktionslos bleiben können.[651] Dies hängt wiederum damit zusammen, dass allen Rechtsordnungen ebenso der Gedanke und die Bedeutung von Verwaltungseffizienz bekannt ist.[652] Den Rechtsfiguren der Heilung und Unbeachtlichkeit als Ausnahmen zur grundsätzlichen Aufhebung verfahrens- oder formfehlerhafter Exekutiventscheidungen liegt damit in allen betrachteten Rechtsordnungen der Zielkonflikt zwischen dem Rechtsschutzauftrag der Verwaltung und der Gerichte sowie dem Effizienzprinzip zugrunde.[653]

---

zweckcharakter" differenziert. Für England *Cane*, Administrative Law, S. 405 ff. der zwischen *non-instrumental* und *instrumental approach* unterscheidet; *Craig*, Administrative Law, Rn. 12-002 spricht von *instrumental* und *non-instrumental justification*; *Mills*, The „Makes No Difference" Controversy, Judicial Review 18 (2013), S. 124, Rn. 37 differenziert zwischen *instrumentalist* und *dignitarian conception*. In Frankreich und Italien scheint diese Unterscheidung nicht gebräuchlich zu sein; bzgl. Frankreich so auch *Fehling*, Eigenwert des Verfahrens im Verwaltungsrecht, VVDStRL 70 (2011), S. 278, 282, Fn. 4; rechtsvergleichend siehe *Ladenburger*, Verfahrensfehlerfolgen, S. 295 ff.

[651] Grundlegend zu den Verfahrensfehlerfolgen in den untersuchten Rechtsordnungen *von Danwitz*, Europäisches Verwaltungsrecht, S. 20 ff., 38 f., 59 f. und 75 f.

[652] Für Deutschland *Wahl*, Verwaltungsverfahren zwischen Verwaltungseffizienz und Rechtsschutzauftrag, VVDStRL 41 (1983), S. 151, 162 ff.; grundlegend *Hoffmann-Riem/Schmidt-Aßmann*, Effizienz als Herausforderung an das Verwaltungsrecht. Für England allgemein *Kleve/ Schirmer*, England, in: Schneider, Verwaltungsrecht in Europa, S. 35, 104 f. In England lag der Effizienzgedanke auch der Reform durch den *Criminal Justice and Courts Act* 2015 zugrunde, siehe *Lord Faulks*, House of Lords, Parliamentary debate, 21.01.2015, Vol. 758, No. 89, S. 1342. Im italienischen Verwaltungsrecht ist der Grundsatz der *efficienza amministrativa* in Art. 3-*bis legge* 241/1990 niedergelegt; siehe auch TAR Sardegna, Cagliari, sez. II, n. 1386/05; *Michetti*, La motivazione del provvedimento amministrativo impugnato, S. 29 f.; *Santaniello*, Sanatoria, in: Enciclopedia del Diritto, Bd. XLI, S. 243; *Tropea*, La c.d. motivazione „successiva" tra attività di sanatoria e giudizio amministrativo, Dir. Amm. 2003, S. 531, 533. Die Reformen der *legge* 241/1990 beruhten maßgeblich auf Überlegungen, Verfahrenseffizienz und Effektivität zu schaffen, *Chieppa/Giovagnoli*, Manuale di diritto amministrativo, S. 467. In Frankreich sind der effiziente Ressourceneinsatz (*efficience*) sowie effektives Verwaltungshandeln (*efficacité*) ebenfalls bekannte Themen der Verwaltungswissenschaft, ohne jedoch als allgemeine Grundsätze des Verwaltungsverfahrens akzeptiert zu sein, hierzu *Marsch*, Frankreich, in: Schneider, Verwaltungsrecht in Europa, S. 33, 113 m.w.N.; zum Gedanken der Verwaltungseffizienz in Frankreich siehe ferner *von Danwitz*, Europäisches Verwaltungsrecht, S. 60.

[653] Für Deutschland *Ossenbühl*, Verwaltungsverfahren zwischen Verwaltungseffizienz und Rechtsschutzauftrag, NVwZ 1982, S. 465 ff.; ferner befasste sich die 41. Deutsche Staatsrechtslehrertagung im zweiten Beratungsgegenstand mit dem Thema „Verwaltungsverfahren zwischen Verwaltungseffizienz und Rechtsschutzauftrag", siehe *Wahl* und *Pietzcker*, VVDStRL 41 (1983), S. 151 ff. und 193 ff. In Italien findet dieser Zielkonflikt beispielsweise in dem Urteil des TAR Sardegna, Cagliari, sez. II, n. 1386/05 Erwähnung, der das Ziel des Instruments der Heilung im Laufe des gerichtlichen Verfahrens darin erblickt „di conciliare il criterio dell'efficienza amministrativa (art. 3-bis della legge 241/90) con quello della garanzia". Für das Unionsrecht vgl. in Bezug auf die Inexistenz von Rechtsakten EuGH, Urt. v. 15.06.1994, Rs. C-137/92 P, *Kommission/BASF*, Slg. 1994, I-2555, Rn. 49: „Diese Ausnahme soll einen Ausgleich zwischen zwei grundlegenden, manchmal jedoch einander widerstreitenden Erfordernissen herstellen, denen eine Rechtsordnung genügen muss, nämlich die Stabilität der Rechtsbeziehungen und die Wahrung der Rechtmäßigkeit."

Inwieweit der Grundsatz, verfahrens- oder formfehlerhafte Entscheidungen aufzuheben, durchbrochen werden kann, wird in den verschiedenen Rechtsordnungen jedoch unterschiedlich bewertet. Die Reichweite der Durchbrechung des Grundsatzes der Sanktion von Verfahrens- und Formfehlern hängt in erster Linie davon ab, wie eine Rechtsordnung den Zielkonflikt zwischen Verwaltungseffizienz und Rechtsschutzauftrag der Verwaltung auflöst und welchen Stellenwert sie dem Verwaltungsverfahren im Vergleich zum materiellen Recht einräumt.[654] Geht eine Rechtsordnung von einem hohen Eigenwert des Verwaltungsverfahrens aus, muss ein Fehler grundsätzlich beachtlich und nicht heilbar sein und damit sanktioniert werden. Geht eine Rechtsordnung hingegen vom Primat des materiellen Rechts über das Verfahrensrecht aus, liegt es nahe, dass ein Verfahrens- oder Formfehler unbeachtlich bzw. heilbar ist, wenn das materielle Entscheidungsergebnis korrekt ist.[655] Letztendlich handelt es sich um eine Abwägung zwischen materieller und prozeduraler Gerechtigkeit.

So ist die Möglichkeit der Unbeachtlichkeit und Heilung von Verfahrens- und Formfehlern in Deutschland besonders weitreichend, was vor dem Hintergrund zu verstehen ist, dass die Kontrolle stark auf die Prüfung der materiellen Rechtmäßigkeit ausgerichtet ist[656] und dem Verwaltungsverfahren nur eine schwerpunktmäßig „dienende Funktion"[657] zugesprochen wird. Dies hat zur Folge, dass die Verfahrenskontrolle zu Gunsten der Verwaltungseffizienz zurückgedrängt und auf Fälle beschränkt wird, bei denen es zugleich um eine mittelbare Kontrolle des Verfahrensergebnisses geht.

Damit steht die deutsche Rechtsordnung nicht alleine: Ähnlich ist die Situation im italienischen Verwaltungsrecht, wo oft von der *dequotazione* – was übersetzt in etwa „Entwertung" oder „Herabstufung" bedeutet – der Verfahrens- und Formvorschriften zu Gunsten des Verfahrensergebnisses gesprochen wird.[658] Auch betont die italienische Lehre stets die Bedeutung des Grundsatzes der Verwaltungseffizienz.[659]

---

[654] Rechtsvergleichend zu den Funktionen des Verwaltungsverfahrens siehe *von Danwitz*, Europäisches Verwaltungsrecht, S. 530; *Henneke*, in: Knack/Henneke, VwVfG, 7. Auflage 2000, Vor § 1, Rn. 26; *Saurer*, Der Einzelne im europäischen Verwaltungsrecht, S. 318 ff.

[655] Zu den Auswirkungen der Gewichtung des Verfahrensrechts im Vergleich zum materiellen Recht auf die Verfahrensfehlerfolgen siehe *Schmidt-Aßmann*, Strukturen des Europäischen Verwaltungsrechts, in: Schmidt-Aßmann/Hoffmann-Riem, Strukturen, S. 9, 37; *Wahl*, Das Verhältnis von Verwaltungsverfahren und Verwaltungsprozessrecht in europäischer Sicht, DVBl. 2003, S. 1285, 1287.

[656] *Kahl*, Deutschland, in: Hdb. Ius Publicum Europaeum, Bd. V, § 74, Rn. 120.

[657] Zur dienenden Funktion des Verwaltungsverfahrens im deutschen Verwaltungsverfahrensrecht siehe Fn. 112.

[658] Siehe beispielsweise *Pubusa*, Forma e sostanza nel procedimento, Diritto Pubblico 12 (2006), S. 511, 512; siehe auch *Di Camillo*, Dequotazione dei vizi formali del procedimento, in: www.altalex.com; *Grasso*, La dequotazione dei vizi formali tra procedimento e processo, in: www.giustizia-amministrativa.it. Vgl. auch *von Danwitz*, Europäisches Verwaltungsrecht, S. 530; *Saurer*, Der Einzelne im europäischen Verwaltungsrecht, S. 319.

[659] *Michetti*, La motivazione del provvedimento amministrativo impugnato, S. 29 f.

Im Vergleich hierzu attestiert das englische Recht dem Verfahrensrecht einen vergleichsweise hohen Eigenwert.[660] Dies wird insbesondere an dem auch in England oft zitierten Ausspruch von *Justice Frankfurter* am US-amerikanischen *Supreme Court* erkennbar: „The history of liberty has largely been the history of the observance of procedural safeguards."[661] Verfahrensrechten kommt hier neben der instrumentellen Funktion, für eine materiell richtige und sachgerechte Entscheidung im Einzelfall zu sorgen, insbesondere auch die nicht-instrumentelle Aufgabe zu, formale Gerechtigkeit und Rechtsstaatlichkeit zu garantieren.[662] Besonders hohes Gewicht wird dem Verfahren in Bezug auf die Herstellung von Akzeptanz von Verwaltungsentscheidungen zugeschrieben, was sich in der oft zitierten Urteilspassage widerspiegelt, dass „justice should not only be done, but should manifestly and undoubtedly be seen to be done".[663] Das Verfahren dient daher nicht bloß dazu, festzustellen, welche Entscheidung richtig ist. Vielmehr *wird* erst durch das Verfahren eine Entscheidung gegenüber einem Bürger rechtens.[664]

Das im europäischen Eigenverwaltungsverfahrensrecht herrschende Modell scheint im Vergleich zu den untersuchten mitgliedstaatlichen Rechtsordnungen einen Mittelweg einzuschlagen.[665] Einerseits zeigt die Rechtsprechung der Unionsgerichte, dass sie nicht von dem deutschen (oder italienischen) Verständnis des „dienenden" Charakters des Verwaltungsverfahrensrechts ausgeht. Die Unionsgerichte prüfen die Einhaltung von Verfahrensrecht vergleichsweise streng, um hierdurch die in bestimmten Sachbereichen reduzierte inhaltliche Überprüfung auszugleichen.[666]

---

[660] *Heselhaus*, Recht auf eine gute Verwaltung, in: Heselhaus/Nowak, Hdb. Europäische Grundrechte, § 57, Rn. 26; *Junk*, Die Rolle des Verwaltungsverfahrens in Deutschland und England, S. 77 f.; *Quabeck*, Die dienende Funktion, S. 166 f.

[661] *McNabb v. United States,* 318 U.S. 332 (1943), S. 332, 347.

[662] *Cane*, Administrative Law, S. 405 ff.; *Craig*, Administrative Law, Rn. 12-002; *Craig*, Großbritannien, in: Hdb. Ius Publicum Europaeum, Bd. V, § 77, Rn. 31; *Mills*, The „Makes No Difference" Controversy, Judicial Review 18 (2013), S. 124, Rn. 1 f.; *Quabeck*, Die dienende Funktion, S. 166 m.w.N. Diese beiden Verfahrensfunktionen wurden auch in der Rechtsprechung anerkannt, siehe insbsondere die Rechtssache *Doody*, wo das Gericht mit der Frage befasst war, ob ein zu lebenslanger Haft verurteilter Strafgefangener die maßgeblichen Gründe für die Dauer seiner Freiheitsentziehung erfahren sollte. *Lord Mustill* führte aus, dass der Häftling die Gründe für die Länge seiner Gefängnisstrafe wissen wolle, „partly from an obvious human desire to be told the reason for a decision so gravely affecting his future, and partly because he hopes that once the information is obtained he may be able to point out errors of fact or reasoning and thereby persuade the Secretary of State to change his mind, or if he fails in this to challenge the decision in the courts", *R. v. Secretary of State for the Home Department, ex p. Doody*, [1994] 1 A.C. 531, HL, Rn. 551.

[663] *R v Sussex Justices ex p. McCarthy*, [1924] 1 KB 256, 259, *Lord Hewart C.J*; siehe auch *Woolf/Jowell/Le Sueur*, De Smith's Judicial Review, Rn. 8-057 m.w.N. Fn. 242. Die Befriedungsfunktion der Anhörung als Eigenwert betont auch *Bergner*, Grundrechtsschutz durch Verfahren, S. 296 m.w.N.

[664] Zu diesem britischen Verfahrensverständnis *Kment*, Nationale Unbeachtlichkeits-, Heilungsund Präklusionsvorschriften und Europäisches Recht, S. 3.

[665] *Henneke*, in: Knack/Henneke, VwVfG, 7. Auflage 2000, Vor § 1, Rn. 26.

[666] *von Danwitz*, Verwaltungsrechtliches System und Europäische Integration, S. 186; *Kahl*, Grundrechtsschutz durch Verfahren in Deutschland und in der EU, VerwArch 95 (2004), S. 1, 9 f.

Andererseits folgen die Unionsgerichte aber auch nicht dem französischen Ansatz. Sie räumen Verfahrensfehlern ein geringeres und dem Effizienzprinzip ein höheres Gewicht ein, als es in Frankreich getan wird.

Zur Reichweite der Möglichkeit, Verfahrens- und Formfehler sanktionslos zu stellen, ist aus der rechtsvergleichenden Perspektive noch zweierlei anzumerken: Zunächst hängt die Reichweite der Möglichkeit der Heilung und Unbeachtlichkeit von Verfahrens- und Formfehlern maßgeblich davon ab, wie weitreichend das Rechtsinstitut der Nichtigkeit in einer Rechtsordnung zum Einsatz kommt. Konsens zwischen den untersuchten Rechtsordnungen ist, dass die Rechtsfiguren der Heilung oder Unbeachtlichkeit überhaupt nur dann zum Einsatz kommen können, wenn der begangene Verfahrens- oder Formfehler nicht die Nichtigkeit der Entscheidung nach sich zieht.[667] So führen beispielsweise im englischen Recht viele Verfahrensfehler zur *voidness*, das heißt Nichtigkeit, die den Weg einer möglichen Heilung (und selbstverständlich auch Unbeachtlichkeit) versperrt.[668]

Gleichzeitig ist zu beobachten, dass die Heilung und Unbeachtlichkeit in den Rechtsordnungen am weitreichendsten ist, wo sie gesetzlich geregelt ist. Wo dies nicht der Fall ist, sind die Rechtsordnungen in viel stärkerem Ausmaß an die anerkannten Verfahrens- und Formvorschriften gebunden. So erlauben das deutsche Recht, das mit §§ 45 und 46 VwVfG über das am feinsten abgestufte gesetzliche System der Heilung und Unbeachtlichkeit verfügt, sowie das italienische Recht, das mit Art. 21-*nonies* Abs. 2 *legge* 241/1990 zumindest eine relativ detaillierte gesetzliche Unbeachtlichkeitsregelung bereithält, die Relativierung von Verfahrens- und Formfehlern in weitaus größerem Maße als beispielsweise das kaum kodifizierte englische Recht. Angesichts der Besonderheiten des englischen Verwaltungsrechts und des *common law*-Systems insgesamt verwundert es nicht, dass man im englischen Recht vergeblich nach einer gesetzlichen Regelung zur Heilung sucht. Auch in Frankreich, wo eine Heilung grundsätzlich abgelehnt wird und wo es, trotz des neu eingeführten Verwaltungsverfahrensgesetzes, keine gesetzliche Regelung der Unbeachtlichkeit gibt, sondern das Feld diesbezüglich der Rechtsprechung überlassen wird, kommt Verfahrens- und Formfehlern ein erkennbar hohes Gewicht zu.

---

[667] Siehe Kap. 5, B., I., 1., a); Kap. 5, C., II., 1., a), aa); Kap. 5, E., I, 2, b), aa).

[668] Grundsätzlich führen Verletzungen der *natural justice* zur Nichtigkeit der Verwaltungsentscheidung, siehe *O'Reilly v Mackman* [1983] 2 A.C. 237, 275: „the requirement that a person who is charged with having done something which, if proved to the satisfaction of a statutory tribunal, has consequences that will, or may, affect him adversely, should be given a fair opportunity of hearing what is alleged against him and of presenting his own case, is so fundamental to any civilised legal system that it is to be presumed that Parliament intended that a failure to observe it should render null and void any decision reached in breach of this requirement"; *Bergner,* Grundrechtsschutz durch Verfahren, S. 272 ff.

II. Vergleich der Heilungsmöglichkeiten

1. Der Begriff und die Voraussetzungen der Heilung

Weitgehende Übereinstimmung findet sich in den untersuchten Rechtsordnungen in Bezug auf den Begriff der Heilung. Sowohl in den untersuchten mitgliedstaatlichen Rechtsordnungen als auch in der Rechtsprechung der Unionsgerichte beschränkt sich der Anwendungsbereich der Heilung auf die Korrektur formeller Mängel. Materiell-rechtliche Fehler werden von dem Heilungsbegriff hingegen nicht erfasst.[669]

Aus der rechtsvergleichenden Untersuchung geht ferner hervor, dass eine Heilung nur dann möglich ist, wenn die von der verletzten Vorschrift verfolgten Funktionen nachträglich noch erreicht werden können. Rechtsordnungsübergreifend verlangt die Heilung, dass der Fehlerbetroffene in die Lage versetzt wird, in der er sich befunden hätte, wenn der Fehler nicht begangen worden wäre. Die Heilung muss den Zustand herstellen der bestanden hätte, wenn die Verwaltung von Anfang an rechtmäßig gehandelt hätte. Demnach ist eine Heilung rechtsordnungsübergreifend ausgeschlossen, soweit der Verlust, den der Verfahrens- oder Formfehler mit sich bringt, unwiederbringlich ist. Dies soll im Wesentlichen verhindern, dass sich die Heilungshandlung in einer bloß inhaltsleeren Förmelei erschöpft, die die begangene Verletzung gar nicht beseitigt.[670]

Besonders klar geht dieses Erfordernis aus der Rechtsprechung der Unionsgerichte, sowie dem deutschen und italienischen Verwaltungsrecht hervor: In Deutschland ist dieses notwendige Element der Fehlerkompensation unter dem Begriff der „realen Fehlerheilung" geläufig.[671] Die wirksame Heilung erfordert demnach, dass der durch den Fehler entstandene Nachteil vollständig ausgeglichen wird.[672] Auch im Rahmen der *sanatoria* des italienischen Verwaltungsrechts findet ein Vergleich der bestehenden Situation mit der Situation, die bestanden hätte, wenn die Verfahrenshandlung an ihrem ursprünglich angestammten Platz durchgeführt worden wäre, statt, der ergeben muss, dass die bestehende Situation für den Fehlerbetroffenen keine Nachteile im Vergleich zur der hypothetischen Situation bietet, die bestanden hätte, wenn die Handlung rechtzeitig stattgefunden hätte. Eine *sanatoria* hat ferner nur dann Erfolg, wenn Sinn und Zweck der unterlassenen Verfahrenshandlung auch nachträglich noch erreicht werden können und die nachträgliche Vornahme die Verfahrensvorschrift nicht ihrer Bedeutung entleert.[673]

Das Erfordernis der tatsächlichen Kompensation bzw. der Herstellung einer gleichwertigen Situation findet sich auch im Unionsrecht wieder. Mit besonderer

---

[669] Siehe Kap. 2, A., I., 1.; Kap. 5, B., I., 1., b); Kap. 5, C., II., 1., a), cc); Kap. 5, D., II., 1., b); Kap. 5, E., I.

[670] Siehe Kap. 2, A., I., 2.; Kap. 5, B., I., 1., a); Kap. 5, C., II., 1, a), bb).

[671] Siehe Kap. 5, B., I., 1., a).

[672] *Schwarz*, in: Fehling/Kastner/Störmer, HK-VerwR, § 45 VwVfG, Rn. 16.

[673] Siehe Kap. 5, C., II., 1., a), bb).

Klarheit spricht es Generalanwältin *Kokott* in ihren Schlussanträgen im Verfahren *Italien/Kommission* aus, wo sie notiert, dass „[d]ie Heilungsmaßnahme die Berechtigten […] in die Lage versetzen [muss], in der sie sich befunden hätten, wenn der Verfahrensfehler nicht eingetreten wäre."[674]

Ähnlich stellt sich die Rechtslage auch in England dar: Auch das englische Recht tendiert dazu, eine Heilung von Verstößen gegen Prinzipien der *natural justice* im *appeal*-Verfahren zu bejahen, wenn hier den Grundsätzen der Verfahrensgerechtigkeit nachgekommen wird und die Entscheidung in ihrer Gesamtheit als *fair* eingestuft werden kann. Hingegen verneint es eine Heilung, wenn der anfängliche Verstoß gegen die Grundsätze der *natural justice* nicht rückgängig zu machende Konsequenzen mit sich bringt, die sich auch noch auf das *appeal*-Verfahren auswirken.[675]

Das französische Recht verneint die Möglichkeit der isolierten Fehlerheilung hingegen regelmäßig (unter anderem) mit dem Argument, dass der Sinn und Zweck der verletzten Vorschriften leerlaufen würde, wenn man ihre isolierte Heilbarkeit zuließe. Für die Erfüllung einer jeden Verfahrens- oder Formvorschrift gebe es einen günstigen Zeitpunkt, der nicht beliebig von der Verwaltung verschoben werden könne und jedenfalls vor Erlass der Verwaltungsentscheidung liege. Dabei wendet das französische Verwaltungsrecht diese Begründung pauschal an, ohne den „Gegenbeweis" zuzulassen und zwischen den verschiedenen Verfahrensverletzungen zu differenzieren und im Einzelfall zu prüfen, ob ihr Zweck nachträglich doch noch erreicht werden kann.[676] Dass Frankreich im europäischen Vergleich diese Sonderstellung einnimmt kann damit erklärt werden, dass es dem durch die Heilung verfolgten Ziel der Herstellung von Verfahrenseffizienz bereits vorgelagert Rechnung trägt. Denn in Frankreich sind die Garantien des Verwaltungsverfahrens bereits schwächer ausgestaltet, was den Problemdruck, Verfahrensfehler zur Steigerung der Effizienz des Verfahrens zu heilen, reduziert.[677] Die französischen Richter nutzen die ihnen zur Verfügung stehenden Spielräume dazu, um bereits das Bestehen eines Verfahrensfehlers zu verneinen. Hierdurch tragen sie dem Effizienzbedürfnis bereits vorgelagert Rechnung. Dies verringert den Druck, Verfahrensfehler im Wege der Heilung oder Unbeachtlichkeit relativieren zu müssen.[678]

2. Die heilbaren Verfahrens- und Formfehler

Unterschiede bestehen hingegen im Hinblick auf die heilbaren Verfahrens- und Formfehler.

---

[674] GA *Kokott*, Schlussanträge v. 21.06.2012, Rs. C-566/10 P. *Italien/Kommission*, ECLI:EU:C:2012:368, Rn. 62. Ausführlich hierzu Kap. 1, A., I., 2.

[675] Vgl. Kap. 5, E., I., 2., b), cc), (3).

[676] Siehe Kap. 5, D., II., 1., a).

[677] *Fehling*, Eigenwert des Verfahrens im Verwaltungsrecht, VVDStRL 70 (2011), S. 278, 297.

[678] *Ladenburger*, Verfahrensfehlerfolgen, S. 150 und 321 f.

Am extensivsten lassen das deutsche und italienische Recht die Heilung zu: § 45 des deutschen VwVfG benennt fünf Fehlertypen, die einer Heilung zugänglich sind. Neben Anhörungs- und Begründungsmängeln sind auch ein fehlender Antrag, ein fehlender Beschluss eines Ausschusses sowie die fehlende Mitwirkung einer anderen Behörde einer Heilung zugänglich. Darüber hinaus wird die analoge Anwendung von § 45 VwVfG auf weitere Verfahrens- und Formfehler in Erwägung gezogen.[679] Die *sanatoria* des italienischen Verwaltungsrechts erlaubt uneingeschränkt eine Heilung aller Verfahrens- und Formfehler. Allerdings drücken die Lehre und die Rechtsprechung teilweise ihre Skepsis in Bezug auf die Nachholung von Anträgen und Stellungnahmen anderer Behörden aus.[680]

Das englische Recht diskutiert die Heilung insbesondere im Zusammenhang mit drei Fehlertypen: Dem Anhörungs- und dem Begründungsmangel sowie der Verletzung des Grundsatzes der Unparteilichkeit aus Art. 6 Abs. 1 EMRK. Die prominenteste Rolle in der Rechtsprechung nimmt dabei die Frage der Heilung von Anhörungsmängeln im *appeal*-Verfahren ein.[681]

Die Rechtsprechung der Unionsgerichte erörtert die Heilung in erster Linie im Zusammenhang mit Anhörungs-, Akteneinsichts-, sowie Begründungsmängeln.[682] Daneben befasst sie sich auch mit der Heilung von Fehlern bei der Beschlussfassung, insbesondere der fehlenden Feststellung einer Kommissionsentscheidung.[683] Die Heilbarkeit weiterer Verfahrens- oder Formfehler wird daneben nicht diskutiert.

Das französische Recht, das eine Heilung grundsätzlich ablehnt, lässt sie für den Fall der Verletzung unwesentlicher Verfahrens- und Formfehler doch zu.[684] Ob ein Fehler dabei als wesentlich oder unwesentlich eingestuft werden kann, richtet sich nach der auch im Rahmen der Unbeachtlichkeit von Verfahrens- und Formfehlern vorgenommenen Unterscheidung zwischen den sog. *formalités substantielles* und *formalités non substantielles* bzw. *accessoires*. Wann ein Fehler als nicht-wesentlich eingestuft werden kann, wird in einem ersten Schritt anhand der verletzten Norm beurteilt. In einem zweiten Schritt können jedoch auch prinzipiell wesentliche Verfahrens- oder Formvorschriften aufgrund einer Einzelfallbetrachtung als unwesentlich eingestuft werden.[685]

---

[679] Siehe Kap. 5, B., I., 1., b).

[680] Siehe Kap. 5, C., II., 1., a), cc).

[681] Siehe Kap. 5, E., I., 2., b), cc).

[682] Siehe Kap. 2., A.

[683] Siehe Kap. 5., A., IV., 3.

[684] Siehe Kap. 5, D., II., 1., b).

[685] Siehe Kap. 5, D., I., 2.

3. Die zeitlichen Grenzen der Heilungsmöglichkeit

a) Die Heilung im Rahmen eines verwaltungsrechtlichen
Überprüfungsverfahrens

Weitgehend Einigkeit besteht zwischen den untersuchten Rechtsordnungen ferner
dahingehend, dass Verfahrens- und Formfehler im Rahmen eines (verwaltungsrechtlichen Überprüfungs-)Verfahrens beseitigt werden können, das die Verwaltungsentscheidung auf ihre Recht- bzw. Zweckmäßigkeit untersucht und dessen
Entscheidung an die Stelle der mangelhaften Entscheidung tritt. Um eine Heilung
herbeizuführen, muss ein solches Verfahren die angegriffene Entscheidung vollständig ersetzen.

In Deutschland kann eine Heilung im Rahmen eines Widerspruchsverfahrens
nach § 68 VwVfG stattfinden.[686] Hier kann der Großteil der Verfahrens- und Formfehler geheilt werden, da ein Widerspruchsverfahren meist zwingend vor Erhebung
einer verwaltungsgerichtlichen Klage durchgeführt werden muss. Anders stellt sich
die Rechtslage in Italien und Frankreich dar: Auch hier ist eine Heilung im Rahmen
des verwaltungsrechtlichen Überprüfungsverfahrens zwar möglich. Allerdings ist
ein verwaltungsrechtliches Überprüfungsverfahren in Frankreich[687] und Italien[688]
der Erhebung einer verwaltungsgerichtlichen Klage meist nicht zwingend vorgeschaltet, sodass eine Heilung in dieser Verfahrensphase nur selten stattfindet. In
England wird die Heilungsmöglichkeit im Rahmen des *appeal*-Verfahrens – das
meist vor *tribunals* stattfindet, die systematisch zwischen einer Widerspruchsbehörde und einem Gericht verortet werden – mit Hilfe des Kunstgriffs bejaht, dass
das *appeal*-Verfahren als vollständig neues Verfahren gewertet wird, dessen Ergebnis an die Stelle des mangelhaften Ergebnisses tritt.[689]

b) Die Heilung im Rahmen des gerichtlichen Verfahrens

Auch kann in jeder der untersuchten Rechtsordnungen eine zeitliche und inhaltliche
Dimension der Heilung unterschieden werden: Die inhaltliche Komponente betrifft
die Frage, ob der von der verletzten Vorschrift verfolgte Zweck nachträglich noch
erreicht werden kann. Die zeitliche Dimension befasst sich im Wesentlichen mit der
Frage, bis zu welchem Zeitpunkt eine Entscheidungssituation noch als „offen" angesehen werden kann. Virulent wird dies insbesondere bei der Frage, ob eine Heilung auch noch im Laufe eines gerichtlichen Verfahrens möglich ist.

---

[686] Siehe Kap. 5, B., I., 2.

[687] Siehe Kap. 5, D., II., 2.

[688] Siehe Kap. 5, C., I., 4.

[689] Siehe Kap. 5, E., I., 2., b), bb); siehe auch *Bergner*, Grundrechtsschutz durch Verfahren, S. 282.

aa) Allgemeiner Überblick

Erhebliche Differenzen zwischen den untersuchten Rechtsordnungen sind bei der Beantwortung der Frage festzustellen, ob eine rechtswidrige Verwaltungsentscheidung auch noch nach Beendigung des Verwaltungsverfahrens und insbesondere nach Beginn des gerichtlichen Verfahrens geheilt werden kann. Insofern können zunächst – stark vereinfacht – zwei sich gegenüberstehende „Lager" unterschieden werden.

Auf der einen Seite stehen die Rechtsordnungen, die den Beginn des gerichtlichen Verfahrens als zeitliche Grenze der Heilungsmöglichkeit ansehen, die nicht zum Zwecke einer nachträglichen Fehlerbeseitigung überbrückt werden kann. Hierzu zählen Frankreich und Italien: Das italienische Verwaltungsrecht lehnt die Möglichkeit einer *sanatoria* im Laufe des gerichtlichen Verfahrens ab[690] und auch im französischen Recht stellt der Abschluss des Verwaltungsverfahrens eine unüberwindbare Zäsur für die Möglichkeit der Heilung dar.[691] Auch die Rechtsprechung der Unionsgerichte lehnt die Möglichkeit der Heilung im Laufe des gerichtlichen Verfahrens grundsätzlich ab.[692]

Dabei finden sich in den untersuchten Rechtsordnungen zur Begründung dieser Position stets auch ähnliche Argumente. Zunächst wird der Grundsatz der Gewaltenteilung vorgebracht: Durch die Möglichkeit der Heilung im gerichtlichen Verfahren stünde die Trennung der Aufgaben der Exekutive und der Judikative auf dem Spiel, da die Gerichte in den „Machtbereich" der Verwaltung eingriffen.[693] Selbst in Deutschland – wo eine Heilung gem. § 45 Abs. 2 VwVfG grundsätzlich „bis zum Abschluss der letzten Tatsacheninstanz" möglich ist – hat das Schrifttum dieses Argument vorgetragen, um Bedenken in Bezug auf die Heilung im gerichtlichen Verfahren vorzutragen.[694] Ferner findet sich rechtsordnungsübergreifend das Argument, dass die von der verletzten Vorschrift verfolgten Zwecke durch eine Heilung zu einem so späten Zeitpunkt wie dem des gerichtlichen Verfahrens nicht mehr erreicht werden können.[695] Ins Feld wird ferner die edukatorische Funktion der Sank-

---

[690] Siehe Kap. 5, C., II., 1., a), dd).

[691] Siehe Kap. 5, D., II., 3., a).

[692] Ausführlich hierzu Kap. 2, A., IV.

[693] In Italien wird dieses Argument zwar weniger ausdrücklich vorgetragen, findet sich aber implizit in der Aussage wieder, dass die *sanatoria* ein Instrument der Eigenkontrolle der Verwaltung sei, das nicht mehr zum Einsatz kommen könne, sobald die Verwaltung nicht mehr innerhalb ihres eigenen Machtbereichs agiere, siehe Kap. 5, C., II., 1., a), dd).

[694] Siehe Kap. 5, B., I., 3., a).

[695] In Frankreich wird dieses Argument allgemein gegen eine Heilungsmöglichkeit angeführt und nicht nur auf die Möglichkeit der Heilung im Laufe des gerichtlichen Verfahrens beschränkt, siehe Kap. 5, D., II., 1., a). Für das Unionsrecht siehe Kap. 2, A., IV., 1., a), dd) in Bezug auf Anhörungsmängel, Kap. 2, A., IV., 2., b), aa), (1) in Bezug auf eine vollständig fehlende Begründung. Gegner der Möglichkeit der Heilung im Laufe des gerichtlichen Verfahrens in Deutschland argumentieren ebenfalls, dass die von der verletzten Vorschrift verfolgten Zwecke zu diesem Zeitpunkt nicht mehr erreicht werden könnten. Dieses Argument wird insbesondere in Bezug auf die Heilung von Anhörungsmängeln vorgetragen, siehe oben Kap. 5, B., I., 3., b).

tion in Form der Aufhebung einer verfahrens- oder formfehlerhaften Verwaltungsentscheidung geführt: Es wird auf die Gefahr hingewiesen, dass die Verwaltung
durch die Möglichkeit der Heilung im gerichtlichen Verfahren dazu veranlasst werden könnte, in Zukunft nachlässiger mit Verfahrensvorschriften umzugehen.[696] Zudem wird teilweise argumentiert, dass durch eine Heilung im gerichtlichen Verfahren der effektive Rechtsschutz unterlaufen würde, da einer erfolgreichen Klage
nachträglich der Boden entzogen würde.[697]

Auf der anderen Seite stehen Rechtsordnungen, die eine Nachholung unterlassener oder fehlerhafter Verfahrenshandlungen auch noch im Gerichtsverfahren erlauben. Hierzu gehört insbesondere Deutschland, wo die Möglichkeit der Heilung in
§ 45 Abs. 2 VwVfG ausdrücklich „bis zum Abschluss der letzten Tatsacheninstanz"
gestattet ist. In England wird eine Heilung, insbesondere von Anhörungsmängeln,
im Rahmen eines *appeal*-Verfahrens regelmäßig bejaht.[698] Die englischen Gerichte
tendieren dazu, eine Heilung dann zu bejahen, wenn im Rahmen des gerichtlichen
Verfahrens den Grundsätzen der Verfahrensgerechtigkeit nachgekommen wird und
das Verfahren in einer Gesamtschau unter Berücksichtigung eines *appeal* oder einer
review als *fair* eingestuft werden kann. Ob eine Heilung möglich ist, hängt vom
Prüfungsumfang des Gerichts ab.[699] Im Unionsrecht schien mit der Rechtssache
Hoffmann-La Roche für kurze Zeit ebenfalls die Möglichkeit der Heilung im Laufe
des gerichtlichen Verfahrens eröffnet worden zu sein. Da sich eine ähnliche
Entscheidung seitdem aber nicht wiederholt hat, ist die Rechtssache als Einzelfallentscheidung zu betrachten.[700]

Wiederkehrendes Argument derjenigen, die eine Heilungsmöglichkeit im Laufe
des gerichtlichen Verfahrens befürworten, ist der Grundsatz der Verwaltungseffizienz: Kann die Verwaltung dieselbe Entscheidung sogleich erneut mit demselben
Inhalt, dieses Mal verfahrens- oder formfehlerfrei erlassen, ist durch die Aufhebung – auch für den von der Entscheidung Betroffenen – nichts gewonnen. Hingegen ist die Wahrscheinlichkeit hoch, dass sich die Entscheidung, die nach der
Aufhebung erlassen wird, erneut vor Gericht wiederfindet – dieses Mal wegen
einer materiell-rechtlichen Rüge.[701]

---

[696] Für Frankreich siehe Kap. 5, D., II., 3., a); für das Unionsrecht in Bezug auf Mängel der Anhörung siehe Kap. 2, A., IV., 1., a), cc). Auch in Deutschland verwenden Kritiker der Heilungsmöglichkeit im gerichtlichen Verfahren dieses Argument, siehe Kap. 5, B., I., 3., a).

[697] In England wurde mit einer ähnlichen Argumentation in der Rechtssache *Leary* die Möglichkeit
der Heilung der Verletzung von *natural justice*-Grundsätzen kritisiert, siehe Kap. 5, E., I., 2., b),
aa).

[698] Siehe Kap. 5, E., I., 2., b), cc). Zur Vergleichbarkeit von § 45 VwVfG mit der Heilung im Rahmen von *appeal*-Verfahren siehe auch *Bergner*, Grundrechtsschutz durch Verfahren, S. 280.

[699] Siehe Kap. 5, E., I., 2., b), bb).

[700] Ausführlich hierzu oben, Kap. 2, A., IV., 1., b), cc).

[701] Für Deutschland siehe Kap. 5, B., I., 3., a). Für England siehe beispielsweise *English v. Emery
Reimbold & Strick Ltd.*, [2002] EWCA Civ 605 [2002] 1 W.L.R. 2409, Rn. 24; *Wade/Forsyth*, Administrative Law, S. 445.

Der Unterschied zwischen den beiden „Lagern" lässt sich über die unterschiedlichen Verfahrensleitbilder in den Rechtsordnungen[702] hinaus damit erklären, dass der „Aufhebungsdruck" einer verfahrens- oder formfehlerhaften Entscheidung in Italien, Frankreich und im Unionsrecht erheblich höher ist als in Deutschland und England. So verfügen die erstgenannten Rechtsordnungen über keine zwingende Zweitkontrolle des Verwaltungshandelns. Selbst wo diese Möglichkeit fakultativ vorgesehen ist, wird sie häufig ungenutzt gelassen. Dies hat zur Folge, dass eine Überprüfung der Verwaltungsentscheidung oft erstmals vor einem Richter stattfindet. In Deutschland und England hingegen werden Verfahrensfehler meist schon vor Beginn des gerichtlichen Verfahrens „aus dem Weg geräumt": In Deutschland ist vor Klageerhebung in aller Regel zwingend ein Widerspruchsverfahren durchzuführen, während England mit dem System der *internal review* über eine Vielzahl verwaltungsinterner Mechanismen verfügt, die Gelegenheit zur Nachkontrolle der Verwaltungsentscheidung bieten und Verfahrens- und Formfehler gleichsam „herausfiltern", sodass diese sich nur selten vor Gericht wiederfinden.

bb) Die Heilbarkeit von Anhörungsmängeln

Ein disparates Bild bietet sich bei den untersuchten Rechtsordnungen insbesondere im Hinblick auf die Heilbarkeit von Anhörungsmängeln im gerichtlichen Verfahren.

So zweifeln zwar auch in der deutschen Literatur einige Stimmen daran, dass der Sinn und Zweck einer Anhörung durch eine Nachholung zu einem so späten Zeitpunkt wie dem des gerichtlichen Verfahrens noch erreicht werden könne. Einige halten § 45 Abs. 1 Nr. 3 i.V.m. Abs. 2 VwVfG aus diesem Grund gar für verfassungswidrig.[703] Die deutsche Rechtsprechung schenkt diesen Bedenken jedoch kaum Gehör und hält die Nachholung einer unterlassenen oder fehlerhaften Anhörung im Laufe des gerichtlichen Verfahrens für möglich.[704] Auch das englische Recht bejaht die Möglichkeit der Heilung von Verletzungen des *audi alteram partem*-Grundsatzes der *natural justice* im Laufe des *appeal*-Verfahrens. Bei ihrer Begründung geht die Rechtsprechung jedoch weniger spezifisch auf den Mangel der Anhörung ein, als vielmehr auf die Besonderheiten des *appeal*-Verfahrens, das eine vollständige tatsächliche und rechtliche Prüfung der Exekutiventscheidung erlaubt.[705] Jedoch sieht auch das englische Recht die Grenze der Heilungsmöglichkeit dann erreicht, wenn der anfängliche Verstoß gegen die Grundsätze der *natural justice* nicht rückgängig zu machende Konsequenzen mit sich führt, die sich auch noch auf das *appeal*-Verfahren auswirken.[706]

Anders stellt sich die Rechtslage in Frankreich dar: Das französische Recht steht auf dem Standpunkt, dass ein Anhörungsmangel einer Heilung nach Entscheidungs-

---

[702] Siehe hierzu Kap. 5, F., I.

[703] Siehe Kap. 5, B., I., 3., b).

[704] Siehe Kap. 5, B., I., 3., b).

[705] Siehe Kap. 5, E., I., 2., b), bb) und cc), (1) und (2).

[706] Siehe Kap. 5, E., I., 2., b), cc), (3).

erlass nicht zugänglich ist. Die französische Rechtsprechung stuft das Anhörungsrecht als wesentliche und damit grundsätzlich sanktionswürdige Verfahrensvorschrift ein, da es ihm eine abstrakte Ergebnisrelevanz attestiert und es einen vom Entscheidungsergebnis selbstständigen und wichtigen Zweck verfolge.[707] Auch die Rechtsprechung der Unionsgerichte lehnt die Heilung von Anhörungs- (sowie Akteneinsichts-)mängeln im Laufe des gerichtlichen Verfahrens – bis auf einige bereichsspezifische Sonderfälle – ab und argumentiert (ähnlich wie das französische Recht), dass die von der verletzten Vorschrift verfolgten Funktionen durch eine Nachholung nach Entscheidungserlass nicht mehr erreicht werden könnten.[708]

cc) Die Heilbarkeit von Begründungsmängeln

In Bezug auf die Möglichkeit der Heilung von Begründungsmängeln im gerichtlichen Verfahren zeichnet sich ein disparates Bild in den untersuchten Rechtsordnungen ab.

Am strengsten geht das italienische Verwaltungsrecht mit Begründungsmängeln um: Diese führen grundsätzlich zur Aufhebung der angegriffenen Verwaltungsentscheidung. Dieser strenge Umgang mit Begründungsfehlern ist vor dem Hintergrund der herausragenden Bedeutung, die das italienische Recht der Begründung zuspricht, zu verstehen: Die Begründung stellt ein wesentliches Element der Verwaltungsentscheidung dar,[709] dessen Fehlen gem. Art. 21-*septies* Abs. 1 *legge* 241/1990 zur Nichtigkeit der Verwaltungsmaßnahme führt. Die Bedeutung der Begründung einer Verwaltungsentscheidung geht in Italien gar so weit, dass auch die Möglichkeit einer Unbeachtlichkeit bei gebundener Entscheidungslage ausgeschlossen ist, da Art. 21-*octies* Abs. 2 S. 1 *legge* 241/1990 nach herrschender Auffassung keine Anwendung auf Begründungsmängel finden soll.[710] Auch im Rahmen der Rechtsfigur der *motivazione postuma* lehnt die herrschende Auffassung die Heilung einer fehlenden Begründung im Laufe des gerichtlichen Verfahrens ab, auch wenn sich die Stimmen mehren, die sie zulassen möchten.[711]

Ähnlich dem italienischen Verwaltungsrecht, ist auch im französischen die Möglichkeit der Heilung von Begründungsmängeln im gerichtlichen Verfahren grundsätzlich ausgeschlossen, da es sich dabei um eine wesentliche Förmlichkeit, eine sog. *formalité substantielle*, handelt.[712] Diskutiert wird die Beseitigung eines Begründungsmangels im Laufe des gerichtlichen Verfahrens jedoch im Rahmen der

---

[707] Siehe Kap. 5, D., I., 2., a), bb).

[708] Siehe Kap. 2, A., IV., 1., a), dd).

[709] Zur Begründung als *elemento essenziale* siehe exemplarisch TAR Liguria, Genova, sez. I, 01.12.2006, n. 1626.

[710] Siehe Kap. 5, C., I., 1., a).

[711] Siehe Kap. 5, C., II., 2., b).

[712] Zur Begründung als *formalité substantielle* siehe Kap. 5, D., I., 2., a), bb); siehe auch *Ladenburger*, Verfahrensfehlerfolgen, S. 166 f.

Rechtsfigur der *substitution de motifs*.[713] Dabei unterschied das französische Verwaltungsrecht traditionell zwischen gebundenen Entscheidungen und solchen mit
Ermessensspielraum. Eine *substitution de motifs* konnte nur im ersten Fall stattfinden – ganz im Sinne der Theorie der sog. *moyen inopérants en cas de compétence
liée*.[714] Seit 2004 hat sich die Rechtslage allerdings gewandelt: Die Heilung eines
Begründungsmangels bei Ermessensentscheidungen ist auf Antrag der Verwaltung
im Laufe des gerichtlichen Verfahrens möglich, wenn die neuen Gründe – erstens –
tatsächlich in der Lage sind, die Verwaltungsentscheidung rechtlich zu begründen
und – zweitens – die Verwaltung dieselbe Entscheidung auch unter Berücksichtigung der neuen Begründung getroffen hätte. Diese Heilungsvoraussetzungen möchten im Wesentlichen sicherstellen, dass die Rechte des Fehlerbetroffenen auch
durch eine nachträgliche Begründung gewahrt werden und ihm keine Verfahrensgarantien entzogen werden.[715]

Das englische Recht unterscheidet bei der Frage der Heilbarkeit von Begründungsmängeln im Stadium des gerichtlichen Verfahrens zwischen der Verletzung
einer durch *statute* vorgeschriebenen Begründungspflicht und der Verletzung einer
Begründungspflicht, die aus dem *common law* resultiert. Eine Unterscheidung zwischen gebundenen und Ermessensentscheidungen, wie sie teilweise in Italien und
Frankreich zu finden ist, wird im englischen Recht nicht vorgenommen. Dies könnte
daran liegen, dass das englische Recht bereits einen Schritt früher ansetzt, indem es
schon die Begründungspflicht an sich ausschließt, wenn die Gründe für die Entscheidung offensichtlich sind.[716] In der Folge führt sowohl die Verletzung einer
durch *statute* vorgeschriebenen Begründungspflicht als auch die Verletzung einer
Begründungspflicht, die aus dem *common law* resultiert, grundsätzlich zur Aufhebung der Exekutiventscheidung.[717] Nur ausnahmsweise ist eine Heilung von
Begründungsmängeln im Laufe des gerichtlichen Verfahrens möglich. Ein Mangel
einer durch *statute* vorgeschriebenen Begründungspflicht kann durch im gerichtlichen Verfahren vorgetragene Gründe geheilt werden, wenn diese die anfänglich gegebene Begründung erläutern oder, in Ausnahmefällen, korrigieren oder ergänzen.
Die nachträgliche Begründung darf lediglich eine Erläuterung, nicht aber eine
grundlegende Änderung der Begründung sein. Feste Heilungsvoraussetzungen haben sich im englischen Recht jedoch nicht etabliert. Vielmehr richtet sich die Zulässigkeit der Heilung nach den Umständen des Einzelfalls unter maßgeblicher Berücksichtigung des *statutory context*.[718] Die Heilung der Verletzung einer *common*

---

[713] Siehe Kap. 5, D., II., 3., b).

[714] Siehe Kap. 5, D., I., 1., b).

[715] Siehe Kap. 5, D., II., 3., b).

[716] Exemplarisch *Southall v General Medical Council*, [2010] EWCA Civ 407, 2010 WL 1368804,
Rn. 55; *R (Thompson) v Secretary of State for the Home Department*, [2003] EWHC 538 (Admin),
Rn. 41. A.A. jedoch *R v London Borough of Lambeth, ex p Walters*, (1994) 26 H.L.R. 170, 175.
Umfassende Rechtsprechungsnachweise bei *Fordham*, Judicial Review Handbook, Rn. 62.3.16.

[717] Für Verletzung einer durch *statute* vorgeschriebenen Begründungspflicht siehe Kap. 5, E., I., 2.,
a), bb); für Verletzung einer Begründungspflicht des *common law* siehe Kap. 5, E., I., 2., b), dd).

[718] Siehe insbesondere *R. v. City of Westminster ex p. Ermakov*, [1996] 28 H.L.R. 819, S. 833; siehe

law-Begründungspflicht lehnen die englischen Gerichte grundsätzlich ab. Nur ausnahmsweise wird sie erlaubt, wenn die nachträglich vorgebrachten Gründe – erstens – mit den anfänglichen nicht im Widerspruch stehen und – zweitens – ersichtlich ist, dass die Gründe nicht erst nachträglich „erfunden" wurden, um die Entscheidung zu stützen, sondern die Verwaltung sie ihrer Entscheidung von Anfang an zugrunde gelegt hat. Daneben sind auch die Verzögerung, mit der die Gründe vorgetragen wurden, sowie die konkreten Umstände des Einzelfalls maßgeblich. Unter anderem kommt es dabei auch auf den Gegenstand und die Bedeutung des Verfahrens an.[719]

In Deutschland ist die Heilung eines Begründungsmangels im Laufe des gerichtlichen Verfahrens gem. § 45 Abs. 1 Nr. 2 i.V.m. Abs. 2 VwVfG erlaubt.[720]

Aus der Untersuchung der Rechtsprechung der europäischen Gerichte geht hervor, dass die Unionsrichter zwischen der Heilung einer gänzlich fehlenden und lediglich unzureichenden Begründung unterscheiden. Zwar führen sowohl eine unzureichende als auch eine gänzlich fehlende Begründung grundsätzlich zur Rechtswidrigkeit und Aufhebung eines Beschlusses.[721] Nur ausnahmsweise ist eine unzureichende oder gänzlich fehlende Begründung im gerichtlichen Verfahren heilbar. Diese Ausnahmen sind jedoch bereichsspezifisch ausgestaltet und betreffen im Schwerpunkt das Beamten- und Wettbewerbsrecht.[722] Insbesondere im Falle einer unzureichenden Begründung lassen die Unionsgerichte eine Fülle von Ausnahmen zu.[723]

Bemerkenswert bei der Untersuchung der Heilbarkeit von Begründungsmängeln ist vor allem, dass auch Rechtsordnungen wie Frankreich und Italien, die eine Heilung im Laufe des gerichtlichen Verfahrens grundsätzlich vehement ausschließen, in Bezug auf bestimmte Begründungsmängel mit der Rechtsfigur der *substitution des motifs* bzw. *motivazione postuma* eine Heilung zumindest in Erwägung ziehen. In Bezug auf Begründungsmängel scheint sich das Verhältnis von Verwaltungseffizienz und Rechtsschutzauftrag damit zu verschieben. Dies ist verständlich, findet die Begründung einer Entscheidung doch im Stadium der Kundgabe eines bereits gebildeten Willens statt und nicht in der Phase der Willensbildung. Ein Einfluss des Fehlers auf den Inhalt der Entscheidung kann damit mit größerer Wahrscheinlichkeit ausgeschlossen werden als beispielsweise bei einem Anhörungsmangel. Die Wahrscheinlichkeit, dass die Entscheidung im Falle der Aufhebung wegen eines Begründungsmangels erneut – dieses Mal formfehlerfrei – erlassen werden würde, ist bei Begründungsmängeln damit hoch. Durch die Aufhebung hätte der Betroffene

---

Kap. 5, E., I., 2., a), bb).

[719] Siehe insbesondere *Alletta Nash v Chelsea College of Art and Design,* [2001] EWHC Admin 538, 2001 WL 825052, Rn. 34 f.; siehe Kap. 5, E., I., 2., b), dd).

[720] Siehe Kap. 5, B., I., 3., c), aa).

[721] Für die gänzlich fehlende Begründung siehe Kap. 2, A., IV., 2., b), aa); für die unzureichende Begründung siehe Kap. 2, A., IV., 2., a).

[722] Siehe insbesondere die Ausnahme der Heilung einer gänzlich fehlenden Begründung im Beamtenrecht, Kap. 2, A., IV., 2., b), bb), (1).

[723] Siehe Kap. 2, A., IV., 2., a).

damit wenig gewonnen. Die Möglichkeit der Heilung von Begründungsmängeln im gerichtlichen Verfahren lässt sich ferner aus der Überlegung heraus rechtfertigen, dass der Zweck der Begründung unter anderem darin besteht, den Gerichten die Kontrolle der Rechtmäßigkeit der Verwaltungsentscheidung zu ermöglichen. Dieser Zweck kann auch noch im Laufe des gerichtlichen Verfahrens erreicht werden. Aus der Analyse der verschiedenen Rechtsordnungen geht ferner hervor, dass, wenn eine Heilung eines Begründungsmangels im gerichtlichen Verfahren gestattet wird, diese nur unter Voraussetzungen möglich ist, die die Rechtsposition und die Verfahrensgarantien des Fehlerbetroffenen zu schützen bestimmt sind.

4. Die Rechtsfolgen der Heilung

Weitgehende Übereinstimmung findet sich in den untersuchten Rechtsordnungen dahingehend, dass eine erfolgreich durchgeführte Heilung zur Folge hat, dass der anfänglich formell rechtswidrige Verwaltungsakt in dem Umfang, in dem der Fehler behoben wurde, rechtmäßig wird. Eine angestrengte gerichtliche Klage bleibt insoweit erfolglos.

III. Vergleich der Möglichkeiten der Unbeachtlichkeit

Die weitere Untersuchung will sich mit dem Vergleich befassen, wie die untersuchten Rechtsordnungen mit Verfahrens- und Formfehlern umgehen, die – warum auch immer – nicht geheilt werden können, aber nicht als so „gravierend" eingestuft werden, dass sie die Aufhebung der Verwaltungsentscheidung rechtfertigen würden. Dem Bedürfnis, eine verfahrens- oder formfehlerhafte Entscheidung aufrechtzuerhalten, entsprechend, haben die untersuchten Rechtsordnungen Regeln entwickelt, nach denen entschieden wird, unter welchen Voraussetzungen die Verwaltungsentscheidung „am Leben erhalten" werden kann, sofern sie in materiell-rechtlicher Hinsicht korrekt ist.

   Diese Regeln unterscheiden sich insbesondere nach ihrer Regelungsdichte. Einige Mitgliedstaaten, wie beispielsweise Deutschland und Italien, haben Regeln der Unbeachtlichkeit von Verfahrens- und Formfehlern positiv-rechtlich in ihren nationalen Verwaltungsverfahrensgesetzen niedergelegt. Die Unbeachtlichkeit ist hier ein Spezifikum des Verfahrensfehlerfolgenrechts. So hat das deutsche Verwaltungsverfahrensrecht die Verfahrensfehlerfolgen in einem besonders detaillierten und abgestuften System geregelt. Der italienische Gesetzgeber hat mit der Einführung von Art. 21-*octies* Abs. 2 *legge* 241/1190 versucht, es dem deutschen nachzutun. In Frankreich und England haben die Gesetzgeber das Feld hingegen weitgehend der Rechtsprechung überlassen. Jedoch ist im englischen Recht diesbezüglich eine Entwicklung zu beobachten: Sie geht von der starren Kategorisierung in *mandatory* und *directory procedural requirements* hin zu einem einzelfallbezogenen Maßstab der Beachtlichkeit (*common sense* oder *flexible approach*) und mündet in der prozessrechtlichen Regelung der Unbeachtlichkeit im Rahmen von *Section* 31 des *Senior Courts Act 1981*. Dies zeigt, dass sich auch das englische Recht einem differenzierten Verfahrensfehlerfolgenregime annähert.

1. Die Fallgruppen der Unbeachtlichkeit

Es ist erkennbar, dass sich in den untersuchten Rechtsordnungen parallele Differenzierungskriterien für die reduzierte Fehlerbeachtlichkeit entwickelt haben.[724] Daher soll im Folgenden der Blick im Detail auf die Unterscheidungskriterien gerichtet werden, nach denen die untersuchten Rechtsordnungen die Aufhebung der getroffenen Entscheidung einheitlich als unangebracht empfinden.

a) Die Unbeachtlichkeit bei rechtlich gebundener Entscheidungslage

In allen untersuchten Rechtsordnungen ist die Grundeinsicht vorhanden, dass Verfahrens- und Formfehler dann unbeachtlich sind, wenn die Sachentscheidung nicht anders hätte ergehen können. Dabei wird in Deutschland, Frankreich und Italien eine Unterscheidung zwischen rechtlicher und faktischer Alternativlosigkeit im Sinne einer konkreten Ergebnisrelevanz bzw. zwischen gebundenen Entscheidungslagen und solchen mit Ermessensspielraum vorgenommen.[725] Das englische Recht nimmt eine vergleichbar strenge Abgrenzung nicht vor. Vielmehr fließen Ermessensspielräume als ein Aspekt von vielen in eine Einzelfallbewertung mit ein.[726] Ein Erklärungsversuch hierfür könnte sein, dass der weite Wortlaut vieler Gesetze im englischen Rechtssystem der eindeutigen Feststellung einer rechtlichen Alternativlosigkeit entgegensteht.[727]

Dem deutschen, französischen und italienischen Verwaltungsrecht ist gemein, dass es einen Aufhebungsanspruch wegen eines Verfahrens- und Formfehlers versagt, wenn es sich um eine rechtlich gebundene Entscheidungslage ohne Ermessensspielräume der Verwaltung handelt. Das französische Verwaltungsrecht hat hierfür die *théorie des moyens inopérants en cas de compétence liée* entwickelt.[728] In Deutschland beschränkte sich die alte Fassung des § 46 VwVfG – im Gegensatz zur neuen – auf die Fälle der rechtlichen Alternativlosigkeit.[729] Art. 21-*octies* Abs. 2

---

[724] In Bezug auf gemeinsame Kriterien der Unbeachtlichkeit im Rechtsvergleich Unionsrecht – Deutschland siehe bereits *Bülow*, Die Relativierung von Verfahrensfehlern, S. 404 ff.; vgl. auch *Caringella*, Corso di diritto amministrativo, S. 1996 f.

[725] Für Deutschland siehe Kap. 5, B., II., 1., b); für Frankreich siehe Kap. 5, D., I.; für Italien siehe Kap. 5, C., I.

[726] Siehe Kap. 5, E., II., 2., a), aa); vgl. auch *R. v Ealing Justices ex p. Fanneran*, [1996] 8 Admin. L.R., S. 351, 356, *L.J. Staughton*.

[727] Vgl. *Bergner*, Grundrechtsschutz durch Verfahren, S. 294.

[728] Siehe Kap. 5, D., I., 1.

[729] Siehe Kap. 5, B., II., 1., b), aa).

legge 241/1990 limitiert die Unbeachtlichkeit in seinem ersten Satz auf rechtlich gebundene Entscheidungen. Es ist gerade diese ausdrückliche Bezugnahme auf ge- bundene Entscheidungslagen in Art. 21-*octies* Abs. 2 S. 1 *legge* 241/1990, die die italienische Unbeachtlichkeitsregelung von anderen europäischen Modellen unter- scheidet. Der zweite Satz, der den Sonderfall der Verletzung der Vorschriften zur Mitteilung der Einleitung des Verfahrens betrifft, erfasst hingegen sowohl Ermes- sens- als auch gebundene Entscheidungen.

Die Rechtsprechung der Unionsgerichte hat, in enger Anlehnung an die franzö- sische richterrechtliche Rechtsfigur der *moyens inopérants en cas de compétence liée*, ebenfalls den Grundsatz entwickelt, dass die Verletzung einer Formvorschrift im Falle einer rechtlich gebundenen Entscheidungslage nicht zur Aufhebung im Wege der Nichtigkeitsklage führen kann. Die Anwendung dieser Fallgruppe ist jedoch sehr vereinzelt geblieben. Bejaht wurde sie beispielsweise im Falle eines Begründungsmangels.[730] Auf Verletzungen des Grundsatzes des rechtlichen Ge- hörs ist sie bisher jedoch unangewendet geblieben.[731] Grund für den sehr restrikti- ven Anwendungsbereich dieser Fallgruppe ist, dass es im Unionsrecht nur wenig gebundene Entscheidungslagen gibt.[732] Bei den meisten Entscheidungen in Berei- chen des europäischen Eigenverwaltungsrechts handelt es sich um Ermessensent- scheidungen.[733]

Die untersuchten Rechtsordnungen rechtfertigen das Bestehen dieser Fallgruppe auch mit ähnlichen Argumenten: In erster Linie wird der Gedanke der Verfahrens- effizienz angeführt, womit sowohl die Verwaltungsverfahrens- als auch Prozessöko- nomie in Bezug genommen wird. So wird im französischen Recht damit argumen- tiert, die Aufhebung der Verwaltungsentscheidung sei „nutzlos", wenn sie sogleich erneut mit dem gleichen Inhalt ergehen müsste. Ferner sollte mit der Entwicklung der *théorie des moyens inopérants en cas de compétence liée* der in den 50er-Jahren wachsenden Prozessflut Einhalt geboten werden.[734] Auch in Deutschland beruhte

---

[730] Siehe Kap. 2, B., I., 1., a), aa).

[731] Siehe Kap. 2, B., I., 2., a), bb).

[732] Gebundene Entscheidungslagen finden sich im europäischen Eigenverwaltungsrecht vor allem im Wettbewerbs- und Beihilfenrecht, siehe *von Danwitz*, Europäisches Verwaltungsrecht, S. 364; *Schwarze*, Europäisches Verwaltungsrecht, 2. Auflage, S. 374.

[733] Im europäischen Eigenverwaltungsrecht finden sich weitreichende Ermessensfreiräume der Ver- waltung beispielsweise im Agrarrecht (EuGH, Urt. v. 07.09.2006, Rs. C-310/04, *Spanien/Rat*, Slg. 2006, I-7285, Rn. 96; siehe *von Danwitz*, Europäisches Verwaltungsrecht, S. 365; *Schwarze*, Euro- päisches Verwaltungsrecht, 2. Auflage, S. 286), Beamtenrecht (siehe *von Danwitz*, Europäisches Verwaltungsrecht, S. 365; *Schwarze*, Europäisches Verwaltungsrecht, 2. Auflage, S. 308) und bei handelspolitischen Schutzmaßnahmen (siehe *von Danwitz*, Europäisches Verwaltungsrecht, S. 365 m.w.N. zur Rspr. in Fn. 327). Im Beihilfenrecht kommt der Verwaltung nur ausnahmsweise ein Ermessensspielraum zu, wie zum Beispiel bei der Ausnahmegenehmigung nach Art. 107 Abs. 3 AEUV (*Schwarze*, Europäisches Verwaltungsrecht, 2. Auflage, S. 374) oder bei Entscheidungen gem. Art. 108 Abs. 3 AEUV (EuGH, Urt. v. 24. 2.1987, Rs. 310/85, *Deufil/Kommission*, Slg. 1987, 901, Rn. 18; EuGH, Urt. v. 10.05.2005, Rs. C-400/99, *Italien/Kommission*, Slg. 2005, I-3657, Rn. 39).

[734] Siehe Kap. 5, D., I., 1.

die Regelung des § 46 VwVfG a.f. maßgeblich auf dem Gedanken der Verfahrensökonomie. Durch die Unbeachtlichkeitsregelung sollte insbesondere vermieden
werden, dass eine Streitsache zunächst wegen eines Verfahrensfehlers vom Gericht
an die Verwaltung zurückverwiesen wird, nur um dann erneut, etwa wegen eines
materiell-rechtlichen Fehlers, vor Gericht zu gelangen. Die materielle Rechtslage
würde so erst in einem zweiten gerichtlichen Verfahren untersucht und der Streit
erst dann endgültig beigelegt werden.[735]

Ferner wird argumentiert, dass es dem Kläger in den Fällen einer gebundenen
Entscheidungslage am Interesse an der Aufhebung der Verwaltungsentscheidung
fehle. Die Entscheidung könne nämlich mit demselben Inhalt – dieses Mal verfah-
rens- und formfehlerfrei – sogleich erneut ergehen.[736] In Deutschland ging man gar
so weit zu argumentieren, dass ein Betroffener rechtsmissbräuchlich handle, wenn
er die Aufhebung eines Verwaltungsakts verlange, der mit gleichlautendem Inhalt
sogleich erneut ergehen könne (*dolo agit, qui petit, quod statim redditurus est*). Man
sah hinter § 46 VwVfG a.F insofern den Gedanken der Treuwidrigkeit verborgen.[737]
Auch das Unionsrecht begründet die Fallgruppe der Unbeachtlichkeit aufgrund einer rechtlich gebundenen Entscheidungssituation mit dem fehlenden Sanktionsinte-
resse des Fehlerbetroffenen.[738]

Im deutschen und italienischen Verwaltungsrecht finden sich zudem Argumente,
die sich auf die instrumentelle Funktion von Verfahrens- und Formvorschriften und
die lediglich untergeordnete Funktion des Verfahrensrechts gegenüber dem materiellen Recht beziehen: So lag § 46 VwVfG a.F. in erster Linie das Verständnis
zugrunde, dass sich das Verwaltungshandeln in die beiden Kategorien der Ermes-
sens- sowie der gebundenen Entscheidung einteilen lasse, wobei bei letzterer
rechtsdogmatisch nur eine einzige richtige Verwaltungsentscheidung ergehen
könne.[739] Dies rückt die „dienende Funktion" des Verfahrens in dem Sinne, dass das
materielle Recht Vorrang gegenüber dem formellen Recht beansprucht, in den Vordergrund der Argumentation. Auch das italienische Recht bedient sich der instrumentellen Funktion von Verfahrensvorschriften zur Rechtfertigung der Fallgruppe.[740] So führte der italienische Staatsrat aus, dass es die hinter Art. 21-*octies* Abs. 2

---

[735] Siehe Kap. 5, B., II., 1., b), aa); *Wahl*, Verwaltungsverfahren zwischen Verwaltungseffizienz und
Rechtsschutzauftrag, VVDStRL 41 (1983), S. 151, 176.

[736] Für Deutschland siehe Kap. 5, B., II., 1., b), aa); für Italien siehe Cons. Stato, sez. VI, 08.08.2014,
n. 4218; *Chieppa/Giovagnoli*, Manuale di diritto amministrativo, S. 622; für Frankreich siehe
Kap. 5, D., I., 1.; *Frier*, Vice de procédure, in: Dalloz, Répertoire de contentieux administratif,
Rn. 178; *Auby*, Les moyens inopérants dans la jurisprudence administrative, AJDA 1966, S. 5, 7
der davon spricht, dass der Kläger kein Interesse an einer „annulation platonique" haben könne.

[737] Siehe Kap. 5, B., II., 1., b), aa).

[738] Siehe Kap. 2, B., I., 1., a).

[739] Sog. Dogma von der einzig richtigen Entscheidung, ausführlich hierzu *Hill*, Das fehlerhafte
Verfahren, S. 111 und 115 ff.

[740] In Bezug auf den Verfahrensfehler der unterlassenen Mitteilung der Einleitung eines Verfahrens
siehe *Caringella*, Corso di diritto amministrativo, T. II, S. 2005; *Füßer/Martini*, Vizi formali e
annullabilità dell'atto amministrativo, S. 10; vgl. auch Cons. Stato, sez. V, 02.10.2002, n. 5157;
ähnlich auch TAR Trentino-Alto Adige, Trento, 02.07.1999, n. 222.

S. 1 *legge* 241/1990 stehende *ratio* sei, materiell-rechtlichen Aspekten im Verhältnis zu verfahrensrechtlichen den Vorrang einzuräumen, sofern der Verwaltung keine Auswahl zwischen verschiedenen Maßnahmen offen stünde.[741]

Trotzdem werden gegen diese Fallgruppe auch immer wieder grundsätzliche Bedenken laut. In Frankreich zeigten sich einige Autoren „schockiert" ob der Regelung, Verfahrens- oder Formfehler bei gebundenen Entscheidungen sanktionslos zu lassen.[742] Oft wird darauf hingewiesen, dass der Aufhebung einer Verwaltungsentscheidung wegen Verletzung von Verfahrens- oder Formvorschriften eine edukatorische Funktion zukomme, die durch die Unbeachtlichkeitsregelung leerzulaufen drohe. Werde die Verwaltungsentscheidung im Falle einer Verletzung von Verfahrens- und Formvorschriften nicht aufgehoben, komme dies einer Ermutigung der Verwaltung gleich, diese außer Acht zu lassen.[743]

Unterschiede zwischen den untersuchten Rechtsordnungen lassen sich im Hinblick auf den Anwendungsbereich der Fallgruppe der Unbeachtlichkeit wegen rechtlich gebundener Entscheidungslage verzeichnen. Grundsätzlich beschränken sich die Regeln der Unbeachtlichkeit aller analysierten Rechtsordnungen auf Verfahrens- und Formfehler. Teilweise wird die Möglichkeit, Fehler für unbeachtlich zu erklären, über Verfahrens- und Formfehler hinaus aber auch auf Zuständigkeits- und gar materiell-rechtliche Mängel ausgedehnt. So erfassen sowohl § 46 VwVfG[744] als auch Art. 21-*octies* Abs. 2 S. 1 *legge* 241/1990[745] sowie die Rechtsfigur der *théorie des moyens inopérants en cas de compétence liée* des französischen Rechts[746] Zuständigkeitsmängel. § 46 VwVfG ist dabei – wie bereits am Wortlaut der Vorschrift erkennbar – auf Fehler der örtlichen Zuständigkeit begrenzt. Art. 21-*octies* Abs. 2 S. 1 *legge* 241/1990 beschränkt sich auf Fehler der relativen Zuständigkeit, der sog. *incompetenza relativa*, die – im Gegensatz zu einer *incompetenza assoluta* – dann vorliegt, wenn zwar ein für das Sachgebiet zuständiges Organ tätig wird, jedoch der falsche Verwaltungsträger handelt.[747] Der Klagegrund der *légalité externe*, der von der *théorie des moyens inopérants en cas de compétence liée* erfasst wird, umfasst alle Arten der Unzuständigkeit, das heißt sowohl die Unzuständigkeit *ratione loci*, als auch die Unzuständigkeit *ratione materiae* und *ratione temporis*.[748]

---

[741] Cons. Stato, sez. VI, 08.08.2014, n. 4218.

[742] *Auby/Drago*, Traité des recours en matière administrative, Rn. 326; *Isaac*, La procédure administrative non contentieuse, S. 314; *Ladenburger*, Verfahrensfehlerfolgen, S. 183.

[743] Für Frankreich siehe *Auby/Drago*, Traité des recours en matière administrative, Rn. 326; *Isaac*, La procédure administrative non contentieuse, S. 314; für Italien siehe *Chieppa/Giovagnoli*, Manuale di diritto amministrativo, S. 622; für Deutschland vgl. *Niedobitek*, Rechtsbindung der Verwaltung und Effizienz des Verwaltungsverfahrens, DÖV 2000, S. 761, 767.

[744] Siehe Kap. 5, B., II., 1., a), bb).

[745] Siehe Kap. 5, C., I., 1., a).

[746] Siehe Kap. 5, D., I., 1.

[747] *Hahn*, Der italienische Verwaltungsakt, S. 120.

[748] *Melleray*, Recours pour excès de pouvoir (Moyens d'annulation), in: Dalloz, Répertoire de contentieux administratif, Rn. 15.

Das englische *no difference*-Prinzip kann überdies auch bei materiell-rechtlichen Mängeln zur Anwendung kommen.[749] Im Rahmen der *théorie des moyens inopérants en cas de compétence liée* kann auch der materiell-rechtliche Mangel des sog. *détournement de pouvoir* als unschädlich angesehen werden.[750] Vom Anwendungsbereich von § 46 VwVfG[751] sowie von Art. 21-*octies* Abs. 2 *legge* 241/1990 sind materiell-rechtliche Mängel hingegen ausgeschlossen. Damit gehen einige mitgliedstaatliche Rechtsordnungen weiter als das europäische Eigenverwaltungsrecht, das die Unbeachtlichkeit strikt auf einige wenige Fehler begrenzt, wozu insbesondere Begründungsmängel zählen.[752]

b) Die Unbeachtlichkeit mangels konkreter Relevanz des Fehlers für das Entscheidungsergebnis

aa) Rechtsordnungen im Überblick

Den untersuchten mitgliedstaatlichen Rechtsordnungen ist zudem das Kriterium der faktischen Alternativlosigkeit bzw. der konkreten Ergebnisrelevanz als Kategorie der Unbeachtlichkeit gemeinsam. Diese Fallgruppe erachtet Verfahrens- oder Formfehler für unbeachtlich, die im konkreten Einzelfall keinen Einfluss auf die Sachentscheidung gehabt haben können. Ist es hingegen möglich, dass der Fehler im Einzelfall das Ergebnis der Sachentscheidung beeinflusst haben kann, zieht er ihre Aufhebung nach sich. Dieses Kriterium erlaubt auch, den Anwendungsbereich der Unbeachtlichkeit von gebundenen Entscheidungslagen auf solche mit Ermessens- oder Beurteilungsspielraum zu erweitern.

In Frankreich findet sich das Kriterium der konkreten Ergebnisrelevanz als eines von mehreren Kriterien zur Abgrenzung der *formalités substantielles* von den *formalités non-substantielles* in der Lehre wieder. Es dient damit gerade dazu, die Unbeachtlichkeit von Verfahrens- und Formfehlern bei Entscheidungen mit Ermessensspielraum festzustellen. Die Rechtsprechung schenkt dem Kriterium hingegen nur wenig Beachtung.[753]

§ 46 des deutschen VwVfG erklärt Verfahrens- und Formfehler für unbeachtlich, wenn nach einer konkreten Kausalitätsprüfung nachgewiesen wird, dass es ausgeschlossen ist, dass der Fehler Einfluss auf den Entscheidungsinhalt hatte. Die Regelung erfasst sowohl gebundene Entscheidungen als auch solche mit einem Ermessensspielraum.[754] Die heute geltende Unbeachtlichkeitsregelung steht im Kontrast zu der früheren, die vor der Novelle durch das Genehmigungsverfahrensbeschleuni-

---

[749] *Elliott/Varuhas*, Administrative Law, S. 577.

[750] Siehe Kap. 5, D., I., 1.

[751] Siehe Kap. 5, B., II., 1., a), bb).

[752] Siehe Kap. 2, B., I., 1., a).

[753] Siehe Kap. 5, D., I., 2., b).

[754] Siehe Kap. 5, B., II., 1., b), bb).

gungsgesetz galt. Die herrschende Lehre und Rechtsprechung legten die alte
Fassung von § 46 VwVfG so aus, dass er nur bei rechtlich gebundener Entscheidungslage zur Anwendung kam.[755]

§ 46 VwVfG stand für die italienische Unbeachtlichkeitsregelung des
Art. 21-*octies legge* 241/1990 Modell. Die Norm stellt eine Mischform von § 46
VwVfG in den Fassungen vor und nach der Reform des deutschen Verwaltungsverfahrensrechts im Jahr 1996 dar.[756] Zwar beschränkt der in Art. 21-*octies* Abs. 2 S. 1
legge 241/1990 normierte Grundfall die Alternativlosigkeit der Sachentscheidung
auf gebundene Entscheidungslagen. Die fehlende Mitteilung über den Beginn des
Verfahrens kann gem. Art. 21-*octies* Abs. 2 S. 2 *legge* 241/1990 jedoch sowohl bei
einer gebundenen als auch einer Ermessensentscheidung unbeachtlich sein. Im Umkehrschluss sind Verfahrensfehler im italienischen Recht grundsätzlich unabhängig
von ihrer Ergebnisrelevanz für die getroffene Entscheidung erheblich, soweit sie
sich im Rahmen einer Ermessensentscheidung der Verwaltung ereignen, es sei
denn, es handelt sich um eine Verletzung der Vorschriften zur Mitteilung der Einleitung eines Verfahrens.[757]

Das englische Recht unterscheidet im Rahmen des *no difference principle* bei
der Frage der Unbeachtlichkeit der Verletzung eines *natural justice procedural requirement* nicht zwischen den Kategorien der tatsächlichen und rechtlichen Alternativlosigkeit oder zwischen gebundenen und Ermessensentscheidungen. Die Unbeachtlichkeit eines Verfahrens- oder Formfehlers resultiert vielmehr aus einer
Prüfung verschiedener Kriterien im konkreten Einzelfall.[758]

Das Kriterium der konkreten Ergebnisrelevanz erlangt auch in der Rechtsprechung der Unionsgerichte im Zusammenhang mit Verfahrensfehlern Bedeutung.
Ein Verfahrensfehler führt dann nicht zur Nichtigkeit und Aufhebung eines Beschlusses gem. Art. 263 Abs. 2 AEUV, wenn er im konkreten Einzelfall keine Relevanz für das Verfahrensergebnis hatte. Hierbei unterscheiden die Unionsgerichte
zwischen einer Alternativlosigkeit aus rechtlichen sowie aus tatsächlichen Gründen,
wobei letztere die größere Bedeutung hat.[759] Die Unionsgerichte lehnen es jedoch
ab, diese Fallgruppe auf Entscheidungen mit Ermessensspielraum der Verwaltung
auszudehnen. Ein Verfahrensmangel im Rahmen von Ermessensentscheidungen ist
damit stets und unabhängig von seinem Einfluss auf das Verfahrensergebnis erheblich.[760] Für einen solch restriktiven Anwendungsbereich, der Ermessensentscheidungen ausnimmt, spricht insbesondere, dass so der Trennung der Funktionen von
Judikative und Exekutive größere Beachtung geschenkt wird.

---

[755] Siehe Kap. 5, B., II., 1., b), aa).

[756] Siehe Kap. 5, C., I., 4.

[757] Siehe Kap. 5, C., I., 2.

[758] Siehe Kap. 5, E., II., 2., a).

[759] Siehe Kap. 2, B., I., 2., a) und b).

[760] Siehe Kap. 2, B., I., 2., c); zu dieser Feststellung bereits *Bülow*, Die Relativierung von Verfahrensfehlern, S. 409.

bb) Prüfung der Ergebnisrelevanz des Fehlers und Beweislastverteilung

Erhebliche Unterschiede zwischen den untersuchten Rechtsordnungen sind insbesondere im Hinblick auf die Intensität der Prüfung der Ergebnisrelevanz des Fehlers für die Sachentscheidung und der dabei geltenden Beweislastverteilung zu verzeichnen.

Vereinfachend können zwei Modelle unterschieden werden: Zum einen kann ein positiver Nachweis der Relevanz des Verfahrensfehlers verlangt werden. Demzufolge wäre ein Verfahrensfehler nur dann erheblich, wenn positiv festgestellt werden kann, dass er Einfluss auf die Sachentscheidung hatte oder dieser Einfluss zumindest aufgrund konkreter Hinweise möglich erscheint. Zum anderen kann auch nur der negative Nachweis der Relevanz des Verfahrensfehlers verlangt werden: Nach diesem Modell führt ein Verfahrensfehler grundsätzlich zur Aufhebung der angefochtenen Entscheidung, es sei denn, es kann nachgewiesen werden, dass er im konkreten Fall keinen Einfluss auf die Sachentscheidung hatte.[761]

Je nach geltendem Modell stellt sich auch die grundsätzliche Beweislastverteilung unterschiedlich dar: Im ersten Modell trägt grundsätzlich der Kläger die Beweislast dafür, dass die Umstände des Einzelfalls Einfluss auf die Sachentscheidung hatten. Nach Letzterem besteht eine Vermutung zu Lasten der Verwaltung, dass der Verfahrensfehler Einfluss auf die Sachentscheidung hatte, sodass die Verwaltung die Beweislast für die Feststellung einer Ausnahme trägt.[762] Ob eine Rechtsordnung einen positiven Nachweis erfordert, hängt mit den geltenden allgemeinen Prozessmaximen zusammen, das heißt zum Beispiel mit der Frage, ob der Beibringungs- oder der Amtsermittlungsgrundsatz maßgeblich ist.

Die beiden Modelle ziehen auch noch einen weiteren Unterschied nach sich: Im ersten Modell ist ausreichend, dass aufgrund äußerlich erkennbarer Beobachtung des Verfahrensablaufs und der Aktenlage – das heißt objektiv – erkennbar ist, dass der Fehler für die Sachentscheidung nicht kausal war. Letzteres Modell hingegen erfordert eine subjektive Motiverforschung des Behördenwillens. Der Innenbereich des Entscheidungsvorgangs der Verwaltung ist der maßgebliche Prüfstein.[763] Es liegt auf der Hand, dass das erste Modell die Unbeachtlichkeit von Verfahrensfehlern in einem erheblich weiteren Umfang nach sich zieht als das zweite.[764]

§ 46 VwVfG ist dem Modell der negativen Relevanzprüfung zuzuordnen: Für eine Unbeachtlichkeit des Fehlers bedarf es einer konkreten Kausalitätsprüfung, durch die nachgewiesen wird, dass es ausgeschlossen ist, dass der Fehler Einfluss auf den Entscheidungsinhalt hatte. Nach Auffassung der Rechtsprechung ist dies

---

[761] Zu den beiden Modellen siehe bereits *Ladenburger*, Verfahrensfehlerfolgen, S. 195 f.

[762] *Ladenburger*, Verfahrensfehlerfolgen, S. 195 f.

[763] Vgl. *Kahl*, Grundrechtsschutz durch Verfahren in Deutschland und in der EU, VerwArch 95 (2004), S. 1, 24.

[764] *Kahl*, Grundrechtsschutz durch Verfahren in Deutschland und in der EU, VerwArch 95 (2004), S. 1, 24; *Ladenburger*, Verfahrensfehlerfolgen, S. 195 f.; *Morlok*, Die Folgen von Verfahrensfehlern, S. 191 f.; vgl. auch *Gromitsaris*, Fehlerfolgenregelungen im Genehmigungsverfahrensbeschleunigungsgesetz, SächsVBl. 1997, S. 101, 105 f.

nur dann der Fall, wenn die konkrete – und nicht bloß abstrakte – Möglichkeit besteht, dass ohne ihn eine andere Entscheidung ergangen wäre.[765] Die Prüfung der fehlenden Kausalität erfordert eine hypothetische Beurteilung des Verhaltens der Behörde für den Fall, dass das Verwaltungsverfahren fehlerfrei durchgeführt worden wäre.[766] Insofern besteht eine Vermutung zu Lasten der Behörde dafür, dass der Fehler Einfluss auf den Inhalt des Verwaltungsakts hatte.[767] Die Behörde trägt die Beweislast für die Feststellung einer Ausnahme, das heißt dafür, dass die Verfahrensverletzung für das Entscheidungsergebnis nicht erheblich war.[768] In Bezug auf den Grad der Wahrscheinlichkeit erfordert das deutsche Recht „Offensichtlichkeit".[769]

Der französische *Conseil d'État* stellt in seinen wenigen Entscheidungen, die die Frage der Ergebnisrelevanz betreffen, ebenfalls darauf ab, dass der Fehler keinen Einfluss auf die Entscheidung haben konnte.[770] Die französische Rechtsprechung führt daher auch eine negative Relevanzprüfung durch. Sie scheidet Fehler aus, bei denen sich nicht ausschließen lässt, dass sie sich auf die Sachentscheidung ausgewirkt haben. Es wird hingegen nicht nach konkreten Hinweisen gesucht, die belegen, dass der Fehler Einfluss auf die Sachentscheidung hatte.[771] Dem schließt sich auch die herrschende Meinung in der französischen Literatur an.[772]

Art. 21-*octies* Abs. 2 S. 2 *legge* 241/1990 erfordert hingegen den positiven Nachweis der Relevanz des Verfahrensfehlers: Eine Verwaltungsmaßnahme kann „nicht wegen fehlender Mitteilung über den Beginn des Verfahrens aufgehoben werden, wenn die Verwaltung vor Gericht nachweist, dass der Inhalt der Maßnahme nicht anders als der darin festgelegte hätte sein können." Hier ermittelt nicht der Richter von Amts wegen, ob die Entscheidung in der Sache nicht anders hätte ausfallen können. Vielmehr obliegt der Verwaltung dieser Beweis. Dabei wird die Beweislast in der herrschenden Praxis allerdings meist großzügig und verwaltungsfreundlich ausgelegt.[773]

---

[765] Siehe Kap. 5, B., II., 1., b), bb), (1).

[766] *Sachs*, in: Stelkens/Bonk/Sachs, VwVfG, § 46, Rn. 77; *Schemmer*, in: Bader/Ronellenfitsch, BeckOK VwVfG, § 46, Rn. 34.

[767] OVG Münster, Beschl. v. 17.07.2013, 6 A 2296/11, BeckRS 2013, 53705; *Bülow*, Die Relativierung von Verfahrensfehlern, S. 388; *Schemmer*, in: Bader/Ronellenfitsch, BeckOK VwVfG, § 46, Rn. 35.

[768] VGH München, Urt. v. 22.08.1986, 23 B 85 A. 446, NVwZ 1987, S. 729, 730; *Sachs*, in: Stelkens/Bonk/Sachs, VwVfG, § 46, Rn. 2; *Schemmer*, in: Bader/Ronellenfitsch, BeckOK VwVfG, § 46, Rn. 35.

[769] Siehe Kap. 5, B., II., 1., b), bb), (2).

[770] Siehe beispielsweise C.E. Ass., 03.12.1971, *Branger*, Rec. 1971, S. 737; C.E., 06.11.1957, *Syndicat chrétien des agents du ministère de la Reconstruction et de l'Urbanisme*, Rec. 1957, S. 582; C.E., 11.01.1980, *Laveau*, Rec. 1980, S. 6; *Ladenburger*, Verfahrensfehlerfolgen, S. 196.

[771] Analyse der Rechtsprechung bei *Ladenburger*, Verfahrensfehlerfolgen, S. 196.

[772] *Calogéropoulos*, Le contrôle de la légalité externe des actes administratifs unilatéraux, S. 199 f.; *Hostiou*, Procédure et formes de l'acte administratif unilatéral en droit français, S. 257.

[773] Siehe Kap. 5, C., I., 2., b).

Das englische Recht verlangt demgegenüber, dass derjenige, der das *no diffe-rence principle* zu seinen Gunsten geltend machen möchte, nachweist, dass die Rechtswidrigkeit keinen Einfluss auf die Sachentscheidung genommen hat. Dies läuft im Ergebnis auf einen positiven Nachweis der Relevanz des Verfahrensfehlers hinaus. Obwohl die englischen Gerichte nie zweifelsfrei zum erforderlichen Grad der Wahrscheinlichkeit Stellung genommen haben, scheint sich die Auffassung durchgesetzt zu haben, dass ein dem Maßstab der „Offensichtlichkeit" des deut-schen und italienischen Rechts vergleichbarer Standard anzulegen ist.[774]

Im europäischen Eigenverwaltungsrecht muss schließlich der Kläger den positi-ven Nachweis erbringen, dass die angefochtene Entscheidung ohne die Verletzung möglicherweise einen anderen Inhalt gehabt hätte.[775] Für den Nachweis der Kausa-lität des Fehlers für das Entscheidungsergebnis ist allerdings ausreichend, dass die fehlende Ursächlichkeit mittels Akten oder sonstiger Beweise durch die bloße Be-trachtung des Verfahrensablaufs erkennbar ist. Eine objektive Betrachtung ist mit-hin ausreichend; nicht erforderlich ist eine Erforschung des internen behördlichen Entscheidungsvorgangs.[776]

Die Gründe für die unterschiedliche Wahl von positiver und negativer Relevanz-prüfung sind insbesondere bei den jeweils geltenden allgemeinen Prozessmaximen zu sehen: Gilt im gerichtlichen Verfahren der Beibringungsgrundsatz, ist der posi-tive Nachweis der Kausalität zu erbringen; muss das Gericht die Tatsachen hinge-gen von Amts wegen ermitteln, ist der Nachweis der negativen Ergebnisrelevanz erforderlich. Beispielsweise gelten vor dem Europäischen Gerichtshof – der den positiven Kausalitätsnachweis erfordert – der Beibringungsgrundsatz sowie eine umfassende Darlegungslast des Klägers[777] und den Gerichtshof trifft keine Pflicht zur Erforschung des Sachverhalts von Amts wegen.[778] In Deutschland, wo das Ge-richt aufgrund des Amtsermittlungsgrundsatzes[779] von Amts wegen das für den Pro-zess relevante Tatsachenmaterial zusammentragen muss, wird der negative Nach-weis der Relevanz des Verfahrensfehlers verlangt. Auch in Frankreich, wo im verwaltungsgerichtlichen Verfahren die Untersuchungsmaxime gilt,[780] ist der nega-tive Nachweis der Kausalität gefragt.

---

[774] Siehe Kap. 5, E., II., 2. a), cc).

[775] Siehe Kap. 2, B., I., 1., b), bb); EuGH, Urt. v. 29.10.1980, verb. Rs. 209–215, 218/78, *Van Land-ewyck/Kommission*, Slg. 1980, 3125, Rn. 47; *Bülow*, Die Relativierung von Verfahrensfehlern, S. 328.

[776] Siehe Kap. 2, B., I., 1., b), bb); EuGH, Urt. v. 30.10.1974, Rs. 188/73, *Grassi/Rat*, Slg. 1974, 1099, Rn. 20 ff., 32 ff., wo die Einstufung der Sprachkenntnisse im Wege einer Zeugenbefragung ermittelt wurde; *Kahl*, Grundrechtsschutz durch Verfahren in Deutschland und in der EU, Ver-wArch 95 (2004), S. 1, 24.

[777] *von Danwitz*, Verwaltungsrechtliches System und Europäische Integration, S. 182.

[778] *Adam*, Die Kontrolldichte-Konzeption, S. 227; *von Danwitz*, Verwaltungsrechtliches System und Europäische Integration, S. 182; *Nolte*, Beurteilungsspielräume im Kartellrecht, S. 103.

[779] Siehe § 86 Abs. 1 S. 1 VwGO; siehe ferner exemplarisch *Dawin*, in: Schoch/Schneider/Bier, VwGO, § 86, Rn. 8.

[780] *von Danwitz*, Europäisches Verwaltungsrecht, S. 63.

cc) Rechtfertigung und Kritik der Fallgruppe

Wie bereits die Fallgruppe der rechtlichen Alternativlosigkeit findet auch die Kategorie der konkreten Ergebnisrelevanz ihre Rechtfertigung in verfahrensökonomischen Erwägungen. Insbesondere soll verhindert werden, dass gerichtliche Verfahren mehrfach in Anspruch genommen werden.

Jedoch ist das Kriterium der faktischen Alternativlosigkeit oft auch Gegenstand von Kritik. Die größten Bedenken finden sich im englischen Recht, das die Fallgruppe auch nur mit höchster Zurückhaltung anwendet. Im Vordergrund steht dabei die Befürchtung, dass durch die Annahme der Unbeachtlichkeit Willkür Tür und Tor geöffnet würde. Außerdem würden hierdurch nicht-instrumentelle Verfahrensfunktionen, wie beispielsweise die Herstellung von Akzeptanz, untergraben.[781]

Hauptkritikpunkt an der Fallgruppe der konkreten Ergebnisrelevanz sind jedoch die praktischen Schwierigkeiten, die damit verbunden sind, den hypothetischen Ablauf eines rechtmäßigen Verfahrens zu rekonstruieren und festzustellen, welchen Einfluss der Verfahrensfehler auf die Sachentscheidung hatte. So könne ein Entscheidungsträger nie mit Sicherheit sagen, ob ein rechtswidriges Handeln tatsächlich keinen Einfluss auf den Ausgang des Verfahrens hatte bzw. ob ein rechtmäßiges Handeln kein anderes Ergebnis produziert hätte.[782]

Zudem entstehen auch Schwierigkeiten daraus, dass ein Gericht seine Auffassung an die Stelle der Auffassung der für die Entscheidung ursprünglich zuständigen Verwaltungsstelle setzt: Häufig ist die Judikative nicht in der Lage zu bestimmen, wie die Exekutive ihre Befugnisse ausgeübt und entschieden hätte. Zum einen hat ein Gericht nicht Zugang zu allen der Verwaltung vorliegenden Informationen. Zum anderen verfügt ein Gericht möglicherweise auch nicht wie die Verwaltung über das erforderliche Fachwissen.[783]

Oft wird auch die edukatorische Funktion der Aufhebung von Verwaltungsentscheidungen angeführt und argumentiert, dass das Kriterium der konkreten Ergebnisrelevanz die Verwaltung dazu „verführe", Verfahrensrechte außer Acht zu lassen.[784]

---

[781] Siehe Kap. 5, E., II., 2., a).

[782] Für England J. *Megarry* in *John v Rees*, [1970] Ch 345, 402; *L.J. Bingham* in *R v Chief Constable of Thames Valley Police, ex p. Cotton,* [1990] IRLR 344, 352; siehe auch *Mills*, The „Makes No Difference" Controversy, Judicial Review 18 (2013), S. 124, Rn. 13. Für Frankreich *Ladenburger*, Verfahrensfehlerfolgen, S. 193 f. Für Deutschland *Breuer*, Verfahrens- und Formfehler in der Planfeststellung für raum- und umweltrelevante Großvorhaben, in: FS Sendler, S. 357, 381; *Kopp*, Die Heilung von Mängeln des Verwaltungsverfahrens und das Nachschieben von Gründen im Verwaltungsprozess, VerwArch 61 (1970), S. 219, 244; *Ladenburger*, Verfahrensfehlerfolgen, S. 270 f.; *Ossenbühl*, Zum Problem der Rücknahme fehlerhafter begünstigender Verwaltungsakte, DÖV 1964, S. 511, 516 f. Vgl. auch *Morlok*, Die Folgen von Verfahrensfehlern, S. 192.

[783] *Woolf/Jowell/Le Sueur,* De Smith's Judicial Review, Rn. 8-056 m.w.N. aus der Rechtsprechung; diese Bedenken bleiben auch in Bezug auf die neueren Entwicklungen bestehen, siehe *Elliott/Varuhas*, Administrative Law, S. 576.

[784] Für Italien *Chieppa/Giovagnoli*, Manuale di diritto amministrativo, S. 622; für England *Fordham*, Judicial Review Handbook, Rn. 4.5.

In Deutschland wird im Zusammenhang mit Ermessensentscheidungen zudem der Gedanken der Kompensation als Kritikpunkt herangezogen: Demnach müsse die verminderte Steuerungskraft des materiellen Rechts im Bereich des Verwaltungsermessens dadurch ausgeglichen werden, dass dem Verfahrensrecht eine größere Bedeutung beigemessen wird und Verfahrensfehler mithin auch strenger sanktioniert würden.[785]

c) Die Unbeachtlichkeit wegen Zweckerreichung

Auch der Gedanke der Zweckerreichung wird von den untersuchten Rechtsordnungen teilweise als Kriterium der Unbeachtlichkeit von Verfahrens- und Formfehlern herangezogen. Demnach ist ein Fehler dann unbeachtlich, wenn trotz der Verletzung die von der missachteten Vorschrift verfolgten Funktionen erreicht worden sind.

Besonderes Gewicht hat das Kriterium der Zweckerreichung im französischen Verwaltungsrecht erlangt, wo es als „finalistisches Kriterium" bezeichnet wird. Dort ist es die wichtigste Kategorie der Unbeachtlichkeit. Lehre und Rechtsprechung wenden es zur Abgrenzung der *formalités substantielles* von den *formalités non substantielles* an. So wird die Feststellung, ob eine Verfahrensverletzung erheblich oder unerheblich ist, unter anderem davon abhängig gemacht, ob trotz der Verletzung der Zweck des Verfahrens im Einzelfall verfehlt oder erreicht wurde.[786] Ähnlich stellt sich die Situation im Unionsrecht dar. Auch die Unionsgerichte haben dem Gedanken der Zweckerreichung in ihren Urteilen viel Beachtung geschenkt. Dort können fünf verschiedene Fallgruppen ausgemacht werden, in denen die Unionsgerichte den Gedanken der Zweckerreichung als Begründung dafür heranziehen, eine Entscheidung trotz eines Verfahrens- oder Formfehlers aufrechtzuerhalten. Die Hauptanwendungsfälle finden sich dabei im Bereich des Wettbewerbsrechts.[787] Auch im englischen Recht wird bei der Frage der Unbeachtlichkeit der Verletzung eines *statutory procedural requirement* maßgeblich auf das Kriterium der Zweckerreichung abgestellt und gefragt, ob der von der verletzten Vorschrift verfolgte Zweck trotz der Verletzung erreicht wurde.[788] In Italien wurde der Gedanke der Zweckerreichung nicht ausdrücklich in die gesetzliche Unbeachtlichkeitsregelung des Art. 21-*octies* Abs. 2 S. 1 *legge* 241/1990 integriert. Jedoch liegt der Regelung die von der Rechtsprechung entwickelte *regola del raggiungimento dello scopo*,

---

[785] *Breuer*, Verfahrens- und Formfehler in der Planfeststellung für raum- und umweltrelevante Großvorhaben, in: FS Sendler, S. 357, 382; *Hill*, Das fehlerhafte Verfahren, S. 124; *Ladenburger*, Verfahrensfehlerfolgen, S. 271.

[786] Siehe Kap. 5, D., I., 2., c).

[787] Siehe Kap. 2, B., I., 2.

[788] Siehe Kap. 5, E., II.,1., b).

eine sog. „Regel der Zweckerreichung", zugrunde, die besagt, dass ein Verfahrens-
oder Formfehler dann nicht zur Rechtswidrigkeit der Verwaltungsentscheidung führen kann, wenn der von der Vorschrift verfolgte Zweck trotz ihrer Verletzung erreicht wurde.[789]

Eine weit geringere Bedeutung erfährt das Kriterium im deutschen Verwaltungsrecht. Weder die Rechtsprechung[790] noch die Literatur[791] schenken ihm größere
Beachtung. Dies kann damit erklärt werden, dass das Kriterium der Zweckerreichung nicht in die gesetzliche Unbeachtlichkeitsregelung des § 46 VwVfG aufgenommen wurde.

d) Die Unbeachtlichkeit mangels Schwere des Fehlers

Schließlich wird auch das Kriterium der Schwere des begangenen Fehlers als Differenzierungsmerkmal dafür eingesetzt, ob ein Verfahrens- oder Formfehler als unbeachtlich eingestuft werden kann. Jedoch erlangt es in keiner der untersuchten
mitgliedstaatlichen Rechtsordnungen eine eigenständige Bedeutung in dem Sinne,
dass es isoliert als Kriterium der Unbeachtlichkeit herangezogen wird. Vielmehr ist
die Schwere des Verfahrens- oder Formfehlers ein Aspekt von mehreren, der in der
Unbeachtlichkeitsprüfung herangezogen wird.

So stellt das englische Recht im Rahmen des sog. *common sense approach*
unter anderem auf die Schwere der Verletzung ab, um die Unbeachtlichkeit der
Verletzung eines *statutory procedural requirement* zu begründen.[792] Im deutschen
Verwaltungsrecht kommt dem Kriterium der Schwere des Fehlers nur inzident,
das heißt innerhalb der konkreten Prüfung der Kausalität des Fehlers für das Ergebnis der Verwaltungsentscheidung, Bedeutung zu. Selbstständige Bedeutung
hat es nicht erlangt. Auch im französischen Verwaltungsrecht kommt dem Kriterium der Schwere des Fehlers allenfalls bei der Abgrenzung der *formalités substantielles* von den *formalités non substantielles* im Rahmen der Frage, ob die
Verletzung aufgrund einer Einzelfallbetrachtung als unwesentlich eingestuft werden kann und keine Aufhebung der Verwaltungsmaßnahme rechtfertigt, Bedeutung zu.[793] Um zu ermitteln, ob ein Fehler unbeachtlich ist, da die Verfahrensposition des Fehlerbetroffenen trotz Verfahrensverletzung gewahrt wurde, kombiniert

---

[789] Siehe Kap. 5, C., I., 1.

[790] Erwähnung findet der Gedanke der Zweckerreichung beispielsweise in BVerwG, Urt. v.
22.03.1985, 4 C 63.80, BVerwGE 71, 150, 152; VGH Mannheim, Beschl. v. 07.01.1994, 10 S
1942/93, NVwZ-RR 1995, S. 17, 20; BVerwG, Gerichtsbescheid v. 10.09.1998, 4 A 35–97, NVwZ
1999, S. 532, 533.

[791] In der deutschen Literatur haben das Kriterium der Zweckerreichung kommentiert *Hill*, Das
fehlerhafte Verfahren, S. 313, 434; *Morlok*, Die Folgen von Verfahrensfehlern, S. 122; *Schmidt-Ass-
mann/Krämer*, Das Verwaltungsverfahren und seine Folgen, EuZöR 1993, Sonderheft, S. 99,
115 f.

[792] Siehe Kap. 5, E., II., 1., b).

[793] Siehe Kap. 5, D., I., 2.

die Rechtsprechung das Kriterium der Zweckerreichung auch mit dem der Schwere der Verfahrensverletzung.[794] In Italien findet sich das Kriterium der Schwere des Fehlers in der von der Lehre entwickelten Rechtsfigur der *irregolarità* wieder, die eine Verwaltungsentscheidung vor der Aufhebung bewahren möchte, wenn der sie betreffende Verfahrens- oder Formfehler geringfügig bzw. harmlos ist. In der Unbeachtlichkeitsregelung des Art. 21-*octies* Abs. 2 S. 1 *legge* 241/1990 wurde das Kriterium der Schwere des Fehlers zwar nicht ausdrücklich aufgenommen. Jedoch spiegelt sie den Gedanken der *irregolarità* wieder.[795]

Die Unionsgerichte haben im Gegensatz zu den mitgliedstaatlichen Rechtsordnungen die Schwere des Fehlers als selbstständiges Kriterium zur Begründung der Unbeachtlichkeit eines Verfahrens- oder Formfehlers anerkannt. Jedoch ist Anknüpfung daran nur sehr vereinzelt geblieben.[796]

2. Die Rechtsfolgen der Unbeachtlichkeit

In allen untersuchten Rechtsordnungen hat die Unbeachtlichkeit eines Verfahrens- oder Formfehlers zur Folge, dass die angegriffene Entscheidung aufgrund dieses Fehlers nicht aufgehoben wird.[797] Trotzdem bleibt die Entscheidung aber mit dem Fehler behaftet und damit rechtswidrig.[798]

3. Vergleich des Verhältnisses der Heilung zur Unbeachtlichkeit

Der Vergleich der untersuchten Rechtsordnungen verdeutlicht schließlich den Zusammenhang zwischen den Rechtsfiguren der Heilung und Unbeachtlichkeit: Wo weitreichende Heilungsmöglichkeiten bestehen, herrscht ein geringeres Bedürfnis nach Unbeachtlichkeitsregelungen. Erfolgt eine Heilung, besteht nämlich in aller Regel keine Notwendigkeit mehr, einen Verfahrens- oder Formfehler für unbeachtlich zu erklären. Dies zeigt sich am Beispiel Deutschlands deutlich: Aufgrund der extensiven Heilungsregelung des § 45 VwVfG, die vielfach im Rahmen des in der Regel zwingend durchzuführenden Widerspruchsverfahrens Anwendung findet, kommt die Unbeachtlichkeitsregelung des § 46 VwVfG seltener zur Anwendung. Diese ist zwar relativ weit gefasst, kommt jedoch wegen der vorrangigen Heilungsmöglichkeit nur selten zum Zuge.

---

[794] Siehe Kap. 5, D., I., 2., c), bb).

[795] Siehe Kap. 5, C., I., 1.

[796] Siehe Kap. 2, B., I., 3.

[797] Für Deutschland siehe Kap. 5, B., II., 1., c), aa); für Italien siehe Kap. 5, C., I., 3., a); für Frankreich siehe Kap. 5, D., I., 1., c) und 2.

[798] Für Deutschland siehe Kap. 5, B., II., 1., c), aa); für Italien siehe Kap. 5, C., I., 3., a); für Frankreich siehe Kap. 5, D., I., 1., c) und 2.

Ist eine Heilung hingegen nur in engen Grenzen möglich, behilft sich eine Rechtsordnung mit großzügigeren Unbeachtlichkeitsregelungen, um dem Effizienzbedürfnis gerecht zu werden. Dieser Zusammenhang lässt sich am Beispiel Frankreichs und Italiens illustrieren, wo eine nahezu inexistente bzw. sehr restriktive Heilungsmöglichkeit durch relativ weitreichende Unbeachtlichkeitsregelungen kompensiert wird.

Kapitel 6: Praktischer Vorschlag

Inhaltsverzeichnis

A. Vorschlag zur Heilung von Verfahrens- und Formfehlern.. 318
B. Vorschlag zur Unbeachtlichkeit von Verfahrens- und Formfehlern...................................... 321

Der Überblick über die Rechtsprechung der Unionsgerichte, die Einordnung in den Kontext des europäischen Verfassungs- und Verwaltungs(verfahrens)rechts sowie die Untersuchung mitgliedstaatlicher Rechtsordnungen haben zweierlei gezeigt: Zum einen, dass keine Musterlösung der Heilung und Unbeachtlichkeit von Verfahrens- und Formfehlern existiert, die man ohne Zögern in eine allgemeine Regelung übersetzen könnte. Zum anderen ist aber auch ein erstaunliches Maß an einheitlichen Kriterien und ein ähnliches Rechtsempfinden in den unterschiedlichen Rechtsordnungen zu verzeichnen. Auch wenn aus der vorangegangenen Untersuchung damit kein eindeutiger Vorschlag für ein „richtiges" gesetzgeberisches Handeln unmittelbar abgeleitet werden kann, ist sie trotzdem als „Steinbruch" für Ideen geeignet.

Gut gerüstet sollen im Folgenden die gewonnenen Erkenntnisse soweit wie möglich zusammengefügt und ein praktischer Vorschlag zur Regelung *de lege ferenda* der Heilung und Unbeachtlichkeit von Verfahrens- und Formfehlern für das europäische Eigenverwaltungsrecht in etwas deutlicheren Konturen zur Diskussion gestellt werden. Der Vorschlag ist frei und ohne Rücksicht auf einen bestimmten Gesetzeszusammenhang formuliert. Es ist zwischen zwei Elementen der gesetzlichen Regelung zu unterscheiden: solchen, die rechtlich zwingend und solchen, die rechtlich sinnvoll sind, das heißt, zwar nicht rechtlich geboten, aber gesetzgebungspolitisch wünschenswert und sich aus der Untersuchung möglicherweise als Tendenz abzeichnen.

© Max-Planck-Gesellschaft zur Förderung der Wissenschaften e.V., to be exercised by Max-Planck-Institut für ausländisches öffentliches Recht und Völkerrecht, Heidelberg 2019
L. Hering, *Fehlerfolgen im europäischen Eigenverwaltungsrecht*, Beiträge zum ausländischen öffentlichen Recht und Völkerrecht 286,
https://doi.org/10.1007/978-3-662-59368-4_6

A. Vorschlag zur Heilung von Verfahrens- und Formfehlern

> „(1) [1]Ein Verfahrens- oder Formfehler, der nicht zur Inexistenz des Beschlusses führt, hat dann
> nicht die Aufhebung des Beschlusses zur Folge, wenn er durch eine spätere Berichtigung geheilt
> wurde. [2]Eine wirksame Heilungsmaßnahme muss den Fehlerbetroffenen in die Lage versetzen,
> in der er sich befunden hätte, wenn der Verfahrens- oder Formfehler nicht eingetreten wäre.
>
> (2) [1]Eine Heilung nach Absatz 1 kann bis zum Abschluss des Verwaltungsverfahrens
> stattfinden. [2]Begründungsmängel können bis zum Beginn des gerichtlichen Verfahrens ge-
> heilt werden. [3]Eine Heilung nach Beginn des gerichtlichen Verfahrens ist nur möglich, so-
> weit dem Gericht eine Befugnis zur unbeschränkten Ermessensnachprüfung zusteht. [4]Wei-
> tere Ausnahmen werden spezialgesetzlich geregelt.
>
> (3) Hat ein verwaltungsrechtliches Überprüfungsverfahren oder eine gerichtliche Klage
> nur deshalb keinen Erfolg, weil die Verletzung einer Verfahrens- oder Formvorschrift ge-
> heilt wurde, sind dem Betroffenen die zur zweckentsprechenden Rechtsverfolgung oder
> Rechtsverteidigung notwendigen Kosten und Gebühren zu erstatten."

Die folgenden Anmerkungen sollen den praktischen Vorschlag erläutern:

Nach Abs. 1 S. 1 tritt eine Heilung ein, wenn eine unterlassene oder fehlerhaft
vorgenommene Verfahrenshandlung oder Förmlichkeit (fehlerfrei) nachgeholt wird.
Damit wird sie für den Bestand des Beschlusses „unbeachtlich". Die Möglichkeit
der Heilung beschränkt sich dabei ausdrücklich auf Verfahrens- und Formfehler.
Materiell-rechtliche Verstöße werden nicht erfasst. Gleichzeitig stellt Abs. 1 S. 1
klar, dass die Nichtigkeit bzw. Inexistenz des Beschlusses die äußerste Grenze der
Heilung bildet. Diese Voraussetzungen spiegeln sowohl die bisherige Rechtsprechung der Unionsgerichte[1] als auch die Praxis in den untersuchten mitgliedstaatlichen Rechtsordnungen[2] wider.

Abs. 1 S. 2 konkretisiert die inhaltlichen Anforderungen an das Kriterium der „Berichtigung", das bereits in Abs. 1 S. 1 genannt wurde. Ein Ausschluss der Aufhebung
des Beschlusses ist demnach nur dann gerechtfertigt, wenn der Fehlerbetroffene durch
die nachträgliche Verfahrenshandlung so gestellt wird wie er stünde, wenn das Verfahren von Anfang an korrekt durchgeführt worden wäre. Die in der Vorschrift verwendete
Formulierung entspricht dabei im Wesentlichen der Formulierung von Generalanwältin *Kokott* in ihren Schlussanträgen in der Rechtssache *Krizan* – die deutlicher als jedes
Urteil der Unionsgerichte auf das Erfordernis eingegangen ist.[3] Das Kriterium der
Kompensation als Voraussetzung einer wirksamen Heilungshandlung findet sich ausdrücklich auch im deutschen[4] und italienischen[5] Verwaltungsrecht wider. Frankreich
lehnt die Möglichkeit der Heilung dagegen gerade mit dem Argument ab, dass eine
nachträgliche Kompensation des Fehlers nicht möglich sei.[6]

---

[1] Siehe Kap. 2, A., I., 1. und 4.

[2] Siehe Kap. 2, A., I., 1.; Kap. 5, B., I., 1., b); Kap. 5, C., II., 1., a), cc); Kap. 5, D., II., 1., b); Kap. 5,
E., I. und Kap. 5, B., I., 1., a); Kap. 5, C., II., 1., a), aa).

[3] GA *Kokott*, Schlussanträge v. 19.04.2012, Rs. C-416/10, *Josef Krizan u. a./Slowakische Umweltinspektion*, EU:C:2012:218, Rn. 102; siehe auch GA *Kokott*, Schlussanträge v. 21.06.2012, Rs.
C-566/10 P, *Italien/Kommission*, ECLI:EU:C:2012:368, Rn. 62; siehe hierzu Kap. 2, A., I., 2.

[4] Siehe Kap. 5, B., I., 1., a).

[5] Siehe Kap. 5, C., II., 1., a), bb).

[6] Siehe Kap. 5, D., II., 1., a).

Abs. 2 befasst sich mit den zeitlichen Grenzen der Heilung. Satz 1 normiert, bis zu welchem Zeitpunkt eine Verfahrenshandlung nachgeholt worden sein muss, um eine Heilung des Beschlusses zu bewirken und stellt insofern die Grundregel dar. Hernach ist eine Heilung von Verfahrens- und Formfehlern insbesondere im Rahmen eines verwaltungsrechtlichen Überprüfungsverfahrens möglich, wenn dieses denn vorgesehen ist. Die nachfolgenden Sätze bilden die Ausnahmen.

Abs. 2 S. 2, der eine Heilung von Begründungsmängeln über S. 1 hinaus bis zum Beginn des gerichtlichen Verfahrens gestattet, ist keinesfalls zwingend. Die Rechtsprechung der Unionsgerichte legt allerdings nahe, dass eine Heilung von Begründungsmängeln aufgrund der Wahrung der von der Begründungspflicht verfolgten Funktionen auch noch in der Phase nach Erlass der Verwaltungsentscheidung und vor Beginn des gerichtlichen Verfahrens stattfinden kann.[7] Aus den allgemeinen Rechtsgrundsätzen und mitgliedstaatlichen Rechtsordnungen ergeben sich diesbezüglich keine zwingenden Rückschlüsse. Jedenfalls sollte jedoch, um die Rechte der Betroffenen zu wahren, die Klagefrist erneut zu laufen beginnen, sobald die Begründung vollständig erteilt wurde.[8]

Dass eine Heilung von Verfahrens- und Formfehlern im gerichtlichen Verfahren gem. Abs. 2 S. 3 grundsätzlich untersagt ist, kodifiziert im Wesentlichen die neuere Rechtsprechung der Unionsgerichte.[9] Die Rechtssache *Hoffmann-La Roche*, die für eine generelle Zulässigkeit der Heilung im Laufe des gerichtlichen Verfahrens streiten könnte, ist einer älteren Rechtsprechungslinie zuzuordnen, die in jüngeren Jahren nicht mehr aufgegriffen wurde und daher nunmehr als überholt angesehen werden kann.[10] Ebenso die allgemeinen Rechtsgrundsätze, namentlich der Grundsatz des institutionellen Gleichgewichts, das Recht auf einen fairen Prozess und der Grundsatz der Waffengleichheit sowie das Recht auf ein unparteiliches Gericht streiten gegen eine Zulässigkeit der Heilung im Laufe des gerichtlichen Verfahrens.[11] Auch der hohe Eigenwert, der dem Verfahren im Unionsrecht attestiert wird, spricht dagegen, eine Heilung im gerichtlichen Verfahren zu gestatten. Der mitgliedstaatliche Vergleich belegt, dass nur Rechtsordnungen, die das Verfahrensrecht (wie beispielsweise Deutschland) dem materiellen Recht unterordnen und ihm eine „dienende" Funktion zusprechen, eine Heilung im Laufe des gerichtlichen Verfahrens zulassen.

Eine Heilung soll jedoch auch im Laufe des gerichtlichen Verfahrens möglich sein, wenn die Richter über eine Befugnis zur unbeschränkten Ermessensnachprüfung (sog. *compétence de pleine jurisdiction*) verfügen.[12] Diese Ausnahme verletzt auch nicht den Grundsatz des institutionellen Gleichgewichts. Denn der Gerichtshof ist in dem Fall, dass ihm eine Befugnis zur unbeschränkten Ermessensnachprüfung zusteht, nicht nur befugt, die Aufhebung der Kommissionsentscheidung anzuordnen, sondern kann unter Berücksichtigung einer nachgeholten Verteidigungshandlung

---

[7] Siehe Kap. 2, A., III.
[8] Siehe Kap. 2, A., III., 2.
[9] Siehe Kap. 2, A., IV.
[10] Siehe Kap. 2, A., IV., 1., b), cc).
[11] Siehe Kap. 3, D.
[12] Siehe Kap. 2, A., IV., 2., a), aa) und Kap. 2., A., IV., 2., b), bb), (1).

eines am Verfahren Beteiligten auch eine eigene Sachentscheidung nach seinem Dafürhalten treffen. Insofern greift der Gerichtshof nicht „unbefugt" in den der Verwaltung zugewiesenen Funktionsbereich ein.[13]

Dieser Grundsatz gilt jedoch nicht ausnahmslos. Der unionsrechtliche Rechtsprechungsüberblick belegt, dass die europäischen Gerichte in zahlreichen bereichsspezifischen Einzelfällen Ausnahmen zulassen. Auch der Vergleich der mitgliedstaatlichen Rechtsordnungen hat gezeigt, dass vielfach Ausnahmen zum
grundsätzlichen Verbot der Heilung im Laufe des gerichtlichen Verfahrens bestehen,
insbesondere in Bezug auf Mängel der Begründung. In Abs. 2 S. 4 findet sich daher
das Problem wieder, ob das europäische Eigenverwaltungsverfahrensrecht möglichst konzentriert in einer Verordnung oder besser bereichsspezifisch in verschiedenen Gesetzen geregelt sein sollte.

Eine allgemeine Regelung schafft Flexibilität, Offenheit und Systembildung, was
dem Wesen des Verfahrensrechts als Grundlagenrecht entspricht.[14] Eine zu einzelfall-
lastige und sachgebietsbezogene Heilungsregelung birgt hingegen die Gefahren der
Unübersichtlichkeit und Rechtszersplitterung, von Widersprüchen und Komplikatio-
nen. Zudem unterliegen bereichsspezifische Spezialregelungen stärker dem Einfluss
und vor allem dem Druck von Interessenvertretern, als dies bei allgemeinen Normen
der Fall ist.[15] Ist eine Regelung jedoch zu generell und abstrakt, ist sie ebenfalls nicht
praxistauglich. Für eine eher bereichsspezifische Differenzierung der Heilungsregelung spricht im Wesentlichen, dass diese bestimmter sowie sach-, personen- und damit problemnäher ist als eine generelle Regelung.[16] Jedes Verfahren der europäischen
Eigenverwaltung hat seine eigenen Besonderheiten, sodass es schwer ist, all diese
Eigenheiten sachgerecht in einer einheitlichen, allgemeinen Heilungsvorschrift auf-
zugreifen und zu behandeln. Fällt die Regelung zu generell aus, birgt dies die Gefahr,
dass sie für die Verwaltung nur wenig Nutzen bringt, da sie entweder auf ein Spezial-
gebiet nicht passt oder zu abstrakt und damit nicht praxisgerecht ist.[17] Dies würde
dazu führen, dass die Vorschrift unanwendbar ist, was zur Folge hätte, dass die
Rechtsprechung wieder für die Lückenfüllung zuständig wird.

---

[13] Siehe Kap. 3, D., I.

[14] Vgl. *Hufen*, Fehler im Verwaltungsverfahren, Rn. 77.

[15] Vgl. *Hufen*, Fehler im Verwaltungsverfahren, Rn. 6.

[16] Vgl. *Hufen*, Fehler im Verwaltungsverfahren, Rn. 72. Allgemein zu der Frage, wie detailliert
bzw. allgemein ein europäisches Gesetz zum Verwaltungsverfahren formuliert sein sollte *Guckel-
berger/Geber*, Allgemeines Europäisches Verwaltungsverfahrensrecht vor seiner unionsrechtlichen Kodifizierung?, S. 158 ff.; *Ziller*, Alternatives in Drafting an EU Administrative Procedeure
Law, S. 13, http://www.reneual.eu/images/Projects/JacquesZiller.pdf; Working Group on EU Administrative Law, Working Document vom 19.10.2011, S. 28 ff., http://www.europarl.europa.eu/
meetdocs/2009_2014/documents/juri/dv/juri_wdadministrativelaw_/juri_wdadministrativelaw_
en.pdf. Zu der Frage, ob die Fehlerlehre des Verwaltungshandelns im deutschen Recht allgemein
oder bereichsspezifisch geregelt sein sollte *Hill*, Das fehlerhafte Verfahren, S. 477; *Hufen*, Fehler
im Verwaltungsverfahren, Rn. 71 ff.

[17] *Guckelberger/Geber*, Allgemeines Europäisches Verwaltungsverfahrensrecht vor seiner unionsrechtlichen Kodifizierung?, S. 158; *Ziller*, Alternatives in Drafting an EU Administrative Procedeure Law, S. 13, http://www.reneual.eu/images/Projects/JacquesZiller.pdf.

Die hier vorgeschlagene Lösung möchte daher, die Frage der zeitlichen Dimension der Heilung in einigen allgemeinen (Grund-)Regelungen vor die Klammer ziehen (Abs. 2 S. 1 bis 3) und diese Regelungen sodann durch Ausnahmen in bereichsspezifischen Detailvorschriften ergänzen (Abs. 2 S. 4). Ausnahmen zu der grundsätzlichen Unzulässigkeit der Heilung im Laufe des gerichtlichen Verfahrens ließ die Rechtsprechung im Falle von Begründungsmängeln, insbesondere in den Bereichen des Beamten- und Wettbewerbsrechts, zu. Da diese Fälle aufgrund der Besonderheiten dieser Rechtsgebiete kaum verallgemeinerungsfähig sind, bietet es sich indes an, sie als Sonderfälle in den jeweiligen Rechtsvorschriften separat zu regeln. Denn eine allgemeine, sachgebietsübergreifende Regelung kann keine Lösung für jedes denkbare Problem bereithalten. Mit dem Vorschlag wird ein angemessener Ausgleich zwischen einer abstrakten und einer detaillierten Vorschrift angestrebt, das heißt ein „mittlerer Abstraktionsgrad der Kodifikation".[18]

Abs. 3 regelt schließlich die Kostenfolgen einer Heilung. Es entspricht der Billigkeit, dass ein Fehlerbetroffener im Falle der Erfolglosigkeit seines verwaltungsrechtlichen Überprüfungsverfahrens oder seiner gerichtlichen Klage nicht auch die Gebühren bzw. Kosten des Verfahrens tragen muss, wenn sein Begehren allein aufgrund der Heilung erfolglos geblieben ist. Dies entspricht der ständigen Rechtsprechung der Unionsgerichte in Bezug auf die Heilung einer unzureichenden Begründung im Laufe des gerichtlichen Verfahrens im Beamtenrecht.[19] Auch nach der neuen Regelung in Art. 33 lit. d VO Nr. 2017/1430 kann auf Anordnung der Beschwerdekammer die Gebühr für die Beschwerde im Rahmen der Beschwerde in zweiseitigen Verfahren vor dem EUIPO erstattet werden, „wenn die Beschwerdekammer die Erstattung wegen eines wesentlichen Verfahrensmangels für gerecht erachtet."[20]

B. Vorschlag zur Unbeachtlichkeit von Verfahrens- und Formfehlern

> *„Wurde ein Verfahrens- oder Formfehler, der nicht zur Inexistenz eines Beschlusses führt, nicht geheilt, kann die Aufhebung des Beschlusses dann nicht beansprucht werden, wenn*

- *es sich im Falle eines Formfehlers um eine rechtlich gebundene Entscheidungslage handelt;*
- *im Falle eines Verfahrensfehlers darüber hinaus nachgewiesen wird, dass die angegriffene Entscheidung ohne diesen Verstoß den gleichen Inhalt gehabt hätte;*
- *der Zweck des vorgeschriebenen Verfahrens trotz des Verfahrens- oder Formfehlers aufgrund der Umstände des Einzelfalls doch noch erreicht wurde und der Fehler keine nachteiligen Auswirkungen für den Fehlerbetroffenen und seine Verfahrensposition hatte. "*

---

[18] *Ladenburger*, Evolution oder Kodifikation eines allgemeinen Verwaltungsrechts in der EU, in: Trute/Groß/Röhl/Möllers, Allgemeines Verwaltungsrecht – Zur Tragfähigkeit eines Konzepts, S. 107, 128.

[19] Exemplarisch EuGH, Urt. v. 30.05.1984, Rs. 111/83, *Picciolo/Parlament*, Slg. 1984, 2323, Rn. 30. Ausführlich hierzu unter Kap. 2, A., IV., 2., a), bb).

[20] Kap. 2, A., II., 2., b), bb), (3).

Die folgenden Anmerkungen sollen auch diesen praktischen Vorschlag erläutern:

Zunächst soll der Wortlaut „nicht geheilt" bzw. eine Normierung der Heilungsvor der Unbeachtlichkeitsregelung systematisch zeigen, dass die Prüfung, ob ein Verfahrens- oder Formfehler durch eine Nachholung der Verfahrenshandlung beseitigt wurde, Vorrang gegenüber der Unbeachtlichkeit desselben beansprucht. Dies entspricht dem Grundsatz der Rechtmäßigkeit der Verwaltung.[21]

Die Regelung stellt ferner klar, dass ein Verfahrens- oder Formfehler dann nicht als unbeachtlich eingestuft werden kann, wenn er zur Nichtigkeit bzw. Inexistenz des Beschlusses führt.

Die drei normierten Fälle der Unbeachtlichkeit stellen im Wesentlichen eine Kodifikation der Rechtsprechung der Unionsgerichte dar, die sich auch mit Blick auf die Vorgehensweise in den mitgliedstaatlichen Rechtsordnungen zu bewährt haben scheint. Der erste Fall betrifft die Situation, dass ein Formfehler im Rahmen einer rechtlich gebundenen Entscheidungssituation begangen wurde. Auch nach ständiger Rechtsprechung der Unionsgerichte kann dies nicht zur Aufhebung der angegriffenen Entscheidung führen.[22] Ein Blick insbesondere auf das deutsche, französische und italienische Verwaltungsrecht belegt, dass auch diese Rechtsordnungen im Falle einer gebundenen Entscheidungslage ohne Ermessensspielraum der Verwaltung die Aufhebung der Verwaltungsentscheidung nicht für gerechtfertigt erachten.[23] Der zweite Fall betrifft die Unbeachtlichkeit von Verfahrensfehlern. Diese können dann nicht zur Aufhebung einer Entscheidung im Wege der Nichtigkeitsklage führen, wenn die konkrete Möglichkeit besteht, dass das Ergebnis des Verfahrens auch ohne den Fehler dasselbe gewesen wäre. Zur Abwendung der Aufhebung bedarf es des positiven Kausalitätsnachweises, dass die angefochtene Entscheidung ohne diesen Verstoß im Ergebnis anders hätte ausfallen können. Der Wortlaut „darüber hinaus" weist darauf hin, dass sich diese Fallgruppe ebenfalls auf gebundene Entscheidungslagen beschränkt und solche mit einem Ermessensspielraum der Verwaltung nicht mit einbezieht.[24] Die dritte Fallgruppe betrifft Konstellationen, in denen der Zweck der verletzten Vorschrift trotz ihrer Verletzung doch noch erreicht wurde und der Verfahrens- oder Formfehler keine nachteiligen Auswirkungen für den Fehlerbetroffenen und seine Verfahrensposition hatte.[25]

Hingegen sollte davon abgesehen werden, eine Fallgruppe der Unbeachtlichkeit einzuführen, die an das Kriterium der Schwere des begangenen Fehlers anknüpft. Zwar deutet die Rechtsprechung der Unionsgerichte teilweise auf die Möglichkeit hin, von der Aufhebung einer Entscheidung mangels Schwere des begangenen Fehlers abzusehen. Jedoch wird diese Fallgruppe auch in der Rechtsprechung der Unionsgerichte allenfalls angedeutet und kann nicht als fest etabliert bezeichnet

---

[21] Siehe Kap. 3, B., I.

[22] Siehe Kap. 2, B., I., 1.

[23] Siehe Kap. 5, F., III., 1., a).

[24] Siehe Kap. 2, B., I., 2., a) und b); Kap. 5, F., III., b).

[25] Siehe Kap. 2, B., I., 3; Kap. 5, F., III., c).

werden.[26] Auch der Rechtsvergleich belegt, dass das Kriterium der Schwere des Fehlers allenfalls inzident im Rahmen der Prüfung der Unbeachtlichkeit eines Verfahrens- oder Formfehlers Bedeutung erlangt, jedoch kein eigenständiges Kriterium, das die Unbeachtlichkeit eines Fehlers *per se* rechtfertigen würde, darstellt. Das Kriterium der Schwere sollte daher auch im europäischen Eigenverwaltungsrecht allenfalls inzident im Rahmen der Fallgruppe der Zweckerreichung Berücksichtigung finden.

In einem zweiten Satz könnte die Unbeachtlichkeitsregelung noch um das Erfordernis erweitert werden, der Verwaltung die Beweislast dafür aufzuerlegen, dass der Verfahrens- oder Formfehler weder vorsätzlich noch grob fahrlässig begangen wurde und dass es sich um einen Einzelfall (im Gegensatz zu einer ständigen Verwaltungspraxis) handelt. Hiermit könnte sichergestellt werden, dass die Unbeachtlichkeit von Verfahrens- und Formfehlern die Ausnahme bleibt und die Verwaltung ihre Pflichten nicht vernachlässigt. Dies entspräche den Grundsätzen der Rechtsstaatlichkeit sowie der rechtmäßigen und guten Verwaltungsführung.[27]

---

[26] Siehe Kap. 2, B., I., 4.
[27] Siehe Kap. 3, B., I. und VII.

Kapitel 7: Schlusswort

Ziel dieser Untersuchung war es, die Rechtsfiguren der Heilung und Unbeachtlichkeit im europäischen Eigenverwaltungsrecht und in rechtsvergleichender Perspektive in den Blick zu nehmen und vor dem Hintergrund der Diskussion um den Erlass einer Verordnung zur Regelung des europäischen Eigenverwaltungsverfahrensrechts einen Vorschlag für ihre Kodifikation zu erarbeiten.

Die Betrachtungen in dieser Arbeit haben zu verschiedenen Ergebnissen geführt.

Zunächst wurde die Rechtsprechung der Unionsgerichte im Hinblick auf ihren Umgang mit der Heilung und Unbeachtlichkeit von Verfahrens- und Formfehlern untersucht. Daraus ergab sich, dass die Rechtsprechung – obwohl sie die mit den Rechtsfiguren zusammenhängenden Fragen keineswegs umfassend und systematisch, sondern lediglich punktuell behandelt – ein erstaunliches Maß an Einheitlichkeit erkennen lässt. Ferner ließ sich konstatieren, dass die Rechtsprechung insgesamt von einer klaren Zurückhaltung gegenüber einer uferlosen Anwendung der Rechtsfiguren der Heilung und Unbeachtlichkeit geprägt ist. Letztendlich ist die gesamte Vorgehensweise der Unionsgerichte daran orientiert, zwar ein effizientes Verfahren zu fördern, dabei aber nicht Aspekte der Gerechtigkeit und Verfahrensfairness aus dem Blick zu verlieren.

In Bezug auf die Rechtsfigur der Heilung fällt auf, dass die europäischen Gerichte eine inhaltliche und eine zeitliche Dimension unterscheiden, die eng miteinander zusammenhängen: Inhaltlich steht die Voraussetzung im Vordergrund, dass durch die Nachholung einer unterlassenen oder fehlerhaften Verfahrens- oder Formvorschrift ein „gleichwertiger Zustand" hergestellt werden muss. Diese inhaltliche Anforderung ist eng mit der zeitlichen Phase des Verfahrens, in dem die Heilungshandlung vorgenommen wird, verwoben. Verallgemeinernd gesprochen ist eine Heilung umso wahrscheinlicher, je früher sie stattfindet. Nach Klageerhebung

© Max-Planck-Gesellschaft zur Förderung der Wissenschaften e.V., to be exercised by Max-Planck-Institut für ausländisches öffentliches Recht und Völkerrecht, Heidelberg 2019
L. Hering, *Fehlerfolgen im europäischen Eigenverwaltungsrecht*, Beiträge zum ausländischen öffentlichen Recht und Völkerrecht 286, https://doi.org/10.1007/978-3-662-59368-4_7

ist eine Heilung jedoch prinzipiell ausgeschlossen, womit die Richter die klare organisatorische und rechtliche Trennung von Verwaltungs- und Gerichtsverfahren
hervorheben, die es rechtfertigt, den Beginn des Gerichtsverfahrens als Zäsur im
Hinblick auf die Heilungsmöglichkeit zu begreifen. In einer Vielzahl von Einzelfällen haben die Richter jedoch Ausnahmen zur grundsätzlichen Unheilbarkeit zugelassen, die letztendlich Ergebnis einer Abwägung des Grundsatzes der Verfahrenseffizienz mit dem Rechtsschutzauftrag der Verwaltung sind.

Auch mit der Rechtsfigur der Unbeachtlichkeit geht die Rechtsprechung restriktiv um. Es konnten vier Fallgruppen herausgearbeitet werden, wo die Unionsgerichte von der im AEUV als Grundsatz vorgesehenen Nichtigkeitsfolge bei der
„Verletzung wesentlicher Formvorschriften" absehen. Ausschlaggebende Kriterien
in Bezug auf die Beachtlichkeit sind dabei zum einen die Kausalität des Fehlers und
zum anderen das Merkmal der Wesentlichkeit. Die erste Fallgruppe der Unbeachtlichkeit betrifft Formfehler, die aufgrund einer rechtlich gebundenen Entscheidungslage keine Auswirkungen auf die Entscheidung in der Sache hatten. Zweitens
versagen die Unionsgerichte die Aufhebung eines Beschlusses dann, wenn der Verfahrensfehler nicht ursächlich für das konkrete Verfahrensergebnis war. Die dritte
Fallgruppe bilden Fälle, wo der Verfahrens- oder Formfehler im konkreten Einzelfall keine nachteiligen Auswirkungen für den Fehlerbetroffenen hatte. Ihre Voraussetzungen sind insbesondere dann erfüllt, wenn der Zweck der verletzten Vorschrift
trotz ihrer Verletzung noch erreicht wurde. Schließlich ziehen die Unionsgerichte in
Betracht, einen Verstoß mangels seiner Schwere als unbeachtlich einzustufen.

Sodann wurde die Relativierung von Verfahrens- und Formfehlern im Kontext
des europäischen Primärrechts untersucht. Dabei zeigt der Blick auf die allgemeinen Rechtsgrundsätze, dass prinzipiell keine Pflicht zur „Sanktionsmaximierung"
besteht, sondern dass der Grundsatz der Rechtmäßigkeit der Verwaltung mit anderen allgemeinen Rechtsgrundsätzen, insbesondere dem Grundsatz der Verwaltungseffizienz, abzuwägen und in Einklang zu bringen ist. Um den Effizienzgrundsatz
bestmöglich zu verwirklichen, darf das Ziel der Relativierung von Verfahrens- und
Formfehlern aber nicht als das Erreichen größtmöglicher Verfahrenseffizienz an
sich begriffen werden, sondern (lediglich) als das Erreichen der größtmöglichen
Verfahrenseffizienz unter Berücksichtigung der Rechte und der Interessen der Betroffenen. Die Durchführung eines zeit-, sachmittel-, personal- und kostenintensiven Zweitverfahrens muss mit dessen Gewinn an Rechtsstaatlichkeit im Vergleich
zur isolierten Heilung bzw. Unbeachtlichkeit des Verfahrens- oder Formfehlers abgewogen werden. Aus der präventiven Bedeutung des Grundsatzes der Rechtmäßigkeit der Verwaltung resultiert ferner die Pflicht, an rechtswidriges Verwaltungshandeln andere Rechtsfolgen zu knüpfen als an rechtmäßiges und die Relativierung von
Verfahrens- und Formfehlern restriktiv zu handhaben. Der Gleichheitssatz hält dazu
an, bei der Entscheidung über die Fehlerfolgen sachgerecht zu differenzieren. Nach
welchen Kriterien sich die Differenzierung zu richten hat, lässt sich den allgemeinen Rechtsgrundsätzen jedoch nicht entnehmen. Genauere Vorgaben können den
allgemeinen Rechtsgrundsätzen lediglich im Hinblick auf die zeitlichen Grenzen
der Heilung entnommen werden: Sie lassen auf ein grundsätzliches Verbot der

Heilung im Laufe des gerichtlichen Verfahrens schließen. Ausnahmen ergeben sich nur im Einzelfall, wenn eine Abwägung mit kollidierenden Interessen Dritter oder Verhältnismäßigkeitserwägungen eine Heilung erforderlich macht.

Die Diskussion um die Relativierung von Verfahrens- und Formfehlern wird ferner zu einem Großteil von der Frage beherrscht, welches Gewicht eine Rechtsordnung dem Verfahrensrecht im Vergleich zum materiellen Recht attestiert. Daher ist es für eine Regelung der Fehlerfolgen im Allgemeinen und der Heilung und Unbeachtlichkeit im Besonderen unumgänglich, sich des Eigenwerts des Verfahrens im europäischen Eigenverwaltungsrecht zu vergewissern. Die Unionsgerichte haben noch keine klaren Abgrenzungskriterien gefunden, wann dem Verfahren ein Eigenwert zukommt bzw. ihm keine besondere Bedeutung zugesprochen werden kann. Anhaltspunkte für die Qualität des verfahrensrechtlichen Denkens im europäischen Eigenverwaltungsrecht ergeben sich jedoch aus der Reichweite der gewährten Verfahrensgarantien, der Ausrichtung der gerichtlichen Rechtsschutzkonzeption sowie dem der Verwaltung zuerkannten Entscheidungsspielraum. Die Untersuchung dieser Parameter hat gezeigt, dass das unionsrechtliche Eigenverwaltungsverfahrensrecht mit einem beträchtlichen Eigenwert ausgestattet ist. Ihm liegt ein Verfahrensverständnis zugrunde, wonach eine nicht zu erreichende materielle Richtigkeit durch die Richtigkeit des Verwaltungsverfahrens kompensiert werden soll. Dieses Verfahrensverständnis steht zu weitreichenden Regelungen der Heilung und Unbeachtlichkeit entgegen.

Die schließlich in den Länderberichten detailliert untersuchten nationalen Regeln der Heilung und Unbeachtlichkeit zeigen, dass die Fehlerfolgen ganz unterschiedliche Ausprägungen annehmen können, dabei aber regelmäßig auf gemeinsame Traditionen und Wertungen zurückgegriffen wird, die als Ausgangsbasis für eine einheitliche europäische Regelung dienen können.

Der aus diesen Untersuchungen heraus entworfene Vorschlag einer Modellregelung für die Heilung und Unbeachtlichkeit im europäischen Eigenverwaltungsrecht versucht, alle untersuchten Aspekte mit in den Blick zu nehmen und sowohl den Anforderungen an Verfahrenseffizienz als auch dem Schutz der Interessen der Betroffenen gerecht zu werden. Gleichwohl liefert die entworfene Anregung noch kein endgültiges Bild einer zukünftigen Regel der Heilung und Unbeachtlichkeit: Einige Fragen, wie beispielsweise das Verhältnis der Rechtsfiguren der Heilung und Unbeachtlichkeit zur Nichtigkeit von Exekutiventscheidungen sowie der Eigenwert des europäischen Eigenverwaltungsverfahrensrechts, wurden nicht abschließend untersucht. Als Referenzgebiete der Untersuchung dienten ferner in erster Linie das europäische Beamten-, Wettbewerbs- und Markenrecht. Andere Rechtsbereiche wurden weitgehend ausgeklammert. Zur Umsetzung auf europäischer Ebene müssten zudem die neben Deutschland, England, Italien und Frankreich verbleibenden 24 nationalen Rechtsordnungen auf ihren Umgang mit der Relativierung von Verfahrens- und Formfehlern überprüft werden. Schließlich wurde der Vorschlag frei und ohne Rücksicht auf einen bestimmten Gesetzeszusammenhang formuliert. Auch wenn versucht wurde, die Modellregelung im Duktus des ReNEUAL-Musterentwurfs zu formulieren, wurde nicht der Versuch unternommen eine Regel zu formulieren, die sich nahtlos in den Mustervorschlag des ReNEUAL-Netzwerks einfügen ließe. Der vorliegende Vorschlag versteht sich daher vielmehr als Anregung, die – ausgehend von der Idealvorstellung einer vielseitig einsetzbaren und einfach handhabbaren Regelung der Heilung und Unbeachtlichkeit für das Eigenverwaltungsverfahrensrecht Europas – zur Überprüfung, Diskussion und Weiterentwicklung einladen möchte.

Abschließend bleibt noch, einen allgemeinen Ausblick zu wagen.

Der Weg zu einem einheitlichen, allgemeinen europäischen Eigenverwaltungsverfahrensrecht – über die konkrete Frage der Heilung und Unbeachtlichkeit hinaus – ist noch weit. Eine einheitliche Kodifikation der allgemeinen Regeln des europäischen Eigenverwaltungsverfahrens ist in den europäischen Institutionen zur Zeit ersichtlich nicht in Arbeit. Trotzdem sollte sie nicht aus den Augen verloren werden. Denn trotz aller Bedenken und Kritik wäre sie eine Bereicherung und aus rechtspolitischen Gründen gar wünschenswert.[1]

In erster Linie würde die kohärente Strukturierung der Rechtsmaterie eine Rechtszersplitterung verhindern und damit einen bemerkbaren Beitrag zur Systembildung leisten.[2] Die Kodifikation würde zu einer Deregulierung beitragen, indem sie die bestehende Masse von Normen reduziert und die gemeinsamen Grundlagen für alle Verfahren der europäischen Eigenverwaltung herausstellt.[3] Hiermit würde ein erheblicher Gewinn an Rationalität einhergehen. Eine *lex generalis* ist im Gegensatz zu einer *lex specialis* zwar weniger nah am konkreten Problem, würde im Gegenzug aber Widersprüche und Schwierigkeiten bei der Rechtsanwendung vorbeugen, da sie nicht den Sonderwünschen einzelner Interessengruppen ausgeliefert ist.[4]

Eine einheitliche Kodifikation hätte auch für den europäischen Bürger spürbare Vorteile. Sie würde eine Vielzahl komplexer und schwer überschaubarer Verfahrensvorschriften eliminieren und dauerhaft eine transparente, übersichtliche und vorhersehbare Rechtsmaterie schaffen, die es dem Bürger erleichtern würde, sich über die Rechtslage zu informieren. Mit der erhöhten Übersichtlichkeit und Verständlichkeit des Verfahrensrechts ginge für den Bürger eine Stärkung seiner Rechtsposition einher. Damit könnte sowohl die Nähe des Bürgers zur europäischen

---

[1] *Kahl*, Die Europäisierung des Verwaltungsrechts als Herausforderung an Systembildung und Kodifikationsidee, Die Verwaltung, Beiheft 10/2010, S. 39, 58; *Schmidt-Aßmann*, Europäisches Verwaltungsverfahrensrecht, in: Müller-Graff, Perspektiven des Rechts in der Europäischen Union, S. 131, 161 f.; *Schwarze*, Europäisches Verwaltungsrecht, 2. Auflage, S. XLIX, XCV.

[2] *Kahl*, Die Europäisierung des Verwaltungsrechts als Herausforderung an Systembildung und Kodifikationsidee, Die Verwaltung, Beiheft 10/2010, S. 39, 55 ff.; *Sommermann*, Das Verwaltungsverfahrensgesetz im europäischen Kontext: eine rechtsvergleichende Bilanz, in: Hill/Sommermann/Stelkens/Ziekow, 35 Jahre Verwaltungsverfahrensgesetz, S. 191, 193. Allgemein zu den Gründen und Methoden einer Kodifikation siehe *Cabrillac*, Les codifications, S. 136 ff.; *Oppetit*, Essai sur la codification, S. 17 f.

[3] *Kahl*, Die Europäisierung des Verwaltungsrechts als Herausforderung an Systembildung und Kodifikationsidee, Die Verwaltung, Beiheft 10/2010, S. 39, 57; *Schmidt-Aßmann*, Europäisches Verwaltungsverfahrensrecht, in: Müller-Graff, Perspektiven des Rechts in der Europäischen Union, S. 131, 161.

[4] *Schmidt-Aßmann*, Europäisches Verwaltungsverfahrensrecht, in: Müller-Graff, Perspektiven des Rechts in der Europäischen Union, S. 131, 161.

Verwaltung als auch ihre Akzeptanz nachhaltig verbessert werden.[5] Rechtspolitisch wünschenswert ist ferner der positive Effekt, den ein solches einheitliches Gesetz auf die Arbeitsweise der europäischen Verwaltung haben könnte: Eine einfache und übersichtliche Strukturierung des Verwaltungsverfahrensrechts als Arbeitsgrundlage der Verwaltung könnte ihre Effektivität erhöhen.

Schließlich wäre Rechtseinheit – zumindest aus juristischer Sicht – ein Symbol europäischer Einheit und könnte zur Stärkung eines europäischen Bewusstseins beitragen. Gleichzeitig käme der Kodifikation eines Verfahrens des europäischen Eigenverwaltungsrechts eine Vorreiterrolle für die Entwicklung der mitgliedstaatlichen Verfahrensrechtsordnungen und damit der Entstehung einheitlicher europäischer Verfahrensstandards zu.[6]

Ein Rückblick zeigt, dass bereichsübergreifende Kodifikationen allgemeiner Grundsätze auch in der Vergangenheit oft auf Widerstand gestoßen sind, bevor sie sich durchsetzen konnten. So drängen sich bei den Fragen um Kodifikationsreife, -fähigkeit und -würdigkeit eines europäischen Verwaltungsverfahrensrechts gleich zwei Parallelen auf: Zum einen der – wesentlich ältere – Streit zwischen *Savigny* und *Thibaut* über die Schaffung eines gemeindeutschen Zivilrechts im 19. Jahrhundert.[7] Zum anderen die Diskussion wesentlich jüngeren Datums um die Erarbeitung eines europäischen „Vertragsgesetzbuches" (Draft Common Frame of Reference).[8] Beide Diskussionen zeigen, wie konfliktgeladen die Debatte um übergreifende Regelungen sein kann.[9]

Auf Dauer wird der Erlass eines Rechtsakts zu einem einheitlichen europäischen Eigenverwaltungsverfahrensrecht unausweichlich sein. Denn das Zeitalter der Globalisierung geht auch nicht unbemerkt am Verwaltungsrecht vorbei. Letzteres strikt an das Territorialitätsprinzip eines Nationalstaates zu knüpfen wird den Anforderungen einer globalen Welt nicht gerecht, da es nicht in der Lage sein wird, grenzüberschreitende Probleme effektiv zu lösen. So sieht sich ein Staat heute mit internationalen Handels- und Wirtschaftsströmen, weltweiten Kommunikationsvorgängen, grenzüberschreitenden Gefahrenlagen und globalen Konflikten konfrontiert, denen es mit rein nationalem Verwaltungsrecht kaum wird entgegentreten können.[10] Vielleicht konnte diese Arbeit – über die konkrete Frage einer einheitlichen Regelung der Heilung und Unbeachtlichkeit hinaus – die Bestrebungen nach einer Kodifikation unterstützen und einen kleinen Beitrag in die richtige Richtung leisten.

---

[5] Vgl. *Kahl*, Die Europäisierung des Verwaltungsrechts als Herausforderung an Systembildung und Kodifikationsidee, Die Verwaltung, Beiheft 10/2010, S. 39, 58.

[6] *Schmidt-Aßmann*, Europäisches Verwaltungsverfahrensrecht, in: Müller-Graff, Perspektiven des Rechts in der Europäischen Union, S. 131, 162.

[7] *Fortunato*, Vom römisch-gemeinen Recht zum Bürgerlichen Gesetzbuch, ZJS 2009, S. 327, 328 ff.

[8] *Von Bar/Clive*, Principles, definitions and model rules of European private law: Draft Common Frame of Reference (DCFR), passim.

[9] Vgl. *Terhechte*, Europäisches Verwaltungsrecht und europäisches Verfassungsrecht, in: Terhechte, VwR der EU, § 7, Rn. 30.

[10] *Schwarze*, Europäisches Verwaltungsrecht, 2. Auflage, S. CXXXVII f.

Kapitel 8: Gesamtzusammenfassung der wesentlichen Ergebnisse in Thesen

I. *Zweites Kapitel: Die Rechtsprechung der Unionsgerichte*

1. Die Unionsgerichte kennen sowohl die Rechtsfigur der Heilung als auch die der Unbeachtlichkeit. Mindestvoraussetzung für die Heilbarkeit eines Beschlusses ist, dass dieser im Zeitpunkt der Heilungshandlung zwar *rechtswidrig aber noch wirksam* ist. Nichtige Beschlüsse sind damit von vornherein keiner Heilung zugänglich. Die Rechtsprechung definiert die Heilung als die *nachträgliche Berichtigung von Verfahrens- oder Formfehlern*. Dabei legen die Unionsgerichte dem Heilungsbegriff ein weites Verständnis zugrunde, das sowohl die Heilung nach Entscheidungserlass als auch eine bloße Nachholung unterlassener oder fehlerhaft vorgenommener Verfahrenshandlungen vor Entscheidungserlass umfasst. Aus der Definition geht hervor, dass der Anwendungsbereich der Heilung nur die Verletzung von *Verfahrens- und Formfehlern* umfasst. Materiell-rechtliche Verstöße können nicht geheilt werden. Für eine erfolgreiche Heilung erfordern die Gerichte zudem – über die Nachholung der ursprünglich erforderlichen Verfahrenshandlung hinaus – die *Herstellung des Zustands, in dem sich der Fehlerbetroffene befunden hätte, wenn der Fehler von Anfang an nicht begangen worden wäre.*

2. In zeitlicher Hinsicht können bei der Frage der Heilung *drei Verfahrensphasen* unterschieden werden.

   a) Die erste Phase ist der *Zeitraum vor Abschluss des Verwaltungsverfahrens.* Hier ist eine Heilung *grundsätzlich möglich.* Besondere praktische Relevanz erhält die Heilung, wenn ein zwingendes *verwaltungsinternes Überprüfungsverfahren* vor Klageerhebung sekundärrechtlich vorgesehen ist, das der Behörde Anlass zur Überprüfung ihres Handelns gibt.

© Max-Planck-Gesellschaft zur Förderung der Wissenschaften e.V., to be exercised by Max-Planck-Institut für ausländisches öffentliches Recht und Völkerrecht, Heidelberg 2019
L. Hering, *Fehlerfolgen im europäischen Eigenverwaltungsrecht*, Beiträge zum ausländischen öffentlichen Recht und Völkerrecht 286,
https://doi.org/10.1007/978-3-662-59368-4_8

b) Die zweite Phase bildet der *Zeitraum nach Abschluss des Verwaltungsverfahrens aber vor Klageerhebung*. Hier ist eine Heilung *grundsätzlich
ausgeschlossen*. Der Rechtsprechung der Unionsgerichte lässt sich jedoch die Tendenz entnehmen, eine *Ausnahme* zu diesem Grundsatz für
Begründungsmängel zuzulassen.

c) Den Beginn der dritten Phase markiert die *Klageerhebung*. Ab diesem
Zeitpunkt ist eine Heilung *grundsätzlich ausgeschlossen*.

aa) In Abkehr von älterer Rechtsprechung verneinen die europäischen
Gerichte heute grundsätzlich die Möglichkeit der Heilung von *Anhörungs- und Akteneinsichtsmängeln* im Laufe des gerichtlichen
Verfahrens. Etwaige Ausnahmen in der Rechtsprechung beziehen
sich auf bereichsspezifische Sonderfälle und sind nicht verallgemeinerungsfähig.

bb) In Bezug auf die Heilung von *Begründungsmängeln* bleibt es prinzipiell dabei, dass ein Begründungsmangel zur Rechtswidrigkeit und
Aufhebung der angegriffenen Entscheidung führt. Jedoch haben die
Gerichte in zahlreichen Fällen *Ausnahmen* von diesem Grundsatz
zugelassen. So ist die Heilung eines Begründungsmangels zunächst
dann möglich, wenn der Gerichtshof über eine *unbeschränkte Befugnis zur Ermessensnachprüfung* verfügt (sog. *compétence de
pleine juridiction*) und so im Prozess ergänztes Vorbringen direkt in
seine Entscheidungsfindung einbeziehen kann. Ferner unterscheiden die europäischen Gerichte zwischen einer lediglich *unzureichenden* und einer *gänzlich fehlenden* Begründung: Eine Heilung im
Laufe des gerichtlichen Verfahrens ist erlaubt, wenn die anfängliche
Begründung *lediglich unzureichend* war. Ihre *Grenzen* findet die
Möglichkeit der Heilung einer unzureichenden Begründung jedoch,
wenn die im Laufe des gerichtlichen Verfahrens ergänzten Gründe
komplett neu sind bzw. den anfänglich genannten widersprechen.
Die Möglichkeit, eine *komplett fehlende Begründung* im Laufe des
gerichtlichen Verfahrens zu heilen, besteht grundsätzlich nicht. Die
Unionsgerichte haben jedoch eine Vielzahl bereichsspezifischer
Ausnahmen hierzu etabliert, die vor allem das *Beamten- und Wettbewerbsrecht* betreffen.

3. Den Unionsgerichten sind auch *unheilbare Verfahrensfehler* bekannt. Hierzu
gehören insbesondere Verletzungen institutioneller Beteiligungsrechte.

4. Findet eine Heilung eines Verfahrens- oder Formfehlers im Laufe des gerichtlichen Verfahrens ausnahmsweise statt, hat dies zur *Folge*, dass der
Mangel *nicht mehr die Aufhebung* des Beschlusses im Wege der Nichtigkeitsklage nach sich zieht. Die Heilung entfaltet jedoch nur eine *Wirkung ex
nunc*. Hat eine Klage nur deshalb keinen Erfolg, weil der Verfahrens- oder
Formfehler, auf den sie sich stützte, im Rahmen des gerichtlichen Verfahrens geheilt wurde, sind die *Kosten* des Verfahrens nicht dem unterliegenden
Kläger, sondern der obsiegenden beklagten Institution aufzuerlegen.

5. Kann ein Verfahrens- oder Formfehler nicht geheilt werden, kann er immer noch unbeachtlich sein. Sofern eine „heilende" Verfahrenshandlung ersichtlich ist, kommt der *Heilung Vorrang vor der Unbeachtlichkeit* zu.

6. Die Rechtsprechung unterscheidet vier Fallgruppen der Unbeachtlichkeit:

   a) Zunächst lehnen die Unionsgerichte die Aufhebung eines Beschlusses im Wege der Nichtigkeitsklage wegen eines *Formfehlers* ab, wenn sich die Verwaltung in einer *rechtlich gebundenen Entscheidungslage* befand. Dem Kläger fehle es hier an einem berechtigten Interesse an der Aufhebung. Steht fest, dass es sich um eine gebundene Entscheidungslage handelt, sieht die Rechtsprechung aus prozessökonomischen Gründen gar von einer Prüfung des Mangels ab. Auf Verfahrensmängel haben die Unionsgerichte diese Rechtsprechung bislang nicht angewendet.

   b) Ein *Verfahrensfehler* zieht dann nicht die Aufhebung einer Verwaltungsentscheidung im Wege der Nichtigkeitsklage nach sich, wenn er *für das konkrete Ergebnis der angegriffenen Entscheidung nicht ursächlich* war. Die Alternativlosigkeit der Entscheidung kann dabei sowohl auf *tatsächlichen als auch auf rechtlichen Erwägungen* beruhen. Zur Abwendung der Aufhebung bedarf es eines *positiven Kausalitätsnachweises*, dass die angefochtene Entscheidung ohne die Verletzung einen anderen Inhalt hätte haben können. Diese Fallgruppe findet auf *Entscheidungen mit Ermessensspielraum keine Anwendung*.

   c) Ein Verfahrens- oder Formfehler führt ferner dann nicht zur Aufhebung der Entscheidung im Wege der Nichtigkeitsklage, wenn er *keine nachteiligen Auswirkungen für den Fehlerbetroffenen und seine Verfahrensposition* hatte. Dies ist insbesondere der Fall, wenn der *Zweck der verletzten Vorschrift trotz ihrer Verletzung doch noch erreicht* wurde.

   d) Schließlich kann ein Verfahrens- oder Formfehler mangels *Schwere* unbeachtlich sein. Diese Fallgruppe ist jedoch nur sehr vereinzelt geblieben und die Gerichte haben es versäumt, allgemeingültige Kriterien zur Bemessung die Schwere der Verletzung herauszuarbeiten.

7. *Folge* der Unbeachtlichkeit ist, dass der Beschluss nicht im Wege der Nichtigkeitsklage wegen Verletzung wesentlicher Formvorschriften aufgehoben wird. Der Beschluss bleibt jedoch weiterhin *rechtswidrig*.

II. *Drittes Kapitel: Die primärrechtlichen Direktiven*

8. Zunächst ist zu konstatieren, dass sich aus den allgemeinen Rechtsgrundsätzen *keine Pflicht zur Sanktion von Verfahrens- und Formfehlern* ergibt. Vielmehr lassen sie auch die Möglichkeit ihrer Relativierung zu. Insbesondere aus dem *Grundsatz der Rechtmäßigkeit der Verwaltung* ergibt sich kein Gebot der „Sanktionsmaximierung" in der Form, dass Verfahrens- und Formfehler stets zur Aufhebung einer Exekutiventscheidung führen müssen. Vielmehr ist der Grundsatz mit anderen allgemeinen Rechtsgrundsätzen, insbesondere dem Grundsatz der Verwaltungseffizienz, abzuwägen und in Einklang zu bringen. Aus dem Grundsatz lässt sich jedoch ein grundsätzlicher Vorrang der Heilung vor der Unbeachtlichkeit

von Verfahrens- und Formfehlern ableiten. Ferner ergibt sich aus der präventiven Bedeutung des Grundsatzes der Rechtmäßigkeit der Verwaltung
die Pflicht, an rechtswidriges Verwaltungshandeln andere Rechtsfolgen zu
knüpfen, als an rechtmäßiges und die Relativierung von Verfahrens- und
Formfehlern restriktiv zu handhaben. Eine Pflicht zur Sanktion von Ver-
fahrens- und Formfehlern kann auch nicht aus dem *Grundrecht auf gute
Verwaltung* oder dem *Grundsatz des effektiven Rechtsschutzes gem. Art. 47
Abs. 1 GRCh* abgeleitet werden. Auch die *Grundsätze der Rechtssicherheit
und des Vertrauensschutzes* stehen der Heilung und Unbeachtlichkeit nicht
im Wege. Denn beide Rechtsfiguren dienen gerade der Bestandssicherung
von Rechtsakten und unterstützen damit die Entscheidung des Unionsrechts, die Ordnungsfunktion des Rechts gerade zu Gunsten der Beständigkeit von Rechtsakten aufzulösen. Der *allgemeine Gleichheitssatz* steht der
Relativierung von Verfahrens- und Formfehlern ebenfalls nicht entgegen,
da das materielle und Verfahrensrecht bereits keine Vergleichsgruppen bilden. Darüber hinaus kann dem allgemeinen Gleichheitssatz ein Gebot zur
sachgerechten Differenzierung zwischen den einzelnen Verfahrens- und
Formfehlern im Hinblick auf ihre Sanktion bzw. Relativierung entnommen
werden. *Wie* diese inhaltliche Differenzierung im Einzelnen auszusehen
hat ergibt sich aus dem allgemeinen Gleichheitssatz jedoch nicht.

9. Allein aus der *Menschenwürdegarantie nach Art. 1 GRCh* sowie dem
Grundsatz der Rechtsstaatlichkeit aus Art. 2 EUV kann eine Sanktionspflicht von Verfahrens- und Formfehlern abgeleitet werden: So ist eine
Sanktion der Verletzung zwingend erforderlich und eine Relativierung mithin nicht möglich, wenn eine Verfahrensvorschrift einen besonders ausgeprägten menschenrechtlichen Gehalt aufweist und ihre Verletzung eine
evidente Herabwürdigung des Fehlerbetroffenen zum bloßen Objekt des
Verfahrens darstellt. Auch Verfahrens- oder Formfehler, die eine schwerwiegende, elementare und unhaltbare Verletzung des Rechtsstaatsprinzips
darstellen bzw. eine rechtsstaatlich unverzichtbare verfahrensrechtliche
Mindestanforderung betreffen, müssen zwingend sanktioniert werden.

10. Die Rechtsfiguren der Heilung und Unbeachtlichkeit stellen zudem in hohem Maße eine Konkretisierung des *Effizienzgrundsatzes* dar. Um diesen
Grundsatz bestmöglich zu verwirklichen, darf das Ziel der Relativierung
von Verfahrens- und Formfehlern jedoch nicht das Erreichen größtmöglicher Verfahrenseffizienz an sich sein, sondern (lediglich) der größtmöglichen Verfahrenseffizienz unter Berücksichtigung der Rechte und der
Interessen der Betroffenen. Die Durchführung eines zeit-, sachmittel-,
personal- und kostenintensiven Zweitverfahrens muss mit dessen Gewinn
an Rechtsstaatlichkeit im Vergleich zur isolierten Heilung bzw. Unbeachtlichkeit des Verfahrens- oder Formfehlers abgewogen werden. Die Relativierung eines Fehlers ist dann gegenüber der Durchführung eines Zweitverfahrens effizienzsteigernd, wenn der Zeit-, Mittel-, Personal- und
Finanzaufwand für die Durchführung eines Zweitverfahrens so groß ist,

dass die Durchführung eines Zweitverfahrens grob unverhältnismäßig ist. Eine Relativierung ist damit gegenüber einem Zweitverfahren umso wahrscheinlicher, je anspruchsvoller das Verwaltungsverfahren ist, das heißt, je komplexer der Sachverhalt ist, je mehr Personen und Stellen an der Mitgestaltung des Beschlusses beteiligt und vom Verfahrensergebnis betroffen sind und je grundrechts- bzw. grundfreiheitsrelevanter der Gegenstand des Verfahrens ist. Gleichzeitig darf eine Heilung der Durchführung eines Zweitverfahrens aber in Rechtsstaatlichkeit in nichts nachstehen und sie muss die Rechte und Interessen der Betroffenen bestmöglich wahren. Dies hängt davon ab, ob durch die Heilung unter Anlegung eines realitätsgerechten Maßstabs das Verfahren in den Stand zurückversetzt werden kann der bestünde, wenn der Fehler von Anfang an nicht begangen worden wäre.

11. Schließlich konnte festgestellt werden, dass sich aus dem Primärrecht ein *grundsätzlicher Ausschluss der Heilung im Laufe des gerichtlichen Verfahrens* ergibt. Die Untersuchung des *Grundsatzes des institutionellen Gleichgewichts* zeigt, dass der gerichtliche Prozess nicht in der Lage ist, das Verwaltungsverfahren zu ersetzen, da die Richter nicht zur vollständigen Aufklärung des Sachverhalts im Rahmen des Prozesses befugt sind. Eine Heilung durch die Gerichte bzw. im Laufe des Prozesses widerspricht insofern dem Funktionsverständnis der kontrollierenden dritten Gewalt. Eine *Ausnahme* hierzu besteht im Falle der sog. *pleine juridiction*, da der Gerichtshof dann befugt ist, nicht nur die Aufhebung der Kommissionsentscheidung anzuordnen, sondern unter Berücksichtigung einer nachgeholten Verteidigungshandlung eines am Verfahren Beteiligten eine eigene Sachentscheidung nach seinem Dafürhalten zu treffen. Auch das *Recht auf einen fairen Prozess (Art. 47 Abs. 2 S. 1 GRCh) und der Grundsatz der Waffengleichheit* sprechen gegen eine Heilungsmöglichkeit im Laufe des gerichtlichen Verfahrens, da durch sie der Ausgang des gerichtlichen Verfahrens für den Kläger zumindest unvorhersehbar, wenn nicht gar der sichere Klageerfolg ohne irgendwelche Abwehrmöglichkeiten zunichte gemacht wird. Außerdem bleibt dem Kläger bei der Heilung eines Anhörungs- oder Begründungsmangels während des gerichtlichen Verfahrens nur noch die Klageerwiderung, um seinen Standpunkt vorzutragen. Bedenken im Hinblick auf eine Heilung im Laufe des gerichtlichen Verfahrens ergeben sich ferner mit Blick auf das *Recht auf ein unparteiliches Gericht aus Art. 47 Abs. 2 S. 1 GRCh*. Besteht die Möglichkeit der Heilung von Verfahrensfehlern im Prozess ist zu befürchten, dass sich der Kläger in einer schwächeren Position im Vergleich zur Verwaltung wähnt, da er das Gericht auf Seiten der beklagten Behörde befürchtet, auch wenn die Richter bei verständiger (objektiver) Würdigung lediglich als zuständige Leiter des gerichtlichen Verfahrens gesehen werden müssten, die auf eine zügige Prozessführung hinwirken, ohne aber auf ein bestimmtes Ergebnis festgelegt zu sein.

III. *Viertes Kapitel: Das Verfahrensleitbild des europäischen Eigenverwaltungsrechts*

12. Verwaltungsverfahren liegen zwei konkurrierende Verfahrensleitbilder zugrunde, in denen sich auch die Hauptfunktionen von Verwaltungsverfahren widerspiegeln: Ein Verständnis spricht dem Verfahren eine nur instrumentelle bzw. „utilitaristische" Funktion zu und sieht seine Aufgabe lediglich darin, das materielle Recht sachrichtig und effizient umzusetzen. Dieser „dienenden" Verfahrensratio diametral entgegengesetzt ist das Verständnis, das dem Verfahren einen Eigenwert zuerkennt. Die Durchführung eines fairen Verfahrens ist demnach Garant für ein richtiges Verfahrensergebnis.

13. Die Regeln der Heilung und Unbeachtlichkeit von Verfahrens- und Formfehlern sind ein Spiegel davon, welche Verfahrenskonzeption einer Rechtsordnung primär zugrunde liegt. Denn hier kommt es zum Schwur darüber, wie hoch die Bedeutung ist, die eine Rechtsordnung ihren Verfahrensvorschriften attestiert.

14. Das unionsrechtliche Eigenverwaltungsverfahrensrecht ist mit einem beträchtlichen Eigenwert ausgestattet. Ihm liegt ein Verfahrensverständnis zugrunde, wonach eine nicht zu erreichende materielle Richtigkeit durch die Richtigkeit des Verwaltungsverfahrens kompensiert werden soll.

    a) Der weitreichende Eigenwert zeigt sich zum einen anhand der im europäischen Eigenverwaltungsverfahrensrecht vergleichsweise *großzügig gewährten Verfahrensgarantien.*

    b) Er bestätigt sich auch mit Blick auf die *prozessualen Rahmenbedingungen*: Der objektive Kontrollansatz der Gerichte, die Tatsache, dass eine Sache an die Verwaltung zurückverwiesen wird anstatt von den Gerichten „durchentschieden" zu werden sowie die materiell nur eingeschränkte Kontrolldichte der Gerichte weisen auf eine „starke" Verwaltung und einen hohen Wert der Verfahrensvorschriften hin. Die Tatsache, dass im Unionsrecht nur gegen verfahrensabschließende Verwaltungsentscheidungen geklagt werden kann, mindert den Eigenwert des Verfahrens kaum.

    c) Der „Wert" des Verwaltungsverfahrens ist jedoch nicht durchgehend homogen ausgestaltet. So ist der Eigenwert des Verfahrens höher, je größer die der Verwaltung zustehenden Entscheidungsspielräume sind. Umgekehrt nimmt der Eigenwert des Verfahrens im Falle gebundener Entscheidungslagen ab.

    d) Für die Ausgestaltung der Heilung und Unbeachtlichkeit von Verfahrens- und Formfehlern bedeutet dies generell, dass diese Rechtsfiguren von einer äußersten Zurückhaltung geprägt sein müssen. Der hohe Eigenwert verwaltungsverfahrensrechtlicher Vorschriften steht einer zu weitreichenden Ausgestaltung von Heilungs- und insbesondere Unbeachtlichkeitsregelungen entgegen. Im Hinblick auf die der Verwaltung zugestandenen Entscheidungsspielräume gilt: Je größer der der Verwaltung eingeräumte Entscheidungsspielraum ist, umso geringer ist die Wahrscheinlichkeit, dass ein Verfahrens- oder Formfehler geheilt werden oder gar unbeachtlich sein kann.

IV. *Fünftes Kapitel: Die rechtsvergleichende Perspektive*

15. Das *deutsche* Verwaltungsrecht hat die Möglichkeit der Relativierung von Verfahrens- und Formfehlern großzügig ausgestaltet. Es verfügt über ein detailliertes und abgestuftes, gesetzlich niedergelegtes System der Heilung und Unbeachtlichkeit.

    Besonders relevant ist dabei die Möglichkeit der Fehlerbehebung im Rahmen des Widerspruchsverfahrens gem. § 68 VwGO, das in Deutschland in der Regel zwingend vor Klageerhebung durchzuführen ist. Hier können fehlerhafte Verwaltungsakte ohne weiteres nachgebessert werden. Verfügt die Widerspruchsbehörde über die gleichen Entscheidungsbefugnisse wie die Ausgangsbehörde, können neben den in § 45 VwVfG genannten Form- und Verfahrensfehlern auch andere Rechtsverletzungen und vor allem auch materiell-rechtliche Fehler nachgebessert werden.

    Das bekannteste Instrument zur Fehlerbehebung ist die isolierte Heilung nach § 45 VwVfG. § 45 Abs. 1 VwVfG gestattet die Heilung eines fehlenden Antrags, eines fehlenden Beschlusses eines Ausschusses, der fehlenden Mitwirkung einer anderen Behörde sowie von Begründungs- und Anhörungsmängeln. Messlatte der Heilungshandlung ist dabei der Grundsatz der „realen Fehlerheilung", der verlangt, den Betroffenen durch die Heilung so zu stellen wie er stünde, wenn der Fehler nicht begangen worden wäre. Dies erfordert zumindest, dass sich die Heilungshandlung nicht bloß in einer inhaltsleeren Förmelei erschöpft. Darüber hinaus gestattet § 45 Abs. 2 VwVfG eine Heilung auch noch im Laufe des gerichtlichen Verfahrens.

    § 46 VwVfG regelt die Rechtsfigur der Unbeachtlichkeit. Demnach sind die Verletzungen von Vorschriften über Verfahren, Form oder örtliche Zuständigkeit unbeachtlich, „wenn offensichtlich ist, dass die Verletzung die Entscheidung in der Sache nicht beeinflusst hat". Dies ist entweder der Fall, wenn rechtlich keine andere Entscheidung in der Sache möglich war, weil die Entscheidung rechtlich gebunden oder das Ermessen auf Null reduziert war. Oder der Fehler war für die Entscheidung tatsächlich nicht kausal, beispielsweise weil er keinen Einfluss auf die Ermessenserwägungen hatte. Dabei besteht eine Vermutung zu Lasten der Behörde dafür, dass der Fehler Einfluss auf den Inhalt des Verwaltungsaktes hatte.

16. In *Italien* wurden die Regeln der Unbeachtlichkeit im Zuge der Reform des Verwaltungsverfahrensrechts im Jahre 2005 in Art. 21-*octies* Abs. 2 *legge* 241/1990 niedergelegt. Es wurden ein Grund- und ein Spezialfall der Unbeachtlichkeit normiert: Zum einen führt ein Verfahrens- oder Formfehler bei einer gebundenen Verwaltungsentscheidung nicht zur Aufhebung derselben, wenn offensichtlich ist, dass in der Sache keine andere Entscheidung hätte getroffen werden können. Zum anderen kann eine fehlerhafte Mitteilung der Einleitung eines Verfahrens – ein im italienischen Recht typisch auftretender Fehler – dann nicht die Aufhebung der Verwaltungsentscheidung nach sich ziehen, wenn die Verwaltung im Gerichtsverfahren beweist, dass keine andere Entscheidung in der Sache hätte getroffen werden

können. Während erstere Regelung nur auf gebundene Entscheidungslagen Anwendung findet, kann letztere darüber hinaus auch bei Ermessensentscheidungen zum Einsatz kommen.

Der Heilung von Verfahrens- und Formfehlern kommt daneben eine untergeordnete Rolle zu: Die Rechtsfigur der *sanatoria* beschreibt die isolierte Nachholung einer im Laufe des Verwaltungsverfahrens rechtswidrig unterlassenen oder fehlerhaft vorgenommenen vorbereitenden Verfahrenshandlung nach Erlass der Verwaltungsentscheidung. Sie ist im Wesentlichen ein Instrument der Eigenkontrolle der Verwaltung, womit diese innerhalb ihres Zuständigkeitsbereichs auftretende Konflikte selbst lösen kann, indem sie einseitig und von Amts wegen innerhalb ihres Machtbereichs tätig wird. Eine *sanatoria* im Laufe des gerichtlichen Verfahrens ist ausgeschlossen.

Unter dem Stichwort der sog. *motivazione postuma* wird im italienischen Recht die Heilung von Begründungsmängeln im Laufe des gerichtlichen Verfahrens erörtert. Die herrschende Rechtsprechung und Lehre lehnen diese Möglichkeit jedoch ab.

17. Das *französische* Verwaltungsrecht sanktioniert Verfahrensfehler streng und steht der Möglichkeit ihrer Relativierung insgesamt skeptisch gegenüber.

Es kennt die Rechtsfigur der Unbeachtlichkeit, geht mit ihrer Anwendung aber restriktiv um. Im Falle der sog. *théorie des moyens inopérants en cas de compétence liée* heben die Richter eine verfahrensfehlerhafte Exekutiventscheidung nicht auf, wenn die Entscheidung genauso erneut erlassen werden könnte, mithin rechtlich gebunden war. Handelt es sich um eine Ermessensentscheidung, unterscheiden die Gerichte bei der Frage der Unbeachtlichkeit danach, ob es sich um die Verletzung einer *formalité substantielle* oder einer *formalité non substantielle*, das heißt einer wesentlichen oder unwesentlichen Förmlichkeit, handelt. Nur die Verletzung einer sog. *formalité substantielle* – die den Regelfall darstellt – führt zur Rechtswidrigkeit der Verwaltungsentscheidung und rechtfertigt ihre Aufhebung. Bei der Abgrenzung wesentlicher und nicht-wesentlicher Förmlichkeiten unterscheidet das französische Recht auf einer ersten Ebene zwischen wesentlichen und unwesentlichen *Normen* des Verfahrens oder der Form. Jedoch kann auch die *Verletzung* einer prinzipiell wesentlichen Verfahrens- oder Formvorschrift auf einer zweiten Ebene aufgrund einer Einzelfallbetrachtung als unwesentlich eingestuft werden und keine Aufhebung der Verwaltungsmaßnahme rechtfertigen. Genaue Leitlinien dafür, welche Kriterien für die Abgrenzung auf diesen beiden Ebenen im Einzelnen maßgeblich sind, haben die französischen Gerichte oder die Lehre jedoch nicht herausgearbeitet. Fest steht, dass es sich bei der Einschätzung um eine Einzelfallentscheidung handelt, bei der der Judikative ein großer Bewertungsspielraum zusteht.

Eine Heilung von unterlassenen oder fehlerhaft vorgenommenen Verfahrenshandlungen durch ihre Nachholung ist im französischen Recht grundsätzlich nicht erlaubt. Eine Ausnahme besteht nur im Falle nicht-wesentlicher Förmlichkeiten, die jedoch für die Praxis von zu vernachlässigender Bedeutung ist.

Die Rechtsfigur der sog. *substitution de motifs* erlaubt die Heilung von Begründungsmängeln im Laufe des gerichtlichen Verfahrens, wenn es sich um eine gebundene Entscheidungslage handelt oder – seit einem Urteil des Staatsrats aus dem Jahr 2004 – im Falle einer Ermessensentscheidung, wenn auf Antrag der Verwaltung die neuen Gründe tatsächlich in der Lage sind, die Verwaltungsentscheidung zu tragen und die Verwaltung dieselbe Entscheidung auch unter Berücksichtigung der neuen Begründung getroffen hätte.

18. Das *englische* Recht sanktioniert Verfahrens- und Formfehler vergleichsweise streng und lässt nur wenig Raum für ihre Relativierung. Es ist dabei von einer strengen Zweiteilung geprägt: Es unterscheidet zwischen der Verletzung der Grundsätze der *natural justice* auf der einen und Verfahrensregelungen, die in einem bereichsspezifischen Gesetz niedergeschrieben sind (*statutory procedural requirements*) auf der anderen Seite. Letztere unterteilen sich wiederum in zwingende und lediglich empfehlende Verfahrensvorgaben (*mandatory* und *directory procedural requirements*), wobei diese strenge Unterscheidung in jüngster Zeit einem flexibleren Ansatz der Differenzierung, sog. *common sense approach*, zu weichen scheint, der die Unterscheidung zwischen *mandatory* und *directory procedural requirements* als nur einen Aspekt von mehreren zu berücksichtigenden sieht.

Handelt es sich um die Verletzung einer gesetzlichen Verfahrensvorgabe, führt diese zur Nichtigkeit der Exekutiventscheidung, wenn es sich um eine zwingende Verfahrensanforderung handelt. Wurde lediglich gegen eine empfehlende Verfahrensregel verstoßen, kann diese Verletzung unbeachtlich sein oder – *a maiore ad minus* – geheilt werden. Ob die Verletzung unbeachtlich ist beantworten die Gerichte anhand einer Einzelfallbetrachtung. Dabei berücksichtigen sie die Bedeutung der verletzten Vorschrift für das konkrete Verfahren, die Schwere des Fehlers, die Zweckerreichung und die Frage, ob die Verfahrensposition des Betroffenen trotz der Verletzung als gewahrt angesehen werden kann.

Ob die Verletzung eines Grundsatzes der *natural justice* geheilt werden kann hängt maßgeblich vom Prüfungsumfang des Verfahrens ab: Eine Heilung wird bejaht, wenn im Rahmen des gerichtlichen Verfahrens den Grundsätzen der Verfahrensgerechtigkeit nachgekommen wird und das Verfahren in einer Gesamtschau unter Berücksichtigung eines *appeal* oder einer *review* als *fair* eingestuft werden kann, der Verfahrensfehler mithin kompensiert werden kann und die Rechtsposition des Betroffenen nicht verkürzt wurde. Besonders ausführlich haben sich die englischen Gerichte dabei mit der Heilung von Anhörungsmängeln im Laufe des *appeal*-Verfahrens befasst. Vielzitierte Leitentscheidung ist die Rechtssache *Calvin v Carr*. Kommt das Gericht zu dem Schluss, dass das Ergebnis der Exekutiventscheidung selbst bei rechtmäßigem Handeln nicht anders ausgefallen wäre, ist die Verletzung eines *natural justice procedural requirement* unbeachtlich (sog. *no difference principle* oder *no difference situation*). Dann schafft das Gericht selbst bei rechtswidrigem Verwaltungshandeln keine Abhilfe. Eine einheitliche Herangehensweise der Rechtsprechung oder Lehre an die *no difference*-Argumentation hat sich jedoch kaum herausgebildet. Zum Teil setzen die Gerichte sehr früh an und kommen zu dem Schluss, dass bereits kein Verstoß gegen den *fairness*-Grundsatz vorliegt und die *natural justice*-Grundsätze nicht verletzt wurden, wenn der Verfahrensmangel keinen Einfluss auf das Entscheidungsergebnis hatte. Teilweise fragen die Richter in anderen Urteilen in einem ersten Schritt – ohne Berücksichtigung ihrer potenziellen Auswirkungen – danach, ob überhaupt eine Verfahrensrechtsverletzung vorliegt. Erst in einem zweiten Schritt wenden sie sich der Frage zu, ob dieser Fehler auch zu einer materiell-rechtlichen Betroffenheit des Einzelnen führte. Dabei trägt derjenige, der das *no difference principle* zu seinen Gunsten geltend machen möchte, die Beweislast dafür, dass die Rechtswidrigkeit keinen Einfluss auf die Sachentscheidung genommen hat. Dabei scheint der Maßstab der „Offensichtlichkeit" der zur Beweisführung erforderliche Grad der Wahrscheinlichkeit zu sein.

19. In rechtsvergleichender Hinsicht ist zunächst festzustellen, dass die untersuchten Rechtsordnungen *übereinstimmende Ausgangspositionen* aufweisen: Ihnen ist gemeinsam, dass eine Verwaltungsentscheidung, die mit einem Verfahrens- oder Formfehler behaftet ist, in der Regel rechtswidrig ist und folglich aufgehoben wird. Diese Parallele hängt damit zusammen, dass allen Rechtsordnungen die Bedeutung von Verfahrens- und Formregeln bewusst ist, die prinzipiell eine Sanktion ihrer Verletzung erforderlich werden lässt. Einigkeit besteht darüber hinaus aber auch dahingehend, dass die Verletzung einer Verfahrens- oder Formvorschrift nicht stets zur Aufhebung der betroffenen Verwaltungsentscheidung führen muss, sondern in bestimmten Fällen auch relativiert werden kann. Dem liegt der Gedanke der Verwaltungseffizienz zugrunde. Dabei finden sich die Rechtsfiguren der Heilung und Unbeachtlichkeit als Ausnahmen zur prinzipiellen Aufhebung von verfahrens- bzw. formfehlerhaften Exekutiventscheidungen – wenn auch in unterschiedlicher Reichweite und Ausgestaltung – in allen untersuchten Rechtsordnungen wieder. Ihnen liegt der Zielkonflikt zwischen dem Rechtsschutzauftrag der Verwaltung und der Gerichte auf der einen und dem Grundsatz der Verwaltungseffizienz auf der anderen Seite zugrunde. Wie weitreichend bzw. großzügig die Regeln der Heilung und Unbeachtlichkeit in einer Rechtsordnung ausgestaltet sind hängt im Wesentlichen davon ab, wie hoch der Stellenwert ist, den diese dem Verwaltungsverfahrensrecht im Vergleich zum materiellen Recht einräumt. Auch hängt die Reichweite der Möglichkeit, Verfahrens- und Formfehler zu relativieren, davon ab, wie weitreichend das Rechtsinstitut der Nichtigkeit in einer Rechtsordnung zum Einsatz kommt.

20. In allen untersuchten Rechtsordnungen ist anerkannt, dass bestimmte unterlassene oder fehlerhaft vorgenommene Verfahrenshandlungen durch Nachholung geheilt werden können. Dabei beschränkt sich die *Rechtsfigur der Heilung* stets auf die Korrektur *formeller Verstöße*. Die Untersuchung hat ferner gezeigt, dass eine erfolgreiche Heilung rechtsordnungsübergreifend verlangt, dass der *Fehlerbetroffene durch die Heilungshandlung so*

gestellt wird wie er stünde, wenn der Fehler nicht begangen worden wäre.
Dies schließt inhaltsleere Förmeleien als Heilungshandlung aus. Wie genau dieses Erfordernis konkret ausgestaltet ist, variiert von Rechtsordnung zu Rechtsordnung.

Unterschiede zwischen den untersuchten Rechtsordnungen bestehen zum einen mit Blick auf die *heilbaren Verfahrens- und Formfehler.* Zum anderen – und am deutlichsten – zeigen sich Unterschiede jedoch mit Blick auf die *zeitlichen Grenzen* der Heilungsmöglichkeit. Zwar besteht Einigkeit dahingehend, dass Verfahrens- und Formfehler im Rahmen eines (verwaltungsrechtlichen Überprüfungs-)Verfahrens beseitigt werden können, das die Verwaltungsentscheidung auf ihre Recht- bzw. Zweckmäßigkeit untersucht und dessen Entscheidung an die Stelle der mangelhaften Entscheidung tritt – wenn ein solches denn vorgesehen ist. Divergenzen bestehen jedoch bei der Beantwortung der Frage nach einer Heilungsmöglichkeit im Laufe des gerichtlichen Verfahrens: Das deutsche Verwaltungsrecht gestattet in § 45 Abs. 2 VwVfG eine Heilung „bis zum Abschluss der letzten Tatsacheninstanz". Auch die englischen Gerichte bejahen regelmäßig die Heilung von Anhörungsmängeln im Laufe eines *appeal*-Verfahrens. Das italienische und französische Verwaltungsrecht lehnen eine Heilung im Laufe des gerichtlichen Verfahrens hingegen grundsätzlich ab – wie es auch die Rechtsprechung der Unionsgerichte tut. Der Abschluss des Verwaltungsverfahrens stellt eine unüberwindbare Zäsur für die Heilungsmöglichkeit dar. Eine Ausnahme hierzu besteht im französischen Recht lediglich für Begründungsmängel, deren Heilung im Rahmen der sog. *substitution de motifs* diskutiert wird. Demnach kann eine Begründung auch noch im Laufe des gerichtlichen Verfahrens nachgeholt werden, wenn es sich um eine gebundene Entscheidungslage handelt oder – im Falle einer Ermessensentscheidung – wenn auf Antrag der Verwaltung die neuen Gründe tatsächlich in der Lage sind, die Verwaltungsentscheidung rechtlich zu begründen und die Verwaltung dieselbe Entscheidung auch unter Berücksichtigung der neuen Begründung getroffen hätte. Auch im italienischen Recht wird die Debatte geführt, ob im Rahmen der Rechtsfigur der sog. *motivazione postuma* eine Heilung von Begründungsmängeln im Laufe des gerichtlichen Verfahrens gestattet werden soll. Während sich in jüngerer Zeit die Stimmen mehren, die dies zulassen wollen, scheint die herrschende Auffassung in Rechtsprechung und Lehre dies immer noch abzulehnen. Eine Parallele zeigt sich im Unionsrecht, wo die Rechtsprechung ebenfalls zahlreiche Ausnahmen zur grundsätzlichen Aufhebung einer Verwaltungsentscheidung diskutiert, die an einem Begründungsmangel leidet.

21. Ferner ist in den untersuchten Rechtsordnungen in vergleichbarer Weise anerkannt, dass Verfahrens- und Formfehler aus prozessökonomischen Gründen *unbeachtlich* sein können. Dabei hat die Untersuchung insbesondere gezeigt, dass die verschiedenen Rechtsordnungen Konvergenzen hinsichtlich der von ihnen verwendeten *Kriterien* aufweisen, mit denen sie die reduzierte Fehlerbeachtlichkeit begründen.

a) In den untersuchten Rechtsordnungen ist die Grundeinsicht vorhanden, dass Verfahrens- und Formfehler dann unbeachtlich sind, wenn die *Sachentscheidung rechtlich nicht anders hätte ergehen können*. Das deutsche, französische und italienische Verwaltungsrecht unterscheiden zwischen gebundenen und Ermessensentscheidungen der Verwaltung: Den Rechtsordnungen ist gemein, dass sie einen Aufhebungsanspruch wegen eines Verfahrens- und Formfehlers versagen, wenn es sich um eine rechtlich gebundene Entscheidungslage ohne Ermessensspielräume der Verwaltung handelt. Das englische Recht nimmt eine vergleichbar strenge Abgrenzung nicht vor. Vielmehr fließen Ermessensspielräume als ein Aspekt von vielen in eine Einzelfallbewertung mit ein. Die Rechtsprechung der Unionsgerichte hat, in enger Anlehnung an die französische richterrechtliche Rechtsfigur der *moyens inopérants en cas de compétence liée*, ebenfalls den Grundsatz entwickelt, dass die Verletzung einer Formvorschrift im Falle einer rechtlich gebundenen Entscheidungslage nicht zur Aufhebung im Wege der Nichtigkeitsklage führen kann. Die Anwendung dieser Fallgruppe ist jedoch sehr vereinzelt geblieben.

b) Den untersuchten mitgliedstaatlichen Rechtsordnungen ist zudem das *Kriterium der faktischen Alternativlosigkeit bzw. der konkreten Ergebnisrelevanz* als Kategorie der Unbeachtlichkeit gemeinsam. Diese Fallgruppe erachtet Verfahrens- oder Formfehler für unbeachtlich, die im konkreten Einzelfall keinen Einfluss auf die Sachentscheidung gehabt haben können. Ist es hingegen möglich, dass der Fehler im Einzelfall das Ergebnis der Sachentscheidung beeinflusst haben kann, zieht er ihre Aufhebung nach sich.

Jedoch konnte gezeigt werden, dass Unterschiede im Hinblick auf die *Intensität der Prüfung der Ergebnisrelevanz* des Fehlers für die Sachentscheidung und der dabei geltenden Beweislastverteilung zwischen den Rechtsordnungen bestehen: Die deutsche Unbeachtlichkeitsregelung des § 46 VwVfG ist dem Modell der negativen Relevanzprüfung zuzuordnen. Für eine Unbeachtlichkeit des Fehlers bedarf es einer konkreten Kausalitätsprüfung, durch die nachgewiesen wird, dass es ausgeschlossen ist, dass der Fehler Einfluss auf den Entscheidungsinhalt hatte. Es besteht eine Vermutung zu Lasten der Behörde dafür, dass der Fehler Einfluss auf den Inhalt des Verwaltungsakts hatte. Die Behörde trägt die Beweislast für die Feststellung einer Ausnahme, das heißt dafür, dass die Verfahrensverletzung für das Entscheidungsergebnis nicht erheblich war. In Bezug auf den Grad der Wahrscheinlichkeit erfordert das deutsche Recht „Offensichtlichkeit". Im französischen Verwaltungsrecht ist ein Fehler dann unbeachtlich, wenn sich nicht ausschließen lässt, dass er sich auf die Sachentscheidung ausgewirkt hat. Es wird daher ebenfalls eine negative Relevanzprüfung durchgeführt. Die italienische Unbeachtlichkeitsregelung in Art. 21-*octies* Abs. 2 S. 2 *legge* 241/1990 erfordert hingegen den positiven Nachweis der Relevanz des Verfahrensfehlers: Eine Verwaltungsmaßnahme kann „nicht wegen fehlender Mitteilung über den Beginn des Verfahrens aufgehoben werden, wenn die Verwaltung vor Gericht nachweist, dass der Inhalt der Maßnahme nicht anders als der darin festgelegte hätte sein können." Die Beweislast obliegt der Verwaltung. Das englische Recht verlangt demgegenüber, dass derjenige, der das *no difference principle* zu seinen Gunsten geltend machen möchte, nachweist, dass die Rechtswidrigkeit keinen Einfluss auf die Sachentscheidung genommen hat. Dies läuft im Ergebnis auf einen positiven Nachweis der Relevanz des Verfahrensfehlers hinaus. Dabei wird der Maßstab der „Offensichtlichkeit" angelegt. Im europäischen Eigenverwaltungsrecht muss schließlich der Kläger den positiven Nachweis erbringen, dass die angefochtene Entscheidung ohne die Verletzung möglicherweise einen anderen Inhalt gehabt hätte. Für den Nachweis der Kausalität des Fehlers für das Entscheidungsergebnis ist jedoch eine objektive Betrachtung ausreichend; nicht erforderlich ist eine Erforschung des internen behördlichen Entscheidungsvorgangs.

c) Die untersuchten Rechtsordnungen sehen Verfahrens- und Formfehler zudem dann als unbeachtlich an, wenn trotz der Verletzung die von der missachteten Vorschrift verfolgten Funktionen erreicht worden sind (*Gedanke der Zweckerreichung*). Im französischen Verwaltungsrecht ist das Kriterium der Zweckerreichung die wichtigste Unbeachtlichkeitskategorie. Auch die Unionsgerichte ziehen den Gedanken der Zweckerreichung – insbesondere in wettbewerbsrechtlichen Fällen – als Begründung dafür heran, eine Entscheidung trotz eines Verfahrens- oder Formfehlers aufrechtzuerhalten. Das englische Recht stellt bei der Frage der Unbeachtlichkeit der Verletzung eines *statutory procedural requirement* maßgeblich auf das Kriterium der Zweckerreichung ab und fragt, ob der von der verletzten Vorschrift verfolgte Zweck trotz der Verletzung erreicht wurde. Kaum Bedeutung erfährt das Kriterium der Zweckerreichung hingegen im italienischen und deutschen Verwaltungsrecht.

d) Schließlich wird auch das Kriterium der *Schwere des begangenen Fehlers* als Differenzierungsmerkmal in Hinblick auf die Frage Unbeachtlichkeit von Verfahrens- oder Formfehlern eingesetzt. Jedoch erlangt es in keiner der untersuchten mitgliedstaatlichen Rechtsordnungen eine eigenständige Bedeutung in dem Sinne, dass es isoliert als Kriterium der Unbeachtlichkeit herangezogen wird. Vielmehr ist die Schwere des Verfahrens- oder Formfehlers nur ein Aspekt von mehreren, der in der Unbeachtlichkeitsprüfung herangezogen wird. Die Unionsgerichte haben das Kriterium der Schwere des Fehlers hingegen als selbstständiges Kriterium zur Begründung der Unbeachtlichkeit eines Verfahrens- oder Formfehlers anerkannt. Jedoch ist die Anknüpfung daran nur sehr vereinzelt geblieben.

22. Schließlich konnte gezeigt werden, dass ein *Zusammenhang zwischen den Rechtsfiguren der Heilung und Unbeachtlichkeit* dahingehend besteht, dass weitreichende Heilungsmöglichkeiten großzügige Unbeachtlichkeitsregelungen überflüssig machen. Sind die Heilungsregelungen hingegen restriktiv ausgestaltet, wird dem Effizienzbedürfnis durch großzügigere Unbeachtlichkeitsregeln Rechnung getragen.

Summary: The Consequences of Errors in the EU's Direct Administrative Proceedings. A Comparative Analysis of "Rectification" and "Irrelevance"

Chap. 1: Introduction

The field of EU direct administration has witnessed an expansion and differentiation in recent years, as shown for example by EU laws on bank supervision and migration, as well as the progressive creation of EU offices and agencies. As the Union's procedures have become more complex, the number of potential sources of procedural errors has also risen. As is almost inevitable, the higher number of sources of mistakes means that increasingly few procedures are being carried out flawlessly. As a result, EU courts have to deal more and more frequently with procedural and formal defects, and the question of what consequences these entail for the administrative decisions concerned. That question in turn leads almost inevitably to another: whether an administrative decision that is flawed by a procedural or formal error unexceptionally has to be quashed, or if strict compliance with the law can be waived under certain circumstances. Is it appropriate to annul an administrative decision that is flawed by a procedural or formal error, even if its material outcome is correct? Should there be a possibility to "cure" the procedural or formal error under certain circumstances? Might it even be possible for an error to be inconsequential under certain conditions?

The answer to these questions is not only interesting from a positive legal standpoint but also in terms of legal policy: on the one hand, it stands to reason that the violation of a provision relating to procedure or form cannot be treated like a substantive legal error, which always calls into question the legality of the act during judicial proceedings and leads to its being quashed. As far as can be ascertained, there is no legal system where every error relating to procedure or form unexceptionally leads to the annulment of the final decision. The reason for this is twofold:

© Max-Planck-Gesellschaft zur Förderung der Wissenschaften e.V., to be exercised by Max-Planck-Institut für ausländisches öffentliches Recht und Völkerrecht, Heidelberg 2019
L. Hering, *Fehlerfolgen im europäischen Eigenverwaltungsrecht*, Beiträge zum ausländischen öffentlichen Recht und Völkerrecht 286, https://doi.org/10.1007/978-3-662-59368-4

First, because of the increasing complexity of administrative proceedings, they are increasingly susceptible to errors. Secondly, affected parties can use (often purely) technical procedural questions to dodge burdensome administrative decisions or slow down inconvenient administrative proceedings, and increasingly do so. If the violation of a provision relating to procedure or form would always and inevitably lead to the annulment of the administrative decision, the effective realisation of administrative procedures would be endangered. In order for the judicial sanctioning of procedural and formal defects not to become an impediment to administrative proceedings, it is necessary to allow violations of provisions relating to procedure or form to be treated as inconsequential under appropriate circumstances. On the other hand, it is a core function of administrative procedures to strengthen the legitimacy of the EU administration and the acceptance of the outcome of its procedures. They can serve as a counter-balance to the challenge that the administration lacks democratic legitimacy. If violations of a provision relating to procedure or form are handled with too much pragmatism – i.e. are too readily declared to be inconsequential and are not sufficiently sanctioned by annulling the affected act – this might weaken the trust in the EU institutions. Therefore procedural law in general, and the consequences procedural defects entail in particular, has to be construed in a manner that procedural justice and the legal rights of individuals to protection are reconciled with the requirements of an effective and efficient administration.

Against this background, a progressive and forward-looking European administration needs appropriate mechanisms for dealing with errors. Practical reason dictates that procedural errors need not always lead to the annulment of a decision, but can be immaterial in a certain way. Especially in view of the fact that errors cannot be completely avoided when the administration takes complex decisions, it is necessary to refrain from an unduly strict implementation of procedural law. It must be possible to tolerate or even to forgive procedural errors under certain circumstances, and it is this function that the legal concepts of rectification and irrelevance serve.

EU law has not yet fully and systematically addressed the issue of the consequences of procedural errors in general, however, nor the rectification and irrelevance of procedural and formal errors in particular. The most regrettable absence – and a lacuna that this work begins to address – is that in the recent debate on the enactment of an EU law of direct administrative procedure, which has been taking place both in inter-institutional and academic settings, the "doctrine on the consequences of errors" (*Fehlerfolgenlehre*) has been completely ignored. Neither the model law on EU administrative procedural law published in 2014 by the Research Network on EU Administrative Law (ReNEUAL – a network of European lawyers and practitioners), nor the draft presented by the Working Group on Administrative Law to the Legal Affairs Committee of the European Parliament (which is recognisably based on the model law of the ReNEUAL project) contain a regulatory proposal for a European *Fehlerfolgenlehre*.

This book explores the legal concepts of rectification and irrelevance of procedural and formal errors in EU direct administrative procedures, and proposes a model rule for inclusion in a future law on EU direct administrative procedure.

Chap. 2: The Jurisprudence of the EU Courts

The second chapter analyses and systematises the jurisprudence of the EU courts on the legal concepts of rectification and irrelevance of procedural and formal errors. As neither primary nor secondary EU law contains many guidelines on how to deal with procedural defects – Art. 263 (2) TFEU only stipulates that the "infringement of an essential procedural requirement" is a cause of action that can lead the act to be declared void – it was left to the jurisprudence of the EU courts to design a regime that goes beyond the procedural consequences specified by Art. 263 (2) TFEU.

The thesis first turns to the *legal concept of rectification.*

The EU courts do not provide a clear-cut definition of the legal concept of rectification. However, in his opinion in the case *Parlament/Erik Dan Frederiksen* (C-35/92 P) Advocate General *Van Gerven* defined rectification as the "legal principle whereby *procedural irregularities may be cured by subsequent action*." Therefore, the scope of application of rectification only extends to "*procedural* irregularities", which also comprises *formal errors*. Material errors cannot be rectified. Furthermore, rectification requires "subsequent action", i.e. that "the remedial measure must *put the persons entitled in the position which they would have been in if the procedural error had not happened*". The EU courts base the concept of rectification on a broad understanding, which encompasses both rectification following the issuing of a decision, as well as mere rectification of omitted or incorrectly performed procedural acts prior to the issuing of a decision. The minimum requirement for the curability of a decision is that although it is *illegal* at the time of the cure, it is *still existent*, i.e. not null and void. Non-existent decisions are thus incapable of rectification from the outset. This excludes the curability of all procedural and formal errors which are so "grave and obvious" that they cannot be tolerated by the EU legal order, and which thus result in the nullity of the decision.

In a temporal sense, *three phases* can be distinguished regarding the possibility of rectification: The first phase is the period before the end of the administrative procedure, the second the period after the end of the administrative procedure but before the filing of an action, and the last the period after the filing of an action. The first caesura is thus the conclusion of the administrative procedure before which, in principle, rectification is always possible. In this respect, in practice the rectification in the course of an administrative review procedure is the most common route to rectification. The second caesura is the filing of an action, after which rectification is rejected in principle, but is possible in exceptional cases. As a general rule, rectification is more likely to be successful the earlier it takes place.

Rectification of procedural and formal errors is *in principle possible in the course of the administrative procedure* and until its conclusion. The underlying reason for this is that the procedure represents a single unit, the legality of which has to be judged as a whole. The limit to the curability (in particular of defective hearings) is the point in time at which any subsequent (flawless) hearing would be superfluous, because the authority has already completed its opinion-forming process and there is no longer an open decision-making situation. Rectification has particular practical relevance if a mandatory *internal administrative review procedure* before bringing an action before a court is provided for under secondary law, which gives the authority the opportunity to review its procedure. This is the case both in EU civil service law (Art. 90 (2) of the Staff Regulations) as well as in the decisions of EU agencies. Whether rectification is possible within these review procedures depends on the scope of the competent authority's examination: where the competent authority examines the decision in question for both its lawfulness and its appropriateness and has the same decision-making authority as the initial authority, it can also rectify procedural and formal errors.

Rectification of procedural and formal errors in the *period after the conclusion of the administrative proceedings but before the filing of an action* is *in principle excluded*. However, the case-law of the EU courts shows a tendency to allow an *exception* to this principle for *errors in reasoning*. However, here rectification is only possible where the person concerned does not suffer any detriment to his legal position as a result of the defective statement of reasons, and where the enforcement of their claim is not made more difficult as a result of the defective statement of reasons.

As soon as a *complaint is filed*, the *rectification* of procedural and formal errors is *excluded in principle*.

In a move away from older jurisprudence, EU courts today deny the possibility of rectifying *errors committed during hearings* and *access to files* in the course of judicial proceedings in principle. Any exceptions in the case law relate to sector-specific cases and cannot be generalised.

With regard to the rectification of *flawed statements of reasons* during judicial proceedings, the EU courts distinguish between cases where *merely inadequate* reasons have been given, and those in which reasons are *entirely absent*. In principle, it remains the case that a failure to state reasons renders the contested decision unlawful and requires its annulment. However, the EU courts have allowed exceptions to this principle in numerous cases.

The rectification of a flawed statement of reasons is possible first, if the judges have *compétence de pleine juridiction* and can thus include additional arguments directly in their decision-making. This applies both in the case of an inadequate statement of reasons as well as in the case of a complete absence of reasons.

The EU courts furthermore allow the possibility of a rectification in the event of *inadequate reasoning* by completing the reasoning in the course of the judicial proceedings. The central justification for this is that even if the statement of reasons is initially inadequate, all the *functions* pursued by a statement of reasons – namely to inform the person concerned of the prospects of success of his action and to enable the court to review its legality – can (subsequently) still be achieved. In some cases, the judges also deny the party affected by the error the *interest* in annulling the challenged decision if it could be issued again immediately with the same content, but a sound statement of reasons. In the event of a successful rectification of an inadequate statement of reasons in cases concerning civil service law, the EU courts nevertheless do not charge the *costs* of the court proceedings to the unsuccessful plaintiff but to the defendant institution. The *limit* of the possibility to rectify an inadequate statement of reasons is reached if the reasons added in the course of the judicial proceedings are completely new or contradict those initially stated. Compliance with this limit is particularly strictly monitored in criminal or quasi-criminal proceedings, such as antitrust proceedings.

In principle, it is not possible to remedy a *complete absence of a statement of reasons* in the course of judicial proceedings. The justification for this is based on the fact that the functions pursued by the statement of reasons can no longer be achieved at such a late stage and that in the eyes of the EU courts the decision and the statement of reasons are an "indivisible whole". However, the EU courts have established a large number of sector-specific *exceptions* to this principle:

In *civil service law*, the jurisprudence has affirmed the admissibility of the rectification of a failure to state reasons in the course of judicial proceedings in three special case groups.

First, a complete failure to state reasons does not lead to the annulment of the contested decision if this would have the consequence that an entire selection or promotion procedure with a large number of participants would have to be annulled and ultimately carried out again with the same result. This is because, in addition to the interests of the plaintiff affected by the failure to state reasons, the *interests of third parties* (in particular those of the candidates admitted to the post at the end of the procedure) must also be taken into account in the balancing process. A prerequisite for refraining from the annulment, however, is that the plaintiff concerned is informed of the reasons after the action has been brought and is awarded damages.

The second group of cases where the courts have allowed an exception to the principle of annulment of a decision which suffers from a failure to state reasons is the selection procedure under *Art. 29 (2) of the Staff Regulations*. In this case, the special features of the procedure justify a lowering of the requirements for the statement of reasons which must be given to a rejected applicant in the final phase of the procedure. The procedure under Art. 29 (2) of the Staff Regulations differs from other selection procedures under civil service law in that it is a discretionary decision of the appointing authority for which the personality of the applicants is decisive. Therefore, the justification of the selection decision must be limited by "the duty of confidentiality due to the other candidates".

Finally, it is possible to rectify a failure to state reasons after an action has been brought if the action pursuant to *Art. 91 (4) of the Staff Regulations* has already been brought before the conclusion of the preliminary proceedings.

In *competition law cases*, the jurisprudence has accepted the possibility to rectify a failure to state reasons in the course of the judicial proceedings in "exceptional circumstance[s]". When such "exceptional circumstances" can be assumed to exist is not explained in detail in the case law, but it is clear from the judgments that the case group must be handled restrictively.

The EU courts are also aware of *incurable procedural errors*. These include, in particular, violations of institutional participation rights.

If, exceptionally, a procedural or formal defect is rectified in the course of judicial proceedings, the *consequence* will be that that defect can no longer lead to the annulment of the decision by means of an action for annulment. However, the rectification only has an *ex nunc effect*. If an action is unsuccessful only because the procedural or formal defect on which it was based was remedied in the course of the judicial proceedings, the *costs* of the proceedings are not to be imposed on the unsuccessful plaintiff but on the successful defendant institution.

In addition to rectification, the jurisprudence of the EU courts is also sufficiently familiar with the *legal concept of the irrelevance* of procedural and formal errors. However, it construes it very restrictively. A distinction can be made between *four groups of cases* of irrelevance:

First of all, the EU courts refuse to annul a decision by means of an action for annulment on the grounds of a *formal error* if the administration found itself in a situation in which it was *legally bound to reach a particular decision*. In this case, the applicant lacks a legitimate interest in having the decision annulled. If it is established that the decision is legally bound, the EU courts even refrain from investigating the alleged defect for reasons of procedural economy. To date, the courts have not applied this case-law to procedural defects.

A *procedural defect* does not entail the annulment of an administrative decision by means of an action for annulment if it was *not a causal factor for the specific outcome of the contested decision*. The fact that there was no alternative to the decision taken may be based on *both factual and legal considerations*. In order to avoid annulment, a *positive proof* of causality is required that the contested decision would have had a different content if the procedural error had not been committed. This group of cases *does not apply to discretionary decisions*. In the case of discretionary decisions, strict monitoring of compliance with procedural and formal requirements by the EU courts is necessary, as this acts as a compensation for the limited power of review of the courts.

Furthermore, a procedural or formal irregularity does not lead to the annulment of the decision by means of an action for annulment if it had *no adverse effects on the person affected by the irregularity and their procedural position*. This is in particular the case if the *purpose of the infringed provision has nevertheless been achieved* despite its infringement. The EU courts apply this reasoning in particular in the context of competition cases.

Finally, a procedural or formal irregularity can be irrelevant as a result of its *lack of gravity*. However, the application of this case-group has remained very limited and the EU courts have failed to elaborate general criteria for assessing the gravity of the infringement.

The *consequence* of the irrelevance of a procedural or formal error is that the decision cannot be quashed by means of an action for annulment. However, the decision remains unlawful.

If a subsequent procedural act, capable of rectifying the error is conceivable, the rectification takes precedence over the irrelevance of a procedural or formal error.

Chap. 3: Primary Law Guidelines for Rectification and Irrelevance

The study proceeds with an analysis of the legal instruments of rectification and irrelevance in the light of *EU primary law*, in particular a number of *general principles*. This is because the consequences procedural defects entail can only be understood by looking at the entirety of EU administrative law. They cannot be grasped in isolation, as they have to seamlessly fit into the bigger picture.

First, it should be noted that the general principles of law do not impose an obligation to sanction procedural and formal irregularities. Rather, they also allow for the possibility of relativising them. In particular, the *principle of the legality of administration* does not result in a requirement of "maximum sanctions" in the sense that procedural and formal errors must always lead to the annulment of an administrative decision. Instead, the principle must be weighed against and reconciled with other general legal principles, in particular the *principle of administrative efficiency*. Indeed, a fundamental priority of rectification over the irrelevance of procedural and formal errors can be derived from this principle. Furthermore, the preventive significance of the principle of the legality of administration means that there is an obligation to attach legal consequences to unlawful administrative actions that differ from those of lawful ones, and the relativisation of procedural and formal errors therefore has to be handled restrictively. An obligation to sanction procedural and formal errors similarly cannot be derived from the *right to good administration* or the *principle of effective legal protection* pursuant to Art. 47 (1) European Charter of Fundamental Rights (CFREU). Likewise, the *principle of legal certainty* and the *protection of legitimate expectations* do not stand in the way of rectification or irrelevance. Both legal mechanisms serve precisely to secure the existence of legal acts, and thus support the decision of EU law to prioritise the stability of legal acts over the function of law as an instrument of order. Finally, the *principle of equality* also does not stand in the way of relativising procedural and formal errors, since substantive and procedural law are not readily comparable and do not have to be treated the same way. In addition, the principle of equality can be interpreted as requiring an appropriate differentiation between the various procedural and formal errors with regard to their sanction or relativisation. *How* this substantive differentiation has to take place is not, however, derivable from the principle of equality in any great detail.

Only the guarantee of *human dignity* pursuant to Art. 1 CFREU and the principle of the *rule of law* pursuant to Art. 2 TEU can ground a duty to sanction procedural and formal errors: Thus, a sanction for a violation is absolutely necessary and a relativisation therefore not possible if a procedural provision has a particularly pronounced human rights content, and its violation represents an evident degradation of the person affected to a mere object of the proceedings. Procedural or formal errors that constitute a serious, elementary and untenable violation of the rule of law or concern a minimum requirement of procedural law that is indispensable under the rule of law must also be sanctioned.

The legal concepts of rectification and irrelevance also represent a concretisation of the *efficiency principle*. In order to put into practice this principle in the best possible way, however, the aim of relativising procedural and formal errors must not be to achieve the greatest possible procedural efficiency per se, but (only) the greatest possible procedural efficiency, that is consistent with the rights and interests of the persons concerned. The implementation of a second procedure, which is time-consuming, resource-intensive, personnel-intensive and costly, must be weighed against its gain in the rule of law in comparison to the isolated remedying or disregard of the procedural or formal defect. The relativisation of an error compared with the execution of a second procedure increases efficiency if the time, means, personnel and financial expenditure for the execution of a second procedure is so great that the execution of a second procedure is grossly disproportionate. The more demanding the administrative procedure is, i.e. the more complex the facts of the case are, the more persons and bodies are involved in co-determining the decision and are affected by the outcome of the proceedings, the more likely it is that the procedural or formal error will be relativised and a second procedure will not be carried out. At the same time, however, a rectification must be in no way inferior to the conduct of a second procedure under the rule of law and must protect the rights and interests of those affected to the greatest extent possible. This depends on whether the rectification, applying a realistic standard, can restore the proceedings to the state that would have existed if the error had not been committed from the outset.

Finally, it could be established that primary law *excludes rectification during the course of judicial proceedings in principle*. The study of the *principle of institutional balance* shows that the judicial process is not capable of replacing administrative procedures, since the judges do not have the power to fully clarify the facts of the case within the framework of the process. A rectification by the courts or in the course of the judicial proceedings therefore contradicts the understanding of the function of the controlling third power. There is an exception to this in the case of *pleine jurisdiction*, since the Court of Justice is then empowered not only to order the annulment of the Commission's decision, but also to make its own decision on the merits according to its own opinion, taking into account a subsequent defence by a party to the proceedings. Moreover the *right to a fair trial* (Art. 47 (2) 1 CFREU) and the *principle of equality of arms* argue against permitting rectification in the course of judicial proceedings. Rectification makes it exceedingly difficult for the plaintiff to predict the outcome of the judicial proceedings; if the procedural or formal error is the plaintiff's only line of attack, rectification renders the entire lawsuit obsolete. Furthermore, in the event of a rectification of a defective hearing or statement reasons during the court proceedings, the applicant is left only with the defence of putting forward their point of view. Concerns regarding a rectification in the course of the judicial proceedings also arise from Art. 47 (2) 1 CFREU with regard to the right to an impartial court. If there is the possibility to rectify procedural errors during judicial proceedings, it is to be feared that the plaintiffs consider themselves to be in a weaker position compared to the administration. He could fear that the court is on the side of the defendant authority, even though – from a reasonable (objective) assessment – the judges would have to be seen only as the responsible leaders of the judicial proceedings, who want to work towards a speedy conduct of the proceedings, without, however, being fixed on achieving a certain result.

Chap. 4: The Procedural Model of EU Direct Administration

Administrative procedures are based on two competing procedural models which also reflect the main functions of administrative procedures: One understanding attributes to the procedure a purely instrumental or "utilitarian" function and sees its task merely as implementing substantive law in an appropriate and efficient manner. Diametrically opposed to this "serving" procedural ratio is the understanding that assigns an intrinsic value to the procedure. On this view, the implementation of a fair procedure is therefore a guarantor for a correct outcome of the procedure. The rules of rectification and irrelevance of procedural and formal errors reflect the procedural concept primarily underlying a legal system. This is the best test of how highly valued procedural rules are within a legal system.

EU direct administrative law has a considerable intrinsic value. Its premise is that where substantive correctness cannot be achieved, the accuracy of administrative proceedings has the effect of compensating for it. This far-reaching intrinsic value is shown on the one hand by the comparatively generous procedural guarantees granted in EU direct administrative procedural law. It is also confirmed by the procedural framework conditions: The objective approach of the courts, the fact that they refer a case back to the administration instead of deciding it, and the limited rigor of their substantive review indicate a "strong" administration and that a high value is accorded to the procedural rules. The fact that EU law only allows actions to be brought against administrative decisions concluding proceedings hardly diminishes the intrinsic value of the proceedings. However, the "value" of the administrative procedure is not homogeneous throughout. Thus, the intrinsic value of the procedure is higher, the greater the degree of discretion the administration has. Conversely, the intrinsic value of the procedure decreases in the case of bound decision situations.

This generally means that these legal concepts of rectification and irrelevance of procedural and formal errors must be characterised by extreme restraint. The high intrinsic value of administrative procedural law provisions stands in the way of too far-reaching rules of rectification and, in particular, irrelevance. With regard to the leeway for decision granted to the administration, the following applies: the greater the discretion granted to the administration, the lower is the probability that a procedural or formal error can be rectified or even disregarded.

Chap. 5: The Comparative Law Perspective

The fifth chapter of the book explores the legal concepts of rectification and irrelevance from a comparative law perspective. First it analyses the concepts in the legal systems of Germany, Italy, France and England and Wales to then compare them with their counterparts in the EU system of direct administration. The legal comparison with the member state administrative systems shows – despite differences in detail – that even though the EU courts have not adopted any single system in use in a member state, they often use similar criteria to decide whether a procedural or formal defect leads to the annulment of the final decision or not.

German administrative law has generous provisions for the possibility of relativising procedural and formal errors. It has a detailed and graduated system of rectification and irrelevance laid down by legislation.

Of particular relevance is the possibility of rectifying errors within the framework of administrative review proceedings pursuant to § 68 of the Rules of the Administrative Courts (VwGO), which in Germany is generally mandatory prior to bringing an action. Here, erroneous administrative acts can be rectified without further ado. If the review authority has the same decision-making powers as the initial authority, other infringements of the law in addition to the formal and procedural errors mentioned in § 45 of the Law on Administrative Proceedings (VwVfG) and, above all, substantive errors can be rectified.

The best-known instrument for eliminating errors is isolated rectification pursuant to § 45 VwVfG. § 45 (1) VwVfG allows the rectification of the non-presentation of an application necessary before the taking of an act by the person concerned, the non-giving of grounds or hearing as well as the non-participation of a committee or of any other authority whose participation was required for the taking of the act. The yardstick of the rectification action is the principle of "complete or full healing of errors" (*Grundsatz der realen Fehlerheilung*) which demands that the person affected be placed in the same position by the rectification process as they would have been if the error had not been committed. This at least requires that the act of rectification is not merely an empty formality. In addition, § 45 (2) VwVfG permits a rectification even in the course of the court proceedings.

§ 46 VwVfG governs the legal concept of irrelevance. Accordingly, violations of provisions on procedures, form, or competence are irrelevant if it is evident that the error did not influence the decision on the merits. This is the case where no other decision on the merits was legally possible because the decision was legally bound, where the discretion was "reduced to zero" (*Ermessensreduzierung auf Null*) or where the error was in fact not material to the decision, for example because it had no influence on the discretionary considerations. There is a presumption, to the detriment of the authority, that the error affected the content of the administrative act.

In *Italy*, the rules of irrelevance of defects of form and procedure were laid down in Art. 21-*octies* (2) legge 241/1990 during the reform of the administrative procedural law in 2005. A basic and a special case of irrelevance were stipulated: On the one hand, a defect of procedure or form does not lead to the annulment of the administrative act if the administration was bound to act as it did, and it is obvious that no other decision on the merits could have been taken. On the other hand, an incorrect notification of the initiation of proceedings – a common error in Italian law – cannot lead to the annulment of the administrative decision if the administration proves in court that no other decision on the merits could have been taken. While the former case applies only to situations where the administration was legally bound to act as it did, the latter can also be used for discretionary decisions.

The legal concept of rectification of errors of procedure or form only plays a subordinate role: The legal figure of the *sanatoria* describes the isolated making good of an unlawfully omitted or incorrectly performed preparatory procedural step in the course of administrative proceedings after the administrative decision has been issued. It is essentially an instrument of self-regulation by the administration, enabling it to resolve conflicts arising within its sphere of competence by acting unilaterally and *ex officio* within its sphere of power. A *sanatoria* in the course of judicial proceedings is not possible.

Under the heading of *motivazione postuma*, Italian law discusses the rectification of defective statements of reasons in the course of judicial proceedings. However, the prevailing jurisprudence and doctrine reject this possibility.

French administrative law strictly sanctions procedural errors and is generally sceptical about the possibility of relativising them.

It knows the legal figure of irrelevance, but applies it only restrictively. In the case of the so-called *théorie des moyens inopérants en cas de compétence liée*, the judges do not overrule an executive decision containing a procedural error if the decision would be issued again with the same material content, i.e. if it was legally bound. In the case of a discretionary decision, the courts differentiate questions of irrelevance according to whether these concern the violation of a *formalité substantielle* or a *fomalité non-substantielle*, i.e. an essential or insignificant formality. Only the violation of a so-called *formalité substantielle* – which is the rule – leads to the illegality of the administrative decision and justifies its annulment. In distinguishing between essential and non-essential formalities, French law distinguishes at a first level between essential and non-essential procedural or formal norms. However, the infringement of a procedural or formal requirement which is essential in principle at a second level can also be classified as insignificant on the basis of a case-by-case examination and does not justify the annulment of the administrative measure. However, the French court and doctrine have not elaborated precise guidelines as to which criteria are decisive for the distinction at these two levels. What is certain is that the assessment is a case-by-case decision in which the judiciary has a great deal of room for manoeuvre in its assessment.

In principle, French law does not permit the rectification of an omitted or incorrectly performed procedural step by subsequent action. An exception exists only in the case of non-essential formalities, which is negligible in practice.

The legal figure of the so-called *substitution de motifs* allows the rectification of defective statements of reasons in the course of the judicial proceedings, if the decision was legally bound. Since a judgment of the *Conseil d'État* in 2004 the rectification of a defective statement of reasons is also possible in the case of a discretionary decision during the course of judicial proceedings, if the administration requests to rectify its defective statement, the new reasons are actually able to support the administrative decision, and the administration would have made the same decision also taking into account the new reasons.

English and Welsh law sanctions procedural and formal errors comparatively severely and leaves little room for their relativisation. It is characterised by a strict dichotomy: It distinguishes between the violation of the principles of natural justice on the one hand and procedural requirements written down in a sector-specific law (statutory procedural requirements) on the other. The latter in turn are subdivided into mandatory and directory procedural requirements, whereby this strict distinction recently seems to give way to a more flexible approach of differentiation, the so-called common sense approach, which sees the distinction between mandatory and directory procedural requirements as just one aspect of several to be considered.

In the case of a violation of a statutory procedural requirement, this leads to the nullity of the administrative decision if the procedural requirement is mandatory. If only a directory procedural rule was violated, this violation can be irrelevant or – *a maiore ad minus* – rectified. Whether the infringement is irrelevant is answered by the courts on a case-by-case basis. In doing so, they take into account the significance of the infringed provision for the specific proceedings, the severity of the error, the achievement of the purpose pursued by the provision despite the infringement and the question of whether the procedural position of the party concerned can be regarded as having been maintained despite the infringement.

In assessing whether the violation of a principle of natural justice can be rectified, the scope of the review of the proceedings is decisive: A rectification is possible if the principles of procedural fairness are complied with in the course of the judicial proceedings and the proceedings can be classified as fair in an overall view taking into account an appeal or a review. The procedural error thus was compensated and the legal position of the person concerned has not been compromised. The English courts have dealt with the rectification of flawed hearings in the course of the appeal proceedings in particular detail. The *Calvin v Carr* case is a frequently-quoted, leading decision in this context. If the court comes to the conclusion that the result of the administrative decision would not have been any different even if the action had been lawful, the violation of a natural justice procedural requirement is irrelevant (so-called no difference principle or no difference situation). In this case, the court does not provide for a remedy even in the event of unlawful administrative action. A uniform approach to the no difference-argument has, however, not yet developed either in the jurisprudence or in scholarly work on the subject. In some cases, the courts intervene at an early stage and conclude that there has been no violation of the principle of fairness and that the natural justice principles have not been violated if the procedural defect had no influence on the outcome of the decision. In other judgments, the judges ask in a first step whether a procedural violation has occurred at all, without considering its potential effects. Only in a second step do they address the question of whether this error also had a substantive legal impact on the individual. The burden of proof that the unlawfulness did not influence the decision on the merits lies with the person who wishes to assert the no difference-principle in their favour. The criterion of "obviousness" seems to be the degree of probability required to prove of the case.

From a comparative law point of view, it must first be observed that the legal systems examined have identical starting positions: What they have in common is that an administrative decision which is vitiated by a procedural or formal irregularity is generally unlawful and therefore has to be quashed. This parallel is connected with the fact that all legal systems are aware of the importance of procedural and formal rules, which in principle make a sanction for their infringement necessary. However, there is also agreement that the violation of a procedural or formal requirement does not always have to lead to the annulment of the administrative decision concerned, but can also be relativised or even be declared to be inconsequential in certain cases. This is based on the idea of administrative efficiency. The legal mechanisms of rectification and irrelevance can be found in all the legal systems examined as exceptions to the principle of annulling administrative decisions that are procedurally or formally flawed – albeit to different extents and forms. They are based on the conflict of objectives between the mandate of the administration and the courts to offer legal protection and the principle of administrative efficiency. How far-reaching or generous the rules of rectification and irrelevance are in a legal system essentially depends on the importance it attaches to administrative procedural law in comparison to substantive law. The scope of the possibility of relativising procedural and formal errors also depends on the extent to which the legal institution of nullity is used in a legal system.

It is recognised in all the legal systems examined that certain omitted or incorrectly performed procedural steps can be rectified by means of subsequent action. The legal concept of *rectification* is thereby always limited to the *correction of procedural or formal violations*. Furthermore, the analysis has shown that a successful rectification in all legal systems examined requires that the person affected by the error be placed in the position they would have been if the error had not been made. This excludes empty formalisms as an act of rectification. The concrete form of this requirement varies from legal system to legal system.

On the one hand, there are differences between the legal systems examined with regard to curable procedural and formal errors. On the other hand – and most clearly – there are differences with regard to the temporal limits of the possibility of rectification. There is agreement that procedural and formal errors can be eliminated within the framework of an (administrative review) procedure which examines the lawfulness or appropriateness of the administrative decision and whose decision replaces the defective decision – if such a review procedure is envisaged at all. However, there are divergences in the answer to the question of a possible rectification in the course of the judicial proceedings: German administrative law in § 45 (2) VwVfG permits a rectification until the conclusion of the final judicial proceedings. The English courts also regularly affirm the rectification of flawed hearings in the course of appeal proceedings. Italian and French administrative law, in contrast, generally reject a rectification in the course of the judicial proceedings; as does the case law of the EU courts. The conclusion of the administrative procedure represents an insurmountable caesura for the possibility of a rectification. An exception to this exists in French law, but only for defective statements of reasons, the rectification of which is discussed within the framework of the so-called *substitution de motifs*. According to this, a statement of reasons can also be provided in the course of judicial proceedings if the decision is legally bound or – in the case of a discretionary decision – if, at the request of the administration, the new reasons are actually capable of legally substantiating the administrative decision and the administration would have taken the same decision also taking the new statement of reasons into account. In Italian law there is also a debate as to whether the legal concept of the so-called *motivazione postuma* should allow the remedy of deficiencies in reasoning in the course of judicial proceedings. While in recent times there has been an increase in the number of voices that wish to allow this to happen, the prevailing view in the jurisprudence and doctrine still seems to reject this. A parallel can be seen in EU law, where case law also discusses numerous exceptions to the principle of annulling an administrative decision which suffers from a deficiency in reasoning.

In addition, the legal systems examined have similarly recognised that procedural and formal errors may be *irrelevant* for reasons of procedural economy. In particular, the study has shown that the various legal systems have convergences with regard to the criteria they use to justify reduced compliance with the rules.

In the legal systems examined there is a basic understanding that procedural and formal errors are irrelevant if *no other decision on the merits could have been made.* German, French and Italian administrative law distinguish between legally bound and discretionary decisions of the administration: the common feature of the legal systems is that they deny a right to annulment on the grounds of a procedural or formal error if the decision is bound by law and the administration has no discretionary powers. English law does not make a comparably strict distinction. Rather, discretionary powers are included as one aspect of many in a case-by-case assessment. The case-law of the EU courts has also developed the principle, in close reference to the French legal concept of the *moyens inopérants en cas de compétence liée,* that the violation of a procedural requirement in the case of a legally bound decision situation cannot lead to the quashing of the decision by way of an action for annulment. However, the application of this category of cases has remained very limited.

In addition, the examined Member States' legal systems have in common that they take into account the *de facto lack of alternative and/or the concrete relevance of the error for the outcome of the decision.* This case group considers procedural or formal errors to be irrelevant if they could not have had any influence on the substantive decision in the specific case at hand. If, however, it is possible that the error may have influenced the outcome of the decision on the merits in the given case, it will result in an annulment.

However, it could be shown that there are differences between the legal systems with regard to the *intensity of the examination of the relevance of the error for the outcome* of the decision and the distribution of the *burden of proof.* The German irrelevance provision of § 46 VwVfG is to be assigned to the "negative relevance test"-model. In order for an error to be disregarded, a concrete causality test is required which proves that the error had no influence on the content of the decision. There is a presumption, to the detriment of the authority, that the error had an influence on the content of the administrative act. The authority bears the burden of proof for the establishment of an exception, i.e. that the procedural violation was not material to the outcome of the decision. In terms of the degree of probability, German law requires "obviousness". In French administrative law, an error is irrelevant if it cannot be ruled out that it affected the decision on the merits. A negative relevance test is therefore also carried out. In contrast, the Italian irrelevance provision in Art. 21-*octies* (2) 2 legge 241/1990 requires positive proof of the relevance of the procedural error: an administrative measure cannot be revoked "for lack of notification of the start of the proceedings if the administration proves before the court that the content of the measure could not have been different from that laid down therein". The burden of proof lies with the administration. English law requires that the person who wishes to invoke the no difference principle in their favour proves that the illegality did not affect the decision on the merits. This ultimately results in positive evidence of the relevance of the procedural error. The criterion of "obviousness" is applied. Finally, in EU direct administrative law, the plaintiff must provide positive evidence that the contested decision might have had a different content without the infringement. However, an objective examination is sufficient to prove the causality of the error for the result of the decision; it is not necessary to investigate the internal administrative decision-making process.

The legal systems examined also regard procedural and formal errors as irrelevant if, despite the infringement, the *functions pursued by the infringed provision have been achieved* (*idea of achieving the purpose*). In French administrative law, the criterion of achievement of purpose is the most important category of irrelevance. The EU courts also use the idea of attaining the purpose – particularly in competition law cases – as a justification for upholding a decision despite a procedural or formal error. English law, on the question of the irrelevance of the infringement of a statutory procedural requirement, relies essentially on the criterion of the achievement of the purpose and asks whether the purpose pursued by the infringed provision was achieved despite the infringement. On the contrary, the criterion of attainment of purpose bears very little significance in Italian and German administrative law.

Lastly, the *criterion of the severity of the error committed* is also used as a differentiating factor when asking whether a procedural or formal error should be disregarded. However, in none of the Member States' legal systems examined does it acquire an independent meaning in the sense that it is used in isolation as a criterion of disregarding an error. Rather, the seriousness of the procedural or formal error is only one aspect of several which is taken into account in the test of whether an error may be disregarded. The EU courts, in contrast, have recognised the criterion of the seriousness of the error as an independent criterion for justifying that a procedural or formal irregularity be disregarded. However, the references to this criterion have remained very limited.

Finally, it could be shown that there is a *connection between the legal concepts of rectification and irrelevance* in the sense that far-reaching possibilities to rectify an error make generous rules on irrelevance superfluous. If, by contrast, the rules on rectification are designed restrictively, the need for efficiency is taken into account by more generous rules of irrelevance.

Chap. 6: Practical Proposal

The study concludes by proposing a model rule on the rectification and irrelevance that could feature in a future law on EU direct administrative procedure.

Model rule for the rectification of procedural and formal errors:

"(1) [1]A procedural or formal error that does not entail the non-existence of an administrative decision shall not lead to its annulment pursuant to Art. 263 (2) TFEU, if it has been rectified by subsequent action. [2] In order to be effective, a remedial measure must put the persons affected by the error in the position in which they would have been if the procedural or formal error had not occurred.

(2) [1]A rectification according to paragraph (1) can only take place before the conclusion of the administrative proceedings. [2]A defect in the statement of reasons may be rectified prior to the commencement of the judicial proceedings. [3]Rectification after the commencement of judicial proceedings is only possible if the court has unlimited power to review. [4]Further exceptions are regulated by sector-specific laws.

(3) [1]If an administrative review proceeding or a court action is unsuccessful only because the procedural or formal error has been rectified, the costs and fees necessary for the appropriate prosecution or legal defence shall be reimbursed to the person concerned."

Model rule for the irrelevance of procedural and formal errors:

"The annulment of an administrative decision pursuant to Art. 263 (2) TFEU as a result of a procedural or formal error, that does not entail the non-existence of the decision and has not been rectified, may not be claimed if:

- in the event of a formal error, the decision is legally bound;
- in the event of a procedural irregularity, it is also established that the contested decision would have had the same content without that irregularity;
- the purpose of the prescribed procedure was achieved despite the procedural or formal error in the circumstances of the individual case, and the error had no adverse effects on the person affected by the error and their procedural position."

Literatur

Alle Internetverweise wurden, soweit nicht anders vermerkt, zuletzt am 1.2.2019 abgerufen.

Adam, Winfried Anselm: Die Kontrolldichte-Konzeption des EuGH und deutscher Gerichte: Eine vergleichende Untersuchung der gerichtlichen Kontrolle im Dienst-, Außen- und Binnenwirtschaftsrecht, Baden-Baden: Nomos, 1993.

Alexy, Robert: Theorie der Grundrechte, Baden-Baden: Nomos, 1985.

Altenmüller, Reinhard: Die Kostenerstattung im Widerspruchsverfahren, DVBl. 1978, S. 284–291.

Alter, Maximilian: „Judicial Review" im englischen Sicherheitsrecht: Von der Rationalitäts- zur Verhältnismäßigkeitskontrolle, ZaöRV 75 (2015), S. 847–868.

Annacker, Claudia: Die Inexistenz als Angriffs- und Verteidigungsmittel vor dem EuGH und dem EuG, EuZW 1995, S. 755–761.

Annacker, Claudia: Der fehlerhafte Rechtsakt im Gemeinschafts- und Unionsrecht, Wien: Springer-Verlag, 1998.

Antonelli, Vincenzo: La convalida del provvedimento annullabile e la riforma della legge sul procedimento amministrativo, Il foro amministrativo/ CdS 2005, S. 2215–2225.

Antonio, Simona D': Alcune considerazioni in tema d'irregolarità degli atti amministrativi, Il foro amministrativo 1998, S. 3251–3260.

Anweiler, Jochen: Die Auslegungsmethoden des Gerichtshofs der Europäischen Gemeinschaften, Frankfurt am Main (u.a.): Lang, 1997.

Arabadjiev, Alexander: Unlimited Jurisdiction: What Does it Mean Today?, in: Cardonnel, Pascal (Hrsg.), Constitutionalising the EU Judicial System – essays in honour of Pernilla Lindh, Oxford: Hart, 2012, S. 383–402.

Arnauld, Andreas von: UN-Sanktionen und gemeinschaftsrechtlicher Grundrechtsschutz: Die „Soweit-Rechtsprechung" des Europäischen Gerichts Erster Instanz, AVR 44 (2006), S. 201–216.

Arnauld, Andreas von: Der Weg zu einem „Solange I ½", EuR 2013, S. 236–247.

Arnauld, Andreas von: Zum Status quo des europäischen Verwaltungsrecht, in: Terhechte, Jörg Philipp (Hrsg.), Verwaltungsrecht der Europäischen Union, Baden-Baden: Nomos, 2011, § 2 (zitiert als: *von Arnauld*, Zum Status quo des europäischen Verwaltungsrecht, in: Terhechte, VwR der EU, § 2, Rn. ...).

Arnold, Rainer: Vereinheitlichung des Verwaltungsverfahrensrechts in der EG, in: Schwarze, Jürgen/ Starck, Christian (Hrsg.): Vereinheitlichung des Verwaltungsverfahrensrechts in der

© Max-Planck-Gesellschaft zur Förderung der Wissenschaften e.V., to be exercised by Max-Planck-Institut für ausländisches öffentliches Recht und Völkerrecht, Heidelberg 2019
L. Hering, *Fehlerfolgen im europäischen Eigenverwaltungsrecht*, Beiträge zum ausländischen öffentlichen Recht und Völkerrecht 286, https://doi.org/10.1007/978-3-662-59368-4

EG – Vorträge der Fachgruppen für vergleichendes öffentliches Recht und Europarecht auf der 24. Tagung der Gesellschaft für Rechtsvergleichung vom 23–26. März 1994 in Berlin, EuR Beiheft 1/1995, Baden-Baden: Nomos, 1995, S. 7–33.

Auburn, Jonathan/ Moffett, Jonathan/ Sharland, Andrew: Judicial Review – Principles and Procedure, Oxford: Oxford University Press, 2013.

Auby, Jean-Marie: Les moyens inopérants dans la jurisprudence administrative, AJDA 1966, S. 5–13.

Auby, Jean-Marie/ Drago, Roland: Traité des recours en matière administrative, Paris: Litec, 1992.

Axmann, Martin: Das Nachschieben von Gründen im Verwaltungsrechtsstreit, Frankfurt am Main (u.a.): Peter Lang 2001.

Bader, Johann: Die Heilung von Verfahrens- und Formfehlern im verwaltungsgerichtlichen Verfahren, NVwZ 1998, S. 674–678.

Bader, Johann/ Ronellenfitsch, Michael (Hrsg.): Beck'scher Online Kommentar VwVfG mit VwVG und VwZG, 35. Edition, München: Beck, Stand: 1.4.2017 (zitiert als: *Bearbeiter*, in: Bader/Ronellenfitsch, BeckOK VwVfG, §..., Rn. ...).

Badura, Peter: Grenzen und Alternativen des gerichtlichen Rechtsschutzes in Verwaltungsstreitsachen, JA 1984, S. 83–94.

Bailey, Stephen: Grounds for Judicial Review: Due Process, Natural Justice, and Fairness, in: Feldman, David (Hrsg.), English Public Law, 2. Auflage, Oxford (u.a.): Oxford University Press, 2009, S. 667–717.

Bailey, Stephen: Cases, Materials and Commentary on Administrative Law, 4. Auflage, London: Sweet & Maxwell, 2005.

Bar, Christian von/ Clive, Eric: Principles, definitions and model rules of European private law: Draft Common Frame of Reference (DCFR), München: Sellier, European Law Publ., 2009.

Barbier de la Serre, Eric: Procedural Justice in the European Community Case-law concerning the Rights of the Defence: Essientialist and Instrumental Trends, European Public Law 2006, S. 225–250.

Bauer, Ralf: Das Recht auf eine gute Verwaltung im Europäischen Gemeinschaftsrecht: Inhalt, Anwendungsbereich und Einschränkungsvoraussetzungen des Grundrechts auf eine gute Verwaltung in Artikel 41 der Charta der Grundrechte der Europäischen Union, Frankfurt am Main (u.a.): Lang, 2002.

Baumgartner, Ulrich: Die Klagebefugnis nach deutschem Recht vor dem Hintergrund der Einwirkungen des Gemeinschaftsrechts, Berlin: Rhombos-Verlag, 2005.

Beaucamp, Guy: Allgemeine Rechtsgrundsätze als methodisches Problem, DÖV 2013, S. 41–50.

Beaucamp, Guy: Heilung und Unbeachtlichkeit von formellen Fehlern im Verwaltungsverfahren, JA 2007, S. 117–120.

Bebr, Gerhard: Judicial control of the European Communities, London: Stevens & Sons Limited, 1962.

Becker, Franz/ Luhmann, Niklas: Verwaltungsfehler und Vertrauensschutz: Möglichkeiten gesetzlicher Regelung der Rücknehmbarkeit von Verwaltungsakten, Berlin: Duncker & Humblot, 1963.

Berger, Michael: Vertraglich nicht vorgesehene Einrichtungen des Gemeinschaftsrechts mit eigener Rechtspersönlichkeit: Ihre Gründung und die Folgen für Rechtsschutz und Haftung, Baden-Baden: Nomos, 1999.

Bergner, Daniel: Grundrechtsschutz durch Verfahren: Eine rechtsvergleichende Untersuchung des deutschen und britischen Verwaltungsverfahrensrechts, München: Verlag Franz Vahlen, 1998.

Berkemann, Jörg: Verwaltungsprozessrecht auf „neuen Wegen"?, DVBl. 1998, S. 446–461.

Bernhardt, Rudolf: Eigenheiten und Ziele der Rechtsvergleichung im öffentlichen Recht, ZaöRV 24 (1964), S. 431–452.

Bieber, Roland: Verfahrensregeln – Skizze einer verborgenen Quelle des Gemeinschaftsrechts, in: Capotorti, Francesco (Hrsg.), Du droit international au droit de l'intégration: Liber amicorum Pierre Pescatore, Baden-Baden: Nomos, 1987, S. 25–51.

Bierschenk, Michaela/ Dechent, Fabian: Einschreiten der „Aufsicht über die Aufsicht" als Rechtsschutzziel vor dem Beschwerdeausschuss der EU-Finanzmarktaufsichtsbehörden, EuZW 2016, S. 572–577.

Blattner, Oliver: Verwaltungsverfahrensfehler und deren Folgen im zentralisierten europäischen Arzneimittelzulassungsverfahren, PharmR 2002, S. 277–287.

Bleckmann, Albert: Methoden der Bildung europäischen Verwaltungsrechts, DÖV 1993, S. 837–846.

Bleckmann, Albert: Die Rolle der Rechtsvergleichung in den Europäischen Gemeinschaften, ZVglRW 75 (1976), S. 106–124.

Bockey, Andrea: Die Entscheidung der Europäischen Gemeinschaft, Frankfurt am Main: Lang, 1998.

Bohne, Eberhard: Langfristige Entwicklungstendenzen im Umwelt- und Technikrecht, in: Schmidt-Aßmann, Eberhard/ Hoffmann-Riem, Wolfgang (Hrsg.), Strukturen des Europäischen Verwaltungsrechts, Baden-Baden: Nomos, 1999, S. 217–278 (zitiert als: *Bohne*, Langfristige Entwicklungstendenzen im Umwelt- und Technikrecht, in: Schmidt-Aßmann/Hoffmann-Riem, Strukturen, S. 217, ...).

Bonk, Heinz Joachim: Strukturelle Änderungen des Verwaltungsverfahrens durch das Genehmigungsverfahrensbeschleunigungsgesetz, NVwZ 1997, S. 320–330.

Borchardt, Klaus-Dieter: Auslegung, Rechtsfortbildung und Rechtsschöpfung, in: Schulze, Reiner/ Zuleeg, Manfred/ Kadelbach, Stefan (Hrsg.), Europarecht, Handbuch für die deutsche Rechtspraxis, 3. Auflage, Baden-Baden: Nomos, 2015a, § 15.

Borchardt, Klaus-Dieter: Die rechtlichen Grundlagen der Europäischen Union: Eine systematische Darstellung für Studium und Praxis, 6. Auflage, Wien: Facultas, 2015b.

Bracher, Christian-Dietrich: Nachholung der Anhörung bis zum Abschluss des verwaltungsgerichtlichen Verfahrens? Zur Verfassungsmäßigkeit von § 45 Abs. 2 VwVfG, DVBl. 1997, S. 534–538.

Brauneck, Jens: Intel: Unterlassene Protokollierung im Kartellverfahren als folgenloser Verfahrensfehler?, EWS 2017, S. 310–317.

Bredemeier, Barbara: Kommunikative Verfahrenshandlungen im deutschen und europäischen Verwaltungsrecht: Zugleich ein Beitrag zur Europäisierung des Verwaltungsrechts, Tübingen: Mohr Siebeck, 2007 (zitiert als: *Bredemeier*, Kommunikative Verfahrenshandlungen, S. ...).

Brenner, Michael: Determinanten verwaltungsgerichtlicher Rechtsschutzgewährleistung, LKV 2002, S. 304–308.

Brenner, Michael: Der Gestaltungsauftrag der Verwaltung in der Europäischen Union, Tübingen: Mohr, 1996.

Breuer, Rüdiger: Verfahrens- und Formfehler der Planfeststellung für raum- und umweltrelevante Großvorhaben, in: Franßen, Everhardt/ Redeker, Konrad/ Schlichter, Otto/ Wilke, Dieter (Hrsg.), Bürger – Richter – Staat: Festschrift für Horst Sendler, Präsident des Bundesverwaltungsgerichts, zum Abschied aus seinem Amt, München: Beck, 1991, S. 357–390 (zitiert als: *Breuer*, Verfahrens- und Formfehler der Planfeststellung für raum- und umweltrelevante Großvorhaben, in: FS Sendler, S. 357, ...).

Brinktrine, Ralf: Verwaltungsermessen in Deutschland und England: Eine rechtsvergleichende Untersuchung von Entscheidungsspielräumen der Verwaltung im deutschen und englischen Verwaltungsrecht, Heidelberg: Müller, 1998.

Britz, Gabriele: Transnationale Effekte im kartellbehördlichen Verwaltungsverfahren und europäische Verfahrens(grund)rechte, in: Gropp, Walter/ Lipp, Martin/ Steiger, Heinhard (Hrsg.): Rechtswissenschaft im Wandel, Festschrift des Fachbereichs Rechtswissenschaft zum 400jährigen Gründungsjubiläum der Justus-Liebig-Universität Gießen, Tübingen: Mohr Siebeck, 2007, S. 115–125.

Bronett, Georg-Klaus de: Die Unwirksamkeit der Befugnis des Gerichtshofs der EU zu unbeschränkter Nachprüfung von Geldbußenbeschlüssen der Kommission in Kartellsachen (Teil I), EWS 2013, S. 449–460.

Bülow, Elena: Die Relativierung von Verfahrensfehlern im Europäischen Verwaltungsverfahren und nach §§ 45, 46 VwVfG, Baden-Baden: Nomos, 2007.

Bumke, Christian: Relative Rechtswidrigkeit, Tübingen: Mohr Siebeck, 2004.

Bumke, Christian: Verwaltungsakte, in: Hoffmann-Riem, Wolfgang/ Schmidt-Aßmann, Eberhard/ Voßkuhle, Andreas (Hrsg.), Grundlagen des Verwaltungsrechts, Band II: Informationsordnung, Verwaltungsverfahren, Handlungsformen, 2. Auflage, München: Beck, 2012, § 35 (zitiert als: *Bumke*, Verwaltungsakte, in: GVwR II, § 35, Rn. ...).

Burgi, Martin: Die dienende Funktion des Verwaltungsverfahrens: Zweckbestimmung und Fehlerfolgenrecht in der Reform, DVBl. 2011, S. 1317–1324.

Cabrillac, Rémy: Les codifications, Paris: Presses Univ. de France, 2002.

Calliess, Christian/ Ruffert, Matthias: EUV/ AEUV Kommentar, 5. Auflage, München: Beck, 2016 (zitiert als: *Bearbeiter,* in: Calliess/Ruffert, Art. ..., Rn. ...).

Calogéropoulos, André: Le contrôle de la légalité externe des actes administratifs unilatéraux, Paris: Librairie générale de droit et de jurisprudence, 1983.

Camillo, Filippo di: Dequotazione dei vizi formali del procedimento, abrufbar unter www.altalex.com.

Cananea, Giacinto della (Hrsg.): European Regulatory Agencies, Paris: ISUPE, 2004.

Cane, Peter: Administrative Law, 5. Auflage, Oxford (u.a.): Oxford University Press, 2011.

Caringella, Francesco: Corso di diritto amministrativo: Profili sostanziali e processuali, Tomo I und II, 5. Auflage, Milano: Giuffrè, 2008.

Casetta, Elio: Manuale di diritto amministrativo, 17. Auflage, Milano: Giuffrè, 2015.

Cassese, Sabino: Legislative Regulation of Adjudicative Procedures. An Introduction, EuZöR 1993, Sonderheft, S. 15–26.

Cazin, Bernard: Dossier 230, La requête, in: Dalloz professionnels, Pratique du contentieux administratif, Dezember 2012, Stand: Dezember 2016.

Chapus, René: Droit administratif général, Tome 1, 15. Auflage, Paris: Montchrestien, 2001.

Chapus, René: Droit du contentieux administratif, 13. Auflage, Paris: Montchrestien, 2008.

Chieppa, Roberto/ Giovagnoli, Roberto: Manuale di diritto amministrativo, 3. Auflage, Milano: Giuffrè, 2017.

Chiti, Mario: Italian Report, in: Schwarze, Jürgen (Hrsg.): Das Verwaltungsrecht unter europäischem Einfluss: Zur Konvergenz der mitgliedstaatlichen Verwaltungsrechtsordnungen in der Europäischen Union, Baden-Baden: Nomos, 1996, S. 229–271.

Chiti, Mario: The Role of the European Court of Justice in the Development of General Principles and their Possible Codification, Rivista Italiana di Diritto Pubblico Comunitario 1995, S. 661–671.

Chrétien, Patrice/ Chifflot, Nicolas/ Tourbe, Maxime: Droit administratif, 14. Auflage, Paris: Sirey, 2014.

Clarich, Marcello: Manuale di diritto amministrativo, Bologna: Mulino, 2013.

Classen, Claus Dieter: Strukturunterschiede zwischen deutschem und europäischem Verwaltungsrecht – Konflikt oder Bereicherung?, NJW 1995, S. 2457–2464.

Classen, Claus Dieter: Das nationale Verwaltungsverfahren im Kraftfeld des europäischen Gemeinschaftsrechts, Die Verwaltung 31 (1998), S. 307–334.

Classen, Claus Dieter: Die Europäisierung der Verwaltungsgerichtsbarkeit: Eine vergleichende Untersuchung zum deutschen, französischen und europäischen Verwaltungsprozeßrecht, Tübingen: Mohr, 1996.

Classen, Kai-Dieter: Gute Verwaltung im Recht der Europäischen Union: Eine Untersuchung zu Herkunft, Entstehung und Bedeutung des Art. 41 Abs. 1 und 2 der Europäischen Grundrechtecharta, Berlin: Duncker & Humblot, 2008 (zitiert als: *Classen,* Gute Verwaltung, S. ...).

Cloosters, Wolfgang: Rechtsschutz Dritter gegen Verfahrensfehler im immissionsschutzrechtlichen Genehmigungsverfahren, Frankfurt am Main (u.a.): Lang, 1986.

Constantinesco, Léontin-Jean: Les buts et les méthodes du droit comparé, ZVglRW 75 (1976), S. 144–170.

Cowan, David/ Halliday, Simon: The Appeal of Internal Review, Oxford (u.a.): Hart Publishing, 2003.

Craig, Paul: Administrative Law, 8. Auflage, London: Sweet & Maxwell, Thomson Reuters, 2016.

Craig, Paul: A General Law on Administrative Procedure, Legislative Competence and Judicial Competence, European Public Law 19 (2013), S. 503–524.

Craig, Paul: Grundzüge des Verwaltungsrechts in gemeineuropäischer Perspektive: Großbritannien, in: von Bogdandy, Armin/ Cassese, Sabino/ Huber, Peter Michael (Hrsg.), Handbuch Ius Publicum Europaeum, Band V: Verwaltungsrecht in Europa: Grundzüge, Heidelberg: C.F. Müller, 2014a, § 77 (zitiert als: *Craig,* Großbritannien, in: Hdb. Ius Publicum Europaeum, Bd. V, § 77, Rn. ...).

Craig, Paul: The constitutionalisation of Community administration, E.L.Rev. 2003, S. 804–864.

Craig, Paul: Procedures and Administrative Decisionmaking: A Common Law Perspective, EuZöR 1993, Sonderheft, S. 55–69.

Daig, Hans-Wolfram: Nichtigkeits- und Untätigkeitsklagen im Recht der Europäischen Gemeinschaften: unter besonderer Berücksichtigung der Rechtsprechung des Gerichtshofs der Europäischen Gemeinschaften und der Schlußanträge der Generalanwälte, Baden-Baden: Nomos, 1985.

Dammann, Amina: Die Beschwerdekammer der europäischen Agenturen, Frankfurt (Main): Peter Lang, 2003.

Danwitz, Thomas von: Europäisches Verwaltungsrecht, Berlin: Springer, 2008.

Danwitz, Thomas von: Verwaltungsrechtliches System und Europäische Integration, Tübingen: Mohr Siebeck, 1996.

Danwitz, Thomas von: Rechtliche Optimierungsgebote oder Rahmensetzung für das Verwaltungshandeln?, DVBl. 1998, S. 928–941.

Dauses, Manfred/ Ludwig, Markus: EU-Wirtschaftsrecht, 40. Ergänzungslieferung, Juni 2016.

Debbasch, Charles/ Ricci, Jean-Claude: Contentieux administratif, 8. Auflage, Paris: Dalloz, 2001.

Degenhart, Christoph: Das Verwaltungsverfahren zwischen Verwaltungseffizienz und Rechtsschutzauftrag, DVBl. 1982, S. 872–886.

Delpino, Luigi/ Giudice, Federico Del: Manuale di diritto amministrativo, 30. Auflage, Napoli: Edizioni Giuridiche Simone, 2013.

Demeter, Wolfgang: Die Begründungspflicht für Verwaltungsentscheidungen im deutschen, französischen und europäischen Recht, München: Univ. Diss., 1974.

Diekötter, Ulrich: Die Auswirkung von Verfahrensfehlern auf die Rechtsbeständigkeit von Ermessensentscheidungen, Frankfurt am Main (u.a.): Lang, 1997.

Drewes, Eva: Entstehen und Entwicklung des Rechtsschutzes vor den Gerichten der Europäischen Gemeinschaften am Beispiel der Nichtigkeitsklage, Berlin: Duncker & Humblot, 2000.

Due, Ole: Verfahrensrechte der Unternehmen im Wettbewerbsverfahren vor der EG-Kommission, EuR 1988, S. 33–45.

Dupuis, Georges/Guédon, Marie-José: Institutions administratives, Droit administratif, Paris: Armand Colin, 1986.

Durchlaub, Tilman: Informelle Absprachen im EU-Kartellverfahrensrecht im Lichte der Allgemeinen Rechtsgrundsätze des Europarechts, Göttingen: Cuvillier, 2012.

Dürig, Günter: Der Grundrechtssatz von der Menschenwürde: Entwurf eines praktikablen Wertesystems der Grundrechte aus Art. 1 Abs. I in Verbindung mit Art. 19 Abs. II des Grundgesetzes, AöR 81 (1956), S. 117–157.

Durner, Wolfgang: Die behördliche Befugnis zur Nachbesserung fehlerhafter Verwaltungsakte, VerwArch 97 (2006), S. 345–380.

Eckert, Lucia: Beschleunigung von Planungs- und Genehmigungsverfahren, Speyer: Forschungsinstitut für öffentliche Verwaltung, 1997.

Efstratiou, Pavlos-Michael: Der Grundsatz der guten Verwaltung als Herausforderung an die Dogmatik des nationalen und europäischen Verwaltungsrechts, in: Trute, Hans-Heinrich/ Groß, Thomas/ Röhl, Hans Christian/ Möllers, Christoph (Hrsg.), Allgemeines Verwaltungsrecht – zur Tragfähigkeit eines Konzepts, Tübingen: Mohr Siebeck, 2008, S. 281–305.

Ehlers, Dirk: Anhörung im Verwaltungsverfahren, Jura 1996, S. 617–624.

Eibert, Reinhard: Die formelle Rechtswidrigkeit von Verwaltungsakten: Zur Dogmatik und Kritik der §§ 45 und 46 Verwaltungsverfahrensgesetz, Erlangen-Nürnberg: Univ. Diss., 1978.

Eisenberg, Ewald: Die Anhörung des Bürgers im Verwaltungsverfahren und die Begründungspflicht für Verwaltungsakte: Rechtsvergleichende Untersuchung zweier zentraler Grundsätze des Verwaltungsverfahrens in Deutschland und Frankreich, Nomos: Baden-Baden, 1999.

Elliott, Mark/ Varuhas, Jason: Administrative Law: Text and Materials, 5. Auflage, Oxford: Oxford University Press, 2017.

Endicott, Timothy: Administrative Law, 3. Auflage, Oxford: Oxford University Press, 2015.

Epiney, Astrid/ Sollberger, Kaspar: Zugang zu Gerichten und gerichtliche Kontrolle im Umweltrecht: Rechtsvergleich, völker- und europarechtliche Vorgaben und Perspektiven für das deutsche Recht, Berlin: Schmidt, 2002.

Erbguth, Wilfried: Novellierte Heilungs- und Unbeachtlichkeitsvorschriften im deutschen Allgemeinen Verwaltungsverfahrensrecht: Vom fairen Verfahren zur sogenannten Ergebnisrichtigkeit, in: Adamiak, Barbara/ Boć, Jan/ Miemiec, Marcin/ Nowacki, Konrad (Hrsg.),

Administracja Publiczna w Państwie Prawa, Ksiga Jubileuszowa dla Profesora Jana Jendrośki, Wrocław: Wydawn. Uniw. Wrocławskiego, 1999, S. 71–82.

Everling, Ulrich: Auf dem Weg zu einem europäischen Verwaltungsrecht, NVwZ 1987, S. 1–10.

Everling, Ulrich: Zur richterlichen Kontrolle der Tatsachenfeststellungen und der Beweiswürdigung durch die Kommission in Wettbewerbssachen, WuW 1989, S. 877–893.

Fabio, Udo Di: Eine europäische Charta: auf dem Weg zur Unionsverfassung, JZ 2000, S. 737–743.

Favoreu, Louis: Droit des libertés fondamentales, 7. Auflage, Paris: Dalloz, 2015.

Fehling, Michael: Eigenwert des Verfahrens im Verwaltungsrecht, VVDStRL 70 (2011), S. 278–329.

Fehling, Michael: Buch III des ReNEUAL Musterentwurf aus der Perspektive der europäischen Verwaltungsrechtswissenschaft, in: Schneider, Jens-Peter/ Rennert, Klaus/ Marsch, Nikolaus (Hrsg.), ReNEUAL Musterentwurf für ein EU Verwaltungsverfahrensrecht, Fachtagung am 5. und 6. November 2015 im Bundesverwaltungsgericht in Leipzig und Dokumentation zum Verordnungsentwurf des Europäischen Parlaments vom 9. Juni 2016 – Tagungsband, München: Beck, 2016, S. 143–153.

Fehling, Michael: Die Funktion von Verfahren im Unionsrecht, in: Leible, Stefan/ Terhechte, Jörg Philipp, Enzyklopädie Europarecht, Band 3: Europäisches Rechtsschutz- und Verfahrensrecht, Baden-Baden: Nomos, 2014, § 3 (zitiert als: *Fehling*, Die Funktion von Verfahren im Unionsrecht, in: Leible/Terhechte, EnzEuR, Bd. 3, § 3, Rn. ...).

Fehling, Michael: Rechtsvergleichende Methode und europäisches Verwaltungsrecht, in: Terhechte (Hrsg.), Internationale Dimensionen des europäischen Verwaltungsrechts, EuR 2016, Beiheft 1, S. 59–78 (zitiert als: *Fehling*, Rechtsvergleichende Methode und europäisches Verwaltungsrecht, EuR 2016, Beiheft 1, S. 59, ...).

Fehling, Michael: Europäisches Verwaltungsverfahren und Verwaltungsprozessrecht, in: Terhechte, Jörg Philipp (Hrsg.), Verwaltungsrecht der Europäischen Union, Baden-Baden: Nomos, 2011, § 12 (zitiert als: *Fehling*, Europäisches Verwaltungsverfahren und Verwaltungsprozessrecht, in: Terhechte, VwR der EU, § 12, Rn. ...).

Fehling, Michael/ Kastner, Michael/ Störmer, Rainer: Verwaltungsrecht Handkommentar, 4. Auflage, Baden-Baden: Nomos, 2016 (zitiert als: *Bearbeiter*, in: Fehling/Kastner/Störmer, HK-VerwR, § ..., Rn. ...).

Feinäugle, Clemens: Hoheitsgewalt im Völkerrecht: Das 1267-Sanktionsregime der UN und seine rechtliche Fassung, Heidelberg (u.a.): Springer, 2011.

Felix, Dagmar: Die Relativierung von Verfahrensrechten im Sozialverwaltungsverfahren – Kritische Anmerkungen zur Neufassung der §§ 41 und 42 SGB X, NZS 2001, S. 341–347.

Fengler, Nico: Die Anhörung im europäischen Gemeinschaftsrecht und deutschen Verwaltungsverfahrensrecht: Zugleich eine rechtsvergleichende Untersuchung unter Berücksichtigung des Fehlerfolgenregimes, Frankfurt am Main (u.a.): Lang, 2003.

Fezer, Karl-Heinz (Hrsg.): Handbuch der Markenpraxis, Markenverfahrensrecht, Markenvertragsrecht, 3. Auflage, München: Beck, 2016 (zitiert als: *Bearbeiter*, in: Fezer, Hdb. Markenpraxis, Bd. I, 1. Teil, 1. Kap, Rn. ...).

Fisahn, Andreas: Demokratie und Öffentlichkeitsbeteiligung, Tübingen: Mohr Siebeck, 2002.

Fischer-Appelt, Dorothee: Agenturen der Europäischen Gemeinschaft: Eine Studie zu Rechtsproblemen, Legitimation und Kontrolle europäischer Agenturen mit interdisziplinären und rechtsvergleichenden Bezügen, Berlin: Duncker & Humblot, 1999.

Flauss, Jean François: Rapport français, in: Schwarze, Jürgen (Hrsg.): Das Verwaltungsrecht unter europäischem Einfluss: zur Konvergenz der mitgliedstaatlichen Verwaltungsrechtsordnungen in der Europäischen Union, Baden-Baden: Nomos, 1996, S. 31–121 (zitiert als: *Flauss*, Rapport français, in: Schwarze, Verwaltungsrecht unter europäischem Einfluss, S. 31, ...).

Fordham, Michael: Judicial Review Handbook, 6. Auflage, Oxford: Hart Publishing, 2012.

Forsyth, Christopher: Case Comment: Administrative decision-makers and compliance with Article 6 (1): the limits of the curative principle, Cambridge Law Journal 2007, 66 (3), S. 487–490.

Fortsakis, Theodore: Principles Governing Good Administration, European Public Law 11 (2005), S. 207–217.

Fortunato, Sérgio Fernandes: Vom römisch-gemeinen Recht zum Bürgerlichen Gesetzbuch, ZJS 2009, S. 327–338.

Foulkes, David: Administrative Law, 8. Auflage, London (u.a.): Butterworths, 1995.

Fracchia, Fabrizio/ Occhiena, Massimo: Teoria dell'invalidità dell'atto amministrativo e art. 21-octies, l. 241/1990: quando il legislatore non può e non deve, abrufbar unter http://redazione.regione.campania.it/farecampania/scaffale_formativo/ARCHIVIO/2003%20Redazione%20atti%20amministrativi/Fracchia%20invalidita.pdf.

Franßen, Everhardt: 50 Jahre Verwaltungsgerichtsbarkeit in der Bundesrepublik Deutschland, DVBl. 1998, S. 413–421.

Fraudatario, Biagio: Motivazione postuma: l'orientamento garantista del Consiglio di Stato, Il foro amministrativo 9 (2010), S. 151–166.

Freivogel, Andreas: Audi Alteram Partem: Das rechtliche Gehör im englischen Verwaltungsverfahren (mit einigen rechtsvergleichenden Bemerkungen zur Praxis des Schweizerischen Bundesgerichts), Basel (u.a.): Helbing & Lichtenhahn, 1979.

Frenz, Walter: Handbuch Europarecht, Band 4: Europäische Grundrechte, Berlin, Heidelberg: Springer, 2009 (zitiert als: *Frenz*, Handbuch Europarecht, Bd. 4, Rn. ...).

Freund, Heinz-Joachim: Verteidigungsrechte im kartellrechtlichen Bußgeldverfahren – Zu den Urteilen ADM, Bolloré und Akzo Nobel des Gerichtshofs, EuZW 2009, S. 839–844.

Frier, Pierre-Laurent: Motifs (Contrôle des), in: Dalloz, Répertoire de contentieux administratif, September 2005, Stand: Oktober 2014.

Frier, Pierre-Laurent: Vice de forme, in: Dalloz, Répertoire de contentieux administratif, Oktober 2004a, Stand: Oktober 2014.

Frier, Pierre-Laurent: Vice de procédure; in: Dalloz, Répertoire de contentieux administratif, Oktober 2004b, Stand: Oktober 2014.

Fromont, Michel: Europäisierung des Verwaltungsverfahrensrechts – Länderbericht Frankreich, in: Hill, Hermann/ Pitschas, Rainer (Hrsg.), Europäisches Verwaltungsverfahrensrecht, Beiträge der 70. Staatswissenschaftlichen Fortbildungstagung vom 20. bis 22. März 2002 an der Deutschen Hochschule für Verwaltungswissenschaften Speyer, Berlin: Duncker & Humblot, 2004, S. 73–82 (zitiert als: *Fromont*, Frankreich, in: Hill/Pitschas, Europäisches Verwaltungsverfahrensrecht, S. 73, ...).

Fromont, Michel: Droit administratif des États européens, Paris: Presses Universitaires de France, 2006.

Füßer, Klaus/ Martini, Marianna: Vizi formali e annullabilità dell'atto amministrativo, abrufbar unter http://www.fuesser.de/fileadmin/dateien/publikationen/manuskripte/VIZI_FORMALI_E_ANNULLABILITA__DELL_ATTO_AMMINISTRATIVO.pdf.

Galetta, Diana-Urania: Inhalt und Bedeutung des europäischen Rechts auf eine gute Verwaltung, EuR 2007, S. 57–81.

Galetta, Diana-Urania: Das Verwaltungsverfahrensgesetz im europäischen Kontext: Der Fall Italiens, in: Hill, Hermann/ Sommermann, Karl-Peter/ Stelkens, Ulrich/ Ziekow, Jan (Hrsg.), 35 Jahre Verwaltungsverfahrensgesetz – Bilanz und Perspektiven, Berlin: Duncker & Humblot, 2011, S. 155–170 (zitiert als: *Galetta*, Italien, in: Hill/Sommermann/Stelkens/Ziekow, 35 Jahre Verwaltungsverfahrensgesetz, S. 155, ...).

Galetta, Diana-Urania: Recht auf eine gute Verwaltung und Fehlerfolgenlehre nach dem Inkrafttreten des Lissabonner Vertrages: Der Fall Deutschlands und Italiens, in: Sachs, Michael/ Siekmann, Helmut i.V.m. Blanke, Hermann-Josef/ Dietlein, Johannes/ Nierhaus, Michael/ Püttner, Günter, Der grundrechtsgeprägte Verfassungsstaat, Festschrift für Klaus Stern zum 80. Geburtstag, Berlin: Duncker & Humblot, 2012, S. 1051–1062 (zitiert als: *Galetta*, Recht auf eine gute Verwaltung, in: Sachs/Siekmann, FS Stern, S. 1051, ...).

Galetta, Diana-Urania: L'Art. 21-octies della novellata legge sul procedimento amministrativo nelle prime applicazioni giurisprudenziali: un'interpretazione riduttiva delle garanzie procedimentali contraria alla Costitutzione e al diritto comunitario, in: Sandulli (Hrsg.), Riforma della L.241/90/1990 e processo amministrativo, Il foro amministrativo/TAR, Sonderheft 6/2005, S. 91–112.

Galetta, Diana-Urania: Wechselwirkungen zwischen nationalem Verwaltungsrecht und europäischem Gemeinschaftsrecht, in: Magiera, Siegfried/ Sommermann, Karl-Peter, Verwaltung in der Europäischen Union: Vorträge und Diskussionsbeiträge auf dem 1. Speyerer Europa-Forum vom 10. bis 12. April 2000 an der Deutschen Hochschule für Verwaltungswissenschaften Speyer, Berlin: Duncker & Humblot, 2001, S. 63–93 (zitiert als: *Galetta*, Wechselwirkungen zwischen nationalem Verwaltungsrecht und europäischem Gemeinschaftsrecht, in: Magiera/ Sommermann, Verwaltung in der Europäischen Union, S. 63, ...).

Galetta, Diana-Urania: Notazioni critiche sul nuovo art. 21-octies della legge n.241/90, abrufbar unter http://redazione.regione.campania.it/farecampania/scaffale_formativo/ARCHIVIO/2003%20Redazione%20atti%20amministrativi/Diana_Galetta_21_octies.pdf.

Galligan, Denis: Due Process and Fair Procedures: A Study of Administrative Procedures, Oxford: Clarendon Press, 1996.

Gasser, Ulrich: Rechtsgrundlagen und Verfahrensgrundsätze des Europäischen Verwaltungsverfahrensrechts, DVBl. 1995, S. 16–24.

Geber, Frederic: Bankenaufsicht ohne Verwaltungsverfahrensrecht? EuZW 2013, S. 298–301.

Geiger, Rudolf/ Khan, Daniel-Erasmus/ Kotzur, Markus (Hrsg.): EUV/ AEUV Kommentar, 6. Auflage, München: Beck, 2017 (zitiert als: *Bearbeiter*, in: Geiger/Kahn/Kotzur, Art. ..., Rn. ...).

Geist-Schell, Franz: Verfahrensfehler und Schutznormtheorie: Die verwaltungsprozessuale Handhabung verfahrensfehlerhaften Verwaltungshandelns, Frankfurt (Main): Fischer, 1988.

Gellermann, Martin: Auflösung von Normwidersprüchen zwischen europäischem und nationalem Recht, DÖV 1996, S. 433–443.

Geradin, Damien/ Muñoz, Rodolphe/ Petit, Nicolas (Hrsg.): Regulation through Agencies in the EU: A New Paradigm of European Governance, Cheltenham (u.a.): Elgar, 2005.

Girnau, Marcus: Die Stellung der Betroffenen im EG-Kartellverfahren: Reichweite der Akteneinsicht und Wahrung von Geschäftsgeheimnissen, Köln (u.a.): Heymann, 1993.

Goffin, Léon: La jurisprudence de la Cour de justice sur les droits de la défense, CDE 1980, S. 127–144.

Gornig, Gilbert/ Trüe, Christian: Die Rechtsprechung des EuGH zum europäischen allgemeinen Verwaltungsrecht, JZ 1993, S. 884–893.

Gornig, Gilbert/ Trüe, Christian: Die Rechtsprechung des EuGH zum europäischen allgemeinen Verwaltungsrecht, JZ 2000, S. 395–406.

Gornig, Gilbert/ Trüe, Christian: Die Rechtsprechung des EuGH zum europäischen allgemeinen Verwaltungsrecht, JZ 2000, S. 446–457.

Gößwein, Christoph: Allgemeines Verwaltungs(verfahrens)recht der administrativen Normsetzung?: Überlegungen zur Möglichkeit und zur Bedeutung der Vergesetzlichung eines allgemeinen (Verwaltungs-)Rechts der administrativen Normsetzung, Berlin: Duncker & Humblot, 2001.

Grabitz, Eberhard: Europäisches Verwaltungsrecht – Gemeinschaftsrechtliche Grundsätze des Verwaltungsverfahrens, NJW 1989, S. 1776–1783.

Grabitz, Eberhard/ Hilf, Meinhardt/ Nettesheim, Martin (Hrsg.): Das Recht der Europäischen Union, Band I-III, 62. Ergänzungslieferung, Stand Juli 2017 (zitiert als: *Bearbeiter*, in: Grabitz/Hilf/Nettesheim, Art. ..., Rn. ...).

Grasso, Giovanni: La dequotazione dei vizi formali tra procedimento e processo, abrufbar unter www.giustizia-amministrativa.it.

Greim, Jeanine: Rechtsschutz bei Verfahrensfehlern im Umweltrecht: Eine Abhandlung am Beispiel des Umwelt-Rechtsbehelfsgesetzes, Berlin: Duncker & Humblot, 2013.

Groeben, Hans von der/ Schwarze, Jürgen/ Hatje, Armin: Europäisches Unionsrecht, 7. Auflage, Baden-Baden: Nomos, 2015 (zitiert als: *Bearbeiter*, in: von der Groeben/Schwarze/Hatje, Art. ..., Rn. ...).

Gromitsaris, Athanasios: Fehlerfolgenregelungen im Genehmigungsverfahrensbeschleunigungsgesetz, SächsVBl. 1997, S. 101–107.

Groschupf, Otto: Wie entscheidet das Verwaltungsgericht, wenn das Verwaltungsverfahren fehlerhaft war?, DVBl. 1962, S. 627–634.

Groß, Thomas: Die Autonomie der Wissenschaft im europäischen Rechtsvergleich, Baden-Baden: Nomos, 1992.

Groß, Thomas: Konvergenzen des Verwaltungsrechtsschutzes in der Europäischen Union, Die Verw 33 (2000), S. 415–434.

Grünewald, Benedikt: Die Betonung des Verfahrensgedankens im deutschen Verwaltungsrecht durch das Gemeinschaftsrecht, Frankfurt am Main: Lang, 2010.

Grzeszick, Bernd: Das Grundrecht auf eine gute Verwaltung – Strukturen und Perspektiven des Charta-Grundrechts auf eine gute Verwaltung, EuR 2006, S. 161–181.

Guckelberger, Annette: Gibt es bald ein unionsrechtliches Verwaltungsverfahrensgesetz?, NVwZ 2013a, S. 601–607.

Guckelberger, Annette: Anhörungsfehler bei Verwaltungsakten, JuS 2011, S. 577–582.

Guckelberger, Annette/ Geber, Frederic: Allgemeines Europäisches Verwaltungsverfahrensrecht vor seiner unionsrechtlichen Kodifizierung?, Baden-Baden: Nomos, 2013b.

Guédon, Marie José: Régularité interne de l'acte administratif et pouvoir de substitution du juge, AJDA 1981, S. 443–451.

Guillaume, Emmanuel: Installations classées (Contentieux des), in: Dalloz, Répertoire de contentieux administratif, Januar 2014, Stand: Oktober 2014.

Guillaume, Emmanuel/ Beaugonin, Charlotte: Audiovisuel (Contentieux de l'), in: Dalloz, Répertoire de contentieux administratif, September 2007, Stand: März 2014.

Gundel, Jörg: Der Rechtsschutz gegen Handlungen der EG-Agenturen – endlich geklärt?, EuR 2009, S. 383–393.

Gundel, Jörg: Verwaltung, in: Schulze, Reiner/ Zuleeg, Manfred/ Kadelbach, Stefan (Hrsg.), Europarecht, Handbuch für die deutsche Rechtspraxis, 3. Auflage, Baden-Baden: Nomos, 2015 § 3.

Gurlit, Elke: Der Eigenwert des Verfahrens im Verwaltungsrecht, VVDStRL 70 (2011), S. 227–273.

Häberle, Peter: Grundrechte im Leistungsstaat, VVDStRL 30 (1972), S. 43–141.

Häberle, Peter: Erfahrungen der Nachkriegszeit – das Beispiel Deutschland, in: Häberle, Peter (Hrsg.), Jahrbuch des öffentlichen Rechts der Gegenwart, Bd. 46, Tübingen: Mohr Siebeck, 1998, S. 69–94.

Häberle, Peter: Textstufen als Entwicklungswege des Verfassungsstaates, in: Jekewitz, Jürgen/ Klein, Karl Heinz/ Kühne, Jörg Detlef/ Petersmann, Hans/ Wolfrum, Rüdiger, Des Menschen Recht zwischen Freiheit und Verantwortung, Festschrift für Karl Josef Partsch zum 75. Geburtstag, Berlin: Duncker & Humblot, 1989, S. 555–579 (zitiert als: *Häberle*, Textstufen als Entwicklungswege des Verfassungsstaates, in: Jekewitz/Klein/Kühne/Petersmann/Wolfrum, FS Partsch, S. ...).

Häberle, Peter: Theorieelemente eines allgemeinen juristischen Rezeptionsmodells, JZ 1992, S. 1033–1043.

Häberle, Peter: Europa als werdende Verfassungsgemeinschaft, DVBl. 2000, S. 843–847.

Häberle, Peter/ Kotzur, Markus: Europäische Verfassungslehre, 8. Auflage, Baden-Baden: Nomos, 2016.

Hahn, Heinrich: Der italienische Verwaltungsakt im Lichte des Verwaltungsverfahrensgesetzes vom 7. August 1990 (Nr. 241/90), Frankfurt am Main: Peter Lang, 1998.

Haibach, Georg: Die Rechtsprechung des EuGH zu den Grundsätzen des Verwaltungsverfahrens, NVwZ 1998, S. 456–462.

Halfmann, Ralf: Entwicklung des Verwaltungsrechtsschutzes in Deutschland, Frankreich und Europa, VerwArch 91 (2000), S. 74–99.

Halsbury's Laws 2010: Halsbury's Laws of England, 5. Auflage 2010, Volume 61, Lexis Nexis.

Haratsch, Andreas: Grundrechtsschutz durch den Europäischen Gerichtshof, in: Merten, Detlef/ Papier, Hans-Jürgen (Hrsg.), Handbuch der Grundrechte, Band VI/1, Europäische Grundrechte I, Heidelberg, Hamburg: Müller, 2010, § 165 (zitiert als: *Haratsch*, Grundrechtsschutz durch den Europäischen Gerichtshof, in: Merten/Papier, HGR VI/1, § 165, Rn. ...).

Haratsch, Andreas: Der Grundsatz der Gewaltenteilung als rechtsordnungsübergreifender Rechtssatz – Ansätze einer einheitlichen europäischen Rechtsordnung, in: Demel, Michael/ Hausotter, Carola/ Heibeyn, Claudia (Hrsg.), Funktionen und Kontrolle der Gewalten, 40. Tagung der Wissenschaftlichen Mitarbeiterinnen und Mitarbeiter der Fachrichtung „Öffentliches Recht", Stuttgart (u.a.): Boorberg, 2001, S. 199–221 (zitiert als: *Haratsch*, Der Grundsatz der Gewaltenteilung als rechtsordnungsübergreifender Rechtssatz, in: Demel/Hausotter/Heibeyn, Funktionen und Kontrolle der Gewalten, S. 199, ...).

Hatje, Armin: Die Heilung formell rechtswidriger Verwaltungsakte im Prozess als Mittel der Verfahrensbeschleunigung, DÖV 1997, S. 477–485.

Hatje, Armin: Der Rechtsschutz der Stellenbewerber im Europäischen Beamtenrecht: Eine Untersuchung zur Rechtsprechung des EuGH in Beamtensachen, Baden-Baden: Nomos, 1988.

Hatje, Armin/ Förster, Stine von: Organordnung der Europäischen Union, in: Hatje, Armin/ Müller-Graff, Peter-Christian (Hrsg.), Enzyklopädie Europarecht, Band 1: Europäisches Organisations- und Verfassungsrecht, Baden-Baden: Nomos, 2014, § 10 (zitiert als: *Hatje/von Förster,* Organordnung der Europäischen Union, in: Hatje/Müller-Graff, EnzEuR, Bd. 1, § 10, Rn. ...).

Haueisen, Fritz: Verwaltungsverfahren und Verwaltungsakt, DÖV 1973, S. 653–657.

Hegels, Susanne: EG-Eigenverwaltungsrecht und Gemeinschaftsverwaltungsrecht: Europäisches Verwaltungsrecht für den direkten und den indirekten Gemeinschaftsrechtsvollzug, Baden-Baden: Nomos, 2001 (zitiert als: *Hegels,* EG-Eigenverwaltungsrecht und Gemeinschaftsverwaltungsrecht, S. ...).

Heidenreich, Jan Peter: Anhörungsrechte im EG-Kartell- und Fusionskontrollverfahren: Zugleich ein Beitrag zu Aufgaben und Kompetenzen des Anhörungsbeauftragten der Europäischen Kommission, Baden-Baden: Nomos, 2004.

Heinrich, Barbara: Behördliche Nachbesserung von Verwaltungsakten im verwaltungsgerichtlichen Verfahren und Rechtsschutz der Betroffenen, München: Utz, 1999.

Held, Jürgen: Der Grundrechtsbezug des Verwaltungsverfahrens, Berlin: Duncker & Humblot, 1984.

Henkels, Walter: „...gar nicht so pingelig, meine Damen und Herren...": Neue Adenauer-Anekdoten, Frankfurt a.M., Hamburg: Fischer-Bücherei, 1967.

Henninger, Thomas: Europäisches Privatrecht und Methode, Tübingen: Mohr Siebeck, 2009.

Herdegen, Matthias/ Richter, Stefan: Die Rechtslage in den Europäischen Gemeinschaften, in: in: Frowein, Jochen (Hrsg.), Die Kontrolldichte bei der gerichtlichen Überprüfung von Handlungen der Verwaltung, Berlin, Heidelberg (u.a.): Springer, 1993, S. 209–248.

Heselhaus, Sebastian: Recht auf eine gute Verwaltung, in: Heselhaus, Sebastian/ Nowak, Carsten (Hrsg.), Handbuch der Europäischen Grundrechte, München (u.a.): Beck, 2006, § 57 (zitiert als: *Heselhaus,* Recht auf eine gute Verwaltung, in: Heselhaus/Nowak, Hdb. Europäische Grundrechte, § 57, Rn. ...).

Hesse, Konrad: Grundzüge des Verfassungsrechts der Bundesrepublik Deutschland, Neudruck der 20. Auflage, Heidelberg: Müller, 1999.

Hilf, Meinhard: Die abhängige Juristische Person des Europäischen Gemeinschaftsrechts, ZaöRV 1976, S. 551–585.

Hilf, Meinhard: Die rechtliche Bedeutung des Verfassungsprinzips der parlamentarischen Demokratie für den europäischen Integrationsprozess, EuR 1984, S. 9–40.

Hill, Hermann: Das fehlerhafte Verfahren und seine Folgen im Verwaltungsrecht, Heidelberg: Decker, 1986.

Hill, Hermann: Einführung in die Gesetzgebungslehre, Heidelberg: C.F. Müller, 1982.

Hix, Jan-Peter: Das Recht auf Akteneinsicht im europäischen Wirtschaftsverwaltungsrecht: Dargestellt am Beispiel des Kartell- und Antidumpingverfahrens der EWG, Baden-Baden: Nomos, 1992.

Hoffmann-Riem, Wolfgang: Strukturen des Europäischen Verwaltungsrechts – Perspektiven der Systembildung, in: Schmidt-Aßmann, Eberhard/ Hoffmann-Riem, Wolfgang, Strukturen des europäischen Verwaltungsrechts, Baden-Baden: Nomos, 1999, S. 317–382 (zitiert als: *Hoffmann-Riem,* Strukturen des Europäischen Verwaltungsrechts, in: Schmidt-Aßmann/ Hoffmann-Riem, Strukturen, S. 317, ...).

Hoffmann-Riem, Wolfgang: Effizienz als Herausforderung an das Verwaltungsrecht – Einleitende Problemskizze, in: Hoffmann-Riem, Wolfgang/ Schmidt-Aßmann, Eberhard (Hrsg.), Effizienz als Herausforderung an das Verwaltungsrecht, Baden-Baden: Nomos, 1998, S. 11–57.

Hoffmann-Riem, Wolfgang: Tendenzen in der Verwaltungsrechtsentwicklung, DÖV 1997, S. 433–442.

Hoffmann-Riem, Wolfgang: Eigenständigkeit der Verwaltung, in: Hoffmann-Riem, Wolfgang/ Schmidt-Aßmann, Eberhard/ Voßkuhle, Andreas, Grundlagen des Verwaltungsrechts, Band I: Methoden, Maßstäbe, Aufgaben, Organisation, 2. Auflage, München: Beck, 2012, § 10 (zitiert als: *Hoffmann-Riem,* Eigenständigkeit der Verwaltung, in: GVwR I, § 10, Rn. ...).

Höfling, Wolfram: Die Unantastbarkeit der Menschenwürde – Annäherungen an einen schwierigen Verfassungsrechtssatz, JuS 1995, S. 857–870.

Hofmann, Hasso: Die versprochene Menschenwürde, AöR 118 (1993), S. 353–377.

Hofmann, Rainer: Rechtsstaatsprinzip und Europäisches Gemeinschaftsrecht, in: Hofmann, Rainer/ Marko, Joseph/ Merli, Franz/ Wiederin, Ewald (Hrsg.), Rechtsstaatlichkeit in Europa, Heidelberg: C.F. Müller, 1996, S. 321–337.

Holoubek, Michael: Rechte, Lasten und Pflichten von Beteiligten und Behörden im Verwaltungsverfahren – zur Bedeutung des Untersuchungsgrundsatzes, in: Hoffmann-Riem, Wolfgang/ Schmidt-Aßmann, Eberhard, Verwaltungsverfahren und Verwaltungsverfahrensgesetz, Baden-Baden: Nomos, 2002, S. 193–212.

Holznagel, Bernd/ Nagel, Janina: Verfahrensbeschleunigung nach dem Energieleitungsausbaugesetz – Verfassungsrechtliche Grenzen und Alternativen, DVBl. 2010, S. 669–677.

Hoppenberg, Michael: Die Rechtmäßigkeit des VA sowie die Rechtsfolgen von Verstößen gegen die Rechtmäßigkeitsanforderungen, JA 1983, S. 499–506.

Hörmann, Saskia: Völkerrecht bricht Rechtsgemeinschaft? Zu den rechtlichen Folgen von Resolutionen des UN-Sicherheitsrates durch die EG, AVR 44 (2006), S. 267–327.

Horn, Hans-Detlef: Das Nachschieben von Gründen und die Rechtmäßigkeit von Verwaltungsakten, Die Verwaltung 1992, S. 203–239.

Hößlein, Marco: Der Streitgegenstand der verwaltungsgerichtlichen Anfechtungsklage gem. § 113 Abs. 1 S. 1 VwGO, VerwArch 99 (2008), S. 127–151.

Hostiou, René: Procédure et formes de l'acte administratif unilatéral en droit français, Paris: Librairie Generale de Droit et de Jurisprudence, 1974.

Huber, Peter M.: Grundzüge des Verwaltungsrechts in Europa – Problemaufriss und Synthese, in: von Bogdandy, Armin/ Cassese, Sabino/ Huber, Peter Michael (Hrsg.), Handbuch Ius Publicum Europaeum, Band V: Verwaltungsrecht in Europa: Grundzüge, Heidelberg: C.F. Müller, 2014, § 73 (zitiert als: *Huber*, Grundzüge des Verwaltungsrechts in Europa, in: Hdb. Ius Publicum Europaeum, Bd. V, § 73, Rn. ...).

Hufen, Friedhelm: Fehler im Verwaltungsverfahren, 5. Auflage, Baden-Baden: Nomos, 2013.

Hufen, Friedhelm: Heilung und Unbeachtlichkeit grundrechtsrelevanter Verfahrensfehler? Zur verfassungskonformen Auslegung der §§ 45 und 46 VwVfG, NJW 1982, S. 2160–2169.

Hufen, Friedhelm: Zur Systematik der Folgen von Verfahrensfehlern – eine Bestandsaufnahme nach zehn Jahren VwVfG, DVBl. 1988, S. 69–77.

Hufen, Friedhelm: Heilung und Unbeachtlichkeit von Verfahrensfehlern, JuS 1999, S. 313–320.

Immenga, Ulrich/ Mestmäcker, Ernst-Joachim: Wettbewerbsrecht, Band 1, EU/ Teil 1, Kommentar zum Europäischen Kartellrecht, 5. Auflage, München: Beck, 2014 (zitiert als: *Bearbeiter*, in: Immenga/Mestmäcker, Art. ..., Rn. ...).

Ipsen, Hans Peter: Europäisches Gemeinschaftsrecht, Tübingen: Mohr, 1972.

Isaac, Guy: La procédure administrative non contentieuse, Paris: Librairie générale de droit et de jurisprudence, 1968.

Israël, Jean-Jaques: La régularisation en droit administratif français, Paris: Librairie générale de droit et de jurisprudence, 1981.

Italia, Vittorio: Atti, procedimenti, documentazione, Milano: Giuffrè Editore, 2007.

Jachmann, Monika: Die Fiktion im öffentlichen Recht, Berlin: Duncker & Humblot, 1998.

Jacqué, Jean-Paul: The principle of institutional balance, CMLR 41 (2004), S. 383–391.

Jaeger,Marc: Standard of Review in Competition Cases: Can the General Court Increase Coherence in the European Union Judicial System?, in: Baumé, Tristan (Hrsg.), Today's Multilayered Legal Order: Current Issues and Perspectives – in honour of Arjen W.H. Meij, Zutphen: Paris, 2011, S. 115–140.

Jäger, Thomas: System einer Europäischen Gerichtsbarkeit für Immaterialgüterrechte: Grundlagen, Struktur, Verfahren, Berlin, Heidelberg: Springer, 2013.

Jarass, Hans: Besonderheiten des französischen Verwaltungsrechts im Vergleich, DÖV 1981, S. 813–821.

Jarass, Hans: Charta der Grundrechte der EU, 3. Auflage, München: Beck, 2016 (zitiert als: *Bearbeiter*, in: Jarass, Art. ..., Rn. ...).

Jhering, Rudolph von: Geist des römischen Rechts auf den verschiedenen Stufen seiner Entwicklung, 2. Teil, Abteilung 2, Leipzig: Breitkopf und Härtel, 1923.

Jones, Brian/ Thompson, Katharine: Garner's Administrative Law, 8. Auflage, London (u.a.): Butterworths, 1996.

Junk, Judith: Die Rolle des Verwaltungsverfahrens in Deutschland und England: Ein Rechtsvergleich exekutiver Wissensgenerierung im gentechnikrechtlichen Freisetzungsverfahren, Baden-Baden: Nomos, 2012.

Kahl, Wolfgang: Grundrechtsschutz durch Verfahren in Deutschland und in der EU, VerwArch 95 (2004), S. 1–37.

Kahl, Wolfgang: 35 Jahre Verwaltungsverfahrensgesetz – 35 Jahre Europäisierung des Verwaltungsverfahrensrechts, NVwZ 2011, S. 449–457.

Kahl, Wolfgang: Über einige Pfade und Tendenzen in Verwaltungsrecht und Verwaltungsrechtswissenschaft – ein Zwischenbericht, Die Verwaltung 42 (2009), S. 463–500.

Kahl, Wolfgang: Grundzüge des Verwaltungsrechts in gemeineuropäischer Perspektive: Deutschland, in: von Bogdandy, Armin/ Cassese, Sabino/ Huber, Peter Michael (Hrsg.), Handbuch Ius Publicum Europaeum, Band V: Verwaltungsrecht in Europa: Grundzüge, Heidelberg: C.F. Müller, 2014b, § 74 (zitiert als: *Kahl*, Deutschland, in: Hdb. Ius Publicum Europaeum, Bd. V, § 74, Rn. ...).

Kahl, Wolfgang: Hat die EG die Kompetenz zur Regelung des Allgemeinen Verwaltungsrechts?, NVwZ 1996, S. 865–869.

Kahl, Wolfgang: Die Europäisierung des Verwaltungsrechts als Herausforderung an Systembildung und Kodifikationsidee, Die Verwaltung, Beiheft 10/2010, S. 39–93.

Kaiser, Anna-Bettina: Die Kommunikation der Verwaltung: Diskurse zu den Kommunikationsbeziehungen zwischen staatlicher Verwaltung und Privaten in der Verwaltungsrechtswissenschaft der Bundesrepublik Deutschland, Baden-Baden: Nomos, 2009.

Kakouris, C. N.: Use of the comparative method by the Court of Justice of the European Communities, Pace Int'l L. Rev. 6 (1994), S. 267–283.

Kaltenborn, Markus: Streitvermeidung und Streitbeilegung im Verwaltungsrecht: Verfassungsrechtlicher Rahmen und verfahrensrechtliche Ausgestaltung der außergerichtlichen Konfliktschlichtung im Verhältnis zwischen Verwaltung und Privaten, Baden-Baden: Nomos, 2007.

Kämmerer, Jörn Axel: Die Urteile „Kadi" und „Yusuf" des EuG und ihre Folgen, EuR Beiheft 1/2008, S. 65–87.

Kanska, Klara: Towards Administrative Human Rights in the EU. Impact of the Charter of Fundamental rights, European Law Journal 10 (2004), S. 296–326.

Kant, Immanuel: Grundlegung zur Metaphysik der Sitten, herausgegeben von Kraft, Bernd/ Schönecker, Dieter, 2. Auflage, Hamburg: Felix Meiner Verlag, 2016.

Kant, Immanuel: Mataphysische Anfangsgründe der Rechtslehre, Metaphysik der Sitten, Erster Teil, herausgegeben von Ludwig, Bernd, Hamburg: Felix Meiner Verlag, 2009.

Kapff, Philipp von: Die Große Kammer der Beschwerdekammern des HABM, GRURInt 2011, S. 676–693.

Karwiese, Diether: Kontrolle der Verwaltung durch ordentliche Gerichte und allgemeine Verwaltungsgerichte nach italienischem Recht: Eine rechtsvergleichende Einführung, Frankfurt am Main: Metzner, 1986.

Karydis, Georges: Le contrôle des concentrations entre entreprises en vertu du règlement 4064/89 et la protection des intérêts légitimes des tiers, CDE 1997, S. 81–139.

Kasten, Hans-Hermann: Entwicklung eines Europäischen Allgemeinen Verwaltungsrechts, DÖV 1989, S. 570–575.

Kirchner, Christian/ Haas, Joachim: Rechtliche Grenzen für Kompetenzübertragungen auf die Europäische Gemeinschaft, JZ 1993, S. 760–771.

Klein, Eckart: Vereinheitlichung des Verwaltungsrechts im europäischen Integrationsprozess, in: Starck, Christian (Hrsg.), Rechtsvereinheitlichung durch Gesetze: Bedingungen, Ziele, Methoden, 5. Symposion der Kommission „Die Funktion des Gesetzes in Geschichte und Gegenwart" am 26. und 27. April 1991, Göttingen: Vandenhoeck & Ruprecht, 1992, S. 117–146 (zitiert als: *Klein*, Vereinheitlichung des Verwaltungsrechts im europäischen Integrationsprozess, in: Starck, Rechtsvereinheitlichung durch Gesetze, S. 117, ...).

Kleve, Guido/ Schirmer, Benjamin: England und Wales, in: Schneider, Jens-Peter (Hrsg.), Verwaltungsrecht in Europa, Band 1, England und Wales, Spanien, Niederlande, Göttingen: Vandenhoeck & Ruprecht, 2007, S. 35–181 (zitiert als: *Kleve/Schirmer*, England, in: Schneider, Verwaltungsrecht in Europa, S. 35, ...).

Kment, Martin: Die Stellung nationaler Unbeachtlichkeits-, Heilungs- und Präklusionsvorschriften im europäischen Recht, EuR 2006, S. 201–235.

Kment, Martin: Nationale Unbeachtlichkeits-, Heilungs- und Präklusionsvorschriften und Europäisches Recht, Berlin: Lexxion, 2005a.

Kment, Martin: Zur Europarechtskonformität der neuen baurechtlichen Planerhaltungsregeln, AöR 130 (2005b), S. 570–617.

Knack, Hans Joachim/ Henneke, Hans-Günter: Verwaltungsverfahrensgesetz, Kommentar, 10. Auflage, Köln: Heymanns, 2014 (zitiert als: *Bearbeiter*, in: Knack/Henneke, VwVfG, § ..., Rn. ...).

Kneubühler, Lorenz: Gehörsverletzung und Heilung – eine Untersuchung über die Rechtsfolgen von Verstößen gegen den Gehörsanspruch, insbesondere die Problematik des sogenannten „Heilung", Schweizerisches Zentralblatt für Staats- und Verwaltungsrecht 99 (1998), S. 97–120.

Koch, Michael: Mittelbare Gemeinschaftsverwaltung in der Praxis, EuZW 2005, S. 455–459.

Kokott, Juliane: Europäisierung des Verwaltungsprozessrechts, Die Verwaltung 31 (1998), S. 335–370.

Kopp, Ferdinand: Die Heilung von Mängeln des Verwaltungsverfahrens und das Nachschieben von Gründen im Verwaltungsprozess, VerwArch 61 (1970), S. 219–259.

Kopp, Ferdinand: Verfassungsrecht und Verwaltungsverfahrensrecht: Eine Untersuchung über die verfassungsrechtlichen Voraussetzungen des Verwaltungsverfahrens in der Bundesrepublik Deutschland und die Bedeutung der Grundentscheidungen der Verfassung für die Feststellung, Auslegung und Anwendung des geltenden Verwaltungsverfahrensrechts, München: Beck, 1971.

Korah, Valentine: The Rights of the Defence in Administrative Proceedings Under Community Law, Current Legal Problems 1980, S. 73–97.

Kotzur, Markus: Kooperativer Grundrechtsschutz in der Völkergemeinschaft, EuGRZ 2008, S. 673–680.

Kraft, Ingo: Der ReNEUAL-Musterentwurf für ein EU-Verwaltungsverfahrensrecht: Anmerkungen eines Praktikers zu Buch III, in: Schneider, Jens-Peter/ Rennert, Klaus/ Marsch, Nikolaus (Hrsg.), ReNEUAL Musterentwurf für ein EU Verwaltungsverfahrensrecht, Fachtagung am 5. und 6. November 2015 im Bundesverwaltungsgericht in Leipzig und Dokumentation zum Verordnungsentwurf des Europäischen Parlaments vom 9. Juni 2016 – Tagungsband, München: Beck, 2016, S. 154–164.

Krämer, Hannes: Rechtsschutz im EG-Eigenverwaltungsrecht zwischen Einheitlichkeit und sektorieller Ausdifferenzierung: Eine Untersuchung unter besonderer Berücksichtigung des Gemeinschaftsmarkenrechts, Berlin: Duncker & Humblot, 2007.

Krebs, Walter: Kompensation von Verwaltungsverfahrensfehlern durch gerichtlichen Rechtsschutz? Zur Problematik des § 46 VwVfG des Bundes und der Länder, DVBl. 1984, S. 109–116.

Krüger, Herbert: Allgemeine Staatslehre, Stuttgart: Kohlhammer, 1964.

Krumsiek, Rolf/ Frenzen, Peter: Beschleunigung von Planungs- und Genehmigungsverfahren, DÖV 1995, S. 1013–1027.

Künnecke, Martina: Tradition and Change in Administrative Law: An Anglo-German Comparison, Berlin, Heidelberg: Springer, 2007.

Kur, Annette/ Bomhard, Verena von/ Albrecht, Friedrich (Hrsg.): Beck'scher Online Kommentar Markenrecht, 12. Edition, Stand: 1.1.2018, München: Beck, 2018 (zitiert als: *Bearbeiter*, in: Kur/von Bomhard/ Albrecht, BeckOK Markenrecht, Art. ..., Rn. ...).

Lachaume, Jean-François: Le formalisme, AJDA 1995, S. 133–146.

Ladenburger, Clemens: Verfahrensfehlerfolgen im französischen und im deutschen Verwaltungsrecht: Die Auswirkung von Fehlern des Verwaltungsverfahrens auf die Sachentscheidung, Berlin (u.a.): Springer, 1999 (zitiert als: *Ladenburger*, Verfahrensfehlerfolgen, S. ...).

Ladenburger, Clemens: Evolution oder Kodifikation eines allgemeinen Verwaltungsrechts in der EU, in: Trute, Hans-Heinrich/ Groß, Thomas/ Möllers, Christoph (Hrsg.): Allgemeines Verwaltungsrecht – zur Tragfähigkeit eines Konzepts, Tübingen: Mohr Siebeck, 2008, S. 107–133.

Lais, Martina: Das Recht auf eine gute Verwaltung unter besonderer Berücksichtigung der Rechtsprechung des Europäischen Gerichtshofs, ZEuS 5 (2002), S. 447–482.

Landi, Guido/ Potenza, Giuseppe: Manuale di diritto amministrativo, 9. Auflage, Milano: Giuffrè Editore, 1990.

Lange, Paul: Marken- und Kennzeichenrecht, 2. Auflage, München: Beck, 2012.

Laubadère, Antoine de/ Venezia, Jean-Claude/ Gaudemet, Yves: Traité de droit administratif, Tome 1, 14. Auflage, Paris: Librairie générale de droit et de jurisprudence, 1996.

Laubinger, Hans-Werner: Heilung und Folgen von Verfahrens- und Formfehlern – §§ 45 und 46 VwVfG sowie §§ 126 und 127 AO 1977 in der Rechtsprechung, VerwArch 72 (1981), S. 333–351.

Lauwaars, R. H.: Rights of Defence in Competition Cases, in: Curtin, Deidre/ Heukels, Ton (Hrsg.), Institutional Dynamics of European Integration, Essays in Honour of Henry G. Schermers, Volume II, London: Martinus Nijhoff Publishers, 1994, S. 497–509.

Lazzara, Paolo: Annullabilità e annullamento (dir. Amm.), abrufbar unter http://www.treccani.it/enciclopedia/annullabilita-e-annullamento-dir-amm_(Diritto-on-line)/.

Lecheler, Helmut: Allgemeine Grundsätze des Unionsrechts, in: Merten, Detlef/ Papier, Hans-Jürgen (Hrsg.), Handbuch der Grundrechte in Deutschland und Europa, Band VI/1, Europäische Grundrechte I, Heidelberg, Hamburg: Müller, 2010, § 158 (zitiert als: *Lecheler,* Allgemeine Grundsätze des Unionsrechts, in: Merten/Papier, HGR VI/1, § 158, Rn. ...).

Lecheler, Helmut: Die allgemeinen Rechtsgrundsätze in der Rechtsprechung des Europäischen Gerichtshofs, Erlangen-Nürnberg: Univ. Diss., 1967.

Lecheler, Helmut: Der Europäische Gerichtshof und die allgemeinen Rechtsgrundsätze, Berlin: Duncker & Humblot, 1971.

Leibholz, Gerhard: Die Gleichheit vor dem Gesetz: Eine Studie auf rechtsvergleichender und rechtsphilosophischer Grundlage, Berlin: Liebmann, 1925.

Leibholz, Gerhard: Das Verbot der Willkür und des Ermessensmißbrauchs im völkerrechtlichen Verkehr der Staaten, ZaÖRV 1929, S. 77–125.

Leisner, Walter: Effizienz als Rechtsprinzip, Tübingen: Mohr, 1971.

Lenaerts, Koen: Interlocking Legal Orders in the European Union and Comparative Law, Int'l & Comp. L. Q. 52 (2003), S. 873–906.

Lenaerts, Koen/ Vanhamme, Jan: Procedural Rights of Private Parties in the Community Administrative Process, CMLR 34 (1997), S. 531–569.

Lenz, Stefan: Der ReNEUAL-Musterentwurf für ein Europäisches Verwaltungsverfahrensrecht in der Diskussion – Fachtagung am 5. und 6.11.2015 im BVerwG in Leipzig, NVwZ 2016, S. 38–40.

Lewis, Clive: Judicial Remedies in Public Law, 5. Auflage, London: Sweet & Maxwell, Thomson Reuters, 2015.

Leyland, Peter/ Anthony, Gordon: Textbook on Administrative Law, 8. Auflage, Oxford: Oxford University Press, 2016.

Lindemann, Hans-Heinrich: Allgemeine Rechtsgrundsätze und europäischer öffentlicher Dienst: Zur Rechtsprechung des Europäischen Gerichtshofs in Personalsachen, Berlin: Duncker & Humblot, 1986.

Loewenheim, Ulrich/ Meessen, Karl/ Riesenkampff, Alexander/ Kersting, Christian/ Meyer-Lindemann, Hans Jürgen (Hrsg.): Kartellrecht: Europäisches und deutsches Kartellrecht, Kommentar, 3. Auflage, München: Beck, 2016 (zitiert als: *Bearbeiter,* in: Loewenheim/Meessen/Riesenkampff, Kartellrecht, Art. ..., Rn. ...).

Mader, Oliver: Verteidigungsrechte im Europäischen Gemeinschaftsverwaltungsverfahren: Herkunft, Inhalt und Grenzen grundrechtlicher Verfahrensgarantien im unmittelbaren Vollzug sowie ihre Verletzung, unter besonderer Berücksichtigung der externen Finanzkontrolle, Baden-Baden: Nomos, 2006 (zitiert als: *Mader,* Verteidigungsrechte, S. ...).

Magiera, Siegfried: Bürgerrechte und justitielle Grundrechte, in: Merten, Detlef/ Papier, Hans-Jürgen (Hrsg.), Handbuch der Grundrechte, Band VI/1, Europäische Grundrechte I, Heidelberg, Hamburg: C.F. Müller, 2010, § 161 (zitiert als: *Magiera,* Bürgerrechte und justitielle Grundrechte, in: Merten/Papier, HGR VI/1, § 161, Rn. ...).

Mandelartz, Herbert: Anhörung, Absehen von der Anhörung, Nachholen der unterbliebenen Anhörung – Zur Relativierung eines Verfahrensrechts, DVBl. 1983, S. 112–116.

Mario, Albertodi: Il procedimento amministrativo – Flussi processuali, 2. Auflage, Milano: Giuffrè Editore, 2010.

Marrama, Daniele: Brevi riflessioni sul tema dell'irregolarità dei provvedimenti amministrativi, Dir.Proc.Amm. 2005, S. 359–397.

Marsch, Nikolaus: Frankreich, in: Schneider, Jens-Peter (Hrsg.), Verwaltungsrecht in Europa, Band 2, Frankreich, Polen und Tschechien, Göttingen: Vandenhoeck & Ruprecht, 2009, S. 33–223 (zitiert als: *Marsch*, Frankreich, in: Schneider, Verwaltungsrecht in Europa, S. 33, ...).

Martens, Joachim: Die Rechtsprechung zum Verwaltungsverfahrensrecht, NVwZ 1984, S. 556–561.

Martens, Joachim: Die Rechtsprechung zum Verwaltungsverfahrensrecht, NVwZ 1988, S. 684–689.

Martin, Marco: Heilung von Verfahrensfehlern im Verwaltungsverfahren, Berlin: Berliner Wissenschafts-Verlag, 2004 (zitiert als: *Martin*, Heilung von Verfahrensfehlern, S. ...).

Matteucci, Stefano Civitarese: Formalismo giuridico ed invalidità formali, in: Perfetti, Luca R. (Hrsg.), Le riforme della l. 7 agosto 1990, n. 241 – Tra garanzia della legalità ed amministrazione di risultato, Padova: Cedam, 2008, S. 283–316.

Maurer, Hartmut: Bestandskraft für Satzungen?, in: Püttner, Günter (Hrsg.), Festschrift für Otto Bachof zum 70. Geburtstag am 6. März 1984, München: Beck, 1984, S. 215–243 (zitiert als: *Maurer*, Bestandskraft für Satzungen?, in: FS Bachof, S. 215, ...).

Mehde, Veith: Europäisches Dienstrecht, in: Terhechte, Jörg Philipp (Hrsg.), Verwaltungsrecht der Europäischen Union, Baden-Baden: Nomos, 2011, § 38 (zitiert als: *Mehde*, Europäisches Dienstrecht, in: Terhechte, VwR der EU, § 38, Rn. ...).

Melleray, Fabrice: Recours pour excès de pouvoir (Moyens d'annulation), in: Dalloz, Répertoire de contentieux administratif, Januar 2007, Stand: Oktober 2014.

Melzer, Alexander: Die Kodifikation des französischen Verwaltungsverfahrensrechts, DÖV 2016, S. 149–158.

Mendes, Joana: Participation in EU Rule-Making: A Rights-Based Approach, Oxford (u.a.): Oxford University Press, 2011.

Mengozzi, Paolo: La compétence de pleine juridiction du juge communautaire, in: Liber Amicorum in honour of Bo Vesterdorf, Brüssel: Bruylant, 2007, S. 219–236.

Messerschmidt, Lothar: Zur Heilung und Folgenlosigkeit von Verfahrens- und Formfehlern bei Verwaltungsakten gem. §§ 45 und 46 VwVfG, NVwZ 1985, S. 877–880.

Metzger, Axel: Allgemeine Rechtsgrundsätze in Europa – dargestellt am Beispiel des Gleichbehandlungsgrundsatzes, RabelsZ 75 (2011), S. 845–881.

Meyer, Hans: Die Kodifikation des Verwaltungsverfahrens und die Sanktion für Verfahrensfehler, NVwZ 1986, S. 513–522.

Meyer, Jürgen: Charta der Grundrechte der Europäischen Union, 4. Auflage, Baden-Baden: Nomos, 2014 (zitiert als: *Bearbeiter*, in: Meyer, Art. ..., Rn. ...).

Meyer, Jürgen/ Hölscheidt, Sven: Die Europäische Verfassung des Europäischen Konvents, EuZW 2003, S. 613–621.

Meyer, Stephan (Hrsg.): Kleiner Kölscher Kosmos, Köln: Lund, Verlagsgesellschaft, 2005.

Michetti, Enrico: La motivazione del provvedimento amministrativo impugnato: La convalida e l'integrazione, Milano: Giuffrè Editore, 2011.

Mills, Alistair: The „Makes No Difference" Controversy, Judicial Review 18 (2013), S. 124–133.

Mir Puigpelat, Oriol: Razones para una codificación general del procedimiento de la administración de la Unión, in: Fuertes López, Mercedes (Hrsg.): Un Procedimiento Administrativo para Europa, Cizur Menor: Aranzadi, 2012, S. 131–165.

Möllers, Christoph: Das EuG konstitutionalisiert die Vereinten Nationen – Anmerkung zu den Urteilen des EuG vom 21.09.2005, Rs. T-315/01 und T-306/01, EuR 2006, S. 426–431.

Möllers, Christoph: Verfassungsgebende Gewalt – Verfassung – Konstitutionalisierung, in: von Bogdandy, Armin/ Bast, Jürgen (Hrsg.), Europäisches Verfassungsrecht, Berlin, Heidelberg: Springer, 2009, S. 227–277.

Morbidelli, Giuseppe: Invalidità e irregolarità, in: Annuario 2002 dell'Associazione Italiana dei Professori di Diritto amministrativo, Milano: Giuffrè Editore, 2003, S. 79–99 (zitiert als: *Morbidelli,* Invalidità e irregolarità, AIPDA 2002, S. 79, ...).

Moreau, Jacques: Droit administratif, Paris: Presses Universitaires de France, 1989.

Moreau, Jacques: Les conséquences des illégalités procédurales en droit administratif français, EuZöR 1993, Sonderheft, S. 85–98.

Morlok, Martin: Die Folgen von Verfahrensfehlern am Beispiel von kommunalen Satzungen, Berlin: Duncker & Humblot, 1988 (zitiert als: *Morlok*, Die Folgen von Verfahrensfehlern, S. ...).

Mühlendahl, Alexander von: Europäisches Markenrecht: Rechtsmittel gegen die Entscheidungen des Harmonisierungsamtes für den Binnenmarkt, GRUR 2001, S. 667–672.

Mühlendahl, Alexander von/ Ohlgart, Dietrich: Die Gemeinschaftsmarke, München: Beck, 1998.

Müller-Ibold, Till: Die Begründungspflicht im europäischen Gemeinschaftsrecht und im deutschen Recht: Eine rechtsvergleichende Untersuchung, Frankfurt am Main (u.a.): Lang, 1990 (zitiert als: *Müller-Ibold,* Begründungspflicht, S. ...).

Mutius, Albert von: Grundrechtsschutz contra Verwaltungseffizienz im Verwaltungsverfahren?, NJW 1982, S. 2150–2160.

Napolitano, Clara: EU Administrative Procedures. Presenting and discussing the ReNEUAL Draft Model Rules, Rivista Italiana di Diritto Pubblico Comunitario 24 (2014), S. 879–902.

Nehl, Hanns Peter: Europäisches Verwaltungsverfahren und Gemeinschaftsverfassung: Eine Studie gemeinschaftsrechtlicher Verfahrensgrundsätze unter besonderer Berücksichtigung „mehrstufiger" Verwaltungsverfahren, Berlin: Duncker & Humblot, 2002a.

Nehl, Hanns Peter: Wechselwirkungen zwischen verwaltungsverfahrensrechtlichem und gerichtlichem Individualrechtsschutz in der EG, in: Nowak, Carsten/ Cremer, Wolfram, Individualrechtsschutz in der EG und der WTO, Baden-Baden: Nomos, 2002b, S. 135–159.

Nehl, Hanns Peter: Good administration as procedural right and/ or general principle?, in: Hofmann, Herwig/ Türk, Alexander, Legal Challenges in EU Administrative Law – Towards an integrated administration, Cheltenham (u.a.): Edward Elgar, 2009, S. 322–351.

Nehl, Hanns Peter: Principles of Administrative Procedure in EC Law, Oxford: Hart Publishing, 1999.

Nettesheim, Martin: Normenhierarchien im EU-Recht, EuR 2006, S. 737–772.

Niedobitek, Matthias: Rechtsbindung der Verwaltung und Effizienz des Verwaltungsverfahrens, DÖV 2000, S. 761–768.

Nieto-Garrido, Eva: Possible Developments of Article 298 TFEU: Towards an Open, Efficient and Independent European Administration, European Public Law 2012, S. 373–398.

Nöhmer, Sabrina: Das Recht auf Anhörung im europäischen Verwaltungsverfahren, Tübingen: Mohr Siebeck, 2013.

Nolte, Georg: General Principles of German and European Administrative Law – A Comparison in Historical Perspective, MLR 1994, S. 191–212.

Nolte, Norbert: Beurteilungsspielräume im Kartellrecht der Europäischen Gemeinschaft und der Bundesrepublik Deutschland, Frankfurt am Main (u.a.): Lang, 1997.

Nowak, Carsten: Justizielle Grundrechte und Verfahrensgarantien, in: Heselhaus, Sebastian/ Nowak, Carsten (Hrsg.), Handbuch der Europäischen Grundrechte, München (u.a.): Beck, 2006, § 51 (zitiert als: *Nowak,* Justizielle Grundrechte und Verfahrensgarantien, in: Heselhaus/Nowak, Hdb. Europäische Grundrechte, § 51, Rn. ...).

Nowak, Carsten: Europäisches Verwaltungsrecht und Grundrechte, in: Terhechte, Jörg Philipp (Hrsg.), Verwaltungsrecht der Europäischen Union, Baden-Baden: Nomos, 2011, § 14 (zitiert als: *Nowak,* Europäisches Verwaltungsrecht und Grundrechte, in: Terhechte, VwR der EU, § 14, Rn. ...).

Occhiena, Massimo: Il divieto di integrazione in giudizio della motivazione e il dovere di comunicazione dell'avvio di procedimenti ad iniziativa di parte: argini a contenimento del sostanzialismo, Foro Amministrativo TAR 2 (2003) 1.2, S. 522–537.

Odendahl, Kerstin: Gleichheit vor dem Gesetz, in: Heselhaus, Sebastian/ Nowak, Carsten (Hrsg.), Handbuch der Europäischen Grundrechte, München (u.a.): C.H. Beck, 2006, § 43 (zitiert als: *Odendahl,* Gleichheit vor dem Gesetz, in: Heselhaus/Nowak, Hdb. Europäische Grundrechte, § 43, Rn. ...).

Odenthal, Hans-Jörg: Die Heilung von Verfahrensfehlern gem. § 45 VwVfG nach erhobener Untätigkeitsklage, NVwZ 1995, S. 668–670.

Oeter, Stefan: Die Kontrolldichte hinsichtlich unbestimmter Begriffe und des Ermessens, in: Frowein, Jochen (Hrsg.), Die Kontrolldichte bei der gerichtlichen Überprüfung von Handlungen der Verwaltung, Berlin, Heidelberg (u.a.): Springer, 1993, S. 266–277.

Oliveri, Luigi: La riforma della legge sul procedimento amministrativo: Profili attuativi ed applicativi (aggiornato alla legge 14 maggio 2005 n. 80), Halley Editrice, 2005.

Oppermann, Thomas/ Classen, Claus Dieter/ Nettesheim, Martin: Europarecht: ein Studienbuch, 6. Auflage, München: Beck, 2014.

Oppetit, Bruno: Essai sur la codification Paris: Presses Univ. de France, 1998.

Ortega, Luis: Principles of Administrative Procedure, EuZöR 1993, Sonderheft, S. 71–82.

Ossenbühl, Fritz: Zur Bedeutung von Verfahrensmängeln im Atomrecht, NJW 1981, S. 375–378.

Ossenbühl, Fritz: Verwaltungsverfahren zwischen Verwaltungseffizienz und Rechtsschutzauftrag, NVwZ 1982, S. 465–472.

Ossenbühl, Fritz: Eine Fehlerlehre für untergesetzliche Normen, NJW 1986, S. 2805–2812.

Ossenbühl, Fritz: Zum Problem der Rücknahme fehlerhafter begünstigender Verwaltungsakte: Betrachtungen zum Musterentwurf eines Verwaltungsverfahrensgesetzes (EVwVerfG 1963), DÖV 1964, S. 511–521.

Pabel, Katharina: Europäische Agenturen: Rechtsschutz, in: Raschauer, Nicolas (Hrsg.), Europäische Agenturen, Wien: Sramek, 2012, S. 65–101.

Pache, Eckhard: Die Kontrolldichte in der Rechtsprechung des Gerichtshofs der Europäischen Gemeinschaften, DVBl. 1998, S. 380–387.

Pache, Eckhard: Der Grundsatz des fairen gerichtlichen Verfahrens auf europäischer Ebene, EuGRZ 2000, S. 601–606.

Pacteau, Bernard: Le juge de l'excès de pouvoir et les motifs de l'acte administratif, 1977.

Parisio, Vera: Motivazione postuma, qualità dell'azione amministrativa e vizi formali, Il foro amm. 5 (2006), S. 3087–3102.

Pechstein, Matthias: EU-Prozessrecht, 4. Auflage, Tübingen: Mohr Siebeck, 2011.

Pernice, Ingolf: Das Verhältnis europäischer zu nationalen Gerichten im europäischen Verfassungsverbund: Vortrag, gehalten vor der Juristischen Gesellschaft zu Berlin am 14. Dezember 2005, Berlin: de Gruyter Recht, 2006.

Pernice, Ingolf: Europäisches und nationales Verfassungsrecht, VVDStRL 60 (2001), S. 148–193.

Pernice, Ingolf/ Kadelbach, Stefan: Verfahren und Sanktionen im Wirtschaftsverwaltungsrecht, DVBl. 1996, S. 1100–1114.

Peters, Anne: Elemente einer Theorie der Verfassung Europas, Berlin: Duncker & Humblot, 2001.

Peyrical, Jean-Marc: Le juge administratif et la sauvegarde des actes de l'annulation – Etude sur la neutralisation et la substitution des motifs, AJDA 52 (1996), S. 22–34.

Pfeffer, Kristin: Das Recht auf eine gute Verwaltung: Art. II-101 der Grundrechtecharta des Vertrages über eine Verfassung für Europa, Baden-Baden: Nomos, 2006.

Pietzcker, Jost: Verfahrensrechte und Folgen von Verfahrensfehlern, in: Geis, Max-Emanuel (Hrsg.), Staat, Kirche, Verwaltung: Festschrift für Hartmut Maurer zum 70. Geburtstag, München: Beck, 2001, S. 695–712 (zitiert als: *Pietzcker*, Verfahrensrechte und Folgen von Verfahrensfehlern, in: FS Maurer, S. 695, ...).

Pietzcker, Jost: Das Verwaltungsverfahren zwischen Verwaltungseffizienz und Rechtsschutzauftrag, VVDStRL 41 (1983), S. 193–227.

Ponce, Juli: Good Administration and Administrative Procedures, Ind. J. Global Legal Stud. 2005, S. 551–588.

Posner, Richard A.: The Behavior of Administrative Agencies, Journal of Legal Studies 1 (1972), S. 305–347.

Posner, Richard A.: An Economic Approach to Legal Procedure and Judicial Administration, Journal of Legal Studies 2 (1973), S. 399–458.

Posser, Herbert/ Wolff, Heinrich Amadeus (Hrsg.): Beck'scher Online-Kommentar VwGO, 41. Edition, München: Beck, Stand: 1.4.2017 (zitiert als: *Bearbeiter*, in: Posser/Wolff, BeckOK VwGO, § ..., Rn. ...).

Pretis, Daria de: Grundzüge des Verwaltungsrechts in gemeineuropäischer Perspektive: Italien, in: von Bogdandy, Armin/ Cassese, Sabino/ Huber, Peter Michael (Hrsg.), Handbuch Ius Publicum Europaeum, Band V: Verwaltungsrecht in Europa: Grundzüge, Heidelberg: C.F. Müller, 2014, § 78 (zitiert als: *de Pretis*, Italien, in: Hdb. Ius Publicum Europaeum, § 78, Rn. ...).

Pubusa, Andrea: Forma e sostanza nel procedimento. Considerazioni sull'Art. 21 *octies* della legge n. 241 del 1990, Diritto Pubblico 12 (2006), S. 511–537.

Pünder, Hermann: German administrative procedure in a comparative perspective, Int'l J. Const. L. 2013, S. 940–961.

Puybasset, Michele/ Puissochet, Jean Pierre: Chronique générale de jurisprudence administrative française, AJDA 1965, S. 332–342.

Quabeck, Christian: Die dienende Funktion des Verwaltungsverfahrens und Prozeduralisierung, Tübingen: Mohr Siebeck, 2010 (zitiert als: *Quabeck*, Die dienende Funktion, S. ...).

Ramsauer, Ulrich/ Wysk, Peter: Verwaltungsverfahrensgesetz, Kommentar, 17. Auflage 2016, (zitiert als: *Bearbeiter*, in: Kopp/Ramsauer, VwVfG, § ..., Rn. ...).

Rausch, Rolf: Die Kontrolle von Tatsachenfeststellungen und –würdigungen durch den Gerichtshof der Europäischen Gemeinschaft: Zur gerichtlichen Nachprüfung von Kommissionsentscheidungen im Vergleich zum deutschen und französischen Recht, Berlin: Duncker & Humblot, 1994.

Ravà, Paolo: La convalida degli atti amministrativi, Padova: Cedam, 1937.

Rawls, John: Eine Theorie der Gerechtigkeit, 20. Auflage, Frankfurt am Main: Suhrkamp, 2017.

Rawls, John/ Kelly, Erin: Gerechtigkeit als Fairneß: ein Neuentwurf, Frankfurt am Main: Suhrkamp, 2007.

Raynaud, Fabien/ Fombeur, Pascale: Théorie de la compétence liée, AJDA 1999, S. 567–572.

Redeker, Konrad: Die „Heilungsvorschriften" der 6. VwGO-Novelle, NVwZ 1997, S. 625–628.

Redeker, Konrad: Neue Experimente mit der VwGO?, NVwZ 1996a, S. 521–526.

Redeker, Konrad: Legislative, Exekutive und Verwaltungsgerichtsbarkeit. Versuch eines sachlichen Gesprächs, NVwZ 1996b, S. 126–131.

Redish, Martin H./ Marshall, Lawrence C.: Adjudicatory Independence and the Value of Procedural Due Process, Yale L.J. 95 (1986), S. 455–505.

Reid, Colin: Case Comment: Judicial review not always a guarantee of a fair trial, Scottish Planning and Environmental Law 2007, S. 13–14.

Rengeling, Hans-Werner: Rechtsgrundsätze beim Verwaltungsvollzug des Europäischen Gemeinschaftsrechts, Köln (u.a.): Heymanns, 1977.

Rengeling, Hans-Werner: Deutsches und europäisches Verwaltungsrecht – wechselseitige Einwirkungen, VVDStRL 53 (1994a), S. 202–234.

Rengeling, Hans-Werner/ Middeke, Andreas/ Gellermann, Martin: Rechtsschutz in der Europäischen Union – Durchsetzung des Gemeinschaftsrechts vor europäischen und deutschen Gerichten, München: Beck, 1994.

Rengeling, Hans-Werner/ Szczekalla, Peter: Grundrechte in der Europäischen Union: Charta der Grundrechte und allgemeine Rechtsgrundsätze, Köln (u.a.): Heymanns, 2004.

Renkl, Günter: Der Anspruch auf rechtliches Gehör im Verwaltungsverfahren, Mannheim: 1971.

Rennert, Klaus: ReNEUAL-Musterentwurf für ein EU-Verwaltungsverfahrensrecht aus der Sicht des BVerwG, DVBl. 2016, S. 69–72.

Ress, Georg: Die Bedeutung der Rechtsvergleichung für das Recht internationaler Organisationen, ZaöRV 36 (1976), S. 227–279.

Ridley, Frederick: Europäisierung des Verwaltungsverfahrensrechts – Länderbericht Großbritannien: England ist anders, in: Hill, Hermann/ Pitschas, Rainer (Hrsg.), Europäisches Verwaltungsverfahrensrecht, Beiträge der 70. Staatswissenschaftlichen Fortbildungstagung vom 20. bis 22. März 2002 an der Deutschen Hochschule für Verwaltungswissenschaften Speyer, Berlin: Duncker & Humblot, 2004, S. 205–217 (zitiert als: *Ridley*, Großbritannien, in: Hill/ Pitschas, Europäisches Verwaltungsverfahrensrecht, S. 205, ...).

Ritleng, Dominique: Le contrôle de la légalité des actes communautaires par la cour de justice et le tribunal de première instance des communautés européennes, 1998.

Röhl, Hans Christian: Verantwortung und Effizienz in der Mehrebenenverwaltung, DVBl. 2006, S. 1070–1079.

Röhl, Klaus: Verfahrensgerechtigkeit (Procedural Justice). Einführung in den Themenbereich und Überblick, ZfRSoz 1993, S. 1–34.

Ronellenfitsch, Michael: Rechtsfolgen fehlerhafter Planung, NVwZ 1999, S. 583–590.

Ronellenfitsch, Michael: Novellierung des Verwaltungsverfahrensgesetzes, in: Rengeling, Hans-Werner (Hrsg.), Beschleunigung von Planungs- und Genehmigungsverfahren – Deregulierung: Aktuelle

Entwicklungen der Rechtsetzung in Deutschland und in der Europäischen Union, Vierte Osnabrücker Gespräche zum Deutschen und Europäischen Umweltrecht am 19. – 21. Juni 1996, Köln (u.a.): Heymanns, 1997, S. 51–69 (zitiert als: *Ronellenfitsch*, Novellierung des Verwaltungsverfahrensgesetzes, in: Rengeling, Beschleunigung von Planungs- und Genehmigungsverfahren, S. 51, ...).

Roßnagel, Alexander: Verfahrensfehler ohne Sanktion?, JuS 1994, S. 927–932.

Rubin, Edward L.: Due Process and the Administrative State, Cal.L.Rev. 72 (1984), S. 1044–1179.

Ruffert, Matthias: Die Methodik der Verwaltungsrechtswissenschaft in anderen Ländern der Europäischen Union, in: Schmidt-Aßmann, Eberhard/ Hoffmann-Riem, Wolfgang (Hrsg.), Methoden der Verwaltungsrechtswissenschaft, Baden-Baden: Nomos, 2004, S. 165–207 (zitiert als: *Ruffert*, Die Methodik der Verwaltungsrechtswissenschaft in anderen Ländern der Europäischen Union, in: Schmidt-Aßmann/Hoffmann-Riem, Methoden, S. 165, ...).

Rupp, Hans Heinrich: Bemerkungen zum verfahrensfehlerhaften Verwaltungsakt, in: Püttner, Günter (Hrsg.), Festschrift für Otto Bachof zum 70. Geburtstag am 6. März 1984, München: Beck, 1984, S. 151–168 (zitiert als: *Rupp*, Bemerkungen zum verfahrensfehlerhaften Verwaltungsakt, in: FS Bachof, S. 151, ...).

Sandulli, Aldo: Il Procedimento Amministrativo, Milano: Giuffrè Editore, 1959.

Sandulli, Aldo: Manuale di diritto amministrativo, 15. Auflage, Napoli: Jovene, 1989.

Santaniello, Giuseppe: Convalida (dir. amm.), in: Enciclopedia del Diritto, Band X, Milano: Giuffrè Editore, 1962.

Santaniello, Giuseppe: Ratifica (dir. amm.), in: Enciclopedia del Diritto, Band XXXVIII, Milano: Giuffrè Editore, 1987.

Santaniello, Giuseppe: Sanatoria (dir. amm.), in: Enciclopedia del Diritto, Band XLI, Milano: Giuffrè Editore, 1989.

Saurer, Johannes: Der Einzelne im europäischen Verwaltungsrecht: Die institutionelle Ausdifferenzierung der Verwaltungsorganisation der Europäischen Union in individueller Perspektive, Tübingen: Mohr Siebeck, 2014.

Saurer, Johannes: Die Begründung im deutschen, europäischen und US-amerikanischen Verwaltungsverfahrensrecht, VerwArch 100 (2009), S. 364–390.

Saurer, Johannes: Individualrechtsschutz gegen das Handeln der Europäischen Agenturen, EuR 2010, S. 51–67.

Schaeffer, Abigail: Reasons and Rationalisations: Late Reasons in Judicial Review, JR 2004, S. 151–156.

Scheffler, Hans-Hermann: Die Pflicht zur Begründung von Maßnahmen nach den europäischen Gemeinschaftsverträgen, Berlin: Duncker & Humblot, 1974.

Schenke, R. P: Das Nachschieben von Ermessenserwägungen – BVerwGE 106, 351, JuS 2000, S. 230–235.

Schenke, Wolf-Rüdiger: Die Heilung von Verfahrensfehlern gem. § 45 VwVfG, VerwArch (97) 2006, S. 592–610.

Schenke, Wolf-Rüdiger: Der verfahrensfehlerhafte Verwaltungsakt gemäß § 46 VwVfG, DÖV 1986, S. 305–321.

Schenke, Wolf-Rüdiger: Das Nachschieben von Gründen im Rahmen der Anfechtungsklage, NVwZ 1988, S. 1–13.

Schenke, Wolf-Rüdiger: „Reform" ohne Ende – Das Sechste Gesetz zur Änderung der Verwaltungsgerichtsordnung und anderer Gesetze (6. VwGOÄndG), NJW 1997, S. 81–93.

Schlecht, Anna-Maria: Die Unbeachtlichkeit von Verfahrensfehlern im deutschen Umweltrecht: Einwirkungen der Aarhus-Konvention und des Gemeinschaftsrechts auf die Grenzen gerichtlicher Kontrolle, Berlin: Duncker & Humblot, 2010.

Schlette, Volker: Die verwaltungsgerichtliche Kontrolle von Ermessensakten in Frankreich: Eine Analyse der Rechtsprechung des Conseil d'État zu Inhalt und Umfang des pouvoir discrétionnaire der französischen Verwaltungsbehörden, unter besonderer Berücksichtigung der neueren Entwicklungen, Baden-Baden: Nomos, 1991.

Schlosser, Peter: EMRK und Waffengleichheit im Zivilprozess, NJW 1995, S. 1404–1406.

Schmahl, Stefanie: Effektiver Rechtsschutz gegen „targeted sanctions" des UN-Sicherheitsrats?, EuR 2006, S. 566–576.

Schmahl, Stefanie: Rechtsstaatlichkeit, in: Schulze, Reiner/ Zuleeg, Manfred/ Kadelbach, Stefan (Hrsg.), Europarecht, Handbuch für die deutsche Rechtspraxis, 3. Auflage, Baden-Baden: Nomos, 2015, § 6.

Schmidt, Florian: Die Befugnis des Gemeinschaftsrichters zu unbeschränkter Ermessensnachprüfung – die „pleine juridiction" im europäischen Gemeinschaftsrecht unter besonderer Berücksichtigung des Bußgeldverfahrens im Kartellrecht, Baden-Baden: Nomos, 2004.

Schmidt, Reiner: Die Reform von Verwaltung und Verwaltungsrecht – Reformbedarf, Reformanstöße, Reformansätze, VerwArch 91 (2000), S. 149–168.

Schmidt-Aßmann, Eberhard: Verwaltungsverfahren, in: Isensee, Josef/ Kirchhof, Paul (Hrsg.), Handbuch des Staatsrecht, Band V, 3. Auflage, Heidelberg: Müller, 2007, § 109.

Schmidt-Aßmann, Eberhard: Der Verfahrensgedanke im deutschen und europäischen Verwaltungsrecht, in: Hoffmann-Riem, Wolfgang/ Schmidt-Aßmann, Eberhard/ Voßkuhle, Andreas (Hrsg.), Grundlagen des Verwaltungsrechts, Band II: Informationsordnung, Verwaltungsverfahren, Handlungsformen, 2. Auflage, München: Beck, 2012a, § 27 (zitiert als: *Schmidt-Aßmann,* Der Verfahrensgedanke im deutschen und europäischen Verwaltungsrecht, in: GVwR II, § 27, Rn. ...).

Schmidt-Aßmann, Eberhard: Verfassungsprinzipien für den Europäischen Verwaltungsverbund, in: Hoffmann-Riem, Wolfgang/ Schmidt-Aßmann, Eberhard/ Voßkuhle, Andreas (Hrsg.), Grundlagen des Verwaltungsrechts, Band I: Methoden, Maßstäbe, Aufgaben, Organisation, 2. Auflage, München: Beck, 2012b, § 5 (zitiert als: *Schmidt-Aßmann,* Verfassungsprinzipien für den Europäischen Verwaltungsverbund, in: GVwR I, § 5, Rn. ...).

Schmidt-Aßmann, Eberhard: Europäisches Verwaltungsrecht als gemeinsame Aufgabe, EuZöR 2000, S. 11–28.

Schmidt-Aßmann, Eberhard: Deutsches und Europäisches Verwaltungsrecht – Wechselseitige Einwirkungen, DVBl. 1993, S. 924–936.

Schmidt-Aßmann, Eberhard: Das allgemeine Verwaltungsrecht als Ordnungsidee – Grundlagen und Aufgaben der verwaltungsrechtlichen Systembildung, 2. Auflage, Berlin (u.a.): Springer, 2004.

Schmidt-Aßmann, Eberhard: Europäisches Verwaltungsverfahrensrecht, in: Müller-Graff, Peter-Christian (Hrsg.), Perspektiven des Rechts in der Europäischen Union, Heidelberg: C.F. Müller, 1998, S. 131–162.

Schmidt-Aßmann, Eberhard: Strukturen des Europäischen Verwaltungsrechts, Einleitende Problemskizze, in: Schmidt-Aßmann, Eberhard/ Hoffmann-Riem, Wolfgang (Hrsg.), Strukturen des Europäischen Verwaltungsrechts, Baden-Baden: Nomos, 1999, S. 9–43 (zitiert als: *Schmidt-Aßmann,* Strukturen des Europäischen Verwaltungsrechts, in: Schmidt-Aßmann/ Hoffmann-Riem, Strukturen, S. 9, ...).

Schmidt-Aßmann, Eberhard: Die Kontrolldichte der Verwaltungsgerichte: Verfassungsgerichtliche Vorgaben und Perspektiven, DVBl. 1997, S. 281–289.

Schmidt-Aßmann, Eberhard: Effizienz als Herausforderung an das Verwaltungsrecht – Perspektiven der verwaltungsrechtlichen Systembildung, in: Hoffmann-Riem, Wolfgang/ Schmidt-Aßmann, Eberhard (Hrsg.), Effizienz als Herausforderung an das Verwaltungsrecht, Baden-Baden: Nomos, 1998b, S. 245–269.

Schmidt-Aßmann, Eberhard: Zur Europäisierung des allgemeinen Verwaltungsrechts, in: Badura, Peter/ Scholz, Rupert (Hrsg.), Wege und Verfahren des Verfassungslebens, Festschrift für Peter Lerche zum 65. Geburtstag, München: Beck, 1993b, S. 513–527 (zitiert als: *Schmidt-Aßmann,* Zur Europäisierung des allgemeinen Verwaltungsrechts, in: FS Lerche, S. 513, ...).

Schmidt-Aßmann, Eberhard/ Dagron, Stéphanie: Deutsches und französisches Verwaltungsrecht im Vergleich ihrer Ordnungsideen – Zur Geschlossenheit, Offenheit und gegenseitigen Lernfähigkeit von Rechtssystemen, ZaöRV 67 (2007), S. 395–468.

Schmidt-Aßmann, Eberhard/ Groß, Thomas: Zur verwaltungsgerichtlichen Kontrolldichte nach der Privatgrundschulentscheidung des BVerfG, NVwZ 1993c, S. 617–625.

Schmidt-Aßmann, Eberhard/ Krämer, Hannes: Das Verwaltungsverfahren und seine Folgen: Insbesondere zu den Systemgedanken einer Lehre von den Verfahrensfehlerfolgen im deutschen Recht, unter Einbeziehung rechtsvergleichender Aspekte, EuZöR 1993d, Sonderheft, S. 99–133.

Schmitt Glaeser, Walter: Partizipation an Verwaltungsentscheidungen, VVDStRL 31 (1973), S. 179–265.

Schmitz, Heribert/ Olbertz, Susanne: Das Zweite Gesetz zur Änderung verwaltungsverfahrensrechtlicher Vorschriften – Eine Zwischenbilanz?, NVwZ 1999, S. 126–132.

Schmitz, Heribert/ Wessendorf, Franz: Das Genehmigungsverfahrensbeschleunigungsgesetz –
Neue Regelungen im Verwaltungsverfahrensgesetz und der Wirtschaftsstandort Deutschland,
NVwZ 1996, S. 955–962.

Schnapp, Friedrich/ Cordewener, Axel: Welche Rechtsfolgen hat die Fehlerhaftigkeit eines Verwaltungsakts?, JuS 1999, S. 147–152.

Schneider, Jens-Peter: Strukturen und Typen von Verwaltungsverfahren, in: Hoffmann-Riem,
Wolfgang/ Schmidt-Aßmann, Eberhard/ Voßkuhle, Andreas (Hrsg.), Grundlagen des Verwaltungsrechts, Band II, 2. Auflage, München: Beck, 2012, § 28 (zitiert als: *Schneider,* Strukturen
und Typen von Verwaltungsverfahren, GVwR II, § 28, Rn. ...).

Schneider, Jens-Peter: Einzelfallentscheidungsverfahren als Gegenstand von Buch III des
ReNEUAL-Musterentwurfs, in: Schneider, Jens-Peter/ Rennert, Klaus/ Marsch, Nikolaus
(Hrsg.), ReNEUAL Musterentwurf für ein EU Verwaltungsverfahrensrecht, Fachtagung am 5.
und 6. November 2015 im Bundesverwaltungsgericht in Leipzig und Dokumentation zum Ver-
ordnungsentwurf des Europäischen Parlaments vom 9. Juni 2016 – Tagungsband, München:
Beck, 2016, S. 129–142.

Schneider, Jens-Peter/ Hofmann, Herwig/ Ziller, Jacques: Die ReNEUAL Model Rules 2014: Ein
Verwaltungsverfahrensrecht für Europa, JZ 2015, S. 265–316.

Schneider, Jens-Peter: ReNEUAL – Musterentwurf für ein EU-Verwaltungsverfahrensrecht, München: Beck, 2015.

Schöbner, Burkhard: Der Ausschluss des Aufhebungsanspruchs wegen Verfahrensfehlern bei
materiell-rechtlich und tatsächlich alternativlosen Verwaltungsakten, Die Verwaltung 2000,
S. 447–484.

Schoch, Friedrich: Die europäische Perspektive des Verwaltungsverfahrens- und Verwaltungspro-
zessrechts, in: Schmidt-Aßmann, Eberhard/ Hoffmann-Riem, Wolfgang (Hrsg.), Strukturen des
Europäischen Verwaltungsrechts, Baden-Baden: Nomos, 1999, S. 279–316 (zitiert als: *Schoch,*
Die europäische Perspektive des Verwaltungsverfahrens- und Verwaltungsprozessrechts, in:
Schmidt-Aßmann/Hoffmann-Riem, Strukturen, S. 279, ...).

Schoch, Friedrich: Gerichtliche Verwaltungskontrollen, in: Hoffmann-Riem, Wolfgang/ Schmidt-Aßmann, Eberhard/ Voßkuhle, Andreas (Hrsg.), Grundlagen des Verwaltungsrechts, Band III: Personal, Finanzen, Kontrolle, Sanktionen, Staatliche Einstandspflichten, 2. Auflage, München: Beck,
2013, § 50 (zitiert als: *Schoch,* Gerichtliche Verwaltungskontrollen, in: GVwR III, § 50, Rn. ...).

Schoch, Friedrich: Der Verfahrensgedanke im allgemeinen Verwaltungsrecht – Anspruch und
Wirklichkeit nach 15 Jahren VwVfG, Die Verwaltung 25 (1992), S. 21–53.

Schoch, Friedrich: Die Heilung von Anhörungsmängeln im Verwaltungsverfahren, Jura 2007,
S. 28–32.

Schoch, Friedrich: Nachholen der Begründung und Nachschieben von Gründen, DÖV 1984,
S. 401–411.

Schoch, Friedrich: Heilung unterbliebener Anhörung im Verwaltungsverfahren durch Widerspruchsverfahren?, NVwZ 1983, S. 249–257.

Schoch, Friedrich/ Schneider, Jens-Peter/ Bier, Wolfgang (Hrsg.): Kommentar Verwaltungsgerichtsordnung, Band I, Stand: Oktober 2016, 32. Ergänzungslieferung (zitiert als: *Bearbeiter,*
in: Schoch/Schneider/Bier, VwGO, § ..., Rn. ...).

Schorkopf, Frank: Homogenität in der Europäischen Union: Ausgestaltung und Gewährleistung
durch Art. 6 Abs. 1 und Art. 7 EUV, Berlin: Duncker & Humblot, 2000.

Schuppert, Gunnar Folke/ Bumke, Christian: Die Konstitutionalisierung der Rechtsordnung: Überlegungen zum Verhältnis von verfassungsrechtlicher Ausstrahlungswirkung und Eigenständigkeit des „einfachen" Rechts, Baden-Baden: Nomos, 2000.

Schwarze, Jürgen: Der Schutz des Gemeinschaftsbürgers durch allgemeine Verwaltungsrechtsgrundsätze im EG-Recht, NJW 1986, S. 1067–1073.

Schwarze, Jürgen: Europäisches Verwaltungsrecht, Entstehung und Entwicklung im Rahmen der
Europäischen Gemeinschaft, Band 1 und 2, 1. Auflage, Baden-Baden: Nomos, 1988 (zitiert als:
Schwarze, Europäisches Verwaltungsrecht, 1. Auflage, Bd. ..., S. ...).

Schwarze, Jürgen: Europäisches Verwaltungsrecht. Entstehung und Entwicklung im Rahmen der Europäischen Gemeinschaft, 2. erweiterte Auflage, Baden-Baden: Nomos, 2005 (zitiert als: *Schwarze*, Europäisches Verwaltungsrecht, 2. Auflage, S. ...).

Schwarze, Jürgen: Europäisches Verwaltungsrecht im Werden – Einführung und Problemaufriss, in: Schwarze (Hrsg.), Europäisches Verwaltungsrecht im Werden, Baden-Baden: Nomos, 1982, S. 11–23 (zitiert als: *Schwarze*, Europäisches Verwaltungsrecht im Werden, in: Schwarze, Europäisches Verwaltungsrecht im Werden, S. 11,...).

Schwarze, Jürgen (Hrsg.): EU-Kommentar, 3. Auflage, Baden-Baden: Nomos, 2012 (zitiert als: *Bearbeiter*, in: Schwarze, Art. ..., Rn. ...).

Schwarze, Jürgen: Die Befugnis zur Abstraktion im europäischen Gemeinschaftsrecht: Eine Untersuchung zur Rechtsprechung des Europäischen Gerichtshofes, Baden-Baden: Nomos, 1976.

Schwarze, Jürgen: Grundlinien und neuere Entwicklungen des Verwaltungsrechtsschutzes in Frankreich und Deutschland, NVwZ 1996, S. 23–29.

Schwarze, Jürgen: Europäische Rahmenbedingungen für die Verwaltungsgerichtsbarkeit, NVwZ 2000, S. 241–252.

Schwarze, Jürgen: Der funktionale Zusammenhang von Verwaltungsverfahrensrecht und verwaltungsgerichtlichem Rechtsschutz, Berlin: Duncker & Humblot, 1974.

Schwarze, Jürgen: The administrative law of the Community and the protection of human rights, CMLR 23 (1986), S. 401–417.

Sedemund, Jochim: Allgemeine Prinzipien des Verwaltungsverfahrensrechts, dargestellt am Beispiel des Verwaltungsverfahrens der EG in Kartellsachen, in: Schwarze (Hrsg.), Europäisches Verwaltungsrecht im Werden, Baden-Baden: Nomos, 1982, S. 45–62.

Seitz, Claudia: Grundrechtsschutz durch Verfahrensrecht – Das Grundrecht auf gute Verwaltung und ein europäisches Verwaltungsverfahrensrecht, EuZW 2015, S. 273–276.

Siegel, Thorsten: Entscheidungsfindung im Verwaltungsverbund: horizontale Entscheidungsvernetzung und vertikale Entscheidungsstufung im nationalen und europäischen Verwaltungsverbund, Tübingen: Mohr Siebeck, 2009.

Siegel, Thorsten: Die Widerspruchskammer im System des europäischen Verwaltungsrechtsschutzes – Wesen und Funktionsweise der Widerspruchskammer nach der neuen REACH-Verordnung für Chemikalien, EuZW 2008, S. 141–144.

Skouris, Vassilios: Der Musterentwurf eines EU-Verwaltungsverfahrensgesetzes aus der Sicht des Europäischen Gerichtshofs, DVBl. 2016, S. 201–204.

Sladič, Jorg: Die Begründung der Rechtsakte des Sekundärrechts der EG in der Rechtsprechung des EuGH und des EuG, ZfRV 2005, S. 123–134.

Sodan, Helge: Unbeachtlichkeit und Heilung von Verfahrens- und Formfehlern, DVBl. 1999, S. 729–738.

Sodan, Helge/ Ziekow, Jan: Verwaltungsgerichtsordnung, Kommentar, Baden-Baden: Nomos, 2014 (zitiert als: Bearbeiter, in: Sodan/Ziekow, VwGO, § ..., Rn. ...).

Sommermann, Karl-Peter: Das Verwaltungsverfahrensgesetz im europäischen Kontext: eine rechtsvergleichende Bilanz, in: Hill, Hermann/ Sommermann, Karl-Peter/ Stelkens, Ulrich/ Ziekow, Jan (Hrsg.), 35 Jahre Verwaltungsverfahrensgesetz – Bilanz und Perspektiven, Berlin: Duncker & Humblot, 2011, S. 191–212.

Soria, José Martín: Die Kodizes für gute Verwaltungspraxis – Ein Beitrag zur Kodifikation des Verwaltungsverfahrensrechts der EG, EuR 2001, S. 682–705.

Spanner, Hans: Der Regierungsentwurf eines Bundes-Verwaltungsverfahrensgesetzes, JZ 1970, S. 671–675.

Sparwasser, Reinhard: Das Genehmigungsverfahrensbeschleunigungsgesetz, AnwBl. 2000, S. 658–667.

Staffini, Paolo: Considerazioni in tema di irregolarità nell'ordinamento amministrativo. L'irregolarità degli atti emanati dalla pubblica amministrazione, Il Consiglio di Stato 1996, S. 1573–1604.

Starck, Christian: Rechtsvergleichung im öffentlichen Recht, JZ 1997, S. 1021–1030.

Starck, Christian: Droits fondamentaux, état de droit et principe démocratique en tant que fondements de la procédure administrative non contentieuse, EuZöR 1993, Sonderheft, S. 31–51.

Steinberg, Rudolf: Komplexe Verwaltungsverfahren zwischen Verwaltungseffizienz und Rechtsschutzauftrag, DÖV 1982, S. 619–631.

Stelkens, Paul/ Bonk, Joachim/ Sachs, Michael (Hrsg.): Verwaltungsverfahrensgesetz, Kommentar, 8. Auflage, München: Beck, 2014 (zitiert als: *Bearbeiter*, in: Stelkens/Bonk/Sachs, VwVfG, § ..., Rn. ...).

Stelkens, Ulrich: Der Eigenwert des Verfahrens im Verwaltungsrecht, DVBl. 2010, S. 1078–1086.

Stettner, Rupert: Grundfragen einer Kompetenzlehre, Berlin: Duncker & Humblot, 1983.

Stolleis, Michael: Entwicklungsstufen der Verwaltungsrechtswissenschaft, in: Hoffmann-Riem, Wolfgang/ Schmidt-Aßmann, Eberhard/ Voßkuhle, Andreas (Hrsg.), Grundlagen des Verwaltungsrechts, Band I: Methoden, Maßstäbe, Aufgaben, Organisation, 2. Auflage, München: Beck, 2012, § 2 (zitiert als: *Stolleis*, Entwicklungsstufen der Verwaltungsrechtswissenschaft, in: GVwR I, § 2, Rn. ...).

Storost, Ulrich: Fachplanung und Wirtschaftsstandort Deutschland: Rechtsfolgen fehlerhafter Planung, NVwZ 1998, S. 797–805.

Stoye, Katrin: Die Entwicklung des europäischen Verwaltungsrechts durch das Gericht erster Instanz: am Beispiel der Verteidigungsrechte im Verwaltungsverfahren, Baden-Baden: Nomos, 2005.

Streinz, Rudolf: Vertrauensschutz und Gemeinschaftsinteresse beim Vollzug von europäischem Gemeinschaftsrecht durch deutsche Behörden: Ein Beitrag zu den Problemen der Verzahnung von Gemeinschaftsrecht und nationalem Recht, Die Verwaltung 1990, S. 153–182.

Streinz, Rudolf (Hrsg.): EUV/ AEUV Kommentar, 2. Auflage, München: Beck, 2012 (zitiert als: *Bearbeiter*, in: Streinz, Art. ..., Rn. ...).

Stüer, Bernhard: ReNEUAL-Musterentwurf für ein EU-Verwaltungsverfahrensrecht, DVBl. 2016, S. 100–105.

Stüer, Bernhard: Die Beschleunigungsnovellen 1996, DVBl. 1997, S. 326–341.

Sydow, Gernot/ Neidhardt, Stephan: Verwaltungsinterner Rechtsschutz: Möglichkeiten und Grenzen in rechtsvergleichender Perspektive, Baden-Baden: Nomos, 2007.

Tassone, Antonio Romano: Contributo sul tema dell'irregolarità degli atti amministrativi, Torino: Giappichelli, 1993.

Tassone, Antonio Romano: Osservazioni su invalidità e irregolarità degli atti amministrativi, in: Annuario 2002 dell'Associazione Italiana dei Professori di Diritto amministrativo, Milano: Giuffrè Editore, 2003, S. 101–106 (zitiert als: *Tassone*, Osservazioni su invalidità e irregolarità degli atti amministrativi, AIPDA 2002, S. 101, ...).

Terhechte, Jörg Philipp: Von Lissabon zu Mangold – Die Konsolidierung des europäischen „Verfassungsgerichtsverbundes" durch das BVerfG, EuZW 2011a, S. 81–82.

Terhechte, Jörg Philipp: Einführung: Das Verwaltungsrecht der europäischen Union als Gegenstand rechtswissenschaftlicher Forschung – Entwicklungslinien, Prinzipien und Perspektiven, in: Terhechte, Jörg Philipp (Hrsg.), Verwaltungsrecht der Europäischen Union, Baden-Baden: Nomos, 2011b, § 1 (zitiert als: *Terhechte*, Einführung, in: Terhechte, VwR der EU, § 1, Rn. ...).

Terhechte, Jörg Philipp: Europäisches Verwaltungsrecht und europäisches Verfassungsrecht, in: Terhechte, Jörg Philipp (Hrsg.),Verwaltungsrecht der Europäischen Union, Baden-Baden: Nomos, 2011c, § 7 (zitiert als: *Terhechte*, Europäisches Verwaltungsrecht und europäisches Verfassungsrecht, in: Terhechte, VwR der EU, § 7, Rn. ...).

Tettinger, Peter/ Stern, Klaus: Kölner Gemeinschaftskommentar Europäischen Grundrechte-Charta, München: Beck, 2006 (zitiert als: *Bearbeiter*, in: Tettinger/Stern, Art. ..., Rn. ...).

Toth, Akos G.: Infringement of an essential procedural requirement, in: The Oxford Encyclopaedia of European Community Law, Vol. I: Institutional Law, Oxford: Clarendon Press, 1990.

Trebastoni, Dauno: La sanatoria dell'invalidità dei provvedimenti nel processo amministrativo, Il foro amministrativo, 7 (2008) 4, S. 1293–1312.

Tridimas, Takis: The general principles of EU law, 2. Auflage, Oxford (u.a.): Oxford University Press, 2006.

Tropea, Giuseppe: La c.d. motivazione „successiva" tra attività di sanatoria e giudizio amministrativo, Dir. Amm. 2003, S. 531–643.

Truchet, Didier: Recours administratif, in: Dalloz, Répertoire de contentieux administratif, Oktober 2000, Stand: Januar 2015.

Uerpmann, Robert: Mittelbare Gemeinschaftsverwaltung durch gemeinschaftsgeschaffene juristische Personen des öffentlichen Rechts, AöR 125, S. 551–586.

Ule, Carl Hermann: Der Gerichtshof der Montangemeinschaft als europäisches Verwaltungsgericht, DVBl. 1952, S. 65–72.

Vasta, Stefania: Convalida e vizi sostanziali: Un ipotesi ricostruttiva, Diritto Pubblico 2014, S. 953–978.

Vedder, Christoph: (Teil)Kodifikation des Verwaltungsverfahrensrechts der EG?, in: Schwarze, Jürgen/ Starck, Christian (Hrsg.): Vereinheitlichung des Verwaltungsverfahrensrechts in der EG – Vorträge der Fachgruppen für vergleichendes öffentliches Recht und Europarecht auf der 24. Tagung der Gesellschaft für Rechtsvergleichung vom 23–26. März 1994 in Berlin, EuR Beiheft 1/1995, Baden-Baden: Nomos, 1995, S. 75–98.

Vedel, Georges/ Delvolvé, Pierre: Droit administratif 2, 12. Auflage, Paris: Presses universitaires de France, 1992.

Vesterdorf, Bo: Transparency – Not Just a Vogue Word, Fordham Int'l L.J. 22 (1998), S. 902–929.

Vignocchi, Gustavo/ Ghetti, Giulio: Corso di diritto pubblico, 5. Auflage, Milano: Giuffrè Editore, 1994.

Wade, William/ Forsyth, Christopher F.: Administrative Law, 11. Auflage, Oxford: Oxford University Press, 2014.

Wahl, Rainer: Das Verhältnis von Verwaltungsverfahren und Verwaltungsprozessrecht in europäischer Sicht, DVBl. 2003, S. 1285–1293.

Wahl, Rainer: Das Verhältnis von Verwaltungsverfahren und Verwaltungsprozessrecht in europäischer Sicht, in: Hill, Hermann/ Pitschas, Rainer (Hrsg.), Europäisches Verwaltungsverfahrensrecht, Beiträge der 70. Staatswissenschaftlichen Fortbildungstagung vom 20. bis 22. März 2002 an der Deutschen Hochschule für Verwaltungswissenschaften Speyer, Berlin: Duncker & Humblot, 2004, S. 357–383 (zitiert als: *Wahl*, Das Verhältnis von Verwaltungsverfahren und Verwaltungsprozessrecht in europäischer Sicht, in: Hill/Pitschas, Europäisches Verwaltungsverfahrensrecht, S. 357, ...).

Wahl, Rainer: Verwaltungsverfahren zwischen Verwaltungseffizienz und Rechtsschutzauftrag, VVDStRL 41 (1983), S. 151–192.

Wakefield, Jill: The Right to Good Administration, Alphen aan den Rijn: Kluwer Law International, 2007.

Waldhoff, Christian: Allgemeines Verwaltungsrecht: Heilung eines Anhörungsfehlers im Verwaltungsverfahren, JuS 2012, S. 671–672.

Weides, Peter: Verwaltungsverfahren und Widerspruchsverfahren, 3. Auflage, München: Beck, 1993.

Weiler, J. H. H./ Lockhart, Nicolas J. S.: „Taking Rights Seriously" seriously: The European Court and Its Fundamental Rights Jurisprudence – Part I, CMLR 32 (1995), S. 51–94.

Weiß, Wolfgang: Die Verteidigungsrechte im EG-Kartellverfahren: Zugleich ein Beitrag zu den allgemeinen Rechtsgrundsätzen des Gemeinschaftsrechts, Köln: Heymann, 1996.

Weiß, Wolfgang: Europäisches Wettbewerbsverwaltungsrecht, in: Terhechte, Jörg Philipp (Hrsg.), Verwaltungsrecht der Europäischen Union, Baden-Baden: Nomos, 2011, § 20 (zitiert als: *Weiß*, Europäisches Wettbewerbsverwaltungsrecht, in: Terhechte, VwR der EU, § 20, Rn. ...).

Werner, Fritz: Verwaltungsrecht als konkretisiertes Verfassungsrecht, DVBl. 1959, S. 527–533.

Weyreuther, Felix: Probleme der Rechtsprechung zum Enteignungsverfahren, DVBl. 1972, S. 93–101.

Weyreuther, Felix: Bemerkenswertes über Grundsätzliches, DÖV 1989, S. 321–329.

Weyreuther, Felix: Das Bundesbaurecht in den Jahren 1978 und 1979, DÖV 1980, S. 389–396.

Wiater, Patricia: Effektiver Rechtsschutz im Unionsrecht, JuS 2015, S. 788–792.

Wißmann, Hinnerk/ Lange, Pia: Handlungsformen im europäischen Verwaltungsrecht, in: Leible, Stefan/ Terhechte, Jörg Philipp, Enzyklopädie Europarecht, Band 3: Europäisches Rechtsschutz- und Verfahrensrecht, § 31 (zitiert als: *Wißmann/Lange*, Handlungsformen im europäischen Verwaltungsrecht, in: Leible/Terhechte, EnzEuR, Bd. 3, § 31, Rn. ...).

Witte, Bruno de: Institutional Principles: A Special Category of General Principles of EC Law, in: Bernitz, Ulf/ Nergelius, Joakim (Hrsg.), General Principles of European Community Law, Reports from a Conference in Malmö, 27–28 August 1999, The Hague (u.a.): Kluwer Law International, 2000, S. 143–159.

Wittkopp, Silke: Sachverhaltsermittlung im Gemeinschaftsverwaltungsrecht: Eine Untersuchung zu den Einflüssen des europäischen Gemeinschaftsrechts auf die Sachverhaltsermittlung im deutschen Verwaltungsverfahren; zugleich ein Beitrag zur Dogmatik des Gemeinschaftsverwaltungsrechts, Hamburg: Kovac, 1999.

Woehrling, Jean-Marie: Un aspect méconnu de la gestion administrative: La régularisation des procédures et décisions illégales, RFAP 2004, S. 533–546.

Woehrling, Jean-Marie: Die deutsche und die französische Verwaltungsgerichtsbarkeit an der Schwelle zum 21. Jahrhundert, NVwZ 1998, S. 462–467.

Wolff, Heinrich Amadeus: Die dienende Funktion der Verfahrensrechte – eine dogmatische Figur mit Aussagekraft und Entwicklungspotential, in: Pitschas, Rainer/ Uhle, Arnd i.V.m. Aulehner, Josef (Hrsg.), Wege gelebter Verfassung in Recht und Politik, Festschrift für Rupert Scholz zum 70. Geburtstag, Berlin: Duncker & Humblot, 2007, S. 977–991 (zitiert als: *Wolff,* Die dienende Funktion der Verfahrensrechte, in: FS Scholz, S. 977, ...).

Woolf, Harry/ Jowell, Jeffrey/ Le Sueur, Andrew/ Donnelly, Catherine/ Hare, Ivan: De Smith's Judicial Review, 7. Auflage, London: Sweet & Maxwell, Thomson Reuters, 2013.

Würtenberger, Thomas: Die Akzeptanz von Verwaltungsentscheidungen, Baden-Baden: Nomos, 1996.

Würtenberger, Thomas: Akzeptanz durch Verwaltungsverfahren, NJW 1991, S. 257–263.

Würtenberger, Thomas/ Neidhard, Stephan: Distanz und Annäherung zwischen deutschem und französischem Verwaltungsrecht im Zeichen europäischer Integration, in: Schwarze, Jürgen (Hrsg.), Bestand und Perspektiven des europäischen Verwaltungsrechts: Rechtsvergleichende Analysen, Baden-Baden: Nomos, 2008, S. 255–276.

Ziegler, Katja: Strengthening the Rule of Law, but Fragmenting International Law: The Kadi Decision of the ECJ from the Perspective of Human Rights, Human Rights Law Review 9 (2009), S. 288–305.

Ziller, Jacques: Die Entwicklung des Verwaltungsverfahrensrechts in Frankreich, in: Hill, Hermann/ Sommermann, Karl-Peter/ Stelkens, Ulrich/ Ziekow, Jan (Hrsg.): 35 Jahre Verwaltungsverfahrensgesetz – Bilanz und Perspektiven, Berlin: Duncker & Humblot, 2011, S. 141–154 (zitiert als: *Ziller,* Frankreich, in: Hill/Sommermann/Stelkens/Ziekow, 35 Jahre Verwaltungsverfahrensgesetz, S. 141, ...).

Ziller, Jacques: ¿Es necesaria una ley de procedimiento administrativo para las instituciones de la Unión? Comentarios preliminaries y perspectivas, in: Fuertes López, Mercedes (Hrsg.), Un Procedimiento Administrativo para Europa, Pamplona: Editorial Aranzadi, 2012, S. 97–129.

Ziller, Jacques: Article 298 on European Administration, in: Smit, Hans/ Herzog, Peter/ Campbell, Christian/ Zagel, Gudrun (Hrsg.), On The Law Of The European Union, Newark, NJ: Lexis-Nexis, Matthew Bender, 2013, S. 298-1/298-18.

Zimmermann, Erich: Die Preisdiskriminierung im Recht der Europäischen Gemeinschaft für Kohle und Stahl, Frankfurt am Main: Klostermann, 1962.

Zuleeg, Manfred: Deutsches und europäisches Verwaltungsrecht – wechselseitige Einwirkungen, VVDStRL 53 (1994), S. 154–201.

Zweigert, Konrad: Der Einfluss des europäischen Gemeinschaftsrechts auf die Rechtsordnungen der Mitgliedstaaten, RabelsZ 1964, S. 601–643.

Zweigert, Konrad/ Kötz, Hein: Einführung in die Rechtsvergleichung, 3. Auflage, Tübingen: Mohr Siebeck, 1996.

Max-Planck-Institut für ausländisches öffentliches Recht und Völkerrecht

Beiträge zum ausländischen öffentlichen Recht und Völkerrecht

Hrsg.: A. von Bogdandy, A. Peters

Bde. 27–59 erschienen im Carl Heymanns Verlag KG Köln, Berlin (Bestellung an:
Max-Planck-Institut für Völkerrecht, Im Neuenheimer Feld 535, 69120 Heidelberg);
ab Band 60 im Springer-Verlag GmbH

286 Laura *Hering*: **Fehlerfolgen im europäischen Eigenverwaltungsrecht.** 2019. XXI, 385 Seiten. Geb. € 99,99

285 Marten *Breuer* (ed.): **Principled Resistance to ECtHR Judgments - A New Paradigm?** 2019. XVIII, 350 Seiten, Geb. € 109,99 zzgl landesüblicher MwSt.

284 Stephan G. *Hinghofer-Szalkay*: **Verfassungsrechtsentwicklung aus rechtstatsächlicher Perspektive.** 2019. XVII, 385 Seiten. Geb. € 109,99

283 Arthur *Brunner*: **Subsidiaritätsgrundsatz und Tatsachenfeststellung unter der Europäischen Menschenrechtskonvention.** 2019. XVI, 188 Seiten. Geb. € 53,49

282 María Pía *Carazo Ortiz*: **Das Länderberichtsverfahren der Interamerikanischen Kommission für Menschenrechte.** 2019. XX, 475 Seiten. Geb. € 109,99

281 Romy *Klimke*: **Schädliche tradionelle und kulturelle Praktiken im internationalen und regionalen Menschenrechtsschutz.** 2019. XVIII, 530 Seiten. Geb. € 99,99

280 Elisabeth Veronika *Henn*: **International Human Rights Law and Structural Discrimination.** 2019. XVI, 237 Seiten. Geb. € 89,99 zzgl. landesüblicher MwSt.

279 Eike *Blitza*: **Auswirkungen des Meeresspiegelanstiegs auf maritime Grenzen.** 2019. XIII, 294 Seiten. Geb. € 89,99

278 Anna Katharina *Struth*: **Hassrede und Freiheit der Meinungsäußerung.** 2019. XV, 472 Seiten. Geb. € 109,99

277 Franziska *Sucker*: **Der Schutz und die Förderung kultureller Vielfalt im Welthandelsrecht.** 2018. XXIV, 635 Seiten. Geb. € 109,99

276 Clemens *Mattheis*: **Die Konstitutionalisierung des Völkerrechts aus systemtheoretischer Sichtweise.** 2018. XXIV, 557 Seiten. Geb. € 109,99

275 Aydin *Atilgan*: **Global Constitutionalism.** 2018. X, 312 Seiten. Geb. € 114,99 zzgl. landesüblicher MwSt.

274 Andreas *Kolb*: **The UN Security Council Members' Responsibility to Protect.** 2018. XXI 624 Seiten. Geb. € 199,99 zzgl. landesüblicher MwSt.

273 Matthias *Goldmann*, Silvia *Steininger* (eds.): **Democracy and Financial Order: Legal Perspectives.** 2018. V, 230 Seiten. Geb. € 114,99 zzgl. landesüblicher MwSt.

272 Jochen *Rauber*: **Strukturwandel als Prinzipienwandel.** 2018. XXXIV, 970 Seiten. Geb. € 159,99

271 Anja *Höfelmeier*: **Die Vollstreckungsimmunität der Staaten im Wandel des Völkerrechts.** 2018. XX, 356 Seiten. Geb. € 89,99

270 Rudolf *Bernhardt*, Karin *Oellers-Frahm*: **Das Max-Planck-Institut für ausländisches öffentliches Recht und Völkerrecht.** 2018. XII, 344 Seiten. Geb. € 89,99

269 Philine *Wehling*: **Wasserrechte am Nil.** 2018. XVI, 351 Seiten. Geb. € 84,99

268 Katharina *Berner*: **Subsequent Agreements and Subsequent Practice in Domestic Courts.** 2018. XLV, 298 Seiten. Geb. € 114,99 zzgl. landesüblicher MwSt.

267 Josephine *Asche*: **Die Margin of Appreciation.** 2018. XII, 255 Seiten. Geb. € 84,99

266 Nele *Yang*: **Die Leitentscheidung.** 2018. XI, 362 Seiten. Geb. € 84,99

265 Roya *Sangi*: **Die auswärtige Gewalt des Europäischen Parlaments.** 2018. XV, 179 Seiten. Geb. € 69,99

264 Anna *Krueger*: **Die Bindung der Dritten Welt an das postkoloniale Völkerrecht.** 2018. XII, 434 Seiten. Geb. € 89,99

263 Björnstjern *Baade*: **Der Europäische Gerichtshof für Menschenrechte als Diskurswächter.** 2017. XVIII, 543 Seiten. Geb. € 99,99

262 Felix *Lange*: **Praxisorientierung und Gemeinschaftskonzeption.** 2017. XIV, 403 Seiten. Geb. € 94,99

261 Johanna Elisabeth *Dickschen*: **Empfehlungen und Leitlinien als Handlungsform der Europäischen Finanzaufsichtsbehörden.** 2017. XIX, 277 Seiten. Geb. € 84,99

260 Mohamed *Assakkali*: **Europäische Union und Internationaler Währungsfonds.** 2017. XV, 516 Seiten. Geb. € 99,99

259 Franziska *Paefgen*: **Der von Art. 8 EMRK gewährleistete Schutz vor staatlichen Eingriffen in die Persönlichkeitsrechte im Internet.** 2017. XV, 220 Seiten. Geb. € 69,99

258 Tim René *Salomon*: **Die internationale Strafverfolgungsstrategie gegenüber somalischen Piraten.** 2017. XXXII, 743 Seiten. Geb. € 129,99

257 Jelena *Bäumler*: **Das Schädigungsverbot im Völkerrecht.** 2017. XIX, 379 Seiten. Geb. € 89,99

256 Christopher *Peters*: **Praxis Internationaler Organisationen - Vertragswandel und völkerrechtlicher Ordnungsrahmen.** 2016. XXVIII, 498 Seiten. Geb. € 99,99

255 Nicole *Appel*: **Das internationale Kooperationsrecht der Europäischen Union.** 2016. XVIII, 608 Seiten. Geb. € 109,99

254 Christian *Wohlfahrt*: **Die Vermutung unmittelbarer Wirkung des Unionsrechts.** 2016. XIX, 300 Seiten. Geb. € 84,99

253 Katja *Göcke*: **Indigene Landrechte im internationalen Vergleich.** 2016. XVII, 818 Seiten. Geb. € 139,99

252 Julia *Heesen*: **Interne Abkommen.** 2015. XXI, 473 Seiten. Geb. € 94,99

251 Matthias *Goldmann*: **Internationale öffentliche Gewalt.** 2015. XXIX, 636 Seiten. Geb. € 109,99

250 Isabelle *Ley*: **Opposition im Völkerrecht.** 2014. XXIII, 452 Seiten. Geb. € 94,99

249 Matthias *Kottmann*: **Introvertierte Rechtsgemeinschaft.** 2014. XII, 352 Seiten. Geb. € 84,99

248 Jelena *von Achenbach*: **Demokratische Gesetzgebung in der Europäischen Union.** 2014. XVI, 522 Seiten. Geb. € 94,99

247 Jürgen *Friedrich*: **International Environmental "soft law".** 2014. XXI, 503 Seiten. Geb. € 94,99 zzgl. landesüblicher MwSt.

246 Anuscheh *Farahat*: **Progressive Inklusion.** 2014. XXIV, 429 Seiten. Geb. € 94,99

245 Christina *Binder*: **Die Grenzen der Vertragstreue im Völkerrecht.** 2013. XL, 770 Seiten. Geb. € 119,99

244 Cornelia *Hagedorn*: **Legitime Strategien der Dissensbewältigung in demokratischen Staaten.** 2013. XX, 551 Seiten. Geb. € 99,99

243 Marianne *Klumpp*: **Schiedsgerichtsbarkeit und Ständiges Revisionsgericht des Mercosur.** 2013. XX, 512 Seiten. Geb. € 94,99

242 Karen *Kaiser* (Hrsg.): **Der Vertrag von Lissabon vor dem Bundesverfassungsgericht.** 2013. XX, 1635 Seiten. Geb. € 199,99

241 Dominik *Steiger*: **Das völkerrechtliche Folterverbot und der "Krieg gegen den Terror".** 2013. XXX, 821 Seiten. Geb. € 139,99

240 Silja *Vöneky*, Britta *Beylage-Haarmann*, Anja *Höfelmeier*, Anna-Katharina *Hübler* (Hrsg.): **Ethik und Recht - Die Ethisierung des Rechts/Ethics and Law - The Ethicalization of Law.** 2013. XVIII, 456 Seiten. Geb. € 94,99

239 Rüdiger *Wolfrum*, Ina *Gätzschmann* (eds.): **International Dispute Settlement: Room for Innovations?** 2013. XIV, 445 Seiten. Geb. € 94,95 zzgl. landesüblicher MwSt.

238 Isabel *Röcker*: **Die Pflicht zur rahmenbeschlusskonformen Auslegung nationalen Rechts.** 2013. XXIII, 410 Seiten. Geb. € 89,95

237 Maike *Kuhn*: **Die Europäische Sicherheits- und Verteidigungspolitik im Mehrebenensystem.** 2012. XIII, 325 Seiten. Geb. € 79,95

236 Armin *von Bogdandy*, Ingo *Venzke* (eds.): **International Judicial Lawmaking.** 2012. XVII, 509 Seiten. Geb. € 94,95 zzgl. landesüblicher MwSt.

235 Susanne *Wasum-Rainer*, Ingo *Winkelmann*, Katrin *Tiroch* (eds.): **Arctic Science, International Law and Climate Change.** 2012. XIX, 374 Seiten. Geb. € 84,95 zzgl. landesüblicher MwSt.

234 Mirja A. *Trilsch*: **Die Justiziabilität wirtschaftlicher, sozialer und kultureller Rechte im innerstaatlichen Recht.** 2012. XIX, 559 Seiten. Geb. € 99,95

233 Anja *Seibert-Fohr* (ed.): **Judicial Independence in Transition.** 2012. XIII, 1378 Seiten. Geb. € 169,95 zzgl. landesüblicher MwSt.

232 Sandra *Stahl*: **Schutzpflichten im Völkerrecht - Ansatz einer Dogmatik.** 2012. XXX, 505 Seiten. Geb. € 94,95

231 Thomas *Kleinlein*: **Konstitutionalisierung im Völkerrecht.** 2012. XLII, 940 Seiten. Geb. € 149,95

230 Roland *Otto*: **Targeted Killings and International Law.** 2012. XVIII, 661 Seiten. Geb. € 109,95 zzgl. landesüblicher MwSt.

229 Nele *Matz-Lück*, Mathias *Hong* (Hrsg.): **Grundrechte und Grundfreiheiten im Mehrebenensystem - Konkurrenzen und Interferenzen.** 2012. VIII, 394 Seiten. Geb. € 89,95

228 Matthias *Ruffert*, Sebastian *Steinecke*: **The Global Administrative Law of Science,** 2011. IX, 140 Seiten. Geb. € 59,95 zzgl. landesüblicher MwSt.

227 Sebastian *Pritzkow*: **Das völkerrechtliche Verhältnis zwischen der EU und Russland im Energiesektor.** 2011. XXIV, 304 Seiten. Geb. € 79,95

226 Sarah *Wolf*: **Unterseeische Rohrleitungen und Meeresumweltschutz.** 2011. XXIII, 442 Seiten. Geb. € 94,95

225 Clemens *Feinäugle*: **Hoheitsgewalt im Völkerrecht.** 2011. XXVI, 418 Seiten. Geb. € 89,95

224 David *Barthel*: **Die neue Sicherheits- und Verteidigungsarchitektur der Afrikanischen Union.** 2011. XXV, 443 Seiten. Geb. € 94,95

223 Tilmann *Altwicker*: **Menschenrechtlicher Gleichheitsschutz.** 2011. XXX, 549 Seiten. Geb. € 99,95

Printed by Printforce, the Netherlands